José Mª Castillo

La religión de Jesús

Comentarios al Evangelio diario 2025

Seleccionados por el P. Manuel Corral

Desclée De Brouwer

© EDITORIAL DESCLÉE DE BROUWER S. A., 2024
Henao, 6 – 48009 Bilbao
www.edesclee.com
info@edesclee.com

Impreso en España – Printed in Spain
ISBN: 978-84-330-3287-4
Depósito Legal: BI-01500-2024
Impresión: Itxaropena S. A. - Zarautz

Al papa Francisco,
con mi gratitud y
admiración por el
bien que está haciendo
a la Iglesia y al mundo,
mediante su fidelidad
al Evangelio.

ÍNDICE

PRESENTACIÓN

Hace más de una década que José María Castillo nos ha venido deleitando con sus incisivas y profundas reflexiones en torno a las lecturas bíblicas del evangelio que la Iglesia propone año con año en cada ciclo litúrgico.

Hoy, este gran teólogo ya no está físicamente con nosotros, pero sí en la mente y el corazón de muchos lectores que añoramos sus escritos. Por eso, la Editorial Desclée De Brouwer, con el afán de mantener viva la memoria y la obra de Castillo, ofrece para el próximo año, 2025, las diferentes reflexiones con sus respectivas lecturas del evangelio de cada día que nuestro querido autor vino realizando en el ciclo litúrgico C*.

Amigo lector y seguidor del mensaje de la "Buena Noticia", ponemos a tu disposición estos materiales que, como podrás observar, están tomados literalmente de los diferentes libros que se habían ofrecido anteriormente en los ciclos C de la liturgia.

José María Castillo siempre tuvo su mirada en un punto fijo de su obra: "Mostrar la humanidad de Dios". Es decir, asumir el proyecto de Jesús, o sea, hacer del Evangelio el centro de la vida cristiana, más que la Religión con sus ritos y dogmas.

Notarás que en la lectura de cada día del año, y después de señalar el capítulo y versículos correspondientes al evangelio del día, se menciona una frase del mismo evangelio con el fin de recordar y guardar en tu mente y en tu corazón el mensaje, lo central de la lectura.

Esperamos que nuestro "querido teólogo del pueblo", J. M. Castillo, siga vivo en su obra en medio de todos nosotros.

Manuel Corral Martín

Secretario particular del Sr. Cardenal Carlos Aguiar para las relaciones institucionales, Rector de la Iglesia Ntra. Sra. de Lourdes Centro en la Ciudad de México y Canónigo de la Catedral de la Ciudad de México

---

* Esta publicación, al abordar el año 2025 como año natural, contiene lecturas del evangelio del ciclo C hasta el primer domingo de adviento, en el que comienza el nuevo año litúrgico. A partir de esa fecha, las lecturas corresponderían al ciclo A.

Lc 2, 16-21

En aquel tiempo los pastores fueron corriendo y encontraron a María y a José y al niño acostado en el pesebre. Al verlo, les contaron lo que les habían dicho de aquel niño. Todos los que lo oían se admiraban de lo que decían los pastores. Y María conservaba todas estas cosas, meditándolas en su corazón. Los pastores se volvieron dando gloria y alabanza a Dios por lo que habían visto y oído; todo como les habían dicho. Al cumplirse los ocho días tocaba circuncidar al niño, y le pusieron por nombre Jesús, como lo había llamado el ángel antes de su concepción.

1. Lo primero, que la Iglesia nos propone, al empezar el año, es nada menos que EL MISTERIO INSONDABLE DE DIOS. En efecto, el "misterio de esta festividad es más profundo que todo cuanto podemos imaginar los mortales. Si María es la madre de Dios, lo primero que lógicamente nos dice la Iglesia, al empezar el año nuevo, es que Dios tiene madre. Y la tiene porque Dios nos da a conocer y se nos hace presente en Jesús. El motivo de fondo de esta festividad reside en el hecho de la trascendencia de Dios. Si Dios es el Trascendente, los humanos no podemos "conocer" a Dios. Nos lo podemos "representar", pero eso no pasaría de ser una mera "representación" humana. En la tradición cristiana se nos dice que Dios se nos ha revelado, se nos ha dado a conocer en Jesús cuya madre es María.

2. Lo primero que aprendemos este año es que Dios no quiere rangos, ni categorías, ni pedestales de gloria, que separan, distinguen, dividen, alejan y hasta enfrentan. Dios es el primero que da ejemplo de este abajamiento, y nos dice que el camino, para ser como Él quiere que seamos, no es endiosarse, sino humanizarse. Porque así, mediante la humanización, se produjo el encuentro de Dios con los seres humanos. En el ser humano, que fue Jesús, conocemos a Dios y nos relacionamos con Él.

3. Dios, en Jesús, tuvo una madre. Una sencilla y humilde mujer de aquella aldea, que era Nazaret cuando Jesús vino a este mundo. María educó a Jesús, como todas las madres educan a sus hijos. María educó la sensibilidad de Jesús, su bondad, su fortaleza y también su libertad. Si Jesús fue tan admirable que, siendo como fue, nos reveló a Dios, ¡qué mujer y qué madre tan admirable fue María para ser capaz de educar así a Jesús! Cuando vemos una persona que nos impresiona, decimos ¡Bendita la madre que te trajo al mundo! Si efectivamente Jesús fue un ser humano (cosa que es de Fe), ¿Qué madre tan genial lo supo educar tan "divinamente"! En Jesús, LO DIVINO Y LO HUMANO se funden en UNO. En esto radica, no solo el "origen", sino además la "originalidad" del cristianismo.

2 DE ENERO - JUEVES **2ª SEMANA DE NAVIDAD**

Jn 1, 19-28

Este es el testimonio de Juan, cuando los judíos enviaron desde Jerusalén sacerdotes y levitas a Juan a que le preguntaran: "¿Tú quién eres?" Él confesó sin reservas: "Yo no soy el Mesías". Le preguntaron: "¿Entonces, qué? ¿Eres tú Elías?" Él dijo: "No lo soy". "¿Eres tú el Profeta?" Respondió: "No". Y le dijeron: "¿Quién eres? Para que podamos dar una respuesta a los que nos han enviado, ¿qué dices de ti mismo?" Él contestó: "Yo soy la voz que grita en el desierto: Allanad el camino del Señor (como dijo el profeta Isaías)". Entre los enviados había fariseos y le preguntaron: "Entonces, ¿por qué bautizas si tú no eres el Mesías, ni Elías, ni el Profeta?" Juan les respondió: "Yo bautizo con agua; en medio de vosotros hay uno que no conocéis, el que viene detrás de mí, que existía antes que yo y al que no soy digno de desatar la correa de la sandalia". Esto pasaba en Betania, en la otra orilla del Jordán, donde estaba Juan bautizando.

1. Es importante empezar la lectura del evangelio de Juan dándose cuenta de que todo este evangelio es un gran proceso de enfrentamiento de los representantes oficiales de la religión contra Jesús. Es el conflicto inicial que ya se recibe en este primer encuentro con el que sirve de introductor de Jesús, el precursor, Juan Bautista. En los evangelios sinópticos se nos habla de la hostilidad entre Juan Bautista y las autoridades judías. Pero los sinópticos no hablan de un enfrentamiento directo desde el primer momento. El evangelio de Juan se refiere directamente, y desde el comienzo del gran relato, de "los judíos" (los que siendo de origen judío rechazan a Jesús) atacando ya a Jesús. Todo el evangelio –según lo dicho– de Juan es un gran proceso conflictivo de los representantes de la religión contra Jesús. Un proceso que va a terminar en la peor muerte con que se podía ejecutar a alguien en aquellos tiempos.

2. En los sinópticos, Jesús identifica el papel de Juan Bautista con el de Elías. Aquí, Juan Bautista no acepta ni ese título, ni el de "un profeta como Moisés" (como aparece anunciado en los manuscritos del Mar Muerto). El único título que acepta Juan Bautista es el de "una voz que clama en el desierto". Juan se veía a sí mismo como un "nadie". Porque una mera voz no es una persona.

Una voz es un mero sonido que clama, es un grito, una llamada, una súplica, una protesta... Donde solo hay voz es que esa voz merece crédito por lo que dice. Es un dolor, una desgracia, que la Iglesia funcione de forma que necesita tantas cosas para terminar, a fin de cuentas, no allanando, sino complicando el camino del Señor. La voz de la Iglesia, cada día que pasa, se oye menos, se entiende menos. La esperanza, que tenemos en este momento, es el papa Francisco, el nuevo obispo de Roma, cuya voz clama en este mundo desierto de bondad y de sensibilidad ante tanto dolor, tanta hambre, tanta violencia y tanta injusticia.

3. La voz, que es Juan, sigue diciendo: *en medio de ustedes hay uno a quien no conocen.* Jesús sigue siendo el gran desconocido. Y está en medio de nosotros. Está en el otro, sea quien sea. Lo que ocurre es que carecemos de la mirada que descubre la presencia de Jesús en los niños, en los enfermos, en los maltratados... Todo cristiano comparte con Juan la misma tarea, anunciar y preparar el camino al Señor con la humildad del que se sabe instrumento. Para que el testimonio cristiano se asemeje al de Juan, ¿qué me falta por convertir en el corazón? ¿Cómo pude ser más humilde en mi anuncio de Jesús?

3 DE ENERO - VIERNES **2ª SEMANA DE NAVIDAD**

Jn 1, 29-34

> *Al día siguiente, al ver Juan a Jesús que viene hacia él, exclama: "Este es el Cordero de Dios, que quita el pecado del mundo. Este es aquel de quien yo dije: Tras de mí viene un hombre que está por delante de mí, porque existía antes que yo". Yo no lo conocía; pero he salido a bautizar con agua, para que sea manifestado a Israel". Y Juan dio testimonio diciendo: "He contemplado al Espíritu que bajaba del cielo como una paloma y se posó sobre él. Yo no lo conocía; pero el que me envió a bautizar con agua me dijo: "Aquel sobre quien veas bajar el Espíritu y posarse sobre él, ese es el que ha de bautizar con Espíritu Santo". Y yo le he visto, y he dado testimonio de que este es el Hijo de Dios".*

1. Juan Bautista presenta a Jesús como el *cordero... que quita el pecado del mundo.* El "Cordero", del que habla aquí este relato, se refiere –según la explicación más probable– al "Cordero de Dios" del que habla Isaías 53,7, que no abre la boca ante el daño que le hace el esquilador. Es la imagen del cordero que sufre. Y, sufriendo, quita el pecado del mundo. Este texto no habla de quitar "los pecados", sino "el pecado", que es la incredulidad. Es decir, esa actitud difusa, indefinida e indefinible de "desinterés" por el Evangelio, su escasa o nula influencia por cambiar este mundo, para hacernos vivir el mensaje ético de Jesús. ¿Influye eso de verdad en nuestras vidas? Es es la incredulidad, que se quita soportando y superando el sufrimiento, como hizo Jesús.

2. Esto supuesto, lo más asombroso está en cómo Jesús trazó el camino de solución que convierte la violencia en felicidad. Lo que Jesús nos enseñó, con su vida y su muerte, es que la violencia se convierte en felicidad cuando, en lugar de "matar" otras vidas, uno hace de su propia vida una víctima que se deja "matar". En otras palabras, "no devolver mal con mal". Así Jesús suprimió, de una vez por todas, los sacrificios. En lugar de sacrificar otras vidas, se sacrifica la propia vida. Es lo que se ha llamado la "autoestigmatización". Jesús murió como un delincuente ejecutado, humillado, despreciado. Y así nos trazó el camino que hace posible "otro mundo". El mundo en el que dejamos de odiarnos y robarnos. Y así construimos un mundo en el que nos queremos y nos ayudamos.

3. Así es Jesús el *cordero de Dios que quita el pecado del mudo.* El "pecado" no la acción "mala", sino la "incredulidad", que se traduce en acción "violenta". Jesús no es la víctima religiosa que, como el cordero (en los sacrificios del Templo), con su sangre aplaca a Dios. El Dios de Jesús no necesita sangre para aplacarse. Jesús fue asesinado (no "sacrificado") porque se enfrentó a la religión que predica el dolor y la muerte como medio para estar cerca de Dios. La religión de Jesús no tiene su centro en el "sufrimiento", sino en la "felicidad". La felicidad que nos aportan las personas que, aguantando y mediante su fortaleza, hacen que la convivencia humana resulte más humana, más feliz, más dichosa. Así como Juan hablaba del Señor, ¿qué digo cuando yo hablo de Él? ¿Qué experiencias de Dios revelan mi testimonio?

4 DE ENERO - SÁBADO **1ª SEMANA DE NAVIDAD**

Jn 1, 35-42

En aquel tiempo, estaba Juan con dos de sus discípulos y, fijándose en Jesús que pasaba, dice: "Este es el Cordero de Dios". Los dos discípulos oyeron sus palabras y siguieron a Jesús. Jesús se volvió y, al ver que lo seguían, les preguntó: "¿Qué buscáis?" Ellos contestaron: "Rabí (que significa Maestro), ¿dónde vives?" Él les dijo: "Venid y lo veréis". Entonces fueron, vieron dónde vivía y se quedaron con él aquel día. Serían las cuatro de la tarde. Andrés, hermano de Simón Pedro, era uno de los dos que oyeron a Juan y siguieron a Jesús; encuentra primero a su hermano Simón y le dice: "Hemos encontrado al Mesías" (que significa Cristo). Y lo llevó a Jesús. Jesús se le quedó mirando y le dijo: "Tú eres Simón, el hijo de Juan, tú te llamarás Cefas" (que se traduce Pedro).

1. La importancia singular de este relato está en que confirma, con fuerza, que *el dato central de los evangelios es el seguimiento de Jesús*. Un dato que no ha tenido debidamente en cuanta la teología cristiana. Por eso la *cristología que normalmente se escribe y se explica no nos descubre la hondura y la actualidad de lo que representa Jesús*. Porque *no se construye desde el seguimiento de Jesús* (evangelios) *sino desde la fe en Jesucristo Salvador* (Pablo). Por eso, lo evangelios no presentan la relación de los discípulos desde la fe, sino desde el seguimiento. No se trata de contraponer la fe y el seguimiento. Se trata de poner cada cosa en su sitio. Y darle, a cada uno de estos elementos, su importancia.

2. Por eso, para entender los evangelios y para comprender a Jesús, lo primero que se ha de tener presente es que *la primera relación de Jesús con sus discípulos no se estableció a partir de la fe, sino a partir del seguimiento*. Lo mismo en los sinópticos que en Juan, en el primer encuentro que tuvieron los discípulos con Jesús, lo que allí se destaca no es la fe, sino el seguimiento. Jesús no les preguntó si creían o no creían en él. Se limitó a decirles: *Síganme*. Y efectivamente le *siguieron*. Lo primero, para conocer a Jesús, no es "saber" de o sobre Jesús, sino "vivir" como vivió Jesús.

3. Pero ocurre que, lo mismo en la teología que en la vida y gestión de la Iglesia, tiene mucha más importancia la fe en Jesucristo que el seguimiento de Jesús. El Vaticano tiene una Congregación para la Doctrina de la Fe. Y en el Derecho Canónico se habla con frecuencia de la fe y la ortodoxia. Como igualmente se cuida, se vigila y se castiga cuanto pueda representar una desviación de esa ortodoxia doctrinal, por leve que sea. Mientras tanto, el tema del seguimiento de Jesús ha sido marginado a la espiritualidad, a las casas de retiro y a las vidas de los santos. ¿Por qué se ha producido este fenómeno? Porque en la Iglesia se le tiene miedo al seguimiento de Jesús. Si el seguimiento de Jesús se asumiera como elemento constitutivo de la vida de la Iglesia, todo en ella cambiaría. Entre otras cosas, el seguimiento de Jesús lleva consigo cargar la cruz. Se comprende por qué en la Iglesia le tenemos tanto miedo al seguimiento de Jesús. Es un "recuerdo peligroso".

Jn 1, 43-51

En aquel tiempo, determinó Jesús salir para Galilea: encuentra a Felipe y le dice: "Sígueme". Felipe era de Betsaida, ciudad de Andrés y Pedro. Felipe encuentra a Natanael y le dice:"Aquel de quien escribieron Moisés en la Ley y los Profetas lo hemos encontrado: a Jesús, hijo de José, de Nazaret". Natanael le replicó: "¿De Nazaret puede salir algo bueno?" Felipe le contestó: "Ven y verás". Vio Jesús que se acercaba Natanael y dijo de él: "Ahí tenéis a un israelita de verdad, en quien no hay engaño". Natanael le contestó: "¿De qué me conoces?" Jesús le responde: "Antes de que Felipe te llamara, cuando estabas debajo de la higuera, te vi". Natanael respondió: "Rabí, tú eres el Hijo de Dios, tú eres el Rey de Israel". Jesús le contestó: "¿Por haberte dicho que te vi debajo de la higuera crees? Has de ver cosas mayores". Y añadió: "Yo os aseguro: veréis el cielo abierto y a los ángeles de Dios subir y bajar sobre el Hijo del Hombre".

1. El evangelio de Juan insiste en el tema capital del "seguimiento" de Jesús. Ahora es con Felipe. Y la expresión de Jesús es un imperativo: *sígueme*, que se repite en los otros evangelios. Un imperativo sin explicaciones y que exige un cambio total en la vida. Jesús no presenta ningún programa de vida, ningún objetivo, ningún ideal a conseguir, ni en qué condiciones. Solo queda claro que, para responder al imperativo de Jesús, hay que abandonar la familia, la casa, el trabajo el dinero. Entonces, ¿qué queda en pie? Se abandonan las seguridades. Y nos queda *solamente Jesús*.

2. Esto es lo que nos da miedo. Por esto es por lo que el Evangelio da miedo. Y por esto es por lo que, en el fondo, el Evangelio ha sido marginado en la vida de tantos creyentes en Cristo. La fe les da seguridad y les tranquiliza. La religión y sus observancias, otro tanto. El Evangelio, sin embargo y sin que nos demos cuenta, exige y produce una libertad que nos asusta. Y resulta un peligro. La llamada constante, en nuestras vidas, es Jesús. Es Jesús solo. De ahí la apremiante urgencia de analizar, conocer, tomar conciencia y desentrañar lo que Jesús representa en nuestras vidas.

3. Sin darnos cuenta de lo que realmente vivimos, pensamos que el Evangelio es central en la Iglesia, en la vida de los clérigos y de los religiosos, de los obispos y de los cardenales. El centro de la teología y del derecho eclesiástico. No es así. No suele ser así. El Evangelio es importante en la liturgia, a la hora de jurar (cosa prohibida por el mismo Evangelio: Mt 5,33-37), pero no es el motivo de nuestra seguridad en la vida. La gran pregunta, que los seguidores de Jesús tenemos que hacernos cada día, es esta: ¿Qué o quién me da a mí seguridad en mi vida? ¿Qué o quién determina lo que hago y lo que dejo de hacer?

6 DE ENERO - LUNES **EPIFANÍA DEL SEÑOR**

Mt 2, 1-12

Jesús nació en Belén de Judá en tiempos del rey Herodes. Entonces, unos Magos de Oriente se presentaron en Jerusalén preguntando: "¿Dónde está el rey de los judíos que ha nacido? Porque hemos visto salir su estrella y venimos a adorarlo". Al enterarse el rey Herodes, se sobresaltó y todo Jerusalén con él; convocó a los sumos pontífices y a los letrados del país, y les preguntó dónde tenía que nacer el Mesías. Ellos le contestaron: "En Belén de Judá, porque así lo ha escrito el Profeta: "Y tú Belén, tierra de Judá, no eres ni mucho menos la última de las ciudades de Judá; pues de ti saldrá un jefe que será el pastor de mi pueblo Israel". Entonces Herodes llamó en secreto a los Magos, para que le precisaran el tiempo en que había aparecido la estrella, y los mandó a Belén, diciéndoles: "Id y averiguad cuidadosamente qué hay del niño, y, cuando lo encontréis, avisadme, para ir yo también a adorarle". Ellos, después de oír al rey, se pusieron en camino y de pronto la estrella que habían visto salir comenzó a guiarlos hasta que vino a pararse encima de donde estaba el niño. Al ver la estrella, se llenaron de inmensa alegría. Entraron en la casa, vieron al niño con María, su madre, y cayendo de rodillas lo adoraron; después, abriendo sus cofres, le ofrecieron regalos: oro, incienso y mirra. Y habiendo recibido en sueño un oráculo, para que no volvieran a Herodes, se marcharon a su tierra por otro camino.

1. La significación religiosa de esta festividad es *la manifestación de Jesús a todos los pueblos y culturas*. En Jesús, es Dios quien se manifiesta, se revela, se comunica. Dios no es la religión. Dios trasciende todo lo humano y, por tanto, la cultura. Las diversas religiones son producto de las diversas culturas. La venida de los "Magos de Oriente" representa de manera simbólica que, en Jesús, Dios se encarna en lo humano. Y precisamente por eso, se manifiesta a todos los seres humanos. Esto es lo que, en definitiva, nos quieren decir esos tipos estrafalarios, que se visten o se pintan de manera extraña, se disfrazan de reyes y se pasean por nuestras calles en este día. Hasta en lo más extraño se encarna Dios.

2. Podemos vislumbrar también el significado simbólico de los regalos que le ofrecen estos "Magos". Con el *oro* reconocen la dignidad y el valor inestimable del ser humano: todo ha de quedar subordinado a su felicidad; un niño merece que se pongan a sus pies todo lo que le haga ser humano. El *incienso* recoge el deseo de que la vida de ese niño se despliegue y su dignidad se eleve hasta el cielo: todo ser humano está llamado a participar de la vida misma de Dios. La *mirra* es medicina para curar la enfermedad y aliviar el sufrimiento: el ser humano necesita de cuidados y consuelo, no de violencia y agresión.

3. Otra cosa muy distinta es la significación social y popular de esta fiesta. Como sabemos, en este sentido "mundano", el día de Reyes *es la fiesta de los regalos, sobre todo a los niños.* Los intereses económicos y comerciales, con el poder de la publicidad, se han encargado de modificar totalmente el significado de este día y su forma de celebrarlo. De una fiesta religiosa, se ha convertido en una fiesta profana. Es verdad que tiene un importante significado familiar. Pero también es cierto que entraña en sí determinados peligros. Y algunos de ellos, muy serios.

4. Un peligro evidente es el gasto excesivo en juguetes, vanidades y caprichos, que no son necesarios, ni importantes en la vida. Las envidias, rivalidades y otras miserias, que no hace falta recordar aquí, se ponen de manifiesto hasta provocar situaciones ridículas y ambientes insoportables. Por supuesto, hacer un regalo es una manifestación de cariño, cercanía, interés por la otra persona, etc. Todo esto es indiscutible. Pero el mayor peligro, que llevan en sí los regalos, está en pretender (quizá sin darnos cuenta de ellos) *suplir la falta de amor y dedicación mediante juguetes, vanidades posiblemente envidiosas y otras innumerables "falsificaciones de la auténtica relación humana".* El negocio de estas falsificaciones arruina las relaciones humanas.

5. Los "Magos" se arrodillaron ante Jesús. Hoy parece que nosotros, los que nos decimos creyentes, tenemos incapacidad para adorarlo porque solo buscamos un "Dios útil". Solo nos interesa un Dios que sirva para nuestros proyectos individualistas. Dios queda así convertido en un "artículo de consumo" del que disponer según nuestras conveniencias e intereses. Pero Dos es otra cosa. Dios es Amor infinito, encarnado en nuestra propia existencia. Y, ante ese Dios, lo primero es la adoración, el júbilo, la acción de gracias. Dios existe. Está ahí, en el fondo de nuestra vida. Somos acogidos por él. No estamos perdidos en medio del universo. Podemos vivir con confianza. Ante un Dios del que solo sabemos que es Amor no cabe sino el gozo, la adoración y la acción de gracias.

Mt 4, 12-17. 23-25

En aquel tiempo, al enterarse Jesús de que habían arrestado a Juan, se retiró a Galilea. Dejando Nazaret, se estableció en Cafarnaúm, junto al lago, en el territorio de Zabulón y Neftalí. Así se cumplió lo que había dicho el profeta Isaías: "País de Zabulón y país de Neftalí, camino del mar, al otro lado del Jordán, Galilea de los gentiles. El pueblo que habitaba en tinieblas vio una luz grande; a los que habitaban en tierra y sombras de muerte una luz les brilló". Entonces comenzó Jesús a predicar diciendo: "Convertíos, porque está cerca el Reino de los Cielos". Recorría toda Galilea, enseñando en las sinagogas y proclamando el Evangelio del Reino, curando las enfermedades y dolencias del pueblo. Su fama se extendió por toda Siria y le traían todos los enfermos aquejados de toda clase de enfermedades y dolores, poseídos, lunáticos y paralíticos. Y él los curaba. Y le seguían multitudes venidas de Galilea, Decápolis, Jerusalén, Judea y Trasjordania.

1. Este relato da pie para hacer diversas explicaciones sobre los evangelios y el mensaje de Jesús. Pero hay un tema capital en el que con frecuencia ni nos fijamos. Se trata del breve sumario, en el que Mateo resume *cómo Jesús anunciaba el Reino de Dios*. No lo anunciaba o lo explicaba mediante doctrinas, teorías, discursos o lecciones magistrales. En ninguna parte de los evangelios se dice tal cosa. Ni se expone ninguna explicación doctrinal teórica sobre el Reino o reinado de Dios. Jesús no era un predicador religioso. *Jesús es la revelación de Dios.*

2. Ahora bien, ¿cómo se revela Dios? No se revela o se da a conocer mediante doctrinas, teorías o discursos. Dios se revela, en Jesús, dando vida: *curando las enfermedades y dolencias del pueblo*. Pero, más allá de determinados textos concretos que encontramos en los evangelios, está el conjunto de lo que fue la vida de Jesús. Una vida que nos dejó una enseñanza capital, como se indica a continuación.

3. La enseñanza central es esta: el cristianismo no es una religión; no es una doctrina; no es una ley; *el cristianismo es una "forma de vida"*. Lo único decisivo es una forma de vivir, que consiste, no en la lucha contra el pecado, sino en la lucha contra el sufrimiento. Eso es lo que hizo Jesús al curar enfermos, resucitar muertos, expulsar demonios, rechazar a los hombres de la religión, el templo, los ritos y ceremonias, al insistir en que lo importante en la vida es que tengamos las mejores relaciones humanas posibles, que nos queramos, nos respetemos y nos perdonemos. Y que nunca el dinero mande en la vida, sino la misericordia y la bondad.

4. Jesús transformó la vida de todas aquellas gentes que se acercaban a él. Su presencia fue signo evidente de que el reino de Dios estaba ya en medio del pueblo. ¿Qué signos del Reino veo hoy? ¿Dónde reconozco la presencia transformadora de Jesús?

8 DE ENERO - MIÉRCOLES — SEMANA DE EPIFANÍA

Mc 6, 34-44

En aquel tiempo, Jesús vio una multitud y le dio lástima de ellos porque andaban como ovejas sin pastor y empezó a enseñarles muchas cosas. Cuando se hizo tarde se acercaron sus discípulos a decirle: "Estamos en descampado y ya es muy tarde. Despídelos, que vayan a los cortijos y aldeas de alrededor y se compren de comer". Él les replicó: "Dadles vosotros de comer". Ellos le preguntaron: "¿Vamos a ir a comprar doscientos denarios de pan para darles de comer?" Él les dijo: "¿Cuántos panes tenéis? Id a ver". Cuando lo averiguaron le dijeron: "Cinco y dos peces". Él les mandó que hicieran recostarse a la gente sobre la hierba en grupos de ciento y de cincuenta. Y tomando los cinco panes y los dos peces alzó la mirada al cielo, pronunció la bendición, partió los panes y se los dio a los discípulos para que se los sirvieran. Y repartió entre todos los dos peces. Comieron todos y se saciaron; y recogieron las sobras: doce cestos de pan y de peces. Los que comieron eran cinco mil hombres.

1. No es lo mismo "multiplicar" los panes que "compartir" lo que se tiene con quien no tiene. O con quien tiene menos que yo. Lo que Jesús hizo en esta ocasión, según este relato, no fue simplemente hacer un milagro, para que, de cinco panes, surgieran miles de panes. El Evangelio no es tan simple. No se reduce a contar simplezas, que son difíciles de aceptar. Y que, a fin de cuentas, no enseñan nada que resulte útil para quien lo lee o lo enseña ahora.

2. Jesús no va ahora por el mundo multiplicando panes, para que se quiten el hambre y la escasez de tantos seres humanos, necesitados, marginados y excluidos. Ni el Papa, por muy santo que sea, puede hacer semejante cosa. Entonces, ¿qué nos enseña este relato, tantas veces leído, explicado y meditado a ciencia y conciencia? Si por algo nos tenemos que distinguir los cristianos, es por lo mismo que tanto impresionó a la Iglesia primitiva. A saber: 1) La cantidad de gente abandonada, desamparada, descarriada... 2) El sufrimiento de estas gentes. 3) Que son gentes abandonadas por sus "pastores" (obispos, sacerdotes, frailes, gobernantes "muy religiosos" tal vez, empresarios creyentes que pueden ser personas muy piadosas. 4) Que esto no se resuelve con "milagros", sino con "solidaridad". 5) Que si somos hombres y mujeres de fe y confianza en Dios, nos tiene que llevar y empujar la solidaridad entre los que menos tienen. Siempre confiando en Dios de que nada nos faltará si lo hacemos en su nombre.

3. Solidaridad no es simplemente caridad y beneficencia. La actualidad del compartir es, ante todo, la "igualdad en derechos y dignidad". Este relato de los panes y los peces es el anticipo evangélico de la Declaración Universal de los Derechos Humanos en 1948 en la ONU. Los cristianos viviremos la multiplicación de los panes si luchamos por la aplicación, al Derecho de cada país, de este famoso documento. *Multiplica hoy los panes quien pone en práctica los DD.HH.*

4. El sinsentido en la vida y el hambre son realidades urgentes de sanar en la sociedad. La compasión de Jesús lo llevó a resolver ambas a partir de lo que tenía a mano, sus discípulos y unos pocos panes. La gracia de Dios siempre busca un medio para atender a los pobres. ¿Cómo actúa Dios a través de mí?

9 DE ENERO - JUEVES — SEMANA DE EPIFANÍA

Mc 6, 45-52

Después que se saciaron los cinco mil hombres, Jesús enseguida apremió a los discípulos a que subieran a la barca y se adelantaran hacia la orilla de Betsaida mientras él despedía a la gente. Y después de despedirse se retiró al monte a orar. Llegada la noche, la barca estaba en mitad del lago y Jesús solo en tierra. Viendo el trabajo con que remaban, porque tenían viento contrario, a eso de la cuarta vela de la noche, va hacia ellos andando sobre el lago, e hizo ademán de pasar de largo. Ellos, viéndolo andar sobre el lago, pensaron que era un fantasma y dieron un grito, porque al verlo se habían sobresaltado. Pero él les dirige enseguida la palabra y les dice: "¡Ánimo, soy yo, no tengáis miedo!" Entró en la barca con ellos y amainó el viento. Ellos estaban en el colmo del estupor, pues no habían comprendido lo de los panes, porque eran torpes para entender.

1. Lo primero que hizo Jesús, en cuanto la gente comió hasta la saciedad, fue "obligar" o "forzar" a sus discípulos y apóstoles a subirse a la barca y a marcharse de allí. Si Jesús los tuvo que obligar a irse, es que no querían o, al menos, se resistían. Lo cual es comprensible. Dar de comer, a una enorme masa de gente pobre, es un éxito. Y, sin duda, los discípulos querían disfrutar de semejante éxito. Pero eso precisamente es lo que Jesús no toleró. Y por eso quiso que, cuanto antes, se fueran de allí.

2. A Jesús no le interesa el éxito, el triunfo, la aclamación popular. Jesús no quería eso, ni para él ni para sus seguidores. Solamente quería que en este mundo haya pan para todos. Y que el pan sea compartido por todos. De forma que nadie pase necesidad. No quería el éxito o el poder propio, sino satisfacer la necesidad de todos. Esto es lo que los discípulos *"no habían comprendido"*, como indica el relato final.

3. Y esto mismo es lo que muchos "hombres de Iglesia" y cristianos en general no comprendemos. Sobre todo, muchos profesionales de la religión somos los que no entendemos que lo importante en la Iglesia no es el éxito, el milagro que da fama y poder. No seguimos a Jesús para ser notables, importantes, selectos. No. Lo que nos tiene que interesar en la vida es luchar contra la pobreza y el sufrimiento que la escasez o la carencia lleva consigo. Lo que nos tiene que importar es que la pobre gente no sufra, que haya pan para todos, que se acaben las desigualdades entre ricos y pobres. Con frecuencia nos pasa lo que les pasó a los discípulos, que, por no entender esto, precisamente confundimos a Jesús con una fantasma. O sea, no conocemos a Jesús. Ni, por tanto, entendemos el Evangelio.

4. Como a los discípulos, a veces, el cansancio, la oscuridad de la "noche", el miedo, nos perturban. Caemos en la confusión y no podemos reconocer la presencia de Jesús en medio de nosotros. Tal vez recuerdes aquellas veces en que dudaste de que Jesús estuviera contigo. ¿Me dijo "ánimo, soy yo" y no lo reconocí? ¿De qué manera pudo estar cerca y no lo vi?

10 DE ENERO - VIERNES **SEMANA DE EPIFANÍA**

Lc 4, 14-22

En aquel tiempo, Jesús, con la fuerza del Espíritu, volvió a Galilea y su fama se extendió por toda la comarca. Enseñaba en las sinagogas y todos lo alababan. Fue a Nazaret, donde se había criado, entró en la sinagoga, como era su costumbre los sábados, y se puso en pie para hacer la lectura. Le entregaron el libro del profeta Isaías y desenrollándolo, encontró el pasaje donde estaba escrito: "El Espíritu del Señor está sobre mí, porque él me ha ungido. Me ha enviado para dar la Buena Noticia a los pobres, para anunciar a los cautivos la libertad y a los ciegos la vista. Para dar libertad a los oprimidos, para anunciar el año de gracia del Señor. Y enrollando el libro, lo devolvió al que le servía y se sentó. Toda la sinagoga tenía los ojos fijos en él. Y él se puso a decirles: "Hoy se cumple esta Escritura que acabáis de oír". Y todos le expresaban su aprobación y se admiraban de las palabras de gracia que salían de sus labios.

1. Junto a la gente de su pueblo reunida en la sinagoga, Jesús lee una cita del profeta Isaías que anuncia un año de gracia del Señor, promesas de salvación a los más necesitados que se cumplen en él. El relato de Lucas renueva la esperanza de quienes reconocen en Jesús las promesas de Isaías; él es quien hoy libera a los cautivos, devuelve a vista a los ciegos y evangeliza a los pobres. Pero, ¿qué nos viene a decir este episodio?

2. Jesús en la sinagoga, inició leyendo un texto profético de Isaías, el profeta que alentó al pueblo que volvía a su patria, después del destierro de Babilonia. La clave del relato está en que Jesús se aplica a sí mismo el texto del profeta: "El Espíritu del Señor... me ha enviado". ¿Para qué? Para dar "buena noticia" a los que sufren, vista a los ciegos, libertad a los oprimidos... Para anunciar el año de gracia del Señor. Podemos preguntarnos, en mi realidad, ¿cómo se cumple esta palabra? ¿Qué signos confirman la presencia de la gracia del Señor?

3. Sin embargo, los vecinos de Nazaret no aceptaron muy bien las palabras de Jesús. Se podría decir que eran más "nacionalistas" que "bondadosos". Por eso creían más en la resistencia política (con la violencia que eso conlleva consigo) que en la eficacia de la bondad y la misericordia. Jesús, por el contrario, estaba persuadido de que lo que cambia el mundo es la fuerza de la bondad y de la misericordia. La Iglesia da la impresión de que no cree ni en la política, ni en la misericordia. La fe de la Iglesia está puesta (dicen los obispos y los teólogos) en la sumisión de los fieles creyentes al clero, a los dogmas, el culto y los ritos de los templos... En definitiva, la Iglesia sigue creyendo en lo que siempre creyó la religión, su poder, su dignidad. Creer en el Evangelio es otro proyecto y tiene otras exigencias. ¿Por qué será que no acabamos de creer de verdad en la fuerza de cambio que presenta el Evangelio? Creo que la respuesta es sencilla: "creer en el Evangelio nos hace cambiar y comprometernos y parece que a todos nos gusta el estado de confort en el que vivimos.

Lc 5, 12-16

Una vez, estando Jesús en su pueblo se presentó un leproso, al ver a Jesús cayó rostro en tierra y le suplicó: "Señor, si quieres puedes limpiarme". Y Jesús extendió la mano y lo tocó diciendo: "Quiero, queda limpio". Y enseguida le dejó la lepra. Jesús le recomendó que no lo dijera a nadie, y añadió: "Ve a presentarte al sacerdote y ofrece por tu purificación lo que mandó Moisés para darles testimonio". Se hablaba de él cada vez más, y acudía mucha gente a oírlo y a que los curara de sus enfermedades. Pero él solía retirarse a despoblado para orar.

1. En la cultura de Israel, como ocurría en casi todas las culturas del Antiguo Oriente, las enfermedades de la piel eran consideradas como un peligro importante, por su facilidad de contagio. Además, en aquel tiempo, tales enfermedades (en muchos casos) eran incurables. La solución era marginar a los enfermos que padecían esos males y posiblemente los contagiaban. Se comprenden las severas prohibiciones que impone la Biblia. De esta normativa se derivaba el hecho humillante, para el enfermo, de verse excluido para de la convivencia con los demás, hasta el extremo de que nadie se atrevía a tocarlo.

2. Pero el atractivo de Jesús, su conducta con todos los marginados,y la confianza que inspiraba, fue lo que motivó a este leproso, y otros más, a buscar en Jesús lo que no encontraban en nadie más. Por esto se comprende que el verbo *kathariso* (purificar) aparece seis veces en el evangelio de Lucas a propósito de la curación de leprosos. O sea, Lucas entiende la pureza como componente importante de la salud y de la vida. Solo una vez (11,39) se refiere Lucas a este asunto como algo ritual-religioso.

3. En el caso de la lepra, la bondad de Jesús se acentúa. Porque esta enfermedad se consideraba, en la Antigüedad, muy peligrosa. Por eso era causa de impureza legal. De forma que los leprosos les estaba prohibido convivir con el resto de la gente. Ni siquiera se les podía tocar. Jesús se juega su salud y su vida por remediar el sufrimiento del marginado. Y el marginado sabe que en Jesús encuentra solución. ¿Somos así quienes decimos que "seguimos" a Jesús?

4. Jesús con su gesto, reintegra al leproso a la sociedad, le devuelve, junto con la salud, la dignidad, el respeto de los hombres y el amor propio; para él no existen los contagiosos o culpables de su mal. Con su gesto toca a todos los intocables del mundo. ¿Quiénes son hoy los intocables del mundo?

12 DE ENERO - DOMINGO **BAUTISMO DEL SEÑOR**

Lc 3, 15-16. 21-22

En aquel tiempo, el pueblo estaba en expectación y todos se preguntaban si no sería Juan el Mesías; él tomó la palabra y dijo a todos: "Yo os bautizo con agua; pero viene el que puede más que yo y no merezco desatarle la correa de sus sandalias. Él os bautizará con Espíritu Santo y fuego". En un bautismo general, Jesús también se bautizó. Y, mientras oraba, se abrió el cielo, bajó el Espíritu Santo sobre él en forma de paloma, y vino una voz del cielo: "Tú eres mi hijo, el amado, el predilecto".

1. Después de la Navidad y sus celebraciones, que nos recuerdan el nacimiento de Jesús, la liturgia de la Iglesia celebra hoy el bautismo de Jesús, que es su segundo nacimiento. En el nacimiento de Belén, Dios se humaniza en Jesús. En el nacimiento del Jordán, Dios afirma y expresa su presencia, su voluntad y sus preferencias, en este ser humano, en este hombre, que fue Jesús el que nació en Belén y se hizo adulto en Nazaret. Este es el motivo de esta fiesta: el bautismo de Jesús no recuerda el segundo nacimiento de Jesús.

2. El bautismo de Jesús nos explica en qué debe consistir el bautismo de los cristianos. El bautismo de Juan Bautista era un bautismo de agua que Juan administraba en el río Jordán. El bautismo de Jesús, tal como lo afirma el propio Juan Bautista, es un bautismo de Espíritu y fuego. El Bautista, cuando se refiere a Jesús y los cristianos, ya no habla del agua, sino del espíritu (y el fuego, que no es sino una repetición insistente del Espíritu, según Hech 2,3-4).

3. ¿Qué significa el Bautismo en el Espíritu? Según el Evangelio, es lo mismo que "nacer de nuevo", nacer por segunda vez. ¿Qué es esto? Jesús se lo explicó muy bien a Nicodemo (Jn 3,3-8): Tenéis que nacer de nuevo. Eso es "nacer del Espíritu". En efecto, Espíritu es una palabra que traduce el griego pneuma, que significa "viento". ¿Por qué, para qué, se dice que los cristianos tenemos que ser "como el viento"? Jesús lo explica: El viento sopla donde quiere, y oyes su ruido, aunque no sabes de dónde viene ni adónde va. Y el mismo Jesús saca la conclusión: Eso pasa con todo el que ha nacido del Espíritu (Jn 3, 8b). O sea: el bautismo nos tiene que hacer a los cristianos libres como el viento.

Mc 1, 14-20

Cuando arrestaron a Juan, Jesús se marchó a Galilea a proclamar el Evangelio de Dios. Decía: "Se ha cumplido el plazo, está cerca el Reino de Dios: Convertíos y creed la Buena Noticia". Pasando junto al lago de Galilea, vio a Simón y a su hermano Andrés, que eran pescadores y estaban echando el copo en el lago. Jesús les dijo: "Venid conmigo y os haré pescadores de hombres". Inmediatamente dejaron las redes y lo siguieron. Un poco más adelante vio a Santiago, hijo de Zebedeo, y a su hermano Juan, que estaban en la barca repasando las redes. Los llamó, dejaron a su padre Zebedeo en la barca con los jornaleros y se marcharon con él.

1. El evangelio de Marcos, que no relata la infancia de Jesús, va directamente al ministerio público. Y lo presenta enseguida, resumido en una fórmula que recoge los términos capitales, que presentan lo que Jesús pretendió: 1) El Reino de Dios. 2) La conversión. 3) La fe. 4) El Evangelio (la Buena Noticia). Estos términos, a juicio de Marcos, resumen y expresan en qué consiste el Evangelio de Dios.

2. Esto es lo que quería Dios. Pero ¿cómo lo realizó Jesús? Lo primero que hizo fue irse a Galilea, la región pobre, de los ignorantes y los marginados. Jesús vio que entre esas gentes es donde su proyecto sería mejor acogido. el *"Evangelio de Dios"* no encaja en los "selectos", sino en quienes carecen de casi todo, que son los que no tienen nada más que su limitada y humilde humanidad.

3. Pues bien, Jesús se fue a Galilea. ¿Y qué es lo primero que hizo allí? Ante todo, la llamada al *seguimiento.* Un término sobre el que la teología cristiana no ha reflexionado debida y suficientemente. *El seguimiento de Jesús tendría (y tendrá) que ser el término central de nuestra teología.* Solamente comprendiendo la centralidad del "seguimiento de Jesús", podemos comprender a Jesús. Y podemos, por eso mismo, comprender a Dios. Baste saber que los evangelios sinópticos hablan de la fe 36 veces, en tanto que del seguimiento nos hablan hasta 57 veces. Lo primero que hizo Jesús, en cuanto se acercó al lago, fue llamar a unos pescadores al *seguimiento.* Y aquellos hombres, que ni conocían a Jesús, "inmediatamente lo dejaron todo y *lo siguieron*". Es decir, se pusieron a vivir con él y como él. Así conocieron aquellos primeros apóstoles a Jesús. El seguimiento es constitutivo esencial de la cristología y de la Iglesia.

4. ¿Qué habrán escuchado decir a Jesús, Andrés y Pedro, para dejarlo todo e ir tras Jesús? ¿Y yo?

Mc 1, 21-28

Llegó Jesús a Cafarnaúm y cuando el sábado siguiente fue a la sinagoga a enseñar, se quedaron asombrados de su enseñanza, porque no enseñaba como los letrados, sino con autoridad. Estaba precisamente en la sinagoga un hombre que tenía un espíritu inmundo, y se puso a gritar: "¿Qué quieres de nosotros, Jesús Nazareno? ¿Has venido a acabar con nosotros? Sé quién eres: el Santo de Dios". Jesús lo increpó: "Cállate y sal de él". El espíritu inmundo lo retorció y, dando un grito muy fuerte, salió. Todos se preguntaron estupefactos: "¿Qué es esto? Este enseñar con autoridad es nuevo. Hasta a los espíritus inmundos les manda y le obedecen". Su fama se extendió enseguida por todas partes, alcanzando la comarca entera de Galilea.

1. En este relato, el evangelio de Marcos dice algo mucho más elocuente de lo que, a primera vista, nos puede parecer. Porque aquí se plantea un proyecto completamente nuevo e incluso revolucionario del comportamiento religioso. Jesús introdujo un cambio y una novedad en este ámbito del comportamiento. ¿En qué está ese cambio y esa novedad?

2. Este relato capital establece una contraposición. Se contraponen los letrados y Jesús. Los letrados eran los "Maestros de la Ley", los teólogos de la religión de Israel. Ellos eran quienes interpretaban oficialmente las verdades y mandatos impuestos por la religión. Y tenían potestad para imponerla y someter a la gente con sus normas e interpretaciones. Años más tarde, a partir del año 70, se denominaron "Rabí". Por tanto, los letrados eran meros repetidores de las obligaciones religiosas legales que sometían al pueblo. La enseñanza de aquellos teólogos consistía en repetir las obligaciones religiosas a las que había que someterse.

3. Lo que Jesús enseñaba fue un contraste que asombró a la gente. Porque Jesús no imponía deberes, sino que liberaba a la gente de los deberes que eran como un "yugo" (Mt 11,28-30) pesado que causaba sufrimiento. Los males que estaban representados en el demonio que atormentaba al hombre que gritaba en la sinagoga. Lo que impresionó a aquella gente es que Jesús no sometía a los seres humanos, sino a los demonios. Los hombres de la religión se imponían a la gente. Jesús se imponía a los demonios, sinónimo de dolor y sufrimiento. Donde hay religión, es decir, rituales religiosos, tiene que haber sumisión. Donde está Jesús, tiene que haber libertad y felicidad.

4. Nuestra sociedad necesita hombres y mujeres que enseñen el arte de abrir los ojos, maravillarse ante la vida e interrogarse con sencillez por el sentido último de la existencia. Maestros que, con su testimonio personal, siembren inquietud, contagien vida y ayuden a plantearse honradamente los interrogantes más hondos del ser humano.

15 DE ENERO - MIÉRCOLES 1ª SEMANA DEL TIEMPO ORDINARIO

Mc 1, 29-39

En aquel tiempo, al salir Jesús de la sinagoga, fue con Santiago y Juan a casa de Simón y Andrés. La suegra de Simón estaba en cama con fiebre, y se lo dijeron. Jesús se acercó, la cogió de la mano y la levantó. Se le pasó la fiebre y se puso a servirles. Al anochecer, cuando se puso el sol, le llevaron todos los enfermos y poseídos. La población entera se agolpaba a la puerta. Curó a muchos enfermos de diversos males y expulsó muchos demonios; y como los demonios lo conocían, no les permitía hablar. Se levantó de madrugada, se marchó a un descampado y allí se puso a orar. Simón y sus compañeros fueron y, al encontrarlo, le dijeron: "Todo el mundo te busca". Él les respondió: "Vámonos a otra parte de las aldeas cercanas para predicar allí; porque para eso he venido". Así recorrió toda Galilea, predicando en las sinagogas y expulsando los demonios".

1. Este relato nos presenta lo que era, y cómo transcurría, un día corriente en la vida de Jesús. Se destacan tres cosas: 1) Oración en sitios solitarios. 2) Atención y dedicación a remediar, en lo posible, a personas y grupos humanos que se veían en situaciones de sufrimiento. 3) Especial cuidado cuando se trataba de aquellos sectores de la sociedad que solían verse peor tratados, por ejemplo, las mujeres, como queda patente en este caso, al curar a la suegra de Pedro.

2. Estos hechos y este resumen de lo que era, y cómo era, la vida de Jesús nos dice, con toda claridad, que Jesús fue un hombre profundamente religioso. Dicho de otra manera, se puede asegurar que la experiencia central y determinante de Jesús fue la experiencia de Dios, presente en su vida constantemente. Pero la novedad del Evangelio está en que nos presenta, precisamente en la vida de Jesús, *otra forma de entender y vivir la religiosidad*. Porque fue una religiosidad que no tuvo en cuenta lo sagrado, lo ritual, lo legal. Su centro no estaba en nada de eso, sino en Dios, *que está presente en cada ser humano*.

3. Jesús vio que necesitaba la presencia y la ayuda del Padre. Por eso rezaba tanto. Y por eso también hablaba tanto del Padre. Pero Jesús no buscaba al Padre-Dios en el templo, ni en el trato con los sacerdotes y doctores de la Ley, ni practicando ceremonias o rituales sagrados. Jesús vio que hay que buscar y encontrar a Dios dando su tiempo y poniendo su interés en los enfermos, en las gentes que lo pasan mal, en las mujeres que se suelen ver tratadas como inferiores a los hombres. Estas cosas son las que llenan las páginas de los evangelios. Y las que tendrían que llenar y dar sentido a nuestras vidas.

4. Las acciones de Jesús que sorprenden son aquellas que son extraordinarias, pero cuesta caer en la cuenta de que él también necesitaba poner en manos del Padre su fragilidad y la de todos los que a él se acercaban. ¿Quiénes requieren de mi oración hoy?

16 DE ENERO - JUEVES **1ª SEMANA DEL TIEMPO ORDINARIO**

Mc 1, 40-45

En aquel tiempo, se acercó a Jesús un leproso, suplicándole de rodillas: "Si quieres, puedes limpiarme". Sintiendo lástima, extendió la mano y lo tocó diciendo: "Quiero, queda limpio". La lepra se le quitó inmediatamente y quedó limpio. Él lo despidió, encargándole severamente: "No se lo digas a nadie; pero para que conste, ve a presentarte al sacerdote y ofrece por la purificación lo que mandó Moisés". Pero cuando se fue, empezó a divulgar el hecho con grandes ponderaciones, de modo que Jesús ya no podía entrar abiertamente en ningún pueblo; se queda fuera, en descampado; y aun así, acudían a él de todas partes.

1. La lepra en tiempos de Jesús era considerada como un "castigo" de Dios, así como otras enfermedades. Por eso, una de las tareas que asumió Jesús fue desmontar, las desviaciones religiosas que, con frecuencia, desorientan a la gente. Tales desviaciones suelen estar relacionadas con el "tabú", que es una variante de lo "sagrado". De ahí que las religiones tienen una obsesión por la "pureza". Hasta el extremo de que la pureza, más que la justicia, se ha convertido (para mucha gente religiosa) en el medio cardinal de la salvación.

2. Por lo que relatan los evangelios, Jesús no habló de la pureza sexual. Jesús se preocupó por la pureza religiosa, que se manifestaba en los alimentos, en las enfermedades, en los cadáveres. En este evangelio se habla de un leproso, hombre con una enfermedad de escamas, que no era la lepra que nosotros conocemos, sino un mal que producía manchas en la piel y se contagiaba rápidamente. El que padecía tenía que andar despeinado, sucio, harapiento y gritando: "¡impuro, impuro"! Se veía obligado a vivir y dormir al raso y en descampado, marginado totalmente.

3. Al acoger, interesarse, tocar al leproso, Jesús quiso acabar con esta crueldad de la religión. El sufrimiento de enfermos y marginados no se remedia con prohibiciones y castigos, sino con bondad, acogida, respeto, ayuda y solidaridad. Las religiones excluyen, separan, expulsan, rechazan y condenan a no pocos desgraciados. Los responsables religiosos, con frecuencia, buscan más la propia seguridad que la dignidad y los derechos de los más desamparados. Jesús, por el contrario, quería ante todo acabar con todo cuanto es motivo de sufrimiento, exclusión o violencia. Esto es central en la religiosidad de Jesús.

4. En definitiva, este es un relato de la audacia de dos personas, la del leproso y la de Jesús: uno no podía tener contacto con nadie, y el otro debía alejarse para no contagiarse. Ambos traspasaron todos los límites establecidos, pues al enfermo lo movía la fe; a Jesús, la compasión. A mí, ¿qué me moviliza?

17 DE ENERO – VIERNES **1ª SEMANA DEL TIEMPO ORDINARIO**

Mc 2, 1-12

Cuando a los pocos días volvió Jesús a Cafarnaúm, se supo que estaba en casa. Acudieron tantos, que no quedaba sitio ni a la puerta. Él les proponía la Palabra. Llegaron cuatro llevando un paralítico, y como no podían meterlo por el gentío, levantaron unas tejas encima de donde estaba Jesús, abrieron un boquete y descolgaron la camilla con el paralítico. Viendo Jesús la fe que tenían, le dijo al paralítico: "Hijo, tus pecados quedan perdonados". Unos letrados, que estaban allí sentados, pensaban para sus adentros: "¿Por qué habla este así? Blasfema. ¿Quién puede perdonar pecados fuera de Dios?" Jesús se dio cuenta de lo que pensaban y les dijo: "¿Por qué pensáis eso? ¿Qué es más fácil; decirle al paralítico tus pecados quedan perdonados o decirle: levántate, coge tu camilla y echa a andar? Pues para que veáis que el Hijo del Hombre tiene potestad en la tierra para perdonar pecados...", entonces le dijo al paralítico: "Contigo hablo: Levántate, coge tu camilla y vete a tu casa". Se levantó inmediatamente, cogió la camilla y salió a la vista de todos. Se quedaron atónitos y daban gloria a Dios diciendo: "Nunca hemos visto una cosa igual".

1. La cuestión capital, que se plantea en este relato, no es la curación de la enfermedad, sino el perdón de los pecados. La religión le metía a la gente en la cabeza que, si uno estaba enfermo, es porque había pecado. Así, los enfermos se tenían que someter, no solo al médico, sino también al sacerdote. La religión empeñada siempre en mandar y someter a la gente. Por eso este episodio está redactado de forma que todo se orienta al desenlace final, que es la admiración general por la "potestad" que Dios ha concedido "a los hombres", la potestad de perdonar pecados (Mt 9,8). Las sacerdotes del Templo se indignaron porque Jesús, un "laico" y no sacerdote, había perdonado los pecados. A los sacerdotes del Templo no les importaba la salud de los enfermos, lo que les importaba era mantener su poder sobre las conciencias de la gente.

2. Los letrados vieron en aquello una blasfemia, una ofensa a Dios tan grave, que estaba castigada con la lapidación. Y es cierto que, en la literatura de los rabinos *(Midrash Salm.* 17 3), se afirmaba que "Nadie puede perdonar las transgresiones, excepto Dios". Pero esto no excluye lo que dice Levítico 16 sobre el "día de la expiación" (*yon kippur*) cuando el sacerdote realiza "la gran reparación" en favor de todo Israel. Es decir, Dios perdonaba el pecado, pero a través de la mediación del sacerdote.

3. Pues bien, esto lo modificó Jesús. Cuando los seres humanos se perdonan, Dios ratifica ya por válido ese perdón (Mt 18,15-20; Jn 20,23). Jesús humaniza la religión. Dios está presente en cada ser humano. Y eso, con todas sus consecuencias. Hasta identificarse Dios y el ser humano en el perdón. Cuando nos perdonamos, Dios perdona. La paz entre nosotros es paz con Dios. Poco sentido tendría el sacramento de la confesión, si al hacerlo y haber ofendido a mi prójimo, no le pido antes perdón, entonces la mediación del sacerdote, que materializa el sacramento, tendría muy poco sentido. A veces ofendemos, o robamos, o nos hacemos indiferentes… y enseguida voy y me confieso con el sacerdote, me da la absolución y ya quedo contento, ¿tiene eso sentido si antes no me he reconciliado con el que agredí?

18 DE ENERO - SÁBADO **1ª SEMANA DEL TIEMPO ORDINARIO**

Mc 2, 13-17

En aquel tiempo, Jesús salió de nuevo a la orilla del lago; la gente acudía a él y les enseñaba. Al pasar vio a Leví, el de Alfeo, sentado al mostrador de los impuestos, y le dijo: "Sígueme". Se levantó y lo siguió. Estando Jesús a la mesa en su casa, de entre los muchos que le seguían, un grupo de recaudadores y otra gente de mala fama se sentaron con Jesús y sus discípulos. Algunos letrados fariseos, al ver que comía con recaudadores y otra gente de mala fama, les dijeron a los discípulos: "De modo que come con recaudadores y pecadores". Jesús los oyó y les dijo: "No necesitan médico los sanos, sino los enfermos. No he venido a llamar a justos, sino a pecadores".

1. La vocación de Leví sirve de introducción al tema de este relato: Jesús andaba con "malas compañías". Un motivo más de escándalo. Esto constituía, en las culturas mediterráneas del s. I, un problema más serio de lo que imaginamos. Por la importancia determinante que tenía el hecho de comer juntos. Y, sobre todo, porque, como ha dicho J.P. Sanders, al comer con publicanos y pecadores, Jesús se unía, no solo a personas "impuras" (religiosamente), sino además a personas "malvadas" (éticamente). Jesús daba pie para que se pensara de él que no era una "persona de orden".

2. Semejante conducta tenía que resultar escandalosa. Esto alejaba a muchos de sus enseñanzas. Pero, si los evangelios dejaron constancia de ello, es que Jesús lo hacía así. Y vivía así. ¿Por qué? ¿Para qué? Para dar razón de por qué los primeros cristianos no excluyeron nunca a nadie y para explicar por qué los seguidores de Jesús vivían en los márgenes de la sociedad. Sencillamente eran "gente marginal".

3. Si los primeros cristianos recordaban así a Jesús, es que Jesús puso en marcha este movimiento. No temió escandalizar. Ni alejar a los "selectos". Jesús hizo esto porque se dio cuenta de que, en este mundo, hay grupos selectos y ejemplares que, por ser como son y ser vistos como a ellos les gusta, se alejan de los impuros y los malvados. Por esto es una fuente inagotable de deshumanización. Semejante horror no tiene más solución que hacer lo que hizo Jesús, aunque nunca le dijo a nadie que se fuera a comer con los indeseables. ¿No es todo esto una exigencia que la Iglesia no acepta? ¿No tendríamos que tomar en serio todo esto quienes pretendemos ser seguidores de Jesús? ¿Quiénes son hoy esos publicanos y pecadores que debieran estar sentados en la mesa de los cristianos?

4. Nuestras presentaciones de dignidad intachable nos alejan del Evangelio.

19 DE ENERO - DOMINGO **2ª SEMANA DEL TIEMPO ORDINARIO**

Jn 2, 1-11

En aquel tiempo, había una boda en Caná de Galilea y la madre de Jesús estaba allí; Jesús y sus discípulos estaban también invitados a la boda. Faltó el vino y la madre de Jesús le dijo: "No les queda vino". Jesús le contestó: "Mujer, déjame, todavía no ha llegado mi hora". Su madre dijo a los sirvientes: "Haced lo que él os diga". Había allí colocadas seis tinajas de piedra, para las purificaciones de los judíos, de unos cien litros cada una. Jesús les dijo: "Llenad las tinajas de agua". Y las llenaron hasta arriba. Entonces les mandó: Sacad ahora, y llevádselo al mayordomo". Ellos se lo llevaron. El mayordomo probó el agua convertida en vino sin saber de dónde venía (los sirvientes sí lo sabían, pues habían sacado el agua), y entonces llamó al novio y le dijo: "Todo el mundo pone primero el vino bueno y cuando ya están bebidos, el peor; tú en cambio has guardado el vino bueno hasta ahora". Así, en Caná de Galilea, Jesús comenzó sus signos, manifestó su gloria y creció la fe de sus discípulos en él.

1. Este relato da que pensar. Porque viene decir que el primero de los "signos" (semeion), los hechos y "gestos simbólicos", que nos dan a conocer a Dios presente en Jesús y el proyecto de Jesús, es una boda, una fiesta de amor y alegría. O sea, el Dios de Jesús se revela, ante todo en el cariño humano y en la alegría que festeja ese cariño. La religión, la espiritualidad y la ascética nos han desviado la atención de lo primero y lo más importante que aquí nos enseña el IV evangelio. Y lo que nos enseña Jesús, con tales símbolos humanos, es la verdad asombrosa de lo que, en teología, se ha denominado el "existencial sobrenatural" (K. Rahner). No hay oposición ni incompatibilidad entre lo natural y lo sobrenatural. La presencia de lo trascendente se vive en todo lo verdaderamente humano.

2. Lo que hizo Jesús en la boda se comprende desde el momento en que tomamos en cuenta que, en una modesta casa de una pequeña aldea de Galilea (Caná) tenían seis tinajas de piedra con seiscientos libros de agua, para las purificaciones rituales de los judíos. Demasiada piedra y demasiada agua exigía la pureza religiosa-ritual de la religión. Es evidente que, en aquella casa, sobraba pureza ritual y faltaba el vino para celebrar una fiesta de amor y felicidad. Y eso es lo que vio María y lo que vio Jesús, que no lo soportó. Por eso lo resolvió. Convirtió la "pureza religiosa" en el mejor "vino de fiesta". y el relato termina diciendo que así fue cómo aumentó la fe de sus seguidores (Jn 2,11).

3. Con frecuencia ocurre que la religión hace de los fieles practicantes personas muy piadosas, observantes, fervorosas... Pero sin saber por qué, el hecho es que la religión deshumaniza a algunas gentes. Hasta el extremo de hacer la convivencia complicada, difícil, desagradable. Cuando la religión produce tales efectos y se traduce en semejantes consecuencias, esa religión no lleva a Dios. Es un autoengaño. Porque eso es incompatible con la fe que enseñó Jesús y que vemos reflejada en el Evangelio.

Mc 2, 18-22

En aquel tiempo, los discípulos de Juan y los fariseos estaban de ayuno. Vinieron unos y le preguntaron a Jesús: "Los discípulos de Juan y los discípulos de los fariseos ayunan. ¿Por qué los tuyos no?" Jesús les contestó: "¿Es que pueden ayunar los amigos del novio, mientras el novio está con ellos? Mientras tienen al novio con ellos, no pueden ayunar. Llegará el día en que se lleven al novio; aquel día sí ayunarán. Nadie le echa un remiendo de paño sin remojar a un manto pasado; porque la pieza tira del manto –lo nuevo de lo viejo– y deja un roto peor. Nadie echa vino nuevo en odres viejos; porque revientan los odres, y se pierde el vino y los odres; a vino nuevo, odres nuevos".

1. Ante la pregunta por qué los discípulos de Jesús no ayunan como lo hacen los fariseos y los discípulos de Juan, la respuesta de Jesús es que no es necesario ayunar si el esposo está con ellos. Para Jesús, lo más importante no es el cumplimiento de tradiciones vacías de contenido. Lo fundamental es su presencia en medio de la comunidad. ¿Qué ritos y tradiciones comunitarias me ayudan a encontrarme con Jesús? ¿Cuáles requieren ser renovadas?

2. Por otra parte, está el contraste entre la conducta de Juan Bautista y la de Jesús. El comportamiento de Juan se centraba en la privación, que "ni comía ni bebía" (Mt 11,18). El comportamiento de Jesús se manifestaba en que "come y bebe", hasta ser tenido por un "comilón y un bebedor" (Mt 11,19). En ambas conductas había, sin duda, un proyecto de ejemplaridad. En el caso de Juan, la ejemplaridad se comprende: enseñar la mortificación, el sacrificio, el valor de la privación y la austeridad. Sin embargo, ¿qué ejemplaridad podía haber en el comer y beber de Jesús?

3. Una de las preocupaciones de Jesús fue el que las gentes se sintieran bien. Por eso, no dudó un segundo en juntarse con unos y con otros, incluso, comer con los más detestables de la sociedad de aquel tiempo. Jesús quería transmitir felicidad y la felicidad no se impone, no se enseña..., se contagia. El que se siente feliz, contagia su dicha a quienes conviven con él. Me podía preguntar hoy: ¿Se sienten felices quienes conviven conmigo? En la vida es importante el "sacrificio". Pero solo cuando está al servicio de la "felicidad" de los demás, de todos, sin distinciones ni desigualdades. Y eso –justamente eso– es lo que hizo Jesús, en sus comidas con pobres, pecadores, mujeres de toda clase y condición. No es tan difícil privarse de un postre. Lo más duro es compartir ese postre con quien nos causa rechazo o repugnancia.

Mc 2, 23-28

Un sábado atravesaba el Señor un sembrado, mientras andaban, los discípulos iban arrancando espigas. Los fariseos les dijeron: "Oye, ¿por qué hacen en sábado lo que no está permitido?" Él les respondió: "¿No habéis leído nunca lo que hizo David, cuando él y sus hombres se vieron faltos y con hambre? Entró en la casa de Dios, en tiempo del sumo sacerdote Abiatar, comió de los panes presentados, que solo pueden comer los sacerdotes, y los dio también a sus compañeros", y añadió: "El sábado se hizo para el hombre y no el hombre para el sábado; así que el Hijo del Hombre es señor también del sábado".

1. Los seres humanos, mientras estamos en este mundo, no podemos escaparnos del espacio y el tiempo. Siempre (y sin más remedio) estamos en algún sitio (espacio) y en algún momento (tiempo). Solo se salen del espacio y del tiempo quienes se van de este mundo. O sea, solo la muerte nos saca del espacio y del tiempo. Por esto se comprende que las religiones le concedan tanta importancia al espacio (el templo) y al tiempo (viernes [musulmanes], el sábado [judíos], el domingo [cristianos]. Además, están los días de fiesta sagrada; o los sitios, ciudades, edificios sagrados. Así, la religión se hace presente en la vida, en cada cultura, en cada país, etc.

2. El peligro que esto tiene está en que, con demasiada frecuencia, mucha agente religiosa confunde el medio con el fin. El medio es la religión y sus prácticas. El fin es Dios, al que la religión tiene que (o debe) llevarnos. Mucha gente identifica el medio con el fin. Es decir, hay gente que confunde la religión con Dios. Y por eso, los que piensan así, cuando cumplen con la religión (en "espacio" y en el "tiempo"), por eso mismo se imaginan que han encontrado a Dios. Y se llevan bien con Él. Todo esto explica por qué los dirigentes de la religión judía eran tan exigentes con la observancia del descanso del sábado. Por eso, Los fariseos acusan a los discípulos de Jesús de no respetar el sábado porque se han puesto a arrancar espigas.

3. Mientras que, para Jesús, los más importante no era someterse al descanso del sábado, sino que los seres humanos pudieran comer en sábado. Dicho de otra manera, para Jesús, lo más importante no era la religión, sino el ser humano. Lo primero no era el descanso del sábado, sino remediar el sufrimiento humano y hacer lo posible para que la gente fuera feliz. Por eso Jesús dijo que "no se hizo el hombre para el sábado, sino el sábado para el hombre".

Es decir, no se hizo al hombre para someterse a la religión, sino que se hizo la religión para que el hombre sea más humano, más buena persona, más feliz.

22 DE ENERO - MIÉRCOLES **2ª SEMANA DEL TIEMPO ORDINARIO**

Mc 3, 1-6

En aquel tiempo, entró Jesús otra vez en la sinagoga y había allí un hombre con parálisis en un brazo. Estaban al acecho, para ver si curaba en sábado y acusarlo. Jesús le dijo al que tenía la parálisis: "Levántate y ponte ahí en medio. Y a ellos les preguntó: "¿Qué está permitido en sábado? ¿Hacer lo bueno o lo malo? ¿Salvar la vida de un hombre o dejarlo morir?" Se quedaron callados. Echando en torno una mirada de ira y dolido de su obstinación, le dijo al hombre: "Extiende el brazo". Lo extendió y quedó restablecido. En cuanto salieron de la sinagoga, los fariseos se pusieron a planear con los herodianos el modo de acabar con él.

1. El evangelio de Marcos pone, después del relato de las espigas arrancadas en sábado (Mc 2,23-28), el "enfrentamiento mortal" de Jesús con los observantes religiosos. Un enfrentamiento que, en definitiva, fue un conflicto en el que bastó una pregunta de Jesús, que dejó mudos a los que hacían de su vida una apasionada sumisión a las normas de la religión. Una sumisión tan absoluta, que se anteponía a la salud de las personas, al hambre de los pobres, al sufrimiento humano en cualquiera de sus formas.

2. Por eso aquí, en este evangelio, nos encontramos con el famoso relato del manco. Un manco crónico, ya que era un hombre que tenía una "mano seca". Es decir, no se trataba de una enfermedad apremiante, de vida o muerte. Era un enfermo crónico, que (por tanto) podía haber esperado al día siguiente. El relato de Marcos fuerza la situación, para dejar más patente lo que Jesús quiso e hizo. Que no quedase la menor duda de que, entre la religión y la salud humana, no cabe duda. A Dios se le encuentra dando salud antes que cumpliendo normas religiosas.

3. Sin embargo, las personas y los grupos religiosos fundamentalistas no ceden. Y, además, suelen estar al acecho (como es el caso del papa Francisco, que tiene gente espiándolo para ver dónde tiene algún fallo). No para ayudar, sino para denunciar al que no hace lo que ellos quieren. "La esencia del fanatismo reside en el deseo de obligar a los demás a cambiar". Que los demás piensen como yo pienso y que se porten como yo me porto. Eso es un fanático. Pero el fanatismo no lleva a Dios. ¿Cuántas veces he actuado como fanático?

4. La libertad de Jesús fue tan ejemplar, que aquella libertad fue la que le llevó a la muerte. Libertad al servicio de la misericordia. Lo que le importaba a Jesús era dejar claro que la salud, la integridad de la vida y la felicidad humana son valores y derechos que están por encima de las observancias que imponen los hombres de la religión. Y por defender ese criterio, Jesús se jugó la vida. El relato termina diciendo que, por aquello, los observantes religiosos y lo hombres de la política (los serviles que estaban con Herodes) decidieron matarlo. Este problema sigue sin resolverse. Los terroristas matan. Y los católicos que desprecian y castigan (como pueden) a homosexuales, prostitutas…, también le quitan la vida en quien pueden y en lo que pueden.

23 DE ENERO - JUEVES **2ª SEMANA DEL TIEMPO ORDINARIO**

Mc 3, 7-12

En aquel tiempo, Jesús se retiró con sus discípulos a la orilla del lago y lo siguió una muchedumbre de Galilea. Al enterarse de las cosas que hacía, acudía mucha gente de Judea, de Jerusalén y de Idumea, de la Transjordania, de las cercanías de Tiro y Sidón. Encargó a sus discípulos que tuviesen separada una lancha, no lo fuera a estrujar el gentío. Como había curado a muchos, todos los que sufrían de algo se le echaban encima para tocarlo. Cuando lo veían los espíritus inmundos se postraban ante él gritando: "Tú eres el Hijo de Dios". Pero él les prohibía severamente que lo diesen a conocer.

1. La religión interesa a la gente cuando la religión responde a lo que la gente necesita. Jesús fue un hombre profundamente religioso. Pero su religión no tenía nada que ver ni con la religión del Templo, ni con la de los sacerdotes. A la religión del Templo y los sacerdotes le interesaban tres cosas: las ceremonias sagradas, la sumisión de los fieles, el dinero de la gente. A Jesús le interesaban otras tres cosas: que la gente tuviera salud, que tuviera para comer, y que tuvieran buenas relaciones humanas.

2. Cuando la religión se entiende como Jesús la entendía, desaparecen las fronteras, las dificultades culturales, las distancias religiosas. De ahí que la actividad de Jesús no conoce fronteras. Todo el mundo se une. Porque todo el mundo coincide en el deseo de estar sano, en la necesidad de comer y en que todos somos indigentes y necesitamos respeto, tolerancia, estima, comprensión y cariño. La religión que responde a estas cosas, acaba con la religión de los ritos, las normas y el dinero. Y despeja el camino para la religión que revela y que no vela, el verdadero rostro de Jesús en el que vemos a Dios.

3. Es doloroso y causa una gran tristeza, ver y sentir en muchos casos el descrédito en el que ha caído la religión, incluso la misma Iglesia y el clero. ¿Eso se ha producido porque la gente es mala, de forma que la Iglesia es la víctima de esa maldad? Algo de eso hay, no se puede negar. Pero el problema es mucho más profundo. El problema está en que la gente no ve en la vida de la Iglesia, ni en sus enseñanzas, lo que fue la vida de Jesús, Ni así encuentra al Dios de Jesús.

24 DE ENERO - VIERNES 2ª SEMANA DEL TIEMPO ORDINARIO

Mc 3, 13-19

En aquel tiempo, Jesús subió a la montaña, llamó a los que quiso, y se fueron con él. A los doce los hizo sus compañeros, para enviarlos a predicar, con poder para expulsar demonios: Simón, a quien dio el sobrenombre de Pedro, Santiago el de Zebedeo y su hermano Juan, a quienes dio el sobrenombre de Boanerges –Los Truenos–, Andrés, Felipe, Bartolomé, Mateo, Tomás, Santiago el de Alfeo, Tadeo, Simón el Cananeo y Judas Iscariote, que lo entregó.

1. Jesús quiere que, en el grupo de los que le acompañan, haya algunos establemente comprometidos. Por eso designó a doce. De ellos quería tres cosas: que estuvieran con él, que se dedicaran a predicar, y que se dedicaran a expulsar demonios, es decir, a liberar a la gente que sufre de las fuerzas del mal. El relato de Marcos destaca la importancia de esta decisión de Jesús situándola en "montaña", que, en el lenguaje de la Biblia, alude a la subida de Moisés a la montaña del Sinaí (Ex 19,24-34; Num 27; Deut 9-10). Lo que da la idea de la solemnidad del momento.

2. *Estar con Jesús* es no solamente orar y tener una intensa espiritualidad, sino además es llevar una vida lo más parecida (que sea posible) a la vida que llevó Jesús. Entre los apóstoles y Jesús existió una "comunión de vida", Es la comunión que tendría que distinguir a los obispos, sucesores de los apóstoles.

Predicar es comunicar lo que enseñaba Jesús y hacer eso como lo hacía Jesús, con humildad, la sencillez y la libertad con que siempre habló Jesús.

Expulsar demonios era, en aquel tiempo, una manera de decir que se dedicaban a curar enfermos, ya que algunas enfermedades se las atribuían a los malos espíritus.

3. Los doce hombres que escogió Jesús eran muy distintos. Por ejemplo, Mateo había sido publicano, o sea de los que colaboraban con el régimen.

Por el contrario, hay quienes piensan que Simón Cananeo era de los revolucionarios que más tarde fueron llamados "fanáticos" (del partido *zelota*). Y Judas Iscariote, parece que perteneció a los "sicarios", la banda armada de los subversivos contra el poder romano. Lo que interesaba a Jesús es que fueran hombres entregados con entusiasmo a la causa que se les encomendaba, sin importarle la opción política de cada cual. Porque Dios elige, escoge, llama, acerca en Jesús a cuantos se dejan seducir por una mirada, su Palabra, una invitación a dejarlo todo. El llamado es para todos los que escuchan. Él invita a salir de la costumbre, la comodidad, la zona de confort. Él llama a dar el paso decisivo hacia la maravillosa experiencia de estar en su cercanía, compañía y ternura.

25 DE ENERO - SÁBADO — **CONVERSIÓN DE SAN PABLO**

Mc 3, 20-21

En aquel tiempo, volvió Jesús con sus discípulos a casa y se juntó tanta gente, que no les dejaban ni comer. Al enterarse su familia, vinieron a llevárselo, porque decían que no estaba en sus cabales".

1. La popularidad de Jesús iba en aumento de día en día. De forma que él y los que le acompañaban habitualmente se veían literalmente invadidos en su casa y en su tiempo, de la mañana a la noche. La gente no les dejaba ni tiempo para comer. Los que acudían en busca de Jesús eran los que pertenecían a los últimos, lo ignorantes, los de más baja condición social, económica y cultural. Por lo demás, una cantidad enorme de gente no podían ser los ricos y los potentados, ya que personas de esa alta condición había muy pocas en Galilea.

2. La "gente bien", los que tienen de todo, no suelen necesitar a Jesús nada más que cuando quieren tranquilizar sus conciencias; o si tienen problemas de salud, de dinero, de familia... Personas generosas hay en todas partes. Pero los últimos conectan espontáneamente con la mentalidad evangélica.

3. La familia de Jesús no solo no estaba de acuerdo con lo que él hacía y con la vida que llevaba, sino que además lo tenían por loco. Seguramente se avergonzaban de él. Era una familia religiosa de toda la vida y bien considerada en el pueblo. Nadie en aquella familia había dado que hablar. Y Jesús se portaba de manera que los "hombres del orden" (fariseos) andaban diciendo que había que acabar con él. Es lógico que los parientes pensaran que no estaba en sus cabales. Es duro para cualquiera darse cuenta de que la familia, piensa así de uno. Jesús pasó por esta experiencia, como se relata cuando fue a su pueblo, Nazaret (Mc 6,1-6) o cuando se dirigía a Jerusalén (Jn 7, 1-5).

4. Cuando no se tienen argumentos para desautorizar a alguien, se suele echar mano del desprestigio y hasta se llega a decir que son personas que han perdido la cabeza. ¿Por qué no aceptamos verdaderamente el Evangelio y sus exigencias?

26 DE ENERO - DOMINGO **3º SEMANA DEL TIEMPO ORDINARIO**

Lc 1, 1-4; 4, 14-21

Ilustre Teófilo: Muchos han emprendido la tarea de componer un relato de los hechos que se han verificado entre nosotros, siguiendo las tradiciones transmitidas por los que primero fueron testigos oculares y luego predicadores de la Palabra. Yo también, después de comprobarlo todo exactamente desde el principio, he resuelto escribírtelos por su orden, para que conozcas la solidez de las enseñanzas que he recibido. En aquel tiempo, Jesús volvió a Galilea, con la fuerza del Espíritu; y su fama se extendió por toda la comarca. Enseñaba en las sinagogas y todos lo alababan. Fue Jesús a Nazaret, donde se había criado, entró en la sinagoga, como era su costumbre los sábados, y se puso en pie para hacer la lectura. Le entregaron el libro del profeta Isaías y, desenrollándolo, encontró el pasaje donde estaba escrito: "El Espíritu del Señor está sobre mí, porque él me ha ungido. Me ha enviado para dar la Buena Noticia a los pobres, para anunciar a los cautivos la libertad, y a los ciegos la vista. Para dar libertad a los oprimidos, para anunciar el año de gracia del Señor". Y, enrollando el libro, lo devolvió al que le ayudaba, y se sentó. Toda la sinagoga tenía los ojos fijos en él. Y él se puso a decirles: "Hoy se cumple esta Escritura que acabáis de oír".

1. La primera parte (vv.1-4) de este evangelio es el prólogo que el mismo Lucas le puso a su relato. Así dejó claro que se había documentado bien, como solían hacer los autores griegos. Pero aquí conviene recordar que un "evangelio" no es meramente un libro de historia, sino que lo central (en él) es la "ejemplaridad" de lo que relata. Al leer los evangelios, lo que tenemos que preguntarnos no es: "¿esto es histórico?". La pregunta tiene que ser: *"¿Que me enseña este relato para mi vida y mi conducta?"*. Aquí está la clave para buscar en el Evangelio lo que en él podemos encontrar. No es la "historicidad", sino la "ejemmplaridad" de lo que nos relata sobre Jesús.

2. Lucas enseguida (vv. 14-15) presenta el comienzo de la actividad de Jesús en Galilea. En Jesús actúa la fuerza del Espíritu. O sea, a Jesús no le llevó ni el deber de la religión, ni la obligación de la Ley, ni mucho menos el afán de ser famoso o tener poder. Jesús actuaba por la fuerza y la orientación del Espíritu. En esto radicaba su profunda espiritualidad. Una fuerza interior que le hizo hablar de tal manera que motivó a la gente para sentirse mejor, sentirse feliz. Por eso todos alababan y glorificaban lo que estaban viviendo. ¡Qué pena que hoy sea tan raro encontrar predicadores así!

3. La lectura, que hizo Jesús en la sinagoga, se tomó del profeta Isaías (61,1-2). Pero Jesús suprimió de esa lectura las palabras finales, que se refieren al *desquite de Dios*. "Desquitarse" es "vengarse". Cuando el profeta Isaías hablaba de este desquite o venganza, se refería a lo que el pueblo de Israel había sufrido en el desierto de Babilonia. En tiempos de Jesús, cuando se leía a este profeta, se pensaba que Dios tenía que castigar y hacer sufrir a quienes habían sometido y oprimido a los israelitas. Pero Jesús no quiso ni mencionar semejante desquite. Jesús –y el Dios que se nos revela en Jesús– no quiere ni desquites, ni venganzas. Así no se arregla este mundo. Ni así seremos más felices. Solo la compasión, el perdón, la misericordia y la tolerancia pueden lograr un mundo más habitable y más humano.

27 DE ENERO - LUNES **3ª SEMANA DEL TIEMPO ORDINARIO**

Mc 3, 22-30

En aquel tiempo, unos letrados de Jerusalén decían: "Tiene dentro a Belcebú y expulsa a los demonios con el poder del jefe de los demonios". Él los invitó a acercarse y les puso estas comparaciones: "¿Cómo va a echar Satanás a Satanás? Un reino en guerra civil no puede subsistir; una familia dividida no puede subsistir. Si Satanás se rebela contra sí mismo, para hacerse la guerra, no puede subsistir, está perdido. Nadie puede meterse en casa de un hombre forzudo para arramblar con su ajuar, si primero no lo ata; entonces podrá arramblar con la casa. Creedme, todo se les podrá perdonar a los hombres; los pecados y cualquier blasfemia que digan; pero el que blasfeme contra el Espíritu Santo no tendrá perdón jamás, cargará con su pecado para siempre". Se refería a los que decían que tenía dentro un espíritu inmundo.

1. A Jesús le acusan las autoridades judías de tener un espíritu malo dentro, pues creían que estaba del lado del mal y no entendían realmente quién era.

Los letrados, que habían venido desde la capital, Jerusalén, eran por eso mismo personas de máxima autoridad y con el poder de influir en la gente sencilla de Galilea. Eran los teólogos más reconocidos y los que, para el pueblo, eran los que decían las verdades indiscutibles. Pues bien, estos hombres llegan a donde predicaba Jesús y se ponen a decirle a la gente lo más terrible y negativo, que podía decir contra alguien, en este caso contra Jesús. A saber: "que no traía la salvación, sino que tenía un demonio dentro".

2. Jesús no se asustó ante semejante acusación, la más fuerte que se hizo contra él. Al contrario. Les hizo ver a aquellos teólogos la contradicción en que vivían. Hablaban contra el demonio, cuando en realidad eran sus mejores colaboradores. Cuando aquellos teólogos ofendían a Jesús, lo que en realidad hacían era quitarle la esperanza al pueblo sencillo y a la gente humilde. Ir por la vida haciendo eso, no tiene perdón de Dios porque "hace de Dios", "un demonio". ¿Cómo puede encontrar perdón quien rechaza la fuente del perdón?

3. Lo mismo ahora que en tiempos de Jesús, los "indoctos letrados" se reconocen en una cosa: no saben más que insultar, agredir, acusar, y atribuir al demonio lo que no les conviene. De los que proceden así, asegura Jesús que no tienen perdón de Dios. No porque Dios no perdone, sino porque ellos no reconocen, ni buscan, ni encuentran el origen y la causa de todo posible perdón. ¿Qué tan lejos, a veces, estamos de aquellos doctores de la Ley que insultaban a Jesús? Cuando uno no tiene razón, de inmediato le encuentras excusas para no hacerte responsable de tus acciones. Le echamos la culpa a cualquiera, incluso al Maligno, lo importante es, no hacerme responsable de mi actuar y de mi ser.

28 DE ENERO - MARTES — **3ª SEMANA DEL TIEMPO ORDINARIO**

Mc 3, 31-35

En aquel tiempo, llegaron la madre y los hermanos de Jesús, y desde fuera lo mandaron llamar. La gente que tenía sentada alrededor le dijo: "Mira, tu madre y tus hermanos están fuera y te buscan". Les contestó: "¿Quiénes son mi madre y mis hermanos?" Y paseando la mirada por el corro, dijo: "Estos son mi madre y mis hermanos. El que cumple la voluntad de Dios, ese es mi hermano y mi hermana y mi madre".

1. Alguien de la multitud avisa a Jesús de que sus familiares lo están buscando. Jesús aprovecha para indicar un vínculo más fuerte que el de la sangre. El de escuchar y obrar según su Palabra. El de comulgar con la voluntad de sus Padre. Aquí declara Jesús que ser parte de su familia está al alcance de todos.

2. Para Jesús, los más cercanos a él son los que hacen la voluntad de Dios. Ahora bien, la voluntad de Dios es que todos nos respetemos, nos ayudemos, nos queramos, y que jamás nos hagamos daño. La voluntad de Dios es que no nos relacionemos desde el interés y, menos aún, desde el egoísmo. Pero de sobra sabemos con qué frecuencia y hasta qué extremos de brutalidad se deforman las relaciones de parentesco, que empiezan por manifestaciones de prepotencia, de uso y de abuso y terminan en rivalidades, rencores, desprecios, odios, venganzas y muerte. Por una herencia o por una envidia, hay hermanos que se odian. Como hay madres castradoras que anulan a sus hijos. No. Jesús solo quería la relación humana enteramente libre. Porque es la única que nos hace más humanos y más libres.

3. Vistas así las cosas, se puede afirmar que la forma de relación humana más perfecta es la amistad. Porque la amistad –en cuanto tal amistad– es la única relación entre los humanos que no tiene sobre sí ningún mandamiento, ninguna obligación, ninguna prohibición. La amistad tiene su consistencia en sí misma. Por eso es completamente libre. Sin embargo, la familia es una institución fundamental. Jesús nunca rechazó a su familia, al contrario, la amaba y la quería.

4. Por medio de la familia, los seres humanos nos integramos en la sociedad, en la cultura, en la convivencia. Es importante proteger a la familia. Pero la familia es una institución condicionada por la cultura. Y suele evolucionar con los cambios que experimenta la cultura. Así como es importante proteger a la familia, igualmente es importante proteger y educar la libertad de los individuos y los grupos humanos. Hay que equilibrar el amor (que nos da la familia) con la libertad (que nos garantiza la sociedad).

29 DE ENERO - MIÉRCOLES **3ª SEMANA DEL TIEMPO ORDINARIO**

Mc 4, 1-20

En aquel tiempo, Jesús se puso a enseñar otra vez junto al lago. Acudió un gentío tan enorme, que tuvo que subirse a una barca; se sentó y el gentío se quedó en la orilla. Les enseñó mucho rato con parábolas, como él solía enseñar: "Escuchad: Salió el sembrador a sembrar; al sembrar, algo cayó al borde del camino, vinieron los pájaros y se lo comieron. Otro poco cayó en terreno pedregoso, donde apenas tenía tierra; como la tierra no era profunda, brotó enseguida; pero en cuanto salió el sol, se abrasó y, por falta de raíz, se secó. Otro poco cayó entre zarzas; las zarzas crecieron, lo ahogaron y no dio grano.

El resto cayó en tierra buena; nació, creció y dio grano; y la cosecha fue del treinta o del sesenta o del ciento por uno". Y añadió: "El que tenga oídos para oír que oiga". Cuando se quedó solo, los que estaban alrededor y los Doce le preguntaban el sentido de las parábolas. Él les dijo: "A vosotros se os han comunicado los secretos del Reino de Dios; en cambio, a los de fuera todo se les presenta en parábolas, para que por más que miren, no vean, por más que oigan, no entiendan, no sea que se conviertan y los perdonen". Y añadió: "¿No entendéis esta parábola? ¿Pues cómo vais a entender las demás? El sembrador siembra la palabra. Hay unos que están al borde del camino donde se siembra la palabra; pero en cuanto la escuchan, viene Satanás y se lleva la palabra sembrada en ellos. Hay otros que reciben la simiente como terreno pedregoso, al escucharla la acogen con alegría, pero no tienen raíces, son inconstantes, y cuando viene una dificultad o persecución por la Palabra, enseguida sucumben. Hay otros que reciben la simiente entre zarzas; estos son los que escuchan la Palabra, pero los afanes de la vida, la seducción de las riquezas y el deseo de lo demás los invaden, ahogan la Palabra, y se queda estéril. Los otros son los que reciben la simiente en tierra buena; escuchan la Palabra, la aceptan y dan una cosecha del treinta o del sesenta o del ciento por uno".

1. Dios se comunica en su Palabra. La Palabra que está en el Evangelio y, sobre todo, en Jesús. La Palabra se comunica cuando se escucha, y cuando se convierte en "convicción". Pero una convicción "se define por el hecho de que orientamos nuestro comportamiento conforme a ella". Una convicción es una regla de conducta. Cuando una convicción no se traduce en una conducta, no es auténtica. La palabra que solo trasmite conocimiento, admiración, emoción o entusiasmo, eso no es la Palabra de Dios.

2. La superficialidad, la dureza de corazón o los afanes de la vida impiden que la Palabra se traduzca en convicciones, que cambien nuestros hábitos de conducta. Hay teólogos que conocen el Evangelio, poetas que lo admiran, devotos que se emocionan al leerlo o escucharlo, y mucha gente que se entusiasma con tal frase o tal relato. Pero todo eso sirve de poco, si no cambia nuestra vida, de forma que se ajuste a lo que fue la vida de Jesús.

3. Lo que estamos viendo en nuestro tiempo, con motivo de la crisis. La gente se angustia cuando ve que se queda sin trabajo o que el sueldo no le llega a fin de mes. Lo que sufren los demás, eso ya es cosa que no preocupa tanto. O no importa en absoluto. La Palabra de Dios, que Jesús ha sembrado en nuestro corazón, ha caído entre zarzas o en tierra dura, no en un corazón sensible y bondadoso. ¿Es eso lo que nos ocurre?

4. Pero en el tema de la Palabra y si es que llegamos hasta el fondo del problema, hay algo capital, que nunca deberíamos olvidar. San Juan de la Cruz hablando de este asunto capital, escribió un texto genial: "Si te tengo ya habladas todas las cosas en mi Palabra, que es mi Hijo, y no tengo otra, ¿qué te puedo yo ahora responder o revelar que sea más que eso? Pon los ojos solo en él, porque en él te lo tengo todo dicho y revelado, y hallarás en él aún más de todo lo que pides y deseas. Porque tú pides locuciones y revelaciones en parte, y si pones en él los ojos, lo hallarás en todo: porque él es toda mi locución y respuesta y es toda mi visión y toda mi revelación. Lo cual os he ya hablado, respondido, manifestado y revelado, dándoosle por hermano, compañero y maestro, precio y premio" (Subida a Monte Carmelo, 2,22). En la vida de Jesús, Dios nos ha dicho todo lo que podía y tenía que decirnos. No hay más. (Cada quien saque sus conclusiones. Les recomiendo leer dos veces este breve texto de San Juan de la Cruz).

30 DE ENERO - JUEVES **3ª SEMANA DEL TIEMPO ORDINARIO**

Mc 4, 21-25

En aquel tiempo, dijo Jesús a la muchedumbre: "¿Se trae el candil para meterlo debajo del celemín o debajo de la cama, o para ponerlo en el candelero? Si se esconde algo es para que se descubra; si algo se hace a ocultas, es para que salga a la luz. El que tenga oídos para oír que oiga". Les dijo también: "Atención a lo que estáis oyendo: la medida que uséis la usarán con vosotros, y con creces. Porque al que tiene se le dará, y al que no tiene se le quitará hasta lo que tiene".

1. Jesús no quiere que sus discípulos hablen y vivan de forma que tengan cosas que ocultar. Cuando alguien dice o hace cosas "que no se pueden saber", nos encontramos con una de estas dos posibilidades: o se trata de cosas perversas; o son cosas que interesa ocultar. En cualquier caso, el problema está en que la imagen pública no coincide con la realidad de lo que verdaderamente es esa persona. Entonces el *parecer* se sobrepone al *ser*. Y así, nos metemos de lleno en la hipocresía. O en la "doble vida".

2. Jesús no tolera nada de eso porque, de la misma manera que él es luz (Mt 4,16), sus discípulos también han de serlo. Pero es claro que ni la hipocresía ni la doble vida ilumina a nadie. Es una pena la cantidad de cosas que las gentes religiosas tenemos que ocultar. Da vergüenza de que haya tantas cosas que, si se supieran, serían motivo de la mayor vergüenza. Porque se serían expresión de la mayor desvergüenza.

3. A juicio de Jesús, el que es tolerante, gozará de tolerancia. De la misma manera que el intolerante tendrá que soportar la mayor intolerancia. Y aquí, para terminar esta meditación evangélica, es de suma importancia pensar que en la Iglesia hay demasiadas cosas que se ocultan, se tapan, y sobre ellas se impone silencio. Los escándalos de la pederastia y abusos de menores han sido tantos y durante tanto tiempo porque las autoridades eclesiásticas imponían silencio, cuando en realidad se trataba, no ya de "pecados" (que Dios perdona), sino de "delitos" (que se tienen que denunciar ante los tribunales de justicia). Así, con buena voluntad, se le ha hecho mucho daño a criaturas inocentes y a la misma Iglesia.

4. Lo que ocurre en la Iglesia es que su Teología y su Derecho están pensados y redactados de manera que "Derechos Humanos", propiamente tales, no existen en la Iglesia. Porque está pensada y organizada como una "monarquía absoluta". Una institución, por tanto, en la que cada uno de sus miembros depende, no de un derecho adquirido, sino de la voluntad del que tiene por encima, como superior. Ahora bien, desde el momento en que las cosas funcionan así, lo que a cada uno de sus miembros les importa es estar siempre bien visto por los que tiene en un grado superior. Así las cosas, es imposible evitar la hipocresía, el ocultamiento, las vidas "metidas en el closet", incluso el cinismo y la mentira. Así somos los mortales. Hay que luchar por una Iglesia puesta al día, clara, transparente, siempre sincera y sin dobles lenguajes. ¿Estoy dispuesto a asumir las consecuencias?

31 DE ENERO - VIERNES **3ª SEMANA DEL TIEMPO ORDINARIO**

Mc 4, 26-34

En aquel tiempo Jesús decía a las turbas: "El Reino de Dios se parece a un hombre que echa simiente en la tierra. Él duerme de noche, y se levanta de mañana; la semilla germina y va creciendo, sin que él sepa cómo. La tierra va produciendo la cosecha ella sola: primero los tallos, luego la espiga, después el grano. Cuando el grano está a punto, se mete la hoz, porque ha llegado la siega". Dijo también: "¿Con qué podemos comparar el Reino de Dios? ¿Qué parábola usaremos? Con un grano de mostaza: al sembrarlo en la tierra es la semilla más pequeña, pero después, brota, se hace más alta que las demás hortalizas y echa ramas tan grandes que los pájaros pueden cobijarse y anidar en ellas". Con muchas parábolas parecidas les exponía la Palabra, acomodándose a su entender. Todo se lo exponía con parábolas, pero a sus discípulos se lo explicaba todo en privado.

1. Jesús presenta aquí el Reino de Dios utilizando dos parábolas: la de la semilla que germina y crece y la de la pequeñez. Así, Jesús nos enseña dos cosas importantes: 1) El Reino de Dios crece por sí solo y aunque nosotros ni nos demos cuenta de tal crecimiento. 2) El Reino de Dios, en todo caso y como realidad atribuible a Dios, es y será siempre algo muy pequeño, que pasará quizá inadvertido y, en todo caso, será una cosa insignificante. El Reino no crece a base de grandes concentraciones de gente ni de solemnidades con poder mediático. Eso es lo propio de los poderes de este mundo. El gigantismo, como ocurrió con los dinosaurios, está llamado a desaparecer. Las hormigas, sin embargo perviven en su pequeñez.

2. Estas dos parábolas nos ayudan a superar todos los pesimismos y desalientos. Con frecuencia, pensamos que el asunto del Reino de Dios está en crisis, sufre un declive y ya no interesa a nadie. Este tipo de catastrofismo es propio de personas o grupos que identifican el Reino de Dios con el triunfo de la Religión. Pero Jesús no lo presentó así. El Evangelio relaciona el Reino de Dios con la curación de enfermos y el alivio de penas y sufrimientos (Mt 4,23-24) y con la expulsión de demonios (Mt 12,28). El crecimiento del Reino no es el crecimiento de la religiosidad, sino el crecimiento de la felicidad, dignidad y libertad de las personas. La parábola de la semilla que crece por sí sola expresa la fuerza que tiene la vida. Donde hay vida, hay fuerza, que por sí misma y por sí sola, crece y madura hasta dar fruto. Un fruto que, a su vez, es origen de nueva vida y de más vida. Por eso lo mejor que podemos hacer es en este mundo es cuidar la vida, toda clase de vida, proteger la vida, respetarla y quererla.

3. Si le damos la razón al Evangelio –y no a los fanáticos de la religión–, tenemos motivos para el optimismo cristiano. El ejemplo más claro es la creciente preocupación por las víctimas. En este sentido, estamos asistiendo a un "gran estreno antropológico". Nuestra sociedad ha abolido primero la esclavitud (aunque haya otro tipo de esclavos) y después la servidumbre. A continuación ha llegado a la protección de la infancia, la promoción y liberación de la mujer, el cuidado de los ancianos, los extranjeros, la lucha contra la miseria y el hambre, los derechos humanos. Nuestro mundo no ha inventado la compasión pero sí la ha universalizado. Y nos hemos convencido de que el poder de transformación más eficaz no es la violencia revolucionaria, sino la moderna preocupación por las víctimas. Se ha puesto en marcha un proceso que ya es imparable. Lo importante ahora es acelerarlo. Así trabajamos por el Reino de Dios.

Mc 4, 35-41

Aquel día, al atardecer, dijo Jesús a sus discípulos: "Vamos a la otra orilla". Dejando a la gente, se lo llevaron en barca, como estaba; y otras barcas lo acompañaban. Se levantó un fuerte huracán y las olas rompían contra la barca hasta casi llenarla de agua. Él estaba a popa, dormido sobre un almohadón. Lo despertaron, diciéndole: "Maestro, ¿no te importa que nos hundamos?" Se puso en pie, increpó al viento y dijo al lago: "¡Silencio, cállate!" El viento cesó y vino una gran calma. Les dijo: "¿Por qué sois tan cobardes? ¿Aún no tenéis fe?" Se quedaron espantados y se decían unos a otros: "¿Pero, quién es este? ¡Hasta el viento y las aguas le obedecen!".

1. El relato de la tempestad en el lago plantea algunas preguntas que posiblemente no tienen respuesta: ¿ocurrió esta tempestad tal como aquí se relata? ¿Se produjo realmente en aquel pequeño y tranquilo lago una tormenta tan fuerte y tan peligrosa? ¿El mar y el viento obedecieron sumisamente a Jesús? ¿Alude este relato a los peligros que acechan a la "barca de Pedro", es decir, a la Iglesia? Importa mucho tener en cuenta que el relato de la tempestad no es un "relato histórico", sino un "mensaje de vida", expuesto en forma de recuerdo sobre cómo vivía Jesús.

2. Es claro que, si de verdad tenemos fe, no tenemos por qué dejarnos dominar por el miedo incluso en situaciones límite, como le pasó a los discípulos. Es claro también que Jesús asociaba la falta de fe con el miedo. Es decir, para Jesús, el enemigo de la fe no es el error dogmático o la desobediencia religiosa, sino el miedo, o sea cuando falla nuestra seguridad en Jesús. Es claro también que los discípulos, aunque "seguían" a Jesús, tenían poca fe y, en consecuencia, no se fiaban totalmente de él. Y es claro también que aquellos discípulos no sabían quién era Jesús, no lo conocían a fondo. Porque Jesús es siempre sorprendente.

3. Por eso se hacían la gran pregunta: "¿quién es este?" En Jesús, un ser humano como los demás, los discípulos veían y sentían la presencia del ser divino. ¿Quiere decir esto que Jesús es Dios? Tal afirmación no está a nuestro alcance. Porque es Dios el que, por ser "trascendente" a nuestro conocimiento, de Él no podemos conocer su ser (lo que es). Más bien, hay que decir que los discípulos sentían, ante Jesús, la cercanía de Dios, la manifestación de Dios, la revelación de Dios. Dios estaba presente en Jesús. Porque, en Jesús, Dios se había "humanizado". En Jesús, Dios está cerca de todo ser humano. Sobre todo, del ser humano amenazado, en peligro, asustado, del que ha perdido toda esperanza y se ve sin futuro. Esto expresa que, efectivamente, el Dios que se nos reveló en Jesús se ha humanizado y se identifica con todo lo que es verdaderamente humano.

2 DE FEBRERO - DOMINGO **PRESENTACIÓN DEL SEÑOR**

Lc 2, 22-40

Cuando llegó el tiempo de la purificación, según la ley de Moisés, los padres de Jesús lo llevaron a Jerusalén, para presentarlo al Señor, de acuerdo con lo escrito en la ley del Señor: "Todo primogénito varón será consagrado al Señor", y para entregar la oblación como dice la ley del Señor: "un par de tórtolas o dos pichones". Vivía entonces en Jerusalén un hombre llamado Simeón, hombre justo y piadoso, que aguardaba el consuelo de Israel; y el Espíritu Santo moraba en él. Había recibido un oráculo del Espíritu Santo: que no vería la muerte antes de ver al Mesías del Señor. Impulsado por el Espíritu, fue al Templo. Cuando entraban con el niño Jesús sus padres para cumplir con él lo previsto por la ley, Simeón lo tomó en brazos y bendijo a Dios diciendo: "Ahora, Señor, según tu promesa, puedes dejar a tu siervo irse en paz. Porque mis ojos han visto a tu Salvador, a quien has presentado ante todos los pueblos: luz para alumbrar a las naciones y gloria de tu pueblo Israel". Su padre y su madre estaban admirados por lo que decía del niño. Simeón los bendijo, diciendo a María, su madre: "Mira, este está puesto para que muchos en Israel caigan y se levanten; será como una bandera discutida: así quedará clara la actitud de muchos corazones. Y a ti, una espada te traspasará el alma". Había también una profetisa, Ana, hija de Fanuel, de la tribu de Aser. Era una mujer muy anciana; de jovencita había vivido siete años casada, y luego viuda hasta los ochenta y cuatro; no se apartaba del Templo día y noche, sirviendo a Dios con ayunos y oraciones. Acercándose en aquel momento, daba gracias a Dios y hablaba del niño a todos los que aguardaban la liberación de Jerusalén. Y, cuando cumplieron todo lo que prescribía la ley del Señor, se volvieron a Galilea, a su ciudad de Nazaret. El niño iba creciendo y robusteciéndose y se llenaba de sabiduría; y la gracia de Dios lo acompañaba.

1. Jesús fue judío, educado en la cultura y en la religión de Israel. El cristianismo tiene sus raíces en la religión de Israel. Pero eso no quiere decir que el cristianismo sea una mera prolongación del judaísmo. La originalidad de Jesús estuvo –entre otras cosas– en que desplazó el centro de la religión que en aquel entonces se practicaba. El centro del Evangelio no está en el templo y sus rituales, ni está en lo sagrado contrapuesto a lo profano. El centro del Evangelio está en la bondad que Jesús mostró en sus tres grandes preocupaciones: la salud de los enfermos, la alimentación de los pobres y las mejores relaciones humanas. Jesús dijo: *La Ley y los Profetas llegaron hasta Juan (Bautista); desde entonces se anuncia el Reino de Dios* (Lc 16,16) Jesús es, por tanto, el "centro del tiempo" Porque modificó de raíz nuestra comprensión del hecho religioso.

2. En el evangelio de hoy y en la liturgia de la Iglesia, se sigue leyendo la Ley de Moisés y los textos del Antiguo Testamento. Recordar todo aquello ayuda a nuestra fe porque en aquello se contienen los antecedentes de nuestra fe, pero la fe cristiana se origina en Jesús y a partir de él. Las lecturas del Antiguo Testamento nos preparan para comprender mejor la novedad de Jesús y del Evangelio.

3. Como ya quedó claro, cuando hemos explicado los evangelios de infancia, ni María necesitaba "purificación", ni Jesús "presentación" en el Templo. Los cristianos debemos respetar, admirar y estimar cada día más a los judíos. Por eso leemos con interés y devoción las tradiciones de toda la Biblia. Pero sabiendo que el centro de nuestra fe está en Jesús y su mensaje sobre el Reino de Dios. Pero hay algo más importante: los conflictos de Jesús con el Templo, con los Sacerdotes, con los rituales... todo eso entraña una enseñanza capital, a saber: las religiones, también la de Israel, rompieron la homogeneidad de lo real. Y, por tanto, las religiones hicieron la realidad heterogénea, separando "lo sagrado" de "lo profano", "lo divino" de "lo humano", etc. Y bien sabemos que esta fractura de lo real le ha costado muy cara a la sociedad. Y a la humanidad, que se ha visto así desplazada a un rango inferior y a una situación de dependencia. En esto radica el fundamento de los interminables conflictos de la violencia que generan las religiones.

4. Como se ha mencionado, Jesús nació, creció y fue educado en la religión de su pueblo, de sus padres y de su cultura. Pero fue un hombre lúcido, clarividente y libre para pensar. Por eso, se dio cuenta de las contradicciones que tenía y en que se vivía en aquella religión. ¿Por qué los varones (y no las mujeres) eran quienes se ofrecían a Dios en la presentación en el Templo y ante los sacerdotes? ¿Es que las mujeres no son tan dignas y merecen tanto como los hombres? ¿Y por qué las mujeres tienen que ser "purificadas", por ser madres? ¿Es que la maternidad impurifica? El Evangelio de Jesús corrige estas cosas. Como hoy la Iglesia tendría que corregir tantas otras cosas, que quedan como residuos de estas discriminaciones, que ya la gente le cuesta aceptar.

Mc 5, 1-20

En aquel tiempo, Jesús y sus discípulos llegaron a la orilla del lago en la región de los gerasenos. Apenas desembarcó, le salió al encuentro, desde el cementerio, donde vivía en las tumbas, un hombre poseído de espíritu inmundo; ni con cadenas podía ya nadie sujetarlo; muchas veces lo habían sujetado con cepos y cadenas, pero él rompía las cadenas y destrozaba los cepos, y nadie tenía fuerza para domarlo. Se pasaba el día y la noche en los sepulcros y en los montes, gritando e hiriéndose con piedras. Viendo de lejos a Jesús, echó a correr, se postró ante él y gritó a voz en cuello: "¿Qué tienes que ver conmigo, Jesús Hijo de Dios Altísimo? Por Dios te lo pido, no me atormentes". Porque Jesús le estaba diciendo: "Espíritu inmundo, sal de este hombre". Jesús le preguntó: "¿Cómo te llamas?" Él respondió: "Me llamo Legión, porque somos muchos". Y le rogaba con insistencia que no lo expulsara de aquella comarca. Había cerca una gran piara de cerdos hozando en la falda del monte. Los espíritus le rogaron: "Déjanos ir a meternos en los cerdos". Él se lo permitió. Los espíritus inmundos salieron del hombre y se metieron en los cerdos; y la piara, unos dos mil, se abalanzó acantilado abajo al lago y se ahogó en el lago. Los porquerizos echaron a correr y dieron la noticia en el pueblo y en el campo. Y la gente fue a ver qué había pasado. Se acercaron a Jesús y vieron al endemoniado que había tenido la legión, sentado, vestido y en su juicio. Se quedaron espantados. Los que lo habían visto les contaron lo que había pasado al endemoniado y a los cerdos. Ellos le rogaban que se marchase de su país. Mientras se marchaba, el endemoniado le pedía que lo admitiese en su compañía. Pero no se lo permitió, sino que le dijo: "Vete a casa con los tuyos y anúnciales lo que el Señor ha hecho contigo por su misericordia". El hombre se marchó y empezó a proclamar por la Decápolis lo que Jesús había hecho con él; todos se admiraban.

1. Después de la tempestad calmada, Jesús y los suyos consiguen desembarcar en territorio pagano para depositar también allí la semilla liberadora del reino de Dios. El encuentro inmediato con un endemoniado furioso e indómito, cuya morada estaba entre las tumbas, revela la situación del mundo al que Jesús ahora se enfrenta. Es un mundo alineado y bajo el signo de la muerte. Es además un mundo impuro, como sugiere la presencia de una piara de cerdos. Todo está bajo el domino del maligno, domino tan poderoso y organizado como legión. ¿Podrá hacer algo Jesús?

2. La situación es difícil, pero el poder del Hijo de Dios altísimo supera infinitamente al de las fuerzas demoníacas. Estas retroceden ante él para precipitarse en el abismo, y el hombre recobra la paz interior (sentado) el domino de sí mismo (vestido) y su dignidad de hombre (sano juicio). Esta liberación realizada por Jesús suscita, como la tempestad calmada, el estupor de los presentes. Tanto es así que pidieron a Jesús que abandonara la región. ¿Por qué? Porque los habitantes de aquel pueblo se vieron privados de su capital, preferían ver al hombre encadenado a la muerte, que su liberación. El apego al capital, trastorna y pervierte a una sociedad entera.

3. En el grito de aquel endemoniado de Gerasa, está también el drama de tantas personas que siguen clamando por su verdadera liberación que sane y devuelva al ser humano su dignidad primera. Ahí tenemos a nuestros migrantes que tienen que abandonar sus hogares para buscar una vida más digna y que casi nunca la encuentran porque al final se vuelven esclavos del sistema corrupto y explotador. La madres solteras y esposas maltratadas, los niños de la calle y los que son abusados, obreros mal pagados y denigrados… ¿Somos los ojos y oídos de estos hermanos nuestros para ayudarlos a llegar a Jesús que los sane?

4 DE FEBRERO - MARTES **4ª SEMANA DEL TIEMPO ORDINARIO**

Mc 5, 21-43

En aquel tiempo, Jesús atravesó de nuevo a la otra orilla, se le reunió mucha gente a su alrededor, y se quedó junto al lago. Se acercó un jefe de la sinagoga, que se llamaba Jairo, y al verlo se echó a sus pies, rogándole con insistencia: "Mi niña está en las últimas; ven, pon las manos sobre ella, para que se cure y viva". Jesús se fue con él, acompañado de mucha gente que lo apretujaba. Había una mujer que padecía flujos de sangre desde hacía doce años. Muchos médicos la habían sometido a toda clase de tratamientos y se había gastado en eso toda su fortuna; pero en vez de mejorar, se había puesto peor. Oyó hablar de Jesús y, acercándose por detrás, entre la gente, le tocó el manto, pensando que con solo tocarle el vestido, curaría. Inmediatamente se secó la fuente de sus hemorragias y notó que su cuerpo estaba curado. Jesús, notando que había salido fuerza de él, se volvió enseguida, en medio de la gente, preguntando: "¿Quién me ha tocado el manto?" Los discípulos le contestaron: "Ves cómo te apretuja la gente y preguntas: "¿quién me ha tocado?" Él seguía mirando alrededor, para ver quién había sido. La mujer se acercó asustada y temblorosa, al comprender lo que había pasado, se le echó a los pies y le confesó todo. Él le dijo: "Hija, tu fe te ha curado. Vete en paz y con salud". Todavía estaba hablando cuando llegaron de casa del jefe de la sinagoga para decirle: "Tu hija se ha muerto. ¿Para qué molestar más al Maestro?" Jesús alcanzó a oír lo que hablaban y le dijo al jefe de la sinagoga: "No temas: basta que tengas fe". No permitió que lo acompañara nadie, más que Pedro, Santiago y Juan, el hermano de Santiago. Llegaron a casa del jefe de la sinagoga y encontró el alboroto de los que lloraban y se lamentaban a gritos. Entró y les dijo: "¿Qué estrépito y qué lloros son estos? La niña no está muerta, está dormida". Se reían de él. Pero él los echó fuera a todos, y con el padre y la madre de la niña, la cogió de la mano y le dijo: "Talitha qumi" (que significa: "contigo hablo, niña, levántate"). La niña se puso en pie inmediatamente y echó a andar –tenía doce años–. Y se quedaron viendo visiones. Les insistió en que nadie se enterase y les dijo que dieran de comer a la niña.

1. A Jesús acuden desde los más sencillos hasta los jefes de la sinagoga. Jesús muestra que sus preferidos son todos aquellos que con humildad reconocen sus limitaciones. Jairo, hombre influyente que implora de manera insistente a Jesús delante de todos, y la mujer anónima que se le acerca de modo furtivo, escondida entre la gente. A los dos escucha el Señor.

2. En el caso de este evangelio, Jesús cura a una mujer enferma y devuelve la vida a una niña. Las mujeres es el único grupo humano con el que, según los evangelios, Jesús no tuvo jamás conflicto o enfrentamiento alguno. Siempre las trató con respeto, con suma atención, nunca les reprochó nada, y desde luego siempre atendió sus peticiones y les ayudó en lo que necesitaban. Si bien las sociedades antiguas mediterráneas a los mujeres casi se les consideraba como esclavas, Jesús, por el contrario, las dignificó, las curó, las liberó de cualquier forma de opresión o desprecio. Jesús es, en la historia de la cultura y del derecho, uno de los más grandes defensores de la mujer y su dignidad.

3. A pesar de haber pasado tantos siglos, es una pena que hoy en nuestras sociedades, muchas mujeres sigan en situación, poco menos que de esclavitud. Jesús nos enseña que somos iguales ante Dios en nuestra dignidad humana y cristiana. Es también lamentable que algunos movimientos feministas con el afán de reivindicar los derechos de la mujer hayan llegado a tales extremos ideologizando el tema, que están siendo poco creíbles en sus propuestas. Necesitamos hombres y mujeres que con libertad luchen como

Jesús para dignificar a la mujer y hacerla partícipe en la misión que Cristo nos ha encomendado: curar, liberar, sanar heridas y solidarizarse con los más necesitados.

4. ¿Creo en el poder sanador de Dios? ¿Cómo le hablo a Jesús cuando sufro de alguna enfermedad? ¿Hago espacio para escuchar de nuevo: "No temas, basta que tengas fe"?

5 DE FEBRERO - MIÉRCOLES **4ª SEMANA DEL TIEMPO ORDINARIO**

Mc 6, 1-6

En aquel tiempo, fue Jesús a su tierra en compañía de sus discípulos. Cuando llegó el sábado, empezó a enseñar en la sinagoga: la multitud que lo oía se preguntaba asombrada: "¿De dónde saca todo esto? ¿Qué sabiduría es esa que le han enseñado? ¿Y esos milagros de sus manos? ¿No es este el carpintero, el hijo de María, hermano de Santiago y José y Judas y Simón? Y sus hermanas, ¿no viven con nosotros aquí? Y desconfiaban de él. Jesús les decía: "No desprecian a un profeta más que en su tierra, entre sus parientes y en su casa". No pudo hacer allí ningún milagro, solo curó algunos enfermos imponiéndoles las manos. Y se extrañó de su falta de fe. Y recorría los pueblos de alrededor enseñando.

1. Marcos ambienta el texto contándonos el lugar hacia donde Jesús se dirige: Nazaret (su pueblo), adonde lo siguen sus discípulos; el sábado entra en la sinagoga para el culto y se pone a enseñar. Este regreso a su pueblo lo hace como Maestro, pero justamente por eso lo rechazan. No aceptan que alguien de su pueblo pueda tener tanta sabiduría; para ellos, no era más que un hijo de vecino, un carpintero sencillo y sin preparación especial.

2. Jesús se sintió despreciado en su pueblo, entre sus parientes y en su casa. Es duro esto. Es posible que, al decir eso, estuviera repitiendo un refrán de aquel tiempo. En cualquier caso, ya sabemos que los parientes de Jesús pensaban que estaba loco (Mc 3,21). El problema de fondo está en que cuando una persona no se acomoda a lo que los demás esperan de ella, esa persona cae en desgracia. Verse despreciado es siempre algo muy duro de soportar. Pero si el desprecio viene de los seres más queridos, el sufrimiento es mayor.

3. Muchas veces nos dejamos llevar por las apariencias. Nos cuesta trascender y quitarnos todo prejuicio para poder ver al otro con los ojos del corazón y con la grandeza de la fe. Muchas veces las virtudes y los esfuerzos de cambio que hace el hermano los minimizamos recordándole el pasado. Jesús nos enseña no a condenar sino a absolver. Por naturaleza somos negativos. Ver la imagen de Dios en nuestros semejantes nos tendría que hacer más positivos.

6 DE FEBRERO - JUEVES **4ª SEMANA DEL TIEMPO ORDINARIO**

Mc 6, 7-13

En aquel tiempo, llamó Jesús a los Doce y los fue enviando de dos en dos, dándoles autoridad sobre los espíritus inmundos. Les encargó que llevaran para el camino un bastón y nada más, pero no pan ni alforjas, ni dinero suelto en la faja; que llevasen sandalias, pero no una túnica de repuesto. Y añadió: "Quedaos en la casa donde entréis, hasta que os vayáis de aquel sitio. Y si un lugar no os recibe ni os escucha, al marcharos sacudíos el polvo de los pies, para probar su culpa". Ellos salieron a predicar la conversión, echaban muchos demonios, ungían con aceite a muchos enfermos y los curaban.

1. Este relato no empieza hablando de "potestad", sino de "autoridad". Pero la "autoridad" que Jesús da a sus discípulos no es para *enseñar*, sino para *curar*. En las ideas que la gente tenía en aquellos tiempos, entraba que los "espíritus inmundos" era el nombre que se les ponía a algunas enfermedades. En los evangelios está claro que a Jesús le preocupaba más la salud de la gente que las ideas que cada uno tuviera. Y, sobre todo, lo que más llama la atención es que el interés de Jesús se centraba en la salud (lo profano), no en la religión (lo sagrado). Jesús veía claro que a Dios lo encontramos en la humanidad. Por eso, para salvar al mundo, Dios se hizo humano, se encarnó en un ser humano, en Jesús.

2. Para la misión, es decir, para curar, para sanar, para dar vida, a juicio de Jesús, no se necesita dinero ni aparecer como personas importantes. Jesús no quería que fueran pobres, sino que fueran libres. Porque los bienes atan, crean dependencias y hasta esclavizan. Y así, desde luego, se podrán organizar muchas cosas, pero vida y felicidad no se da mucha o quizá ninguna.

3. La libertad de los discípulos no debe dejarles atarse a nada. Donde no les reciban, no deben insistir. Lo que recomienda Jesús es que se vayan a otra parte. Jesús quería (y quiere) hombres siempre libres como las aves del cielo. Es el ideal utópico del Evangelio, que tendría que marcar los caminos de todo el que pretende enseñar la Buena Noticia, trasmitir esperanza y contagiar felicidad. Solo así podemos encontrar a Dios.

Mc 6, 14-29

En aquel tiempo, como la fama de Jesús se había extendido, el rey Herodes oyó hablar de él. Unos decían: "Juan Bautista ha resucitado, y por eso los ángeles actúan en él". Otros decían: "Es Elías". Otros: "Es un profeta como los antiguos". Herodes, al oírlo, decía: "Es Juan a quien yo decapité que ha resucitado". Es que Herodes había mandado prender a Juan y lo había metido en la cárcel encadenado. El motivo era que Herodes se había casado con Herodías, mujer de su hermano Felipe, y Juan le decía que no era lícito tener la mujer de su hermano. Herodías aborrecía a Juan y quería quitarlo de en medio; no acababa de conseguirlo, porque Herodes respetaba a Juan, sabiendo que era un hombre honrado y santo, y lo defendía. En muchos asuntos seguía su parecer y lo escuchaba con gusto. La ocasión llegó cuando Herodes, por su cumpleaños, dio un banquete a sus magnates, a sus oficiales y a la gente principal de Galilea. La hija de Herodías entró y danzó, gustando mucho a Herodes y a los convidados. El rey le dijo a la joven: "Pídeme lo que quieras, que te lo doy". Y le juró: "Te daré lo que me pidas, aunque sea la mitad de mi reino". Ella salió a preguntarle a su madre: "¿Qué le pido?" La madre le contestó: "La cabeza de Juan el Bautista". Entró ella enseguida, a toda prisa, y se acercó al rey y le pidió: "Quiero que ahora mismo me des en una bandeja la cabeza de Juan el Bautista". El rey se puso muy triste; pero por el juramento y los convidados no quiso desairarla. Enseguida le mandó a uno de su guardia que la trajese la cabeza de Juan. Fue, lo decapitó en la cárcel, trajo la cabeza en una bandeja; la joven se la entregó a su madre. Al enterarse sus discípulos fueron a recoger el cadáver y lo enterraron.

1. Sea cual sea la fecha en que se produjo este crimen terrible del homicidio de Juan Bautista, lo que no admite duda es que el evangelio de Marcos lo puso inmediatamente después del envío misional de los apóstoles de Jesús. No parece que sea un disparate pensar que el envío misional, tal como lo explicó Jesús a sus discípulos, tiene una relación directa con el final trágico que tuvo que sufrir este gran profeta, como fue Juan Bautista. En el fondo, lo que Marcos nos dice es que quien toma en serio la misión de ir anunciando la llegada del Reino de Dios; además lo hace cumpliendo las condiciones que impuso Jesús, el que organiza y orienta la misión apostólica así, debe tener en cuenta que puede acabar como acabó Juan, perseguido, preso y degollado. La misión de Jesús a sus apóstoles es una tarea peligrosa. Con tal que se cumpla como Jesús quiso.

2. Hay que hacerse esta pregunta: los gobernantes de hoy ¿son más humanos que los gobernantes del tiempo de Jesús? Es decir, ¿la política actual se ha humanizado y ya no es tan inhumana como lo era la política de la Antigüedad? Por lo general, un gobernante es un individuo que manda e impone su voluntad, sea cual sea el sistema mediante el que gobierna. Así fue antiguamente. Y así sigue siendo ahora. Aunque ahora se haga de forma más disimulada. Gobernante y tirano (quizá muy disimulado) es, en el fondo, la misma cosa. No es difícil echar un vistazo a nuestro alrededor y ver cómo se dan las cosas en la manera de gobernar: sobornos, corrupción, chantajes, asesinatos, manipulación... En fin, ayer como hoy, poco o nada han cambiado las cosas. "Herodes" los encontramos de muchas maneras, claro está, simulados.

3. Juan Bautista, a fin de preparar el camino a Jesús, anunció la conversión a pesar de los riesgos; su actuar lo llevó lo llevó a la muerte. ¿Incomoda a otros mi fe, me tratan mal a causa de ella? ¿Vale la pena correr riesgos por mi fe? Hoy hablamos mucho de la libertad religiosa y la libertad de expresión. Ambas, cada vez, están siendo más y más acotadas.

8 DE FEBRERO - SÁBADO **4ª SEMANA DEL TIEMPO ORDINARIO**

Mc 6, 30-34

En aquel tiempo, los apóstoles volvieron a reunirse con Jesús y le contaron todo lo que habían hecho y enseñado. Él les dijo: "Venid vosotros solos a un sitio tranquilo a descansar un poco". Porque eran tantos los que iban y venían que no encontraban tiempo ni para comer. Se fueron en barca a un sitio tranquilo y apartado. Muchos los vieron marcharse y los reconocieron; entonces de todas las aldeas fueron corriendo por tierra a aquel sitio y se les adelantaron. Al desembarcar, Jesús vio una multitud y le dio lástima de ellos, porque andaban como ovejas sin pastor; y se puso a enseñarles con calma.

1. Lo que más impresiona en este breve relato es la atracción que ejercía Jesús sobre las gentes de Galilea. Los habitantes de aquellas aldeas eran pobres, ignorantes y poco religiosos. Se ha hecho famosa la expresión de Yojanan ben Zakkai, desesperado por el poco éxito de su misión en Galilea: *Galilea, Galilea, tú odias la Ley y el Sábado*. Por lo tanto, si la gente acudía en masa a Jesús, no era porque en él encontraban un maestro de la Ley o un maestro de ceremonias. Lo que aquellas gentes buscaban en Jesús no era religión. ¿Por qué lo buscaban con tanto interés?

2. Aquellas gentes acudían a Jesús porque en él encontraban respuesta a sus carencias y aspiraciones más hondas y más profundamente humanas: la salud, la comida y sobre todo la acogida y la necesidad de que alguien nos comprenda, nos respete, nos quiera, tal como somos y tal como vivimos. En definitiva, no buscaban "religión". Buscaban "humanidad". La religión se podía encontrar en el templo o en la sinagoga. La bondad (que tanto necesitaban) la encontraban en Jesús. Me puedo preguntar aquí, cuando alguien me busca, ¿por qué lo hace? ¿qué le doy?

3. La humanidad de Jesús es única: cuando no tiene ni tiempo para comer, ni para descansar; y cuando la gente acude de nuevo en masa, la reacción de Jesús fue, al ver aquellas pobres gentes, que "se le conmovieron las entrañas". Eso es lo que literalmente dice el relato. Jesús nunca le decía a la gente que se fuera al Templo o a la sinagoga, ni que se pusieran a rezar Salmos o a estudiar la Palabra de Dios. Jesús acoge, comprende, acepta… a todos, sean como sean y vivan como vivan. Su humanidad inexplicable es el encuentro con Dios. ¿Qué actitud muestro con las personas que viven a mi alrededor?

9 DE FEBRERO - DOMINGO — 5ª SEMANA DEL TIEMPO ORDINARIO

Lc 5, 1-11

En aquel tiempo, la gente se agolpaba alrededor de Jesús para oír la Palabra de Dios, estando él a orillas del lago de Genesaret; y vio dos barcas que estaban junto a la orilla: los pescadores habían desembarcado y estaban lavando las redes. Subió a una de las barcas, la de Simón, y le pidió que la apartara un poco de tierra. Desde la barca, sentado, enseñaba a la gente. Cuando acabó de hablar, dijo a Simón: "Rema mar adentro y echad las redes para pescar". Simón contestó: "Maestro, nos hemos pasado la noche bregando y no hemos cogido nada; pero por tu palabra, echaré las redes". Y, puestos a la obra, hicieron una redada de peces tan grande que reventaba la red. Hicieron señas a los socios de la otra barca, para que vinieran a echarles una mano. Se acercaron ellos y llenaron las dos barcas, que casi se hundían. Al ver esto, Simón Pedro se arrojó a los pies de Jesús diciendo: "Apártate de mí, Señor, que soy un pecador". Y es que el asombro se había apoderado de él y de los que estaban con él, al ver la redada de peces que habían cogido; y lo mismo les pasaba a Santiago y Juan, hijos de Zebedeo, que eran compañeros de Simón. Jesús dijo a Simón: "No temas: desde ahora, serás pescador de hombres". Ellos sacaron las barcas a tierra y, dejándolo todo, le siguieron.

1. Los discípulos están pescando y no recogen nada. Jesús les invita a echar las redes mar adentro y recogen tantos peces que quedan asombrados y Pedro se siente un pecador delante de Jesús que lo invita a seguirlo.

2. Pero lo que importa aquí es la enseñanza evangélica que nos da el relato. Y esa enseñanza consiste en que, hablando de pesca, de la comida o la bebida y de la salud, los evangelios relacionan siempre a Jesús con la abundancia. Ante la presencia de Jesús, las redes revientan por la cantidad de peces, los hambrientos se sacian por la cantidad de panes hasta sobrar en exceso, los enfermos se curan todos solo con tocarlo. Y hasta en la boda de Caná, de pronto, se encontraron con seiscientos litros del mejor vino imaginable.

3. En tiempos de crisis y escasez, como los que vivimos, ¿no será que no hacemos presente a Jesús en nuestras vidas y en nuestra sociedad? No se trata de que hagan falta milagros. De lo que se trata es que nos gastemos menos dinero en armamentos militares, en lujos y formas de vida escandalosa, en palacios y diversiones, en vanidades y caprichos... Y se trata, sobre todo, de que tomemos en serio la lucha por la justicia, por la mayor igualdad posible entre todos los ciudadanos del mundo y todos los pueblos.

4. Los discípulos vieron en Jesús un ser humano que trascendía lo humano. En lo humano de Jesús sintieron el estremecimiento de lo divino. Pero lo sintieron como algo completamente nuevo: no era ya el miedo ante lo sagrado que exige respeto, sino ante la abundancia que satisface la necesidad o que libera del mal y de la enfermedad. En el hombre Jesús, lo divino se revela rebosante de humanidad. En Jesús, la idea y la experiencia de Dios cambia radicalmente. Dios se ha humanizado.

10 DE FEBRERO - LUNES — **5ª SEMANA DEL TIEMPO ORDINARIO**

Mc 6, 53-56

En aquel tiempo, cuando Jesús y sus discípulos terminaron la travesía, tocaron tierra en Genesaret, y atracaron. Apenas desembarcados, algunos lo reconocieron, y se pusieron a recorrer toda la comarca; cuando se enteraba la gente dónde estaba Jesús, le llevaban los enfermos en camillas. En la aldea o pueblo o caserío donde llegaba, colocaban a los enfermos en la plaza, y les rogaba que les dejase tocar al menos el borde de su manto y los que lo tocaban se ponían sanos.

1. La cumbre de este relato es el final, que viene a ser como una conclusión de la actividad de Jesús y de su proyecto: Toda la gente quería, por lo menos, poder tocar a Jesús. Y los que lo tocaban, inmediatamente quedaban sanos. Aquellas gentes de la región de Genesaret, una amplia llanura en la parte occidental del lago de Galilea, seguramente ni creían en el mismo Dios, ni por tanto tenían la misma religión, que tenían los judíos. Pero, como todos los humanos, tenían sus limitaciones, sus enfermedades, sus anhelos de vivir y de felicidad. Y a todo esto es a lo que, ante todo, responde Jesús. Los que le tocaban, al menos el manto de su ropa, quedaban sanos.

2. *El Evangelio, antes que un libro de religión, es un proyecto de vida.* Jesús es vida, que da vida a todo el que se acerca a él. Y así nos enseña el camino para buscar y encontrar a Dios. A Dios se le encuentra donde Dios está a nuestro alcance. Y eso se encuentra en todos los que sufren, en quienes lo pasan mal. En ellos está Jesús. Y en ellos está, por tanto, el centro de nuestra espiritualidad y de nuestra religiosidad.

3. Es una lástima que los estudiosos de los evangelios dediquen casi todo su tiempo a precisar los detalles de cada relato: dónde, cuándo, cómo, por qué y para qué sucedió lo que narran los evangelistas. Todo eso es interesante. Pero no es lo importante. Lo que nos importa es la forma de vida que nos humaniza a todos. Y que a todos nos lleva a Dios. Y esa forma de vida no es otra cosa que la sintonía con el dolor humano, la sensibilidad con los que sufren, la bondad con todos, sea cual sea su forma de pensar o de vivir. Eso es lo que nos hace ser religiosos según Jesús al estilo de Jesús.

4. ¿No será por todo esto por lo que tenemos miedo al Evangelio? Sí. Es verdad. Nos da miedo el Evangelio porque nos da miedo pensar que creemos en Dios, en la medida, y solo en la medida, en que vivimos como el Evangelio nos marca que tenemos que vivir. Nos podríamos preguntar, ¿dónde encuentro a Jesús hoy? ¿Cuándo ayuda a alguien sin buscar interés, descubro que él está ahí?

11 DE FEBRERO - MARTES **5ª SEMANA DEL TIEMPO ORDINARIO**

Mc 7, 1-13

En aquel tiempo, se acercó a Jesús un grupo de fariseos con algunos letrados de Jerusalén y vieron que algunos discípulos comían con manos impuras (es decir, sin lavarse las manos. Los fariseos, como los demás judíos no comen sin lavarse antes las manos, restregando bien, aferrándose a la tradición de sus mayores, y al volver de la plaza no comen sin lavarse antes las manos, y se aferran a otras muchas tradiciones, de lavar vasos, jarras y ollas). Según eso, los fariseos y los letrados preguntaron a Jesús: "¿Por qué comen tus discípulos con manos impuras y no siguen la tradición de los mayores?" Él les contestó: "Bien profetizó Isaías de vosotros, hipócritas, como está escrito: "Este pueblo me honra con los labios, pero su corazón está lejos de mí. El culto que me dan está vacío, porque la doctrina que enseñan son preceptos humanos". Dejáis a un lado el mandamiento de Dios para aferraros a la tradición de los hombres". Y añadió: "Anuláis el mandamiento de Dios por mantener vuestra tradición". Moisés dijo: "Honra a tu padre y a tu madre" y "el que maldiga a su padre o a su madre tiene pena de muerte". En cambio, vosotros decís: "Si uno le dice a su padre o a su madre: Los bienes con que podría ayudarte los ofrezco al Templo", ya no le permitís hacer nada más por su padre o por su madre; invalidando la palabra de Dios con esa tradición que os transmitís; y como estas hacéis muchas".

1. Para el pueblo judío, los rituales religiosos tenían una gran importancia y principalmente su fe la centraban en eso. Jesús modificó radicalmente la religión. No la centró en los rituales, como suelen hacer casi todas las religiones que se conocen. Jesús puso el centro de la religión en la vida. Sobre todo, en el comportamiento que cada uno tiene en su vida. Los rituales son acciones convencionales, que se repiten siempre lo mismo y a los que se les atribuye un efecto de salvación, en el caso de los rituales religiosos. Las personas religiosas piensan que, si hacen ciertos rituales y otras formas de piedad, pero vacías en su contenido, con eso se salvan, se liberan de los sentimientos de culpa, tranquilizan la conciencia o así encuentran a Dios.

2. Jesús les dice a los fariseos y a los letrados que todas esas normas religiosas que ellos practican son un "culto vacío", que equivale a lo que Isaías 29,13 califica como *precepto humano y rutina*. Un hecho que se sigue produciendo entre personas muy religiosas y en ceremonias de "pompa y circunstancia". Se anteponen las normas litúrgicas humanas a los principios más básicos del Evangelio y de la ética. A Jesús lo que le importaba era "el bien de las personas". Por eso Jesús les echa en cara a los fariseos que, sirviéndose del respeto al templo, le metían en la cabeza a la gente sencilla que era más importante dar sus limosnas para el culto sagrado, que cuidar de sus padres ancianos que en aquellos tiempos, no tenían pensiones de jubilados ni ninguna otra seguridad económica.

3. Por desgracia, es frecuente encontrar personas y grupos muy fieles y observantes de los ritos religiosos, pero al mismo tiempo esas personas fieles y observantes son unos perfectos ladrones y seres deshumanizados. Lo importante en la vida es que seamos buenas personas, que nos portemos siempre bien con los demás, que reconozcamos nuestros fallos y nuestras contradicciones, que ayudemos siempre a quien lo necesita, que seamos responsables en el trabajo o en la profesión. Esto es lo que importa. Y en esto consiste la clave del cristianismo.

12 DE FEBRERO - MIÉRCOLES 5ª SEMANA DEL TIEMPO ORDINARIO

Mc 7, 14-23

En aquel tiempo, llamó Jesús de nuevo a la gente y les dijo: "Escuchad y entended todos: Nada que entre de fuera puede hacer al hombre impuro; lo que sale de dentro es lo que hace impuro al hombre. El que tenga oídos para oír que oiga". Cuando dejó a la gente y entró en casa, le pidieron sus discípulos que les explicara la comparación. Él les dijo: "¿Tan torpes sois también vosotros? ¿No comprendéis? Nada que entre de fuera puede hacer impuro al hombre, porque no entra en el corazón sino en el vientre y se echa en la letrina" (Con esto declaraba puros todos los alimentos). Y siguió: "Lo que sale de dentro, eso sí mancha al hombre. Porque de dentro del corazón del hombre, salen los malos propósitos, las fornicaciones, robos, homicidios, adulterios, codicias, injusticias, fraudes, desenfreno, envidia, difamación, orgullo, frivolidad. Todas estas maldades salen de dentro y hacen al hombre impuro".

1. La afirmación de Jesús, según la cual no son las cosas externas (los ritos o ceremonias, los actos meramente externos al ser humano en la profundidad de su corazón) las que hacen al hombre bueno malo, sino lo que sale de dentro, del corazón, de lo más profundo de uno mismo, eso era lo que resumía el mensaje de los profetas del Antiguo Testamento. Para aquellos profetas de Dios, el Señor desprecia los "sacrificios" y las "festividades", por más que eso no quisiera decir que Dios abolía tales sacrificios.

2. Jesús deja claro y establecido que su mensaje no se centra en una religión de actos, ritos y ceremonias. El Evangelio es el mensaje de la intimidad y de la autenticidad de lo que nos sale del corazón. Es, por lo tanto, la religión de la autenticidad profunda del ser humano. Lo que Jesús espera y quiere de nosotros es que seamos profundamente buenos, desde lo más hondo y lo más nuestro. Lo opuesto a esto es la religiosidad de quien se queda tranquilo con los actos públicos y las ceremonias, con lo que se ve y con las apariencias. Con eso, lo único que conseguimos es engañar a los demás. Y, sobre todo, engañarnos a nosotros mismos. ¡Cuántos observantes "ejemplares", que viven en el puro engaño!

3. Se discute el origen de la lista de vicios, que pone aquí el evangelio de Marcos. Hay quienes piensan que provienen de la filosofía popular de la Grecia antigua, concretamente del estoicismo, corriente filosófica de aquella época. Si bien hay quienes piensan en los Rollos del Mar Muerto (1Q 4,9-11). Sea lo que sea de este, lo que interesa no es precisar el origen de esta lista de vicios. Lo que nos interesa es tener muy claro que ha de ser nuestro buen corazón, nuestra honradez y honestidad, lo que marque nuestro proceder en la vida. Lo demás, interesa poco. Si uno es honrado y honesto, de seguro que no es vicioso. Por eso, lo que vale es la honradez y la honestidad auténtica. En eso consiste lo que Dios nos pide y espera de nosotros.

13 DE FEBRERO - JUEVES **5ª SEMANA DEL TIEMPO ORDINARIO**

Mc 7, 24-30

En aquel tiempo, Jesús fue a la región de Tiro. Se alojó en una casa procurando pasar desapercibido, pero no lo consiguió; una mujer que tenía una hija poseída por un espíritu impuro se enteró enseguida, fue a buscarlo y se le echó a los pies. La mujer era pagana, una fenicia de Siria, y le rogaba que echase el demonio de su hija. Él le dijo: "Deja que coman primero los hijos. No está bien echarles a los perros el pan de los hijos". Pero ella replicó: "Tienes razón, Señor; pero también los perros, debajo de la mesa, comen las migajas que tiran los niños". Él le contestó: "Anda vete, que por eso que has dicho, el demonio ha salido de tu hija". Al llegar a su casa, se encontró a la niña echada en la cama, el demonio se había marchado.

1. A primera vista este relato resulta desconcertante. Porque la primera impresión que produce es que Jesús, no solo rechaza, sin que hasta "insulta" a una pobre mujer, por la sencilla razón de que era una extranjera. Los judíos se consideraban los preferidos de Dios y por ende, merecedores de la salvación. Todos los demás eran paganos y solo merecían desprecio. Jesús fue educado en la cultura y religión judía, por tanto, no nos ha de extrañar que participara de aquellas ideas. Pero hay que leer el relato hasta el final. Y así se comprende que lo determinante, para Jesús, no era la nacionalidad o las creencias religiosas. Lo decisivo, para Jesús es la bondad y la humildad, el buen corazón. Justamente, lo que demostró tener aquella buena madre.

2. La diversidad y la diferencia de nacionalidad y de religión son fuente y motivo, no solo de separación y alejamiento, sin incluso de odio y violencia.

Es el "desprecio" que pone de manifiesto en la primera reacción que manifestó esta narración. Es el rechazo que a todos nos producen los inmigrantes, los refugiados o todo lo que sean gentes extrañas, que se nos hacen difíciles de aceptar. Pero lo admirable, que aparece en este relato, es que quien *realmente cambio fue Jesús* que pasó del desprecio al elogio, del rechazo a la acogida, de la enfermedad a la curación. Este fue el cambio radical que, si nos atenemos a la narración, se produjo en el mismo Jesús.

3. Las últimas palabras, que Jesús le dijo a la mujer pagana, a aquella bueno madre, nos demuestra que *la bondad y la humildad, en definitiva, el amor de la madre a aquella hija, puede con el demonio, vence a Satanás.* O sea, el mal solo se vence con bondad, con humildad, con cariño. En esto cosiste la gran lección que nos proporciona este evangelio de Marcos. La bondad desarma al peor de todos los enemigos, por más fuerte que sea.

14 DE FEBRERO - VIERNES **5ª SEMANA DEL TIEMPO ORDINARIO**

Mc 7, 31-37

En aquel tiempo, dejando Jesús el territorio de Tiro, pasó por Sidón, camino del lago de Galilea, atravesando la Decápolis. Y le presentaron un sordo, que, además apenas podía hablar, y le piden que le imponga las manos. Él, apartándolo de la gente a un lado, le metió los dedos en los oídos y con la saliva le tocó la lengua. Y mirando al cielo, suspiró y le dijo: "Effetá" (esto es, "ábrete"). Y al momento se le abrieron los oídos, se le soltó la traba de la lengua y hablaba sin dificultad. Él les mandó que no lo dijeran a nadie; pero, cuanto más se lo mandaba, con más insistencia lo proclamaban ellos. Y en el colmo del asombro, decían: "Todo lo ha hecho bien: hace oír a los sordos y hablar a los mudos".

1. Lo primero que se ha de tener en cuenta, para entender la correcta enseñanza de este relato, es que esta curación del sordomudo ocurrió en tierra de paganos. O sea fuera de Palestina. Este dato ayuda a comprender mejor el contenido de este episodio. Una vez más, notamos la incapacidad de comunican (oír y hablar) que crean las diferencias de "nacionalidad" y de "religiosidad. En este relato, la incomunicación se simboliza en un hombre que era sordo y mudo. No oír ni poder hablar es vivir incomunicado.

2. Jesús, no desprecia a los extranjeros, tampoco desprecia las diferencias religiosas. Todo lo contrario. Jesús supera y anula todas las sorderas y todas las incomunicaciones. Y se ocupa, con toda clase de detalles, en resolver los problemas que brotan de la incapacidad para entender al otro y para comunicarse con el otro. Por más que el otro esté imposibilitado para entender lo que se le explica; o sea para reaccionar ante lo que se le dice con toda claridad.

3. Jesús tiene que ser siempre "punto de encuentro". El argumento, el símbolo, la fe, que nos lleva a encontrarnos unos con otros, por muy distintos que seamos. Cuando la fe en Jesús y su Evangelio nos hace sordos o mudos, en la relación de unos con otros, esa no es la auténtica fe. Ni en una Iglesia dividida puede vivirse el Evangelio. En lo que no pertenece estrictamente a la fe, los cristianos deberíamos respetarnos mutuamente, en todo cuanto es opinable o puede ser interpretado de maneras distintas. La intolerancia es indicio patente de fanatismo.

4. Superar la incomunicación humana es algo tan difícil, que este evangelio termina diciendo que, cuando la gente vio que el sordo y mudo empezó a comunicarse con normalidad, todo el mundo llegó "al colmo del asombro". Y decía la gente: *"todo lo ha hecho bien"*. La sinceridad y la libertad para hablar, así como la capacidad de escucha y la paciencia para atender, sin duda son las cosas más difíciles que hay en la relación humana. Pero esto es lo que, antes que nada, tiene que resolver el Evangelio. Y para ello, lo primero que tenemos que hacer es interpretar el Evangelio, no como una "religión" más, sino como un "proyecto de vida" cuyo centro está en la "bondad" y el "respeto con todos".

15 DE FEBRERO - SÁBADO **5ª SEMANA DEL TIEMPO ORDINARIO**

Mc 8, 1-10

Uno de aquellos días, como había mucha gente y no tenían qué comer, Jesús llamó a sus discípulos y les dijo: "Me da lástima de esta gente; llevan ya tres días conmigo y no tienen qué comer, y si los despido a sus casas en ayunas, se van a desmayar por el camino. Además, algunos han venido desde lejos". Le replicaron sus discípulos: "¿Y de dónde se puede sacar pan, aquí, en despoblado, para que se queden satisfechos?" Él les preguntó: "¿Cuántos panes tenéis?" Ellos contestaron: "Siete". Mandó que la gente se sentara en el suelo: tomó los siete panes, pronunció la Acción de Gracias, los partió y los fue dando a sus discípulos para que los sirvieran. Ellos los sirvieron a la gente. Tenían también unos cuantos peces: Jesús los bendijo, y mandó que los sirvieran también. La gente comió hasta quedar satisfecha, y de los trozos que sobraron llenaron siete canastas; eran unos cuatro mil. Jesús los despidió, luego se embarcó con sus discípulos y se fue a la región de Dalmanuta.

1. La multiplicación de los panes es el hecho de la vida de Jesús que más veces se repite en los evangelios, más aún, en toda la Biblia. Porque se repite seis veces. Este hecho debió impresionar mucho a las primeras comunidades de cristianos. Por eso lo recodaron más que ninguna de las otras cosas que hizo Jesús. La salud y la comida son las dos cosas que más nos preocupan a todos los humanos. Por eso, estas dos cosas fueron las que más atendió Jesús.

2. Debió impresionar mucho a aquellas gentes el hecho humano que con esto se hizo patente: el hambre de la gente, el hambre en el mundo. Algo que nos tiene que impresionar tanto, que se nos conmuevan las entrañas hasta el extremo de que no podamos soportar ver a la gente destrozada y en peligro inminente de "desmayar por el camino". Ahora mismo son cerca de mil millones de personas en el mundo que pasan hambre.

3. Para los cristianos fue muy fuerte también el símbolo cristiano, que representaba la Eucaristía: la "Acción de Gracias", la "Fracción del Pan". Cada domingo, en cada comunidad de creyentes en Jesús, se recordaba así la presencia del Señor. La mesa compartida les recordaba, además, que la unión y la humanidad, que los distinguía, tenía su origen en Jesús allí presente, y no en el honor o el poder, que eran valores supremos de aquella sociedad.

4. Lo que da pena –si pensamos en todo desde la fe cristiana– es que, lo que empezó siendo una comida compartida, ha terminado siendo un ritual religioso, que en buena medida, hay mucha gente que no lo entiende, y lo peor de todo es que no le interesa gran cosa. ¿No nos está llamando Jesús con toda urgencia a remediar esto? Necesitamos informarnos y formarnos para darle el verdadero sentido al acto más sublime de la fe cristiana, la eucaristía.

16 DE FEBRERO - DOMINGO **6º DEL TIEMPO ORDINARIO**

Lc 6, 17. 20-26

En aquel tiempo, bajó Jesús del monte con los Doce y se paró en un llano con un grupo grande de discípulos y de pueblo, procedente de toda Judea, de Jerusalén y de la costa de Tiro y de Sidón. Él, levantando los ojos hacia sus discípulos les dijo: "Dichosos los pobres, porque vuestro es el Reino de Dios. Dichosos los que ahora tenéis hambre, porque quedaréis saciados.

Dichosos los que ahora lloráis, porque reiréis. Dichosos vosotros cuando os odien los hombres, y os excluyan, y os insulten y proscriban vuestro nombre como infame, por causa del Hijo del Hombre. Alegraos ese día y saltad de gozo; porque vuestra recompensa será grande en el cielo. Eso es lo que hacían vuestros padres con los profetas. Pero, ¡ay de vosotros los ricos, porque ya tenéis vuestro consuelo! ¡Ay de vosotros, los que estáis saciados, porque tendréis hambre! ¡Ay de los que ahora reís, porque haréis duelo y lloraréis! ¡Ay si todo el mundo habla bien de vosotros! Eso es lo que hacían vuestros padres con los falsos profetas".

1. En notable que, en los evangelios, hay dos redacciones de las bienaventuranzas: las de Mateo (5,1-12) y estas de Lucas. No parece exagerado decir que las de Lucas son más radicales. Además, Lucas añade a las bienaventuranzas, las maldiciones. Y también hay que indicar que, por lo general, cuando se habla de "bienaventuranzas", son las de Mateo las que se tienen en cuenta. Las de Lucas se han marginado, "tanto en la Iglesia como en la teología". Pero, si nos tenemos a la redacción más antigua, la de la fuente Q, las más originales son las de Lucas.

2. ¿Nos creemos, los cristianos, las "bienaventuranzas" y las "maldiciones" que pronunció Jesús, según este evangelio? Hay que hacerse esta pregunta cada día. Porque, con demasiada frecuencia, coincidimos más con las maldiciones que con las bienaventuranzas. Seguramente, esto es así porque pensamos y sentimos más "en singular" (en mí) que "en plural" (en nosotros). Y casi nunca "en universal", en la felicidad o desgracia de tantos millones de seres humanos cuya vida, por motivos económicos, políticos o de relaciones humanas, se encuentran al límite de lo que se puede aguantar.

3. Las bienaventuranzas están pensadas y dichas "para los discípulos". Es decir, para los que se sienten vinculados a Jesús y que, por tanto, tienen alguna forma de fe en Jesús. Pero, como es lógico, si se ponen nuestras creencias y convicciones, en un maestro o profeta que ve la vida como queda expresada en las bienaventuranzas, sobre todo las de Lucas, nuestra conducta y nuestra forma de tratar a los demás especialmente sería muy distinta de lo que normalmente suele ser. Aquí, en esto, está la clave del cristianismo y de la Iglesia. Si en el mundo, llamado cristiano, hay la desigualdad que sabemos y sufrimos, es que no creemos en el Evangelio. A no ser que pongamos la fe en la observancia de unas prácticas religiosas, que poco o nada tienen que ver con el Evangelio de Jesús.

Mc 8, 11-13

En aquel tiempo, se presentaron los fariseos y se pusieron a discutir con Jesús; para ponerlo a prueba, le pidieron un signo del cielo. Jesús dio un profundo suspiro y dijo: "¿Por qué esta generación reclama un signo? Os aseguro que no se le dará un signo a esta generación". Los dejó, se embarcó de nuevo y fue a la otra orilla.

1. Lo que piden los fariseos, los observantes de la religión, es un "signo del cielo". Pedir un signo así, era en realidad no fiarse de Jesús, ni por supuesto creer en él. Los hombres de la religión veían en Jesús un "hombre de la tierra". Por eso ellos querían un "signo del cielo". La religión no se fía de lo humano y solamente pone su seguridad en lo divino. Pero esto es lo indignaba a Jesús: que le pidieran un "signo del cielo". Para Jesús, pedir "signos del cielo" es una perversión. ¿Por qué esta reacción de Jesús? ¿Qué podía haber de malo en pedir una señal del cielo?

2. Sencillamente, que quien solo se fía del cielo y de los signos divinos, con eso demuestra que no cree en lo humano. Y, por tanto, no se fía de nada ni de nadie de este mundo. Lo cual quiere decir que un tipo así, es un ser deshumanizado. Lo cual, por desgracia es frecuente. Porque la religión, a fuerza de ponderar tanto a Dios y lo divino, lo celestial y lo angélico, termina por olvidarse de lo humano y de los humanos. Por eso es tan frecuente el hecho escandaloso de las religiones que no aceptan los derechos humanos, ni los defienden, ni los aprueban, ni de esos derechos sacan las consecuencias que deberían deducir para la vida y la convivencia humana.

3. Cuando en los evangelios se habla de esa generación, se habla de gente sin fe, que no tiene buenas intenciones. Jesús viene a decir que las personas, a quienes les interesan más los signos extraordinarios que el Evangelio, son gente sin fe y no muy de fiar. Por eso Jesús los dejó y se fue a otra parte. Las personas que solamente se tranquiliza mediante "signos extraordinarios" o "signos celestiales" son gente que sitúa lo importante de su vida, no en lo normal, lo cotidiano, lo que hacemos o dejamos de hacer a diario. Lo importante es "lo celestial". Pero aquí se nos dice que Jesús quiere la "honradez y la bondad en la vida diaria". Eso es lo importante. Quienes tenemos creencias y prácticas religiosas, deberíamos cuidar con esmero la transparencia de nuestras vidas, sin mezcla de ocultamiento alguno.

Mc 8, 14-21

En aquel tiempo, a los discípulos se les olvidó llevar pan, y no tenían más que un pan en la barca. Jesús les recomendó: "Tened cuidado con la levadura de los fariseos y con la de Herodes". Ellos comentaban: "Lo dice porque no tenemos pan". Dándose cuenta, les dijo Jesús: "¿Por qué comentáis que no tenéis pan? ¿No acabáis de entender? ¿Tan torpes sois? ¿Para qué os sirven los ojos si no veis, y los oídos si no oís? A ver, ¿cuántos cestos de sobras recogisteis cuando repartí cinco panes entre cinco mil? ¿Os acordáis?" Ellos contestaron: "Doce" "¿Y cuántas canastas de sobras recogisteis cuando repartí siete entre cuatro mil?" Le respondieron: "Siete". Él les dijo: "¿Y no acabáis de entender?"

1. Este pasaje polémico y extraño, en el fondo, viene a enseñarnos algo muy sencillo y, por otra parte, de notable importancia. La situación que aquí se plantea no se resuelve, ni se aclara, explicando lo que era la levadura o como se utilizaba en aquel tiempo. Todo eso es lo que menos interesa. El problema, que presenta este relato, es muy sencillo. Se trata simplemente de que los discípulos, que ha visto ya dos multiplicaciones de panes, ahora se ponen preocupados porque se les ha olvidado llevar el poco pan que sería necesario para saciar el hambre de un grupito de personas que cabían en una barca. Es una ridiculez.

2. Bueno, pues por semejante ridiculez, Jesús les llama muy seriamente la atención y hasta les reprende. Y llega a decirles que la "levadura" (la fuerza interior que los transforma, como ocurre con la masa del pan) que les está transformando es la misma que la de los fariseos y los herodianos. ¿Qué quiere decir Jesús con esto? Pues nada menos que, en definitiva, no acaban de fiarse de Jesús. En esto, exactamente lo mismo los discípulos que los fariseos. Esto es lo que merece reprensión. ¿Es que no tienen ojos en la cara? Después de lo que han visto, por dos veces, ¿todavía siguen sin fiarse de que estoy aquí con ustedes? Los discípulos no acaban de fiarse de Jesús. Y por eso mismo, no creían de verdad en él. En este caso: no creían en la fuerza que tiene la decisión de ir por la vida compartiendo lo que se tiene. Por tanto, no creían que quien comparte lo que tiene, jamás se verá falto de lo que necesita. O sea, aquellos hombres no creían en la fuerza de cambio que tiene la solidaridad.

3. Se puede ser "fariseo", de muchas maneras y por muy distintos caminos. Uno de estos caminos es la falta de confianza absoluta en la presencia de Jesús en nuestras vidas. Y de la seguridad que eso nos tiene que dar, ante las carencias, los olvidos, los peligros, los miedos, todo lo negativo que la vida nos puede presentar, y que tantas veces sufrimos. La inseguridad y el miedo a lo que nos puede faltar, el miedo a la enfermedad..., eso puede ser perfectamente una buena manifestación de la levadura farisaica que llevamos dentro de nosotros mismos. Creer en Jesús es fiarse de él cuando la vida o las circunstancias no nos dan seguridad.

19 DE FEBRERO - MIÉRCOLES 6ª SEMANA DEL TIEMPO ORDINARIO

Mc 8, 22-26

En aquel tiempo, Jesús y sus discípulos llegaron a Betsaida. Le trajeron un ciego pidiéndole que lo tocase. Él lo sacó de la aldea, llevándolo de la mano, le untó saliva en los ojos, le impuso las manos y le preguntó: "¿Ves algo?" Empezó a distinguir y dijo: "Veo hombres, me parecen árboles, pero andan". Le puso otra vez las manos en los ojos; el hombre miró: estaba curado, y veía todo con claridad. Jesús lo mandó a casa diciéndole: "No se lo digas a nadie en el pueblo".

1. La curación del ciego tiene lugar fuera de la aldea. Es costosa: primero Jesús echa saliva en sus ojos; como sigue sin ver, vuelve a poner las manos sobre los ojos. Es una curación gradual, creciente. Así las cosas, el relato quiere decir que Jesús cura todas nuestras cegueras, sobre todo aquellas que no son problema de la vista, sino la ceguera del espíritu, la incapacidad para ver que Jesús, tal como vivía, iba derecho a la muerte. No vemos lo que el miedo o los intereses mundanos nos impiden ver.

2. El ciego que aquí se nos presenta veía cosas raras. Hasta confundir a los hombres con árboles. Y Jesús se tuvo que emplear a fondo para que se diera cuenta de lo que tenía delante de sí. Es una forma casi poética de decirnos que vamos por la vida sin darnos cuenta y sin ver que es Jesús el que tenemos delante. Más aún, que es Dios mismo el que sufre y muere en tantos y tantos, que avanzan entre penas y humillaciones. En este mundo tan desbocado, tan extraviado, tan roto, solo Jesús, con su contacto, su cercanía, su vida misma, es el que nos abre, no ya los "ojos", sino la "mirada". Para que nos demos cuenta de lo que tenemos delante y hacia dónde vamos.

3. En nuestros días, con la tecnología, las personas se han acostumbrado a lo inmediato, a lo instantáneo, y se ha instaurado la dictadura de lo eficiente y rápido. Mientras la acción de Jesús es progresiva, demanda pasar tiempo con él, es decir, lleva tiempo. Nos pide paciencia y perseverancia, algo que hoy nos cuesta tanto. ¿Cuánto tiempo me dedico a estar con Jesús?

Mc 8, 27-33

En aquel tiempo, Jesús y sus discípulos se dirigieron a las aldeas de Cesarea de Felipe; por el camino preguntó a sus discípulos: "¿Quién dice la gente que soy yo?" Ellos le contestaron: "Unos, Juan Bautista; otros, Elías, y otros, uno de los profetas". Él les preguntó: "Y vosotros, ¿quién decís que soy?" Pedro le contestó: "Tú eres el Mesías". Él les prohibió terminantemente decírselo a nadie. Y empezó a instruirlos: "El Hijo del Hombre tiene que padecer mucho, tiene que ser condenado por los senadores, sumos sacerdotes y letrados, ser ejecutado y resucitar a los tres días". Se lo explicaba con toda claridad. Entonces Pedro se lo llevó aparte y se puso a increparlo. Jesús se volvió, y de cara a los discípulos increpó a Pedro: "¡Quítate de mi vista, Satanás! ¡Tú piensas como los hombres, no como Dios!"

1. Este relato es central en los cuatro evangelios. Porque, con formulaciones distintas, es el momento en el que los discípulos, representados por su portavoz (Pedro), reconocen y confiesan que Jesús es el Mesías. Por eso, este episodio marca un antes y un después en el conjunto del Evangelio. A partir de este momento, el gran relato del Evangelio se orienta hacia el destino final de Jesús en Jerusalén: su conflicto definitivo, su fracaso y su muerte.

2. El momento de inflexión fue precisamente el momento en que Jesús les dijo claramente a los discípulos que él era el Mesías que ellos esperaban, el Mesías que Pedro (como portavoz del grupo) acababa de confesar. Pero que el Mesías no era como ellos lo esperaban. No era el Mesías poderoso, dominador y triunfante que los discípulos querían. Seguramente porque así ellos también podían esperar un futuro de poder, dominación, de privilegios y de triunfo. Lo cual es comprensible. Pero de sobra sabemos que las aspiraciones de poderío, de privilegios y de importancia, eso es lo que no nos humaniza, sino que nos deshumaniza; eso no nos une, sino que nos divide; eso no nos acerca a Jesús, sino que nos aleja de él.

3. El dato más llamativo de este relato es el enfrentamiento directo con Pedro: él fue quien con más fuerza manifestó su oposición al fracaso final de Jesús. Y a él fue a quien Jesús rechazó como si fuera el mismísimo Satanás. Lo cual quiere decir que las pretensiones del poder son pretensiones satánicas. Es lo que con más energía, de forma tajante, rechaza Jesús. Por el contrario, las pretensiones de Jesús son pretensiones de cercanía y de identificación con quienes carecen de poder. La verdadera revolución del movimiento de Jesús consiste en esto. Hasta tal punto que sólo desde esta toma de postura, decidida y decisiva en la vida, es posible entender a Jesús, asumir su Evangelio, y poder comunicarlo a otros. Querer explicar el Evangelio, y la fe en él, desde pretensiones de poder o desde posiciones de privilegio, es lo mismo que intentar hacer posible la cuadratura del círculo.

21 DE FEBRERO - VIERNES **6ª SEMANA DEL TIEMPO ORDINARIO**

Mc 8, 34-39

En aquel tiempo, Jesús llamó a la gente y a sus discípulos y les dijo: "El que quiera venirse conmigo, que se niegue a sí mismo, que cargue con su cruz y me siga. Mirad, el que quiera salvar su vida, la perderá; pero el que pierda su vida por mí y por el Evangelio, la salvará. Pues, ¿de qué le sirve al hombre ganar el mundo entero si arruina su vida? ¿O qué podrá dar uno para recobrarla? Quien se avergüence de mí y de mis palabras en esta época descreída y malvada, también el Hijo del Hombre se avergonzará de él cuando venga con la gloria de su Padre entre sus santos ángeles". Y añadió: "Os aseguro que algunos de los aquí presentes no morirán sin haber visto llegar el Reino de Dios en toda su potencia".

1. Las gentes de Galilea, que escuchaban a Jesús, sabían muy bien lo que era "cargar la cruz". Junto a los caminos de Galilea se veían señales que indicaban dónde habían sido crucificados los galileos revolucionarios que no soportaban la opresión de los legionarios romanos. Por eso, cuando Jesús les dice a los discípulos que "seguirle" es "cargar con la cruz", no se refiere a nada religioso, ascético, espiritual. Porque nada de eso era "cargar con la cruz" en los pueblos que Roma dominaba. La cruz era el tormento con el que se ejecutaba a los esclavos y a los subversivos contra el imperio romano. Era el suplicio que arrancaba el honor y la dignidad al ciudadano del imperio. Seguir a Jesús es vivir de forma que uno tiene que estar dispuesto a que lo tengan por un subversivo y un indigno de seguir viviendo. Y eso, no por intereses de poder, sino por causa de una bondad que no escurre el hombro ante las injusticias.

2. Si hablar de la cruz, en la cultura del Imperio romano, era hablar de la mayor vergüenza, del peor dolor, el rechazo social, la marginación, el fracaso y la condena, entonces, ¿por qué Jesús llamaba a la gente a terminar su vida con un final tan espantoso? Jesús ni quería, ni quiere, el sufrimiento. Lo que Jesús quería, y quiere, es que luchemos contra los causantes del sufrimiento, de la opresión, de la deshumanización. Ahora bien asumir este proyecto en la vida es lo mismo que tomar el camino que Jesús tomó.

3. Un camino que obliga, a quien lo toma, a vivir en los márgenes, a luchar por una utopía que entraña un proyecto contracultural. Es el proyecto que ahora, quizá con las inevitables equivocaciones y errores, asumen los "indignados", los hijos de la "otra-cultura", que protestan de lo que tenemos, porque quieren una vida y una convivencia más humana, más transparente, más honrada. Esto es lo que entraña "cargar con la cruz". De por sí, cuando alguien asume su vida en serio y busca hacer el bien con los que le rodean, de inmediato pueden surgir las críticas, los celos y hasta la calumnia; y si pueden destruirte lo hacen también. ¿Quién no ha vivido algo parecido? Y es ahí donde Jesús nos llama a ser fuertes y generosos dando lo mejor de nosotros sin claudicar en nada y seguir adelante aunque no nos comprendan porque hemos de saber que al final, vendrá la recompensa.

22 DE FEBRERO - SÁBADO **CÁTEDRA DE SAN PEDRO**

Mt 16, 13-19

En aquel tiempo, llegó Jesús a la región de Cesarea de Felipe y preguntaba a sus discípulos: "¿Quién dice la gente que es el Hijo del Hombre?" Ellos contestaron: "Unos que Juan Bautista, otros que Elías, otros que Jeremías o uno de los profetas". Él les preguntó: "Y vosotros, ¿quién decís que soy yo?" Simón Pedro tomó la palabra y dijo: "Tú eres el Mesías, el Hijo de Dios vivo". Jesús le respondió: "¡Dichoso tú, Simón, hijo de Jonás! Porque eso no te lo ha revelado nadie de carne y hueso, sino mi Padre que está en el cielo. Ahora te digo yo: Tú eres Pedro, y sobre esta piedra edificaré mi Iglesia, y el poder del infierno no la derrotará. Te daré las llaves del Reino de los Cielos. Lo que ates en la tierra, quedará atado en el cielo, y lo que desates en la tierra, quedará desatado en el cielo".

1. Este episodio, en la redacción que nos dejó el evangelio de Mateo, se comenta en la festividad de san Pedro y san Pablo. Por eso, será más útil reflexionar sobre la importancia del papado en la Iglesia. Y sobre las dificultades que entraña en la actualidad. Es evidente que una institución de ámbito mundial necesita, entre tantas otras cosas, un sistema organizativo que asegure su estabilidad y su unidad. Esa es la finalidad del papado, que preside el obispo de Roma. Por eso es tan importante mantener y fomentar la unidad de todas las comunidades cristianas del mundo con el Papa. Así se asegura la unidad y estabilidad de la Iglesia.

2. El problema, que el papado plantea, está en que se trata de mantener la unidad en un mundo tan plural. Y entonces nos encontramos con la dificultad de unir, en la obediencia a un solo hombre, a tantos millones de seres humanos procedentes de culturas, países, que muchas veces están enfrentados entre sí por motivos políticos, ideológicos, económicos, culturales y tantos otros problemas que la vida plantea a diario. En los primeros siglos de la Iglesia, las comunidades tenían más autonomía, pero en la medida que fue creciendo, se fue perdiendo la autonomía que habían adquirido. Actualmente es mucho más complejo mantener esa unidad que se dio en un principio. Lo mismo que es más difícil ejercer el cargo de obispo de Roma y Papa universal. Para muestra, "un botón", de lo que le toca vivir al papa Francisco.

3. Por eso, el papado actual: 1) Debe ser vínculo de unidad. Pero, dada la multitud de culturas en el mundo, no debe confundir la "unidad" con la "uniformidad". 2) El Papa no debe ejercer la función de un jefe de Estado. Su misión no es política, sino religiosa. 3) El Papa no debe ser un monarca absoluto o gobernar con una potestad suprema y única. Porque eso no está dicho en ninguna parte en el Evangelio. Y porque eso hace imposible que la Iglesia, no solo predique, sino sobre todo que ponga en práctica los derechos humanos. 4) El Papa debe gobernar la Iglesia conjuntamente con el Colegio Episcopal, que, según el concilio Vaticano II (LG 20) es también sujeto de suprema protestad en la Iglesia. Todo esto es lo que el papa Francisco lo que quiere llevar a cabo y se topa con "mil y una dificultades" con los que no quieren cambiar nada aprovechándose de los múltiples privilegios que han adquirido a lo largo de los años.

4. ¿Esta es la Iglesia que quiere Jesús? De seguro que NO. Los cristianos hemos olvidado con demasiada frecuencia que la fe no consiste en creer algo, sino en creer en Alguien. No se trata de adherirnos fielmente a un credo, y mucho menos de aceptar ciegamente "un conjunto extraño de doctrinas", sino de encontrarnos con Alguien vivo que da sentido radical a nuestra existencia. Ese es Jesús. Seguirlo y poner en práctica lo que él creyó y vivió, haríamos de este mundo, un lugar habitable y solidario donde nadie pasaría necesidad y todos nos sentiríamos hermanos.

Lc 6, 27-38

En aquel tiempo, dijo Jesús a sus discípulos: "A los que me escucháis os digo: Amad a vuestros enemigos, haced el bien a los que os odian, bendecid a los que os maldicen, orad por los que os injurian. Al que te pegue en una mejilla, preséntale la otra, al que te quite la capa, déjale también la túnica. A quien te pie, dale; al que se lleve lo tuyo, no se lo reclames. Tratad a los demás como queréis que ellos os traten. Pues, si amáis solo a los que os aman, ¿qué mérito tenéis? También los pecadores aman a los que los aman. Y si hacéis el bien a los que os hacen bien, ¿qué mérito tenéis? También los pecadores lo hacen. Y si prestáis solo cuando esperáis cobrar, ¿qué mérito tenéis? También los pecadores prestan a otros pecadores con intención de cobrárselo. ¡No! Amad a vuestros enemigos, haced el bien y prestad sin esperar nada: tendréis un gran premio y seréis hijos del Altísimo, que es bueno con los malvados y desagradecidos. Sed compasivos como vuestro Padre es compasivo; no juzguéis y no seréis juzgados; no condenéis y no seréis condenados, perdonad y seréis perdonados; dad y se os dará: os verterán una medida generosa, colmada, remecida, rebosante. La medida que useís la usarán con vosotros".

1. La primera convicción de Jesús, que queda patente en este discurso, es que el mundo no se transforma (se hace humano y más habitable) cambiando estructuras políticas y económicas. Es importante, es fundamental incluso. Pero no es lo decisivo. El mundo se transforma cambiando a las personas. Por eso Jesús, en este discurso, que es central en el Evangelio no dice ni palabra de luchas políticas o económicas. Estamos cansados de ver cambios políticos y económicos en los que siempre ocurre lo mismo: los que están arriba viven bien y los que están abajo siguen en la miseria.

2. Jesús vio que lo decisivo en la vida es la humanización de los seres humanos. Decimos que es "humano" odiar, injuriar, humillar, robar, pensar mal para acertar. Todo eso es "inhumano". Porque lo humano químicamente puro no existe. Lo humano siempre está mezclado con lo inhumano. Por eso Jesús propone, como modelo de humanidad, el amor que vence al odio, la mansedumbre que vence la injuria, la aceptación de la ofensa que vence a la humillación, la renuncia a lo propio que vence al robo, el juicio bueno que vence al mal pensado. Estamos, pues, ante el "escándalo" de la renuncia a los propios derechos humanos, para que los derechos humanos alcancen a todos y lleguen a ser universales.

3. ¿Qué quiere decir todo esto? Solo la bondad es digna de fe. Porque la bondad es lo más propio, lo más original y lo más específico del ser humano. Por eso se explica que únicamente lo verdaderamente humano es lo que nos hace felices. De forma que solo donde hay humanidad hay paz, respeto, tolerancia, amistad, gozo y disfrute de la vida para todos. De ahí que la consecuencia es patente: el Evangelio, antes que un libro de religión o de espiritualidad, es un gran tratado de humanidad. Lo que ocurre es que la "humanización" solo se alcanza mediante la humildad, es decir, haciéndonos servidores de los demás, lo que no significa ser esclavos de otros o hacer lo que no quieren hacer. Humanizar es amar, ser agradecidos, compasivos, incluyentes, saber perdonar y perdonarse así mismo.

24 DE FEBRERO - LUNES **7ª SEMANA DEL TIEMPO ORDINARIO**

Mc 9, 14-29

En aquel tiempo, cuando Jesús hubo bajado del monte, al llegar a donde estaban los demás discípulos, vieron mucha gente alrededor, y a unos letrados discutiendo con ellos. Al ver a Jesús, la gente se sorprendió, y corrió a saludarlo. Él les preguntó: "¿De qué discutís?" Uno le contestó: "Maestro, te he traído a mi hijo; tiene un espíritu que no le deja hablar; y cuando lo agarra, lo tira al suelo, echa espumarajos, rechina los dientes y se queda tieso. He pedido a tus discípulos que lo echen, y no han sido capaces". Él les contestó: "¡Gente sin fe! ¿Hasta cuándo os tendré que soportar? Traédmelo". Se lo llevaron. El espíritu, en cuanto vio a Jesús, retorció al niño, cayó por tierra y se revolcaba echando espumarajos. Jesús preguntó al padre: "¿Cuánto tiempo hace que le pasa esto?" Contestó él: "Desde pequeño. Y muchas veces hasta lo ha echado al fuego y el agua para acabar con él. Si algo puedes, ten lástima de nosotros y ayúdanos". Jesús replicó: "¿Si puedo? Todo es posible al que tiene fe". Entonces el padre del muchacho gritó: "Tengo fe, pero dudo, ayúdame". Jesús, al ver que acudía gente, increpó al espíritu inmundo, diciendo: "Espíritu mudo y sordo, yo te lo mando: Vete y no vuelvas a entrar en él". Gritando y sacudiéndolo violentamente, salió. El niño se quedó como un cadáver, de modo que la multitud decía que estaba muerto. Pero Jesús lo levantó cogiéndolo de la mano, y el niño se puso en pie. Al entrar en casa, sus discípulos le preguntaron a solas: "¿Por qué no pudimos echarlo nosotros?" Él respondió: "Esta especie solo puede salir con oración y ayuno".

1. En este relato se ve claramente que, en aquella cultura, la epilepsia era interpretada como tener un demonio. La curación del niño se realiza mediante la expulsión del demonio. La ignorancia de los fenómenos o causas naturales busca explicación en fenómenos o causas sobrenaturales. En esos casos, Dios se convierte en un "tapa-agujeros" con el que pretendemos resolver nuestras ignorancias. Las creencias no deben ser eso. Deben ser fuerza de transformación que nos impulse a superar la deshumanización que todos llevamos dentro de nosotros.

2 En el Nuevo Testamento hay dos formas distintas de entender y vivir la fe. En los escritos de Pablo, la fe es la aceptación de unas ideas. En los evangelios, la fe consiste en fiarse de Jesús. Para el Evangelio, por tanto, la fe es la confianza y la seguridad en Jesús. Es creyente el que se fía de Jesús, cree que él es fuente de vida, que da vida, cura nuestros males, alivia nuestras penas, nos saca de los peligros que nos acechan y acosan. Jesús elogia como "creyentes" a quienes tienen esta profunda y misteriosa convicción. De ahí, la frase que Jesús repite: "Tu fe te ha salvado".

3. Por el contrario, en el caso de este niño epiléptico, Jesús llama "gente sin fe" a quienes no son capaces de expulsar las fuerzas de sufrimiento y muerte (la epilepsia grave) que atormentaba al niño. La fe, por tanto, a juicio de Jesús, no consiste en aceptar como ciertas una serie de verdades o dogmas sobre la divinidad y la religión. Esta manera de entender la fe se elaboró más tarde. En los evangelios, la fe es la convicción de que Jesús está siempre a favor de la vida y de la felicidad de las personas. La cultura occidental, en la que se ha estructurado en gran medida la teología, ha sobrevalorado lo intelectual, en detrimento de otras dimensiones de la vida humana, como por ejemplo la confianza, la sinceridad o sobre todo la afectividad. De ahí, que la teología se ha convertido, con frecuencia, en pura especulación, al tiempo que se han marginado no pocos valores evangélicos, que son mucho más básicos en la existencia de los seres humanos.

25 DE FEBRERO - MARTES **7ª SEMANA DEL TIEMPO ORDINARIO**

Mc 9, 29-36

En aquel tiempo, Jesús y sus discípulos se marcharon del monte y atravesaron Galilea: no quería que nadie se enterase, porque iba instruyendo a sus discípulos. Les decía: "El Hijo del Hombre va a ser entregado en manos de los hombres, y lo matarán; y después de muerto, a los tres días resucitará".

Pero no entendían aquello, y les daba miedo preguntarle. Llegaron a Cafarnaúm, y una vez en casa, les preguntó: "¿De qué discutíais por el camino?" Ellos no contestaron, pues por el camino habían discutido quién era el más importante. Jesús se sentó, llamó a los Doce y les dijo: "Quien quiera ser el primero, que sea el último de todos y el servidor de todos". Y acercando a un niño, lo puso en medio de ellos, lo abrazó y les dijo: "El que acoge a un niño como este en mi nombre, me acoge a mí, y el que me acoge a mí, no me acoge a mí, sino al que me ha enviado".

1. A los discípulos les preocupaba el tema de la importancia. Seguían teniendo en su corazón las convicciones que dominaban en las culturas mediterráneas del s.I, en las que el valor determinante no era el dinero, sino el honor. Pero lo más peligroso de esta pregunta no está en que aquellos hombres sintieran el natural deseo de ser importantes. El peligro estaba en que asociaban la importancia (honor) con el Reino de Dios. Se notaba ya, en aquellos primeros discípulos, la convicción dominante en tantos hombres de Iglesia, persuadidos de que lo más importante para la causa del Reino es la buena imagen, el buen nombre, la dignidad, el honor, el cargo. Y se apetece todo eso, ocultando (si es preciso) cosas indignas e indignantes.

2. La respuesta de Jesús desmonta todo el tinglado de los honores y los cargos, tan importante para muchos hombres de Iglesia. Para Jesús, el tinglado las importancias es la imposibilidad para entrar en el Reino de Dios. Jesús lo dice afirmando que es necesario "hacerse pequeño", es decir, "abajarse", que era lo significaba en la época de Jesús, la baja condición social. Que era la condición de los niños en aquella sociedad. Las apetencias de importancia incapacitan para hacer algo que sea de utilidad para el Reino de Dios. Resulta curioso que aquellos que más presumen de sus "dignidades" de cualquier tipo, social o eclesial, suelen ser los más nefastos y los que menos hacen para el bien de los demás.

3. Uno de los problemas más graves, que tienen que resolver las religiones y especialmente la Iglesia, es la tentación de darle más importancia al "parecer" que al "ser". A muchos cristianos, concretamente a muchos clérigos, les domina (y rige sus vidas) el convencimiento de que lo importante es "tener buena imagen", aparecer ante la gente como hombres ejemplares. Esta mentalidad es lo que ha arruinado a la Iglesia y la ha alejado tanto del Evangelio, por eso hay mucha gente que no se fía de la religión, de sus dirigentes, de lo que dicen, etc. Cuando la vida pierde su transparencia, esa vida no puede servir de medio para comunicar lo que fue y lo que es la vida de Jesús, su proyecto de vida y el futuro que nos ofrece. Una vida que no es transparente no es creíble y no merece crédito alguno.

26 DE FEBRERO - MIÉRCOLES **7ª SEMANA DEL TIEMPO ORDINARIO**

Mc 9, 37-39

En aquel tiempo, dijo Juan a Jesús: "Maestro, hemos visto a uno que echaba demonios en tu nombre, y se lo hemos querido impedir, porque no es de los nuestros". Jesús respondió: "No se lo impidáis, porque uno que hace milagros en mi nombre no puede luego hablar mal de mí. El que no está contra nosotros está a favor nuestro".

1. Los discípulos han discutido acerca de quién de ellos tenía más autoridad, como leíamos en el evangelio del día anterior. Parece que ahora cuestionan que algunos de fuera, es decir, de su comunidad, que tengan poder para expulsar demonios. La petición de Juan muestra la preocupación de la comunidad por mantener el control exclusivo del poder entregado a ellos. Con la llegada de Jesús ha venido el Reino de Dios, muestra de ello son las expulsiones de demonios y los milagros realizados en nombre de Jesús. La pregunta que cabe hacerse aquí es, ¿por qué entonces prohibirlos?

2. Parece que a los discípulos han olvidado lo que tantas veces el mismo Jesús les había inculcado. La misión de la comunidad es que todos reciban el Reino de Dios, sin monopolizar su vida y, por tanto, sus signos. La fe en Jesús hace actual la salvación y quien obra en su nombre no puede estar contra él ni contra el don de la salvación.

3. A juicio de Jesús, el que es tolerante, gozará de tolerancia. De la misma manera que el intolerante tendrá que soportar la mayor intolerancia. De ahí que un cristianismo intolerante y autoritario tiene poco futuro. Porque en una sociedad como la nuestra, más plural, ya no tendrá tanta oportunidad de influir en el poder político ni en la organización social como antes lo hacía. Su influencia en la cultura y la educación será cada vez menos. Le será difícil vivir a la defensiva, en lucha desigual con las corrientes modernas de pensamiento. Mientras nos creamos con la verdad absoluta y con ello imponiendo a los otros nuestra manera de pensar y actuar, lo que hacemos es alejarnos de lo que Jesús pidió a sus discípulos y seguidores (nosotros): "el que quiera ser el primero –triunfar– sea el servidor de todos". "Servir" es hacer más feliz la vida de los demás.

Mc 9, 40-49

En aquel tiempo, dijo Jesús a sus discípulos: "El que os dé a beber un vaso de agua, porque seguís al Mesías, os aseguro que no se quedará sin recompensa. El que escandalice a uno de estos pequeñuelos que creen, más le valdría que le encajasen en el cuello una piedra de molino y lo echasen al mar. Si tu mano te hace caer, córtatela: más te vale entrar manco en la vida, que ir con las dos manos al abismo. Y si tu pie te hace caer, córtatelo: más te vale entrar cojo en la vida, que ser echado con los dos pies al abismo. Y si tu ojo te hace caer, sácatelo: más te vale entrar tuerto en el Reino de Dios, que ser echado con los dos ojos al abismo, donde el gusano no muere y el fuego no se apaga. Todos serán salados al fuego. Buena es la sal, pero si la sal se vuelve sosa, ¿con qué la sazonaréis? Repartíos la sal y vivid en paz unos con otros".

1. Lo que menos importa aquí es investigar el origen del verbo griego *skandalizontai,* que significa está atrapado en una red o caer en una trampa (G. Stählin) y que Marcos utiliza varias veces. Lo que interesa es la imagen de fondo, que representa estar atrapado en una red o caer en una trampa.

2. Pues bien, esto supuesto, lo que afirma Jesús es que portarse en la vida de forma que uno se dedique a poner trampas o –lo que sería peor– hacer caer e inutilizar a los más débiles, a los indefensos, los que menos pueden, eso le causa más daño al que lo hace que si lo dejaran tuerto, manco o cojo, para el resto de sus días.

3. Como es lógico, cuanto más alto está uno en la vida, en la sociedad o simplemente en un puesto de trabajo o en la familia sin más, sin duda alguna, el que está más arriba es el que tiene más peligro de ir por la vida poniendo trampas y haciendo caer a otros, a los que están por debajo de él. Un obispo, un alcalde, un jefe de oficina, un director de empresa... Todas estas personas (y los que ocupan puestas que influyen en la vida de los demás), sin duda alguna, en el mejor de los casos, triunfan en la vida. Pero, ¿no hacen caer a otros, no escandalizan, no hunden apersonas más débiles, por lo que sea? Mejor quedarse tuertos, mancos o cojos, que te falte parte de ti mismo, con tal que no causes semejante destrozo. Por no hablar de los que cometen delitos castigados por las leyes y ejecutados enlose tribunales o en las cárceles. El Evangelio es fuerte y hasta duro. Pero lo necesitamos. Y mucho.

Mc 10, 1-12

En aquel tiempo, Jesús se marchó a Judea y a Transjordania; otra vez se le fue reuniendo gente por el camino; y según costumbre les enseñaba. Se acercaron unos fariseos y le preguntaron para ponerlo a prueba: "¿Le es lícito a un hombre divorciarse de su mujer?" Él les replicó: "¿Qué os ha mandado Moisés?" Contestaron: "Moisés permitió divorciarse, dándole a la mujer un acta de repudio". Jesús les dijo: "Por vuestra terquedad dejó escrito Moisés ese precepto. Al principio de la creación Dios los creó hombre y mujer. Por eso abandonará el hombre a su padre y a su madre, se unirá a su mujer y serán los dos una sola carne. Lo que Dios ha unido, que no lo separe el hombre". En casa, los discípulos volvieron a preguntarle sobre lo mismo. Él les dijo: "Si uno se divorcia de su mujer y se casa con otra, comete adulterio contra la primera. Y si ella se divorcia de su marido y se casa con otro, comete adulterio".

1. La clave para comprender lo que Jesús pretende enseñar en este evangelio está en la "prohibición del deseo". Se trata de la prohibición que establece el último mandamiento del decálogo. Lo peculiar de este mandamiento es que no prohíbe una "acción", sino un "deseo": "No codiciarás la casa de tu prójimo; no codiciarás a su mujer, ni su siervo, ni su criado, ni su buey, ni su asno, ni nada de lo que a tu prójimo pertenece "(Ex 20,17).

2. El problema, por tanto, que aquí presenta Jesús no es un problema relacionado con la sexualidad, sino con la violencia. Porque, como muy bien se ha dicho, "el legislador que prohíbe el deseo de los bienes del prójimo se esfuerza por resolver el problema número uno de toda comunidad humana: la violencia interna" (R. Girard). Y es que, por experiencia, sabemos que el deseo de lo ajeno es la fuente original de la violencia en todas sus formas: la violencia económica, política, social, sexual, profesional, familiar. En la actual situación de crisis económica, hasta los economistas más prestigiosos están de acuerdo en que la raíz de este asombroso desastre está en la codicia de quienes, sin escrúpulos, han manejado (y siguen manejando) miles de millones para satisfacer "su propio deseo". Antes de ejercer la violencia sobre los demás, es preferible ejercerla cada cual sobre sí mismo. A eso se refieren las palabras sobre la automutilación de ojos y manos. Jesús es muy duro al decir estas cosas. Pero es mucho más duro hacerlas contra alguien, sobre todo, cuando se hacen contra los más indefensos de este mundo.

3. Las palabras finales de este evangelio no se refieren a la prohibición del divorcio, sino a la anulación del derecho unilateral del marido a repudiar a la mujer (Deut 24,1-4). Un tema al que Jesús se refiere más tarde, dando la debida respuesta a los fariseos (Mt 19,1-9; Mc 10,1-12). En definitiva, lo que Jesús defiende aquí es la igualdad, en dignidad y derechos, de hombres y mujeres. No olvidemos que la diferencia es un hecho, la igualdad un derecho. En una sociedad patriarcal, Jesús exigió a los varones una ética sexual más rigorista que a las mujeres, a las que protegió de discriminaciones humillantes.

1 DE MARZO - SÁBADO **7ª SEMANA DEL TIEMPO ORDINARIO**

Mc 10, 13-16

En aquel tiempo, presentaron a Jesús unos niños para que los tocara, pero los discípulos les regañaban. Al verlo, Jesús se enfadó y les dijo: "Os aseguro que el que no acepte el Reino de Dios como un niño, no entrará en él". Y los abrazaba y los bendecía imponiéndoles las manos.

1. En las culturas mediterráneas de la Antigüedad, el término *paideia* podía designar tanto al recién nacido como al adolescente. En todo caso, hablar de "niños" era lo mismo que referirse a seres humanos débiles, vulnerables, dependientes y siempre marginales. De cualquier forma, criaturas que no podían servir de modelo para nada. Estudiosos del tema, han señalado que ser niño en la sociedad romana del siglo I, significaba ser el último de todos y servidor de todos. Y esto, no como una "recomendación", sino como una "necesidad". Baste recordar lo que Jesús le dijo a Nicodemo: *quien no naciere de nuevo no podrá entrar en el Reino de Dios* (Jn 3,1-10). Un recién nacido es un niño. *Dios reina, no por medio de los poderosos y selectos, sino de los débiles, los "nadies".* Todos queremos ser importantes. Pero Jesús afirma que no son los importantes los que cambian este mundo. Lo cambian los niños.

2. John D. Crossan dice que los recién nacidos, a menudo niñas, pero también varones, –muchas veces–, que eran abandonados por sus padres y eran recogidos de los basureros para ser criados como esclavos. De ellos, entre ellos, nació el cristianismo. Y el cristianismo cambió el Imperio. Este desorden mundial, que tenemos ahora, no se arregla con políticos, magnates y potentados. Se arregla con los pequeños, los "nadies", los que no pintan nada. Por ahí tiene que ir el futuro de la iglesia. El futuro que ha marcado el papa Francisco, por más que sean muchos e importantes los que no le hacen caso o sencillamente no lo quieren.

2 DE MARZO - DOMINGO **8º DEL TIEMPO ORDINARIO**

Lc 6, 39-45

En aquel tiempo, dijo Jesús a sus discípulos esta parábola: "¿Acaso puede un ciego guiar a otro ciego? ¿No caerán los dos en el hoyo? Un discípulo no es más que su maestro, si bien, cuando termine su aprendizaje, será como su maestro. ¿Por qué te fijas en la mota que tiene tu hermano en el ojo y no reparas en la viga que llevas en el tuyo? ¿Cómo puedes decirle a tu hermano: Hermano, déjame que te saque la mota del ojo", sin fijarte en la viga que llevas en el tuyo? ¡Hipócrita! Sácate primero la viga de tu ojo y entonces verás claro para sacar la mota del ojo de tu hermano. No hay árbol sano que dé fruto dañado, ni árbol dañado que dé fruto sano. Cada árbol se conoce por su fruto: porque no se cosechan higos de las zarzas, ni se vendimian racimos de los espinos. El que es bueno, de la bondad que atesora en su corazón saca el bien, y el que es malo, de la maldad saca el mal, porque lo que rebosa del corazón, lo habla la boca".

1. La enseñanza central de este discurso de Jesús es tan clara como necesaria: el que se fija en los defectos del otro, lo ataca en su misma persona. Es la postura, que estamos viendo en no pocos políticos: "Y tú más". Es la actitud del hombre "alienado", que se centra en los defectos del otro, para ocultar los propios. Hacer esto, es cometer una bajeza repugnante.

2. El que cae tan bajo, es un "hipócrita", a juicio de Jesús. No en el sentido moderno de "falsedad consciente". No. Es la hipocresía en el sentido bíblico-antiguo, que es la ceguera inconsciente sobre sí mismo. Es decir, el que va por la vida como un ciego, pero ni se da cuenta de su propia ceguera. Con demasiada frecuencia, no vemos la realidad tal cual es; y no nos damos cuenta de que no vemos lo que sucede a nuestro alrededor (cf F. Bovon).

3. Estas "hipocresías", estas "cegueras", son el fruto inevitable de quien vive separado de la realidad de la vida, alejado de lo que vive la gente y cómo vive la gente, la sociedad en general. Esto es propio y típico de ambientes cerrados, las "clausuras" que nos bloquean de lo real, de lo que sucede en nuestro entorno que nos desenvolvemos. Esto supuesto, ¿cómo podemos hablar del Evangelio, si no vivimos entre la gente y con la gente, como vivo Jesús?

Mc 10, 17-27

En aquel tiempo, cuando salía Jesús al camino, se le acercó uno corriendo, se arrodilló y le preguntó: "Maestro bueno, ¿qué haré para heredar la vida eterna?" Jesús le contestó: "¿Por qué me llamas bueno? No hay nadie bueno más que Dios. Ya sabes los mandamientos: no mentirás, no cometerás adulterio, no robarás, no darás falso testimonio, no estafarás, honra a tu padre y a tu madre". Él replicó: "Maestro, todo eso lo he cumplido desde pequeño". Jesús se le quedó mirando con cariño y le dijo: "Una cosa te falta: anda, vende lo que tienes, dale el dinero a los pobres –así tendrás un tesoro en el cielo–, y luego sígueme". A estas palabras, él frunció el ceño y se marchó pesaroso, porque era muy rico. Jesús, mirando alrededor, dijo a sus discípulos: "Qué difícil les va a ser a los ricos entrar en el Reino de Dios". Los discípulos se extrañaron de estas palabras. Jesús añadió: "Hijos, ¡qué difícil les es entrar en el Reino de Dios a los que ponen su confianza en el dinero! Más fácil le es a un camello pasar por el ojo de una aguja, que a un rico entrar en el Reino de Dios". Ellos se espantaron y comentaban: "Entonces, ¿quién puede salvarse?" Jesús se les quedó mirando y les dijo: "Es imposible para los hombres, no para Dios. Dios lo puede todo".

1. La clave, para entender y vivir el Evangelio, no es la fe. La clave es el seguimiento de Jesús. En los evangelios, jamás se habla de un "seguimiento" escaso, pobre, débil. Sin embargo, la escasez, oscuridad o debilidad de la "fe" es un tema que se repite con insistencia, aplicado precisamente a los discípulos, a los apóstoles, a los compañeros de Jesús (cf Mt 8,26; 14,31; 16,8; 17,20; Mc 4,40; 16,11.13.14; Lc 8,26; 24,11.41). Sin duda alguna, Jesús no toleró un seguimiento a medias. La "fe" torpe, oscura, débil, estaba presente, muy presente, en la comunidad original de Jesús.

2. El relato del joven rico es un relato-modelo porque aquí es donde se ve con más claridad la totalidad de las exigencias de Jesús, no ya para ser discípulos, sino sencillamente para poder entrar en el Reino de Dios. Teniendo en cuenta que el joven (protagonista de este episodio) era un judío observante, cumplidor de los mandamientos, fiel a la ley. Pero, a juicio de Jesús, para realizar su proyecto, con la observancia de la ley no basta. Lo decisivo, lo capital y determinante, es vivir con Jesús y como vivió Jesús. Que eso, ni más ni menos, es el "seguimiento".

3. La Iglesia le tiene miedo al "seguimiento", como centro y clave de la vida cristiana. Porque el seguimiento, así entendido, es incomprensible con la Iglesia que tenemos, la Iglesia que ve la gente y con la que muchos cristianos se sienten satisfechos. La *Iglesia de la "religión"*es soportable, tranquiliza, ocupa ratos al día o a la semana, no mucho más. La *Iglesia del "seguimiento"* exige un cambio radical, en su organización, en su forma de vida y en la manera de vivir de los cristianos. Sobre todo, en todo cuanto se refiere al dinero. Y somos muchos los que pensamos y decimos que con los mandamientos, ya hay bastante... ¿O no?

4 DE MARZO - MARTES 8ª SEMANA DEL TIEMPO ORDINARIO

Mc 10, 28-31

En aquel tiempo, Pedro se puso a decirle a Jesús: "Ya ves que nosotros lo hemos dejado todo y te hemos seguido". Jesús dijo: "Os aseguro que quien deje casa, o hermanos o hermanas, o madre o padre, o hijos o tierras, por mí y por el Evangelio, recibirá ahora, en este tiempo, cien veces más –casas y hermanos y hermanas y madres e hijos y tierras, con persecuciones– y en la edad futura, vida eterna. Muchos primeros serán últimos, y muchos últimos primeros".

1. Pedro, ante Jesús hace una afirmación muy segura: "lo hemos dejado todo", y eso lo hemos hecho "para seguirte", indica obviamente una convicción de orgullo. Un orgullo que contrasta con el miedo y el abandono del joven rico. Un orgullo, además, que queda más destacado en el relato paralelo de Mateo, donde añade: ¿Entonces, que recibiremos? (19,27). Y conste que seguramente Pedro hacía aquí también de portavoz de los demás apóstoles.

2. Pensando en los que entran en la vida religiosa o sacerdotal, este hecho se considera como un acto y se toma como una decisión de enorme generosidad. Incluso como laicos o agentes de pastoral en una parroquia donde servimos. De eso no cabe la menor duda. Pero no todo es trigo limpio en estos casos, como bien se suele decir. Ni en tantos otros que, de la manera que sea, afectan a la vida de quienes decimos que creemos en el Evangelio y lo tomamos en serio. Porque, en los estratos más hondos de la propia conciencia, llevamos lacras y manchas, que seguramente jamás nos atrevemos a reconocer que están ahí, en nuestra propia intimidad. "Ser importantes", "salir del anonimato", "llegar a ser algo" en la vida, "mandar sobre otros", "tener una vida asegurada y con dinero", ¡quién sabe qué y cuántas otras cosas más!

3. Jesús le dijo a Pedro (y a los demás, de entonces y de ahora) que no le iba a faltar nada. Pero que, además de tenerlo todo, le esperaban también persecuciones. ¿Por qué? Muy sencillo: el que "lo deja todo", no está atado a nada. Si es verdad que lo ha dejado todo y cuando decimos de "dejarlo todo", nos referimos a que nada material le ata, entonces, no cabe la menor duda que se queda completamente libre: para pensar, para decir, para tomar decisiones. Y es evidente que una persona así, es temible. Las trampas y los tramposos de la vida se basan en el miedo de los que prefieren vivir sujetos, atados, pero seguros. Por eso abundan tanto los canallas.

4. Desde el Génesis hasta el Apocalipsis, toda la Biblia nos habla de la libertad. El don más preciado del ser humano. Los tiranos no soportan que se les hable de la libertad, por eso matan, difaman y calumnian a los que se sienten y son libres. La libertad es una "conquista", pero se logra cuando luchas por causas nobles y sobre todo cuando te pones en las manos del Creador con una actitud de sencillez y humildad.

5 DE MARZO — MIÉRCOLES DE CENIZA

Mt 6, 1-6. 16-18

En aquel tiempo, dijo Jesús a sus discípulos: "Cuidad de no practicar vuestra justicia delante de los hombres para ser vistos por ellos; de lo contrario, no tendréis recompensa de vuestro Padre celestial. Por tanto, cuando hagas limosna, no vayas tocando la trompeta por delante como hacen los hipócritas en las sinagogas y por las calles, con el fin de ser honrados por los hombres; os aseguro que ya han recibido su paga. Tú, en cambio, cuando hagas limosna, que no sepa tu mano izquierda lo que hace tu derecha; así tu limosna quedará en secreto, y tu Padre, que ve en lo secreto, te lo pagará. Cuando recéis no seáis como los hipócritas, a quienes les gusta rezar de pie en las sinagogas y en las esquinas para que los vea la gente. Os aseguro que ya han recibido su paga. Cuando tú vayas a rezar entra en tu cuarto, cierra la puerta y reza a tu Padre, que está en lo escondido, y tu Padre que ve en lo escondido, te lo pagará. Cuando ayunéis no andéis cabizbajos, como los farsantes que desfiguran su cara para hacer ver a la gente que ayunan. Os aseguro que ya han recibido su paga. Tú, en cambio, cuando ayunes, perfúmate la cabeza y lávate la cara, para que tu ayuno lo note, no la gente, sino tu Padre que está en lo escondido; y tu Padre que ve en lo escondido, te lo recompensará".

1. La cuaresma es el tiempo, que la liturgia de la Iglesia, dedica a la preparación para el acontecimiento central del año cristiano: el "recuerdo" de la muerte de Jesús y el acontecimiento de su resurrección. Pues bien, para este tiempo, en el que se tendría que intensificar nuestra vida cristiana, el Evangelio nos trae a la memoria dos términos, que son "clave", para entender y vivir lo que Jesús nos pide. Dos términos en los que muchos cristianos no nos fijamos o no les concedemos la importancia que tienen. Estos términos son: lo que está "oculto" y "secreto", "hipócrita e impío".

2. La expresión "en secreto" se repite, en este capítulo del evangelio de Mateo, hasta seis veces. Se aplica a la limosna, a la oración y al ayuno. Y se refiere a lo que debe quedar "oculto", de forma que nadie lo note, lo vea o lo palpe. No se trata de que el propio sujeto ignore el bien que hace, sino que "ni siquiera el familiar más próximo, necesita enterarse del bien que hace el creyente en Jesús.

3. El otro término fuerte, que usa Jesús, para descubrir cómo debe ser la vida del creyente, es evitar, a toda costa, comportarse como un "hipócrita". Como es sabido, Jesús aplicó esta imagen durísima a los fariseos, que utilizaban la religión como una forma de espectáculo en el que se exhibían socialmente. Justamente lo que hacen tantos cristianos, que convierten en ostentación religiosa, lo que no deber sino vida evangélica.

4. Así pues, este evangelio es un llamamiento a pasar por la vida –en cuanto eso depende de nosotros– de la forma más desapercibida posible. Por eso Jesús les dice a los cristianos: "No hagan el bien para que los vea la gente. Porque si hacen el bien con esa intención, no les sirve para nada". Dios quiere que hagamos el bien, pero de tal manera que el bien se traduzca en bondad. Que no se note el bien que hacemos. Y por tanto, que aparezcamos como los demás. Porque Dios está en lo escondido y ve solamente lo que se hace en lo escondido. Dios se vuelve ciego ante lo solemne, lo grandioso, lo que llama la atención. Lo que Dios quiere de nosotros es que quienes viven en nuestro lado se sientan más seguros, tengan paz, sean felices. Y eso se consigue solamente mediante la bondad, no mediante el cumplimiento ostentoso de lo que está mandado.

5. La limosna, la oración, el ayuno, se hacen, con frecuencia, de forma que quien hace esas cosas se note que las hace. Y todo eso se hace así "con buena intención": para dar ejemplo, para hacer el bien a otros, para que la Iglesia se haga presente en la sociedad… Al Dios de Jesús no le interesa en absoluto nada de eso. Dios no quiere lo fastuoso, lo que llama la atención. Dios nos quiere humildes y sencillos.

6. Con el miércoles de ceniza iniciamos la cuaresma. El símbolo de la ceniza significa que somos "caducos". Ponernos la ceniza en la frente nos recuerda que nuestra vida es frágil, que no somos nada y que nuestras obras deben ser encaminadas hacia el bien de los demás. Y Dios, que lo ve todo, nos recompensará.

6 DE MARZO - JUEVES **DESPUÉS DE CENIZA**

Lc 9, 22-25

En aquel tiempo, dijo Jesús: "El Hijo del Hombre tiene que padecer mucho, ser desechado por los ancianos, sumos sacerdotes y letrados, ser ejecutado y resucitar al tercer día". Y dirigiéndose a todos, dijo: "El que quiera seguirme que se niegue a sí mismo, cargue con su cruz cada día y se venga conmigo. Pues el que quiera salvar su vida, la perderá; pero el que pierda su vida por mi causa, la salvará. ¿De qué le sirve a uno ganar el mundo entero si se pierde o se perjudica a sí mismo?"

1. Este texto del evangelio de Lucas es fuerte, duro, exigente. Jesús sabe el final de vida que le espera. Hubiera sido un ingenuo si no hubiera tenido esto muy claro. Tal como venía siendo su comportamiento, el conflicto con el poder religioso y con el poder político era inevitable. "En el mundo romano del siglo I, a nadie se lo ocurría pensar que la religión y la política estuvieran separadas. El conflicto de Jesús con los doctores de la ley y con los sacerdotes del Templo era también conflicto con los legionarios romanos y con el Emperador.

2. Otra cosa que nos enseña este relato: la llamada al "seguimiento" no es solo para los "elegidos", los "llamados", los "selectos". No. Hizo el llamamiento dirigiéndose "a todos". Esto nos viene a decir que, para Jesús, ser cristiano es seguirle, seas discípulo, apóstol, clérigo, monje o laico. *Ser cristiano es aceptar el destino de Jesús.* Incluso cuando nos damos cuenta de que ese destino nos puede llevar a un conflicto mortal. Esto supone tener una libertad que supera todos los miedos.

3. Lo más duro de todo es lo de "negarse a sí mismo". Y además "cargando con la cruz". Aquí no interesan las erudiciones de los lingüistas y exégetas. Lo que importa es caer en la cuenta de que hacer en la vida lo que aquí pide Jesús *supone y necesita una experiencia "afectiva" tan profunda, que solo la puede explicar el que la vive.* Es la experiencia de la "pasividad" y de "totalidad", que lleva y compromete la vida entera la forma de ver y vivir la vida tal como lo hizo Jesús.

4. A veces pensamos que cargar la cruz es tener que sufrir y poco menos que "arrastrarse por el suelo". No. Eso no es cargar la cruz. Cargar la cruz es asumir la vida como viene. Aceptar las cosas buenas y otras que no son tan buenas. Es decir, cargar la cruz significa hacer lo que te corresponde cada día y hacerlo bien. Comprometiéndote contigo mismo en ser, hacer y dar lo mejor de ti. La tarea no es poca y tampoco fácil, pero cuando la realizas bien, tu satisfacción es grande y engrandeces a los demás. Y no debemos olvidar que para cargar la cruz hace falta una buena dosis de sencillez y humildad.

7 DE MARZO - VIERNES **DESPUÉS DE CENIZA**

Mt 9, 14-15

En aquel tiempo, los discípulos de Juan se le acercaron a Jesús preguntándole: "¿Por qué nosotros y los fariseos ayunamos a menudo y, en cambio, tus discípulos no ayunan?" Jesús les dijo: "¿Es que pueden guardar luto los amigos del novio mientras el novio está con ellos? Llegará un día en que se lleven al novio y entonces ayunarán".

1. Está claro que Jesús no enseñó a sus discípulos las normas religiosas sobre el ayuno. Jesús estaba persuadido de que privarse de alimentos o de otras cosas pensando que a Dios le agrada que nos privemos de lo que nos gusta, eso no lo quiere Dios. Jesús quiere que seamos capaces de compartir nuestro pan con los que no tienen. Porque eso es fuente de abundancia, como ocurrió en la multiplicación de los panes. Pensar que cuando lo pasamos mal, Dios se pone contento, eso no es pensar en Dios, sino que eso es un "mito" monstruoso y, por tanto, enteramente falso.

2. Los judíos ayunaban hasta dos veces por semana. Pero aquel ayuno muchas veces lo que buscaba era –por decirlo de alguna manera– "torcerle" la mano a Dios. Es decir, ayunar para que Dios me concediera algún beneficio personal y fue eso que Jesús criticaba sobremanera. Es un error pensar que a Dios lo podemos "comprar" con un ayuno o una oración. Ayunamos y oramos porque necesitamos a Dios. Privarse de algo que nos gusta, de alguna manera es disciplinarnos y hacernos conscientes de que lo material es un medio y no un fin. De ahí que Jesús les responda a los fariseos recordando el texto del profeta Oseas: *Misericordia quiero y no sacrificios* (Os 6,6). Una sentencia que Mateo repite dos veces (9,12; 12,7). A Jesús, lo que le interesa y le importa es la bondad, la honradez, el buen corazón, no los rituales ostentosos y vacíos. ¿Cuáles son mis intereses?

3. El proyecto del Reino de Dios es como una fiesta de bodas, un banquete regio, en el que entran todos, *malos y buenos*. Dios es el primero que quiere para todos, y antes que ninguna otra cosa, nuestra felicidad. Una felicidad de la que nadie quede excluido. Sobre todo que no queden excluidos los más desgraciados de este mundo, aquellos a quienes peor ha tratado la vida. Y quienes han perdido la esperanza de un futuro feliz después de la propia muerte. Jesús representa lo "nuevo" y para él lo más importante es que los humanos tengamos alegría y nos queramos, que no nos falte el alimento de cada día y que siguiendo sus pasos, los males que aquejan a la humanidad, seamos capaces de desaparecerlos siendo solidarios con los que más sufren.

8 DE MARZO - SÁBADO **DESPUÉS DE CENIZA**

Lc 5, 27-32

> *En aquel tiempo, al salir, Jesús vio a un recaudador llamado Leví sentado al mostrador de los impuestos y le dijo: "Sígueme". Él, dejándolo todo, se levantó y lo siguió. Leví ofreció en su honor un gran banquete en su casa y estaban a la mesa con ellos un gran número de recaudadores y otros. Los fariseos y los letrados dijeron a sus discípulos, criticándolo: "¿Cómo es que coméis y bebéis con publicanos y pecadores?" Jesús les replicó: "No necesitan médico los sanos, sino los enfermos. No he venido a llamar a los justos, sino a los pecadores a que se conviertan".*

1. Jesús, se fija, con una mirada cargada de intensidad emocional, no en una persona "ejemplar", sino en un "recaudador", un tipo indeseable, ya que, en aquella sociedad, los recaudadores de impuestos vivían de lo que le robaban a la gente. Además, poner a Leví el "publicano", junto a Judas el "ladrón", ¿no era meterse en el peligro de reunir un colectivo de codiciosos, que no serían precisamente un ejemplo de vida honrada? La respuesta a esta pregunta es tan clara como determinante para Jesús, habla de algo mucho más decisivo: *cambiar la mentalidad de aquellos hombres, conviviendo él con ellos*. El que de verdad convive con Jesús, deja de ambicionar el dinero y solamente ambiciona la felicidad de todos.

2. Y a este hombre es al que llama: *Sígueme*. No le explica para qué le llama, por qué le llama, en qué condiciones. Solo queda clara una cosa tremenda:

inmediatamente lo dejó todo y se fue con Jesús. *Las decisiones más determinantes de la vida no se toman "por miedo", sino "seducción"*. A Jesús "le sedujo" la miseria moral y social en que se veía aquel hombre. Y el que fue llamado se sintió "seducido" por Jesús. En la vida somos, y en la vida hacemos, aquello que nos seduce. Y nos seduce tanto, que lo dejamos todo por satisfacer nuestra seducción.

3. Jesús tenía una fuerza de atracción tan poderosa, que por él se deja todo, se reorienta la vida, y en eso encontramos el gran banquete de nuestra existencia. Dios, en Jesús, se identificó de tal manera con la condición humana, se "humanizó" hasta el extremo, que cuando nos encontramos en la vida con Jesús, eso se verifica en que nos hacemos plenamente tan "misericordiosos" como "humanos". Lo dejamos todo por este ideal o proyecto. Y eso se convierte en el gran banquete de nuestra existencia. Diga lo que diga la gente "notable" o "muy piadosa".

4. Jesús no tuvo "empacho" en sentarse en la mesa de un "impuro recaudador de impuestos". ¿Quiénes faltan en mi mesa hoy? ¿A quién me siento llamado a invitar a mi banquete con Jesús?

9 DE MARZO - DOMINGO 1º DE CUARESMA

Lc 4, 1-13

En aquel tiempo, Jesús, lleno del Espíritu Santo, volvió del Jordán y, durante cuarenta días, el Espíritu lo fue llevando por el desierto, mientras era tentado por el diablo. Todo aquel tiempo estuvo sin comer, y al final sintió hambre. Entonces el diablo le dijo: "Si eres el Hijo de Dios, dile a esta piedra que se convierta en pan". Jesús le contestó: "Está escrito: "No solo de pan vive el hombre". Después, llevándole a lo alto, el diablo le mostró en un instante todos los reinos del mundo y le dijo: "Te daré el poder y la gloria de todo esto, porque a mí me lo han dado, y yo lo doy a quien quiero. Si tú te arrodillas delante de mí, todo será tuyo". Jesús le contestó: "Está escrito: "Al Señor, tu Dios, adorarás y a él solo darás culto". Entonces lo llevó a Jerusalén y lo puso en el alero del Templo y le dijo: "Si eres Hijo de Dios, tírate de aquí abajo, porque está escrito: "Encargará a los ángeles que cuiden de ti", y también: "Te sostendrán en sus manos, para que tu pie no tropiece con las piedras". Jesús le contestó: "Está mandado: "No tentarás al Señor, tu Dios". Completadas las tentaciones, el demonio se marchó hasta otra ocasión.

1. Lo primero, que hay que tener presente aquí, es que el relato de las tentaciones no tiene valor histórico. Es lo que, en el judaísmo se denomina una *haggadá* (F. Bovon), una narración que contiene una enseñanza que sirve de norma para la vida. En este caso, no se trata simplemente de que el demonio puede ponernos tentaciones para hacer el mal. Tal como aparece la actividad del demonio, en este relato, no le pide a Jesús que le haga mal a nadie. Todo lo contrario: que haya pan, que Jesús tuviera poder y gloria en el mundo, y que cayera, entre alas de ángeles, como llovido del cielo. ¿Puede haber cosa mejor que todo eso? ¿En qué está ahí la tentación?

2. Es curioso que los buenos comentarios generales a los evangelios de Mateo y Lucas, que son los que contienen este episodio, no explican el sentido profundo de este relato capital, en el proyecto de vida que proponen los citados evangelios. Y es que, si no me equivoco, a medida que van pasando los años y los siglos, los cristianos podemos tener más elementos de juicio, para entender y explicar el alcance asombroso de este extraño relato. Con la perspectiva del tiempo y de los siglos, nos enteramos del alcance del Evangelio. ¿Dónde y en qué está la clave de todo lo que aquí se nos dice?

3. Es frecuente echar mano de F. Dostoyevski (Hermanos Karamazov, V, 5º). Lo que en esta *hagadá*, se nos viene a decir es esto: *la mayor perversión del Evangelio, que se puede hacer en este mundo, consiste en presentar la obra y el mensaje de Jesús en estas tres cosas: "milagros", "misterios" y "autoridad"*. Es lo que ha hecho la Iglesia, sirviéndose del Evangelio o explicándolo desde estas tres palabras y su contenido. Así el Evangelio ha quedado marginado y prácticamente anulado. Y así, nos hemos puesto en manos de los obispos, curas y frailes. Protestamos, a veces, contra ellos, pero nos va bien *entregándoles nuestra libertad*. De esta manera, nos va bien con la religión y nos hemos liberado de la carga que supone el Evangelio. Con lo que: ni la religión arregla este mundo, ni el Evangelio nos hace más humanos y más felices. Esperamos y queremos que venga un Papa, que lo arregle todo. Pero esto no se arreglará cambiando al Papa, sino cambiándonos nosotros. Lo que pasa es que esto último es lo que no queremos, por más que pensemos otras cosas, que no sirven para nada.

10 DE MARZO - LUNES — **1ª SEMANA DE CUARESMA**

Mt 25, 31-46

En aquel tiempo, dijo Jesús a sus discípulos: "Cuando venga en su gloria el Hijo del Hombre, y todos los ángeles con él, se sentará en el trono de su gloria y serán reunidas ante él todas las naciones. Él separará a unos de otros, como un pastor separa las ovejas de las cabras. Y pondrá las ovejas a su derecha y las cabras a su izquierda. Entonces dirá el rey a los de su derecha: "Venid vosotros, benditos de mi Padre, heredad el reino preparado para vosotros desde la creación del mundo. Porque tuve hambre y me disteis de comer, tuve sed y me disteis de beber, fui forastero y me hospedasteis, estuve desnudo y me vestisteis, enfermo y me visitasteis, en la cárcel y fuisteis a verme". Entonces los justos le contestarán: "Señor, ¿cuándo te vimos con hambre y te alimentamos, o con sed y te dimos de beber?, ¿cuándo te vimos forastero y te hospedamos, o desnudo y te vestimos?; ¿cuándo te vimos enfermo o en la cárcel y fuimos a verte?" Y el rey les dirá: "Os aseguro que cada vez que lo hicisteis con uno de estos mis humildes hermanos, conmigo lo hicisteis". Y entonces dirá a los de su izquierda: "Apartaos de mí, malditos, id al fuego eterno preparado para el diablo y sus ángeles. Porque tuve hambre y no me disteis de comer, tuve sed y no me disteis de beber, fui forastero y no me hospedasteis, estuve desnudo y no me vestisteis, enfermo y en la cárcel y no me visitasteis". Entonces estos también contestarán: "Señor, ¿cuándo te vimos con hambre o con sed, o forastero o desnudo, o enfermo o en la cárcel, y no te asistimos?". Y él replicará: "Os aseguro que cada vez que no lo hicisteis con uno de estos, los humildes, tampoco lo hicisteis conmigo". Y estos irán al castigo eterno; y los justos a la vida eterna".

1. Este texto impresionante no es ni una historia, ni una profecía del futuro, ni una parábola en sido propio del género parabólico. Es sencillamente una "predicación del futuro juicio que Dios hará de la historia de la humanidad". Si antes de la venida de Jesús la relación con Dios se determinaba por el cumplimiento de ritos y normas, con Jesús el lugar privilegiado para encontrarse con él es enloso más necesitados. Entonces lo que no se haya hecho por el bien de ellos, tampoco se habrá hecho por Jesús. ¿Dónde estás, Señor?

2. La enseñanza capital de este texto como nos lo expresa San Juan, tanto en el evangelio como en sus cartas es sobre el amor de Dios, porque donde está el amor, ahí está Dios porque: *"Dios es amor"* (1Jn 4,8). Por tanto, donde hay amor, ahí está Dios. Y donde falta el amor, no está Dios. Se trata del amor a los demás. En esto está la clave de nuestro encuentro o de nuestro rechazo de Dios. Por eso, en el "mandamiento nuevo", que Jesús dio en la última Cena, ya no se menciona a Dios. Solamente que *se amen uno a otros* (Jn 13,34-35). En esto es en lo que se conocerá que somos discípulos (o no lo somos) de Jesús.

3. El problema fuerte, que presenta este texto, no es teórico. Es una cuestión concreta y práctica: ¿Cómo vivir hoy el amor a los demás sobre todo a los más desamparados de este mundo? El amor no se puede reducir a la beneficencia, a practicar la caridad. Vivir de la caridad es humillante. La caridad debería quedar para salir o sacar a alguien de un apuro. En nuestro tiempo y cultura, lo decisivo de ser, no la caridad, sino el derecho. Hay que luchar para que sea efectiva y real la igualdad de los derechos fundamentales: que todos tengamos aseguro el derecho a la seguridad de la vida, un trabajo digno, una vivienda, la sanidad, la educación, derechos de las mujeres, la libertad de pensar y expresar nuestras convicciones, siempre que estén dentro de la ley. Los gobernantes y los poderosos, que no defienden a muerte estos derechos, son ateos. No creen en Dios, por más religiosos que se vean o sean vistos.

11 DE MARZO - MARTES **1ª SEMANA DE CUARESMA**

Mt 6, 7-15

En aquel tiempo, dijo Jesús a sus discípulos: "cuando recéis no uséis muchas palabras como los paganos, que se imaginan que por hablar mucho les harán caso. No seáis como ellos, pues vuestro Padre sabe lo que os hace falta antes que se lo pidáis. Vosotros rezad así: Padre nuestro del cielo, santificado sea tu nombre, venga tu reino, hágase tu voluntad en la tierra como en el cielo. Danos hoy el pan nuestro, perdónanos nuestras ofensas, pues nosotros hemos perdonado a los que nos han ofendido, no nos dejes caer en tentación, sino líbranos del maligno. Porque si perdonáis a los demás sus culpas, también vuestro Padre del cielo os perdonará a vosotros. Pero si no perdonáis a los demás, tampoco vuestro Padre perdonará vuestras culpas.

1. Ponerse a rezar es manifestar deseos. El "Padre nuestro" no es una bella plegaria para recitarla de carrerilla. El "Padre nuestro" es la expresión de los deseos que mandan en nuestra vida. ¿Es eso lo que cada cual dice cuando reza esta plegaria? El Padre no quiere que hablemos mucho en la oración. Lo que importa son las convicciones de determinan nuestra conducta y organizan nuestros hábitos de vida. Esas convicciones son las que expresa el "Padre nuestro".

2. Ante todo que el nombre santo de Dios no sea jamás utilizado para lo que no se debe utilizar: para legitimar poderes o falsedades, para tranquilizar conciencias perversas, para justificar violencias. Después, el anhelo por la llegada del Reino, es decir, que los criterios del Evangelio vayan impregnando el tejido social. En tercer lugar, que se haga lo que Dios quiere, no lo que interesa a quienes tienen poder para imponer sus intereses. El Padre quiere que no nos falte el pan: que no nos falte lo indispensable para vivir con dignidad. Y sobre todo, el Padre Dios quiere que seamos capaces de perdonar. Nos interesa mucho. Porque la medida del perdón que demos, será exactamente la medida del perdón que recibiremos. El que no perdona no tiene perdón. En este sentido, se puede afirmar que la capacidad de perdonar es lo que mide nuestra capacidad de amar, de ser buenas personas, de vivir como gente que pasa por la vida haciendo el bien.+

3. En síntesis, en la oración del "Padre nuestro", Jesús revela los principios del reino de Dios para todos, reconciliación con Dios y con los demás, y que se haga la voluntad del Padre alejando la tentación y el mal. La oración de Jesús expresa siete peticiones, siete deseos que anhela para la humanidad. ¿En cuál de las me siento llamado a construir? ¿En cuál de ellas mi grupo más cercano con el que más convivo debe crecer?

12 DE MARZO - MIÉRCOLES 1ª SEMANA DE CUARESMA

Lc 11, 29-32

En aquel tiempo, la gente se apiñaba alrededor de Jesús y él se puso a decirles: "Esta generación es una generación perversa. Pide un signo, pero no se le dará más signo que el signo de Jonás. Como Jonás fue un signo para los habitantes de Nínive, lo mismo será el Hijo del Hombre para esta generación. Cuando sean juzgados los hombres de esta generación, la reina del Sur se levantará y hará que los condenen; porque ella vino desde los confines de la tierra para escuchar la sabiduría de Salomón, y aquí hay uno que es más que Salomón. Cuando sea juzgada esta generación, los hombres de Nínive se alzarán y harán que los condenen; porque ellos se convirtieron con la predicación de Jonás, y aquí hay uno que es más que Jonás".

1. Jesús dice que no se les va a dar más señal que la de Jonás. Este Jonás fue un profeta que Dios envió a Nínive, la gran capital del Imperio Asirio. Y en tres días, la capital entera, desde el rey hasta los animales, se convirtieron y cambiaron de vida. Jesús les dice a los fariseos y sacuceos: ¿Quieren una señal? Pues la señal es que se conviertan, es decir que cambien de mentalidad y de forma de vivir. Y eso será la prueba más clara de que el Evangelio, que les anuncio, viene de Dios y es la solución que buscan.

2. Jesús se lamenta públicamente de la incredulidad de sus oyentes. Lo mismo sucede con nosotros hoy, nuestra incredulidad no tiene límites en estos tiempos que nos toca vivir. La expresión ¡esta generación! tiene una connotación negativa, de rechazo y confrontación. Jesús tuvo que pasar por esta experiencia amarga, dura y humillante. No pensemos, por tanto, que los evangelios son solamente elogio del éxito de Jesús. Si los humanos tenemos, tantas veces, frustraciones, Jesús también las tuvo que soportar. Como todo ser humano.

3. Hay gente que quisiera ver una señal extraordinaria para sacarles de sus dudas y oscuridades, en lo que se refiere a Dios, a Cristo, a la fe... Y la respuesta de Jesús es clara: "Atrévete a cambiar de mentalidad y de vida; y te darás cuenta de que, al verle sentido a tu vida y al sentirte mejor y hasta feliz, no te quedará más remedio que reconocer que aquí hay algo que más que Jonás". Es decir, aquí está Dios, aquí está Jesús. El día que cambies de vida, le verás sentido a Jesús, a Dios y a la vida entera. No acabamos de entender que el Evangelio puede ser comprendido solamente por las personas que se ponen a vivir como indica el mismo Evangelio.

13 DE MARZO - JUEVES — **1ª SEMANA DE CUARESMA**

Mt 7, 7-12

En aquel tiempo, dijo Jesús a sus discípulos: "Pedid y se os dará, buscad y encontraréis, llamad y se os abrirá; porque quien pide recibe, quien busca encuentra y al que llama se le abre. Si a alguno de vosotros le pide su hijo pan, ¿le va a dar una piedra?; y si le pide un pescado, ¿le dará una serpiente? Pues si vosotros, que sois malos, sabéis dar cosas buenas a vuestros hijos, ¿cuánto más vuestro Padre del cielo dará cosas buenas a los que le piden? Tratad a los demás como queréis que ellos os traten: en esto consiste la Ley y los Profetas".

1. Mucha gente se pregunta: ¿tiene sentido la oración de petición? ¿Tiene algún sentido pedir por la lluvia cuando hay sequía o rezar para que se cure un enfermo terminal? El argumento que aquí presenta el Evangelio parece de una lógica incuestionable. Si los padres de este mundo, que tantas veces son malos, no son capaces de negar a sus hijos lo que necesitan, ¿cómo nos va negar el Padre del Cielo lo que nos hace falta? Esto nos confirma en la idea de que, efectivamente, orar es manifestar nuestros deseos más apremiantes, porque son la expresión de lo que más necesitamos

2. La primera enseñanza, que Jesús deja aquí patente, es que la oración de petición nunca falla. Lo que, a juicio de Jesús es cierto, por más que tantas veces tengamos la impresión –y hasta la evidencia– de que las cosas no son así. La insistencia de Jesús queda fuera de duda. Lo que no podemos saber es "cómo nos oye el Señor y cómo escucha nuestra petición". De la misma manera que no siempre pedimos lo que más nos conviene, igualmente el Padre del cielo nos concede lo que nosotros no vemos como lo que realmente más necesitamos.

3. El argumento, sin embargo, no está tan claro. Porque Dios sabe lo que necesitamos y quiere lo mejor para nosotros. Entonces, si Dios lo sabe y lo quiere, ¿qué sentido tiene pedírselo? Parece que no tiene ningún sentido. Por tanto, ¿no sería más lógico tener confianza en Dios, fiarnos de Él y vivir tranquilos, en la medida de lo posible? ¿No es eso el mejor acto de fe y de confianza en Dios que podemos hacer los humanos? Además, a veces, los rezos pueden tener el peligro de motivarnos a escurrir el hombro, es decir, poner en manos de Dios lo que depende de nuestro esfuerzo.

4. Todo eso es verdad. Sin embargo, si nos fijamos en lo que somos y como somos, parece que la súplica al Padre del Cielo es algo que tiene un sentido profundo. Los humanos somos así. El bebé percibe su invalidez, siente sus limitaciones y pide, llora y acude a la madre que le puede ayudar. Es un mecanismo profundamente humano, que nos dura mientras vivimos. Si acudimos constantemente a quien puede ayudarnos en la tierra, ¿por qué no acudir al Padre del Cielo? Otra cosa es que la oración sea un justificante de nuestra irresponsabilidad. Entonces, No. Porque, en definitiva, "orar" es "expresar un deseo" Y es connatural al ser humano el hecho de expresar lo que más teme o más anhela. Pues por esto, la oración es tan propia y tan necesaria en la vida de los humanos.

14 DE MARZO - VIERNES | 1ª SEMANA DE CUARESMA

Mt 5, 20-26

En aquel tiempo, dijo Jesús a sus discípulos: "Si no sois mejores que los escribas y fariseos no entraréis en el Reino de los Cielos. Habéis oído que se dijo a los antiguos: No matarás, y el que mate será procesado. Pero yo os digo; todo el que esté peleado con su hermano, será procesado. Y si uno llama a su hermano "imbécil", tendrá que comparecer ante el Sanedrín, y si lo llama "renegado", merece la condena del fuego. Por tanto, si cuando vas a poner tu ofrenda sobre el altar, te acuerdas allí mismo de que tu hermano tiene quejas contra ti, deja allí tu ofrenda ante el altar y vete primero a reconciliarte con tu hermano, y entonces vuelve a presentar tu ofrenda. Procura arreglarte con el que te pone pleito, enseguida mientras vais todavía de camino, no sea que te entregue al juez, y el juez al alguacil, y te metan en la cárcel. Te aseguro que no saldrás de allí hasta que no hayas pagado el último céntimo".

1. Los escribas y fariseos eran los hombres más religiosos y observantes que había en Israel, en tiempos de Jesús. Se puede asegurar que si nos atenemos al "hecho religioso" en sí, nadie estaba (ni podía estar) por encima de estos dos grupos de observantes, que, en su fidelidad a la religión, llegaban al "fanatismo". Y, por supuesto, a la intolerancia. Sin embargo, Jesús firma que los discípulos del Evangelio tienen que superar a las escribas y fariseos. ¿En qué? ¿Cómo? Jesús va a presentar una superación, que no es "cuantitativa", sino "cualitativa". Jesús no pide "más observancia", sino que insiste en "otra observancia". El Evangelio no pide fidelidad a los "ritos", sino amor y bondad con las "personas. Este es el camino que Jesús le dio a la religión. Así, el Evangelio superó al hecho religioso.

2. Por eso, es decir, porque el centro del "Proyecto de vida" de Jesús, ya no está en las observancias religiosas (ritos, ceremonias, lo sagrado), sino en el amor a las personas, por eso, Jesús plantea un problema, que nos tendría que hacer temblar. Se trata de esto: si estás en el templo, y vas hacia el altar, para presentar tu ofrenda al Señor (esto es un hombre religioso), pero en ese momento te acuerdas de que alguien tiene algo contra ti (no si tú tienes algo contra tu hermano), mira, lo que tienes que hacer es dar media vuelta y no te acerques al altar. Vete, ante todo, y arreglas con tu hermano lo que él tenga contra ti. Y cuando eso esté resuelto, entonces vete a misa, vete al rezo, a la comunidad, al acto religioso, en definitiva.

3. Lo primero, las personas. Después, las ceremonias religiosas. Por eso, yo no me explico cómo nos han (o nos hemos) organizado la conciencia, de forma que vamos a actos religiosos, con una conciencia tan deforme, que –a juicio de Jesús– hacemos una monstruosidad detrás de otra. Y nos quedamos con la conciencia tranquila. Empresarios que les roban a sus trabajadores, políticos que se hacen millonarios a costa del hambre de las clases bajas, obispos que viven en grandes mansiones o palacios sabiendo que hay criaturas durmiendo en la calle, etc. Y luego, esa gente (los culpables de que las cosas estén así), el domingo, a misa, o sea al altar. No quepa la menor duda, somos cristianos deformes.

Mt 5, 43-48

En aquel tiempo, dijo Jesús a sus discípulos: "Habéis oído que se dijo: Amarás a tu prójimo y aborrecerás a tu enemigo. Yo, en cambio, os digo: Amad a vuestros enemigos, haced el bien a los que os aborrecen y rezad por los que os persiguen y calumnian. Así seréis hijos de vuestro Padre que está en el cielo, que hace salir su sol sobre malos y buenos, y manda la lluvia a justos e injustos. Porque, si amáis a los que os aman, ¿qué premio tendréis? ¿No hacen lo mismo también los publicanos? Y si saludáis solo a vuestro hermano, ¿qué hacéis de extraordinario? ¿No hacen lo mismo también los paganos? Por tanto, sed perfectos como vuestro Padre celestial es perfecto".

1. Amar al amigo y odiar al enemigo es lo normal. Porque es lo que da de sí la condición humana, siempre mezclada y fundida con la inhumanidad tan frecuente entre los seres humanos. Por eso se ha dicho, con razón, que el precepto del amor a los enemigos es uno de los textos cristianos fundamentales. Es "lo propio y nuevo en el cristianismo". Esto es lo que se dijo desde los primeros escritores cristianos (Justino, Tertuliano...). Un cristiano, que no es capaz de amar y hacer el bien a sus enemigos, no es cristiano.

2. Amando al enemigo, al que me cae mal, al que me ha hecho daño y del que sé que me odia, así –y solamente así– es como demostramos que "somos hijos de Dios". Con frecuencia, se suele decir que, por el sacramento del bautismo, empezamos a ser "hijos de Dios". Jesús no pensaba así: Nuestra relación con Dios no depende de un "ritual", ni es asunto de "religión". Es asunto de "conducta". Los hijos se parecen a los padres. Un hijo de Dios es el que se parece al Padre del cielo, en su conducta. Nuestro Padre Dios nos ama sin límites, nos perdona sin límites y es bondadoso y misericordioso sin límites. Y yo, ¿cómo soy?

3. Es verdad que amar al enemigo no es fácil. Pero amar no es otra cosa que no querer destruir al enemigo, al que te aborrece, al que te amenaza. Cuando hacemos eso, se desarma al agresor y se deshace la amenaza. Por supuesto, hay que recurrir a los medios legales que dispone el ordenamiento jurídico en esos casos. Pero bien sabemos que estas situaciones no se resuelven solo con leyes y sanciones. La solución, según Jesús, está en algo tan sencillo como desconcertante: cada mañana sale el sol lo mismo para la víctima que par el verdugo. A nadie se le pasa por la cabeza que, después de una agresión brutal, el sol va a salir solo para la víctima y nunca más para el agresor. El día que todo el mundo piense de ti que, lo mismo si te besan que si te escupen en la cara, tú vas a seguir siendo igual para todos, ese día se acaba la violencia en cualquiera de sus formas.

16 DE MARZO - DOMINGO **2º DE CUARESMA**

Lc 9, 28b-36

En aquel tiempo, Jesús se llevó a Pedro, a Juan y a Santiago a lo alto de una montaña, para orar. Y mientras oraba, el aspecto de su rostro cambió, sus vestidos brillaban de blancos. De repente, dos hombres conversaban con él: eran Moisés y Elías, que aparecieron con gloria, hablaban de la muerte, que iba a consumar en Jerusalén. Pedro y sus compañeros se caían de sueño; y espabilándose vieron su gloria y a los dos hombres que estaban con él. Mientras estos se alejaban, dijo Pedro a Jesús: "Maestro, qué hermoso es estar aquí. Haremos tres chozas: una para ti, otra para Moisés y otra para Elías". No sabía lo que decía. Todavía estaba hablando cuando llegó una nube que los cubrió. Se asustaron al entrar en la nube. Una voz desde la nube decía: "Este es mi Hijo, el escogido, escuchadle". Cuando sonó la voz, se encontró Jesús solo. Ellos guardaban silencio, y, por el momento, no contaron a nadie nada de lo que habían visto.

1. La transfiguración de Jesús es: 1) El anuncio de la muerte que le esperaba a Jesús. 2) La promesa de su glorificación. 3) La afirmación de la presencia de Dios (mediante el símbolo de la nube) en estos acontecimientos. 4) La expresión clara y firme de Dios, que nos habla en Jesús; y solamente en Jesús. Estas cuatro afirmaciones son los pilares de la cristología. De forma que las reflexiones del Magisterio de la Iglesia, de los Santos Padres, de los más eminentes teólogos, todos ellos, no pueden prescindir de estos cuatro pilares sobre los que se sostiene el eje de la teología cristiana.

2. El punto 2, la glorificación de Jesús, es por supuesto, el triunfo y la glorificación definitiva de Jesús, el Hijo de Dios, en el acontecimiento central de la resurrección. Pero la clave de todo lo que Jesús nos dijo y nos dejó, como *proyecto de vida*, fue su propia forma y estilo de vida. De ahí que la voz, que vino de la nube (Dios), fue afirmar: ya y en adelante, ni Moisés (la Ley), ni Elías (los Profetas). *Solo os queda el ejemplo y proyecto de vida que estáis viendo en "mi Hijo", es decir, en Jesús.*

3. Dios no le encuentra otra solución, al ser humano y al futuro de la humanidad, que el proyecto que nos presenta en Jesús. Un proyecto que no asimilamos ni lo hacemos nuestro. Porque, pensando que todo el Evangelio es verdad, el hecho es que, para muchos de nosotros, no es vida. No es nuestra forma de vida. Y así, vivimos en la constante contradicción: por una parte va nuestra "fe", mientras que el "seguimiento" de Jesús no centra nuestra vidas, en el mismo proyecto de humanización que nos trazó la vida de Jesús.

17 DE MARZO - LUNES **2ª SEMANA DE CUARESMA**

Lc 6, 36-38

En aquel tiempo dijo Jesús a sus discípulos: "Sed compasivos como vuestro Padre es compasivo; no juzguéis, y no seréis juzgados; no condenéis, y no seréis condenados; perdonad, y seréis perdonados; dad, y se os dará: os verterán una medida generosa, colmada, remecida, rebosante. La medida que uséis, la usarán con vosotros".

1. Jesús propone, en este resumido programa, la idea capital que él tenía sobre cómo se puede arreglar este mundo. Y puso su proyecto pensando en lo que más necesitamos los mortales. Todos, en efecto, necesitamos que se nos quiera, que nadie nos juzgue de mala manera, y que nadie nos condene. Además, necesitamos siempre que se nos perdone, se nos disculpe, se nos comprenda. En el fondo, la incapacidad de perdonar, comprender, tolerar y tener misericordia, todo eso es la demostración más clara de la propia inseguridad, de la propia debilidad, de la propia miseria, en el peor sentido que puede tener esta palabra que tanto nos horroriza. El que no perdona es, en definitiva, un miserable que da pena y produce repugnancia. La mayor grandeza de una persona es saber estar por debajo de los demás. Y no verse jamás como superior a nadie.

2. Pues resulta que esto, precisamente todo esto, es el corazón mismo del Evangelio. Jesús, que nos conoce muy bien, no amenaza, no recrimina, no echa nada en cara. Por el contrario, nos manda (en imperativo) que seamos siempre "compasivos", siempre buenas personas, como siempre es bueno Dios. Se trata de la bondad que lleva consigo "ternura entrañable, agrado, humildad, sencillez, tolerancia" (Col 3,12). Bien podemos (y debemos) soñar con el día en que nuestra religiosidad y nuestras creencias sean tan hondas y tan fuertes, que nos hagan capaces de reaccionar siempre como buenas personas. No se trata de caer en la pantomima del "buenísimo", que solo sirve para entontecer más y más al que lo vive con el convencimiento de que eso es lo mejor que se puede hacer en este mundo. Jesús –por lo que cuentan los evangelios– fue tajante y duro, cuando tuvo que serlo.

3. Es verdad que la religión ayuda a muchas personas a ser así. Pero ocurre con frecuencia que la gente religiosa y piadosa suele juzgar, rechazar y condenar a quienes no se ajustan a lo que mandan los dirigentes de la religión. El cristianismo de ahora, aunque nos duela decirlo, está demasiado lejos de lo que Jesús hizo, dijo y quiso. Los países más religiosos no suelen ser los países más intachables. Con frecuencia ocurre lo contrario. Los países menos religiosos son los países en los que se palpa una cultura más justa, más igualitaria, más honesta. Ante este hecho patente, tenemos que preguntarnos ¿de qué nos sirve el Evangelio que tanto citamos y leemos?

18 DE MARZO - MARTES **2ª SEMANA DE CUARESMA**

Mt 23, 1-12

En aquel tiempo, Jesús habló a la gente y a sus discípulos diciendo: "En la cátedra de Moisés se han sentado los letrados y los fariseos: haced y cumplid lo que os digan; pero no hagáis lo que ellos hacen; porque ellos no hacen lo que dicen. Ellos lían fardos pesados e insoportables y se los cargan a la gente en los hombros, pero no están dispuestos a mover un dedo para empujar. Todo lo que hacen es para que los vea la gente: alargan las filacterias y ensanchan las franjas del manto; les gustan los primeros puestos en los banquetes y los asientos de honor en las sinagogas; que les hagan reverencias por la calle y que la gente les llame "maestro". Vosotros, en cambio, no os dejéis llamar maestro porque uno solo es vuestro maestro, y todos vosotros sois hermanos. Y no llaméis padre vuestro a nadie en la tierra, porque uno solo es vuestro Padre, el del cielo. No os dejéis llamar jefes, porque uno solo es vuestro Señor, Cristo. El primero entre vosotros será vuestro servidor. El que se enaltece será humillado, y el que se humilla será enaltecido".

1. Jesús ante la multitud hace una radiografía de los dirigentes espirituales del pueblo judío: enseñan la Torá, la Ley, pero no la practican. Jesús propone la lógica del amor y del servicio. Recuerda que todos somos hermanos y que el servicio es lo que nos hace grandes. A veces utilizamos la religión para no cumplir nuestras responsabilidades, no tanto religiosos, sino humanas, en un primer término. Cuanto más alto subimos en un puesto, más lejos vivimos de la gente que nos necesita y, por tanto, lejos de Jesús y de Dios.

2. Más que buscar a Dios, se busca una imagen: las vestimentas que se ponen, los sitios de honor que ocupan, los títulos solemnes que usan. La apariencia les preocupa más que la realidad. Tenemos el peligro que quedarnos en lo meramente aparente. Hacer cosas para que nos vean y agasajen. El peligro de ser exigentes a la hora de recordar los deberes de los demás y demasiado tolerantes con nuestras inconsistencias. Busquemos esos espacios sagrados de "desiertos" y desde esa mirada interior sincera desterremos toda mentira y falsedad.

3. Todo esto genera un proceso de descomposición. Ni los que mandan ven la realidad como realmente es, ni ellos son vistos como realmente son. El que se sitúa a un nivel de "dignidad" sobre los demás, se ve obligado a vivir en la hipocresía, para mantener su imagen, y obliga a los demás a que le traten de forma ficticia, para defenderse ellos de un poder y de una dignidad que les resulta amenazante. En tales condiciones, la verdadera relación humana se hace imposible y todos terminamos viviendo en la mentira. Es el germen de la descomposición

19 DE MARZO - MIÉRCOLES **SAN JOSÉ**

Mt 1, 16.18-21.24ª

Jacob engendró a José, el esposo de María, de la cual nació Jesús, llamado Cristo. El nacimiento de Jesucristo fue de esta manera: la madre de Jesús estaba desposada con José y, antes de vivir juntos, resultó que ella esperaba un hijo, por obra del Espíritu Santo. José, su esposo, que era bueno y no quería denunciarla, decidió repudiarla en secreto. Pero apenas había tomado esta resolución, se le apareció en sueños un ángel del Señor que le dijo: José, hijo de David, no tengas reparo en llevarte a María, tu mujer; porque la criatura que hay en ella viene del Espíritu Santo. Dará a luz un hijo y tú le pondrás por nombre Jesús, porque él salvará a su pueblo de los pecados. Cuando José se despertó hizo lo que le había mandado el ángel del Señor.

1. Si la "humanización de Dios" se realizó como en la "encarnación", con la consiguiente gestación y nacimiento de quien fue un ser humano, "como uno de tantos" (Fil 2,7-9), se comprende la reacción de José. Y fue ejemplar. Dios entró en la historia humana. Y entró de forma que su presencia provocó los mismos problemas que provocaría cualquier ser humano que nace de una mujer, como ocurre con todos.

2. En cualquier caso, si es que este evangelio relata algo que así sucedió, lo que de aquí resulta es que José fue un hombre sencillamente heroico, excepcional, en la entereza de su fe en Dios. Y en su fidelidad a lo que él vio como proyecto divino. Porque es evidente que, para un hombre normal, tiene que ser duro enterarse y aceptar, sin la menor protesta, sin pregunta alguna, que su prometida va a ser madre, y que él no tenga que ver nada en la gestación de ese hijo. Simplemente decidió ausentarse de aquel extraño e inexplicable asunto. Hasta que Dios le dijo que no, que siguiera en su sitio y cumpliera con su misión de padre. ¿Cómo lo hizo? Cuando Jesús fue a Nazaret y habló en la sinagoga, la gente se preguntaba: *Pero, ¿no es este el hijo de José?* (Lc 4,22b).

3. Es evidente que José educó a Jesús con tal y tanta libertad, que los parientes, conocidos y vecinos del pueblo no comprendían que sus ideas fueran tan distintas a las de su "padre" de este mundo. Jesús afirmaba que Dios quiere lo mismo a los de una religión que otra. Jesús habló de las preferencias de Dios por un político de Siria y una viuda de Sarepta (Lc 4,25-27). Fue entonces cuando los de Nazaret quisieron despeñar a Jesús en un barranco (Lc 4,28-29). José fue genial en su tolerancia, bondad y cariño. Jesús lo fue en su amor universal, sin fronteras ni diferencias.

20 DE MARZO - JUEVES — **2ª SEMANA DE CUARESMA**

Lc 16, 19-31

En aquel tiempo, dijo Jesús a los fariseos: "Había un hombre rico que se vestía de púrpura y de lino y banqueteaba espléndidamente cada día. Y un mendigo llamado Lázaro estaba echado en su portal, cubierto de llagas, y con ganas de saciarse de lo que tiraban de la mesa del rico, pero nadie se lo daba. Y hasta los perros se le acercaban a lamerle las llagas. Sucedió que se murió el mendigo y los ángeles lo llevaron al seno de Abrahán. Se murió también el rico y lo enterraron. Y estando en el infierno, en medio de los tormentos, levantando los ojos, vio de lejos a Abrahán y a Lázaro en su seno, y gritó: "Padre Abrahán, ten piedad de mí y manda a Lázaro que moje en agua la punta del dedo y me refresque la lengua, porque me torturan estas llamas". Pero Abrahán le contestó: "Hijo, recuerda que recibiste tú bienes en vida y Lázaro a su vez males: por eso encuentra aquí consuelo, mientras que tú padeces. Y además entre nosotros y vosotros se abre un abismo inmenso, para que no puedan cruzar, aunque quieran, desde aquí hacia vosotros, ni puedan pasar de ahí hasta nosotros". El rico insistió: "Te ruego, entonces, padre, que mandes a Lázaro a casa de mi padre, porque tengo cinco hermanos, para que, con su testimonio, evites que vengan también ellos a este lugar de tormentos". Abrahán le dice: "Tienen a Moisés y a los profetas: que los escuchen". El rico contestó: "No, padre Abrahán. Pero si un muerto va a verlos, se arrepentirán". Abrahán le dijo: "Si no escuchan a Moisés y a los profetas, no harán caso ni aunque resucite un muerto".

1. Para comprender el alcance de esta parábola, hay que echar mano de los datos convergentes sobre el personaje Lázaro, que se encuentra en los evangelios de Lucas y Juan. ¿Qué nos viene a decir esta relación entre el Lázaro de la parábola de Lucas y el Lázaro, según el evangelio de Juan, era el hermano de Marta y María? No se puede decir que ambos Lázaros fuera el mismo personaje. Pero sí se puede afirmar que, al relacionar ambos relatos, el de Lucas y el de Juan, nos vemos, frente a frente, ante una enseñanza que impresiona y que resulta sobrecogedora. ¿De qué enseñanza se trata?

2. El rico epulón, el que se desentendió del sufrimiento, de la salud, del hambre del pobre Lázaro, cuando se vio perdido en el infierno, le dijo a Dios (representado en Abrahán) que sus cinco hermanos iban, como él lo había hecho, por el camino de la buena vida, desentendidos del dolor del pobre y el enfermo. Por eso, el condenado epulón le pidió a Dios que les mandara a Lázaro. Porque, si resucita un muerto, seguro que se convertirán. Y entonces vino del cielo la respuesta escalofriante: Ya tienen la Palabra de Dios. Y si es que no hacen caso ni a la Palabra de Dios, "aunque resucite un muerto, no le harán caso".

3. Y eso justamente es lo que les pasó a los dirigentes de la religión del Templo. Resucitó Lázaro. Y la reacción no fue convertirse, sino reunirse en el Sanedrín y allí decidieron matar también a Jesús (Jn 11,47-53). Los que hoy tienen poder y dinero, que lean el Evangelio. Y si no le hacen caso al Evangelio, aunque se abran las tumbas y salgan los muertos, seguirán robando y causando dolor.

4. En el relato del juicio final, la ruina de los que se pierden está motivada exactamente por la misma causa que se llevó al rico al infierno. No se condenan porque dejaron en cueros a los que no tenían que ponerse, ni porque negaron el agua a los que tenían sed, etc. Su perdición estuvo en que dejaron a todo el mundo tal como está (Mt 25,41-43). Y lo mismo hay que decir de la parábola del buen samaritano: ni el sacerdote, ni el levita, le hicieron daño alguno al que fue robado y apaleado (Lc 10,31-32). Aquí queda al descubierto la gravedad que entraña el "pecado de omisión".

Mt 21, 33-43. 45-46

En aquel tiempo, dijo Jesús a los sumos sacerdotes y a los ancianos del pueblo: "Escuchad esta parábola: Había un propietario que plantó una viña, la rodeó de una cerca, cavó en ella un lagar, construyó la casa del guarda, la arrendó a unos labradores y se marchó de viaje. Llegado el tiempo de la vendimia, envió a sus criados a los labradores para percibir los frutos que le correspondían. Pero los labradores, agarrando a los criados, apalearon a unos, mataron a otro, y a otro lo apedrearon. Envió de nuevo otros criados, más que la primera vez, e hicieron con ellos lo mismo. Por último les mandó a su hijo, diciéndose: "Tendrán respeto a mi hijo". Pero los labradores, al ver al hijo se dijeron: "Este es el heredero: venid, lo matamos y nos quedamos con su herencia". Y, agarrándolo, lo empujaron fuera de la viña y lo mataron. Y ahora, cuando vuelva el dueño de la viña, ¿qué hará con aquellos labradores?" Le contestaron: "Hará morir de mala muerte a esos malvados y arrendará la viña a otros labradores que le entreguen los frutos a sus tiempos". Y Jesús les dice: ¿No habéis leído nunca en la Escritura: "La piedra que desecharon los arquitectos es ahora la piedra angular. Es el Señor quien lo ha hecho, ha sido un milagro patente"? Por eso os digo que se os quitará a vosotros el Reino de los Cielos y se dará a un pueblo que produzca sus frutos". Los sumos sacerdotes y los fariseos, al oír sus palabras, comprendieron que hablaba de ellos. Y aunque buscaban echarle mano, temieron a la gente que lo tenía por profeta.

1. Hay quienes piensan que esta parábola es un sólido argumento para justificar la "teoría de la sucesión": Israel fue el pueblo infiel a Dios y a Israel le sucedió como pueblo fiel, la Iglesia. Según esta teoría, la Iglesia relevó a Israel como pueblo elegido. Y, de hecho, sabemos que la teología cristiana ha elaborado la teoría según la cual la Iglesia es el "nuevo Pueblo de Dios". Pero esta teoría es sencillamente inadmisible y además, peligrosa. Lo intolerable y peligroso de esta teoría es que fomenta una secreta soberbia nacionalista y un inevitable menosprecio hacia los demás pueblos y las otras religiones. Dios no quiere eso y menos el antisemitismo que se propagó en otras épocas con tanta fuerza. El responsable de la muerte de Jesús no fue Israel, sino la torpeza de unos dirigentes religiosos que rechazaron al más grande de los profetas.

2. Todo el relato de esta parábola, alcanza unas dimensiones que impresionan. El "sitio" donde Jesús la pronunció: Jerusalén, la capital y centro de la religión de aquel pueblo y de aquella cultura. El "momento" en que la dijo:

cuando lo iban a matar, cosa que Jesús sabía, como quedó patente en los anuncios de la pasión. Los "destinatarios" a quienes Jesús habló, que fueron precisamente los protagonistas de aquella atrocidad. El "contenido" del relato que Jesús presenta: un crimen y un robo sin motivo alguno y algo que tan descabellado, que aquello no tenía ni pies ni cabeza.

3. Pero lo más fuerte no es nada de lo que se acaba de indicar. Lo más grave es que aquí explica Jesús hasta qué extremos de irracionalidad e inhumanidad lleva el poder y la ambición que se instala en "los que mandan en la viña del Señor y de ella se aprovechan para vivir bien". Por una razón muy sencilla: todo está en que los trabajadores, que trabajan y dirigían la viña, confundieron el bien de la viña con la posesión de la viña. Se allí mandaba el dueño, tan permisivo y tolerante, que les pone en bandeja incluso a su propio hijo, tan ingenuamente, para que lo maten, con semejante dueño, la viña no produce. Este fue el argumento de aquellos canallas "religiosos".

4. Justamente, lo que ahora tenemos en tantos sectores, instituciones y personas dirigentes de "la actual viña de Señor". Los nuevos trabajadores de la viña del Señor se han convencido de que todo el bien de la Iglesia depende de que ellos sean los que siguen mandando. En una "viña así", una Iglesia "puesta al día", la Iglesia que quiere el papa Francisco, semejante viña y semejante Iglesia (piensan los "trabajadores oficiales" de hoy) sería la ruina de la "viña" y de la Iglesia. Por eso, a semejante "dueño" se le quita de en medio. Como sea, se le quita la autoridad, la fama, o incluso se puede "morir de repente". Lo que hay que procurar es que el pueblo no se alborote, que no lo tenga por profeta. La pasión de Jesús sigue siendo actual. ¿En qué sentido puede ocurrirle esto a los creyentes con la misión que Dios les ha confiado a cada uno?

22 DE MARZO - SÁBADO **2ª SEMANA DE CUARESMA**

Lc 15, 1-3. 11-32

En aquel tiempo, se acercaban a Jesús los publicanos y los pecadores a escucharle. Y los fariseos y los letrados murmuraban entre ellos: "Este acoge a los pecadores y come con ellos". Jesús les dijo esta parábola: "Un hombre tenía dos hijos: el menor de ellos dijo a su padre: "Padre, dame la parte que me toca de la fortuna". El padre les repartió la herencia. No muchos días después, el hijo menor, juntando todo lo suyo, emigró a un país lejano, y allí derrochó su fortuna viviendo perdidamente. Cuando lo había gastado todo, vino por aquella tierra un hambre terrible, y empezó a pasar necesidad. Fue entonces y tanto le insistió a un habitante de aquel país, que lo mandó a sus campos a guardar cerdos. Le entraban ganas de llenarse el estómago de las algarrobas que comían los cerdos; y nadie le daba de comer. Recapacitando entonces se dijo: "Cuántos jornaleros de mi padre tienen abundancia de pan, mientras yo aquí me muero de hambre". Me pondré en camino adonde está mi padre, y le diré: "Padre, he pecado contra el cielo y contra ti, ya no merezco llamarme hijo tuyo, trátame como a uno de mis jornaleros". Se puso en camino adonde estaba su padre: cuando todavía estaba lejos, su padre lo vio y se conmovió; y echando a correr, se le echó al cuello, y se puso a besarlo. Su hijo le dijo: "Padre, he pecado contra el cielo y contra ti; ya no merezco llamarme hijo tuyo". Pero el padre dijo a los criados: "Sacad enseguida el mejor traje, y vestidlo, ponedle un anillo en la mano y sandalias en los pies, traed el ternero cebado y matadlo; celebremos un banquete, porque este hijo mío estaba muerto y ha revivido; estaba perdido y lo hemos encontrado". Y empezaron el banquete. Su hijo mayor estaba en el campo. Cuando al volver se acercaba a la casa, oyó la música y el baile, y llamando a uno de los mozos, le preguntó qué pasaba. Este le contestó: "Ha venido tu hermano; y tu padre ha matado el ternero cebado, porque lo ha recobrado con salud". Él se indignó y se negaba a entrar, pero su padre salió e intentaba persuadirlo. Y él replicó a su padre: "Mira: en tantos años como te sirvo, sin desobedecer nunca una orden tuya, a mí nunca me has dado un cabrito para tener un banquete con mis amigos; y cuando ha venido ese hijo tuyo que se ha comido tus bienes con malas mujeres, le matas el ternero cebado". El padre le dijo: "Hijo, tú estás siempre conmigo, y todo lo mío es tuyo; deberías alegrarte, porque ese hermano tuyo estaba muerto y ha revivido, estaba perdido, y lo hemos encontrado".

1. El capítulo 15 del evangelio de Lucas está dedicado íntegramente a "lo extraviado", "lo perdido". Y así, nos descubre a Dios: cómo es Dios. Lo extraviado crea en los humanos un vacío. Nos falta algo. Y si lo que nos falta es importante, el sentimiento de vacío, de carencia, nos hace la vida insoportable. En la medida en que vivimos con dolor una ausencia, en esa misma medida la vida se nos convierte en una búsqueda, una espera, una soledad, un dolor que es más fuerte que la posesión, la presencia, todo, todo.

2. Por eso, esta parábola nos enseña sobre Dios más que ninguna otra. Más que la toda la teología. El "Padre" de esta parábola tenía dos hijos. El mayor, era un mercenario, que obedecía en todo, para ganarse un pago adecuado. El menor era un ser humano que quería vivir bien, ser feliz. Por eso, el menor se fue a divertirse, pero era humano. Y necesitaba el cariño y la seguridad que da el cariño. Por esto, cuando se fue lejos y se quedó en la miseria, lo que sintió no fue el arrepentimiento de su mala conducta, sino el hambre y el abandono.

3. Esto explica que lo que le motivó a volver a casa de su Padre, no fue el pecado, sino el hambre. Volvió a su padre, no por un motivo "religioso", sino por una carencia "humana". El Padre quería tanto a su hijo perdido, que hasta corre, loco de alegría, para evitar que la gente linche a aquel desvergonzado. Y se lo come a besos, lo viste de lujo, le pone el anillo de mando, organiza un banquete. Allí mandaba el amor, no los ritos religiosos. Y donde hay amor de verdad, hasta se renuncia a los propios derechos. El Padre no le pidió cuentas al perdido. Y reprendió al obediente "religioso". NO TE CANSES DE SER BUENO siempre.

23 DE MARZO - DOMINGO 3º DE CUARESMA

Lc 13, 1-9

En una ocasión se presentaron algunos a contar a Jesús lo de los galileos, cuya sangre vertió Pilato con la de los sacrificios que ofrecían. Jesús les contestó: "¿Pensáis que esos galileos eran más pecadores que los demás galileos, porque acabaron así? Os digo que no; y si no os convertís, todos pereceréis lo mismo. Y aquellos dieciocho que murieron aplastados por la torre de Siloé, ¿pensáis que eran más culpables que los demás habitantes de Jerusalén? Os digo que no. Y si no os convertís, todos pereceréis de la misma manera". Y les dijo esta parábola: "Uno tenía una higuera plantada en su viña, y fue a buscar fruto en ella, y no lo encontró. Dijo entonces al viñador: "Ya ves: tres años llevo viniendo a buscar fruto en esta higuera, y no lo encuentro. Córtala. ¿Para qué va a ocupar terreno en balde?" Pero el viñador contestó: "Señor, déjala todavía este año; yo cavaré alrededor y le echaré estiércol, a ver si da fruto. Si no, la cortas".

1. Se sabe que Galilea fue, en tiempo de Jesús, patria de numerosos grupos disidentes anti-imperialistas. En Hechos 5,37 se menciona a Judas el Galileo. Y en el relato de hoy nos encontramos con un grupo de galileos que fueron asesinados por el procurador romano Poncio Pilatos. Además, el hecho se produjo con la especial crueldad de que el asesinato fue cometido por los legionarios romanos en el templo, en un acto religioso. El crimen, por tanto, fue una provocación muy grave apara los sentimientos nacionalistas y religiosos de cualquier israelita.

2. Era, pues, una situación que exigía una protesta enérgica y una denuncia pública contra los abusos criminales con los que la dominación romana humillaba a los israelitas. Sin embargo, la respuesta de Jesús fue desconcertante. No dijo ni media palabra contra Pilatos o contra los romanos. Por el contrario, les advirtió a sus oyentes que, si no se convertían y cambiaban de vida, todos iban a terminar también asesinados. ¿No fue esto una cobardía que traicionaba los sentimientos más nobles y los derechos más evidentes de un pueblo sometido al gran tirano?

3. Jesús no fue ni cobarde ni cómplice ante los romanos. Prueba de ello es que lo crucificaron por motivos políticos, como quedó escrito en el letrero que pusieron en la cruz. Jesús no fue cobarde. Jesús fue al fondo del problema. Jesús estaba convencido de que los conflictos políticos no se resuelven solamente cambiando a los gobernantes, aunque sean tiranos. Los conflictos políticos se resuelven cuando cambian en su intimidad y se convierten en su corazón todos los agentes que son partes del conflicto. Los conflictos políticos dejan heridas que dividen y generan odios y resentimientos. Mientras tales heridas no cicatrizan, el conflicto sigue en carne viva. La solución es curar las heridas, no solo cambiar a los gobernantes. Estamos cansados de ver países en conflicto, que cambian de régimen, pero la miseria y el conflicto siguen igual, y siempre se llevan la peor parte los mismos, los más pobres. Lo único que de verdad puede cambiar este mundo es "la bondad", asimilada e integrada en la vida de quienes vamos por la vida diciendo que somos creyentes en Jesús.

24 DE MARZO - LUNES **3ª SEMANA DE CUARESMA**

Lc 4, 24-30

Vino Jesús a Nazaret y dijo al pueblo en la sinagoga: "Os aseguro que ningún profeta es bien mirado en su tierra. Os garantizo que en Israel había muchas viudas en tiempos de Elías, cuando estuvo cerrado el cielo tres años y seis meses, y hubo una gran hambre en todo el país, sin embargo, a ninguna de ellas fue enviado Elías, más que a una viuda de Sarepta en el territorio de Sidón. Y muchos leprosos había en Israel en tiempos del profeta Eliseo; sin embargo, ninguno de ellos fue curado, más que Naamán el sirio". Al oír esto, todos en la sinagoga se pusieron furiosos y, levantándose, lo empujaron fuera del pueblo hasta un barranco del monte en donde se alzaba su pueblo, con intención de despeñarlo. Pero Jesús se abrió paso entre ellos y se alejaba.

1. Jesús llega a Nazaret, su tierra, y encuentra que la gente está molesta porque él no ha realizado ningún milagro en Nazaret, pero sí los había realizado en Cafarnaún. Jesús es rechazado por sus propios paisanos en contraposición a la acogida que ha demostrado las gentiles. El colmo sucede cuando Jesús les dice que en tiempos del profeta Eliseo había muchas viudas y leprosos, pero ninguno fue curado ni atendido, solo dos extranjeros, una viuda y Naamán el sirio que tenía lepra. La cerrazón y el rechazo hacia Jesús llegan al límite cuando intentan matarlo al querer tirarlo por un precipicio.

2. Los nacionalismos y fundamentalismos son peligrosos en cualquier parte del mundo. Es verdad que es bueno también amar la propia patria y la propia nacionalidad, pero no es bueno un nacionalismo o fundamentalismo que se vincula a la intolerancia y al fanatismo. Porque, "el fanatismo reside en el hecho de obligar a los demás a cambiar". Y la intolerancia lleva consigo el rechazo de las creencias y convicciones de los demás, unido a eso al poder de impedir que los otros vivan como ellos creen que más les conviene. Algo así vivían los paisanos de Jesús y por eso lo rechazaron. Jesús estaba convencido que los problemas más serios de los pueblos se resuelven radicalmente desde la conversión propia de cada ciudadano.

3. Dios respeta nuestra libertad. No se impone a la fuerza a nadie. Podemos aceptarlo o rechazarlo. Solo desde la libertad se pude amar de verdad y seguir a Jesús. El es paciente y nos busca una y otra vez. ¿Lo aceptamos o lo rechazamos?

25 DE MARZO - MARTES — **LA ANUNCIACIÓN DEL SEÑOR**

Lc 1, 26-38

A los seis meses, el ángel Gabriel fue enviado por Dios a una ciudad de Galilea llamada Nazaret, a una virgen desposada con un hombre llamado José, de la estirpe de David; la virgen se llamaba María. El ángel, entrando en su presencia, dijo: "Alégrate, llena de gracia, el Señor está contigo". Ella se turbó, ante estas palabras y se preguntaba qué saludo era aquel. El ángel le dijo: "No temas, María, porque has encontrado gracia ante Dios. Concebirás en tu vientre y darás a luz un hijo, y le pondrás por nombre Jesús. Será grande, se llamará Hijo del Altísimo, el Señor Dios le dará el trono de David, su padre, reinará sobre la casa de Jacob para siempre, y su reino no tendrá fin". Y María dijo al ángel: "¿Cómo será eso, pues no conozco a varón?". El ángel le contestó: "El Espíritu Santo vendrá sobre ti, y la fuerza del Altísimo te cubrirá con su sombra, por eso el Santo que va a nacer se llamará Hijo de Dios. Ahí tienes a tu pariente Isabel, que, a pesar de su vejez, ha concebido un hijo, y ya está de cuatro meses la que llamaban estéril, porque para Dios nada hay imposible". María contestó: "Aquí está la esclava del Señor, hágase en mí según tu palabra". Y la dejó el ángel.

1. Lo que más importa y más interesa, en este relato y en esta festividad, no es el análisis de la narración, que hace el evangelista Lucas. Lo importante de verdad, en este relato, es la teología que contiene. Una teología que es el eje y el centro de todo el Evangelio. ¿En qué está y en qué consiste ese eje y ese centro? En el lenguaje popular de los cristianos, eso se demoniza *el Misterio de la Encarnación*. Dios se encarna en las entrañas de María santísima: *O Logos sarx egéneto. La Palabra (de Dios) se hizo carne* (Jn 1,14).

2. ¿Qué significa esto? ¿Cómo hay que entenderlo? ¿Qué nos quiere decir? Decir que Dios "se encarnó" es lo mismo que decir que, en Jesús, Dios se humanizó. Por tanto, se hizo visible, tangible, como es visible y tangible cualquier ser humano. En la carta a los filipenses, el apóstol Pablo recoge y expresa esta idea con toda claridad: *Él, siendo de condición divina, no se aferró a su categoría de Dios; al contrario, se despojó de su rango y tomó la condición de esclavo, haciéndose como uno de tantos* (Fil 2,6-7). Esto es lo que sucedió en María, cuando el ángel la visitó. Y le anunció la "humanización de Dios" en ella.

3. Y todo esto, ¿por qué? Dios es, por definición, *el Trascendente*. Si no fuera "trascendente", no sería Dios. Es decir, Dios no es el Infinito. Ya que el "Infinito" es lo humano sin fin, pero siempre lo humano. Dios se sitúa en un ámbito trascendente, es decir, que no está a nuestro alcance. El Trascendente es el incomunicable. ¿Cómo se nos ha comunicado? Por medio de Jesús. Y en Jesús. Es decir, en un ser humano. Viendo a Jesús, vemos a Dios. Y en las costumbres de Jesús vemos, tocamos y aprendemos las costumbres de Dios. Y lo que quiere Dios. En esto está la raíz y la esencia del Evangelio. En sus relatos, aprendemos cómo es Dios y lo que Dios quiere de nosotros. En esto está la genialidad del Evangelio. Y del cristianismo.

26 DE MARZO - MIÉRCOLES **3ª SEMANA DE CUARESMA**

Mt 5, 17-19

En aquel tiempo, dijo Jesús a sus discípulos: "No creáis que he venido a abolir la Ley o los Profetas: no he venido a abolir, sino a dar plenitud. Os aseguro que antes pasarán el cielo y la tierra que deje de cumplirse hasta la última letra o tilde de la ley. El que se salte uno solo de los preceptos menos importantes, y lo enseñe así a los hombres, será el menos importante en el Reino de los Cielos. Pero quien los cumpla y enseñe será grande en el Reino de los Cielos".

1. Es de suma importancia saber que estos versículos del sermón del monte "son de los más difíciles del Evangelio". Pareciera que hay una contradicción entre lo que dice el Antiguo Testamento y lo que dice Jesús. Sin embargo, Jesús no ha venido para prolongar y hacer más exigente la religión del judaísmo. A juicio de Jesús, todo el Antiguo Testamento fue solamente una preparación. La plenitud de lo que aquello significaba –y tiene que significar ahora– es algo mucho más profundo y entraña una plenitud que es lo que nos explica la vida que llevó Jesús.

2. Cuando Jesús dice que no ha venido para abolir la ley o los profetas, este texto de Mateo presenta a Jesús como quien, precisamente porque cambió la ley y tantas cosas, el resultado no consiste en que dejó sin validez el Antiguo Testamento, sino que llevó todo aquello a su plenitud, al cumplimiento pleno. Que no se cumple solamente o simplemente "por la fe (Rom 3,31), sino por lo central que hay en los evangelios: "el seguimiento de Jesús".

3. Y es que el cambio, que representa el Evangelio respecto al Antiguo Testamento, es más fuerte de lo que muchos se imaginan. Jesús no vino a fundar una religión más exigente que la del judaísmo. Jesús no fundó ninguna religión. Sino que nuestra fe y nuestra religión se fundamentan en Jesús. Lo que hizo Jesús fue sustituir los "ritos de una religión" por un "proyecto de vida". Tan radicalmente humano y no basado en los oropeles jerárquicos, que es un proyecto que no se puede vivir sin la base y la fuerza de la fe, la oración y, sobre todo, el seguimiento de la forma de vida que llevó Jesús.

4. Entonces, si la religión judía se basaba en los "ritos" y lo de Jesús es un "proyecto de vida", cuando me dirijo a Dios, ¿qué hablo con él? ¿Qué enseño acerca de él con mis gestos y actitudes?

27 DE MARZO - JUEVES **3ª SEMANA DE CUARESMA**

Lc 11, 14-23

En aquel tiempo, Jesús estaba echando un demonio que era mudo, y apenas salió el demonio habló el mudo. La multitud se quedó admirada, pero algunos de ellos dijeron: "Si echa los demonios es por arte de Belcebú, el príncipe de los demonios. Otros, para ponerlo a prueba, le pedían un signo del cielo. Él, leyendo sus pensamientos, les dijo: "Todo reino en guerra civil va a la ruina y se derrumba casa tras casa. Si también Satanás está en guerra civil, ¿cómo mantendrá su reino? Vosotros decís que yo echo los demonios con el poder de Belcebú; y vuestros hijos, ¿por arte de quién los echan? Por eso, ellos mismos serán vuestros jueces. Pero si yo echo los demonios con el dedo de Dios, entonces es que el Reino de Dios ha llegado a vosotros. Cuando un hombre fuerte y bien armado guarda su palacio, sus bienes están seguros. Pero si otro más fuerte lo asalta y lo vence, le quita las armas de que se fiaba y reparte el botín. El que no está conmigo, está contra mí; el que no recoge conmigo, desparrama".

1. Desde los tiempos del destierro en Babilonia, los judíos asimilaron la teología de los "demonios", que procedía del sincretismo irano-caldeo. Según esta teología un tanto extraña, los demonios son por excelencia los malos espíritus que llevan al ser humano a la perdición. La referencia a Beelzebul era un ataque directo al poder divino del Espíritu Santo, que es el que capacita a Jesús para la lucha contra la fuerza del mal, personificada en Satanás.

2. En este episodio, donde algunos acusan a Jesús de tener relación con los demonios, porque libera a un hombre de la mudez. Se puede "ser" mudo o "estar como" mudo. El que calla cuando tendría que hablar, "está como" mudo. Y, por desgracia, hay silencios que son cómplices de muchas maldades. Los llamados medios de "comunicación" son, con frecuencia, medios de "incomunicación". Porque no dicen la verdad. O porque callan lo que tendrían que decir. A eso, antiguamente, se le "llamaba "estar endemoniado". Ahora, de esas conductas, se dice que son lo "políticamente correcto". ¡Conductas satánicas!, que perpetúan la maldad y el sufrimiento de los desgraciados.

3. Con dolor y tristeza vemos como muchas veces líderes tanto eclesiásticos y laicos que se creen con la verdad, condenan las conductas de personas vulnerables, bien sean homosexuales o de otros tipos y se callan ante las "corruptelas" de los gobernantes políticos. Pareciera muchas veces que se les teme mucho más a los políticos que a los vulnerables. Porque los políticos pueden "cerrar la llave" de los beneficios que reciben los hombres de Iglesia. También a esas actitudes las podríamos llamar "satánicas".

4. Por otra parte, la división y la confrontación, incluso entre demonios, es signo evidente de autodestrucción. Una familia dividida –y miren que las hay–, un país en el que viven unos ciudadanos enfrentados contra otros, una Iglesia rota y fracturada en grupos que no se quieren o incluso se odian..., todo eso es presencia satánica y anuncio de muerte.

Mc 12, 28b-34

En aquel tiempo, uno de los letrados se acercó a Jesús y le preguntó: "¿Qué mandamiento es el primero de todos?" Respondió Jesús: "El primero es: "Escucha, Israel: el Señor nuestro Dios es el único Señor, y amarás al Señor tu Dios con todo tu corazón, con toda tu alma, con toda tu mente, con todo tu ser". El segundo es este: "Amarás a tu prójimo como a ti mismo". No hay mandamiento mayor que estos". El letrado replicó: "Muy bien, Maestro, tienes razón cuando dices que el Señor es único y no hay otro más que él y hay que amarlo con todo el corazón, con todo el entendimiento y con todo el ser, y amar al prójimo como a uno mismo vale más que todos los holocaustos y sacrificios". Jesús, viendo que había respondido sensatamente, le dijo: "No estás lejos del Reino de los Cielos". Y nadie se atrevió a hacerle más preguntas.

1. Este relato plantea un problema que toca el centro mismo de todo el Evangelio. El problema está en esto: El letrado le pregunta a Jesús solamente cuál es el primer mandamiento, so sea el más importante de todos. A lo que Jesús responde recordando el Shema o declaración fundamental de la fe (Mt 12,29-30; Deut 6,4-5) Pero Jesús recuerda además el texto de Levítico 19,18, que es inseparable del primero. O sea, no es posible amara a Dios, si no se ama igualmente al prójimo. Dando un paso más, hay que preguntarse: si Jesús unió el amor al prójimo (sobre el que no le habían preguntado) con el amor a Dios (que es lo que le preguntaron), ¿por qué unió lo uno con lo otro? ¿Por qué, a juicio de Jesús no es posible separar el amor a Dios del amor al prójimo?

2. Porque Dios es, por definición, "el Trascendente". Es decir, "a Dios nadie lo ha visto jamás" (Jn 1,18; cf. 14,8-10; 1Jn 4,12). O sea, Dios "nos trasciende", no está a nuestro alcance. Lo propio y definitorio del Trascendente está en que es "incomunicable". Los humanos solo podemos comunicarnos con "lo inmanente". Y, por tanto, cuando decimos que amamos a Dios, bien puede ocurrir que no sea a Dios a quien estamos amando, sino que estemos amando la "representación" que nosotros nos hacemos de Dios. Y ocurre que cada cual se representa a Dios como le conviene.

3. Pero la única realidad humana, en la que Dios se han encarnado, ha sido nuestra propia humanidad. Por eso Jesús le dijo al apóstol Felipe: "Quien me va a mí está viendo a Dios" (Jn 14,9). No es posible relacionarse con Dios y amar a Dios, si no se ama "lo humano", a cualquier "ser humano". "Quien no ama a su hermano a quien está viendo, a Dios, a quien no ve, no puede amarlo" (1Jn 4,20b).

Es más: Jesús llegó al culmen humanístico más radical cuando, en la Última Cena, en el momento en que los otros evangelios relatan la institución de la Eucaristía, el IV evangelio pone en boca de Jesús el mandamiento nuevo: "que se amen unos a otros como yo los he amado. En esto conocerán que son discípulos míos". (Jn 13,34-35). Aquí ya el amor a Dios, ni se menciona. Solo queda en pie el amor a los demás. Lo que quieras a la gente, eso es lo que quieres a Dios. Todo lo que no sea eso, es puro engaño.

29 DE MARZO - SÁBADO **3ª SEMANA DE CUARESMA**

Lc 18, 9-14

En aquel tiempo, dijo Jesús esta parábola por algunos que, teniéndose por justos, se sentían seguros de sí mismos y despreciaban a los demás: "Dos hombres subieron al Templo a orar: uno era un fariseo; el otro, un publicano. El fariseo, erguido, oraba así en su interior: ¡Oh Dios!, te doy gracias porque no soy como los demás: ladrones, injustos, adúlteros; ni como ese publicano. Ayuno dos veces por semana y pago el diezmo de todo lo que tengo. El publicano, en cambio, se quedó atrás y no se atrevía ni a levantar los ojos al cielo; solo se golpeaba el pecho diciendo: ¡Oh Dios!, ten compasión de este pecador. Os digo que este bajó a su casa justificado, y aquel no. Porque todo el que se enaltece será humillado y el que se humilla será enaltecido".

1. En el Nuevo Testamento, se habla 99 veces de los "fariseos". Es, pues, un tema importante para entender sobre todo los evangelios en los que aparecen con frecuencia. Casi siempre como adversarios de Jesús. Lo que Jesús les echa en cara, con frecuencia, es la "hipocresía" (Mt 23,28s; Lc 12,1). Un término que pertenece originalmente al lenguaje teatral. La "representación teatral" vino a significar "hipocresía". A los fariseos se les llama "hipócritas" (Mt 6,2.5.16), y se les caracteriza como personas que viven en contradicción con sus propias ideas, porque no ponen en práctica lo que enseñan (Mt 23,3):

2. No es posible describir exhaustivamente el modelo humano-religioso del "eterno fariseo. Porque ha variado en no pocas cosas con los cambios culturales. Pero hay características permanentes del "modelo fariseo". Podemos señalar dos: 1) Fariseo es el que tiene conciencia de vivir en condiciones de superioridad moral respecto a los que él ve como gente equivocada, perdida, ignorante, culpable de que la sociedad y la Iglesia estén como están. 2) Fariseo es el que, supuesto lo dicho, se siente satisfecho de sí mismo y no consiente ni mezclarse con los degenerados, los equivocados, los impuros, los canallas que están arruinando la religión y la patria.

3. El fariseo se caracteriza por su modo de orar a Dios. En realidad, "su oración es un elogio de sí mismo, hasta el extremo de verse superior al común de la gente común, vulgar, degenerada y perdida. Es el polo opuesto al "eterno publicano", que es el que se ve perdido, sin salida moral en la vida, indigno hasta de mirar a Dios. Y el colmo de todo este asunto está en que Dios no tolera al satisfecho, al tiempo que abraza con cariño indecible al "modelo publicano", que a muchos nos produce tanto rechazo.

4. El "modelo fariseo" es, en las religiones, más frecuente de lo que imaginamos. La tentación más frecuente en las personas religiosas es el fariseísmo. En tales personas, se superpone el "parecer" al "ser". Y lo que les importa es el "parecer, o sea "quedar bien". El fariseo no soporta fracasar. De ahí, su origen. Los fariseos tienen su origen en el "fracaso de los Grandes Profetas", en la incapacidad de aquellos hombres para convertir al pueblo. Por eso optaron por la observancia y la sumisión al rito y a la ley. Lo que les importaba era aparecer como observantes fieles, aunque sus verdaderas apetencias fueran el amor propio, el poder, el orgullo satisfecho.

30 DE MARZO - DOMINGO **4ª SEMANA DE CUARESMA**

Lc 15, 1-3. 11-32

En aquel tiempo, se acercaban a Jesús los publicanos y los pecadores a escucharle. Y los fariseos y los letrados murmuraban entre ellos: "Este acoge a los pecadores y come con ellos". Jesús les dijo esta parábola: "Un hombre tenía dos hijos: el menor de ellos dijo a su padre: Padre, dame la parte que me toca de la fortuna. El padre les repartió los bienes. No muchos días después, el hijo menor, juntando todo lo suyo, emigró a un país lejano y allí derrochó su fortuna viviendo perdidamente. Cuando lo había gastado todo, vino por aquella tierra un hambre terrible, y empezó a pasar necesidad. Fue entonces y tanto le insistió a un habitante de aquel país, que lo mandó a su campo a guardar cerdos. Le entraban ganas de llenarse el estómago de las algarrobas que comían los cerdos; y nadie le daba de comer. Recapacitando entonces se dijo: Cuántos jornaleros de mi padre tienen abundancia de pan, mientras yo aquí me muero de hambre. Me pondré en camino a donde está mi padre y le diré: "Padre, he pecado contra el cielo y contra ti; ya no merezco llamarme hijo tuyo: trátame como a uno de tus jornaleros". Se puso en camino a donde estaba su padre:

cuando todavía estaba lejos, su padre lo vio y se conmovió: y echando a correr, se le echó al cuello, y se puso a besarlo. Su hijo le dijo: "Padre, he pecado contra el cielo y contra ti; ya no merezco llamarme hijo tuyo". Pero el padre dijo a sus criados: Sacad enseguida el mejor traje y vestidlo; ponedle un anillo en la mano y sandalias en los pies; traed el ternero cebado y matadlo; celebremos un banquete, porque este hijo mío estaba muerto, y ha revivido; estaba perdido, y lo hemos encontrado. Y empezaron el banquete. Su hijo mayor estaba en el campo. Cuando al volver se acercó a la casa, oyó la música y el baile, y llamando a uno de los mozos, le preguntó qué pasaba. Este le comentó: Ha vuelto tu hermano y tu padre ha matado el ternero cebado, porque lo ha recobrado con salud. Él se indignó y se negaba a entrar; pero su padre salió e intentaba persuadirlo. Él le replicó a su padre: Mira, en tantos años como te sirvo, sin desobedecer nunca una orden tuya, a mí nunca me has dado un cabrito para tener un banquete con mis amigos; y cuando ha venido ese hijo tuyo que se ha gastado tus bienes con malas mujeres, le matas el ternero cebado. El padre le dijo: "Hijo, tú estás siempre conmigo y todo lo mío es tuyo: deberías alegrarte, porque ese hermano tuyo estaba muerto y ha revivido, estaba perdido y lo hemos encontrado".

1. Como ya hemos podido ver, esta parábola nos quiere enseñar hasta qué extremo la bondad de Dios no tiene límites. Pero, además, la parábola es también la crítica que Jesús le hace al "Dios de los fariseos". Y también al fariseísmo. Porque hay dos maneras de entender a Dios y de relacionarse con Dios. El "Dios de los fariseos" y el "Dios de los perdidos". El Dios de los fariseos es el "Dios-patrono". El Dios de los perdidos es el "Dios-acogedor". El Dios-patrono está representado en el padre, tal como lo sentía el hijo mayor, el cumplidor, el obediente. El Dios-acogedor está representado en el padre, tal como lo sintió el hijo menor, el perdido, el fracasado, el arruinado.

2. Si uno ve a Dios como un "patrono", se relaciona con Dios con la mentalidad del que vive cumpliendo un contrato con su patrono (do ut des), lo que se traduce en la "obediencia" perfecta. Es la mentalidad del que se somete al patrono para sacarle la debida recompensa. Esto es lo que el hijo mayor (el fariseo) le echa en cara al padre cuando ve que el hijo perdido es recibido con abrazos, fiesta y banquete, después de las muchas desvergüenzas que ha cometido.

3. Hay gente que "cree" en Dios para "sacarle" a ese Dios lo que puede. Es la gente que "se somete" a Dios para que Dios le ayude en esta vida (cuando eso sea necesario) y para tener siempre la esperanza de que la muerte se vea como algo soportable. De un Dios así, brota un perfecto fariseo: observante y hasta ejemplar, pero sin entrañas de bondad. Esto explica por qué hay tantos cristianos tan observantes de normas y ritos sagrados, pero con tan malas entrañas ante el sufrimiento de los demás.

31 DE MARZO - LUNES **4ª SEMANA DE CUARESMA**

Jn 4, 43-54

En aquel tiempo, salió Jesús de Samaría y se fue a Galilea. Jesús mismo había hecho esta afirmación: "Un profeta no es estimado en su propia Patria". Cuando llegó a Galilea, los galileos lo recibieron bien, porque habían visto todo lo que había hecho en Jerusalén durante la fiesta, pues también ellos habían ido a la fiesta. Fue Jesús otra vez a Caná de Galilea, donde había convertido el agua en vino. Había un funcionario real que tenía un hijo enfermo en Cafarnaúm. Oyendo que Jesús había llegado de Judea a Galilea fue a verle, y le pedía que bajase a curar a su hijo que estaba muriéndose. Jesús le dijo: "Como no veáis signos y prodigios, no creéis". El funcionario insiste: "Señor, baja antes de que se muera mi niño". Jesús le contesta: "Anda, tu hijo está curado". El hombre creyó en la palabra de Jesús y se puso en camino. Iba ya bajando, cuando sus criados vinieron a su encuentro diciéndole que su hijo estaba curado. Él les preguntó a qué hora había empezado la mejoría. Y le contestaron: "Hoy a la una lo dejó la fiebre". El padre cayó en la cuenta de que esa era la hora cuando Jesús le había dicho "tu hijo está curado". Y creyó él con toda su familia. Este segundo signo lo hizo Jesús al llegar de Judea a Galilea.

1. La expulsión de los mercaderes del Templo (Jn 2,13-25) debió tener una resonancia enorme. La noticia llegó hasta la lejana y pobre provincia de Galilea. Y allí le gustó a la gente el gesto de Jesús. Los galileos no eran piadosos y estaban hartos del poder central de la capital, Jerusalén, con su poderoso Templo, su nobleza laica (los ancianos) y sobre todo su solemne nobleza sacerdotal. Se comprende que, estando así las cosas, Galilea recibiera bien a Jesús.

2. Lo primero que hace Jesús, al volver a Galilea, es dar vida a un niño que estaba en peligro inminente de muerte. El relato termina diciendo que este fue el segundo "signo" que hizo Jesús. Un "signo" es una realidad que remite a otra y, de esta forma, la sugiere. El evangelio de Juan dice que Jesús hizo estos "signos" para que nos creamos que Jesús es el Hijo de Dios, y, creyendo eso, tengamos vida (Jn 20,31). Dar vida remite a creer que en Jesús está presente Dios. Y eso resulta creíble en la medida en que damos vida. Porque, entre otras cosas, dar vida es hacerle la vida más fácil a los demás.

3. Jesús dio vida al hijo de una "funcionario" del rey que entonces mandaba en Galilea, Herodes Antipas, un tipo indeseable, que asesinó a Juan Bautista (Mc 6,17-28), que quiso detener a Jesús (Lc 13,31) y se burló de él en la Pasión (Lc 23,6-12). Jesús daba vida a todos, sin tener en cuenta la vida o las convicciones que cada cual tenía. He aquí el "signo" más claro de que en Jesús estaba presente Dios. ¿Cómo puedo dar vida y hacer presente a Dios en mi vida y en los demás?

1 DE ABRIL - MARTES **4ª SEMANA DE CUARESMA**

Jn 5, 1-3. 5-16

En aquel tiempo, se celebraba una fiesta de los judíos y Jesús subió a Jerusalén. Hay en Jerusalén, junto a la puerta de las Ovejas, una piscina que llaman en hebreo "Betesda". Esta tiene cinco soportales, y allí estaban echados muchos enfermos, ciegos, cojos, paralíticos, que aguardaban el movimiento del agua. Estaba también allí un hombre que llevaba treinta y ocho años enfermo. Jesús, al verlo echado, y sabiendo que ya llevaba mucho tiempo, le dice: "¿Quieres quedar sano?" El enfermo le contestó: "Señor, no tengo a nadie que me meta en la piscina cuando se remueve el agua; para cuando llego yo, otro se me ha adelantado". Jesús le dice: "Levántate, toma tu camilla y echa a andar". Y al momento el hombre quedó sano, tomó su camilla y echó a andar. Aquel día era sábado y los judíos dijeron al hombre que había quedado sano: "Hoy es sábado y no se puede llevar la camilla". Él les contestó: "El que me ha curado es quien me ha dicho: "Toma tu camilla y echa a andar". Ellos le preguntaron: "¿Quién es el que te ha dicho que tomes la camilla y eches a andar?" Pero el que había quedado sano no sabía quién era, porque Jesús, aprovechando el barullo de aquel sitio, se había alejado. Más tarde, lo encuentra Jesús en el Templo y le dice: "Mira, has quedado sano; no peques más, no sea que te ocurra algo peor". Se marchó aquel hombre y dijo a los judíos que era Jesús quien lo había sanado. Por esto los judíos acosaban a Jesús, porque hacía tales cosas en sábado.

1. Lo más notable de este relato es que está redactado de forma que, si prescindimos de los detalles descriptivos, que refieren al sitio y a la fiesta en que esto ocurrió, lo que se destaca es, ante todo, las condiciones en que vivía aquel hombre: enfermo de parálisis, de manera que no podía valerse por sí mismo y, además, completamente solo en la vida, sin poder contar con nadie que le acompañara o le pudiera echar una mano cuando necesitaba ayuda. Era un indigente total: pobre, solo y desamparado. Y frente a semejante desamparo, Jesús. Pues bien, Jesús ve al inválido y desamparado total. Y su reacción es inmediata: le devuelve la salud y la vida normal, sin reparar en que aquel día era sábado. Pero, sin duda, que Jesús hizo aquello a sabiendas del lío en que se metía. Violar la ley en público era un asunto feo y grave. Pero, para Jesús, era importante y urgente remediar el sufrimiento de aquel hombre.

2. La liberación del sufrimiento de una persona, que se ve en tales circunstancias, no necesita justificación alguna. Ni divina ni humana. Eso, si es que se puede resolver, se resuelve y nada más. Ni menos tampoco. Eso es lo que hizo Jesús en este caso. Y enseguida se quitó de en medio. No por cobardía, como queda patente en lo que el capítulo dice a continuación. Los dirigentes judíos empezaron, desde entonces, a perseguir a Jesús y querían matarlo (Jn 5, 16.18).

3. Es frecuente que las personas "especiales", la "gente de Iglesia", cuando sospecha que, si hace o dice tal cosa, eso le puede complicar la vida, le puede crear problemas, será sin duda "persona mal vista", sin duda alguna que, en tales casos, lo que los observantes y espirituales suelen ver como "lo más prudente" es callarse, estarse quieto, no dar motivo a malestar alguno en la curia diocesana o en las oficinas de la administración provincial..., etc. De lo cual se siguen dos consecuencias: 1) Lo que está mal, sigue mal. 2) El que podría remediarlo, sigue siendo visto como una persona "equilibrada", "prudente" y "responsable", Y así está la Iglesia: repleta de "prudentes", que viven al margen de tantos males y desgracias que se podrían remediar.

2 DE ABRIL - MIÉRCOLES **4ª SEMANA DE CUARESMA**

Jn 5, 17-30

En aquel tiempo, dijo Jesús a los judíos: "Mi Padre sigue actuando y yo también actúo". Por eso los judíos tenían más ganas de matarlo: porque no solo violaba el sábado, sino también llamaba a Dios Padre suyo, haciéndose igual a Dios. Jesús tomó la palabra y les dijo: "Os aseguro: el Hijo no puede hacer por su cuenta nada que no vea hacer al Padre. Lo que hace este, eso mismo hace también el Hijo, pues el Padre ama al Hijo y le muestra todo lo que él hace, y le mostrará obras mayores que esta para vuestro asombro. Lo mismo que el Padre resucita a los muertos y les da vida, así también el Hijo da vida a los que quiere. Porque el Padre no juzga a nadie, sino que ha confiado al Hijo el juicio de todos, para que todos honren al Hijo como honran al Padre. El que no honra al Hijo, no honra al Padre, que lo envió. Os lo aseguro: quien escucha mi palabra y cree al que me envió, posee la vida eterna y no será condenado, porque ha pasado ya de la muerte a la vida. Os aseguro que llega la hora, y ya está aquí, en que los muertos oirán la voz del Hijo de Dios, y los que hayan oído vivirán. Porque igual que el Padre dispone de la vida, así ha dado también al Hijo el disponer de la vida. Y le ha dado potestad de juzgar, porque es el Hijo del Hombre. No os sorprenda que venga la hora en que los que están en el sepulcro oirán su voz: los que hayan hecho el bien saldrán a una resurrección de vida; los que hayan hecho el mal, a una resurrección de condena. Yo no puedo hacer nada por mí mismo; según le oigo, juzgo, y mi juicio es justo, porque no busco mi voluntad, sino la voluntad del que me envió".

1. Después de la curación del paralítico de la piscina, como Jesús sanó a aquel minusválido en sábado, la protesta de los dirigentes judíos no se hizo esperar. La "teología del sábado", que imponían los maestros de la ley, se basa en la afirmación bíblica según la cual Dios, después de los seis días de la creación, descansó (Génesis 2,3). Por eso, según la teología de aquellos maestros de la religión, el descanso del sábado era un mandato absoluto, que no admitía excepción alguna, a no ser en casos muy raros. Pues bien, a eso responde Jesús diciendo que Dios "sigue trabajando". Y por eso, porque él hace lo que le va hacer a Dios, Jesús también trabaja y, por tanto, cura a los enfermos.

2. Para Jesús, lo primero es la vida de los seres humanos. Y eso está antes que las normas y los principios de la religión y sus teologías. Lo importante aquí está en caer en la cuenta de que, en los criterios de Jesús, la religiosidad tiene, como criterio determinante, el principio según el cual la mediación fundamental para encontrar a Dios, no es la observancia de los ritos y normas de la religión establecida, sino la tarea, el empeño y hasta la lucha por dar vida, y vida en plenitud, a quien no vive plenamente, como le ocurría al paralítico de la piscina.

3. Es frecuente ver a agentes muy observantes de la religión pero que, al mismo tiempo, se portan de manera que le hacen la vida imposible a muchas personas o a la sociedad, en el caso de ser gente de la política o cargos de cierta importancia en alguna institución religiosa. Esto lo venimos diciendo en múltiples ocasiones y nunca nos cansaremos de seguir repitiéndolo. Pero, en general, es una contradicción con el Evangelio la fidelidad a los ritos de la religión y, al mismo tiempo, la infidelidad a los seres humanos con los que convivimos. (De esto, casi nunca solemos confesarnos). Esto engaña a los que se creen "creyentes", cuando su vida en realidad oculta un "ateísmo" mal disimulado. Se cree más en los ritos de la religión que en el Evangelio de Jesús. Si creyéramos en el Evangelio, nuestra vida sería diferente, –es más– no nos faltaría nada.

3 DE ABRIL - JUEVES **4ª SEMANA DE CUARESMA**

Jn 5, 31-47

En aquel tiempo, dijo Jesús a los judíos: "Si yo doy testimonio de mí mismo, mi testimonio no es válido. Hay otro que da testimonio de mí y sé que es válido el testimonio que da de mí. Vosotros enviasteis mensajeros a Juan y él ha dado testimonio a la verdad. No es que yo dependa del testimonio de un hombre; si digo esto es para que vosotros os salvéis. Juan era la lámpara que ardía y brillaba, y vosotros quisisteis gozar un instante de su luz. Pero el testimonio que yo tengo es mayor que el de Juan; las obras que el Padre me ha concedido realizar; esas obras que hago dan testimonio de mí. Nunca habéis escuchado su voz, ni visto su semblante, y su palabra no habita en vosotros, porque al que Él envió no le creéis. Estudiáis las Escrituras pensando encontrar en ellas vida eterna; pues ellas están dando testimonio de mí, ¡y no queréis venir a mí para tener vida! No recibo gloria de los hombres; además os conozco y sé que el amor de Dios no está en vosotros. Yo he venido en nombre de mi Padre y no me recibisteis; si otro viene en nombre propio a ese sí lo recibiréis. ¿Cómo podréis creer vosotros, que aceptáis gloria unos de otros y no buscáis la gloria que viene del único Dios? No penséis que yo os voy a acusar ante el Padre, hay uno que os acusa: Moisés, en quien tenéis vuestra esperanza. Si creyerais a Moisés, me creeríais a mí, porque de mí escribió Él. Pero si no dais fe a sus escritos, ¿cómo daréis fe a mi palabra?".

1. Por causa de la violación del precepto religioso de la observancia del sábado, que Jesús quebrantó al curar al paralítico de la piscina, el ataque violento de los dirigentes de la religión, con intención incluso de matarlo (Jn 5,18), motivó a Jesús a defenderse y justificar lo que hacía y por qué lo hacía. El problema estaba en que, tanto en el mundo judío como en le grecorromano, se daba por sentado que, en caso de litigio o conflicto, una persona implicada en tal enfrentamiento no podía dar testimonio en favor de sí misma (Jn 5,31). Así consta ya por el Deuteronomio 19, 15; 17,6. Y lo mismo viene a decir F. Josefo (Ant. IV, 219;

cf Billerbeck II, 522) (J. Zumstein). Era enseñanza común desde Homero hasta Cicerón, con toda seguridad.

2. ¿En qué y en quién se basaba el testimonio que justificaba el hecho de quebrantar lo que mandaba la inquebrantable voluntad de Dios, expresada en la ley? ¿Con qué autoridad quebrantaba Jesús lo mandado por Dios para la observancia del sábado? Es la pregunta que se plantea en todas las curaciones que Jesús hizo en sábado, en el día de la semana que estaba prohibido curar enfermos. Se trata, en el fondo, de la misma pregunta que Jesús hizo cuando curó al manco de la sinagoga: ¿qué está permitido hacer en sábado? ¿El bien o el mal? ¿Dar vida o matar? (Mc 3,4). En el fondo, era la pregunta tremenda: ¿qué es lo primero y lo más importante: la "observancia de la religión" o la "felicidad de la vida"? Es la pregunta eterna, que se repite, una y otra vez, en toda la vida y en todos los conflictos de Jesús con los dirigentes de la religión.

4 DE ABRIL - VIERNES **4ª SEMANA DE CUARESMA**

Jn 7, 1-2. 10. 25-30

En aquel tiempo, recorría Jesús la Galilea, pues no quería andar por Judea porque los judíos trataban de matarlo. Se acercaba la fiesta judía de las tiendas. Cuando sus parientes habían subido ya a la fiesta, subió también él; no abiertamente, sino a escondidas. Entonces algunos que eran de Jerusalén, dijeron: "¿No es este al que intentan matar? Pues cómo habla abiertamente y no le dicen nada. ¿Será que los jefes se han convencido de que este es el Mesías? Pero este sabemos de dónde viene, mientras que el Mesías, cuando llegue, nadie sabrá de dónde viene". Entonces Jesús, mientras enseñaba en el Templo, gritó: "A mí me conocéis y conocéis de dónde vengo. Sin embargo, yo no vengo por mi cuenta, sino enviado por el que es veraz: a ese vosotros no le conocéis; yo le conozco porque procedo de Él y Él me ha enviado". Entonces intentaban agarrarlo, pero nadie le pudo echar mano, porque todavía no había llegado su hora.

1. La fiesta de los Campamentos (o de las Chozas) se celebraba en otoño, cuando los campesinos habían terminado de recoger la vendimia. Era una fiesta de agricultores que daban gracias a Dios por la cosecha. Duraba una semana y a ella acudía mucha gente. Pero lo más importante era la fuerte carga religiosa que se vivía en esos días que servían para excitar las esperanzas mesiánicas del judaísmo. Si Jesús se le veía como una posible promesa o una amenaza, se comprende que acudiera a la fiesta clandestinamente.

2. Tiene que ser fuerte sentirse vigilado, controlado y amenazado de muerte. Jesús sabía que lo iban a matar. En tales condiciones, acudir a una fiesta tan nacionalista y de tanta exaltación religiosa era evidentemente correr un riesgo. Podía pasar cualquier cosa. Jesús tuvo que echarle valor a aquel viaje. Pero no se dejó dominar por el miedo. Subió a Jerusalén, se fue derecho al Templo y allí se puso a hablar e incluso a gritar. Y gritó de tal manera que intentaron matarlo entonces mismo. Pudo escapar porque no le había llegado su hora.

3. Para hablar de Dios, como lo hizo Jesús, hay que ser muy libre. Y tener valor para vencer el miedo. Y es que hablar de Dios, como se debe hablar, es un asunto muy peligroso. Halar del "Dios" que les conviene a los poderes de este mundo es una cosa que da poder y prestigio. Hablar del Dios que cuestiona a esos poderes, sobre todo al poder y a los intereses de los hombres de la religión, es peligroso, en ello se juega uno hasta la misma vida.

4. Lo decisivo, en nuestra relación con Dios, es si lo que, ante todo y sobre todo, defendemos es la fe en Dios o nuestro propio poder, nuestra dignidad, nuestro buen nombre. En esto se juega el ser o no ser del creyente en el Evangelio. Y del discípulo que "sigue" a Jesús.

5 DE ABRIL - SÁBADO **4ª SEMANA DE CUARESMA**

Jn 7, 40-53

En aquel tiempo, de la gente que oyó estos discursos de Jesús, unos decían: "Este es de verdad el profeta". Otros decían: "Este es el Mesías". Pero otros decían: "¿Es que de Galilea va a venir el Mesías? ¿No dice la Escritura que vendrá del linaje de David y de Belén, el pueblo de David?" Y así surgió entre la gente una discordia por su causa. Algunos querían prenderlo, pero nadie le puso la mano encima. Los guardias del Templo acudieron a los sumos sacerdotes y fariseos, y estos les dijeron: "¿Por qué no lo habéis traído?" Los guardias respondieron: "Jamás ha hablado nadie así". Los fariseos les replicaron: "¿También vosotros os habéis dejado embaucar? ¿Hay algún jefe o fariseo que haya creído en él? Esa gente que no entiende de la ley son unos malditos". Nicodemo, el que había ido en otro tiempo a visitarlo y que era fariseo, les dijo: "¿Acaso nuestra ley permite juzgar a nadie sin escucharlo primero o averiguar lo que ha hecho?" Ellos le replicaron: "¿También tú eres galileo? Estudia y verás que de Galilea no salen profetas". Y se volvieron cada uno a su casa.

1. El enfrentamiento de los jefes religiosos y de los fariseos contra Jesús va en aumento. De forma que la tensión, la división y la crispación llegan a la gente sencilla (óchlos), al pueblo humilde y de más baja condición. Nadie se preguntaba si Jesús tenía que morir porque eso era lo que Dios quería, porque así salvaría al mundo, porque Dios estaba ofendido por nuestros pecados... Lo que allí se planteaba era si tenían razón los dirigentes religiosos; o si quien tenía la razón era Jesús.

2. Con Jesús estaba el pueblo. Contra Jesús estaban los "hombres de la religión". Los argumentos del pueblo eran que Jesús es el Mesías, es el Profeta, es decir, argumentos positivos. Los argumentos de los dirigentes religiosos eran que el Mesías no podía venir de Galilea, que de Galilea no podía salir un profeta, que el pueblo no conocía la ley religiosa y que además el pueblo estaba maldito. Es decir, los argumentos de los entendidos en religión eran negativos y de profundo desprecio hacia la gente pobre.

3. Ni siquiera se tuvo en cuenta la justa advertencia de Nicodemo: ¿es que se pude condenar a alguien sin oírlo y sin darle ocasión de defenderse? La historia se repite: los que tienen poder, y más si se trata de poder religioso, siempre se creen en posesión de la verdad y con razones para condenar a quien no se somete a ellos. Jesús vivió en sus carnes esta dolorosa historia.

4. En todo juicio están los que siempre encuentran motivos para salvar la proposición del prójimo y aquellos que se niegan a reconocer algo bueno y condenan sin averiguar nada primero. ¿En qué lado suelo estar yo?

6 DE ABRIL - DOMINGO **5ª SEMANA DE CUARESMA**

Jn 8, 1-11

En aquel tiempo, Jesús se retiró al monte de los Olivos. Al amanecer se presentó de nuevo en el Templo y todo el pueblo acudía a él y, sentándose, les enseñaba. Los letrados y los fariseos le traen una mujer sorprendida en adulterio y, colocándola en medio, le dijeron: "Maestro, esta mujer ha sido sorprendida en flagrante adulterio. La ley de Moisés nos manda apedrear a las adúlteras: tú ¿qué dices?" Le preguntaban esto para comprometerlo y poder acusarlo. Pero Jesús, inclinándose, escribía con el dedo en el suelo. Como insistían en preguntarle, se incorporó y les dijo: "El que esté sin pecado, que le tire la primera piedra". E inclinándose otra vez, siguió escribiendo. Ellos, al oírlo, se fueron escabullendo uno a uno, empezando por los más viejos, hasta el último. Y quedó solo Jesús, y la mujer en medio, de pie. Jesús se incorporó y le preguntó: "Mujer, ¿dónde están tus acusadores?, ¿ninguno te ha condenado?" Ella contestó: "Ninguno, Señor". Jesús dijo: "Tampoco yo te condeno. Anda, y en adelante no peques más".

1. Aunque este relato falta en los principales manuscritos griegos, sin embargo su contenido guarda el recuerdo del Jesús histórico. Tampoco esto quiere decir que es falso. Lo más probable es que está colocado fuera de su sitio, que sería el evangelio de Lucas, en los enfrentamientos de los líderes religiosos con Jesús, en vísperas de la pasión. La Iglesia lo acepta y lo enseña como un relato auténtico.

2. El episodio es indignante. No tanto por el adulterio de la mujer, sino sobre todo por el cinismo y la hipocresía de los que la acusan, todos ellos hombres. Aquellos "doctos" letrados y aquellos "observantes" fariseos le traen a Jesús una mujer sorprendida en flagrante adulterio. Como es lógico, en aquel adulterio, tenía que haber, no solo una "adúltera", sino además (y con ella) un "adúltero". Los acusadores basan su acusación en la Ley de Moisés, que dice que esto: Si uno comete adulterio con la mujer de su prójimo, los dos adúlteros son reos de muerte (Lev 20.10). Pero resulta que a juicio de los "doctos" y "observantes", quien merecía la muerte era solamente la mujer. ¿Y el que adulteró con ella? Ese, posiblemente, fue uno de los que se fueron escabullendo (Jn 8,9).

3. Jesús no condena a la mujer. Jesús despenaliza el adulterio. Y le dice: "vete y no peques más". Y lo más fuerte: Jesús desenmascara la hipocresía de los "profesionales de la religión", un colectivo en el que abundan los censores sin piedad cuando se trata de los pecados y delitos de los demás, al tiempo que ocultan, con descarada desvergüenza, esos mismos pecados y delitos cuando los comete el clero. Esto pasaba en tiempos de Jesús. Y sigue pasando ahora. Es una mentalidad frecuente entre algunos clérigos, por más que la mayoría entre ellos sean hombres ejemplares por su integridad y el ejemplo de vida.

4. Los "rigoristas" de hoy, ven en cualquier desgracia que pueda ocurrir, como la pandemia pasada del coronavirus, un castigo de Dios. Al pensar así, lo que muestran es ignorancia y lo que es peor, desconocer la misericordia de Dios. El creyente conoce que Dios está del lado del ser humano, que, pese a sus debilidades, no condena, no castiga, que abre nuevos horizontes. Él se ha decido por la vida del pecador, pero pide no volver a pecar. Supera una fe basada en el cumplimiento literal de los mandamientos y decretos, que llevaría a aniquilar la vida que Dios ha declarado sagrada y bajo su tutela.

Jn 8, 12-20

En aquel tiempo, Jesús volvió a hablar a los fariseos: "Yo soy la luz del mundo: el que me sigue no camina en tinieblas, sino que tendrá la luz de la vida". Le dijeron los fariseos: "Tú das testimonio de ti mismo, tu testimonio no es válido". Jesús les contestó: "Aunque yo doy testimonio de mí mismo, mi testimonio es válido, porque sé de dónde he venido y a dónde voy; en cambio, vosotros no sabéis de dónde vengo ni a dónde voy. Vosotros juzgáis por lo exterior; yo no juzgo a nadie; o, si juzgo yo, mi juicio es legítimo, porque no estoy yo solo, sino que estoy con el que me ha enviado, el Padre. Y en vuestra ley está escrito que el testimonio de dos es válido. Yo doy testimonio de mí mismo, y además da testimonio de mí el que me envió, el Padre". Ellos le preguntaron: "¿Dónde está tu Padre?" Jesús contestó: "Ni me conocéis a mí ni a mi Padre; si me conocierais a mí, conoceríais también a mi Padre". Jesús tuvo esta conversación junto al arca de las ofrendas, cuando enseñaba en el Templo. Y nadie le echó mano, porque todavía no había llegado su hora".

1. La enseñanza central de este evangelio, está en la afirmación que Jesús hace de sí mismo: Yo soy la luz del mundo. Jesús no dice que él es "una" luz en el mundo, sino que él es "la" luz que ilumina a la humanidad entera. Jesús, que es el Logos, la Palabra, la Sabiduría, en la que Dios ha dicho a este mundo todo lo que tenía que decir, para cualquier situación, cualquier crisis, sea cual sea la dificultad en que nos veamos, el Padre Dios nos dice: Pon los ojos solo en él, porque en él te lo tengo dicho todo y revelado, y hallarás en él aún más de lo que buscas y deseas (Juan de la Cruz, Subida al Monte C. 2,22).

2. En este mundo, de tan profundas y densas oscuridades, andamos con frecuencia entre densas tinieblas. Sin saber ni a dónde vamos, ni a qué vamos. Esto nos ocurre como individuos. Y como sociedad. Ahora, por ejemplo, cuando a todos nos seducen tanto las tecnologías, los sorprendentes inventos y adelantos, que cada día nos anuncian, quedamos alucinados, embelesados, seducidos. Baste pensar en lo que, en pocos años, han representado los adelantos en la informática. Ya no podemos vivir sin ella. Para la información, para las comunicaciones, para nuestros conocimientos. Y ya, hasta se habla de "hombre-máquina", del que nadie sabe si es posible o en qué consistirá. Es terrible decirlo: andamos en tinieblas, en la más profunda oscuridad.

3. Así las cosas, la luz, que puede iluminar nuestras vidas, sigue siendo (y lo será siempre) el "proyecto de vida" que nos marca el Evangelio. Ese proyecto de vida es la luz que necesitamos, para ver dónde estamos y a dónde nos puede llevar el camino que llevamos. Hoy ese camino lo marca la tecnología, determinada y guiada por los intereses del capitalismo. Es el camino de la desigualdad creciente y galopante, que condena sin otro remedio al más 80% de la humanidad a vivir unos pocos años en la desesperación y la miseria, sin otra esperanza que la muerte temprana y criminal. Jesús no es esa luz. El Evangelio nos urge a salir con urgencia de semejante oscuridad criminal. ¿Qué hago yo en este orden fundamental de cosas?

8 DE ABRIL - MARTES **5ª SEMANA DE CUARESMA**

Jn 8, 21-30

En aquel tiempo, dijo Jesús a los fariseos: "Yo me voy y me buscaréis, y moriréis por vuestro pecado. Donde yo voy no podéis venir vosotros". Y los judíos comentaban: "¿Será que va a suicidarse, y por eso dice "donde yo voy no podéis venir vosotros"? Y él continuaba: "Vosotros sois de aquí abajo, yo soy de allí arriba: vosotros sois de este mundo, yo soy de otro mundo. Con razón os he dicho que moriréis en vuestros pecados: pues si no creéis que yo soy, moriréis por vuestros pecados". Ellos le decían: "¿Quién eres tú?" Jesús les contestó: "Después de todo, ¿para qué seguir hablándoos? Podría decir y condenar muchas cosas en vosotros; pero el que me envió es veraz y yo comunico al mundo lo que he aprendido de él". Ellos no comprendieron que les hablaba del Padre. Y entonces dijo Jesús: "Cuando levantéis al Hijo del Hombre sabréis que yo soy, y que no hago nada por mi cuenta, sino que hablo como el Padre me ha enseñado. El que me envió está conmigo, no me ha dejado solo, porque yo hago siempre lo que le agrada". Cuando les exponía esto, muchos creyeron en él.

1. ¿Quién eres tu? Jesús tenía que resultar desconcertante. Por eso se explica la pregunta que le hicieron los fariseos. Veían en él a un hombre y al mismo tiempo oían de sus labios palabras que solo podían venir de Dios: yo soy de allá arriba… yo no soy de este mundo… si no me creen que yo soy, morirán en sus pecados. Aquí justamente se plantea el enigma y el misterio de Jesús, que es también el enigma y el misterio de Dios. ¿Por qué?

2. En este relato, Jesús utiliza tres veces la expresión yo soy (8,23.24.28). Con esa expresión, Dios reveló su nombre a Moisés (Ex 3,14). Pero ese nombre no es una definición ontológica de la esencia divina. Dios no revela en la Biblia su "ser", sino su "actuar", es decir, no pretende dar a conocer lo que es, sino cómo actúa.

Por tanto, lo que nosotros podemos aprender en los evangelios, no se refiere a lo que es Dios, sino cómo actúa, cómo se comporta, qué ocurre y qué acontece cuando se hace presente en la vida, en las personas, en la historia. No creer en el "Yo soy" equivale a negar que la totalidad de la realidad divina se nos ha manifestado en la persona, en la vida y en la conducta de Jesús.

3. Jesús nos revela y nos da a conocer a Dios. No porque nos revela la esencia divina, sino porque vivió, habló y se comportó de tal forma que, haciendo eso, nos dijo: "Dios es así". De ahí, la extraña afirmación: Cuando levanten al Hijo del Hombre, sabrán que yo soy. Es decir, en el crucificado, en el ajusticiado, en el fracasado, por defender a los indefensos, ahí y en eso sabemos que Jesús es Dios porque nos está diciendo que así es dónde y cómo encontramos a Dios. A muchas personas lo que les preocupa es saber si Jesús es Dios, pero no les interesa saber cómo tienen que vivir para encontrar a Dios.

9 DE ABRIL - MIÉRCOLES **5ª SEMANA DE CUARESMA**

Jn 8, 31-42

En aquel tiempo, dijo Jesús a los judíos que habían creído en él: "Si os mantenéis en mi palabra seréis de verdad discípulos míos; conoceréis la verdad y la verdad os hará libres". Le replicaron: "Somos hijos de Abrahán y nunca hemos sido esclavos de nadie. ¿Cómo dices tú: ¿seréis libres?" Jesús les contestó: "Os aseguro que quien comete pecado es esclavo. El esclavo no se queda en la casa para siempre, el hijo se queda para siempre. Y si el Hijo os hace libres, seréis realmente libres. Ya sé que sois linaje de Abrahán; sin embargo, tratáis de matarme, porque no dais cabida a mis palabras. Yo hablo de lo que he visto junto a mi Padre, pero vosotros hacéis lo que habéis oído a vuestro padre". Ellos replicaron: "Nuestro padre es Abrahán". Jesús les dijo: "Si fuerais hijos de Abrahán haríais lo que hizo Abrahán. Sin embargo, tratáis de matarme a mí, que os he hablado de la verdad que le escuché a Dios, y eso no lo hizo Abrahán. Vosotros hacéis lo que hace vuestro padre". Le replicaron: "Nosotros no somos hijos de prostituta; tenemos un solo padre: Dios". Jesús les contestó: "Si Dios fuera vuestro Padre, me amaríais, porque yo salí de Dios y aquí estoy. Pues no he venido por mi cuenta, sino que Él me envió".

1. El Evangelio dice, de forma tajante, que donde hay fe en Jesús hay libertad. Lo cual quiere decir: si la fe en Jesús es auténtica, esa fe produce personas libres. En otras palabras, donde no hay libertad, tampoco hay fe. La fe en Jesús y la libertad van siempre juntas. No puede haber fe auténtica que no produzca personas libres. La llamada "vida espiritual", a veces, nos engaña. Pues hay gente muy espiritual que no puede vivir sin sumisión a un poder que le dé seguridad.

2. El Evangelio –y Jesús en él– produce personas libres porque, mediante la fe, los creyentes conocen la verdad. Pero, ¡atención!, que, al hablar de la "verdad", no nos estamos refiriendo solo ni principalmente, a verdades religiosas, a dogmas de fe. La verdad de la que habla Jesús es la adhesión y la identificación con él. Los catecismos y los dogmas que no llevan a las personas a vivir como vivió Jesús, no contienen la verdad de la que habla el Evangelio.

3. Todos pensamos que somos libres, cuando en realidad estamos más condicionados, controlados y sumisos de lo que nos imaginamos. En la cultura actual se ha producido un cambio radical. Se trata del cambio en nuestra experiencia del poder. Lo que ahora manda en nosotros no es ya el poder opresor, sino el poder seductor. Esto ya se ha dicho en otras ocasiones y vale la pena seguir insistiendo y reflexionando sobre ello. La moderna sociedad tecnológica dispone y maneja los mecanismos de seducción más eficaces que hasta ahora se han inventado. Y mediante la seducción, nos controlan la manera de pensar, de vestir, de comer, de descansar, de trabajar... La gran tarea de la religión y de la Iglesia, en este momento, tendría que ser hacernos más libres frente a tantos controles. No para hacer cada cual lo que se le antoje, sino para estar más disponibles al servicio de la bondad y la misericordia.

10 DE ABRIL - JUEVES — **5ª SEMANA DE CUARESMA**

Jn 8, 51-59

En aquel tiempo, dijo Jesús a los judíos: "Os aseguro: quien guarda mi palabra no sabrá lo que es morir para siempre". Los judíos le dijeron: "Ahora vemos claro que estás endemoniado; Abrahán murió, los profetas también, ¿y tú dices "quien guarde mi palabra no conocerá lo que es morir para siempre?" ¿Eres tú más que nuestro padre Abrahán, que murió? También los profetas murieron, ¿por quién te tienes?" Jesús les contestó: "Si yo me glorificara a mí mismo, mi gloria no valdría nada. El que me glorifica es mi Padre, de quien vosotros decís: "Es nuestro Dios", aunque no lo conocéis. Yo sí lo conozco, y si dijera "no lo conozco" sería, como vosotros, un embustero; pero yo lo conozco y guardo su palabra. Abrahán, vuestro padre, saltaba de gozo pensando ver mi día: lo vio, y se llenó de alegría". Los judíos le dijeron: "No tienes todavía cincuenta años, ¿y has visto a Abrahán?" Jesús les dijo: "Os aseguro que antes que naciera

Abrahán, existo yo". Entonces cogieron piedras para tirárselas, pero Jesús se escondió y salió del Templo.

1. Jesús anuncia un mensaje que quien lo acepta y se esfuerza por llevarlo a la práctica, por eso mismo, gozará de una vida sin límites. La vida que, como el amor, es más fuerte que la muerte. Por eso precisamente se trata de una con esperanza, es decir, con plenitud de sentido. El sin-sentido, que muchas veces tiene la vida, alcanza por eso una razón de ser que es fuente inagotable de sentido, es decir, de esperanza, que supera el destino inevitable de la muerte.

2. Todos anhelamos encontrar "el sentido de la vida". Es, seguramente, lo que más anhelamos todos; lo que buscamos y deseamos encontrar. Una vida que trasciende las limitaciones del tiempo, de la muerte y de la tristeza, que, por tantos motivos, se apodera de nosotros y, a veces, nos hunde. Seguramente en esto radica la actualidad más fuerte que tiene Jesús para todo ser humano, sea cual sea su religión o sus creencias. En Jesús, Dios se hace presente donde hay humanidad. Y por eso está en todo ser humano. Y con todo ser humano. Él es la presencia de "lo divino" en "lo humano".

3. Pero ocurre que, entre gentes religiosas, suelen abundar quienes se aferran a las tradiciones y costumbres de antes, a lo pasado, a lo antiguo, negándose a aceptar lo nuevo, lo que rompe sus esquemas de pensamiento y sus costumbres de toda la vida. Es lo que les pasó a los fariseos del tiempo de Jesús y lo que les pasa ahora a no pocos cristianos, chapados a la antigua, que no toleran la novedad que les desconcierta, les inquieta y les irrita.

4. La reacción, en tales casos, suele ser el recurso al insulto, a la descalificación y a la agresión personal. Los fariseos le decían a Jesús que ellos estaban con Abraham. Por eso se sentían autorizados para decir que Jesús estaba endemoniado. Y hasta llegaron a intentar apedrearle. La resistencia al Evangelio se puede disfrazar, en nuestro tiempo, de añoranzas por la Iglesia que hubo antes del Vaticano II.

11 DE ABRIL - VIERNES 5ª SEMANA DE CUARESMA

Jn 10, 31-42

En aquel tiempo, los judíos agarraron piedras para apedrear a Jesús. Él les replicó: "Os he hecho ver muchas obras buenas por encargo de mi Padre: ¿por cuál de ellas me apedreáis?" Los judíos le contestaron: "No te apedreamos por una obra buena, sino por una blasfemia: porque tú, siendo un hombre, te haces Dios".

Jesús les replicó: "¿No está escrito en vuestra ley, "Yo os digo que sois dioses"? Si la Escritura llama dioses a aquellos a quienes vino la palabra de Dios (y no puede fallar la Escritura), a quien el Padre consagró y envió al mundo, ¿decís vosotros que blasfema porque dice que es Hijo de Dios? Si no hago las obras de mi Padre, no me creáis, pero si las hago, aunque no me creáis a mí, creed a las obras, para que comprendáis y sepáis que el Padre está en mí y yo en el Padre". Intentaron de nuevo detenerlo, pero se les escabulló de las manos. Se marchó de nuevo al otro lado del Jordán, al lugar donde antes había bautizado Juan, y se quedó allí. Muchos acudieron a él y decían: "Juan no hizo ningún signo, pero todo lo que Juan dijo de este era verdad". Muchos creyeron en él allí.

1. La conducta de Jesús era patente. Lo dice él: "He realizado ante ustedes muchas obras buenas de parte del Padre". La bondad de Jesús se metía por los ojos. Lo sorprendente es que aquella bondad era enjuiciada como una blasfemia. Parece increíble, pero tiene su explicación: de nuevo, el enigma y el misterio de Jesús. Todo el mundo veía que era un hombre y todo el mundo veía que hablaba como Dios. No podían entender que, en Jesús, Dios se había humanizado.

2. Quien se aferra a la idea de que el Trascendente no se pude encarnar en lo inmanente, el que se empeña en que Dios no se puede humanizar, verá en Jesús a Dios disfrazado de hombre, pero jamás podrá ver lo humano, lo más profundamente humano (la bondad humana, la belleza humana, la felicidad humana, el trabajo humano, el amor humano, el sufrimiento humano...) como la revelación fundamental de Dios a los humanos.

3. *"Aunque no me crean a mí, crean en las obras para que comprendan que el Padre está en mí y yo en el Padre".* Las obras que hacía Jesús eran obras de un hombre. Eso es lo que podían ver aquellas gentes. Veían a un hombre que curaba a los enfermos, que daba de comer a los pobres, que acogía a los pecadores... Jesús viene a decir que en lo más humano es donde se encuentra a Dios. Esta fue la solución que Jesús le dio al problema de Dios. Y por eso, el mismo Jesús no tuvo dificultad en identificarse con Dios. Así es como Jesús no reveló a Dios. El que no puede entender esto, verá en el Evangelio una blasfemia.

12 DE ABRIL - SÁBADO **5ª SEMANA DE CUARESMA**

Jn 11, 45-57

En aquel tiempo, muchos judíos que habían venido a casa de María al ver lo que había hecho Jesús creyeron en él. Pero algunos acudieron a los fariseos y les contaron lo que había hecho Jesús. Los sumos sacerdotes y los fariseos convocaron el Sanedrín y dijeron: "¿Qué estamos haciendo? Este hombre hace muchos milagros. Si lo dejamos seguir, todos creerán en él y vendrán los romanos y nos destruirán el lugar santo y la nación". Uno de ellos, Caifás, que era sumo sacerdote aquel año, les dijo: "Vosotros no entendéis ni palabra: no comprendéis que os conviene que uno muera por el pueblo y que no perezca la nación entera". Esto no lo dijo por propio impulso, sino que por ser sumo sacerdote aquel año, habló proféticamente anunciando que Jesús iba a morir por la nación; y no solo por la nación, sino también para reunir a los hijos de Dios dispersos. Y aquel día decidieron darle muerte. Por eso Jesús ya no andaba públicamente con los judíos, sino que se retiró a la región vecina al desierto, a una ciudad llamada Efraín, y pasaba allí el tiempo con los discípulos. Se acercaba la Pascua de los judíos, y muchos de aquella región subían a Jerusalén, antes de la Pascua, para purificarse. Buscaban a Jesús y, estando en el Templo, se preguntaban: "¿Qué os parece? ¿No vendrá a la fiesta?". Los sumos sacerdotes y fariseos habían mandado que el que se enterase de dónde estaba les avisara para prenderlo.

1. Por más que Lázaro, al que Jesús devolvió la vida, no tenga nada que ver con el Lázaro mendigo del que habla el evangelio de Lucas (Lc 16,19-31), queda en pie –y da mucho que pensar– lo que tuvo que escuchar el rico epulón en su destino de tormentos (Lc 16,23): *Si no escuchan a Moisés y a los profetas, no se dejarán convencer ni aunque resucite un muerto* (Lc 16,31). Aquí se cumple lo que le dijeron, desde el cielo, al rico aquel. Resucitó el muerto (Lázaro) y, en lugar de convertirse, lo que decidieron los dirigentes de la religión fue matar a Jesús.

2. El contraste es tan radical como brutal y canalla: *Jesús da vida, mientras que la religión da muerte*. Y conste que este contraste no se produjo inesperadamente. La cosa venía de lejos. Ya, cuando Jesús curó (le dio vida plena) a un manco en día de sábado, los fariseos con los secuaces de Herodes decidieron matarlo (Mc 3,6). Cuando curó al paralítico de la piscina, los dirigentes judíos *trataban de matarlo* (Jn 5,18). Después de la multiplicación de los panes y del discurso del *pan de la vida,*Jesús quedó en Galilea porque los dirigentes judíos *trataban de matarlo* (Jn 7,1). Por eso Jesús les echa en cara: *Ninguno de vosotros cumple la ley, ¿por qué tratáis de matarme?* (Jn 7,19). Y, de nuevo en el Templo, *cogieron piedras para tirárselas* (Jn 8,59). Cuando Jesús curó al ciego de nacimiento, hasta los padres del ciego no dieron la cara por su hijo *por miedo a los dirigentes judíos* (Jn 9,22). Más tarde en el Templo, *los dirigentes cogieron de nuevo piedras para apedrearlo* (Jn 10,31). Hasta que finalmente, y porque había devuelto la vida a Lázaro, el Sanedrín en pleno vio que tenía que dar muerte a Jesús (Jn 11,47-53).

3. Y es que, si todo esto se piensa a fondo, lo que se ve, sin más remedio, es que la religión y el Evangelio son incompatibles. Fue la religión la que condenó y ejecutó a Jesús. De ahí la contradicción en que vive la Iglesia cuando quiere hacer compatible lo que el Evangelio nos dice que es incompatible. Una cosa es ser fiel a la religión. Y otra cosa es ser fiel a la religiosidad que vivió y nos enseñó Jesús: la unión con el Padre, la oración en soledad, celebrar en comunidad el "recuerdo peligroso" de Jesús.

13 DE ABRIL — DOMINGO DE RAMOS

Lc 19, 28-40

En aquel tiempo, Jesús echó a andar delante, subiendo hacia Jerusalén. Al acercarse a Betfagé y Betania, junto al monte llamado de los Olivos, mandó a dos discípulos diciéndoles: "Id a la aldea de enfrente: al entrar encontraréis un borrico atado, que nadie ha montado todavía. Desatadlo y traedlo. Y si alguien os pregunta ¿Por qué lo desatáis?, contestadle: El Señor lo necesita*". Ellos fueron y lo encontraron como lo había dicho. Mientras desataron el borrico, los dueños le preguntaron: "¿Por qué desatáis el borrico?" Ellos contestaron: "El Señor lo necesita". Se lo llevaron a Jesús, lo aparejaron con sus mantos, y le ayudaron a montar. Según iba avanzando, la gente alfombraba el camino con los mantos. Y cuando se acercaba ya la bajada del monte de los Olivos, la masa de los discípulos, entusiasmados, se pusieron a alabar a Dios a gritos por todos los milagros que habían visto, diciendo: "¡Bendito el que viene como rey en nombre del Señor! Paz en el cielo y gloria en lo alto". Algunos fariseos de entre la gente le dijeron: "Maestro, reprende a tus discípulos". Él replicó: "Os digo que si estos callan, gritarán las piedras".*

1. El domingo de ramos, la Iglesia inicia la semana santa recordando la entrada de Jesús en Jerusalén. Esta entrada en la capital, es un hecho de especial significación. Por eso, sin duda, lo recuerdan los cuatro evangelios (Mt 21,1-11; Mc 11,1-11; Lc 19,45-48; Jn 12,12-19). Pero los cuatro recuerdan asociándolo a un hecho de importancia capital: la actuación violenta de Jesús en el Templo, cosa que se indica también en el relato del evangelio de Juan (Mt 21,12-17; Mc 11,15-19; Lc 19,45-48; Jn 2,13-22). Es cierto que Marcos (11,15-19) relata el episodio del Templo a la mañana siguiente de la entrada en Jerusalén. Como sabemos que el IV evangelio no cuenta la subida a Jerusalén y el conflicto con el Templo al final de la vida de Jesús, sino al comienzo de su actividad pública, inmediatamente después de la boda de Caná (Jn 2,13).

2. Por supuesto, estas diferencias en los relatos evangélicos deben ser precisadas y explicadas. Pero no son lo central y determinante de la llegada de Jesús a la capital. El dato fuerte y decisivo está en que los cuatro evangelios vinculan la *entrada de Jesús en Jerusalén con el conflicto de Jesús en el Templo.* Téngase en cuenta que el episodio del templo impresionó tanto en Jerusalén, que, teniendo los judíos tantas cosas contra Jesús, como de hecho tenían, tanto en el juicio religioso, como en las burlas e insultos cuando agonizaba, lo que le echan en cara a Jesús es precisamente lo que el mismo Jesús había dicho sobre la destrucción del Templo.

3. Con frecuencia, se habla de la "purificación" del Templo, que sería lo que hizo Jesús en cuanto llegó a Jerusalén. Pero aquel incidente tan duro no se vio como una "purificación", sino como una "destrucción". Así lo entendieron lo mismo los testigos en el juicio religioso, que los que insultaron a Jesús en la cruz. Los textos lo dicen muy claro. En ellos no se habla de "purificación", sino de "destrucción". El mismo Jesús había dicho que, del Templo, "no quedaría piedra sobre piedra" (Mt 24,2); Mc 13,2; Lc 21,6). Y es que la razón de fondo, en este asunto capital, radica en que Jesús no quiere el culto sagrado del Templo, sino el culto *en espíritu y en verdad*, que es el *culto verdadero* (Jn 4,19-24). El lugar (sagrado o profano) pierde su importancia. A Dios se le encuentra en la persona, en la vida, en la humanidad de Jesús. Y en el respeto, bondad y cariño a todo ser humano (cf M. Theobald, H. Thyen, J. Zumstein).

4. El recurso a la procesión de Jesús montado en la borriquilla ha desviado la atención de los cristianos hacia un recuerdo poético y emotivo, que para nada modifica nuestras vidas ni nos acerca al significado profundo del Evangelio.

14 DE ABRIL - LUNES — SEMANA SANTA

Jn 12, 1-11

Seis días antes de la Pascua, fue Jesús a Betania, donde vivía Lázaro, a quien había resucitado de entre los muertos. Allí le ofrecieron una cena: Marta servía y Lázaro era uno de los que estaban con él a la mesa. María tomó una libra de perfume de nardo, auténtico y costoso, le ungió a Jesús los pies y se los enjugó con su cabellera. Y la casa se llenó de la fragancia del perfume. Judas Iscariote, uno de sus discípulos, el que lo iba a entregar, dice: "¿Por qué no se ha vendido este perfume por trescientos denarios para dárselos a los pobres?" (Esto lo dijo no porque le importasen los pobres, sino porque era un ladrón; y como tenía la bolsa llevaba lo que iban echando). Entonces Jesús dijo: "Déjala: lo tenía guardado para el día de mi sepultura; porque a los pobres los tenéis siempre con vosotros, pero a mí no siempre me tenéis". Una muchedumbre de judíos se enteró de que estaba allí y fueron no solo por Jesús, sino también para ver a Lázaro, al que había resucitado de entre los muertos. Los sumos sacerdotes decidieron matar también a Lázaro, porque muchos judíos, por su causa, se les iban y creían en Jesús.

1. El "banquete", en las culturas griega y romana de la Antigüedad, era una manifestación determinante en la vida de la sociedad. En la sociedad judía el banquete representaba la plenitud de la salvación. De ahí la importancia de este evangelio. Esta cena en Betania es el símbolo del triunfo de la vida sobre la muerte. En Lázaro, la vida fue más fuerte que la muerte. Como iba ser más fuerte en el propio Jesús. Y esa fuerza de la vida se expresa en el Evangelio mediante símbolos de vida: la mesa compartida, la amistad servicial de Marta, el perfume costoso de María, la unción de los pies, la fragancia que llena la casa. Jesús quiso celebrar el don de la vida en plenitud.

2. La vida así entendida, no se reduce a la solución de la "cuestión social". Eso pensaba Judas. Pero Jesús no estuvo de acuerdo. De ahí que en esta cena se destaca, ante todo, el hecho de que Jesús vinculó junto a sí mismo a un numeroso grupo de personas que le querían y le seguían fielmente. En este contexto, se destaca la relación de Jesús con las mujeres; amistad fiel, generosidad, delicadeza y los más bellos y nobles sentimientos, que se expresan mediante el perfume de alto valor y hasta en la caricia del cabello. Ya Jesús había dado motivo de escándalo por tolerar estos gestos de conducta femenina. Jesús estuvo siempre de parte de las mujeres y las defendió. Este es uno de los rasgos que mejor definen la personalidad y la libertad de Jesús.

3. Lo peculiar de este banquete fue la unción que una mujer tuvo la delicadeza de hacerle a Jesús. Ya antes, tenemos noticia de mujeres que ungieron a Jesús en comidas festivas, incluso con sorpresa y escándalo de los comensales. Se trata, en esto, de un valor supremo en la vida, que muchos hombres no acabamos de entender. Por eso el gesto de María suscitó escándalo y crítica, no solo en Judas, sino también en los discípulos. La humanidad de Jesús es tan honda, que sabe armonizar lo que, a veces, los líderes sociales no saben conjugar: la generosidad total con la delicadeza más sorprendente de la sensibilidad humana.

Jn 13, 21-23. 36-38

En aquel tiempo, Jesús, profundamente conmovido, dijo: "Os aseguro que uno de vosotros me va a traicionar". Los discípulos se miraron unos a otros perplejos, por no saber de quién lo decía. Uno de ellos, al que Jesús amaba tanto, estaba a la mesa a su derecha. Simón Pedro le hizo señas para que averiguase por quién lo decía. Entonces él, apoyándose en el pecho de Jesús, le preguntó: "Señor, ¿quién es?" Le contestó Jesús: "Aquel a quien yo le dé este trozo de pan untado". Y untando el pan se lo dio a Judas, hijo de Simón el Iscariote. Detrás del pan, entró en él Satanás. Entonces Jesús le dijo: "Lo que tienes que hacer hazlo enseguida". Ninguno de los comensales entendió a quién se refería. Como Judas guardaba la bolsa, algunos suponían que Jesús le encargaba comprar lo necesario para la fiesta o dar algo a los pobres. Judas, después de tomar el pan, salió inmediatamente. Era de noche. Cuando salió dijo Jesús: "Ahora es glorificado el Hijo del Hombre y Dios es glorificado en él". (Si Dios es glorificado en él, también Dios lo glorificará en sí mismo: pronto lo glorificará). Simón Pedro le dijo: "Señor, ¿a dónde vas?" Jesús le respondió: "A donde yo voy no me puedes acompañar ahora, me acompañarás más tarde". Pedro replicó: "Señor, ¿por qué no puedo acompañarte ahora? Daré mi vida por ti". Jesús le contestó: "¿Conque darás tu vida por mí? Te aseguro que no cantará el gallo antes que me hayas negado tres veces".

1. Jesús dijo lo que se relata, en este evangelio, en la última cena. O sea, en la cena de despedida. Y además de despedida definitiva. Jesús dijo que ya nunca más cenaría con sus discípulos en este mundo (Mt 26,29 par). Era un momento dramático en extremo. Pues bien fue en aquel momento precisamente cuando Jesús reveló a quienes estaban allí, cenando con él, hechos estremecedores. Dos de aquellos hombres, sus compañeros más íntimos, que estaban a la misma mesa, allí con él, le iban a traicionar. Uno (Judas), vendiéndole por ganarse unas monedas. El otro (Pedro), por cobardía, cuando tendría que dar la cara por defender a Jesús. Es decir, Jesús sabía que estaba cenando con dos traidores: un egoísta y un cobarde.

2. En cualquier caso, no es fácil saber con seguridad por qué se produjo aquella traición. Y el abandono final de todos (Mc 14,50). Lo más probable es que aquellos dos hombres actuaron con tremendas dudas y oscuridades interiores. Judas terminó suicidándose (Mt 27,3-10; Hech 1,18-19) y Pedro *lloró amargamente* aquella misma noche (Mt 26,75 par). Lo que no es seguro es que Judas (por el apodo de "Iscariote") perteneciera a los "sicarios" o revolucionarios violentos, como defendió Oscar Cullmann. Tampoco es seguro que el que llevaba un machete (con el que le cortó la oreja a un tal Malco), por eso se justifique su afiliación a la violencia revolucionaria de los galileos. Sea lo que fuere de todo esto, lo que parece más probable es que Judas y Pedro, cuando se convencieron de que Jesús se entregaba sin oponer resistencia, eso era seguramente el indicador más probable de que no era el Mesías que ellos esperaban y querían. ¿Qué nos indica esto?

3. Aquella noche y en aquella cena, se enfrentaron dos proyectos radicalmente opuestos. Si el Mesías era el Salvador, Judas y Pedro probablemente pensaban que la "salvación" tenía que venir mediante la resistencia, la lucha, el enfrentamiento. En definitiva, una salvación conquistada por la eficacia de la violencia. Jesús, por el contrario, pensaba que la "salvación" de este mundo solo puede venir mediante la bondad, la tolerancia, el aguante, el amor y la paz. Aquí, por tanto, nos encontramos con el proyecto de los violentos, frente al proyecto de Jesús en el Evangelio. El proyecto de los "poderosos", que salvan dominando, frente al proyecto de los "esclavos", que salvan sirviendo. Es justamente lo que Jesús les había dicho a los *Zebedos* cuando pretendieron los primeros puestos (Mt 20,25-28; Mc 10,42-46a; Lc 22,25-26). Es el problema que sigue sin resolver la Iglesia: un bloque importante del clero, que apetece el poder, frente al papa Francisco, que se solidariza con los últimos de este mundo y su manera de ser y vivir

16 DE ABRIL - MIÉRCOLES **SEMANA SANTA**

Mt 26, 14-25

En aquel tiempo, uno de los Doce, llamado Judas Iscariote, fue a los sumos sacerdotes y les preguntó: "¿Qué estáis dispuestos a darme si os lo entrego?" Ellos se ajustaron con él en treinta monedas. Y desde entonces andaba buscando ocasión propicia para entregarlo. El primer día de los ácimos se acercaron los discípulos a Jesús y le preguntaron: "¿Dónde quieres que te preparemos la cena de Pascua?" Él contestó: "Id a casa de fulano y decidle: "El Maestro dice: mi momento está cerca; deseo celebrar la Pascua en tu casa con mis discípulos". Los discípulos cumplieron las instrucciones de Jesús y prepararon la Pascua. Al atardecer se puso a la mesa con los Doce. Mientras comían dijo: "Os aseguro que uno de vosotros me va a entregar". Ellos consternados se pusieron a preguntarle uno tras otro: "¿Soy yo acaso, Señor?" Él respondió: "El que ha mojado en la misma fuente que yo, ese me va a entregar. El Hijo del Hombre se va como está escrito de él; pero, ¡Ay del que va a entregar al Hijo del Hombre!, más le valdría no haber nacido". Entonces preguntó Judas, el que lo iba a entregar: "¿Soy yo acaso, Maestro?" Él respondió: "Tú lo has dicho".

1. Ante todo, conviene dejar claro cuándo se celebró la "última cena". ¿Fue en la fiesta religiosa de la Pascua judía? ¿O se celebró la víspera? Dicho de otra manera, la "última cena" ¿fue la cena de Pascua? ¿O fue una cena despedida simplemente? No se trata de una mera curiosidad histórica. Lo que está en juego es si la Eucaristía debe ser lo que fue para los primeros cristianos, "una cena" en recuerdo de Jesús o debe ser un "rito religioso", una misa. Pues bien, según el evangelio de Juan (el más seguro en esta cuestión), la cena se celebró "antes de la Pascua" (Jn 13,1; 18,28). Jesús, por tanto, murió el día de la Preparación de la Pascua (Jn 19,14; cf. 19,31.42). Es importante que a los cristianos se deje esto claro. Solo así, empezaremos a entender la Cena y la Eucaristía.

2. ¿Por qué hizo Judas una cosa tan vergonzosa como fue vender y traicionar a Jesús? No fue por motivos políticos o revolucionarios. Porque era un "sicario" (derivado de "iscarios", de ahí el apodo de Iscariote), del grupo más violento de los zelotas. Esto no pude ser así, ya que, en los años 30 (del s.I), no existían todavía los zelotas como grupo organizado. Tampoco parece que fuera por motivos económicos. Judas vendió a Jesús por treinta monedas de plata (Mt 27,3-9; cf. 28,12-15). Una cantidad que venía a ser la décima parte de lo que costó el perfume con el que María había ungido a Jesús en la cena de Betania (cf. Mc 14,5). Medido en plata, el cariño es diez veces más caro y costoso que el odio.

3. En definitiva, ¿qué podemos decir de la traición de Judas? Jesús, al encarnarse en este mundo, se humanizó. Y eso llevaba consigo pasar por donde pasa gran parte de la humanidad. Antes o después, pasamos por vernos traicionados por personas de las que nos hemos fiado y en las que hemos puesto nuestra confianza. Traición es "quebrantar la lealtad o la fidelidad". Por eso, el traidor es el modelo del que da el golpe y clava el cuchillo donde más duele. Y es que, por eso, sin duda, en la cena, ya no le llama Kyrios (Señor), como hicieron los discípulos (Mt 26,22), sino que Judas se dirige a Jesús como Rabbí (Rabino) Mt 26,25), título del leguleyo que somete a los alumnos. Judas no era egoísta "dinerero", ya que tiró el dinero en el Templo. Tampoco era un sicópata, puesto que reconoció su culpa y por eso se ahorcó (Mt 27,5). El seguimiento de Jesús se basa en despojarse de todo, para poner "toda la seguridad" de nuestra vida en Jesús. Y esto es lo que perdió judas.

4. En realidad, los jefes de los sacerdotes no necesitaban la colaboración de Judas para arrestar a Jesús. Ellos sabían bien quién era Jesús, dónde estaba y cómo apresarlo. Entonces, lo de Judas, ¿para qué? Para que quedase patente que Dios, en Jesús, pasó por donde pasa lo más duro y humillante de la condición humana. Judas nos enseña lo que es seguir a Jesús o dejar de seguirle. ¿Dónde y en qué ponemos nuestra seguridad? En el evangelio de ayer, también hablábamos de Pedro por su traición, estos dos hombres –Pedro y Judas–, nos muestran lo que somos cada uno de nosotros cuando anteponemos nuestros intereses a la fidelidad y al seguimiento de Jesús. Esto es algo que la Iglesia ha de tener siempre presente. Porque, desde sus orígenes, lo consideró muy preocupante. Y preocupante ha sido y lo es hasta el día de hoy. La pregunta "¿Acaso soy yo?" debería esta clavada en el alma de cada creyente, y de forma muy intensa y especial en quienes ocupan cargos de gobierno, tanto en la Iglesia como en lo civil.

17 DE ABRIL — JUEVES SANTO

Jn 13, 1-15

Antes de la fiesta de Pascua, sabiendo Jesús que había llegado la hora de pasar de este mundo al Padre, habiendo amado a los suyos que estaban en el mundo, los amó hasta el extremo. Estaban cenando (ya el diablo le había metido en la cabeza a Judas Iscariote, el de Simón, que lo entregara) y Jesús, sabiendo que el Padre había puesto todo en sus manos, que venía de Dios y a Dios volvía, se levanta de la mesa, se quita el manto y, tomando una toalla, se la ciñe, luego echa agua en la jofaina y se pone a lavarles los pies a los discípulos, secándoselos con la toalla que se había ceñido. Llegó a Simón Pedro y este le dijo: "Señor, ¿lavarme los pies tú a mí? Jesús le replicó: "Lo que yo hago, tú no lo entiendes ahora, pero lo comprenderás más tarde". Pedro le dijo: "No me lavarás los pies jamás". Jesús le contestó: "Si no te lavo, no tienes nada que ver conmigo". Simón Pedro le dijo: "Señor, no solo los pies, sino también las manos y la cabeza". Jesús le dijo: "Uno que se ha bañado no necesita lavarse más que los pies, porque todo él está limpio. También vosotros estáis limpios, aunque no todos". (Porque sabía quién lo iba a entregar, por eso dijo: "No todos estáis limpios"). Cuando acabó de lavarles los pies, tomó el manto, se lo puso otra vez y les dijo: "¿Comprendéis lo que he hecho con vosotros? Vosotros me llamáis "el Maestro" y "el Señor", y decís bien, porque lo soy. Pues si yo, el Maestro y el Señor, os he lavado los pies, también vosotros debéis lavaros los pies unos a otros: os he dado ejemplo para que lo que yo he hecho con vosotros, vosotros también lo hagáis".

1. El relato del lavatorio de los pies no es solamente un ejemplo de humildad y servicialidad que nos dejó Jesús. Además de eso, y mucho más que eso, es la lección más elocuente y más tajante, que hay en los evangelios, en cuanto se refiere a cómo debe gestionarse la Iglesia, la comunidad cristiana, e incluso la convivencia en la sociedad. Para entender este gesto de Jesús debemos situarnos a finales del siglo I donde la esclavitud era algo común y un esclavo debía siempre lavar los pies a su señor.

2. Así las cosas, es importante fijarse en que todo el relato empieza con la grandiosidad de la misión que Jesús había recibido de Dios. Y el mismo relato termina diciendo que el ser humano más grandioso, que Dios ha enviado a este mundo, ese ser humano ha venido para dar ejemplo a los humanos, no de poder, sino de esclavitud. Es decir, vino a dar ejemplo "de alguien que pertenece a otro, no a sí mismo. Por eso precisamente lo que hizo Jesús aquella noche no era fácil de comprender. Y por eso también Pedro se resistía con firmeza a que Jesús hiciera con él el oficio de esclavo.

3. El Jueves Santo, "Día del amor fraterno", es ante todo el día en el que la Iglesia recuerda que este mundo y esta Iglesia se tienen que gobernar desde la posición del que se sitúa en la vida como servidor y esclavo de los demás. Quien cree en Jesús, está convencido de que tiene que vivir como vivió Jesús. Y eso significa que el creyente está convencido de que no puede estar jamás por encima de nadie.

4. Para Jesús es el momento de la verdad. En esa cena se reafirma en su decisión de ir hasta el final en su fidelidad al proyecto de Dios. Seguirá siempre del lado de los débiles, morirá enfrentándose a quienes desean otra religión y otro Dios olvidado del sufrimiento de la gente. Dará su vida sin pensar en sí mismo. Confía en el Padre. Lo dejará todo en sus manos.

5. Por eso, celebrar la eucaristía es hacer memoria de este Jesús, grabando dentro de nosotros cómo vivió él hasta el final. Reafirmarnos en nuestra opción por vivir siguiendo sus pasos. Tomar en nuestras manos nuestra vida para intentar vivirla hasta las últimas consecuencias. Así mismo, la eucaristía es para personas abatidas y humilladas que anhelan paz y respiro; para pecadores que buscan perdón y consuelo; para gentes que viven con el corazón hambriento de amor y amistad. Jesús no viene al altar para los justos, sino para los pecadores; no se ofrece solo a los sanos, sino a los enfermos.

Jn 18, 1-40 - 19, 1-42

En aquel tiempo, Jesús salió con sus discípulos al otro lado del torrente Cedrón, donde había un huerto, y entraron allí él y sus discípulos. Judas, el traidor, conocía también el sitio, porque Jesús se reunía a menudo allí con sus discípulos. Judas entonces, tomando la patrulla y otros guardias de los sumos sacerdotes y de los fariseos, entró allá con faroles, antorchas y armas. Jesús, sabiendo todo lo que venía sobre él, se adelantó y les dijo: "¿A quién buscáis?" Le contestaron: "A Jesús el Nazareno". Les dijo Jesús: "Yo soy". Estaba también con ellos Judas, el traidor. Al decirles, "yo soy", retrocedieron y cayeron a tierra. Les preguntó otra vez: "¿A quién buscáis?" Ellos dijeron: "A Jesús el Nazareno". Jesús contestó: "Os he dicho que soy yo. Si me buscáis a mí, dejad marchar a estos". Y así se cumplió lo que había dicho: "¡No he perdido a ninguno de los que me diste!". Entonces Simón Pedro, que llevaba una espada, la sacó e hirió al criado del Sumo Sacerdote, cortándole la oreja derecha. Este criado se llamaba Malco. Dijo entonces Jesús a Pedro: "Mete la espada en la vaina. El cáliz que me da mi Padre, ¿no lo voy a beber?" La patrulla, el tribuno y los guardias de los judíos prendieron a Jesús, lo ataron y lo llevaron primero a Anás, porque era suegro de Caifás, Sumo Sacerdote aquel año, el que había dado a los judíos este consejo: "Conviene que muera un solo hombre por el pueblo". Simón Pedro y otro discípulo seguían a Jesús. Ese discípulo era conocido del Sumo Sacerdote y entró con Jesús en el palacio del Sumo Sacerdote, mientras Pedro se quedó fuera a la puerta. Salió el otro discípulo, el conocido del Sumo Sacerdote, habló a la portera e hizo entrar a Pedro. La portera dijo entonces a Pedro: "¿No eres tú también de los discípulos de ese hombre?" Él dijo: "No lo soy". Los criados y los guardias habían encendido un brasero, porque hacía frío y se calentaban. También Pedro estaba con ellos calentándose. El Sumo Sacerdote interrogó a Jesús acerca de sus discípulos y de la doctrina. Jesús le contestó: "Yo he hablado abiertamente al mundo: yo he enseñado continuamente en la sinagoga y en el Templo, donde se reúnen todos los judíos, y no he dicho nada a escondidas. ¿Por qué me interrogas a mí? Interroga a los que me han oído, de qué les he hablado. Ellos saben lo que he dicho yo". Apenas dijo esto, uno de los guardias que estaba allí le dio una bofetada a Jesús, diciendo: "¿Así contestas al Sumo Sacerdote?" Jesús respondió: "Si he faltado al hablar, muestra en qué he faltado; pero si he hablado como se debe, ¿por qué me pegas?" Entonces Anás lo envió atado a Caifás, Sumo Sacerdote. Simón Pedro estaba de pie, calentándose, y le dijeron: "¿No eres tú también de sus discípu-

los?" Él lo negó diciendo: "No lo soy". Uno de los criados del Sumo Sacerdote, pariente de aquel a quien Pedro le cortó la oreja, le dijo: "¿No te he visto yo con él en el huerto?" Pedro volvió a negar, y enseguida cantó el gallo. Llevaron a Jesús de casa de Caifás al Pretorio. Era el amanecer y ellos no entraron en el Pretorio para no incurrir en impureza y poder comer así la Pascua. Salió Pilato afuera, adonde estaban ellos y dijo: "¿Qué acusación presentáis contra este hombre?" Le respondieron: "Si este no fuera un malhechor, no te lo entregaríamos". Pilato les dijo: "Lleváoslo vosotros y juzgadlo vosotros según vuestra ley". Los judíos le dijeron: "No estamos autorizados para dar muerte a nadie". Y así se cumplió lo que había dicho Jesús, indicando de qué muerte iba a morir. Entró otra vez Pilato en el Pretorio, llamó a Jesús y le dijo: "¿Eres tú el rey de los judíos?" Jesús le contestó: "¿Dices eso por tu cuenta o te lo han dicho otros de mí?" Pilato replicó: "¿Acaso soy yo judío? Tu gente y los sumos sacerdotes te han entregado a mí; ¿qué has hecho?" Jesús le contestó: "Mi reino no es de este mundo. Si mi reino fuera de este mundo, mi guardia habría luchado para que no cayera en manos de los judíos. Pero mi reino no es de aquí". Pilato le dijo: "Conque, ¿tú eres rey? Jesús le contestó: "Tú lo dices. Soy rey. Yo para eso he nacido y para eso he venido al mundo; para ser testigo de la verdad. Todo el que es de la verdad, escucha mi voz". Pilato le dijo: "Y, ¿qué es la verdad?" Dicho esto, salió otra vez a donde estaban los judíos: "No encuentro en él ninguna culpa. Es costumbre entre vosotros que por Pascua ponga a uno en libertad. ¿Queréis que os suelte al rey de los judíos?" Volvieron a gritar: "A ese no, a Barrabás". (El tal Barrabás era un bandido). Entonces Pilato tomó a Jesús y lo mandó azotar. Y los soldados trenzaron una corona de espinas, se la pusieron en la cabeza y le echaron por encima un manto color púrpura. Y acercándose a él le decían: "¡Salve, rey de los judíos!" Y le daban bofetadas. Pilato salió otra vez afuera y les dijo: "Mirad, os lo saco afuera, para que sepáis que no encuentro en él ninguna culpa". Y salió Jesús afuera, llevando la corona de espinas y el manto color púrpura. Pilato les dijo: "Aquí lo tenéis". Cuando lo vieron los sacerdotes y los guardias, gritaron: "¡Crucifícalo, crucifícalo!" Pilato les dijo: "Lleváoslo vosotros y crucificadlo, porque yo no encuentro culpa en él". Los judíos le contestaron: "Nosotros tenemos una ley y según esa ley tiene que morir porque se ha declarado Hijo de Dios". Cuando Pilato oyó estas palabras, se asustó aún más y, entrando otra vez en el Pretorio, dijo a Jesús: "¿De dónde eres tú?" Pero Jesús no le dio respuesta. Y Pilato le dijo: "¿A mí no me hablas? ¿No sabes que tengo autoridad para soltarte y autoridad para crucificarte?" Jesús le contestó: "No tendrías ninguna autoridad sobre mí si no te la hubieran dado de lo alto. Por eso el que me ha entregado a ti tiene un pecado mayor". Desde este momento Pilato trataba de soltarlo, pero los judíos gritaban: "Si sueltas a ese, no eres amigo del César. Todo el que se declara rey está contra el César". Pilato entonces, al oír estas palabras, sacó afuera a Jesús y lo sentó en el tribunal, en el sitio que llaman "el enlosado" (en hebreo "gábbata"). Era el día de la Preparación de la Pascua, hacia el mediodía. Y dijo Pilato a los judíos: "Aquí tenéis a vuestro rey". Ellos gritaron: "¡Fuera, fuera; crucifícalo!" Pilato les dijo: "¿A vuestro rey voy a crucificar?" Contestaron los sumos sacerdotes: "No tenemos más rey que al César". Entonces se lo entregaron para que lo crucificaran. Tomaron a Jesús, y él, cargando con la cruz, salió al sitio llamado "de la Calavera" (que en hebreo se dice "Gólgota") donde lo crucificaron; y con él a otros dos, uno a cada lado, y en medio Jesús. Y Pilato escribió un letrero y lo puso encima de la cruz; en él estaba escrito: JESÚS EL NAZARENO EL REY DE LOS JUDÍOS. *Leyeron el letrero muchos judíos, porque estaba el lugar donde crucificaron a Jesús y estaba escrito en hebreo, latín y griego. Entonces los sumos sacerdotes de los judíos le dijeron a Pilato: "No escribas "El rey de los judíos", sino "Este ha dicho soy rey de los judíos". Pilato les contestó: "Lo escrito, escrito está". Los soldados, cuando crucificaron a Jesús, cogieron su ropa, haciendo cuatro partes, una para cada soldado, y apartaron la túnica. Era una túnica sin costura, tejida toda de una pieza de arriba abajo. Y se dijeron: "No la rasguemos, sino echemos suertes a ver a quién le toca". Así se cumplió la Escritura: "Se repartieron mis ropas y echaron a suerte mi túnica". Esto hicieron los soldados. Junto a la cruz de Jesús estaba su madre, la hermana de su madre María de Cleofás, y María la Magdalena. Jesús, al ver a su madre y cerca al discípulo que tanto quería, dijo a su madre: "Mujer, ahí tienes a tu hijo". Luego dijo al discípulo: "Ahí tienes a tu madre". Y desde aquella hora, el discípulo la recibió en su casa. Después de esto, sabiendo Jesús que todo había llegado a su término, para que se cumpliera la Escritura, dijo: "Tengo sed". Había allí un jarro lleno de vinagre. Y, sujetando una esponja empapada en vinagre a una caña de hisopo, se la acercaron a la boca. Jesús, cuando tomó el vinagre dijo: "Está cumplido". E, inclinando la cabeza, entregó el espíritu. Los judíos entonces, como era el día de la Preparación, para que no se quedaran los cuerpos en la cruz el sábado, porque aquel sábado era un día solemne, pidieron a Pilato que les quebraran las piernas y que los quitaran. Fueron los soldados, le quebraron las piernas al primero y luego al otro que habían crucificado con él; pero al llegar a Jesús, viendo que ya había muerto, no le quebraron las piernas, sino que uno de los soldados con la lanza le traspasó el costado y al punto salió sangre y agua. El que lo vio da testimonio y su testimonio es verdadero y él sabe que dice verdad, para que también vosotros creáis. Esto ocurrió para que se cumpliera la Escritura: "No le quebrarán un hueso"; y en otro lugar la Escritura dice: "Mirarán al que atravesaron". Después de esto, José de Arimatea, que era discípulo clandestino de Jesús por miedo a los judíos, pidió a Pilato que le dejara llevarse el cuerpo de Jesús. Y Pilato lo autorizó. Él fue entonces y se llevó el cuerpo. Llegó también Nicodemo, el que había ido a verlo de noche, y trajo unas cien libras de una mixtura de mirra y áloe. Tomaron el cuerpo de Jesús y lo vendaron todo, con los aromas, según se acostumbra a enterrar entre los judíos. Había un huerto en el sitio donde lo crucificaron, y en el huerto un sepulcro nuevo donde nadie había sido enterrado todavía. Y como para los judíos era el día de la Preparación, y el sepulcro estaba cerca, pusieron allí a Jesús.*

1. Los escritos del NT, en su conjunto, se redactaron durante más de medio siglo, desde el año 50 hasta los primeros años del s. II. Uno de los problemas más complicados, que se nos plantea, ante estos escritos, es que los primeros (y que han dejado más huella en la teología cristiana) fueron redactados por un autor, el apóstol Pablo, que no conoció a Jesús. Pablo fue un judío de Tarso, que creyó siempre en el Dios de Abrahán y en sus promesas (Gal 3,16-21); Romanos 4,2-20) (U. Schelle). Pero sabemos que ese Dios le pidió a Abrahán que matara a su hijo, Isaac, en un sacrificio religioso (Gen 22,2; Heb 11,17-19).

2. Esto indica que la primera explicación de la pasión y muerte de Jesús es la que nos dice que la muerte de Jesús fue un acontecimiento "religioso" y "sagrado": el "sacrificio sacerdotal" (Heb 7,27; 9,12; 10,1; 1Cor 10,16-21) y el acto de "expiación" (Heb 5,7; 7,25; 9,24) por medio de cual quedó reparado el desorden radical, que procedía de la desobediencia del primer hombre, Adán, origen y causa del mal en el mundo. Solo Cristo, mediante el sacrificio de su vida, restauró el orden perdido y redimió a la humanidad alejada de Dios. Esta teología de la redención y la salvación es la que se suele explicar a los cristianos, como expresión suprema del amor de Dios y de Cristo a los humanos.

3. Según esta teoría, la decisión de la muerte de Jesús (y su pasión) fue tomada, no por los hombres, sino por Dios. Los hombres fueron meros ejecutores de la voluntad de Dios, que necesitaba la sangre de su Hijo para perdonar nuestros pecados y redimirnos (cf Gal 3,13; 1Cor 6,20; Romanos 5,6-8.19). De ahí que Pablo habla con frecuencia del "Crucificado" (Rom 6,6; 1Cor 1,13.23; 2,2.8; 2Cor 13,4; Gal 3,19; 3,1; 5,24; 6,14). Pero tantas veces menciona el "Crucificado", nunca se pregunta quién lo crucificó, por qué fue crucificado, para que lo crucificaron…

4. El apóstol Pablo murió martirizado en los primeros años 60. Unos diez años después, se empezaron a difundir los evangelios. En ellos se nos explica la pasión y muerte de Jesús de otra manera. Jesús murió en una cruz porque los sumos sacerdotes y demás autoridades religiosas del Templo de Jerusalén se dieron cuenta de que el Evangelio era incompatible con la religión que ellos enseñaban y practicaban. Los evangelios recogen la historia de un conflicto mortal entre la religión del Templo y el evangelio del pueblo. Esto queda resumido en la condena a muerte que dictó el Sanedrín (Jn 11,47-53).

5. La dificultad para armonizar estas dos tradiciones está en que, según san Pablo, Jesús murió en la cruz porque así lo decidió Dios. Mientras que, según los evangelios, Jesús murió en la cruz porque vivió y habló de manera que las autoridades vieron en él una amenaza intolerable. Los sacerdotes, lo vieron como un peligro "para el Templo y para la nación" (Jn 11,48). El gobernador romano, lo vio como un agitador subversivo que representaba una amenaza para el Imperio (Jn 19,12-16).

6. La pregunta, por tanto, que se plantea es esta: ¿La muerte de Jesús fue un "sacrificio religioso" o fue la "ejecución legal de un condenado a muerte"? En consecuencia, lo que el Crucificado nos enseña *¿es la obediencia a la religión y a Dios?* o *¿Es la libertad solidaria ante los poderosos de este mundo*, causantes de tanto sufrimiento y devastación en la tierra? No se trata de optar por lo uno o por lo otro. Se trata, más bien, de integrar ambas opciones. Subordinado a la interpretación de Pablo al significado del relato histórico del Evangelio.

7. La lectura de la pasión de Jesús nos enseña a ver la voluntad de Dios en la libertad que se traduce en una vida solidaria en defensa de la dignidad y los derechos de quienes peor lo pasan en la vida. Si la Iglesia y los cristianos tomásemos en serio la pasión y muerte de Jesús, no nos callaríamos ante la corrupción, las desigualdades, el sufrimiento de las víctimas de este sistema criminal que nos somete y nos mata.

19 DE ABRIL - SÁBADO — VIGILIA PASCUAL

Lc 24, 1-12

El primer día de la semana, de madrugada, las mujeres fueron al sepulcro llevando los aromas que habían preparado. Encontraron corrida la piedra del sepulcro. Y entrando no encontraron el cuerpo del Señor Jesús. Mientras estaban desconcertadas por esto, se les presentaron dos hombres con vestidos refulgentes. Ellas, despavoridas, miraban al suelo, y ellos les dijeron: "¿Por qué buscáis entre los muertos al que vive? No está aquí. HA RESUCITADO. Acordaos de lo que os dijo estando todavía en Galilea: el Hijo del Hombre tiene que ser entregado en manos de pecadores, ser crucificado y al tercer día resucitará". Recordaron sus palabras, volvieron del sepulcro y anunciaron todo esto a los Once y a los demás. María Magdalena, Juana y María la de Santiago, y sus compañeras contaban esto a los apóstoles. Ellos lo tomaron por un delirio y no las creyeron. Pedro se levantó y fue corriendo al sepulcro. Asomándose vio solo las vendas por el suelo. Y se volvió admirándose de lo sucedido.

1. Este breve relato es sorprendente. El mismo Jesús, que había sido asesinado y sepultado el viernes por la tarde, el domingo de madrugada resucita. De tanto oír esta afirmación de la fe, los cristianos nos hemos habituado a ella hasta el punto de que ya, no solo no nos impresiona, sino que nos deja casi indiferentes. Pero, desde el primer momento, en que hablamos de este misterioso asunto, es de suma importancia tener muy claro que no es lo mismo "revivir" que "resucitar". Revivir es volver a esta vida. Mientras que resucitar es trascender esta vida. El que revive (caso Lázaro), vuelve a ser mortal. El que resucita, alcanza una plenitud tal de vida, que ya no muere más.

2. Lo que nos cuentan los Evangelios que sucedió después de la Crucifixión era la buena nueva más absoluta: Jesús había retornado a la vida al cabo de tres días sepultado. "De algún modo, sus discípulos transformaron la muerte y derrota de un "delincuente"... en un triunfo de la vida sobre la muerte, y las narraciones de la Pasión concluyen con la historia de la Pascua de Resurrección". La Resurrección no es un asunto que los historiadores pueden verificar; es un tipo de verdad que se da en la fe. Es decir, en la convicción y la esperanza firme de que la muerte ya no tiene la última palabra en nuestro destino.

3. La Resurrección es un hecho. Pero se trata de un hecho que solo es perceptible y aceptable por medio de la fe. Pero sabemos que la fe es siempre un acto libre, que se basa en una decisión en libertad. Y la libertad nunca da seguridad total. Ante ella, es inevitable la duda, la inseguridad y, a veces, la oscuridad. Pero el Resucitado es la raíz y la fuente de la esperanza, de la fortaleza y de la felicidad de los cristianos. Por eso la fe en la Resurrección (la de Jesús y la nuestra) es el culmen de la fe cristiana. En la semana de Pascua iremos reflexionando sobre esta realidad asombrosa y cargada de esperanza.

Jn 20, 1-9

El primer día de la semana, María Magdalena fue al sepulcro al amanecer, cuando aún estaba oscuro, y vio la losa quitada del sepulcro. Echó a correr y fue donde estaba Simón Pedro y el otro discípulo a quien quería Jesús, y les dijo: "Se han llevado del sepulcro al Señor y no sabemos dónde lo han puesto". Salieron Pedro y el otro discípulo camino del sepulcro. Los dos corrían juntos, pero el otro discípulo corría más que Pedro, se adelantó y llegó primero al sepulcro; y, asomándose, vio las vendas en el suelo; pero no entró. Llegó también Simón Pedro detrás de él y entró en el sepulcro. Vio las vendas en el suelo y el sudario con que le habían cubierto la cabeza, no por el suelo como las vendas, sino enrollado en un sitio aparte. Entonces entró también el otro discípulo, el que había llegado primero al sepulcro; vio y creyó. Pues hasta entonces no habían entendido la Escritura: que él había de resucitar de entre los muertos.

1. La Pasión y la Resurrección constituyen una unidad desde el principio, en el relato del último de los evangelios, el de Juan. El relato de la Pasión no fue transmitido nunca sin el de la Pascua, y viceversa (J. Zumstein). El recuerdo de Jesús une inseparablemente sufrimiento y gloria, fracaso y plenitud. En la fe cristiana, se unen y se funden lo más doloroso y lo más gozoso. El equilibrio de la vida es el equilibrio de estas dos realidades, pilares de nuestras existencia.

2. El domingo de Pascua de Resurrección es el día más importante del año para los cristianos. Porque en este día recordamos el acontecimiento determinante de nuestra existencia. La Resurrección es la oferta de sentido más decisiva en nuestras vidas. Porque el Resucitado nos dice que la muerte, el fracaso, la destrucción, nada de eso, por más evidente y negativo que lo palpemos, tiene la última palabra en la totalidad de cuanto existe o puede existir. Por encima de todo, está la fuerza de la vida, la plenitud de la vida, la esperanza de una existencia que sacia todos nuestros anhelos, ilusiones y deseos de felicidad.

3. Como es lógico, nada de esto es evidente. Todo esto se sabe, se espera y se hace posible gracias a la fe. Porque creemos en el Señor de la vida, por eso creemos en que la muerte no es el final. Todo lo contrario, la muerte es el comienzo. Porque el momento de la muerte es el momento de la transformación de una forma de existencia, siempre limitada y cargada de penalidades, a otra forma de existencia, que sacia todo posible deseo y toda ilusión por más imaginaria que se nos antoje.

4. Supuesto lo dicho, podemos (y debemos) afirmar que el Domingo de Pascua de Resurrección es la fiesta central, fundamental y determinante de todo el año, para los cristianos. Porque es el día de la esperanza. El día que nos abre, de par en par, las puertas del futuro. Vemos con pesimismo este mundo, el giro que van tomando las cosas, el futuro que nos espera. Pues bien, lo más grande este día es que nos viene a decir: NUESTRO FUTURO ES LA PLENITUD DE LA FELICIDAD.

21 DE ABRIL - LUNES **OCTAVA DE PASCUA**

Mt 28, 8-15

En aquel tiempo, las mujeres se marcharon a toda prisa del sepulcro; impresionadas y llenas de alegría, corrieron a anunciarlo a los discípulos. De pronto, Jesús les salió al encuentro y les dijo: "Alegraos". Ellas se acercaron, se postraron ante él y le abrazaron los pies. Jesús les dijo: "No tengáis miedo: id a anunciar a mis hermanos que vayan a Galilea; allí me verán". Mientras las mujeres iban de camino, algunos de la guardia fueron a la ciudad y comunicaron a los sumos sacerdotes todo lo ocurrido. Ellos, reunidos con los ancianos, llegaron a un acuerdo y dieron a los soldados una fuerte suma, encargándoles: "Decid que sus discípulos fueron de noche y robaron el cuerpo mientras vosotros dormíais. Y si esto llega a oídos del gobernador, nosotros nos lo ganaremos y os sacaremos de apuros". Ellos tomaron el dinero y obraron conforme a las instrucciones. Y esta historia se ha ido difundiendo entre los judíos hasta hoy.

1. Algunos especialistas dudan de la historicidad de los relatos de la resurrección; sin embargo no podemos dudar de la fe en la Resurrección, de lo contrario –como diría San Pablo– vana sería nuestra fe. Es claro que nuestra fe se basa en el testimonio que nos dejaron los primeros discípulos: ellos tuvieron la experiencia cierta de que Jesús había resucitado. Pero, al ser experiencias subjetivas que ellos tuvieron, la objetividad de cómo se vieron aquellas experiencias es lo que no cuadra Por eso Marcos y Mateo sitúan las apariciones en Galilea, mientras que Lucas las pone en Jerusalén. En Marcos las mujeres tienen miedo, en Mateo y Lucas se alegran y van a contarlo a los discípulos.

2. La contraposición y hasta la incompatibilidad entre "lo divino" y lo "humano", que enseñaba el "gnosticismo" antiguo, sigue presente en la mentalidad de muchos cristianos. Sin embargo, la resurrección no representa solamente, para Jesús, la "plenitud de la divinidad". Juntamente con eso –e inseparablemente de ello– representa y constituye igualmente la "plenitud de la humanad". Por eso, en los capítulos finales de los evangelios, donde se habla del Resucitado, en esos capítulos precisamente es donde se descubre al Jesús más profundamente humano. Es sorprendente. Pero así es.

3. En efecto, el Jesús resucitado, porque es el "más divino" de los evangelios, por eso es también el "más humano" que aparece en todo el Evangelio. Porque, en la más original y profunda tradición cristiana, el Trascendente se ha fundido con lo inmanente de forma que "lo más divino" (utilizando nuestra limitada y tosca forma de expresar estas realidades que nos rebasan por completo) se muestra, se conoce, se palpa, precisamente en "lo más humano". Por eso, ni más ni menos, el Resucitado es el más humano y entrañable de nuestra anhelada humanidad.

4. Esto es lo que explica que a quien primero se aparece el Resucitado es precisamente al colectivo más marginado de aquella cultura, las mujeres. Y eso es también lo que explica las comidas de Jesús resucitado con los discípulos. Como la alegría que contagia en todas sus apariciones, en las que Jesús no se queja ni de la traición de Judas, ni del abandono cobarde de los demás apóstoles, ni de las negaciones de Pedro. Todo lo contrario, Jesús le demanda su cariño preferente y hasta le encarga que apaciente su rebano. El Resucitado nos enseña, entre otras cosas, una que es fundamental: no somos más divinos porque no somos más humanos.

22 DE ABRIL - MARTES — **OCTAVA DE PASCUA**

Jn 20, 11-18

En aquel tiempo, estaba María junto al sepulcro fuera, llorando. Mientras lloraba se asomó al sepulcro y vio dos ángeles vestidos de blanco, sentados, uno a la cabecera y otro a los pies donde había estado el cuerpo de Jesús. Ellos le preguntaron: "Mujer, ¿por qué lloras?" Ella les contestó: "Porque se han llevado a mi Señor y no sé dónde lo han puesto". Dicho esto, da media vuelta y ve a Jesús de pie, pero no sabía que era Jesús. Jesús le dice: "Mujer, ¿por qué lloras?, ¿a quién buscas?" Ella, tomándolo por el hortelano, le contesta: "Señor, si tú te lo has llevado, dime dónde lo has puesto y yo lo recogeré". Jesús le dice: "¡María!" Ella se vuelve y le dice: "¡Rabboni!" (que significa Maestro). Jesús le dice: "Suéltame, que todavía no he subido al Padre mío y Padre vuestro, al Dios mío y Dios vuestro". María Magdalena fue y anunció a los discípulos: "He visto al Señor y ha dicho esto".

1. Lo más importante que contienen los relatos de la resurrección es que muestran que la vida y la presencia de Jesús, en este mundo y en esta vida, no se acabó con la muerte en la cruz. De Jesús no nos queda solo la memoria de sus enseñanzas y el ejemplo de su vida. Además de eso, nos queda sobre todo su presencia.

2. Lo que más llama la atención, en este relato, es la profunda bondad y la delicada humanidad de Jesús. Es lo que más destaca esta aparición de Jesús a María Magdalena. El relato, en efecto, destaca (aún más que otros) la singular y hasta desconcertante bondad de Jesús. Una bondad y una humanidad que se palpan más de cerca en el Resucitado. Jesús tuvo siempre una especial delicadeza con las mujeres, el colectivo de personas a las que trató con especial esmero y respeto. Concretamente, con esta mujer de la que el evangelio de Lucas afirma que habían salido siete demonios. Cosa que, en el vocabulario de la antigua aritmología representa la plenitud de todos los males. Y, sin embargo, Jesús la estimó tanto y tanta bondad derrochó con ella. En definitiva, lo que Jesús y ella cultivaron fue una fe tan honda como ejemplar, aunque algunas mentes "perversas" hayan querido insinuar otra cosa. Era la amistad limpia que más nos humaniza.

3. Pero, como ya se ha dicho, aquí aparece de nuevo "lo divino" y "lo humano" fundidos en una unidad que nunca acabamos de creer y aceptar. Jesús habla de "mi Padre" y "el Padre de ustedes", de "mi Dios" y "el Dios de ustedes". No se trata de que haya dos "Padres" o dos "dioses". Ni tampoco se trata de que haya dos tipos de relación con el Padre y con Dios. No. Se trata de que el mismo Padre y el mismo Dios es tan de Jesús como nuestro. Jesús nos ha fundido en una misma relación, que es suya y nuestra, con el Padre y con Dios. Esto, seguramente, es el fruto más hondo de la Resurrección, la de Jesús y la nuestra.

23 DE ABRIL - MIÉRCOLES **OCTAVA DE PASCUA**

Lc 24, 13-35

En aquel tiempo, dos discípulos de Jesús iban andando aquel mismo día a una aldea llamada Emaús, distante unas dos leguas de Jerusalén; iban comentando todo lo que había sucedido. Mientras conversaban y discutían, Jesús en persona se acercó y se puso a caminar con ellos. Pero sus ojos no eran capaces de reconocerlo. Él les dijo: "¿Qué conversación es esa que traéis mientras vais de camino?" Ellos se detuvieron preocupados. Y uno de ellos, que se llamaba Cleofás, le replicó: "¿Eres tú el único forastero en Jerusalén, que no sabe lo que ha pasado allí estos días? Él les preguntó: "¿Qué?"Ellos le contestaron: "Lo de Jesús el Nazareno, que fue un profeta poderoso en obras y palabras, ante Dios y ante todo el pueblo; cómo lo entregaron los sumos sacerdotes y nuestros jefes para que lo condenaran a muerte y lo crucificaron. Nosotros esperábamos que él fuera el futuro liberador de Israel. Y ya ves: hace ya dos días que sucedió esto. Es verdad que algunas mujeres de nuestro grupo nos han sobresaltado: pues fueron muy de mañana al sepulcro, no encontraron su cuerpo, e incluso vinieron diciendo que habían visto una aparición de ángeles, que les habían dicho que estaba vivo. Algunos de los nuestros fueron también al sepulcro y lo encontraron como habían dicho las mujeres; pero a él no lo vieron". Entonces Jesús les dijo: "¡Qué necios y torpes sois para creer lo que anunciaron los profetas! ¿No era necesario que el Mesías padeciera esto para entrar en su gloria?" Y, comenzando por Moisés y siguiendo por los Profetas, les explicó lo que se refería a él en toda la Escritura. Ya cerca de la aldea donde iban, él hizo ademán de seguir adelante; pero ellos le apremiaron diciendo: "Quédate con nosotros porque atardece y el día va de caída". Y entró para quedarse con ellos. Sentado a la mesa con ellos, tomó el pan, pronunció la bendición, lo partió y se lo dio. A ellos se les abrieron los ojos y lo reconocieron. Pero él desapareció. Ellos comentaron: "¿No ardía nuestro corazón mientras nos hablaba por el camino y nos explicaba las Escrituras?" Y, levantándose al momento, se volvieron a Jerusalén, donde encontraron reunidos a los Once con sus compañeros, que estaban diciendo: "Era verdad, ha resucitado el Señor y se ha aparecido a Simón". Y ellos contaron lo que les había pasado por el camino y cómo lo habían reconocido al partir el pan.

1. Los estudiosos del evangelio de Lucas están de acuerdo en que este relato está redactado con una estructura concéntrica. Y si esto se tiene en cuenta ayuda a comprender lo que nos quiere decir. La conclusión (Lc 24,33-35) sirve de contrapartida a la introducción (Lc 24,13-14). Al comienzo, los dos discípulos están solos, al final, se encuentran con Jesús y finalmente con la comunidad entusiasmada por la resurrección. Tanto al comienzo, como al final, reflexionan sobre su situación. Y el hecho es que lo que comienza con decepción, desengaño y fuga, termina en el gozo de la cena compartida con Jesús, el eterno viviente. Y la satisfacción de la comunidad reunida y plena de felicidad. Jesús transforma en vida lo que era dispersión, abandono, tristeza, oscuridad. La humanización de Dios se realiza en cada uno de nosotros.

2. Ocurre tantas veces que, precisamente cuando nos sentimos más decepcionados y sin aliento para seguir adelante, exactamente entonces es cuando llevamos a Jesús junto a nosotros, andando el mismo camino nuestro, compartiendo nuestros problemas, soledades, desalientos, desengaños insoportables. Y es cuándo y cómo Jesús mismo nos abre los ojos y el conocimiento, para hacernos comprender el sentido y el alcance de las Escrituras santas. De forma que, cuando eso ocurre, el corazón nos arde. Y le vemos sentido algo que, hasta entonces carecía de cualquier posible significado. El Resucitado está con nosotros cuando menos lo imaginamos, cuando ni podemos sospecharlo.

3. Al final, los ojos de aquellos desconcertados se abrieron. Y reconocieron a Jesús mismo presente con ellos y en ellos. Sin embargo, cuántos signos y palabras fueron necesarios para llegar a reconocer "lo divino" en "lo humano". La misa se le ha hecho a mucha gente algo insignificante, pesado, una ceremonia que no entienden ni les interesa. La "Cena del Señor" tendría que seguir siendo lo que empezó siendo, "una cena". De manera que nos traslademos del "altar" a la "mesa", del "orden eclesial" al "mundo social del banquete". No se trata de prescindir de la eucaristía. Se trata de recuperar su significado original. Cuando Jesús dijo: Hagan esto en memoria mía, lo que Jesús les decía a sus discípulos es que repitieran el gesto de la mesa compartida, el "simposio" de la vida y la alegría vivida con los demás. Cuando eso sea el centro, lo demás (el significado de la presencia de Jesús y del rito eucarístico) irá adquiriendo las formas y símbolos que hoy podemos entender, ofrecer y vivir con los humanos, sean quienes sean.

24 DE ABRIL - JUEVES — **OCTAVA DE PASCUA**

Lc 24, 35-48

En aquel tiempo, contaban los discípulos lo que les había pasado por el camino y cómo lo habían reconocido al partir el pan. Estaban hablando de estas cosas, cuando se presenta Jesús en medio de ellos y les dice: "Paz a vosotros". Llenos de miedo por la sorpresa, creían ver un fantasma. Él les dijo: "¿Por qué os alarmáis? ¿Por qué surgen dudas en vuestro interior? Mirad mis manos y mis pies: soy yo en persona. Palpadme y daos cuenta de que un fantasma no tiene carne y hueso, como veis que tengo". Dicho esto, les mostró las manos y los pies; y como no acababan de creer por la alegría, y seguían atónitos, les dijo: "¿Tenéis ahí algo que comer?" Ellos le ofrecieron un trozo de pez asado. Él lo tomó y comió delante de ellos. Y les dijo: "Esto es lo que os decía mientras estaba con vosotros: que todo lo escrito en la ley de Moisés y los Profetas y Salmos acerca de mí tenía que cumplirse". Entonces les abrió el entendimiento para comprender las Escrituras. Y añadió: "Así estaba escrito: el Mesías padecerá, resucitará de entre los muertos al tercer día, y en su nombre se predicará la conversión y el perdón de los pecados a todos los pueblos, empezando por Jerusalén. Vosotros sois testigos de esto".

1. La aparición de Jesús a su comunidad de seguidores, tal como la presenta Lucas aquí, no se refiere al miedo reverente propio de las "teofanías" (apariciones de Dios). Porque lo que realmente invade a los discípulos es la alegría. La presencia de Jesús les devuelve la seguridad en la forma de vida que habían asumido. Si Jesús estaba vivo, es que no había fracasado. Y si Jesús no había fracasado, ellos tampoco. La vida tenía pleno sentido para ellos. Aquí y en esto reside la señal más fuerte del cariño que aquellos hombres y aquellas mujeres habían puesto en Jesús. Cuando nuestra felicidad está centrada en Jesús, entonces podemos asegurar que Jesús es el centro de nuestra vida. Y que creemos de verdad en él. Entonces, nuestra vida se ve diferente, aún en las situaciones difíciles que nos podamos encontrar. La clave está en tener confianza en él.

2. Por eso, la presencia de Jesús viviente convirtió el miedo inicial (de la sorpresa) en alegría. Precisamente porque dejaron de ver un fantasma y empezaron a ver a Jesús. Ahora bien, lo llamativo es que este cambio se produjo cuando Jesús les pidió que sacaran algo para comer. De nuevo, la mesa compartida pone las cosas en su sitio, nos descubre a Jesús, espanta los fantasmas, devuelve la alegría y crea unión y comunidad. Con frecuencia pedimos señales y milagros para convencernos de que es verdad lo que creemos. Sin embargo, ese es el problema: no confiar en Jesús plenamente y fiarnos más de los amuletos y de las cadenas que nos mandan. Porque Dios en él, nos ha dado todo, nos lo ha dado como hermano y compañero de camino en las "batallas de la vida".

3. En la Iglesia sobran normas, ceremoniales, ritos solemnes, observancias, preceptos y prohibiciones, anatemas y censuras. Claro está que esto no quiere decir que cuando celebramos un sacramento o lo más sagrado que es la eucaristía, la hagamos de cualquier forma. Siempre el decoro y la presentación serán oportunas, pero nuestra fe nunca se debe centrar en estas cosas externas. A veces, en la Iglesia, se le ha dado y se le da en muchos ambientes, más importancia a los ritos y ceremoniales que a la fuerza del Evangelio vivido y hecho norma de nuestra forma de vida. Por eso, escasea demasiado la unión, la comunión, los gestos de unidad, fomentar lo que nos une, nos acerca, nos ayuda al respeto, la tolerancia, la comprensión. Por ahí es por donde desandaremos la senda equivocada de los fantasmas y tomaremos el camino que nos lleva directamente a Jesús.

Jn 21, 1-14

En aquel tiempo, Jesús se apareció otra vez a los discípulos junto al lago de Tiberíades. Y se apareció de esta manera: estaban juntos Simón Pedro, Tomás apodado el Mellizo, Natanael el de Caná de Galilea, los Zebedeos y otros dos discípulos suyos. Simón Pedro les dice: "Me voy a pescar". Ellos contestaron: "Vamos también contigo". Salieron y se embarcaron, y aquella noche no cogieron nada. Estaba ya amaneciendo, cuando Jesús se presentó en la orilla; pero los discípulos no sabían que era Jesús. Jesús les dice: "Muchachos, ¿tenéis pescado?" Ellos contestaron: "No". Él les dice: "Echad la red a la derecha de la barca y encontraréis". La echaron, y no tenían fuerzas para sacarla, por la multitud de peces. Y aquel discípulo que Jesús tanto quería le dice a Pedro: "Es el Señor". Al oír que era el Señor, Simón Pedro, que estaba desnudo, se ató la túnica y se echó al agua. Los demás discípulos se acercaron en la barca, porque no distaba de tierra más que unos cien metros, remolcando la red con los peces. Al saltar a tierra, ven unas brasas con un pescado puesto encima y pan. Jesús les dice: "Traed algunos de los peces que acabáis de coger". Simón Pedro subió a la barca y arrastró hasta la orilla la red repleta de peces grandes: ciento cincuenta y tres. Y aunque eran tantos, no se rompió la red. Jesús les dice: "Vamos, almorzad". Ninguno de los discípulos se atrevía a preguntarle quién era, porque sabían bien que era el Señor. Jesús se acerca, toma el pan y se lo da, y lo mismo el pescado. Esta fue la tercera vez que Jesús se apareció a los discípulos, después de resucitar de entre los muertos.

1. Los especialistas en el estudio del evangelio de Juan suelen ver este capítulo 21 como una añadidura, un "Epílogo", que se puso al final, después de terminado el evangelio en el cap. 20. Baste pensar que todo el IV evangelio está dedicado a establecer la identidad de Jesús (quién era, qué representaba, para qué había venido al mundo...). O sea, el centro del evangelio de Juan es la cristología. Mientras que, en el cap. 21, el centro es la Iglesia, el papel de Pedro y el significado del discípulo Juan.

2. ¿Qué nos dice este relato sobre la Iglesia? Lo primero es que la Iglesia se ve amenazada por el peligro de que sus apóstoles y dirigentes se conviertan en "funcionarios", que buscan colocarse como quienes buscan pescar, ganar, vivir... Ni más, ni menos que eso. Esto, por desgracia, ocurre demasiado en la Iglesia. Otro peligro, frecuente en la Iglesia: sus "funcionarios" están con Jesús, pero no se comunican con él. Es el silencio de los discípulos mientras comen con Jesús y junto a Jesús. El tercer peligro es llevar en las conciencias "desencuentros" con Jesús (infidelidades, traiciones, negaciones, cobardías...). Y llevar todo eso sin haberlo resuelto. Justamente lo que le ocurría a Pedro, que había negado tres veces a Jesús. El cuarto peligro es no tener claro cuál tiene que ser el motor del gobierno en la Iglesia: ¿es el poder? ¿Es la autoridad? ¿Es el seguimiento de Jesús? Y quinto peligro: ignorar que en la Iglesia tienen un puesto importante las vocaciones carismáticas (místicos y profetas), cuya vocación y misión nada ni nadie puede (ni debe) intentar controlar y someter.

3. Las claves de una Iglesia que vive como Jesús quiere: 1) Jesús no quiere "funcionarios", sino "seguidores", que se fían ciegamente del Evangelio y ponen en él todo el sentido de sus vidas. 2) Jesús quiere una Iglesia en la que sus seguidores se comuniquen constantemente con él, dialoguen con él, se fíen de él. 3) Jesús quiere conciencias limpias, que no tienen cuentas por resolver, ni asuntos turbios que ocultar. O sea, personas "transparentes". 4) Lo determinante en la Iglesia no tiene que ser el "poder", ni la "autoridad", sino la "ejemplaridad" de quienes siguen a Jesús, por la fuerza de su cariño, que se superpone a todo lo demás. Lo que Jesús le exigió a Pedro en las tres famosas preguntas: ¿Me quieres más que estos? 5) En la Iglesia se han de respetar las "vocaciones" de místicos y profetas. Respeto para ellos, siempre. Aunque no siempre se les comprenda como así ha sucedido y sigue sucediendo, pues larga es la lista de mujeres y hombres eminentes que se vieron perseguidos, encarcelados, torturados, excomulgados, martirizados... Porque nadie los comprendió, ni los aceptó.

26 DE ABRIL - SÁBADO **OCTAVA DE PASCUA**

Mc 16, 9-15

Jesús, resucitado al amanecer del primer día de la semana, se apareció primero a María Magdalena, de la que había echado siete demonios. Ella fue a anunciárselo a sus compañeros que estaban tristes y llorando. Ellos, al oírla decir que estaba vivo y que lo había visto, no la creyeron. Después se apareció en figura de otro a dos de ellos que iban caminando a una finca. También ellos fueron a anunciarlo a los demás, pero no les creyeron. Por último, se apareció Jesús a los Once, cuando estaban a la mesa, y les echó en cara su incredulidad y dureza de corazón, porque no habían creído a los que le habían visto resucitado. Y les dijo: "Id al mundo entero y predicad el Evangelio a toda la creación".

1. Estos versículos se encuentran en una notable mayoría aplastante de manuscritos, en todas las familias de testigos principales y están atestiguados por Ireneo (a finales del s. II) y, ya antes, en Justino (Apol. 45). Lo más seguro es que estos versículos finales del evangelio más antiguo no fueron escritos por Marcos. Pero fueron aceptados por la Iglesia como parte del Evangelio. Y tienen la ventaja de terminar destacando la universalidad de esta forma tan original, tan sencilla y tan profunda de presentar cómo Dios se nos hace presente en el mundo.

2. La resurrección trasciende la historia. En la mañana del domingo de Pascua, Jesús no regresó al espacio y el tiempo, sino que trascendió el espacio y el tiempo. Lo cual explica las resistencias de los discípulos a creer en el Resucitado. Ellos sabían que estaba vivo. Pero no le veían, ni sabían dónde estaba, ni cuándo lo verían. Y es que, para creer en la resurrección, es decisivo tener presente que hay otra forma de existencia, que no conocemos, pero que es tan real como la nuestra. Es la forma decisiva y sin fin que nos espera, la que tenemos prometida. Esto es lo capital para nosotros cuando pensamos en Jesús el Viviente.

3. Al no estar Jesús condicionado por el espacio y el tiempo, Jesús está presente en el mundo, en la vida, en cada ser humano y en la naturaleza entera de una forma que nosotros no podemos ni imaginar. Jesús está vivo y presente en todo lo que es vida, belleza, felicidad, esperanza, paz, humanidad. Creer en el Resucitado es asumir lo mejor de nuestra humanidad y contagiarlo a los demás.

4. Por lo demás, y en todo caso, es fundamental tener muy claro que no podemos tener certeza y seguridad desde los parámetros humanos, de la resurrección. Solo nos queda la esperanza. Cree en la resurrección quien espera pervivir con Jesús en Dios. Otra forma de vida. Pero una vida de plenitud y totalidad, sin limitación alguna. Eso es la fe en el Resucitado.

27 DE ABRIL - DOMINGO **2ª SEMANA DEL TIEMPO PASCUAL**

Jn 20, 19-31

Al anochecer de aquel día, el día primero de la semana, estaban los discípulos en una casa con las puertas cerradas, por miedo a los judíos. Y en esto entró Jesús, se puso en medio y les dijo: "Paz a vosotros". Y diciendo esto, les enseñó las manos y el costado. Y los discípulos se llenaron de alegría al ver al Señor.

Jesús repitió: "Paz a vosotros. Como el Padre me ha enviado, así también os envío yo". Y dicho esto, exhaló su aliento sobre ellos y les dijo: "Recibid el Espíritu Santo; a quienes les perdonéis los pecados les quedan perdonados; a quienes se los retengáis les quedan retenidos". Tomás, uno de los Doce, llamado el Mellizo, no estaba con ellos cuando vino Jesús. Y los otros discípulos le decían: "Hemos visto al Señor". Pero él les contestó: "Si no veo en sus manos la señal de los clavos, si no meto el dedo en el agujero de los clavos y no meto la mano en su costado, no lo creo". A los ocho días, estaban otra vez dentro los discípulos y Tomás con ellos. Llegó Jesús, estando cerradas las puertas, se puso en medio y dijo: "Paz a vosotros". Luego dijo a Tomás: "Trae tu dedo, aquí tienes mis manos; trae tu mano y métela en mi costado y no seas incrédulo, sino creyente". Contestó Tomás: "¡Señor mío y Dios mío!" Jesús le dijo: "¿Porque me has visto has creído? Dichosos los que crean sin haber visto". Muchos otros signos, que no están escritos en este libro, hizo Jesús a la vista de los discípulos. Estos se han escrito para que creáis que Jesús es el Mesías, el Hijo de Dios, y para que, creyendo, tengáis vida en su nombre.

1. El IV evangelio adelanta Pentecostés, de forma que la donación del Espíritu Santo es el fruto capital de la muerte y resurrección de Jesús. Así lo dice expresamente el mismo evangelista: Jesús entregó el Espíritu al mismo tiempo de morir (Jn 19,30). Y lo vuelve a entregar en cuanto resucitó (Jn 20,22). El sufrimiento transmite "espíritu" y "Espíritu". Porque donde hay seres humanos con espíritu, es que en ellos actúa el Espíritu de Dios. Además, esto quiere decir que el Espíritu está presente en el sufrimiento y en la felicidad.

2. Jesús da, con el Espíritu, el poder de "perdonar los pecados". Se lo concede a "los discípulos". No dice "los apóstoles", ni "los Doce". Se refiere a la comunidad de los que seguían a Jesús, una comunidad formada por hombres y por mujeres. Por otra parte, Jesús no pone condiciones para el perdón. En todo caso, aquí no se menciona para nada la confesión del penitente. Eso se introdujo varios siglos más tarde. Y se puede plantear la cuestión de si la confesión oral al sacerdote es un dogma de fe. O si es una imposición autoritaria de la Iglesia, que lo mismo que se impuso, se puede modificar.

3. El caso de Tomás es capital. Se trata de la relación entre "ver" y "creer". Tomás exige "ver" y "tocar" (Jn 20,25). Cuando Jesús se aparece por segunda vez, significativamente, el evangelio no presenta a Tomas metiendo el dedo en las heridas de Jesús, ni siquiera tocándolas. La vista le bastó para hacer el acto de fe (Jn 20,28). El IV evangelio establece una relación básica entre "ver" y "creer" (Jn 4,48; 6,30.36; 9,37-38; 11,40; 20,27.29).

4. ¿Qué vio Tomás? Heridas de sufrimiento y muerte. Heridas transformadas en humanidad glorificada. El día que los cristianos vivamos de manera que la gente vea en los creyentes las huellas del sufrimiento por los demás y la humanidad que genera el sufrimiento aceptado libremente hasta la muerte, ese día la respuesta será como la de Tomás: *"¡Señor mío y Dios mío!"* Y así se humanizará este mundo.

28 DE ABRIL - LUNES **2ª SEMANA DE PASCUA**

Jn 3, 1-8

Había un fariseo llamado Nicodemo, jefe judío. Este fue a ver a Jesús de noche y le dijo: "Rabí, sabemos que has venido de parte de Dios, como maestro; porque nadie puede hacer los signos que tú haces si Dios no está con él". Jesús le contestó: "Te lo aseguro, el que no nazca de nuevo no puede ver el Reino de Dios". Nicodemo le pregunta: "¿Cómo puede nacer un hombre siendo viejo? ¿Acaso puede por segunda vez entrar en el vientre de su madre y nacer?" Jesús le contestó: "Te lo aseguro, el que no nazca de agua y de Espíritu, no puede entrar en el Reino de Dios. Lo que nace de la carne es carne, lo que nace del Espíritu es espíritu. No te extrañes de que te haya dicho que tenéis que nacer de nuevo; el viento sopla donde quiere y oyes su ruido, pero no sabes de dónde viene ni a dónde va. Así es todo el que ha nacido del Espíritu".

1. "Nacer de nuevo" es "cambiar de vida" de forma radical. Un recién nacido es un bebé, un niño, un pequeño. Por otra parte, una persona, que se ha visto metida en una situación límite y ha salido con vida (un accidente mortal, una enfermedad muy grave...), suele decir: "es como si hubiera nacido de nuevo". Este tipo de situaciones suelen marcar un antes y un después en la vida de una persona. A partir de ese momento, todo cambia. Y se empieza a vivir de otra manera. Esta es la imagen que Jesús toma para explicarle a Nicodemo lo que tenía que hacer.

2. Jesús le dijo esto a Nicodemo para explicarle que se tenía que dejar llevar por el Espíritu. El "Espíritu" (pneuma) es como el viento. Nadie controla la dirección del viento. Ni su fuerza. El que se deja llevar por el viento es una persona que se caracteriza por su libertad. Es, por tanto, una persona incontrolada e incontrolable. Es, en definitiva, una persona libre. Para Jesús, ser cristiano es ser libre como el viento.

3. No olvidemos que Jesús le dijo esto a un fariseo. Y bien sabemos que los fariseos eran los hombres que, si por algo se caracterizaban, era por su sometimiento incondicional a la ley, a la religión, a los maestros de la ley y sus normas. Se sabe que el movimiento fariseo nació cuando fracasaron los profetas en su empeño de restaurar a Israel. Fue, a partir de Ezequiel y Jeremías, cuando Israel concibió la idea de establecer su existencia bajo la obediencia de la ley. Por eso, cuando Israel regresó del destierro de Babilonia, pensó que el camino de la libertad profética le había llevado al fracaso. De ahí, el convencimiento de que el camino más seguro es el camino de ley y los rituales sagrados del Templo. Jesús rompió con este antiguo proyecto. Para Jesús, la solución no está en los rituales y doctrinas "añejas". Jesús rompió con este antiguo proyecto. Para Jesús, la solución no está en ritos y oropeles religiosos, sino en el Evangelio. Este cambio es "nacer de nuevo".

29 DE ABRIL - MARTES **2ª SEMANA DE PASCUA**

Jn 3, 5ª-7b - 15

En aquel tiempo, dijo Jesús a Nicodemo: "En verdad te digo: el que no nazca de agua y de Espíritu no puede entrar en el Reino de Dios. No te asombres de que te haya dicho que tenéis que nacer de lo alto". El viento sopla donde quiere, y oyes su voz, pero no sabes de dónde viene ni a dónde va. Así es todo el que nace del Espíritu". Respondió Nicodemo: "¿Cómo puede ser eso?" Jesús le respondió: "Tú eres Maestro en Israel ¿y no lo entiendes? Te lo aseguro, de lo que sabemos hablamos, de lo que hemos visto damos testimonio. Si no creéis cuando os hablo de la tierra, ¿cómo creeréis cuando os hable del cielo? Porque nadie ha subido al cielo, sino el que bajó del cielo, el Hijo del Hombre".

1. Jesús viene a decir aquí que el viento es una fuerza que no se puede controlar. Ni se sabe a dónde va. *"Así es todo el que nace del Espíritu"*. Aquí es necesario insistir en que a juicio de Jesús, "una persona de Espíritu" es un ser humano que lleva en sí una fuerza sobre-humana y, por tanto, una fuerza incontrolable. O sea, se trata de un hombre o una mujer que no se somete ni se deja dominar. Y además es una persona imprevisible. Es un ser humano. Pero que lleva en sí algo muy profundo, que es sobre-humano.

2. Todos los humanos tendríamos que ser conscientes de que el sistema establecido nos tiene perfectamente controlados. Ahora más que nunca. Cuando pensamos que somos más libres, ahora es cuando estamos más dominados y somos más sumisos. Ha cambiado el sistema de dominación. Lo que manda en nosotros no es el "poder opresor", sino el "poder seductor".

Esto significa que se nos hace pensar como interesa al sistema. Y vivir como le interesa al sistema. Hasta nos vestimos y hablamos como el sistema tolera y permite. La mayoría de la gente se muestra como religiosa o creyente. Pero con tal que su religiosidad y su creencia se acomode y se ajuste a lo que marca el sistema.

3. Las religiones son "sistemas jerárquicos" que someten a sus fieles. Y lo hacen mediante el "poder opresor", que impone, obliga, amenaza, castiga. Por eso, las religiones foméntalas la humildad. Y sabemos que "humildad" viene de *"humilis"*, un término que tiene su origen en *"humus"*, la "tierra". El *homo religiosus* es el que se arrastra por la tierra que le marca la autoridad poderosa y amenazante de los "dioses", los poderes incontrolables y siempre amenazantes (Walter Burkert). De todo esto nos libera el Evangelio de Jesús. Si es que vivimos de acuerdo con el "proyecto de vida" que nos marcó Jesús.

30 DE ABRIL - MIÉRCOLES **2ª SEMANA DE PASCUA**

Jn 3, 16-21

En aquel tiempo, dijo Jesús a Nicodemo: "Tanto amó Dios al mundo, que entregó a su Hijo único, para que no perezca ninguno de los que creen en él, sino que tengan vida eterna. Porque Dios no mandó su Hijo al mundo para condenar al mundo, sino para que el mundo se salve por él. El que cree en él, no será condenado; el que no cree, ya está condenado, porque no ha creído en el nombre del Hijo único de Dios. Esta es la causa de la condenación: que la luz vino al mundo, y los hombres prefirieron la tiniebla a la luz, porque sus obras eran malas. Pues todo el que obra perversamente, detesta la luz y no se acerca a la luz, para no verse acusado por sus obras. En cambio, el que realiza la verdad, se acerca a la luz, para que se vea que sus obras están hechas según Dios".

1. Jesús desmonta la teoría jurídica de la satisfacción, aplicada a la salvación. Dios no mandó a su Hijo al mundo porque estuviera ofendido e irritado por nuestros pecados. Dios nos dio a su Hijo porque nos quiere tanto, que no quiere que se pierda ninguno de los que creen en Jesús.

2. ¿Significa esto que quienes no creen en Jesús no tienen salvación? Jesús no habla ni de creencias religiosas ni de observancias o prácticas de piedad. Jesús se refiere al comportamiento de cada uno. El que es honrado, respetuoso, tolerante, buena persona, de forma que de él se puede decir que vive en la luz, ese está en camino de salvación. El que se comporta perversamente, ese está en camino de perdición. El mismo Concilio Vaticano II lo deja muy claro en sus Constituciones: Lumen Gentium, Dei Verbum…

3. Por tanto, el problema de salvación, tal como lo presenta aquí Jesús, no es cuestión de religión, sino de ética. Se trata de vivir en la luz y en la verdad. El que vive de tal forma que su vida es transparente y hace el bien que está a su alcance, ese es el que "hace sus obras según Dios" La religión, con sus creencias y sus prácticas, es importante en la medida en que motiva a cada persona y le da la fortaleza necesaria para vivir en la luz y en la verdad.

1 DE MAYO - JUEVES **2ª SEMANA DE PASCUA**

Jn 3, 31-36

En aquel tiempo, dijo Jesús a Nicodemo: "El que viene de lo alto está por encima de todo. El que es de la tierra, es de la tierra y habla de la tierra. El que viene del cielo está por encima de todos. De lo que ha visto y ha oído, da testimonio, y nadie acepta su testimonio. El que acepta su testimonio, certifica la veracidad de Dios. El que Dios envió habla la Palabra de Dios, porque no da el espíritu con medida. El Padre ama al Hijo y todo lo ha puesto en sus manos. El que cree en el Hijo posee la vida eterna; el que no cree al Hijo, no verá la vida, sino que la ira de Dios pesa sobre él".

1. En este texto, de la conversación de Jesús con Nicodemo, el propio Jesús establece una distinción fundamental entre "lo del cielo" y lo "de la tierra". Es la distinción entre "lo trascendente" y "lo inmanente". O sea, la distinción entre "lo divino" y "lo humano". Esto supuesto, Jesús nos viene a recordar el principio determinante de la hermenéutica o el principio de "interpretación" de la realidad. El "desde dónde" está uno situado, condiciona radicalmente "cómo ve la realidad". Desde un palacio no se ve la realidad de la vida, el mundo, la situación de la gente… como se ve todo eso desde una chabola o un barrio marginal.

2. El criterio es fundamental para la teología, para la lectura del Evangelio, para interpretar y explicar lo que sucede en la vida. El que ve la vida desde los intereses de una empresa financiera, inevitablemente justifica el capitalismo y las desigualdades sociales. El que ve la vida y piensa en la gente desde el orden de un convento o un palacio episcopal, lo piensa todo desde los intereses del ámbito religioso, de lo sagrado, de lo eclesiástico. Por eso pensamos, hablamos y vemos las cosas y las personas de formas contrarias y hasta contradictorias.

3. Jesús le dice al fariseo Nicodemo que, si quiere ver la vida, las personas y las cosas, como las ve Jesús, tiene que tomar las debidas distancias del fariseísmo, que es el "desde dónde" todo lo religioso fanáticamente observante ve la realidad. No seremos objetivos, realistas y lúcidamente transparentes, si no rompemos con el "desde dónde" que condiciona la mentalidad y la posición que tenemos y que condiciona nuestra manera de pensar y de vivir. Cada cosa tiene "cuatro ángulos" o cuatro caras, si nosotros solo vemos el "objeto" desde una cara, no podemos apreciar todo lo que es dicho objeto. Por eso tenemos que ver siempre los "cuatro ángulos" de una cosa. De ese modo, no juzgaríamos y habría más paz y armonía entre nosotros. Solo hay una Verdad, y esa, la tiene Dios. Todas las otras verdades, pasan por el tamiz humano. ¿Desde dónde miro mi realidad?

2 DE MAYO - VIERNES **2ª SEMANA DE PASCUA**

Jn 6, 1-15

En aquel tiempo, Jesús se marchó a la otra parte del lago de Galilea (o de Tiberíades). Lo seguía mucha gente, porque habían visto los signos que hacía con los enfermos. Subió Jesús entonces a la montaña y se sentó allí con sus discípulos. Estaba cerca la Pascua, la fiesta de los judíos. Jesús entonces levantó los ojos y, al ver que acudía mucha gente, dice a Felipe: "¿Con qué compraremos panes para que coman estos? (Lo decía para tentarlo, pues bien sabía él lo que iba a hacer). Felipe le contestó: "Doscientos denarios de pan no bastan para que a cada uno le toque un pedazo". Uno de sus discípulos, Andrés, el hermano de Simón Pedro le dice: "Aquí hay un muchacho que tiene cinco panes de cebada y un par de peces; pero ¿qué es eso para tantos?" Jesús dijo: "Decid a la gente que se sienten en el suelo". Había mucha hierba en aquel sitio. Se sentaron: solo los hombres eran unos cinco mil. Jesús tomó los panes, dijo la acción de gracias y los repartió a los que estaban sentados, y lo mismo todo lo que quisieron del pescado. Cuando se saciaron dice a sus discípulos: "Recoged los pedazos que han sobrado; que nada se desperdicie". Los recogieron y llenaron doce canastos con los pedazos de los cinco panes de cebada, que sobraron a los que habían comido. La gente entonces, al ver el signo que había hecho, decía: "Este sí es el profeta que tenía que venir al mundo". Jesús, sabiendo que iban a llevárselo para proclamarlo rey, se retiró otra vez a la montaña, él solo.

1. Cuando se escribió el evangelio de Juan, al menos cinco veces había sido relatado el episodio de la multiplicación de los panes. Por eso cabe decir que, si el IV evangelio relata una vez más este episodio, sin duda lo hace porque quiere que los cristianos caigan en la cuenta (o se enteren) de algo que no está dicho en los otros relatos y que es importante. ¿De qué se trata?

2. La multiplicación de los panes le sirve a Juan para introducir el capítulo que dedica al pan del cielo y a la eucaristía. Pero, en el relato de los panes, Juan señala un detalle que puede pasar inadvertido, pero que es de importancia. Se trata de que este hecho singular ocurrió cuando estaba cerca la Pascua, la fiesta de los judíos. Esta fiesta era la más importante de la religión de Israel. Porque conmemoraba el acontecimiento de la liberación de Egipto. Los israelitas tenían la obligación de subir a Jerusalén para matar el cordero en el Templo y participar en los ceremoniales, que duraban siete días.

3. El evangelio de Juan señala que, cuando llega la Pascua, la fiesta religiosa más importante de aquel pueblo, Jesús no sube a Jerusalén, no va al Templo, no participa en los ritos religiosos de su nación. Jesús se queda en Galilea, con los pobres, en el campo, en medio de la pobre gente que solo tiene panes de cebada, el pan de los necesitados, y además lo tiene escaso. Y así las cosas, la gran fiesta religiosa, para Jesús, es que los hambrientos coman hasta saciarse. Jesús "seculariza" la religión: la hace menos sagrada y menos solemne, pero más humana. Según Jesús, cuanto más humano es algo, por eso mismo es más divino.

3 DE MAYO - SÁBADO **2ª SEMANA DE PASCUA**

Jn 6, 16-21

Al oscurecer, los discípulos de Jesús bajaron al lago, embarcaron y empezaron a atravesar hacia Cafarnaúm. Era ya noche cerrada y todavía Jesús no los había alcanzado; soplaba un viento fuerte y el lago se iba encrespando. Habían remado unos cinco o seis kilómetros, cuando vieron a Jesús que se acercaba a la barca, caminando sobre el lago, y se asustaron. Pero él les dijo: "Soy yo, no temáis". Querían recogerlo a bordo, pero la barca tocó tierra enseguida, en el sitio a donde iban.

1. El relato de la multiplicación de los panes termina diciendo que aquellas gentes, entusiasmadas al ver que Jesús les había dado de comer en abundancia, quisieron proclamarlo rey. Jesús no aceptó semejante propuesta: despidió a la gente, mandó a los discípulos a la otra orilla del lago, lejos de aquella posible tentación, y él se fue solo al monte, a orar. Jesús era un "hombre de Dios", no un "hombre del poder", ni "hombre de fama" y, menos aún, un populista. La profunda humanidad de Jesús se alimentaba de su profunda espiritualidad.

2. Alejarse del lugar del éxito, de la popularidad y del aplauso de la gente, resultó difícil, como una noche oscura, en un mar encrespado y con viento contrario. Así las cosas, lo que más sintieron fue el miedo, no la cercanía de Jesús que les buscaba rápido, para alcanzarlos, con la ingravidez del que se desliza por encima de las aguas agitadas.

3. La palabra de Jesús: *Soy yo,* va acompañada de un mandato que siempre agrada: *No teman.* La cercanía de Jesús, la presencia de Jesús, va siempre acompañada de una experiencia que todos necesitamos y que tanto deseamos: *liberarnos del miedo.* Son demasiados los miedos que nos atenazan, nos atormentan, nos avergüenzan. Miedos inconfesables, miedos que no podemos superar. La presencia de Jesús se nota en la paz, la alegría la ilusión que va unida a la victoria sobre el miedo.

4 DE MAYO - DOMINGO **3ª SEMANA DE PASCUA**

Jn 21, 1-19

En aquel tiempo, Jesús se apareció otra vez a los discípulos junto al lago de Tiberíades. Y se apareció de esta manera. Estaban juntos Simón Pedro, Tomás apodado el Mellizo, Natanael el de Caná de Galilea, los Zebedeos y otros dos discípulos suyos. Simón Pedro les dice: "Me voy a pescar". Ellos contestaron: "Vamos también nosotros contigo". Salieron y se embarcaron, y aquella noche no cogieron nada. Estaba ya amaneciendo, cuando Jesús se presentó en la orilla; pero los discípulos no sabían que era Jesús. Jesús les dice: "Muchachos, ¿tenéis pescado?" Ellos contestaron: "No". Él les dice: "Echad la red a la derecha de la barca y encontraréis". La echaron y no tenían fuerzas para sacarla, por la multitud de peces. Y aquel discípulo que Jesús tanto quería le dice a Pedro: "Es el Señor". Al oír que era el Señor, Simón Pedro, que estaba desnudo, se ató la túnica y se echó al agua. Los demás discípulos se acercaron en la barca, porque no distaba de tierra más que unos cien metros, remolcando la red con los peces. Al salir a tierra, ven unas brasas con un pescado puesto encima y pan. Jesús les dice: "Traed de los peces que acabáis de coger". Simón Pedro subió a la barca y arrastró hasta la orilla la red repleta de peces grandes; ciento cincuenta y tres. Y aunque eran tantos, no se rompió la red. Jesús les dice: "Vamos, almorzad". Ninguno de los discípulos se atrevía a preguntarle quién era, porque sabían bien que era el Señor. Jesús se acerca, toma el pan y se lo da; y lo mismo el pescado. Esta fue la tercera vez que Jesús se apareció a los discípulos, después de resucitar de entre los muertos.

Después de comer dice Jesús a Simón Pedro: "Simón, hijo de Juan, ¿me amas más que estos?" Él le contestó: "Sí, Señor, tú sabes que te quiero". Jesús le dice: "Apacienta mis corderos". Por segunda vez le pregunta: "Simón, hijo de Juan, ¿me amas?" Él le contesta: "Sí, Señor, tú sabes que te quiero". Él le dice: "Pastorea mis ovejas". Por tercera vez le pregunta: "Simón, hijo de Juan, ¿me quieres?". Se entristeció Pedro de que le preguntara por tercera vez si lo quería y le contestó: "Señor, tú conoces todo, tú sabes que te quiero". Jesús le dice: "Apacienta mis ovejas. Te lo aseguro: cuando eras joven, tú mismo te ceñías e ibas adonde querías; pero cuando seas viejo, extenderás las manos, otro te ceñirá y te llevará adonde no quieras". Esto dijo aludiendo a la muerte con que iba a dar gloria a Dios. Dicho esto, añadió: "Sígueme".

1. La Iglesia nos recuerda en este evangelio la última aparición del Resucitado a un pequeño grupo de discípulos junto al lago de Galilea. Pero con la conclusión final es el mandato que Jesús da a Pedro para que sea el pastor cuidadoso y vigilante del rebaño que es la Iglesia. Queda patente, hasta el final del gran relato de los evangelios que, hasta el último episodio, la figura de Pedro emerge sobre las demás. Señal inequívoca de que la tradición cristiana siempre vio en este discípulo la figura de un líder para la comunidad de los seguidores de Jesús.

2. Queda así también patente la ejemplaridad de esta figura de Pedro y su papel modélico en la comunidad de los creyentes. La Iglesia siempre ha tenido conciencia de esto, con todos los matices que sea necesario poner a este hecho en su conjunto. Lo cual quiere decir que la vinculación de los creyentes a Jesús está y estará siempre asociada a la ejemplaridad y el papel de Pedro y sus sucesores en la Iglesia. Esto es capital para vivir en la integridad de la fe en Jesús el Señor.

3. Pero hay en todo esto un dato capital. El cargo, que Jesús le impone a Pedro, es (y será) siempre un cargo vinculado a la triple respuesta que precede a la concesión de ese cargo. *Es la respuesta del amor preferencial.* El papado no está vinculado al *poder*, sino a la ejemplaridad del *amor.*

4. Pero lo más importante es que lo último y definitivo, que Jesús le dice a Pedro, es el término clave del Evangelio: SÍGUEME. Es lo primero y lo último que Jesús le dijo a Pedro (Mc 1,16-20 par; Jn 21,19). Y, en Pedro, a la Iglesia toda. El centro del Evangelio no está en la FE. Está en el seguimiento de Jesús.

Jn 6, 22-29

Después que Jesús hubo saciado a cinco mil hombres, sus discípulos lo vieron caminando sobre el lago. Al día siguiente, la gente que se había quedado al otro lado del lago, notó que allí no había más que una lancha y que Jesús no había embarcado con sus discípulos, sino que sus discípulos se habían marchado solos. Entre tanto, unas lanchas de Tiberíades llegaron cerca del sitio donde habían comido el pan (sobre el que el Señor pronunció la acción de gracias). Cuando la gente vio que ni Jesús ni sus discípulos estaban allí, se embarcaron y se fueron a Cafarnaúm en busca de Jesús. Al encontrarlo en la otra orilla del lago le preguntaron: "Maestro, ¿cómo has venido aquí? Jesús les contestó: "Os lo aseguro: me buscáis, no porque habéis visto signos, sino porque comisteis pan hasta saciaros. Trabajad no por el alimento que perece, sino por el alimento que perdura, el que os dará el Hijo del Hombre; pues a este lo ha señalado el Padre, Dios". Ellos le preguntaron: "¿Cómo podremos ocuparnos en los trabajos que Dios quiere?" Respondió Jesús: "Este es el trabajo que Dios quiere: que creáis en el que Él ha enviado".

1. Como bien sabemos todos, lo que más preocupa al común de los mortales, sobre todo a la gente más necesitada, es el pan de cada día. Es decir, satisfacer las necesidades más elementales y más apremiantes de todo ser viviente. Se comprende la búsqueda que aquella gente emprendió para encontrar a Jesús. Hoy, eso se verifica en la angustia de tantos millones de seres humanos condenados a carecer de lo más elemental. Y, muchos de ellos, condenados a una muerte temprana e injusta. Estamos hablando de más mil millones de seres humanos que no tienen ni lo más elemental para vivir

2. Lo extraño es que, estando así las cosas, Jesús les dijo a aquellos pobres galileos, y nos dice a nosotros ahora, que hay algo más apremiante que tener el pan asegurado. ¿Puede haber algo más urgente que eso? Jesús afirma que es más importante "creer en él". Es decir, más importante es fiarse de Jesús que tener seguro el pan. Esto es difícil de entender y más aún de asimilar. Seguramente tenemos una idea trastornada de lo que es la fe en Jesús. Tal como la presentan los evangelios, la fe salva. Pero salva, ¿de qué? ¿Para qué? No es una cuestión primordialmente "religiosa". Es la respuesta total a la limitación "humana" Jesús les decía a los enfermos: Tu fe te ha salvado, es decir, fiarse en serio de Jesús da vida, alivia penas y dolores, soledades, frustraciones, depresiones y desamparos, da fuerzas para superar toda clase de dificultades.

Y, sobre todo, la fe en Jesús une a las personas, nos fuente a todos en uno, mediante la fusión de nuestros mejores sentimientos. O la fe es eso o la fe un cuento que no sirve para nada.

3. Pues ni lo uno ni lo otro. Sencillamente, si la fe es esa confianza total en Jesús que nos une a todos, por encima de cualquier división (se la que sea), ¿no es cierto que lo que más necesitamos todos es esa fe, es fuerza, esa vida, esa forma de entender y de poner en práctica otra manera de organizar y gestionar nuestra convivencia? No cabe duda: No vivimos mejor porque no tenemos esa fe. Pero podemos tenerla. No es un don que Dios da a quien quiere. ¿Quién se ha inventado semejante cuento? La fe es el resultado de una convicción y de la fuerza que cada cual pone en tal convicción. Vivir como vivió Jesús.

6 DE MAYO - MARTES **3ª SEMANA DE PASCUA**

Jn 6, 30-35

En aquel tiempo, dijo la gente a Jesús: "¿Y qué signo vemos que haces tú, para que creamos en ti? ¿Cuál es tu obra? Nuestros padres comieron el maná en el desierto, como está escrito: "Les dio a comer pan del cielo". Jesús les respondió: "Os aseguro que no fue Moisés quien os dio el pan del cielo, sino que es mi Padre el que os da el verdadero pan del cielo. Porque el pan de Dios es el que baja del cielo y da vida al mundo". Entonces le dijeron: "Señor, danos siempre de este pan". Jesús les contestó: "Yo soy el pan de vida. El que viene a mí no pasará hambre, y el que cree en mí nunca pasará sed".

1. Jesús empieza a explicar aquí el significado profundo del pan que dio a comer a la gente cuando el episodio de la multiplicación de los panes. Jesús les ha dicho que no entendieron el significado profundo de lo que allí pasó. Y ellos le preguntan en qué consiste tal significado. En las Escrituras judías estaba dicho que, a los que huyeron de Egipto, Dios les dio a comer "pan del cielo", el mamá del desierto. Pero les dice que quien da el pan es Dios y no Moisés. Que el don del pan no ha ocurrido en el pasado, sino que sucede ahora. Por otro lado, el pan del que habla Jesús es el "pan verdadero del cielo". Y que ese pan no es para los antepasados, sino que los destinatarios, son los que lo están escuchando ahora.

2. Por tanto, cuando Jesús dice: Yo soy el pan de vida, lo que quiere decir es que Jesús mismo es el que les da, a quienes le siguen y se fían de él. De la misma manera que el pan es el alimento base que nos sustenta y mantiene nuestra vida. Eso es, en efecto, el alimento. Jesús, con su vida y su conducta es el pan que nos da vida.

3. Con este planteamiento, Jesús introduce un cambio radical en la historia de las tradiciones religiosas de la humanidad. Y, por eso mismo, en la historia de las relaciones de los humanos con Dios. La religión ya no consiste en someterse a unas verdades o en cumplir con unos ritos y unas normas. La religión consiste en asumir las convicciones determinantes de una persona, la persona de Jesús. De forma que las convicciones determinantes, de lo que fue la vida de Jesús, sean también las convicciones determinantes de nuestra vida. Quien no entiende esto, nunca podrá entender el Evangelio. Ni, por tanto, podrá vivir de acuerdo con su mensaje.

7 DE MAYO - MIÉRCOLES **3ª SEMANA DE PASCUA**

Jn 6, 35-40

En aquel tiempo, dijo Jesús a la gente: "Yo soy el pan de vida. El que viene a mí no pasará hambre, y el que cree en mí no pasará nunca sed; pero como os he dicho, habéis visto y no creéis. Todo lo que me da el Padre vendrá a mí, y al que venga a mí no lo echaré afuera; porque he bajado del cielo, no para hacer mi voluntad, sino la voluntad del que me ha enviado. Esta es la voluntad del que me ha enviado: que no pierda nada de lo que me dio, sino que lo resucite en el último día. Esta es la voluntad de mi Padre: que todo el que ve al Hijo y cree en él, tenga vida eterna, y yo le resucitaré en el último día.

1. Jesús es el pan de vida. Aquí Jesús no habla todavía de la eucaristía. El "pan de vida", según se pensaba entonces, es la ley religiosa dada por Moisés a Israel. Jesús, por tanto, al decir que él es el "pan de vida", lo que en realidad afirma es que, con su venida al mundo, se acabó una religión que se basaba en la estructura del templo y sus rituales, en las leyes y las normas, y empezó otra forma de entender y vivir la religión. Es la religión que consiste en vivir como vivió Jesús, pensar como pensó él y tener las costumbres y preferencias que él tuvo. Es decir, Jesús sustituye las estructuras del templo y es la fuente y la fuerza de la vida.

2. Al proponer este proyecto de religión, Jesús no pide un imposible. Ni se trata de un proyecto de renuncias y sacrificios heroicos. Todo lo contrario. Lo que Jesús promete es que quien tome en serio su proyecto no pasará ni hambre ni sed. Es decir, encontrará la satisfacción de sus apetencias más básicas. Lo que es tanto como asegurar que, en cualquier caso, la religión tiene que ser un proyecto de satisfacción, es decir, de felicidad. Porque la vida del que sigue a Jesús se alimenta y tiene fuerza porque se fía de Jesús y tiene en Jesús su seguridad.

3. El problema, a juicio de Jesús, está en que la fe se conecta, no con "lo que se oye", sino con "lo que se ve". Lo que se oye es doctrina, teorías..., lo que se ve son hechos de vida. Y aquí es donde tropezamos con la dificultad. Los que vieron a Jesús, lo lógico es que creyeran en él. Nuestra dificultad radica en que no vemos a Jesús, sino cosas y conductas que, muchas veces, poco o nada tienen que ver con Jesús. Por eso, el recuerdo al Evangelio, a la "memoria" de su vida y su palabra, eso es lo que podrá fortalecer la fe que sacia nuestras apetencias más legítimas.

8 DE MAYO - JUEVES **3ª SEMANA DE PASCUA**

Jn 6, 44-51

En aquel tiempo, dijo Jesús a los judíos: "Nadie puede venir a mí, si no lo trae el Padre que me ha enviado. Y yo lo resucitaré el último día. Está escrito en los profetas: "Serán todos discípulos de Dios". Todo el que escucha lo que dice el Padre y aprende, viene a mí. No es que nadie haya visto al Padre, a no ser el que viene de Dios: ese ha visto al Padre. Os lo aseguro: el que cree tiene vida eterna. Yo soy el pan de la vida. Vuestros padres comieron en el desierto el maná, y murieron: este es el pan que baja del cielo, para que el hombre coma de él y no muera. Yo soy el pan vivo que ha bajado del cielo: el que coma de este pan vivirá para siempre. Y el pan que yo daré es mi carne, para la vida del mundo".

1. En este texto del discurso de Cafarnaún, Jesús avanza en su propuesta. Y da un paso decisivo. Hasta ahora ha dicho algo fundamental, que repite una vez más: Yo soy el pan de la vida. La propuesta religiosa, que Jesús hace, es propuesta de pan que sacia apetencias y que da vida. Vida eterna, es decir, una vida sin limitación alguna, sin principio ni fin. Decir "eterna" no es hablar de duración, sino de plenitud. Tomar en serio a Jesús es tomar en serio la vida, la propia y la de los demás.

2. Esto supuesto, el paso decisivo que ahora da Jesús es asegurar algo sorprendente: el pan que yo daré es mi carne. Ya no se trata del pan que representa a Jesús en cuanto que sustituye a la Ley y pone en marcha una nueva forma de entender y vivir la religión, según lo ya explicado. Ahora se trata de que Jesús mismo se da como pan. La palabra "carne" (sarx) tiene en el griego antiguo, entre otros significados, también el de "persona", es decir, el ser humano es su totalidad. Por eso, cuando Jesús dice: "el pan que yo daré es mi carne", quiere decir: "el pan que yo daré, no es solo el proyecto y el ejemplo de mi vida, sino que soy yo mismo. Jesús está presente en la vida del que cree en él. Jesús está en el creyente y le acompaña en su vida ¡Cuánto cambiaría nuestra vida si de verdad estuviéramos convencidos de esto!

3. Jesús hace esto para la vida del mundo, es decir, para que en el mundo haya vida. Jesús no habla aquí de la vida "religiosa", ni de la vida "sobrenatural", "espiritual" o "eterna". Jesús habla de la vida sin adjetivo. Es lo más elemental y lo central que todos apetecemos: vivir. Y vivir bien, con seguridad, con salud, con dignidad. Esto es lo que, ante todo y sobre todo, quiere y propone Jesús.

9 DE MAYO - VIERNES — 3ª SEMANA DE PASCUA

Jn 6, 52-59

En aquel tiempo, disputaban los judíos entre sí: "¿Cómo puede este darnos a comer su carne?" Entonces Jesús les dijo: "Os aseguro, que si no coméis la carne del Hijo del Hombre y no bebéis su sangre, no tenéis vida en vosotros. El que come mi carne y bebe mi sangre, tiene vida eterna, y yo lo resucitaré en el último día. Mi carne es verdadera comida y mi sangre verdadera bebida. El que come mi carne y bebe mi sangre, habita en mí y yo en él. El Padre que vive me ha enviado y yo vivo por el Padre; del mismo modo, el que me come, vivirá por mí. Este es el pan que ha bajado del cielo; no como el de vuestros padres, que lo comieron y murieron: el que come este pan vivirá para siempre".

1. El acontecimiento central del cristianismo fue (y es) lo que llamamos el Misterio de la Encarnación. Dios (la Palabra) "se hizo carne" (sarx) (Jn 1,14), es decir, Dios "se humanizó", se rebajó, "se despojó de su rango" y "no se aferró a su categoría de Dios" (Filipenses 2,6-7). Este acontecimiento, central en el cristianismo, no es solo un contenido de la fe, sino que además y sobre todo es el "hecho normativo" fundamental para los creyentes en Jesús: la norma de conducta, central en la vida, es la renuncia a todo rango, categoría o poder que nos aleja de lo humano y, en definitiva, nos "des-humaniza".

2. A partir de este criterio, hay que entender las palabras de Jesús sobre la eucaristía. Comer la carne de Jesús es, desde luego, integrar en la propia vida a Jesús mismo. Pero esto nos lleva, a su vez, a la convicción de que la comunión eucarística no es solamente recibir al Señor, sino algo indeciblemente más fuerte: comulgar la "carne" (sarx) de Jesús es integrar en la propia vida el proyecto y el proceso de humanización de Dios en Jesús.

3. Comulgar no es ninguna dignidad. Es un abajamiento, la renuncia a toda distinción o categoría. La renuncia, incluso, a la separación de dignidad y "santidad" que implica "lo santo", "lo sagrado". Por tanto, encarnarse en lo simplemente humano, en lo laico, en lo secular. De este modo, seremos fermento en la masa haciendo presente a Cristo en medio de nosotros. Sencillamente, es hacerse como uno de tantos. Si esto lo tuviéramos claro en nuestra mente y corazón, la humanidad sería diferente.

4. Por eso, la eucaristía es la vida misma. Son cuatro momentos de la vida: el primer momento, que es el acto penitencial, nos acercamos a Dios pidiendo perdón por nuestra flaquezas y miserias. El segundo momento, liturgia de la Palabra, escuchamos diferentes pasajes del Antiguo y Nuevo Testamento, donde se nos revela cómo Dios y Jesús se han hecho presentes en los momentos de la vida de todo un pueblo. Recordamos esos momentos y los actualizamos en nuestros contextos. Un tercer momento: la mesa de la eucaristía, donde el pan y el vino son el fruto de nuestros trabajos que se los presentamos al Señor y hacemos presente lo que él hizo en la Cena con sus Discípulos. Jesús se hace presente en nuestras vidas y así se cumple la promesa que siempre estará con nosotros hasta el final de los tiempos. Finalmente, comulgamos con el proyecto de Jesús y lo hacemos realidad en nuestras vidas siendo más humanos y solidarios con los que más sufren.

10 DE MAYO - SÁBADO **3ª SEMANA DE PASCUA**

Jn 6, 60-69

En aquel tiempo, muchos discípulos de Jesús al oírlo, dijeron: "Este modo de hablar es duro, ¿quién puede hacerle caso?" Advirtiendo Jesús que sus discípulos lo criticaban les dijo: "¿Esto os hace vacilar? ¿Y si vierais al Hijo del Hombre subir a donde estaba antes? El Espíritu es quien da vida; la carne no sirve para nada. Las palabras que os he dicho son espíritu y vida. Y con todo, algunos de vosotros no creen". (Pues Jesús sabía desde el principio quiénes no creían y quién lo iba a entregar). Y dijo: "Por eso os he dicho que nadie puede venir a mí si el Padre no se lo concede". Desde entonces, muchos discípulos suyos se echaron atrás y no volvieron a ir con él. Entonces Jesús les dijo a los Doce: "¿También vosotros queréis marcharos?" Simón Pedro le contestó: "Señor, ¿a quién vamos a acudir? Tú tienes palabras de vida eterna; nosotros creemos y sabemos que tú eres el Santo consagrado por Dios".

1. Es comprensible la reacción de aquellos discípulos que se resistían a aceptar lo que Jesús acababa de decir. Téngase en cuenta que el texto griego, al hablar de "comer", utiliza el verbo *trogo*, que tiene el matiz de "masticar". Claro está que al decir Jesús: "comer mi carne y beber mi sangre", no entendían nada. Por eso, la religión mal entendida es motivo de no pocos escándalos y de muchos abandonos. La gente ya está cansada de oír cosas que no entiende y que solo sirven para complicar la vida.

2. Por eso Jesús explica que, al contraponer el "Espíritu" a la "carne", no se refería a ningún desprecio de lo corporal, ni siquiera al menosprecio de nuestra condición carnal. Lo que Jesús quiso decir es que el Espíritu es quien nos hace comprender lo que significa todo eso de la identidad entre el pan y el cuerpo de Cristo. Una persona que no piensa nada mas que en lo carnal, y que carece de Espíritu y las cosas del Espíritu no le interesan en absoluto, ¿qué hace acercándose a comulgar? Eso es lo que dijo Jesús.

3. Cuando Jesús ve que los discípulos se le van en masa, no se pone a llamarlos para explicarles mejor lo que ha dicho o para convencerlos de que se queden con él. Jesús se limita a hacer una sola pregunta a los pocos que le quedaban: "¿Ustedes también quieren irse?". Cuando Jesús decía una cosa, no daba un paso atrás. Estaba dispuesto a seguir su camino, él solo. Así de fuertes eran sus convicciones. Por lo demás, la respuesta de Pedro es genial: "¿A quién vamos a acudir?". O sea, después de haberte conocido a ti y de haber convivido contigo, ¿dónde nos vamos a meter? La vida sin ti, Jesús, ya no tiene sentido.

11 DE MAYO - DOMINGO **4ª SEMANA DE PASCUA**

Jn 10, 27-30

En aquel tiempo, dijo Jesús: "Mis ovejas escuchan mi voz, y yo las conozco y ellas me siguen, y yo les doy la vida eterna; no perecerán para siempre y nadie las arrebatará de mi mano. Mi Padre, que me las ha dado, supera a todos y nadie puede arrebatarlas de la mano de mi Padre. Yo y el Padre somos uno".

1. Los pueblos y aldeas de Galilea estaban formados por gente campesina y de condición social muy humilde. Eran gentes que vivían del campo y del pastoreo de sus escasos ganados de ovejas y cabras. En aquella sociedad agraria, en la que nació y se educó Jesús, la imagen del pastor y el pastoreo de ovejas era familiar. Jesús, siguiendo la tradición de los profetas (Ez 34), utiliza esta imagen para explicar la relación entre los líderes y los discípulos en la comunidad cristiana. La experiencia enseñaba, ya entonces, que este asunto era delicado y se prestaba a abusos muy graves. Ezequiel se había quejado: *¡Ay de los pastores de Israel que se apacientan a sí mismos!* (Ez 34,2b). Por eso, Dios mismo les amenaza: *Me voy a enfrentar con los pastores; les reclamaré mis ovejas* (Ez 34,10). Es el escándalo de los pastores que actúan como dueños del rebaño y lo dominan según sus propias ideas, sus intereses o sus preferencias.

2. En consecuencia, Jesús explica el modelo de relación entre el pastor, que es bueno de verdad, y la comunidad que apacienta. Esta relación se define por tres verbos: "escuchar" (akoúo), "conocer" (ginosko) y "seguir" (akolouthéo). Ante todo, los discípulos "escuchan" al pastor y, en el pastor, a Jesús. Pero sabiendo que "escuchar" equivale a interesarse por lo que dice y obedeciendo lo que escuchan (Jn 10,3.16.27), lo que contrasta con la postura de quienes "rechazan" (Jn 8,40-47) cuanto dice el pastor (G. Schneider). En segundo lugar, el pastor "conoce" a las ovejas. Lo que indica una relación de mutua comprensión (R. Bultmann) y aceptación. En tercer lugar, el "seguimiento", que define la forma de vida del discípulo, que se fía de Jesús, lo deja todo por él e identifica su vida con la del pastor, así como el pastor identifica la suya con la de aquellos a los que pastorea (M. Hengel). *Lo más importante de todo es el "seguimiento". Las ovejas se fían del pastor, van a donde él vaya. Se sienten aseguras con su pastor.*

3. Todo esto supone modificar de raíz la relación entre el gobernante y los que se dejan gobernar. Ya no se trata de una "relación de poder" a la que responde una "relación de sumisión". Esto ha sido el "principio de descomposición" de la Iglesia. Porque la ha deformado. En una institución así, no puede estar presente Jesús. Todo lo contrario: Jesús se hace presente donde se ofrece un modelo alternativo en la relación entre líderes y comunidad. Cuando todos ellos se funden en la unidad, entonces la Iglesia ofrece la posibilidad de un mundo que nos pueda seducir. El mundo que tanto necesitamos.

12 DE MAYO - LUNES **4ª SEMANA DE PASCUA**

Jn 10, 1-10

En aquel tiempo, dijo Jesús: "Os aseguro que el que no entra por la puerta en el aprisco de las ovejas, sino que salta por otra parte, ese es ladrón y bandido, pero el que entra por la puerta es pastor de las ovejas. A este le abre el guarda y las ovejas atienden a su voz, y él va llamando por el nombre a sus ovejas y las saca fuera. Cuando ha sacado todas las suyas, camina delante de ellas y las ovejas lo siguen, porque conocen su voz: a un extraño no lo seguirán, sino que huirán de él, porque no conocen la voz de los extraños". Jesús les puso esta comparación, pero ellos no entendieron de qué les hablaba. Por eso añadió Jesús: "Os aseguro que yo soy la puerta de las ovejas. Todos los que han venido antes de mí son ladrones y bandidos: pero las ovejas no los escucharon. Yo soy la puerta: quien entra por mí, se salvará, y podrá entrar y salir, y encontrará pastos. El ladrón no entra sino para robar y matar, y hacer estrago: yo he venido para que tengan vida y la tengan abundante".

1. Este evangelio se comprende mejor echando mano de algo que, a primera vista, parece absurdo. Se trata de esto: si vemos una casa, en la que hay personas que no entran por la puerta, sino que saltan por las ventanas lógicamente decimos: esa gente, o son ladrones o están locos de remate. Esta es la lógica de Jesús cuando dice de sí mismo: Yo soy la puerta (Jn 10, 7). Al decir esto, Jesús contrapone el "pastor" con el "ladrón". El ladrón es el que se apropia de lo que no le pertenece. Por tanto, Jesús afirmó, sin rodeos, que, antes de él, cuando él andaba por la tierra, y después de él hasta el fin de los tiempos, la comunidad de los creyentes (la "Iglesia") se vio, se ve, y se verá sometida al peligro de ser asaltada por ladrones y bandidos. Ser asaltada y saqueada por algunos –y a veces no pocos– que, invocando el título de pastores, en realidad lo que hacen es "carrera", como "funcionarios" de una empresa en la que se vive bien, se es importante y no se trabaja mucho.

2. Pero, ¿qué es en realidad apropiarse de lo ajeno en la Iglesia? Es ladrón y bandido todo el que no entra por la puerta. Y la puerta es Jesús. Por tanto, todo el que, usando el título de pastor, vive, dice o hace lo que no vivía, ni decía, ni hacía Jesús, ese es un bandido, en ese tipo tenemos un ladrón.

3. Este, es un lenguaje duro. Pero, ¿hasta cuándo le vamos a tener miedo al lenguaje del propio Jesús? ¿Por qué le tenemos tanto miedo al Evangelio? ¿No se nos cae la cara de vergüenza? ¿No será que, a fin de cuentas y en la intimidad de nuestra conciencia, sabemos que vivimos y hablamos de forma que no entramos por la puerta? Este es el hecho. ¿Hasta cuándo va a durar?

4. Este evangelio, tanto al clero, vida religiosa y al mismo laicado, en definitiva, a todos los cristianos, nos debe hacer pensar, así como el evangelio de ayer domingo, lo que significa Cristo para mi vida. ¿Escucho su voz? ¿Le sigo? Es un examen de conciencia para cada uno de nosotros.

Jn 10, 22-30

En aquel tiempo, se celebraba en Jerusalén la fiesta de la Dedicación del Templo. Era invierno, y Jesús se paseaba en el Templo por el pórtico de Salomón. Los judíos, rodeándolo, le preguntaban: "¿Hasta cuándo nos vas a tener en suspenso? Si tú eres el Mesías, dínoslo francamente". Jesús les respondió: "Os lo he dicho y no creéis: las obras que yo hago en nombre de mi Padre, esas dan testimonio de mí. Pero vosotros no creéis, porque no sois ovejas mías. Mis ovejas escuchan mi voz, y yo las conozco y ellas me siguen, y yo les doy la vida eterna; no perecerán para siempre y nadie las arrebatará de mi mano. Mi Padre, que me las ha dado, supera a todos y nadie puede arrebatarlas de la mano de mi Padre. Yo y el Padre somos uno".

1. Jesús, por lo que era y por lo que hacía, planteó con frecuencia esta pregunta: "¿Quién es este?". O, como en el evangelio de hoy, la pregunta sobre si él era no no el Mesías esperado. Y es lógico que todos se hicieran tales preguntas. Porque en Jesús veían a un hombre. Pero, al mismo tiempo, aquel hombre hacía cosas que un simple hombre no puede hacer. De ahí, la curiosidad, la inquietud, el rechazo de unos, el entusiasmo de otros. Jesús fue un personaje apasionadamente controvertido.

2. La respuesta de Jesús, ante tal situación, fue apelar a sus "obras": es decir, a lo que hacía. Jesús no aduce ni títulos, ni cargos, ni nombramientos, y, menos aún, dignidades. Jesús apela a su vida, o sea a lo que vivía y algo que hacía. Con esto Jesús nos estaba diciendo: 1) Que lo determinante en los hombres de la religión no es lo que dicen, sino lo que hacen. 2) Que la coherencia y la transparencia de la propia vida es lo que convence a la gente. 3) Porque las cosas de Dios no se demuestran con argumentos y razones, sino con ejemplos de vida al servicio de la dignidad y la felicidad de las personas. 4) Y de paso todo esto pone en evidencia lo engañados que nadan los hombres de Iglesia cuando se creen que montando instituciones prestigiosas y levantando edificios notables, con eso, van a educar cristianos. A los humanos se les educa en la fe con "ejemplos de vida", no con "instituciones impresionantes".

3. Jesús hacía tales obras porque estaba identificado con el Padre: "Yo y el Padre somos uno". Jesús no habla aquí de la metafísica del "ser", sino de la historia del "acontecer". En los hechos y costumbres de Jesús se vía lo que Dios quiere y lo que a Dios le gusta. En lo que la gente ve, lo que se mete por los ojos, lo que palpa, en la vida, los hechos y las palabras del obispo, del sacerdote, de laicos, en eso está la clave de lo que es un buen o un mal pastor. En eso está el secreto de todo. Todo ello nos lleva a pensar que, pastores somos todos, incluidos los padres de familia. De ahí que lo que se acaba de decir, vale para cada uno de nosotros que nos toca educar y formar a los que nos han encomendado. Bien sean padres o madres de familia o profesionistas. De ello se nos tomará cuenta un día.

14 DE MAYO - MIÉRCOLES **4ª SEMANA DE PASCUA**

Jn 12, 44-50

En aquel tiempo, gritó Jesús: "El que cree en mí, no cree en mí, sino en el que me ha enviado. Y el que me ve a mí, ve al que me ha enviado. Yo he venido al mundo como luz, y así el que cree en mí no quedará en tinieblas. Al que oiga mis palabras y no las cumpla, yo no le juzgo, porque no he venido para juzgar al mundo, sino para salvar al mundo. El que me rechaza y no acepta mis palabras, tiene quien lo juzgue: la palabra que yo he pronunciado, esa lo juzgará en el último día. Porque yo no he hablado por cuenta mía: el Padre que me envió es quien me ha ordenado lo que he de decir y cómo he de hablar. Y sé que su mandato es vida eterna. Por tanto, lo que yo hablo, lo hablo como me ha encargado el Padre".

1. Vivimos tiempos difíciles. Los cambios, tan profundos y tan rápidos, que estamos viviendo, nos desconciertan. Y una de las consecuencias de estos cambios ha sido la crisis de religión, entre tantas otras crisis. Es frecuente oír a personas de buena voluntad que no quieren saber nada de asuntos de religión, menos aún de temas de Iglesia, y no faltan quienes aseguran que no les interesa en absoluto lo de Dios. Para abreviar, son los que afirman tranquilamente: "Jesús, sí. Dios, no". ¿Qué podemos responder a quienes piensan y hablan así?

2. Hay en todo esto algo que enseguida salta a la vista. Lo de Dios, es visto por muchos como "misterio". Mientras que lo de Jesús se ve como "ejemplo". Y, por cierto, ejemplo de bondad y solidaridad con el dolor humano. Es más, sabemos que lo de Dios se sitúa en el ámbito de los "trascendente", o sea, no se entiende, ni se puede entender. En tanto que lo de Jesús nos remite a algo "inmanente", algo de este mundo y para este mundo, relacionado con la historia de los seres humanos y, por tanto, cercano a nuestros problemas, intereses, preocupaciones y anhelos. ¿Cómo afrontar este problema? ¿Tiene solución todo esto?

3. Según este evangelio, Jesús dejó dicho: El que cree en mí, no cree en mí, sino en el que me ha enviado. Y enseguida el mismo Jesús añade: El que me ve a mí, ve al que me ha enviado. No hay que esforzarse mucho para comprender enseguida que, con estas palabras, lo que este evangelio afirma es la identidad entre Dios y Jesús. Creer en Jesús es creer en Dios. Ver a Jesús es ver a Dios. Se lo dijo así el mismo Jesús al apóstol Felipe: El que me ve a mí, ve a Dios (Jn 14,9). Por tanto, que nadie se angustie porque le resulta fácil aceptar a Jesús, mientras que lo de Dios no se entiende y cuesta explicarlo o demostrarlo. No hagamos problema de nada de esto. Dios se ha encarnado en Jesús. Es decir, Dios se ha encarnado en lo humano. Por eso, a Dios lo encontramos en todo lo verdaderamente humano. Dios se ha humanizado, en Jesús. Así de simple. Y así de profundo también. Todo el que busca su propia humanidad, por eso mismo busca a Dios. Y lo encuentra en sí mismo, si es que es un ser verdaderamente "humano".

15 DE MAYO - JUEVES **4ª SEMANA DE PASCUA**

Jn 13, 16-20

Después que Jesús lavó los pies a sus discípulos, les dijo: "Os aseguro: el criado no es más que su amo, ni el enviado es más que el que lo envía. Puesto que sabéis esto, dichosos vosotros si lo ponéis en práctica. No lo digo por todos vosotros; yo sé bien a quién he elegido, pero tiene que cumplirse la Escritura: "El que compartía mi pan me ha traicionado". Os lo digo ahora, antes de que suceda, para que cuando suceda creáis que yo soy. Os lo aseguro: el que recibe a mi enviado, me recibe a mí; y el que a mí me recibe, recibe al que me ha enviado".

1. Si Dios no fuera "trascendente", no sería Dios. Por eso, Dios no es ni "el Infinito". Porque "lo Infinito" es lo humano sin fin. Esto quiere decir que Dios no está al alcance de la mente humana. Lo único que, tratándose de Dios, podemos hacer los mortales es "representarnos" a Dios. En otras palabras, Dios es una "proyección" de nuestros anhelos y deseos en cuento se refiere a todo cuanto nos trasciende. Los humanos palpamos nuestras limitaciones. Y queremos superarlas. Por eso, sentimos la necesidad de Dios, buscamos a Dios, creemos en Dios.

2. Como hemos venido señalando en otras reflexiones, Dios se ha encarnado con lo humano en el hombre Jesús. Por eso, se ha revelado en lo humano. Y se ha fundido con lo humano. Y hasta se puede afirmar que Dios se ha confundido con lo humano. De forma que, en todo lo verdaderamente humano, ahí está Dios y en eso se encuentra Dios. Hasta el punto de que, en todo cuanto es agresión o desprecio de lo humano, por más que se haga por motivos divinos, en eso no puede estar Dios.

3. Hay quien se resiste a aceptar que Dios se ha confundido con lo humano. Sin embargo, Jesús dice: El que recibe a mi enviado, me recibe a mí, y el que a mí me recibe, recibe al que me ha enviado. (Jn 13,20). Lo mismo se dice en Mt 10,40, aplicado también a los discípulos. Lo mismo se dice igualmente de los niños, los que encantes carecían de todo derecho y dignidad. Y lo mismo, aplicado a cualquier ser humano. Porque, recibir a un ser humano es recibir a Jesús. Y recibir a Jesús es recibir a Dios. Por lo tanto, Dios está presente en todo ser humano. y nuestra relación con Dios es, en realidad, la relación que tengamos y mantengamos con el ser humano, sea el que sea. Cualquier acción que yo haga por el bien de los demás, hace la diferencia y ahí comienza el cambio, el mío y el de los demás.

16 DE MAYO - VIERNES **4ª SEMANA DE PASCUA**

Jn 14, 1-6

En aquel tiempo, dijo Jesús a sus discípulos: "No perdáis la calma: creed también en mí. En la casa de mi Padre hay muchas estancias, y me voy a prepararos sitio. Cuando vaya y os prepare sitio, volveré y os llevaré conmigo, para que donde estoy yo, estéis también vosotros. Y a donde yo voy, ya sabéis el camino". Tomás le dice: "Señor, no sabemos a dónde vas, ¿cómo podemos saber el camino?" Jesús le responde: "Yo soy el camino, la verdad y la vida. Nadie va al Padre, sino por mí".

1. Cuando terminó la cena de despedida, en la que se mezclaron la cercanía humana (Jesús como esclavo lavando los pies y el mandamiento del amor) y la tensión violenta de los trágicos anuncios de la traición de Judas y la negación de Pedro, Jesús inicia un largo discurso. Y lo primero que les dice es que no toleren la inquietud, la turbación, las perturbaciones del corazón. Solo así, se pude vivir "en calma". La conmoción de nuestra intimidad más profunda (corazón) nos hace sufrir inútilmente y nos roba los mejores sentimientos: la esperanza, la ilusión y hasta las ganas de vivir. Cuántas veces nos angustiamos por cosas que nos imaginamos y que nunca van a suceder. Perdemos energías y tiempo en balde. Preocúpate por el día a día porque el mañana todavía no llega.

2. Jesús les dice que no les abandonará para siempre. Todo lo contrario: les va a preparar un sitio en la casa del Padre común de todos los humanos. Y será el mejor sitio de la casa. El sitio en que van a estar junto a Jesús. Se trata, claro está, de un lenguaje simbólico. Porque cuando se trasciende la historia, ya no hay espacios, ni tiempos, ni casas. Solo habrá lo que es específicamente humano: la cercanía humana de quien nos quiere y a quien queremos.

3. Cuando Jesús es la meta de los más nobles anhelos, por eso mismo es también el camino para alcanzar esos anhelos. Cuando anhelamos estar siempre con alguien, ese deseo, mantenido siempre, es el camino para lograr la presencia y la intimidad que nunca acaban. Pero es claro que esto no se improvisa cuando notamos que se nos acerca el final de esta vida. El deseo sincero de identificarnos con Jesús nos tiene que acompañar largos años. Para que se haga vida en nuestra vida.

4. Jesús quiere lo mejor para cada uno de nosotros. Nos acepta como somos porque nos conoce bien: nuestras bondades y debilidades. A veces nos pasa lo de Tomás que le pregunta a Jesús que no sabe dónde va y, ¿cómo saber el camino?. Jesús le responde: "Yo soy el camino, la verdad y la vida. Nadie va al Padre si no es por mí". De ahí que nos corresponde conocer bien a Jesús para que el día que nos llame, podamos decirle: "aquí estoy, Señor, mándame dónde tú quieres que yo esté".

17 DE MAYO - SÁBADO **4ª SEMANA DE PASCUA**

Jn 14, 7-14

En aquel tiempo, dijo Jesús a sus discípulos: "Si me conocierais a mí, conoceríais también a mi Padre. Ahora ya lo conocéis y lo habéis visto". Felipe le dice: "Señor, muéstranos al Padre y nos basta". Jesús le replica: "Hace tanto tiempo que estoy con vosotros ¿y no me conoces, Felipe? ¿No crees que yo estoy en el Padre y el Padre en mí? Lo que yo os digo no lo hablo por cuenta propia. El Padre, que permanece en mí, él mismo hace las obras. Creedme: yo estoy en el Padre y el Padre en mí. Si no, creed en las obras. Os lo aseguro: el que cree en mí, también él hará las obras que yo hago, aún mayores. Porque yo me voy al Padre: y lo que pidáis en mi nombre, yo lo haré, para que el Padre sea glorificado en el Hijo. Si me pedís algo en mi nombre, yo lo haré".

1. Es probable que no hayamos caído en la cuenta de la importancia que entraña lo que Jesús le dijo en esa ocasión a Felipe cuando le preguntó: "Muéstranos al Padre y eso nos basta". Es algo que rebasa indeciblemente cuanto podemos pensar sobre la relación y el encuentro entre el ser humano y Dios. Porque Jesús le viene a decir al apóstol Felipe (y a cuantos leemos este evangelio) que Dios está presente, vive y actúa, en el ser humano. Dios en

Jesús es exactamente eso. Y por eso tiene sentido la afirmación de Jesús: Yo estoy en el Padre y el Padre en mí. De ahí que vivir con Jesús, y como Jesús, es vivir con Dios y como Dios quiere que vivamos.

2. Si a nosotros nos cuesta entender esta última afirmación, mucho más les tenía que costar a los contemporáneos de Jesús. La experiencia religiosa de los judíos pensaba en Yahvé de forma que lo veía tan lejano, tan distante, que terminó por dejar de usar el nombre mismo de Yahvé. Esto ocurrió en el s. III antes de Cristo. Para nombrar a Dios se echaba mano de otros títulos: Señor, Dios del Cielo, Rey del Cielo o simplemente Cielo. Aquellos judíos piadosos, que ni se atrevían a pronunciar el nombre divino tradicional, ¿cómo les podía caber en su cabeza que el Padre (Dios) estaba allí delante de ellos, hablando, comiendo, durmiendo, trabajando..., en definitiva, haciendo lo que hace cualquier ser humano?

3. Por eso, sin duda alguna, la gran aportación del cristianismo a la historia de las religiones, fue (y sigue siendo) descubrir que a Dios, al Trascendente, al Absoluto, Aquel que nos impresiona y que siempre será un Misterio insondable, lo encontramos en la praxis visible y disponible, constituida y llevada a cabo humanamente, de manera que así, y solo así, es como podemos desarrollar los vínculos que definen la relación entre Yahvé e Israel, entre el Padre del cielo y todo ser mortal. A partir de esta propuesta y de este proyecto es como tenemos que programar nuestra espiritualidad y nuestra religiosidad. De forma que, en ella, lleguemos a configurar la unidad entre Revelación y Ética, entre Religión y Vida.

4. Pero la realidad y lo que nos enseñaron y hemos venido aprendiendo, nos ha llevado, en la mayoría de las veces, a poner a Dios tan distante que preferimos tenerlo lejos que saber que vive en mi y en mi prójimo. Al tenerlo lejos lo invoco cuando lo necesito, nada más; tenerlo conmigo y en los demás, me compromete y me hace responsable de mis acciones y decisiones. Todavía no hemos entendido bien la grande de tener un Dios que vive en mí y conmigo.

18 DE MAYO - DOMINGO **5º DOMINGO DE PASCUA**

Jn 13, 31-33 a-34-35

Cuando salió Judas del cenáculo, dijo Jesús: "Ahora es glorificado el Hijo del Hombre y Dios es glorificado en él (Si Dios es glorificado en él, también Dios lo glorificará en sí mismo: pronto lo glorificará). Hijos míos, me queda poco de estar con vosotros. Os doy un mandamiento nuevo: que os améis unos a otros como yo os he amado. La señal por la que conocerán que sois discípulos míos, será que os amáis unos a otros".

1. Ya se ha explicado en este comentario a los evangelios de este año. Y hay que insistir en ello. Jesús hace, en este relato, la afirmación más sorprendente que podemos leer en el Evangelio. Cuando Jesús se ve hundido en la situación más dolorosa para un ser humano, la traición y la infidelidad de uno sus más íntimos amigos, entonces es cuando afirma que *"ahora es glorificado";* y cuando Dios *"es glorificado".* El verbo, que utiliza Jn 13,31, es *doxaso.* El sustantivo *doxa* se refiere en el griego clásico a la "opinión" o "punto de vista", incluso la "reputación" y el "honor", quedan marginados en el N.T. En su lugar, el sustantivo y el verbo se refieren al "esplendor del poder divino", la "gloria divina" (Lc 2,9; Mt 16,27; Hech 7,55, etc).

2. Por tanto, aquí se afirma algo que estremece y asusta. Se trata de que, cuando Jesús va a sufrir y fracasar, exactamente entonces es cuando alcanza su culmen el "esplendor del poder divino", tanto del Padre (Jn 13,31b; 17,1b.4) como del Hijo (Jn 7,39; 12,16.23a). Jesús alcanza su máximo esplendor en el dolor y el fracaso. ¿No es una locura decir tal cosa? ¿No es eso la negación total de todo lo humano?

3. Es exactamente lo contrario. Cuando Jesús se ve y se siente más humano, es cuando pronuncia el "mandamiento nuevo": *que os améis uno a otros como yo os he amado.* ¿En qué consiste la novedad de este mandamiento último y definitivo? Dios es amor. Pero Dios, al encarnarse en Jesús, al humanizarse, *se ha hecho amor humano.* Y la experiencia nos dice que *el amor humano llega hasta el culmen cuando está dispuesto a llegar, y llega, al límite último y final del sufrimiento, de la muerte y del fracaso.* En el mandamiento "nuevo", Jesús ya no habla del mayor a Dios y al prójimo. Jesús no menciona ya a Dios. El que ama al ser humano, sea el que sea, ese es el que ama a Dios. Aquí y en esto está la clave de todo el cristianismo.

19 DE MAYO - LUNES **5ª SEMANA DE PASCUA**

Jn 14, 21-26

En aquel tiempo, dijo Jesús a sus discípulos: "El que sabe mis mandamientos y los guarda, ese me ama: y al que me ama lo amará mi Padre y lo amaré yo, y me mostraré a él". Le dijo Judas, no el Iscariote: "Señor, ¿qué ha sucedido para que te muestres a nosotros y no al mundo?" Respondió Jesús y les dijo: "El que me ama guardará mi palabra y mi Padre lo amará, y vendremos a él y haremos morada en él. El que no me ama no guarda mis palabras. Y la palabra que estáis oyendo no es mía, sino del Padre que me envió. Os he hablado de esto ahora que estoy a vuestro lado; pero el Defensor, el Espíritu Santo, que enviará el Padre en mi nombre, será quien os lo enseñe todo y os vaya recordando todo lo que os he dicho".

1. Lo más importante y fuerte que nos plantea aquí el Evangelio está en esto: amar a Jesús no es primordialmente asunto de piedad, devoción, observancia, incluso ni siquiera es una experiencia de religiosidad. Si que es que Jesús lleva razón en lo que dice aquí, lo que tenemos claro los cristianos es que amamos a Jesús cuando nos queremos unos a otros. Teniendo en cuenta que el asunto de amor ha sido maltratado y hasta degradado por la vulgaridad y la superficialidad de quienes reducen el "amor" al "sentimiento". Por no hablar de quienes lo rebanan al sexo o experiencias que rozan eso y para Usted de contar. No. Amor es, ante todo, respeto, tolerancia, delicadeza, bondad, generosidad, ayuda, comprensión, servicio, sensibilidad para todo cuanto hace feliz a la persona a quien decimos que amamos. El que vive eso, he ahí el que ama a Jesús el Señor.

2. Jesús, además, afirma que quien vive esta forma de entender y practicar el amor, además de amar a Jesús (aunque ni siquiera piense en eso, ni sepa nada de eso), se convierte en "residencia de lo divino". En una persona así, está presente el mismo Dios. En una persona que vive así, se palpa la presencia de lo divino. O sea, una persona así, es un templo, es incluso un cielo, –claro está, hablando de términos figurados–. Así, sin exageración. Porque Jesús rebasa anhelos y nuestros sueños de lo más excelente y sorprendente.

3. En todo caso, el que es buena persona de verdad, en la honradez y el amor, en esa persona se hace presente el Espíritu de Dios, para recordarle y explicarle lo que dijo Jesús. Lo que enseñó Jesús tiene tal profundidad, que nos rebasa. Y nunca alcanzamos a entenderlo plenamente. De ahí, la necesidad constante, que tenemos, de que el Espíritu nos vaya recordando y explicando lo que Jesús dejó dicho. Por eso no es exagerado asegurar que siempre, cada día y cada hora, necesitamos recurrir al Espíritu, pedirle al Espíritu, que nos recuerde y nos explique constantemente el Evangelio.

20 DE MARZO - MARTES **5ª SEMANA DE PASCUA**

Jn 14, 27-31 a

En aquel tiempo, dijo Jesús a sus discípulos: "La paz os dejo, mi paz os doy; no os la doy como la da el mundo. Que no tiemble vuestro corazón ni se acobarde. Me habéis oído decir: "Me voy y vuelvo a vuestro lado". Si me amarais, os alegraríais de que vaya al Padre, porque el Padre es más que yo. Os lo he dicho ahora, antes de que suceda, para que cuando suceda, sigáis creyendo. Ya no hablaré mucho con vosotros, pues se acerca el Príncipe de este mundo; no es que él tenga poder sobre mí, pero es necesario que el mundo comprenda que yo amo al Padre, y que lo que el Padre me da, yo lo hago".

1. El miedo es quizá la peor de las amenazas que tenemos que soportar los cristianos. Por eso, Jesús les pide a sus discípulos que no se dejen dominar por el miedo, que no tiemblen ni se acobarden. ¿Por qué esta petición? Porque Jesús estaba pidiendo algo que le produce miedo a una persona religiosa. Se trataba de desmontar la idea de Dios y la experiencia de Dios, que habían heredado de sus mayores y que habían vivido en su cultura. Y, en lugar del "Dios de siempre", tenían que acostumbrarse a ver a Dios, no en lo divino "sino en lo humano"; no en "lo sagrado" sino "en lo profano"; no en "lo religioso", sino "en lo laico". ¿No es esto como para suscitar verdadero miedo?

2. Por más que Jesús sea "imagen" de Dios, el mismo Jesús dice que él no es igual a Dios: "El Padre es más que yo". Jesús sabe y afirma su condición de criatura, el "primogénito" de la creación (Col 1,15). Lo cual pone al descubierto la gravedad de lo que Jesús les está pidiendo a los discípulos y a todos sus seguidores; tienen que ver a Dios en un ser humano. Esto, para aquellos hombres y para nosotros, es fuerte, demasiado fuerte.

3. Por más que lo pensemos y lo digamos, el hecho es que a Dios no lo vemos en lo humano, en un ser humano. Por la sencilla razón de que lo humano nos resulta insignificante, rutinario, feo, incluso despreciable o repugnante. ¿Ver en eso a Dios? Esta es la cuestión, la gran cuestión, para nuestra fe en Dios.

21 DE MAYO - MIÉRCOLES — **5ª SEMANA DE PASCUA**

Jn 15, 1-8

En aquel tiempo, dijo Jesús a sus discípulos: "Yo soy la verdadera vid y mi Padre es el labrador. A todo sarmiento mío que no da fruto, lo arranca y a todo el que da fruto lo poda, para que dé más fruto. Vosotros ya estáis limpios por las palabras que os he hablado; permaneced en mí y yo en vosotros. Como el sarmiento no puede dar fruto por sí, si no permanece en la vid, así tampoco vosotros si no permanecéis en mí. Yo soy la vid, vosotros los sarmientos: el que permanece en mí y yo en él, ese da fruto abundante porque sin mí no podéis hacer nada. Al que no permanece en mí, lo tiran fuera como el sarmiento, y se seca: luego los recogen y los echan al fuego, y arden. Si permanecéis en mí y mis palabras permanecen en vosotros, pediréis lo que deseáis, y se realizará. Con esto recibe gloria mi Padre, con que deis fruto abundante; así seréis discípulos míos".

1. Los "frutos" son el resultado del que da de sí la vida. Y son enteramente necesarios para mantener la vida. Por eso existe una conexión directa entre "fruto" y "vida". De tal manera que, como explica Jesús en el sermón del monte, por el fruto se ve la autenticidad del árbol o de la planta. La calidad de cada persona se ve por los resultados que da su vida. Hay gente que se pasa la vida consumiendo los frutos que otros producen. Como hay personas que rinden más de lo que uno se puede imaginar.

2. En concreto, en esta parábola, Jesús habla aquí del "fruto" que tienen que producir sus discípulos. Jesús le da a esto tanta importancia que, si no hay fruto, no hay cristiano, ni cristianismo. Ahora bien, si esto se toma en serio, resulta preocupante y problemático en este momento. Porque, ¿qué frutos estamos produciendo hoy los creyentes en Cristo en cuanto tales? ¿Se puede decir que donde hay cristianos, hay paz, armonía, concordia, respeto a los demás y a las instituciones públicas…?

3. El evangelio de Juan establece un criterio sobrecogedor: "para dar fruto, el grano de trigo tiene que fracasar y morir" (Jn 12,34-36). Jesús, para producir frutos, tuvo que morir. A veces entendemos por "morir" como ir al "martirio" y no, no es eso. Morir puede significar, antes que nada, entregar la vida a los demás, ponerse del lado de los que no tienen voz y nosotros sí, vivir con lo que tenemos sin acaparar, en definitiva, dar lo mejor de uno y hacerle la vida más fácil a los que están cerca de nosotros. Aquí está la piedra dura en la que los cristianos nos partimos los dientes porque nunca la acabamos de masticar y digerir. Porque hemos asociado el fruto al éxito, a la influencia, al poder y a las alianzas con otros poderes, que poco o nada tienen que ver con Jesús.

4. La religión cristiana, que han asimilado y viven bastantes que se autodenominan cristianos, se ha configurado de forma que ya tienen poco que ver con Jesús, por más que haya quienes se empeñen en mantener una ortodoxia doctrinal y de principios abstractos, que, ni proceden del Evangelio ni por aceptarlos al pie de la letra, hacen a la gente más honrada, más bondadosa, más respetable. ¿No tendremos que volver a ser grano de trigo que se pudre, es decir, darlo lo mejor de nosotros, y así dar fruto?

Jn 15, 9-11

En aquel tiempo, dijo Jesús a sus discípulos: "Como el Padre me ha amado, así os he amado yo: permaneced en mi amor. Si guardáis mis mandamientos, permaneceréis en mi amor, lo mismo que yo he guardado los mandamientos de mi Padre y permanezco en su amor. Os he hablado de esto para que mi alegría esté en vosotros, y vuestra alegría llegue a plenitud".

1. Dios (el Padre del cielo) se relaciona con los seres humanos como se relaciona con Jesús. Se trata de un tipo de relación que no se define por el poder que exige sumisión, sino por el amor que pide estabilidad, fidelidad, permanencia. La imagen del "padre", tal como se suele vivir entre los humanos, es con frecuencia ambigua. Porque tendría que ser siempre una relación de bondad y cariño, pero a menudo es una relación de imposición, amenaza y castigo. Por no hablar de tantos casos en los que no hay relación alguna, por causa del mutuo desinterés, incluso el rechazo, entre padre e hijo.

2. El Padre del que habla Jesús es siempre bondad y amor, acogida y tolerancia, respeto y ayuda incondicional. En esta serie de actitudes del Padre hacia el Hijo consisten los "mandamientos", que no son órdenes (y menos aún imposiciones), sino los deseos que brotan del cariño. Cuando hay cariño entre personas, los deseos son órdenes. Pero no pasan de ser deseos, que el amor las traduce en hacer lo que agrada al otro.

3. Cuando se vive así y de esa manera, la vida es fuente incesante de la mayor alegría. No es la alegría que proviene del tener, sino la dicha del que siempre ofrece respeto y bondad y, en respuesta, recibe lo mismo que da. Así tendría que ser siempre nuestra relación con los demás, sean quienes sean. Y sean como sean. Por eso, Jesús quiere que su propia alegría esté en los discípulos y sus seguidores. La alegría no se impone, ni se ordena, ni hay recetas para tenerla. La alegría se contagia. El que la tiene, la transmite a quienes conviven con él. Como el que está amargado o resentido, contagia amargura y resentimiento. Por tanto, Jesús quiere que los cristianos seamos de tal manera y vivamos de tal forma, que contagiemos alegría, felicidad, bienestar, y todo esto hasta el colmo.

4. Resulta desagradable constatar que mucha gente asocia a Dios, a Jesús y a la religión más con la tristeza y el sufrimiento que con la alegría y la felicidad. Aquí tenemos una de las deformaciones más fuertes de la fe cristiana. Una deformación que ha deformado también a Jesús, al Evangelio y a Dios. De lo cual la Iglesia también se ha resentido, y no poco. Mientras, en el tejido social, no se relacione espontáneamente la religión con la alegría, difícil lo van a tener las religiones, empezando por el cristianismo y la Iglesia.

23 DE MAYO - VIERNES **5ª SEMANA DE PASCUA**

Jn 15, 12-17

En aquel tiempo, dijo Jesús a sus discípulos: "Este es mi mandamiento: que os améis unos a otros como yo os he amado. Nadie tiene amor más grande que el que da la vida por sus amigos. Vosotros sois mis amigos, si hacéis lo que yo os mando. Ya no os llamo siervos, porque el siervo no sabe lo que hace su Señor; a vosotros os llamo amigos, porque todo lo que he oído a mi Padre os lo he dado a conocer. No sois vosotros los que me habéis elegido, soy yo quien os ha elegido, y os he destinado para que vayáis y deis fruto, y vuestro fruto dure. De modo que lo que le pidáis al Padre en mi nombre, os lo dé. Esto os mando: que os améis unos a otros".

1. Jesús insiste, una vez más, en el "mandamiento nuevo", que ya había dado el mismo Jesús en la Cena, justamente en el momento y sitio de la Eucaristía. Esta insistencia, por otra parte, es la prueba más clara de la importancia central que Jesús le concede a este asunto. Jesús no habló nunca de temas que han cobrado una importancia enorme en la Iglesia: la obediencia al Papa y a los obispos, la liturgia y la observancia de los rituales y ceremonias, la ortodoxia en la creencias y doctrina teológicas, la honestidad en las buenas costumbres. Jesús no mencionó esas cosas. Y es evidente que todo eso es importante. Pero raramente se dice y se insiste en que lo central y lo determinante, en la vida, es que nos amemos. El amor es el centro de la vida cristiana y de la existencia en la fe.

2. Es fácil, es incluso necesario, amar a quien nos quiere o simplemente a quien nos cae bien y con quien sintonizamos espontáneamente. Lo duro, lo difícil, es amar al "otro sin más". Es decir, querer al que me resulta indiferente y no digamos si me es desagradable, insoportable. Por no hablar de los casos límite en que se trata de amar al que me odia y me ha hecho mucho daño. En estos casos nos preguntamos: ¿qué es amar a los demás? ¿Puedo yo querer al que sé que no me quiere? ¿Puedo tener amor al que sé que me tiene odio y habla mal de mí o me desprecia? Este es el problema.

3. No es fácil saber si esto tiene solución. Una solución que nos tranquilice en la conciencia. Por lo menos, hay algunas cosas que, en cualquier caso, se deberían tener muy claras. Y además nos pueden ayudar: 1) Nunca odiar a nadie ni desearle mal a nadie. Y, menos aún, hacer daño de la manera que sea. Eso, por lo menos. 2) Amar no es necesariamente tener sentimientos de sintonía, simpatía, complacencia en la otra persona y con la otra persona. 3) Amar es respetar. 4) Amar es tolerar, en los demás, cosas que a mí me desagradan. 5) Amar es ser transparente, es decir, proceder siempre con claridad, sin ocultar cosas que el otro debe saber. 6) Amar es ayudar, si es que eso está a mi alcance, aunque la ayuda pueda ser costosa y quizá desagradable. 7) Amar es actuar de forma que el otro puede estar seguro de que yo nunca le haré daño, de la forma que sea. En definitiva, amar es ser buena persona siempre. Y comportarse como tal, sin hacer daño jamás a nadie.

24 DE MAYO - SÁBADO **5ª SEMANA DE PASCUA**

Jn 15, 18-21

En aquel tiempo, dijo Jesús a sus discípulos: "Si el mundo os odia, sabed que me ha odiado a mí antes que a vosotros. Si fuerais del mundo, el mundo os amaría como cosa suya, pero como no sois del mundo, sino que yo os he escogido sacándoos del mundo, por eso el mundo os odia. Recordad lo que os dije: "No es el siervo más que su amo. Si a mí me han perseguido, también a vosotros os perseguirán; si han guardado mi Palabra, también guardarán la vuestra. Y todo esto lo harán con vosotros a causa de mi nombre, porque no conocen al que me envió".

1. Si, efectivamente, los seguidores de Jesús se quieren y viven como Jesús quiso, esto tuvo que suponer una innovación que pronto se vio como amenaza y peligro para el "sistema" o el "orden establecido". Por eso Jesús les anuncia el "odio del mundo". La palabra "mundo" traduce el término griego "kosmos", que remite, no solo a la idea de "totalidad", sino también a lo que es el "sistema", la "institución" y, finalmente, el "ornato" o adorno que usan las personas.

2. ¿Por qué el "orden establecido" odió a Jesús y odia a quienes le siguen? Porque el sistema del orden presente se basa en el "interés" (económico, político...), que controla y domina la libertad. Por el contrario, el proyecto de Jesús se basa en las relaciones de amor y libertad, que, al poner sus preferencias en los últimos, entran en conflicto con los intereses de poder, de acumulación, que generan tanta exclusión y tanta violencia. El amor entre personas, que optan por los más desgraciados, puede ser una seria amenaza para los intereses del poder.

3. Jesús ejerce una soberanía, sobre quienes le siguen, que inevitablemente es un peligro para el "orden" de este mundo. Además, cuando hablamos del "orden de este mundo", nos referimos por supuesto, al ordenamiento político y económico. Pero no solo eso. La soberanía de Jesús, al ser la soberanía sobre pobres y excluidos, es también un peligro y una amenaza para el ordenamiento religioso. Todo poder, también el religioso, se siente mal cuando percibe que la fuerza del amor, que plantea el Evangelio, cobra vigor y va en serio, con todas sus consecuencias.

25 DE MAYO - DOMINGO **6ª SEMANA DE PASCUA**

Jn 14, 23-29

En aquel tiempo, dijo Jesús a sus discípulos: "El que me ama guardará mi palabra y mi Padre lo amará, y vendremos a él y haremos morada en él. El que no me ama no guardará mis palabras. Y la palabra que estáis oyendo no es mía, sino del Padre que me envió. Os he hablado ahora que estoy a vuestro lado; pero el Paráclito, el Espíritu Santo, que enviará el Padre en mi nombre, será quien os lo enseñe todo y os vaya recordando todo lo que os he dicho. La paz os dejo, mi paz os doy: no os la doy como la da el mundo. Que no tiemble vuestro corazón ni se acobarde. Me habéis oído decir: "Me voy y vuelvo a vuestro lado". Si me amarais os alegraríais de que vaya al Padre, porque el Padre es más que yo. Os lo he dicho ahora, antes de que suceda, para que cuando suceda, sigáis creyendo".

1. La fuerza que distingue al cristiano es la fuerza del respeto y la bondad, la tolerancia y la estima, y sobre todo el amor sincero a los demás. Pero para que eso sea verdad y no mera palabrería, la condición indispensable es "guardar las palabras de Jesús". Es decir, tener muy claro el Evangelio, estudiar el Evangelio y, más que nada, vivir de acuerdo en coherencia con lo que Jesús hizo y dijo, según informan los evangelios. Pero eso ¿cómo es posible ir por la vida diciendo que uno es cristiano y ama a la Iglesia, y al mismo tiempo ir insultando, criticando y agrediendo a todo el que no está de acuerdo con lo que yo pienso? ¡Y esta bien de hipocresía y patrañas!

2. Esta fuerza que define al cristianismo, es posible y es verdad. Lo es porque es la fuerza del Espíritu Santo, del Consolador, que Dios da a cada persona de buena voluntad que quiere ser fiel al Evangelio. Esa fuerza inexplicable que vemos en algunas personas, de las que no entendemos cómo tienen aguante y resistencia para seguir adelante, con alegría, con paz, con serenidad y siempre sabiendo estar. Esas personas que nos contagian bienestar y ganas de ser mejores. ¿Por qué no seremos siempre así? Sin duda, no insistimos en el empeño de ser fieles al Espíritu de Dios.

3. También el evangelio de hoy nos habla de paz. Siguiendo la costumbre judía, los primeros cristianos se saludaban deseándose mutuamente la "paz". Esta paz no hay que confundirla con cualquier otra cosa. No es solo ausencia de conflictos y tensiones. Esta paz es el gran regalo de Jesús, la herencia que ha querido dejar para siempre a sus seguidores. Así dice Jesús: "Les dejo la paz, les doy mi paz". Es esa paz profunda que supera las situaciones adversas, las contrariedades y los momentos más malos que nos presenta la vida, la sociedad, la política, la economía, las costumbres o incluso la manera de ser y de vivir de muchas personas.

4. Jesús nos dice: que no tiemble su corazón ni se acobarde. El miedo es el origen de muchas de las peores cosas que nos pasan en la vida. Hay gente que vive siempre asustada, llena de miedos. Todos los que ejercen violencia en el mundo, se sirven del miedo. Porque el miedo paraliza, bloquea, impide pensar. Y desde el miedo, se toman las decisiones más ruinosas. Jesús llegó a la cruz, y desde la cruz a la resurrección, porque venció al miedo. Si creemos en Jesús, el miedo jamás será el motor de nuestras decisiones.

26 DE MAYO - LUNES **6ª SEMANA DE PASCUA**

Jn 15, 26, 16 -1-4a

En aquel tiempo, dijo Jesús a sus discípulos: "Cuando venga el Paráclito, que os enviaré desde el Padre, el Espíritu de la Verdad, que procede del Padre, él dará testimonio de mí; y también vosotros daréis testimonio, porque desde el principio estáis conmigo. Os he hablado de esto, para que no se tambalee vuestra fe. Os excomulgarán de la sinagoga, más aún, llegará incluso una hora cuando el que os dé muerte, pensará que da culto a Dios. Y esto lo harán porque no han conocido ni al Padre ni a mí. Os he hablado de esto para que cuando llegue la hora, os acordéis de que ya os lo había dicho".

1. La composición de este evangelio recoge, ante todo, el final del capítulo 15 del IV evangelio (Jn 15,26), donde se repite la promesa de la venida del Espíritu (el Paráclito o abogado defensor), que dará a los discípulos la fortaleza necesaria, para mantenerse fiel a la misión que Jesús les ha encomendado. Y esta promesa –que es final del capítulo 15– se une inmediatamente al comienzo del capítulo 16, que es la prolongación de la promesa que les hace Jesús. Pero una promesa que se va a realizar en unas condiciones extremadamente duras, que Jesús explica enseguida.

2. Lo que se dice, al comienzo del capítulo 16, se refiere a la persecución que tuvieron que sufrir los seguidores de Jesús durante la época posterior a la muerte de Jesús. Es un tema común en la literatura cristiana primitiva. Y refleja la experiencia dolorosa que tuvieron que sufrir las comunidades cristianas desde sus orígenes. El Evangelio, vivido en serio y en su integridad, era como "un cuerpo extraño" en la cultura del Imperio. Esto se refleja también en los evangelios sinópticos. Cosa que ya había quedado expresada en las tradiciones de la misión que les encomendó Jesús.

3. Pero Jesús llega más lejos. Porque asegura que, a los testigos del Evangelio, los excomulgarán de las sinagogas. Es decir, esos testigos de Jesús tendrán que pasar por la dura vergüenza de verse expulsados de los centros propios de la religión. Y, lo que es más inconcebible, llegará el día en que a los testigos de Jesús se les matará, se les quitará la vida, pensando que así es cómo se le da culto a Dios. Es, literalmente la ofrenda cultual a Dios, convertida en "culto asesino". El día de Corpus de 1534, el emperador Francisco I, presidió la procesión del Santísimo por las calles de París; y con su propia mano fue prendiendo fuego a 25 hogueras en las que ardieron 25 herejes, es decir, –aquellos que tenían otra manera de pensar–, para honrar así a su Divina Majestad. Semejante perversión brutal, se da a diario en pequeñas cosas cotidianas, con más frecuencia de lo que imaginamos. Esta no es la religión que Dios quiere para nosotros.

27 DE MAYO - MARTES **6ª SEMANA DE PASCUA**

Jn 16, 5-11

En aquel tiempo, dijo Jesús a sus discípulos: "Me voy al que me envió, y ninguno me pregunta: ¿A dónde vas? Sino que, por haberos dicho esto, la tristeza os ha llenado el corazón. Sin embargo, lo que os digo es la verdad: os conviene que yo me vaya; porque si no me voy, no vendrá a vosotros el Defensor. En cambio, si me voy, os lo enviaré. Y cuando venga, dejará convicto al mundo con la prueba de un pecado, de una justicia, de una condena. De un pecado, porque no creen en mí; de una justicia, porque me voy al Padre y no me veréis; de una condena, porque el Príncipe de este mundo está condenado".

1. Tuvo que ser dolorosa la despedida de los discípulos y Jesús. Porque no cabe duda que, entre Jesús y sus discípulos se había creado una relación profunda, fuerte. Pero no era cuestión solo de amistad. Es que, además de la "amistad", allí había una vinculación de "fe" y, sobre todo, de "seguimiento" de los discípulos en relación a Jesús. Aquellos hombres veían en Jesús la imagen de Dios, la cercanía de Dios, la presencia de Dios. Allí se produjo un fenómeno de unión y experiencia religiosa tan fuerte, que aquello fue el punto de partida de un movimiento humano-espiritual que aún perdura, que se ha ido transmitiendo de generación en generación y que sigue vivo en todos los rincones del mundo.

2. Pero, aun siendo tan fuerte aquel vínculo de amistad y de fe, Jesús les dice que "les conviene" que él se vaya, que él se quite de en medio. Porque, si Jesús se queda en este mundo, eso representaría que, en esta tierra nuestra, había (y seguiría habiendo) un hombre genial, excelso, profético... Pero, por muy excelso que fuera, siempre estaría localizado en un solo lugar. Mientras que, al irse Jesús, al morir, entregó el Espíritu (Jn 19,30) y cuando resucitó lo volvió a entregar (Jn 20, 22). Ahora bien, el Espíritu nunca está limitado a un solo lugar. Todo lo contrario, el Espíritu es una fuerza libertad y expansión, que se derramó sobre toda carne (Hech 2,179. Es decir, está y estará en todo ser mortal. Esto es más importante que la presencia física de Jesús en esta tierra.

3. Pero el hecho es más profundo. Y más genial. Dios, mediante la Encarnación, se ha "humanizado". Es decir, sea hecho presente en "lo humano". Por eso, sin duda, Jesús dijo que nos conviene su ausencia material. Porque lo que nos interesa a los mortales es su presencia de encarnación por la fuerza del Espíritu. ¿Qué quiere decir esto? Que Jesús está presente en cada ser humano, en todo ser humano. Por eso, donde hay humanidad, allí está Jesús: lo que hicieron con uno de estos, mí me lo hicieron (Mt 25,40). A Jesús lo tenemos con nosotros, y nos relacionamos con él, constantemente y sin darnos cuenta de que la humanización de la convivencia es nuestra constante divinización. Si realmente entendiéramos la profundidad de este pensamiento, nuestra vida y la del mundo entero, sería diferente.

Jn 16, 12-15

En aquel tiempo, dijo Jesús a sus discípulos: "Muchas cosas me quedan por deciros, pero no podéis cargar con ellas por ahora; cuando venga él, el Espíritu de la Verdad, os guiará hasta la verdad plena. Pues lo que hable no será suyo, hablará de lo que oye y os comunicará lo que está por venir. Él me glorificará, porque recibirá de mí lo que os irá comunicando. Todo lo que tiene el Padre es mío. Por eso os he dicho que tomará de lo mío y os lo anunciará".

1. Muchas veces se ha dicho que el judaísmo, el cristianismo y el islam son las tres "religiones del libro". No puede haber ninguna religión "del libro". Porque ningún libro puede contener a Dios, ni todo lo que Dios tiene que decir a quienes tenemos creencias religiosas. Por eso, al decir Jesús: Muchas cosas me quedan por decirles, lo que en realidad dice es que no hay palabra humana, ni texto humano, que contenga la verdad plena. De ahí que el Evangelio, y cualquier otro texto sagrado, nunca son un punto de llegada, sino un punto de partida.

2. Por eso, todos los creyentes, a partir de los textos sagrados y definidos que se nos han dado, tenemos el derecho y el deber de seguir buscando. No para negar lo que ya tenemos, sino para ahondar en lo que ya sabemos y así seguir avanzando en la búsqueda de una verdad plena que nos rebasa a todos. De ahí, el respeto que les debemos a quienes no se limitan a repetir y justificar lo que ya se dijo, sino que proponen lo nuevo y desconocido que hasta ahora no sabíamos.

3. Por eso el Espíritu, que promete Jesús, es el Espíritu de la Verdad. El Espíritu que tiene como tarea propia "guiarnos hasta la verdad plena". La actitud propia del creyente, de todos los creyentes, es la escucha. Porque nada ni nadie, en este mundo, tiene, ni puede tener, el monopolio del Espíritu, ni a nadie en particular se le ha prometido la exclusiva. Todos tenemos que escuchar siempre, porque de lo que nos dice Dios, todos también tenemos que aprender.

4. Y estar a la escucha de lo que nos quiere decir Dios en los acontecimientos de la vida y de la historia. Esta actitud de acogida es, en el fondo, la actitud del que siempre está a la escucha de lo que le revela el Espíritu de Dios. Solo así, al hacer este mundo "más humano", por eso mismo lo hacemos "más divino".

Lc 24, 46-53

En aquel tiempo, dijo Jesús a sus discípulos: "Así estaba escrito: el Mesías padecerá, resucitará de entre los muertos al tercer día y en su nombre se predicará la conversión y el perdón de los pecados a todos los pueblos, comenzando por Jerusalén. Vosotros sois testigos de esto. Yo os enviaré lo que mi Padre ha prometido; vosotros quedaos en la ciudad, hasta que os revistáis de la fuerza de lo alto". Después los sacó hacia Betania y, levantando las manos, los bendijo. Y mientras los bendecía se separó de ellos, subiendo hacia el cielo. Ellos se postraron ante él y se volvieron a Jerusalén con gran alegría; y estaban siempre en el Templo bendiciendo a Dios.

1. La Ascensión de Jesús puede resultar, para algunas personas, una conmemoración engañosa. Por supuesto, este día se nos recuerda la exaltación de Jesús. Pero nunca se debe entender esta celebración como la superación de "lo humano", para trascender a un plano superior, que era el plano de "lo divino". Jesús resucitado y glorificado es siempre la plenitud de lo humano. Y sigue siendo la imagen de lo divino, encarnado en lo humano. Jesús sigue siendo tan humano como divino. Pero, para nosotros, los humanos, Jesús glorioso sigue siendo la manifestación del Trascendente en lo inmanente. Jesús no se fue al cielo, para que nosotros levantemos nuestros ojos de la tierra. Por eso es solo en la tierra y desde nuestra condición terrenal, como podemos pensar a Dios y hablar de Dios. Eso es posible porque Jesús, estando glorificado, sigue siendo humano.

2. Esta festividad no quiere decir que en este día se recuerda la entrada de Jesús a la gloria del Padre. Eso aconteció el mismo Viernes Santo, en el momento de morir. Ni tampoco se debe interpretar esta fiesta como el "recambio" de Jesús que es sustituido por el Espíritu, como imagen y relación de Dios en este nuestro mundo. No. Jesús sigue siendo siempre, y hasta el fin de los tiempos, imagen de la presencia de Dios entre los humanos. La misión del Espíritu es darnos la fuerza que necesitamos para que este recuerdo de Jesús y la presencia de Dios sean siempre algo actual y presente en el mundo.

3. Esta fiesta nos dice que Jesús es el centro de los tiempos. Lo antiguo ya pasó. Solamente nos queda la fuerza del Espíritu que nos recuerda y actualiza esta centralidad de la presencia humanizada de Dios en todo lo humano, bello, feliz y grato que podemos encontrar en este mundo. En este sentido –y solo en este sentido– se puede afirmar lo que no pocos teólogos (siguiendo a

H. Conzelmannn) han defendido, a saber, que Jesús es "el centro del tiempo". Es el centro en cuanto que en él se unen la plenitud de lo humano con la plenitud de lo divino.

30 DE MAYO - VIERNES **6ª SEMANA DE PASCUA**

Jn 16, 20-23 a

En aquel tiempo, dijo Jesús a sus discípulos: "Os aseguro que lloraréis y os lamentaréis vosotros, mientras el mundo estará alegre y vosotros estaréis tristes, pero vuestra tristeza se convertirá en alegría. La mujer, cuando va a dar a luz, siente tristeza, porque ha llegado su hora; pero en cuanto da a luz al niño, ni se acuerda del apuro, por la alegría de que al mundo le ha nacido un hombre. También vosotros ahora sentís tristeza; pero volveré a veros y se alegrará vuestro corazón y nadie os quitará vuestra alegría. Ese día no me preguntaréis nada".

1. Este evangelio alcanza una profundidad sorprendente. *Cada ser humano es lo que es su "afectividad"*. El motor de nuestra conducta es nuestro mundo interior afectivo. Pero nunca deberíamos olvidar que el "afecto" es "pasión". Y la pasión no es "decisión", sino "atracción". De ahí que el "poder coactivo" se está desplazando hacia el "poder seductor". Toda la tecnología de la Informática, como las técnicas de publicidad y la propaganda, se basan en este principio. Que opera también en lo político. De ahí que la pregunta constante que tenemos que afrontar es esta: *"¿Qué es lo que más me seduce en la vida?* ¿El Evangelio? ¿El dinero? ¿El bienestar?

2. Pero no se trata de que, en la mentalidad de Jesús, la privación, la renuncia, el fastidiarse y pasarlo mal, el sufrimiento y la ascética, todo eso por sí mismo y por sí solo, nos lleve a Dios. No es posible creer en un Dios así. Ni aceptar un Evangelio tan deforme. Eso va contra un derecho básico y primordial de todo ser h humano: el derecho de vivir feliz. Entonces, ¿por qué habla Jesús como habla en este evangelio?

3. Porque, tal como está configurado y funciona el psiquismo humano, el "deseo de satisfacción inmediata" tiene más fuerza y es más determinante de nuestra conducta que todo cuanto nos pueda ofrecer la fe y la esperanza de cualquier religión. Como también es más fuerte, para el común de los mortales, que las propuestas sociales que se nos hacen desde los movimientos más utópicos y más altruistas. Por eso Jesús termina haciendo una oferta de alegría que nada ni nadie nos podrá arrebatar. El Evangelio vivido con coherencia lleva derechamente a la alegría, a la paz, al gozo y al disfrute de todo lo bueno, bello y satisfactorio que ofrece la vida. Este tiene que ser el criterio rector de nuestra vida.

31 DE MAYO - SÁBADO **VISITACIÓN DE LA VIRGEN MARÍA**

Jn 16, 23b-28

En aquel tiempo, dijo Jesús a sus discípulos: "Yo os aseguro: si pedís algo al Padre en mi nombre, os lo dará. Hasta ahora no habéis pedido nada en mi nombre; pedid y recibiréis, para que vuestra alegría sea completa. Os he hablado de esto en comparaciones: viene la hora en que ya no hablaré en comparaciones, sino que os hablaré del Padre claramente. Aquel día pediréis en mi nombre y no digo que yo rogaré al Padre por vosotros, pues el Padre mismo os quiere, porque vosotros me queréis y creéis que yo salí de Dios. Salí del Padre y he venido al mundo, otra vez dejo el mundo y me voy al Padre".

1. Impresionan estas palabras de Jesús a quienes creen y se fían de él. Porque, en realidad, lo que viene a decir Jesús es que quienes acuden al Padre, siendo creyentes y seguidores de Jesús, su oración no es solo ni principalmente oración de ellos, sino que es oración de Jesús mismo al Padre. Y es que el seguimiento de Jesús nos une de tal manera a Jesús, que nuestros deseos o necesidades son deseos o necesidades del mismo Jesús.

2. ¿Qué podemos hacer, entonces? A Dios lo vemos, lo oímos, lo palpamos, en Jesús, que es su Palabra, su "revelación" al mundo. VIVIR COMO VIVIÓ JESÚS, ESO ES ENCONTRAR A DIOS. En eso consiste nuestra "alegría completa".

3. Hasta ese extremo la fe y el seguimiento nos hacen uno con Jesús. Y a Jesús con cada creyente y cada discípulo. Por eso, semejante oración es infalible. Porque, en esa plegaria, es el mismo Jesús el que pide por boca del orante, mediante los deseos del que hace la petición. Lo que supone una identificación exacta de lo que uno quiere con lo que siempre quiso y pidió Jesús mientras vivió en esta tierra. Seguir a Jesús es identificarse con él. Y esa identificación se realiza y se verifica en la identificación de deseos y de peticiones al Padre.

4. En el fondo, esto nos viene a decir que la oración perfecta es la que identifica los propios deseos con los deseos de Jesús. Y uno siente como necesidades propias las mismas cosas que Jesús vio y vivió como las más urgentes y necesarias. Cuando dos personas se quieren tanto que llegan a identificar lo que les gusta, lo que les preocupa, lo que les interesa, lo que anhelan, no cabe la menor duda de que ese cariño mutuo es muy fuerte. Porque, si ya es difícil en la vida respetar los deseos de los otros, ¡cuánto más difícil y exigente tiene que ser identificar los propios con los deseos del otro!

1 DE JUNIO - DOMINGO **7ª SEMANA DE PASCUA**

Jn 17, 20-26

En aquel tiempo, levantando los ojos al cielo, Jesús dijo: "Padre santo: no solo por ellos ruego, sino también por los que crean en mí por la palabra de ellos, para que todos sean uno, como tú, Padre, en mí y yo en ti, que ellos también lo sean en nosotros, para que el mundo crea que tú me has enviado. También les di a ellos la gloria que me diste, para que sean uno, como nosotros somos uno: yo en ellos y tú en mí, para que sean completamente uno, de modo que el mundo sepa que tú me has enviado y los has amado como me has amado a mí. Padre, este es mi deseo: que los que me confiaste estén conmigo, donde yo estoy y contemplen mi gloria, la que me diste, porque me amabas antes de la fundación del mundo. Padre justo, si el mundo no te ha conocido, yo te he conocido, y estos han conocido que tú me enviaste. Les he dado a conocer y les daré a conocer tu nombre, para que el amor que me tenías esté en ellos, como también yo estoy en ellos".

1. Si leemos despacio este evangelio y a fondo, lo que queda patente es algo que nos desconcierta. Jesús expresa aquí, en su oración última con los suyos, su deseo supremo: el deseo por la unidad. Unidad de Dios, unidad de Dios con Jesús, unidad de Dios y de Jesús con toda la humanidad. Y digo que esto nos desconcierta, porque la experiencia nos dice que las religiones no nos unen, sino que nos separan y nos dividen. Estamos, pues, ante un tema capital. Porque ya estamos demasiado rotos, agotados, defraudados, por causa de tantas divisiones, separaciones, enfrentamientos. Lo más triste de todo esto es que muchas veces las religiones en lugar de contribuir a la unidad, lo que han generado es violencia y muerte, relaciones destrozadas y gentes divididas y enfrentadas hasta la muerte. ¿No es esto una contradicción? Pero no debemos olvidar que la división comienza en uno mismo por múltiples razones: egoísmo, celos, envidias…

2. Jesús conocía muy bien la naturaleza humana y de ahí que podamos comprender su aspiración suprema. Dios, Jesús, los humanos, "que todos sean uno…" Es la unidad de Jesús con el Padre (Jn 10,30). Y de ahí, un solo Señor, una sola fe, un solo bautismo, un solo rebaño, un solo pastor (Efesios 4, 5; Jn 10,14-16). Por supuesto, esta unidad se tiene que traducir en hechos palpables. Pero, ¿es posible, dada la pluralidad de religiones, culturas, nacionalismos, lenguajes…? Hasta este momento, por lo menos, esto no se ha conseguido, ni por la fuerza de la política y los ejércitos, ni por la insistencia de las ideas.

3. Entonces, ¿cómo? Vamos al fondo del problema. Vamos, pues al fondo de aquello en lo que todos los seres humanos coincidimos, en lo que todos somos iguales. Todos coincidimos en lo mínimamente humano: todos somos de carne y hueso (corporalidad) y todos nos necesitamos unos a otros (alteridad). Sea cual sea la religión, la cultura, la nacionalidad que cada cual tenga, todos necesitamos y deseamos que las exigencias de nuestra corporalidad (salud y alimentación) y de nuestra alteridad (amor) estén satisfechas. Pues, ahí, en eso, está Jesús, está Dios. Quien traduce eso en Ética, ese es el que encuentra, en lo humano a Dios.

2 DE JUNIO - LUNES — **7ª SEMANA DE PASCUA**

Jn 16, 29-33

En aquel tiempo, dijeron los discípulos a Jesús: "Ahora sí que hablas claro y no usas comparaciones. Ahora vemos que lo sabes todo y no necesitas que te preguntemos; por ello creemos que saliste de Dios". Les contestó Jesús: "¿Ahora creéis? Pues mirad: está para llegar la hora; mejor, ya ha llegado, en que os dispersaréis cada cual por su lado y a mí me dejéis solo. Pero no estoy solo, porque está conmigo el Padre. Os he hablado de esto, para que encontréis la paz en mí. En el mundo tendréis luchas, pero tened valor. Yo he vencido al mundo".

1. Los discípulos manifiestan su satisfacción y su seguridad cuando han oído a Jesús afirmar su "origen" del Padre y su "retorno" al Padre. Es decir, los discípulos se sienten tranquilos y lo ven todo claro cuando Jesús les asegura que todo lo que él hacía y decía no era sino la manifestación de Dios, la presencia de Dios, allí junto a ellos y con ellos. Muchas veces habían preguntado: "¿Quién es éste?". Ahora ya lo saben: es el designio de Dios, la presencia de Dios, el camino de Dios. Al conocer esta identificación de Jesús con Dios, se sienten tranquilos y lo ven todo con serenidad.

2. Pero, ante esta declaración satisfactoria y gozosa de los discípulos, Jesús les advierte de que eso no significa que vayan a ser fieles hasta el final. Nada de eso. Jesús les dice, sabiendo todo lo que saben y con toda la claridad y tranquilidad que llevan encima, con todo eso y a pesar de todo eso, lo van a dejar solo, se van a dispersar y lo van a abandonar. Así somos los mortales. Queremos seguridades. Pero el miedo es más fuerte que todas las seguridades. Eso nos pasa a todos, no pocas veces en la vida.

3. Y, sin embargo, Jesús es tan genial, que, no obstante todas las infidelidades y cobardías humanas, él está por encima de todas nuestras limitaciones y contradicciones. La palabra de Jesús es tajante y firme: No tengan miedo: "Yo he vencido al mudo". Es decir: la fuerza de las "convicciones éticas" es más poderosa que todos los poderes del sistema. Esto nos tiene que dar tranquilidad. Pero, sobre todo, nos tiene que motivar para el futuro. Si tenemos convicciones éticas fuertes y firmes, superaremos todo lo que nos venga encima. Al decir Jesús que ha vencido al mundo, eso nos tendía que acompañar siempre porque el fracasado, el crucificado, el despreciado, ese es el que ha vencido. Al mundo no se le vence con éxito, sino con la bondad y la generosidad sin límites.

3 DE JUNIO - MARTES **7ª SEMANA DE PASCUA**

Jn 17, 1-11 a

En aquel tiempo, Jesús levantando los ojos al cielo, dijo: "Padre, ha llegado la hora, glorifica a tu Hijo, para que tu Hijo te glorifique y, por el poder que tú le has dado sobre toda carne, dé la vida entera a los que le confiaste. Esta es la vida eterna: que te conozcan a ti, único Dios verdadero, y a tu enviado, Jesucristo. Yo te he glorificado sobre la tierra, he coronado la obra que me encomendaste. Y ahora, Padre glorifícame cerca de ti, con la gloria que yo tenía cerca de ti antes que el mundo existiese. He manifestado tu nombre a los hombres que me diste de en medio del mundo. Tuyos eran, y tú me los diste, y ellos han guardado tu palabra. Ahora han conocido que todo lo que me diste procede de ti, porque yo les he comunicado las palabras que tú me diste, y ellos las han recibido, y han conocido verdaderamente que yo salí de ti, y han creído que tú me has enviado. Te ruego por ellos; no ruego por el mundo, sino por estos que tú me diste y son tuyos. Sí, todo lo mío es tuyo y lo tuyo mío; y en ellos he sido glorificado. Ya no voy a estar en el mundo; pero ellos están en el mundo, mientras yo voy a ti".

1. Jesús pronuncia una larga oración antes de su pasión y muerte. Ante esta realidad de pasión, fracaso y muerte, siendo un peligro inminente, Jesús habla de glorificación. Para Jesús, la "gloria" es el "fracaso", parece una contradicción. Morir crucificado era en los tiempos del Imperio romano, una cosa tan humillante y vergonzosa, que los cristianos tardaron, por lo menos, doscientos años para empezar a representar en público a su Dios como un miserable crucificado.

2. Cuando llegó el momento culminante, Jesús fue consciente de que le había llegado "la hora". Concretamente, "su hora". No solo la hora de la muerte, si no además, y en aquella muerte tal como se produjo, Jesús vio la hora de la gloria. Estamos, por tanto, ante la inversión total de todos los valores que en este mundo se aprecian y se exaltan. Con lo que Jesús está diciendo que la glorificación no está en el éxito y el triunfo, sino en la vinculación de la propia suerte y el propio destino a la suerte y ella destino de todas las víctimas de este mundo.

3. Jesús habla de tal forma que, en su oración, queda patente que le hecho de conocer a Dios y de conocer a Jesús son dos formas de conocimiento que nos llevan a una misma e idéntica realidad última, que es Dios en sí mismo. ¿Qué significa esto, en última instancia?

4. Significa que a Dios (lo conocemos) en Jesús, un ser humano, como ya se ha mencionado en otras reflexiones. La grandeza y la genialidad de "lo humano" está en que es la imagen visible de Dios invisible (Col 1,15). Es además, la "Palabra" que se hace "carne" (Jn 1,14). Es el ser humano en el que vemos, oímos y tocamos a Dios (Jn 14,7s). Por todo esto, porque el Inaccesible se nos hizo tan humano y tan cercano, en Jesús, por eso la oración final de Jesús tiene este estilo y este trasfondo triunfal. Verdaderamente, nuestra humanidad es lo más genial y profundo que Dios nos ha dado.

4 DE JUNIO - MIÉRCOLES **7ª SEMANA DE PASCUA**

Jn 17, 11b-19

En aquel tiempo, levantando los ojos al cielo, Jesús dijo: "Padre santo, guárdalos en tu nombre a los que me has dado, para que sean uno, como nosotros. Cuando estaba con ellos, yo guardaba en tu nombre a los que me diste y los custodiaba, y ninguno de ellos se perdió, sino el hijo de la perdición, para que se cumpliera la Escritura. Ahora voy a ti, y digo esto en el mundo para que ellos mismos tengan mi alegría cumplida. Yo les he dado tu palabra, y el mundo los ha odiado porque no son del mundo, como tampoco yo soy del mundo. No ruego que los retires del mundo, sino que los guardes del mal. No son del mundo, como tampoco yo soy del mundo. Santifícalos en la verdad: tu palabra es verdad. Como tú me enviaste al mundo, así los envío yo también al mundo. Y por ellos me consagro yo para que también se consagren ellos en la verdad".

1. Jesús pide aquí tres cosas para su comunidad de discípulos. Ante todo, pide UNIDAD. Y no cualquier forma de unidad. Jesús le ruega al Padre: "Que todos sean uno, como nosotros". La unidad de los creyentes ha de ser, según el deseo de Jesús, la reproducción visible en el mundo de la unidad invisible que existe en Dios, tal como Jesús nos ha enseñado que es Dios: unión de seres que supera todas las desuniones que puede haber en esta vida. Es lo primero por lo que se tienen que afanar quienes dicen o piensan que siguen a Jesús. ¿Qué nos diría Jesús hoy al ver nuestras desuniones? Echemos un vistazo a nuestro alrededor: en las familias, en las comunidades, en las iglesias... Nos podemos preguntar: ¿creo unidad o división en los ambientes donde me desarrollo?

2. En segundo lugar, Jesús pide ALEGRÍA. Jesús lo dice con una expresión fuerte: "Que ellos mismos tengan mi alegría cumplida". La gran preocupación de Jesús es que se sientan felices, que en ellos se reproduzca la experiencia de gozo profundo, que supera los peores momentos, de forma que el clima humano habitual en ellos no sea el miedo, la culpa, la ansiedad o la oscuridad, sino una alegría tan fuerte, que resulte difícil de explicar. En otro pasaje dice Jesús que tenemos que ser "sal y luz" del mundo. Alegría no significa hacer de "bufón de palacio", es decir, hacer reír a todo mundo. Alegría significa llevar dentro de uno un "gozo" que no se puede explicar, pero que irradia luz en los demás. Es saber poner "una chispa" donde hay tristeza, dolor y pena. En definitiva, está alegre el que está satisfecho consigo mismo y sobre todo, sabe servir a los demás.

3. En tercer lugar, que vivan en la VERDAD. Es cierto que el concepto de "verdad" es muy difícil de explicar. Y seguramente más aún cuando hablamos de la "verdad" en el IV Evangelio. En cualquier caso, la verdad aquí no es la que pueden enseñar los filósofos. NI algo que se sitúa en el plano de las teorías y de los conocimientos. Vivir en la verdad es vivir en la fidelidad, que nos es posible, a la Palabra, que es Jesús mismo. No es fácil ser veraces siempre. Pero cuando estamos iluminados por la Palabra de Dios, la verdad fluye, y como Jesús mismo dijo: "la verdad les hará libres". Nos podemos preguntar, ¿qué tan honesto soy, conmigo, con los demás?

Jn 17, 20-26

En aquel tiempo, Jesús levantando los ojos al cielo, oró diciendo: "Padre Santo, no solo por ellos ruego, sino también por los que crean en mí por la palabra de ellos, para que todos sean uno, como tú, Padre, en mí y yo en ti, que ellos también lo sean en nosotros, para que el mundo crea que tú me has enviado. También les di a ellos la gloria que me diste, para que sean uno, como nosotros somos uno, yo en ellos y tú en mí, para que sean completamente uno, de modo que el mundo sepa que tú me has enviado y los has amado como me has amado a mí. Padre, ese es mi deseo: que los que me confiaste estén conmigo, donde yo estoy y contemplen mi gloria, la que me diste, porque me amabas, antes de la fundación del mundo. Padre justo, si el mundo no te ha conocido, yo te he conocido, y estos han conocido que tú me enviaste. Les he dado a conocer y les daré a conocer tu nombre, para que el amor que me tenías esté en ellos, como también yo estoy en ellos".

1. Aquí se insiste en que el deseo más fuerte de Jesús es la unidad de los que creen en él, sean quienes sean y estén donde estén. Además, Jesús pide una unidad tal, que sea un argumento para que el mundo crea que Jesús ha venido de Dios. O sea, la unidad entre los creyentes en Jesús tiene que ser un fenómeno que solo se pueda explicar porque en eso se palpa la intervención de una fuerza que rebasa lo meramente humano.

2. Si tenemos en cuenta que es este mundo hay gentes tan diversas, en culturas, lenguajes, formas de pensar y, sobre todo, intereses tan diversos y hasta opuestos, resulta evidente que la unidad que pide Jesús no pude ser: 1) Coincidencia de todos con las ideas y el lenguaje religioso de la cultura helenista (griega) de los siglos IV y V. 2) Uniformidad en las prácticas rituales propias de la cultura latina de la Edad Media.

3. Parece razonable decir que la unidad que pide Jesús, para todos los que crean en él, tiene que ser algo más profundo y que sea algo motivador para cualquier ser humano. ¿No podría decirse que estamos hablando de la unidad en lo que todos anhelamos y nunca alcanzamos? ¿No sería la unidad en el respeto, la tolerancia, el acercamiento a la igualdad en derechos y deberes, y, por supuesto, en el amor que todos necesitamos? ¿No habría que decir que, si se da esa unidad, es que la Humanidad, que se reveló en Jesús y en tantos otros hombres profundamente humanos, la ha hecho posible? Si no coincidimos, al menos, en estos, hablar de unidad, ¿no es hablar por hablar?

4. Reconocer la fragilidad en los lazos comunitarios y distinguir lo que debilita y fortalece la comunión es tarea de todo discípulo. Que otros lleguen a creer por medio del testimonio de vida de los creyentes no solo depende de la gracia del Señor, sino de la coherencia y santidad de aquellos que creen en él.

6 DE JUNIO - VIERNES **7ª SEMANA DE PASCUA**

Jn 21, 15-19

Habiéndose aparecido Jesús a sus discípulos, y comiendo con ellos, preguntó a Simón Pedro: "Simón, hijo de Juan, ¿me amas más que estos?" Él le contestó: "Sí, Señor, tú sabes que te quiero". Jesús le dice: "Apacienta mis corderos". Por segunda vez le pregunta: "Simón, hijo de Juan, ¿me amas?" Él le contesta: "Sí, Señor, tú sabes que te quiero". Él le dice: "Pastorea mis ovejas". Por tercera vez le pregunta: "Simón, hijo de Juan, ¿me quieres?" Se entristeció Pedro de que le preguntara por tercera vez si lo quería y le contestó: "Señor, tú conoces todo, tú sabes que te quiero". Jesús le dice: "Apacienta mis ovejas". "Te lo aseguro: cuando eras joven, tú mismo te ceñías e ibas a donde querías; pero cuando seas viejo, extenderás las manos, otro te ceñirá y te llevará adonde no quieras". Esto dijo aludiendo a la muerte con que iba a dar gloria a Dios. Dicho esto, añadió: "Sígueme".

1. La importancia de este diálogo, entre Jesús y Pedro, para el significado de Pedro en la Iglesia, es mayor de lo que nos imaginamos. Y por tanto, para el papado, como cabeza del colegio episcopal. Según la lectura que los Padres de la Iglesia y los teólogos cristianos, han hecho de este relato, está fuera de duda que Pedro (y el papado, que se ha fundamentado en él) es una pieza clave en la estructura de la Iglesia. El papado, por tanto, no es un invento humano como tantos otros. Tiene su origen en los primeros orígenes del cristianismo, si nos atenemos a los recuerdos de Jesús, que nos dejaron los evangelios.

2. Pero, tan importante como lo anterior, es saber que el papel de Pedro, tal como se plantea aquí (en su mismo origen), fue pensado por Jesús, nunca basado en la fuerza del poder, sino solamente en la ejemplaridad del amor. Fue necesario que Pedro negase tres veces su fe en Cristo, en el palacio de Anás, para que afirmase tres veces su amor a Jesús, en el lago de Galilea. El Pedro que negó la fe fue el Pedro seguro de sí mismo (aunque todos los demás..., yo no). El Pedro que amó a Jesús fue el Pedro que se entristeció inseguro de sí. Y fue este Pedro el que "siguió" (Jn 21,19) definitivamente a Jesús.

3. La gran contradicción y el gran escándalo es que el papado, que se ha terminado imponiendo en la Iglesia, no ha sido el papado del discípulo que sigue a Jesús, sino el papado del poder que apeteció Pedro cuando quiso situarse el primero, o el papado del Pedro que rechazó la pasión y el fracaso de Jesús, que más se parece al orgullo de aquel Pedro que se sentía seguro de sí mismo, el que se veía superior a los demás. Se ha superpuesto el poder al amor. De ahí que en la historia del papado ha habido hombres santos y hombres pecadores. Pero la institución, tal como ha sido gestionada, ha alejado –y sigue alejando– a grandes sectores de la sociedad de la "peligrosa memoria" del Jesús que se nos presenta en el Evangelio.

4. Y lo más doloroso es que todo esto se vea confirmado ahora, en el papado de Francisco, el humilde sucesor de Pedro que se identifica con los más pobres, los enfermos, los ancianos y los niños. El Papa que no es querido y aceptado por buena parte del clero y de la Curia Romana, cosa que es bien sabida en todo el mundo. Es doloroso pensar que la Iglesia no coincide con el Evangelio. Por eso, el interés primordial de Pedro, y de quienes prolongan su ministerio a lo largo de los tiempos, ha de ser la seguridad y la protección de sus ovejas.

7 DE JUNIO - SÁBADO **7ª SEMANA DE PASCUA**

Jn 21, 20-25

> *En aquel tiempo, Pedro, volviéndose, vio que los seguía el discípulo a quien Jesús tanto amaba (el mismo que en la cena se había apoyado en su pecho y le había preguntado: Señor, ¿quién es el que te va a entregar?). Al verlo, Pedro dice a Jesús: "Señor, y este, ¿qué?" Jesús le contesta: "Si quiero que se quede hasta que yo venga, ¿a ti qué? Tú sígueme". Entonces se empezó a correr entre los hermanos el rumor de que ese discípulo no moriría. Pero no le dijo Jesús que no moriría, sino: "Si quiero que se quede hasta que yo venga, ¿a ti qué?". Este es el discípulo que da testimonio de todo esto y lo ha escrito: y nosotros sabemos que su testimonio es verdadero. Muchas otras cosas hizo Jesús. Si se escribieran una por una, pienso que los libros no cabrían ni en todo el mundo.*

1. Seguramente, este relato, relativo a la posible supervivencia del discípulo amado hasta la venida del Señor, tenga su explicación en la ardiente e inminente expectativa de la parusía o vuelta definitiva de Cristo a la tierra, que estuvo muy presente entre los cristianos en los últimos tiempos del s. I. Sea lo que sea de esta cuestión, la insistencia de Jesús se centra de nuevo en el "seguimiento" fiel de Pedro. Sin duda alguna, el interés de Jesús se centró en eso como herencia última y capital que él quería para sus discípulos. El "liderazgo del seguimiento" –ningún otro liderazgo– fue lo que Jesús quiso. Es penoso constatar que, en la teología cristiana, ha resultado ser mucho más determinante la "fe", con sus ritos y rituales, que el "seguimiento de Jesús".

2. La insistencia final del redactor de este evangelio se explica, seguramente porque sin duda había discípulos que no terminaban de aceptar un evangelio que supo unir la espiritualidad más honda con un relato que, en su conjunto, tenía que resultar revolucionario. No solo para los gnósticos, con los que muestra su desacuerdo más profundo, sino además contra los hombres religiosos que entendían la religiosidad de otra manera. El IV evangelio no acepta la religión del Templo y de los sacerdotes con sus ritos y rituales, de las leyes y las normas. Es la religión que une, a un tiempo, el espíritu laico con la mística más libre y más fuerte.

3. Y esta forma de entender y de vivir la religión, cuando se vive a fondo, resulta inaceptable para muchas personas. Porque son muchos los que no quieren libertad, sino seguridad. La seguridad que proporciona el misterio, le ley, el ritual. Pero eso tiene el grave inconveniente de que, mediante ese modelo de religión, lo que se consigue es perpetuar el sistema establecido, con sus injusticias y desigualdades, que se anteponen a la memoria viva de Jesús, el Señor. Podemos preguntarnos, ¿cuál es el fundamento de mi ser: mis creencias con sus ritos y rituales o el seguimiento de Jesús? No olvidemos que seguimiento es sinónimo de "cargar la cruz de cada día", es decir, aceptar mi vida como viene, con sus aciertos y fracasos, con sus penas y alegrías. En definitiva, aceptarme como soy porque así me ama el Señor.

8 DE JUNIO - DOMINGO **PENTECOSTÉS**

Jn 20, 19-23

Al amanecer de aquel dia, el dia primero de la semana, estaban los discípulos en una casa, con las puertas cerradas, por miedo a los judíos. En esto entró Jesús, se puso en medio y les dijo: "Paz a vosotros". Y diciendo esto, les enseñó las manos y el costado. Y los discípulos se llenaron de alegría al ver al Señor. Jesús repitió: "Paz a vosotros". "Como el Padre me ha enviado, así también os envío yo". Y dicho esto, exhaló su aliento sobre ellos y les dijo: "Recibid el Espíritu Santo, a quienes les perdonéis los pecados, les quedan perdonados; a quienes se los retengáis, les quedan retenidos".

1. Pentecostés es, después de la Resurrección, la festividad que nos trae a la memoria el acontecimiento más importante para la Iglesia. Porque en este día los cristianos celebramos la presencia de Dios y de Jesús, en la humanidad toda, por la fuerza del Espíritu de Dios. Las lecturas litúrgicas de este día nos remiten, ante todo, a dos convicciones fundamentales: 1) La presencia del Espíritu en el mundo es presencia que nos aporta paz y, por tanto, todo cuanto sea superación de violencia, confrontación, agitación en la intimidad de cada ser humano. 2) Esta presencia del Espíritu nos recuerda también la neutralización del espíritu de Babel. Se trata del mito bíblico (Gen 11,1-9; Hech 2,1-11) de la dispersión de los humanos y de los pueblos, la incapacidad de poder entenderse, la división.

2. La fuerza, que es el Espíritu de Dios, cuando se hace presente, nos da la paz y establece el mutuo entendimiento. Pero lo importante es saber cómo actúa el Espíritu para el logro de tales y tan complicados objetivos. Para saber eso, ayudará saber que, en el N.T., el *Espíritu* es un término (*pneuma*) que se utiliza en cuatro sentidos: 1) El "Espíritu de Dios". 2) El "espíritu del hombre". 3) El "espíritu del mundo o del mal (Romanos 11,8; 1Cor 2,12; Ef 2,2; 2Tim 1,7). 4) El "soplo destructor" de Dios (2Tes 2,8) que remite al A.T. (Esd 11,4). Los dos primeros significados son los que importan. Pero el problema que aquí se plantea a los estudiosos es que, en la mayoría de los textos, no es posible saber con certeza si en tal caso se habla del "Espíritu" o del "espíritu" humano. Lo cual parece indicar que existe una profunda correspondencia entre el "Espíritu" y el "espíritu" (S. Lyonet). Lo que nos viene a decir que el Espíritu de Dios actúa y se hace presente en el espíritu del ser humano.

3. La conclusión es clara y motivadora: siempre que el espíritu humano trabaja y se afana por la paz, la concordia, el muto entendimiento, el empeño por comprender al otro o simplemente por escucharlo, el trabajo por acabar con las desigualdades (que son las que más nos dividen y nos enfrentan)..., todo lo que vaya en esa direccion es prueba, que podemos tener los humanos, de que el Espíritu de Dios está entre nosotros, nos guía, nos conduce, nos fortalece. Todo lo que no sea eso, se queda en pietismos engañosos y en falacias espirituales que par nada sirven.

4. Pentecostés, festividad del Espíritu, nos recuerda un vacío y una ausencia fundamental en la teología de la Iglesia. Muchos teólogos enseñan lo que Y. Congar ha denominado el *cristo-monismo*. Es decir, la Iglesia se comprendería desde tres términos clase: Dios (Padre) – Cristo – Iglesia. De ser así, dejaríamos al Espíritu al margen de la Iglesia. Una Iglesia que cree en el Padre, que cree en Cristo y que es gobernada por los obispos. ¿El Espíritu? Una devoción. Y en paz. Esto es el *cristo-monismo*. Es decir, una Iglesia sin Espíritu.

Mt 5, 1-12

En aquel tiempo, al ver Jesús el gentío, subió a la montaña, se sentó, y se acercaron sus discípulos; y él se puso a hablar enseñándoles: "Dichosos los pobres en el espíritu, porque de ellos es el Reino de los Cielos. Dichosos los sufridos, porque ellos heredarán la Tierra. Dichosos los que lloran, porque ellos serán consolados. Dichosos los que tienen hambre y sed de la justicia, porque ellos quedarán saciados. Dichosos los misericordiosos, porque ellos alcanzarán misericordia. Dichosos los limpios de corazón, porque ellos verán a Dios. Dichosos los que trabajan por la paz, porque ellos se llamarán "los hijos de Dios". Dichosos los perseguidos por causa de la justicia, porque de ellos es el Reino de los Cielos. Dichosos vosotros cuando os insulten y persigan y os calumnien de cualquier modo por mi causa. Estad alegres y contentos, porque vuestra recompensa será grande en el cielo, que de la misma manera persiguieron a los profetas anteriores a vosotros".

1. Es de suma importancia entender debidamente este discurso de las bienaventuranzas. Porque lo que aquí dice Jesús es clave para poder comprender el resto del Evangelio. Según la lógica del discurso humano, resulta estrictamente contradictorio decir que son dichosos los pobres, los que sufren, los que tienen hambre y sed, los que se ven perseguidos, insultados, calumniados. Es decir, se propone como fuente de felicidad todo lo que, para el común de los mortales, es fuente de infelicidad y desgracia. ¿Qué sentido tiene eso? ¿Cómo se pueden hacer semejantes afirmaciones? ¿Tiene algún sentido decir todo eso, decirlo delante de una muchedumbre y además presentarlo como un programa de vida?

2. Desde el punto de vista de la lógica del discurso, las bienaventuranzas no tienen sentido, si es que hablamos de felicidad en este mundo. Pero, entonces, ¿es que Jesús no ofrece para este mundo otra solución que la paciencia y la resignación? No es posible. Un mundo de resignados es un mundo de desgraciados. Eso equivaldría a santificar el desorden y la injusticia en que vivimos. Ahora, cuando hablamos tanto de migrantes que sufren, desamparados, gentes que huyen de la desgracia y tantos otros países que se sufre tanto, es ahí donde Jesús se compadece de la gente que lo sigue para buscar curación a sus males y a las situaciones de desamparo. Pobres que llegan de las diferentes partes en busca de paz, seguridad, acogida, solución a sus vidas. Jesús "los curaba" (Mt 4,24). Jesús es la solución al sufrimiento humano. Sobre esta base, explica su proyecto de vida.

3. El proyecto de Jesús no se explica mediante una doctrina. No es una teoría. Ni consiste en una nueva religión. El proyecto de Jesús es una vida, una forma de vivir nuestra humanidad. Las bienaventuranzas presentan los sentimientos, convicciones y conductas que Dios valora, a las que les concede toda la importancia, y que son las que el mismo Dios ve como honorables, las más nobles, las que nos hacen más felices, y logran que el mundo sea más habitable. Por eso, la bienaventuranza, la felicidad y la dicha, no van a ser el resultado de la riqueza, el poder, la violencia, la superioridad y el gozo del aplauso y la estima. Nada de eso. Será todo lo contrario.

4. Las bienaventuranzas son el proyecto de humanización de este mundo tan deshumanizado. Solo mediante la humanización es posible la felicidad. Pero sabemos que los más inhumanos son los causantes de que haya tanta pobreza, tanta violencia, tanta injusticia, tantas lágrimas. Por eso la propuesta de Jesús es que la humanización (y la consiguiente felicidad) vendrá de los pobres, de los que trabajan por la paz, de los misericordiosos, de los que tienen un corazón limpio, de los que están dispuestos a soportar y superar toda clase de persecuciones, odios y maldades. Jesús resumió así su proyecto. Aquí está el centro mismo del Evangelio.

10 DE JUNIO - MARTES **10ª SEMANA DEL TIEMPO ORDINARIO**

Mt 5, 13-16

En aquel tiempo, dijo Jesús a sus discípulos: "Vosotros sois la sal de la tierra. Pero si la sal se vuelve sosa, ¿con qué la salarán? No sirve más que para tirarla fuera y que la pise la gente. Vosotros sois la luz del mundo. No se puede ocultar una ciudad puesta en lo alto de un monte. Tampoco se enciende una vela para meterla debajo del celemín, sino para ponerla en el candelero y que alumbre a todos los de la casa. Alumbre así vuestra luz a los hombres, para que vean vuestras buenas obras y den gloria a vuestro Padre que está en el cielo".

1. De las tres metáforas, que utiliza aquí Jesús, la sal, la luz, la ciudad en lo alto de un monte, para explicar cómo ha de ser la conducta de los discípulos, sin duda alguna, la metáfora más complicada es la de la sal. Porque Jesús la relaciona, no con los alimentos, sino con la tierra. Además, la sal no se suele degradar hasta perder su sabor. Lo más probable es que Jesús se refería al hecho de que la sal no es para sí misma, sino para los demás, para utilidad de otras cosas. El discípulo de Jesús es el "ser para los demás". Esto es constitutivo del ser mismo del discípulo del Evangelio. En esto se juega el ser o no ser del seguidor de Jesús.

2. Las metáforas de la luz y de la ciudad en lo alto de monte expresan claramente, como dice el texto lo que no se puede ocultar, es decir, lo que está patente, lo que todo el mundo ve. Por tanto, la vida del creyente ha de ser tan transparente, que no tenga nada que tapar o disimular, de forma que pueda estar siempre a la vista de todos. Por ejemplo, la Curia Romana se tendría que gestionar de manera que, en ella, no hubiera la cantidad de asuntos oscuros y turbios que no se conocen o que se ocultan de mala manera.

3. Pero lo más importante de todo es que, a juicio de Jesús, la forma de vivir del creyente tiene que ser como una luz para cuantos la conocen. Una luz que ilumina la vida. Y, sobre todo, una forma de proceder, siempre y en toda situación, que quien la ve se sienta motivado para creer en Dios. Debe ser, por lo visto, una forma de vivir de tal calidad ética, que quien se entera, no tiene más remedio que decir: "Esto no tiene humanamente explicación". Por tanto: "Esto no tiene otra explicación que la presencia de algo tan radicalmente humano, que debe ser sobrehumano".

11 DE JUNIO - MIÉRCOLES **10ª SEMANA DEL TIEMPO ORDINARIO**

Mt 5, 17-19

> *En aquel tiempo, dijo Jesús a sus discípulos: "No creáis que he venido a abolir la Ley o los Profetas: no he venido a abolir, sino a dar plenitud. Os aseguro que antes pasarán el cielo y la tierra que deje de cumplirse hasta la última letra o tilde de la ley. El que se salte uno de los preceptos menos importantes y se lo enseñe así a los hombres, será el menos importante en el Reino de los Cielos. Pero quien los cumpla y enseñe será grande en el Reino de los Cielos".*

1. Estas palabras de Jesús, después de lo que ha dicho en las bienaventuranzas y con las metáforas de la sal y de la luz, tiene su razón de ser. Es más, Jesús tenía que decir algo de esto. Porque él hablaba a gente educada en la religión de la ley y los profetas. Pero ahora acaban de escuchar que lo central en la vida no es someterse a la ley religiosa o escuchar diatribas de los profetas de Dios. Lo central para Jesús es la felicidad de los humanos. De forma que eso es la sal y la luz de este mundo. Pero, entonces, ¿no es eso acabar con la religión? ¿Qué queda en pie de la ley y los profetas?

2. Jesús sale al paso de quienes, entonces o ahora, se hacen tales preguntas. El punto de vista de Jesús es muy claro: "No he venido a suprimir la ley o los profetas, sino a llevar todo a su plenitud. Con esto Jesús quiso decir lógicamente que la religión alcanza su plenitud, no cuando se centra en sí misma y se reduce a la perfecta observancia de sus ritos y normas. La religión alcanza su plenitud cuando ella deja de ser el centro y se pone al servicio de la felicidad humana, no mediante promesas para otra vida, sino mediante hechos tangibles para esta vida.

3. El que entiende y vive así la religión de la ley y los profetas es el que alcanza grandeza en el Reino de Dios. O sea, así la religión alcanza su pleno sentido. Jesús no anuló la religión. La puso en su sitio.

12 DE JUNIO - JUEVES **10ª SEMANA DEL TIEMPO ORDINARIO**

Mt 5, 20-26

En aquel tiempo, dijo Jesús a sus discípulos: "Si no sois mejores que los letrados y fariseos, no entraréis en el Reino de los Cielos. Habéis oído que se dijo a los antiguos: No matarás, y el que mate será procesado. Pero yo os digo: Todo el que esté peleado con su hermano, será procesado. Y si uno llama a su hermano "imbécil" tendrá que comparecer ante el Sanedrín, y si lo llama "renegado", merece la condena del fuego. Por tanto, si cuando vas a poner tu ofrenda sobre el altar, te acuerdas allí mismo de que tu hermano tiene quejas contra ti, deja allí tu ofrenda ante el altar y vete primero a reconciliarte con tu hermano, y entonces vuelve a presentar tu ofrenda. Procura arreglarte con el que te pone pleito, enseguida, mientras vas todavía de camino, no sea que te entregue al juez, y el juez al alguacil, y te metan en la cárcel. Te aseguro que no saldrás de allí hasta que no hayas pagado el último cuarto".

1. Los escribas y fariseos eran los hombres más religiosos y observantes que había en Israel, en tiempos de Jesús. Se puede asegurar que si nos atenemos al "hecho religioso" en sí, nadie estaba (ni podía estar) por encima de estos dos grupos de observantes, que, en su fidelidad a la religión, llegaban al "fanatismo". Y, por supuesto, a la intolerancia. Sin embargo, Jesús firma que los discípulos del Evangelio tienen que superar a las escribas y fariseos. ¿En qué? ¿Cómo? Jesús va a presentar una superación, que no es "cuantitativa", sino "cualitativa". Jesús no pide "más observancia", sino que insiste en "otra observancia". El Evangelio no pide fidelidad a los "ritos", sino amor y bondad con las "personas. Este es el camino que Jesús le dio a la religión. Así, el Evangelio superó al hecho religioso.

2. Por eso, es decir, porque el centro del "Proyecto de vida" de Jesús, ya no está en las observancias religiosas (ritos, ceremonias, lo sagrado), sino en el amor a las personas, por eso, Jesús plantea un problema, que nos tendría que hacer temblar. Se trata de esto: si estás en el templo, y vas hacia el altar, para presentar tu ofrenda al Señor (esto es un hombre religioso), pero en ese momento te acuerdas de que alguien tiene algo contra ti (no si tú tienes algo contra tu hermano), mira, lo que tienes que hacer es dar media vuelta y no te acerques al altar. Vete, ante todo, y arreglas con tu hermano lo que él tenga contra ti. Y cuando eso esté resuelto, entonces vete a misa, vete al rezo, a la comunidad, al acto religioso, en definitiva.

3. Lo primero, las personas. Después, las ceremonias religiosas. Por eso, yo no me explico cómo nos han (o nos hemos) organizado la conciencia, de forma que vamos a actos religiosos, con una conciencia tan deforme, que –a juicio de Jesús– hacemos una monstruosidad detrás de otra. Y nos quedamos con la conciencia tranquila. Empresarios que les roban a sus trabajadores, políticos que se hacen millonarios a costa del hambre de las clases bajas, obispos que viven en grandes mansiones o palacios sabiendo que hay criaturas durmiendo en la calle, etc. Y luego, esa gente (los culpables de que las cosas estén así), el domingo, a misa, o sea al altar. No quepa la menor duda, somos cristianos deformes.

13 DE JUNIO - VIERNES **10ª SEMANA DEL TIEMPO ORDINARIO**

Mt 5, 27-32

En aquel tiempo, dijo Jesús a sus discípulos: "Habéis oído el mandamiento: "no cometerás adulterio". Pues yo os digo: el que mira a una mujer casada deseándola, ya ha sido adúltero con ella en su interior. Si tu ojo derecho te hace caer, sácatelo y tíralo. Más te vale perder un miembro, que ser echado entero en el abismo. Si tu mano derecha te hace caer, córtatela y tírala, porque más te vale perder un miembro, que ir a parar entero al abismo. Está mandado: "El que se divorcie de su mujer, que le dé acta de repudio". Pues yo os digo: el que se divorcie de su mujer-excepto en caso de prostitución-la expone al adulterio, y el que se case con la divorciada cometerá adulterio".

1. La clave para comprender lo que Jesús pretende enseñar en este evangelio está en la "prohibición del deseo". Se trata de la prohibición que establece el último mandamiento del decálogo. Lo peculiar de este mandamiento es que no prohíbe una "acción", sino un "deseo": "No codiciarás la casa de tu prójimo; no codiciarás su mujer, ni su siervo, ni su criado, ni su toro, ni su asno, ni nada de lo que a tu prójimo pertenece" (Ex 20,17).

2. El problema, por tanto, que aquí presenta Jesús no es un problema relacionado con la sexualidad, sino con la violencia. Porque, como muy bien se ha dicho, "el legislador que prohíbe el deseo de los bienes del prójimo se esfuerza por resolver el problema número uno de toda la comunidad humana: la violencia interna". Y es que, por experiencia, sabemos que el deseo de lo ajeno es la fuente original de la violencia en todas sus formas: la violencia económica, política, social, sexual, profesional, familiar. En la actual situación de crisis económica, hasta los economistas más prestigiosos están de acuerdo en que la raíz de ese asombroso desastre está en la codicia de quienes, sin escrúpulos, han manejado (y siguen manejando) miles de millones para satisfacer "su propio deseo". Tener deseos no es malo, lo malo es "desear" lo que tienen los otros y yo lo tengo. Eso se llama envidia y la envidia destruye a los demás y a ti mismo.

3. Antes de ejercer la violencia sobre los demás, es preferible ejercerla cada cual sobre sí mismo. A eso se refieren las duras palabras sobre la automutilación de ojos, y manos. Jesús es muy duro al decir estas cosas. Pero es mucho más duro hacerlas contra alguien, sobre todo, cuando se hacen contra los más indefensos de este mundo.

4. Las palabras finales de este evangelio no se refieren a la prohibición del divorcio, sino a la anulación del derecho unilateral del marido a repudiar a la mujer (Deuteronomio 14,1-4). Un tema al que Jesús se refiere más tarde, dando la debida respuesta a los fariseos (Mt 19,1-9; Mc 19,1-12). En definitiva, lo que Jesús defiende aquí es la igualdad, en dignidad y derechos, de hombres y mujeres. No olvidemos que la diferencia es un hecho, la igualdad es un derecho.

14 DE JUNIO - SÁBADO **10ª SEMANA DEL TIEMPO ORDINARIO**

Mt 5, 33-37

En aquel tiempo, dijo Jesús a sus discípulos: "Sabéis que se mandó a los antiguos: "No jurarás en falso" y "Cumplirás tus votos al Señor". Pues yo os digo que no juréis en absoluto: ni por el cielo, que es el trono de Dios; ni por la tierra, que es el estrado de sus pies; ni por Jerusalén, que es la ciudad del Gran Rey. Ni jures por tu cabeza, pues no puedes volver blanco o negro ni un solo pelo. A vosotros os basta decir sí o no. Lo que pasa de ahí viene del Maligno".

1. Según la acertada formulación de Soren Kierkegaard, "el juramento es una contradicción tan grande como dejar que un hombre jure poniendo la mano sobre el Nuevo Testamento donde dice: no debes jurar". Esto es lo que quedó formulado en estas palabras del texto de Mateo; es tan claro como terminante: en ningún caso, con ningún motivo, ni utilizando fórmula alguna, se debe jurar por nada, ni por nada. Por lo pronto, esto quiere decir que Jesús le concedió la máxima importancia al tema del juramento ¿por qué esta postura tan tajante negativa? ¿Que vio Jesús de negativo en el juramento para ser tan radical en este asunto concreto? Es más, si se jura por algo serio o que es verdad, ¿no equivale eso a expresar una forma de fe en Dios? A fin de cuentas, en la sociedad actual, los que nunca juran (ante la Biblia, un crucifico, una imagen agrada...), ¿no son precisamente los ateos, los que no tienen en cuanta para nada lo que dijo o dejó de decir Jesús?

2. Jurar es, en el fondo, no aceptar que la palabra humana merece, por sí sola y por sí misma, una credibilidad incuestionable. Se echa mano de "lo divino" porque "lo humano", por sí solo, no es de fiar. Lo cual, es en definitiva, un profundo menosprecio a la dignidad y credibilidad humana, sin más. Por otra parte, el juramento es una utilización de Dios, de su santo nombre y de su autoridad, para dar crédito a la palabra humana. Ahora bien, de sobra sabemos que, con frecuencia, la palabra humana es falaz, insegura, engañosa. Y por eso precisamente echamos mano de la autoridad de Dios, para completar lo que le falta a la sola autoridad del ser humano, le da tanto valor y le otorga tanto respeto, que no tolera ni ponerse él en lugar del hombre. La prohibición del juramento es, en definitiva, la afirmación más fuerte de respeto a la dignidad y a la credibilidad que merece lo humano, lo verdaderamente humano, sin mezcla de inhumanidad.

3. El criterio de Jesús es nítido y de una dignidad que impresiona. Porque, en el fondo, viene a decir: "tienes que ser una persona tan digna de crédito, que tu palabra tiene que bastar y ser suficiente, para que merezcas la aceptación incuestionable de lo que afirmas. En todo caso, siempre nos tendría que bastar la tradicional palabra de honor. Porque el honor humano, bien entendido, es honor divino.

Jn 16, 12-15

En aquel tiempo, dijo Jesús a sus discípulos: "Muchas cosas me quedan por deciros, pero no podéis cargar con ellas por ahora: cuando venga él, el Espíritu de la Verdad, os guiará hasta la verdad plena. Pues lo que hable no será suyo: hablará de lo que oye y os comunicará lo que está por venir. Él me glorificará porque recibirá de mí lo que os irá comunicando. Todo lo que tiene el Padre es mío. Por eso os he dicho que tomará de lo mío y os lo anunciará".

1. Con frecuencia ocurre que los hombres de Iglesia no tienen en cuenta algo que es enteramente fundamental. A saber, que Dios es Trascendente. O sea, que no está a nuestro alcance. Ni lo conocemos. Ni podemos conocerlo. Es lo que los teólogos han repetido insistentemente cuando han dicho que "Dios es siempre más" (*Deus semper maior*) de cuanto nosotros, los seres humanos, podemos pensar sobre Él. Esta expresión ha sido una fórmula que intenta expresar nuestra incapacidad para alcanzar el conocimiento del ser mismo de Dios, es decir, de cómo es Dios en sí. Eso no nos es posible a nosotros los mortales. El problema con el que se ha encontrado la teología cristiana ha sido el problema de su propia incoherencia. Porque, por una parte, hemos afirmado que Dios es el que nos trasciende. Pero, al mismo tiempo, nos hemos puesto a explicarlo como si lo conociéramos. Quizá en eso se ha manifestado nuestro anhelo de encontrar al que nunca en esta vida podemos conocer.

2. Es verdad que, en el N.T., Dios se nos revela como Padre, como Jesús el Hijo, como Espíritu. De ahí, la teología ha deducido que en Dios hay tres personas realmente distintas, que, sin embargo, son un mismo y único Dios. En el fondo, no es cuestión de números, sino de deseo y la necesidad de ínter-comunicación y de donación mutua, que tenemos los humanos, y que queremos ver en Dios, como modelo ejemplar de nuestra mutua donación. K. Rahner habló, al explicar este complicado asunto, de la Trinidad inmanente (la que no podemos alcanzar) y la Trinidad económica (la que está a nuestro alcance porque en ella encontramos el modelo de entrega mutua entre nosotros).

3. No se trata, en este día, de entender lo que jamás podremos comprender. Se trata de ver, en la donación, en la igualdad, en la comunicación de las personas divinas, el modelo ejemplar de la que debe ser nuestra convivencia. Vivir para los demás. Una vida que es donación y comunicación. Jamás soledad, nunca aislamiento, siempre apertura y claridad. La fe en Dios hecha ética del que existe para los demás.

16 DE JUNIO - LUNES **11ª SEMANA DEL TIEMPO ORDINARIO**

Mt 5, 38-42

En aquel tiempo, dijo Jesús a sus discípulos: "Sabéis que está mandado: "Ojo por ojo y diente por diente". Pues yo os digo: No hagáis frente al que os agravia. Al contrario, si uno te abofetea en la mejilla derecha, preséntale la otra; al que quiera ponerte pleito para quitarte la túnica, dale también la capa; a quien te requiera para caminar una milla, acompáñalo dos; a quien te pida, dale; y al que te pide prestado no lo rehúyas".

1. Jesús empieza recordando la ley del talión, del castigo semejante (del latín talis) que estuvo en vigor en los antiguos pueblos orientales y que se recoge en Éxodo 21,23-25; Levítico 24,20; Deuteronomio 10,21). Es es castigo proporcional con el daño recibido. De ahí que esta ley fue, en sus orígenes, una ley humanitaria, que limitaba los excesos de la venganza.

2. En su re respuesta a estas leyes primitivas, Jesús lleva las cosas hasta el exceso de provocación deliberada. Al poner estos casos extremos (no defenderse, dar más de lo que te piden...), el Evangelio no pretende exigir que los cristianos renuncien a los derechos humanos. Lo que aquí se plantea es una protesta contra el círculo de la violencia. La experiencia enseña que quien, en uso de sus derechos, responde a la violencia contra otra violencia, con eso se intensifica el círculo de la violencia. Los excesos de la no-violencia, que propone Jesús, son "un gemido del oprimido", que desarma al violento. Pero no basta cualquier gemido. Tiene que ser tan fuerte como las renuncias que plantea Jesús.

3. Y es que, si todo se piensa a fondo, pronto se advierte que la solución al problema de la "violencia" no es el "orden". Porque "el proyecto del orden" ha traído a los hombres un aumento sin fin de violencia. Frente al proyecto del "orden", la propuesta de Jesús es anteponer el interés del otro al interés propio. Solo así se invierte la dinámica de la violencia. Y el resultado es que se invierte, en definitiva, la dinámica de las confrontaciones, que se ven suplantadas por la dinámica de la paz y el amor en el sosiego de la convivencia, que supera las diferencia y desigualdades.

17 DE JUNIO - MARTES **11ª SEMANA DEL TIEMPO ORDINARIO**

Mt 5, 43-48

En aquel tiempo, dijo Jesús a sus discípulos: "Habéis oído que se dijo: Amarás a tu prójimo y aborrecerás a tu enemigo. Yo, en cambio, os digo: Amad a vuestros enemigos, haced el bien a los que os aborrecen y rezad por los que os persiguen y calumnian. Así seréis hijos de vuestro Padre que está en el cielo, que hace salir su sol sobre malos y buenos, y manda la lluvia a justos e injustos. Porque, si amáis a los que os aman, ¿qué premio tendréis? ¿No hacen lo mismo también los publicanos? Y si saludáis solo a vuestro hermano, ¿qué hacéis de extraordinario? ¿No hacen lo mismo también los paganos? Por tanto, sed perfectos como vuestro Padre celestial es perfecto".

1. El proyecto de Jesús no fue un "proyecto de religiosidad" o de "espiritualidad". Fue, antes que ninguna otra cosa, un proyecto de humanización. Pues bien, si efectivamente, lo en Jesús planteó fue un proyecto de humanización de la convivencia entre toda clase de personas, tal proyecto no es posible si no se afrontó el problema número uno de los individuos y de los grupos humanos. Tal problema es, como sabemos, el odio a los enemigos. No se trata únicamente del enemigo personal. Se habla aquí de "enemigos" como un grupo que tiene el poder de discriminar, despreciar, hacer daño, ejercer violencia.

2. Porque es fuerte y único lo que aquí se manda: "amar", "hacer el bien", "bendecir" y "orar", todo eso precisamente en favor de quien peor te quiere, de quien te odia y te hace todo el daño posible. Evidentemente, ir así por la vida, portándose de esta manera con la gente más mala que uno pueda encontrar en este mundo, es algo que supera con mucho lo que normalmente da de sí la condición humana. El que reacciona así, ante el odio y la calumnia, es que tiene una motivación y una fuerza que ha dominado lo inhumano que todos llevamos dentro de nosotros. Por eso Jesús dice a los que se portan de esta manera inusual: "Así serán hijos de su Padre que está en el cielo". "Ser" hijo de Dios no es fruto de unas creencias o de asistir a unos ritos religiosos. Jesús es tajante: Es hijo de Dios el que ama siempre a todos, incluso a sus peores enemigos.

3. Cuando Jesús pide esto, no está urgiendo que alcancemos una alta santidad, sino una profunda humanidad. Se trata, en efecto, de que seamos sencillamente humanos. Y humanos siempre. Jamás inhumanos con nadie ni por nada. El mejor ejemplo, que Jesús encuentra, es la "humanidad de Dios". El Padre que dispone lo más natural del mundo: que el sol que sale cada mañana alumbre a todos; y que la lluvia que cae del cielo dé vida a todos. Lo más perfectamente natural y humano es no establecer desigualdades, nunca ni por nada.

18 DE JUNIO - MIÉRCOLES **11ª SEMANA DEL TIEMPO ORDINARIO**

Mt 6, 1-6. 16-18

En aquel tiempo, dijo Jesús a sus discípulos: "Cuidad de no practicar vuestra justicia delante de los hombres para ser vistos por ellos; de lo contrario, no tendréis recompensa de vuestro Padre celestial. Por tanto, cuando hagas limosna, no vayas tocando la trompeta por delante, como hacen los hipócritas en las sinagogas y en las calles, con el fin de ser honrados por los hombres; os aseguro que ya han recibido su paga. Tú, en cambio, cuando hagas limosna, que no sepa tu mano izquierda lo que hace tu derecha; así tu limosna quedará en secreto, y tu Padre que ve en lo secreto, te lo pagará. Cuando recéis, no seáis como los hipócritas a quienes les gusta rezar de pie en las sinagogas y en las esquinas de las plazas, para que los vea la gente. Os aseguro que ya han recibido su paga. Cuando tú vayas a rezar, entra en tu cuarto, cierra la puerta y reza a tu Padre, que está en lo escondido, y tu Padre, que ve en lo escondido, te lo pagará. Cuando ayunéis, no andéis cabizbajos, como los farsantes que desfiguran su cara para hacer ver a la gente que ayunan. Os aseguro que ya han recibido su paga. Tú, en cambio, cuando ayunes, perfúmate la cabeza y lávate la cara para que tu ayuno lo note, no la gente, sino tu Padre, que está en lo escondido, y tu Padre, que ve en lo escondido, te recompensará".

1. Jesús, para explicar lo que es la religiosidad, se refiere a tres prácticas frecuentes en la piedad judía de aquel tiempo: la limosna, la oración y el ayuno. Y viene a decir que estas prácticas que encontramos en el Evangelio, no se pueden vivir como un espectáculo. Ni como una conducta exhibicionista que llame la atención de la gente. Jesús no quiere que la religión se practique, ni que la espiritualidad se viva, por motivos interesados: para obtener fama, buen nombre, estima y alabanza, prestigio, alcanzar un cargo o simplemente para que los demás me lo agradezcan, en el caso de la limosna o de cualquier tipo de ayuda que uno pueda prestar a alguien en la vida.

2. El criterio de Jesús es que quien practica la religión, por los motivos interesados ya dichos (o por otros semejantes, los que sean), es un mercenario. Porque convierte la religiosidad (o la conducta ética) en mercancía. Por eso Jesús insiste en que quien hace obras buenas para obtener fama o gratitud, hacer eso para lograr ese resultado, "ya ha recibido su paga". Es decir, degrada la práctica religiosa a la categoría de burdo negocio. En esta vida, se puede hacer negocio con todo lo que es negociable: el trabajo digno y los frutos de ese trabajo. Con lo que no se puede hacer negocio es con lo que jamás puede ser negociable, por ejemplo, el amor, la amistad, la generosidad o la fe. Al hacer eso, se degradan las cosas más dignas de la vida. Y se degrada uno a sí mismo. La religiosidad es bondad. Y la bondad nunca pude convertirse en mercancía.

3. Pero hay en todo esto algo mucho más profundo. Jesús detesta la religiosidad exhibicionista, que se practica para que la vea la gente, incluso cuando eso se hace para que la religión tenga "presencia social". Jesús insiste en que la religión se debe practicar de forma que nadie se entere, ni tu mano izquierda debe saber lo que haces con la derecha. El Dios de Jesús no ve nada más que lo oculto, lo que, por tanto, nadie puede saber. Con esto, Jesús plantea, no solo el problema de la humildad y la autenticidad, de lo que carecemos muchos. A veces nos encanta el boato, la ostentación y el exhibicionismo religioso de las ceremonias eclesiásticas. Esto no quiere decir que a las ceremonias las debemos trivializar como algunos les encanta hacerlo. No es eso. No olvidemos que Jesús en más de una ocasión vino a decir, tomando las palabras del profeta Isaías, "misericordia quiero y no sacrificios".

19 DE JUNIO - JUEVES **11ª SEMANA DEL TIEMPO ORDINARIO**

Mt 6, 7-15

Dijo Jesús a sus discípulos: "Cuando recéis, no uséis muchas palabras, como los gentiles, que se imaginan que por hablar mucho les harán caso. No seáis como ellos, pues vuestro Padre sabe lo que os hace falta antes que lo pidáis. Vosotros rezad así: "Padre nuestro del cielo, santificado sea tu nombre, venga tu Reino, hágase tu voluntad en la tierra como en el cielo, danos hoy el pan nuestro de cada día, perdónanos nuestras ofensas, pues nosotros hemos perdonado a los que nos han ofendido, no nos dejes caer en la tentación, sino líbranos del Maligno". Porque si perdonáis a los demás sus culpas, también vuestro Padre del cielo os perdonará a vosotros. Pero ni no perdonáis a los demás, tampoco vuestro Padre perdonará vuestras culpas".

1. Ponerse a rezar es manifestar deseos. El "Padre nuestro" no es una bella plegaria para recitarla de carrerilla. El "Padre nuestro" es la expresión de los deseos que mandan en nuestra vida. ¿Es eso lo que cada cual dice cuando reza esta plegaria? El Padre no quiere que hablemos mucho en la oración. Lo que importa son las convicciones que determinan nuestra conducta y organizan nuestros hábitos de vida. Esas convicciones son las que expresa el "Padre nuestro".

2. Ante todo, que el nombre santo de Dios no sea jamás utilizado para lo que no se debe utilizar: para legitimar poderes o falsedades, para tranquilizar conciencias perversas, para justificar violencias. Después, el anhelo por la llegada del Reino, es decir, que los criterios el Evangelio vayan impregnando el tejido social. En tercer lugar, que se haga lo que Dios quiere, no lo que interesa a quienes tiene poder para imponer sus intereses.

3. El Padre quiere que no nos falte el pan: que no nos falte lo indispensable para vivir con dignidad. Y sobre todo, el Padre Dios quiere que seamos capaces de perdonar. Nos interesa mucho. Porque la medida del perdón que demos, será exactamente la medida del perdón que recibiremos. El que no perdona no tiene perdón. En este sentido, se puede afirmar que la capacidad de perdonar es lo que mide nuestra capacidad de amar, de ser buenas personas, de vivir como gente que pasa por la vida haciendo el bien.

20 DE JUNIO - VIERNES **11ª SEMANA DEL TIEMPO ORDINARIO**

Mt 6, 19-23

En aquel tiempo, dijo Jesús a sus discípulos: "No amontonéis tesoros en la tierra donde la polilla y la carcoma los roen, donde los ladrones abren boquetes y los roban. Amontonad tesoros en el cielo, donde no hay polilla ni carcoma que los roan, ni ladrones que abran boquetes y roben. Porque donde está tu tesoro, allí está tu corazón. La lámpara del cuerpo es el ojo. Si tu ojo está sano, tu cuerpo entero tendrá luz; si tu ojo está enfermo, tu cuerpo entero estará a oscuras. Y si la única luz que tienes está oscura, ¡cuánta será tu oscuridad!"

1. Es una cosa bien sabida que la estructura económica de las sociedades mediterráneas del siglo primero era completamente distinta de la estructura económica que tenemos en la actualidad. Pero Jesús no habla aquí de la organización económica de las sociedades de su tiempo. Jesús se refiere a la relación de cada ser humano con la posesión de bienes. Tal relación está determinada por el "deseo", que, cuando es desmedido, se traduce en "codicia". El problema que hoy tenemos es que, cuando la economía tiene un alcance y un volumen global, vivimos sobre un volcán espantoso. El volcán de la codicia global. Y sabemos que la economía, la gestión del capital y las finanzas, todo eso está pensado y es llevado de manera, que –en definitiva– lo que se hace es fomentar la lava mortal del volcán. Por eso, cada año hay más riqueza y, al mismo tiempo, más y más sufrimiento.

2. Hoy vivimos en tales condiciones económicas, que la economía no puede funcionar si no es sobre la base de fomentar y potenciar la codicia global. Porque el capital determinante no es el capital productivo, sino el capital financiero. El capital productivo es el que se dedica a producir bienes de uso y consumo. El capital financiero es el que se destina a acumular riqueza, mediante operaciones en la bolsa, en los mercados financieros, a través de las inversiones que hacen los bancos, etc. Aquí es donde se sitúan los mercados de los que tanto se habla en la actualidad. Y en los mercados estamos metidos de lleno todos los que depositamos nuestro dinero en los bancos o cajas de ahorros.

3. No está al alcance de los ciudadanos cambiar el sistema económico vigente. Lo que sí podemos (y tenemos que) hacer es reeducar nuestra relación con el dinero. La finalidad del dinero debe ser la productividad, no la acumulación. Es evidente que la crisis económica actual es una desgracia criminal y canalla, que está causando sufrimientos indecibles. Pero también tendríamos que pensar que esta crisis es una ocasión privilegiada para modificar el sistema económico vigente y dominante. Es urgente que cada cual repiense cómo se relaciona, no ya con el dinero, sino con la acumulación de dinero. No se puede tolerar que, en este tiempo y cuando sufrimos las peores consecuencias de la crisis, la distancia entre lo que ganan los más ricos y lo que pueden conseguir millones de ciudadanos se hace cada día más grande. Unos pocos se están enriqueciendo asombrosamente a costa del empobrecimiento galopante del resto. ¿Tenemos ante esto la conciencia tranquila?

21 DE JUNIO - SÁBADO **11ª SEMANA DEL TIEMPO ORDINARIO**

Mt 6, 24-34

En aquel tiempo, dijo Jesús a sus discípulos: "Nadie puede estar al servicio de dos amos. Porque despreciará a uno y querrá al otro; o, al contrario, se dedicará al primero y no hará caso del segundo. No podéis servir a Dios y al dinero. Por eso os digo: No estéis agobiados por la vida pensando qué vais a comer, ni por el cuerpo pensando con qué os vais a vestir. ¿No vale más la vida que el alimento, el cuerpo que el vestido? Mirad a los pájaros: ni siembran, ni siegan, ni almacenan y, sin embargo, vuestro Padre celestial los alimenta. ¿No valéis vosotros más que ellos? ¿Quién de vosotros, a fuerza de agobiarse, podrá añadir una hora al tiempo de su vida? ¿Por qué os agobiáis por el vestido? Fijaos cómo crecen los lirios del campo: ni trabajan, ni hilan. Y os digo que ni Salomón, en todo su fasto, estaba vestido como uno de ellos. Pues si a la hierba que hoy está en el campo y mañana se quema en el horno, Dios la viste así, ¿no hará mucho más por vosotros, gente de poca fe? No andéis agobiados, pensando qué vais a comer, o qué vais a beber, o con qué os vais a vestir. Los paganos se afanan por esas cosas. Ya sabe vuestro Padre del cielo que tenéis necesidad de todo eso. Sobre todo, buscad el Reino de Dios y su justicia, lo demás se os dará por añadidura. Por tanto, no os agobiéis por el mañana, porque el mañana traerá su propio agobio. A cada día le bastan sus disgustos".

1. El principio ético que, de entrada, plantea aquí Jesús es tajante: "No pueden vivir como esclavos de dos amos". El texto, en efecto, establece la relación entre el "amo" y el "esclavo" (Mt 6,24). Y afirma, sin restricción alguna, que no es posible que un mismo esclavo esté al servicio de dos amos. Conviene recordar que, en el judaísmo del tiempo de Jesús, existe la esclavitud. Era más mitigada que en otros pueblos, concretamente era obligatoria solo durante seis años. Y el trato que se daba los esclavos judíos debía ser humanitario.

2. En todo caso, el esclavo se compraba en el mercado y era propiedad del amo. De ahí la fuerza de la frase de Jesús: "No pueden servir como esclavos a Dios y al dinero". El texto no se refiere a que la relación con Dios pueda ser una relación de esclavitud, ya que el Dios de Jesús es siempre Padre. La fuerza de esta sentencia evangélica está en que quien centra su vida en el dinero, lo que hace es constituir al dinero en amo, al tiempo que él mismo se vende como esclavo a semejante dueño. Así, el codicioso, creyendo que es libre, en realidad es un hombre que ha perdido su libertad. Y vive a merced de lo que mande el merado y sus turbias maniobras.

3. Precisamente por esto son incompatibles Dios y el dinero. Porque el Padre de Jesús quiere que los bienes de este mundo se gestionen de forma que hay para todos, para que nadie se sienta agobiado, ni por la comida, ni por el vestido. Lo que pasa es que, cuando la gente se interesa más por el proyecto del dinero que por el proyecto del Padre, los interesados por el dinero inevitablemente cortan con Dios. No porque dejen de rezar o de ir a misa, sino porque, al interesarse tanto por el dinero, inevitablemente se hacen responsables o cómplices de la "economía canalla".

4. Y es que el "dinero", como instrumento de cambio, es necesario. Pero el "capital", como instrumento de ganancia, se convierte en instrumento de acumulación. Y la consecuencia de eso es, no ya el agobio por la comida y el vestido, sino la muerte diaria de miles de criaturas por las hambrunas, las pandemias y las miserias más humillantes. Ante eso, Jesús es tajante: o Dios o el dinero.

Lc 9, 11b-17

En aquel tiempo, Jesús se puso a hablar a la gente del Reino de Dios, y curó a los que lo necesitaban. Caía la tarde y los Doce se le acercaron a decirle: "Despide a la gente: que vayan a las aldeas y cortijos de alrededor a buscar alojamiento y comida; porque aquí estamos en descampado". Él les contestó: "Dadles vosotros de comer". Ellos replicaron: "No tenemos más que cinco panes y dos peces; a no ser que vayamos a comprar de comer para todo este gentío". Porque eran unos cinco mil hombres. Jesús dijo a sus discípulos: "Decidles que se echen en grupos de unos cincuenta". Lo hicieron así, y todos se echaron. Él, tomando los cinco panes y los dos peces, alzó la mirada al cielo, pronunció la bendición sobre ellos, los partió y se los dio a los discípulos para que se lo sirvieran a la gente. Comieron todos y se saciaron, y cogieron las sobras: doce cestos.

1. Nadie puede, ni debería, poner en duda la importancia que este relato de la multiplicación de los panes tuvo en la Iglesia naciente. Y la importancia, que debería seguir teniendo, en la Iglesia actual. Prueba de ello es que, como ya se ha indicado, este relato se repite hasta seis veces en los evangelios. Otra cosa es la interpretación que se ha hecho de este episodio. No cabe duda que tiene que ver con la eucaristía. Y, en ese sentido, es lógico que, en la festividad del Corpus, la liturgia nos lo recuerde. Pero, además de la interpretación eucarística, con frecuencia se le ha dado también a este hecho una interpretación social: Jesús saciando el hambre de los pobres y provocando el milagro de la abundancia, cuando se comparte lo que se tiene, aunque sea escaso.

2. Como es lógico, las dos lecturas indicadas sobre el relato de los panes, son enteramente lógicas y de gran hondura teológica y espiritual. Pero no agotan todo el significado que entraña el episodio. Además del significado eucarístico y del significado social, este evangelio contiene también una enseñanza profundamente humana. Ante todo, porque hay que situarlo en el contexto general de las muchas comidas de Jesús, de las que hablan los evangelios. Con quién y cómo comía, cuándo comía y los detalles relativos al puesto que cada cual ocupaba en la mesa. Todo eso indica una estratificación social que rompe todos nuestros esquemas relativos a privilegios, desigualdades y separaciones de los humanos y entre los humanos.

3. Pero hay algo en lo que no se piensa y que es de capital importancia. La Iglesia de los siglos III y IV creció vertiginosamente precisamente por su capacidad de acogida, expresada sobre todo en sus comidas compartidas con todo el mundo, en una "época de angustia". La decadencia de la religión tradicional, en aquellos tiempos, fue alarmante, como está bien demostrado por la historia y la arqueología. Pues bien, en una crisis así, la gente buscaba consuelo en la religión. Pero quería una religión distinta: menos cultos y ritos antiguos. Y un interés creciente "por una religión más personal". Las gentes, desamparadas por la crisis, encontraban en la acogida de las comidas (eucarísticas) la ayuda, la seguridad y la protección que les devolvía el respeto hacia sí mismos. Esta lección de la historia nos tendría que motivar para abrir los ojos y darnos cuenta de la verdadera actualidad del simposio antiguo, la acogida sin condiciones de las parroquias y las casas religiosas a toda clase de desclasados sin futuro. Es la oportunidad que nos ofrece esta nueva "época de angustia".

4. Pero tendríamos que llegar hasta las últimas consecuencias. La solución al sufrimiento de los pobres no puede estar en la limosna, sino en la justicia. Es importante Cáritas (y tantas otras instituciones benéficas). Pero lo urgente es que la economía se gestione de manera que se acorten las distancias y las diferencias en derechos y en las leyes que toleran la espantosa desigualdad que ha roto este mundo.

23 DE JUNIO - LUNES — **12ª SEMANA DEL TIEMPO ORDINARIO**

Mt 7, 1-5

En aquel tiempo, dijo Jesús a sus discípulos: "No juzguéis y no seréis juzgados. Porque os van a juzgar como juzguéis vosotros, y la medida que uséis, la usarán con vosotros. ¿Por qué te fijas en la mota que tiene tu hermano en el ojo y no reparas en la viga que llevas en el tuyo? ¿Cómo puedes decirle a tu hermano: Déjame que te saque la mota del ojo, teniendo una viga en el tuyo? Hipócrita, sácate primero la viga del ojo, entonces verás claro y podrás sacar la mota del ojo de tu hermano".

1. Es inevitable ver lo que hacen los demás y darse cuenta de la vida que llevan. Constatar esa realidad es inevitable. Y con frecuencia es también necesario. El problema se plantea cuando nuestro juicio equivale a un rechazo, incluso a una condena. Porque condenar es algo que, hablando con la verdad, solo lo pueden hacer los jueces que la administración de justicia pone para eso. Y condenar –mirando hacia el cielo– es lo propio de Dios. Por tanto, lo que Jesús prohíbe aquí es que nos pongamos a hacer de "dioses", que van por la vida "salvando" o "aconsejando", según nuestros criterios, nuestros prejuicios o quizá nuestras conveniencias.

2. Lo de la "paja" y la "viga" en el ojo pone en evidencia la desproporción asombrosa en que vivimos: somos sumamente benévolos cuando se trata de enjuiciar cada cual su propia conducta; al tiempo que somos extremadamente severos a la hora de enjuiciar a los demás. La vida nos enseña que, en este punto concreto, procedemos con frecuencia como si fuéramos poco menos que unos descerebrados. Porque somos jueces implacables con los demás, al mismo tiempo que ni nos damos cuenta de que estamos censurando lo que nosotros hacemos a todas horas. Resulta patético vivir en semejante contradicción. Y, al mismo tiempo, sentirnos orgullosos de lo que somos o de cómo somos. ¿Y no se nos cae la cara de vergüenza? Las conversaciones se tornan tóxicas cuando se realizan apreciaciones negativas sobre los demás. Y en el fondo, ¿qué implica para aquellos que hablan mal del otro? ¡Qué importante es tomar conciencia para mirar nuestro corazón, antes de hacer juicios contra el hermano!

3. Jesús califica esto como una auténtica "hipocresía". Y por eso mismo fue (y sigue siendo) motivo de constantes enfrentamientos entre los humanos. Porque, en el fondo, esa hipocresía consiste en que, de nosotros, vemos solamente nuestra propia humanidad; al tiempo que, de los demás, lo que vemos es su inhumanidad. El problema raíz de todo esto consiste en que nuestros criterios éticos están desorientados. Normalmente, organizamos nuestros juicios morales a partir de la distinción entre el "bien" y el "mal". Pero, ¿quién decide lo que es "bueno" y lo que es "malo? Por lo general, eso se hace de manera demasiado subjetiva. Tendríamos que repensar nuestros criterios éticos en función de lo que nos "humaniza" a todos; o de lo que nos "deshumaniza". Esto tendría que ser nuestro criterio habitual, nuestra costumbre, nuestro modo de proceder. Porque lo que "nos humaniza", por eso mismo "nos hace felices" o, de lo contrario, lo que causa es humillación, sufrimiento, soledad y desamparo. Dios, por lo que nos dijo mediante Jesús, no quiere que vivamos como unos desgraciados y unos infelices. Eso no lo quiere Dios.

24 DE JUNIO - MARTES — **SAN JUAN BAUTISTA**

Lc 1, 57-66. 80

A Isabel se le cumplió el tiempo del parto y dio a luz un hijo. Se enteraron sus vecinos y parientes de que el Señor le había hecho una gran misericordia, y la felicitaban. A los ocho días fueron a circuncidar al niño, y lo llamaban Zacarías, como a su padre. La madre intervino diciendo: "¡No! Se va a llamar Juan". Le replicaron: "Ninguno de tus parientes se llama así". Entonces preguntaron por señas al padre cómo quería que se llamase. Él pidió una tablilla y escribió: "Juan es su nombre". Todos se quedaron extrañados. Inmediatamente se le soltó la boca y la lengua, y empezó a hablar bendiciendo a Dios. Los vecinos quedaron sobrecogidos, y corrió la noticia por toda la montaña de Judea. Y todos los que lo oían reflexionaban diciendo: "¿Qué va a ser este niño?" Porque la mano del Señor estaba con él. El niño iba creciendo y su carácter se afianzaba; vivió en el desierto hasta que se presentó a Israel.

1. ¡Se necesitan profetas! En estos tiempos de crisis, de tantos sufrimientos que son consecuencias de otras tantas crisis pasadas y presentes, tiempos de miles de preguntas y de casi ninguna respuesta, ahora precisamente es cuando con más urgencia necesitamos profetas. Lo que pasa es que el ser del profeta no es un oficio, no es una profesión, no es trabajo, ni bien ni mal pagado. La personalidad del profeta es única, desconcertante, desajustada a todo y a todos. Y de este modelo de personalidades es de donde podemos esperar alguna solución en estos tiempos que corren.

2. Nadie discute que Juan Bautista fue un profeta. "Y más que un profeta" (Mt 11,9). Jesús llegó a decir de él: "Les aseguro que no ha nacido de mujer nadie más grande que Juan Bautista" (Mt 11,11). Este hombre, en efecto, rompió todos los moldes. Su padre era un sacerdote de Israel. Pues Juan, como le correspondía, se negó a ser sacerdote. Su padre estuvo vinculado al Templo y al culto sagrado. El hecho es que Juan se fue al desierto, lugar de soledad, de peligro y tentación. Su padre oficiaba ante el altar. Juan, sin embargo, abandonó el altar y convivió con fieras y demonios, como se pensaba entonces de quienes se iban a los desiertos. Cuando, ya adulto, se presentó a Israel, vestido de forma estrafalaria, alimentado penosamente, como una voz que clama en el desierto, fue, como bien se ha dicho, un heraldo con autoridad, pero sin credenciales. Un hombre que no revelaba verdades universales, sino que habló en concreto a su tiempo. Y es que la aparición y el discurso del profeta provoca crisis. Y, además, el profeta, no solo responde a la crisis, sino que, con su vida y su palabra, la "genera".

3. Juan lo hizo admirablemente. Provocó la crisis, generó la crisis, y respondió a la crisis. Hizo todo esto con admirable y provocativa libertad. Frente al poder desvergonzado de la corrupción del poder. Lo que le costó la vida (Mt 14,1-12; Mc 6,14-29; Lc 9,7-9). Estamos viviendo una situación de cambios tan rápidos y tan profundos, que van mucho más allá de la sola economía. Muere una cultura. Está alumbrando otra. Ahora, más que nunca en la historia de las civilizaciones, necesitamos hombres creativos, libres, audaces. Sobre todo, personalidades sin miedo. ¿No podemos, cada cual, acercarnos a eso o, por lo menos, prepararlo?

4. Te damos gracias, Señor, porque revelas a los humildes y pequeños la novedad que trae tu mensaje. Tu misericordia es infinita y haces posible lo imposible. Ante la salvación que proviene de ti, nos maravillamos. Bendito Dios.

25 DE JUNIO - MIÉRCOLES 12ª SEMANA DEL TIEMPO ORDINARIO

Mt 7, 15-20

En aquel tiempo, dijo Jesús a sus discípulos: "Cuidado con los profetas falsos; se acercan con piel de oveja, pero por dentro son lobos rapaces. Por sus frutos los conoceréis. A ver, ¿acaso se cosechan uvas de las zarzas o higos de los cardos? Los árboles sanos dan frutos buenos; los árboles dañados dan frutos malos. Un árbol sano no puede dar frutos malos, ni un árbol dañado dar frutos buenos. El árbol que no da fruto bueno se tala y se echa al fuego. Es decir, por sus frutos los conoceréis".

1. En el cristianismo primitivo existía, sin duda alguna, el peligro, para los creyentes en Jesús, de verse asaltados por "profetas falsos", ya entonces recibieron la amenaza que representan los hombres tramposos y embusteros, que se presentan con apariencia de salvadores, cuando en realidad son auténticos "salteadores" de caminos por los que transita inocente. Teniendo en cuenta que lo que se les reprocha a los "profetas falsos" no es el error, sino la maldad.

2. El principio o criterio, que aquí establece Jesús, tiene esta característica: fundamenta la ética, no en principios filosóficos o en leyes religiosas, sino en las consecuencias del propio comportamiento. El comportamiento humano, por supuesto. Pero el comportamiento humano que sigue el comportamiento que tuvo Jesús. Este criterio se parece mucho al llamado pragmatismo americano, que entiende la fe como "aquello en virtud de lo cual un hombre está dispuesto a obrar". No nos damos cuenta, por lo general, de la disociación y el desacuerdo que existe entre lo que pensamos y lo que hacemos. Por eso es tan importante recordar el criterio ético de R. Rorty: el hombre solidario es el que lucha por disminuir la violencia, el sufrimiento y la "humillación que soportan algunos seres humanos a causa de otros seres humanos".

3. Cada cual nos tenemos que preguntar por las consecuencias que se siguen de nuestras conductas. Por ejemplo, es muy aleccionador tener presente si cada cual, en el ambiente en el que se mueve, contagia bienestar, alegría, paz sosiego, ganas de vivir. O por el contrario, lo que contagia es un clima insoportable, malestar, tensiones, violencia, atropellos… En eso es donde está la respuesta al problema de la ética. Mi bondad o mi maldad se reciben, ante todo, en la cara que ponen los que conviven conmigo.

26 DE JUNIO - JUEVES **12ª SEMANA DEL TIEMPO ORDINARIO**

Mt 7, 21-29

En aquel tiempo, dijo Jesús a sus discípulos: "No todo el que me dice: "Señor, Señor" entrará en el Reino de los Cielos, sino el que cumple la voluntad de mi Padre que está en el cielo. Aquel día muchos dirán: "Señor, Señor, ¿no hemos profetizado en tu nombre, y en tu nombre echado demonios, y no hemos hecho en tu nombre muchos milagros?" Yo entonces les declararé: "Nunca os he conocido. Alejaos de mí, malvados". El que escucha estas palabras mías y las pone en práctica se parece a aquel hombre prudente que edificó su casa sobre roca. Cayó la lluvia, se salieron los ríos, soplaron los vientos y descargaron contra la casa; pero no se hundió, porque estaba cimentada sobre roca. El que escucha estas palabras mías y no las pone en práctica se parece a aquel hombre necio que edificó su casa sobre arena. Cayó la lluvia, se salieron los ríos, soplaron los vientos y rompieron contra la casa, y se hundió totalmente". Al terminar Jesús este discurso, la gente estaba admirada de su enseñanza, porque les enseñaba con autoridad y no como los letrados.

1. Aquí llegamos al final del sermón del monte, según la relación que nos dejó Mateo. En este final, Jesús resume el contenido central de lo que él ha querido enseñar. Ahora bien, lo primero que Jesús deja claro es que la salvación no depende de la piedad o de la devoción, sino de la conducta que el propio Jesús ha planteado en el sermón del monte. Las muchas plegarias, las numerosas invocaciones, las observancias piadosas, todo eso es bueno y nos ayuda. Pero todo eso puede resultar engañoso. Porque, con frecuencia, nos ciega los ojos del alma, hasta impedirnos ver los lejos que anda nuestra vida del modelo de vida que trazó Jesús.

2. "El que escucha estas palabras mías y las pone en práctica…" ¿De qué palabras se trata? Evidentemente de las que se cierran con este texto. Y lo que se cierra con este texto es el contenido de los capítulos cinco, seis y siete del evangelio de Mateo. ¿Qué plantea Jesús en esos capítulos? El tema de los pobres, el tema del dinero, el tema del perdón, la "regla de oro" en cuento al trato con los demás… El que hace eso y vive así, ese es el que vive en una casa sólida y bien construida. El que no hace eso es un insensato, que vive sobre un montón de arena. Así de concreta, y así de práctica es la ética de Jesús.

3. La conclusión final es tan clara como exigente: no nos engañemos, la religiosidad cristiana consiste en la bondad con los demás. Todo lo que no sea eso es dejarse atrapar por la enorme trampa que representa, para muchas personas, la religión, sobre todo la religión bien observada. Es decir, la religión de las normas y los ritos. Porque es un hecho que hay cantidad de personas en las que se conjugan y armoniza –tan misteriosa como verdaderamente– las religiosidades más exactas con las conductas más aberrantes, en las relaciones mutuas y en los comportamientos cívicos como tendrían que ser. Por eso tuvo que soportar insultos, enemistades, persecución, amenazas, conflicto, condena y muerte. Así hay que afrontar la vida, si es preciso.

4. En definitiva, hoy el mensaje del evangelio nos motiva para dejar de lado la mediocridad y la superficialidad de la vida como discípulos. Vivir quejándonos (Señor, Señor, mira que...) no revela nuestra intención profunda; por el contrario, es necesario buscar la coherencia en el amor.

27 DE JUNIO - VIERNES **SAGRADO CORAZÓN DE JESÚS**

Lc 15, 3-7

En aquel tiempo, dijo Jesús a los fariseos y letrados esta parábola: "Si uno de vosotros tiene cien ovejas y se le pierde una, ¿no deja las noventa y nueve en el campo y va tras la descarriada hasta que la encuentra? Y cuando la encuentra, se la carga sobre los hombros muy contento; "¡Felicitadme!, he encontrado la oveja que se me había perdido". Os digo que así también habrá más alegría en el cielo por un solo pecador que se convierta que por noventa y nueve justos que no necesitan convertirse".

1. El famoso capítulo 15 del evangelio de Lucas es la respuesta de Jesús a la acusación, que le hacían los fariseos y letrados, de que acogía a los descreídos y comía con ellos. Es decir, la respuesta a la denuncia de que Jesús andaba con "malas compañías", según la atinada y provocativa formulación del Adolf Holl, un cura austriaco que lo pagó caro, puesto que fue suspendido a divinis, o sea que su obispo lo puso de patas en la calle. El puritanismo observante no tolera la convivencia con la gente de mala fama. Es fue uno de los motivos que dio Jesús para que lo crucificasen. Pero es un hecho que la gente descreída, se se aleja de la religión y no quiere saber nada Dios y de la Iglesia, es porque algunos representantes y observantes fundamentalistas de la religión desprecian las "malas compañías". Y, como es lógico, nadie se acerca a donde se ve despreciado y a quien le desprecia.

2. Jesús responde a esta acusación con las tresparábolas de la misericordia: la oveja perdida, la moneda perdida, el hijo perdido (el "pródigo"). Jesús no habla de descreídos o pecadores, sino de extraviados o perdidos. Y utiliza estas expresiones de ta manera que, en realidad, lo que viene a decir es que Dios quiere tanto a los "extraviados" o "descreídos", que no puede pasar sin ellos, no pude vivir sin la oveja, la moneda o el hijo que se le ha extraviado. ¿Y quién de nosotros no estamos representados en la oveja, en la moneda y en el hijo "pródigo". Y por eso busca lo perdido, como es el caso de la oveja o la moneda. O acoge con una alegría increíble, como relata la parábola del hijo perdido. Dios no es como lo explican los teólogos y muchos predicadores, sino como se reveló en Jesús, en la vida y en la conducta de Jesús.

3. En la festividad del "Corazón de Jesús", lo primero que tendríamos que destacar es que el Dios, que se nos da a conocer en Jesús, en su forma de vivir, en sus costumbres, relaciones y amistades, es un Dios la que hoy no dejarían entrar en determinadas iglesias, conventos, seminarios, casa de espiritualidad… El Jesús del Evangelio, según los criterios dominantes hoy en no pocos ambientes eclesiásticos, no tendría vocación, no podría entrar en más de un noviciado. No podría pertenecer a ciertos grupos muy estrictos y tradicionales. ¿Será que no sabemos leer el Evangelio? ¿O no será, más bien, que andamos demasiado lejos del Jesús histórico?

4. Por eso, Santa Margarita María Alacoque, percibió en el Corazón de Jesús, el amor entrañable, el amor misericordioso, un amor que perdona todo, que es comprensivo, servicial, que no tiene envidia, que espera siempre… parafraseando a San Pablo cuando se dirige a la comunidad de Corinto.

28 DE JUNIO - SÁBADO **12ª SEMANA DEL TIEMPO ORDINARIO**

Mt 8, 5-17

En aquel tiempo, al entrar Jesús en Cafarnaúm, un centurión se le acercó diciéndole: "Señor, tengo en casa un criado que está en cama postrado y sufre mucho". Él le contestó: "Voy yo a curarlo". Pero el centurión le replicó: "Señor, ¿quién soy yo para que entres bajo mi techo? Basta que lo digas de palabra y mi criado quedará sano. Porque yo también vivo bajo disciplina y tengo soldados a mis órdenes: y le digo a uno "ve", y va; al otro, "ven", y viene; a mi criado, "haz esto", y lo hace". Cuando Jesús lo oyó quedó admirado y dijo a los que le seguían: "Os aseguro que en Israel no he encontrado en nadie tanta fe. Os digo que vendrán muchos de Oriente y Occidente y se sentarán con Abrahán, Isaac y Jacob en el Reino de los Cielos; en cambio a los ciudadanos del Reino los echarán afuera, a las tinieblas. Allí será el llanto y el rechinar de dientes". Y al centurión le dijo: "Vuelve a casa, que se cumpla lo que has creído". Y en aquel momento se puso bueno el criado. Al llegar Jesús a casa de Pedro, encontró a la suegra en cama con fiebre; la cogió de la mano, y se le pasó la fiebre; se levantó y se puso a servirles. Al anochecer, le llevaron muchos endemoniados; él con su palabra expulsó los espíritus y curó a todos los enfermos. Así se cumplió lo que dijo el profeta Isaías: "Él tomó nuestras dolencias y cargó con nuestras enfermedades".

1. Impresiona en este relato la humanidad de Jesús. Y la humanidad del centurión. Jesús atiende la petición de un hombre que es: extranjero, militar de graduación, de las tropas de ocupación. Y lo atiende de forma que quiere ir a su casa, le concede lo que pide y, sobre todo, lo elogia hasta decir que tiene más fe que cualquier judío. Más aún, Jesús afirma que se acabaron los privilegios de cualquier religión, ya que del mundo entero (Oriente y Occidente) vendrán los que, ante Dios, tendrán el mismo premio que los patriarcas de Israel.

2. El centurión no quiere que su criado siga sufriendo. No se considera digno de que Jesús vaya a su casa. No menciona su autoridad, sino su sumisión a la disciplina establecida. Y muestra una fe sin límites en Jesús. Es la fe-confianza que acepta la palabra de Jesús con tal convicción, que está completamente seguro de que esa palabra suprime el sufrimiento y da vida. A veces, nos preguntamos, ¿por qué Dios no escucha mi oración? La respuesta está muy clara en este texto. Porque, además de la falta de fe en la palabra de Jesús, somos tan inhumanos, que esto nos impide ver la mano de Dios en los demás. Sea quien sea. Sin importar, raza, religión o país. Seamos respetuosos, influyentes, generosos, solidarios...

3. El relato no habla de "conversión" del centurión. No dice que dejara su religión y se hiciera prosélito judío. Ni dice que los que vendrán de Oriente y Occidente, para alcanzar tanta gloria como los patriarcas, abandonarán sus "falsas creencias". ¿No se puede decir que, para Jesús, lo decisivo no es la pertenencia a una determinada religión, sino la humanidad y la fe que muestra el centurión?. Guerras, muertes, divisiones, a veces, cuando nos volvemos radicales y, más en un credo religioso, somos capaces de destruir a todo aquel que se nos ponga por delante. Como vemos, lo más importante es creer y hacer el bien a las personas. Todo lo demás, vendrá por añadidura. No es cuestión de "doctrina", es cuestión de fe y con la fe, nuestra humanidad.

29 DE JUNIO - DOMINGO **SAN PEDRO Y SAN PABLO**

Mt 16, 13-19

En aquel tiempo, al llegar a la región de Cesarea de Filipo, Jesús preguntó a sus discípulos: "¿Quién dice la gente que es el Hijo del Hombre?" Ellos contestaron: "Unos que Juan Bautista, otros que Elías, otros que Jeremías o uno de los profetas". Él les preguntó: "Y vosotros, ¿quién decís que soy yo?" Simón Pedro tomó la palabra y dijo: "Tú eres el Mesías, el Hijo de Dios vivo". Jesús le respondió: "¡Dichoso tú, Simón, hijo de Jonás!, porque eso no te lo ha revelado nadie de carne y hueso, sino mi Padre que está en el cielo. Ahora te digo yo: Tú eres Pedro y sobre esta piedra edificaré mi Iglesia, y el poder del infierno no la derrotará. Te daré las llaves del Reino de los Cielos; lo que ates en la tierra quedará atado en el cielo, y lo que desates en la tierra quedará desatado en el cielo".

1. Indudablemente, la festividad litúrgica de hoy es importante para la Iglesia. Porque conmemora a los dos apóstoles que fueron más determinantes en el nacimiento y primera organización de la Iglesia. Pedro, como el apóstol más destacado en los evangelios. Pablo, como el hombre genial que le dio alguna forma de organización estable al original "movimiento de Jesús" y, además, lo universalizó, convirtiendo aquel pequeño grupo incipiente de "carismáticos itinerantes" (G. THEISSEN) en una organización universal (H. KÛNG).

2. La figura del papado es fundamental en la Iglesia, una institución de ámbito universal, en la que inevitablemente se plantean problemas o surgen situaciones que requieren una autoridad supra-nacional para tener su debida solución. Hoy tenemos como cabeza de la Iglesia a un gran hombre, el papa Francisco que sigue los pasos de Jesús, como lo hicieron, Pedro y Pablo anunciando la Buena Nueva del Reino e incomprendidos, entonces y hoy, por muchos que les cuesta entender que el seguimiento a Jesús pasa por las víctimas de la Historia. Hoy son los migrantes y los descartados de los grandes poderes que empobrecen los más pequeños y sencillos.

3. Regresando al texto del evangelio de hoy, no es fácil intentar responder con sinceridad a la pregunta de Jesús: "¿Quién dicen que soy yo"? En realidad, ¿quién es Jesús para nosotros? Su persona nos llega a través de veinte siglos de imágenes, fórmulas, devociones, experiencias, interpretaciones cultuales... que van desvelando y velando al mismo tiempo su riqueza insondable. Pero, además, cada uno de nosotros vamos revistiendo a Jesús de lo que somos nosotros. Y proyectamos en él nuestros deseos, aspiraciones, intereses y limitaciones. Y casi sin darnos cuenta lo empequeñecemos y desfiguramos, incluso cuando tratamos de exaltarlo. Jesús sigue vivo y no se deja etiquetar ni reducir a unos ritos, unas fórmulas o unas costumbres.

4. Jesús siempre desconcierta a quien se acerca a él con postura abierta y sincera. Siempre es distinto de lo que esperábamos. Siempre abre nuevas brechas en nuestra vida, rompe nuestros esquemas y nos atrae a una vida nueva. Cuando más se le conoce, más sabe uno que todavía está empezando a descubrirlo. Jesús es peligroso – ya lo hemos dicho en más de una ocasión–. Percibimos en él una entrega a los hombres que desenmascara nuestro egoísmo. Una pasión por la justicia que sacude nuestras seguridades, privilegios y egoísmos. Una ternura que deja al descubierto nuestra mezquindad. Una libertad que rasga nuestras mil esclavitudes y servidumbres. Y, sobre todo, intuimos en él un misterio de apertura, cercanía y proximidad a Dios que nos atrae y nos invita a abrir nuestra existencia al Padre. A Jesús lo iremos conociendo en la medida en que nos entreguemos a él. Solo hay un camino para ahondar en su misterio: seguirle. Así lo hizo Pedro y los Apóstoles. Así lo han hecho muchos hombres y mujeres a lo largo de la Historia. Así lo queremos hacer nosotros hoy.

5. Seguir humildemente sus pasos, abrirnos con él al Padre, reproducir sus gestos de amor y ternura, mirar la vida con sus ojos, compartir su destino doloroso, esperar su resurrección. Y, sin duda, orar muchas desde el fondo de nuestro corazón: "Creo, Señor, ayuda a mi incredulidad". No nos hemos de engañar. Cada uno hemos de ponernos ante Jesús, dejarnos mirar directamente por él y escuchar desde el fondo de nuestro ser sus palabras: ¿quién soy yo realmente para ustedes? A esta pregunta se responde con la vida más que con palabras sublimes.

30 DE JUNIO - LUNES — **13ª SEMANA DEL TIEMPO ORDINARIO**

Mt 8, 18-22

En aquel tiempo, viendo Jesús que lo rodeaba mucha gente, dio orden de atravesar a la otra orilla. Se le acercó un letrado y le dijo: "Maestro, te seguiré adonde vayas". Jesús le respondió: "Las zorras tienen madrigueras y los pájaros nidos, pero el Hijo del Hombre no tiene donde reclinar la cabeza". Otro que era discípulo, le dijo: "Señor, déjame ir primero a enterrar a mi padre". Jesús le replicó: "Tú, sígueme. Deja que los muertos entierren a sus muertos".

1. El evangelio de este lunes es el paralelo de Mateo en relación con el texto de Lucas. El relato de Mateo es más breve. Pero recoge lo esencial. En cualquier caso, lo más importante, cuando se habla de este tema, es darse cuenta de que el seguimiento de Jesús es el centro del Evangelio, por lo que se refiere a lo que el Evangelio debe representar en nuestra vida. Por tanto, el centro no es la "fe en Jesús". Baste pensar que, en los evangelios sinópticos, de la fe se habla 36 veces, mientras que el seguimiento se menciona 56 veces. La fe, que elogia Jesús, es la fe del centurión romano (Mt 8,10 par), de la mujer sino-fenicia (Mt 15 28 par) y del leproso samaritano (Lc 17,19). A los apóstoles, les exigió un seguimiento total, mientras que cuando Jesús les habla de la fe, es para reprocharles su falta o escasez de fe.

2. La respuesta, que Jesús le da al letrado, al exigirle que debe renunciar a tener lo que tienen las fieras en el campo o los pájaros en los árboles, un pequeño hueco "donde reclinar la cabeza", seguramente no significa renunciar a tener un cobijo en el sentido más literal de la palabra. No olvidemos que Jesús mismo tenía una casa en Cafarnaúm (Mt 9,10.28). Lo que Jesús quiso fue poner de relieve la desinstalación, el destino itinerante, como característica de su ministerio. Incluso hay quien piensa que este tener que ir de un lado para otro era la consecuencia de un hombre que se veía rechazado, amenazado y que tenía que hacer constantes retiradas (Mt 213-14; 12,14-15...). Por eso, entre otras cosas, resulta tan difícil ver representado el Evangelio en las mansiones clericales (y no digamos episcopales) que la gente ve en tantas ciudades.

3. La renuncia a enterrar al propio padre se comprende cuando se tienen en cuenta que el deber de dar sepultura a los difuntos era tan importante que se consideraba "como la cima de todas las buenas obras". Por tanto, lo que aquel discípulo le estaba pidiendo a Jesús era seguirle, pero después de cumplir con la propia religión, ya que no enterrar al propio padre atraía una maldición y era una vergüenza. Y eso es lo que Jesús no tolera. En definitiva, se trata de comprender que el Evangelio es lo más serio, lo más grave, lo más exigente, que se puede asumir como proyecto de vida. Por otra parte, y como es lógico, todo esto deja de tener sentido y se reduce a mera charlatanería eclesiástica, cuando en el centro de la vida no se pone el seguimiento de Jesús, sino la observancia religiosa. Teniendo siempre en cuenta que seguir a Jesús es vivir con Jesús y como Jesús, en la medida en que eso es posible.

Mt 8, 23-27

En aquel tiempo, subió Jesús a la barca y sus discípulos lo siguieron. De pronto se levantó un temporal tan fuerte, que la barca desaparecía entre las olas; él dormía. Se acercaron los discípulos y lo despertaron gritándole: "¡Señor, sálvanos, que nos hundimos!". Él les dijo: "¡Cobardes! ¡Qué poca fe!" Se puso de pie, increpó a los vientos y al lago y vino una gran calma. Ellos se preguntaban admirados: "¿Quién es este? ¡Hasta el viento y el agua le obedecen!".

1. Este extraño relato del Evangelio es también un relato de "seguimiento" de Jesús. Y eso es tan importante que ahí está la clave para enterarse de lo que aquí se quiere enseñar. Todo empieza diciendo que "subió Jesús a la barca y sus discípulos lo siguieron". Lo que viene a continuación es sencillamente explicar las consecuencias que tiene (o puede tener) el seguimiento de Jesús. Tales consecuencias fueron, es este caso, meterse en una tempestad que llegó a representar un peligro de muerte. Seguir a Jesús, si es que estamos hablando en serio, es cosa seria. Y puede llegar a ser asunto de vida o muerte. Porque ante los obstáculos de la vida, en ocasiones sentimos miedo. Dudamos del Señor y desesperamos. El discipulado es exigente. El Señor reprocha la falta de fe. Él es nuestra seguridad, aunque en ocasiones experimentemos ausencia y silencio de él.

2. Por tanto, parece una empresa estéril dedicarse a hacer conjeturas sobre si aquí se relata un hecho histórico, sobre la naturaleza meteorológica de las tempestades en el pequeño lago de Galilea, sobre lo inverosímil del sueño de Jesús cuando el mar bramaba amenazante, etc. Lo que aquí importa no es fijar la historia, sino aprender la enseñanza religiosa que dan los evangelios. Y esa enseñanza se condensa en esto: "seguir a Jesús es una confrontación tempestuosa con poderes cósmicos, políticos, sociales, económicos y religiosos. Seguir a Jesús, por lo tanto, es tener la libertad y la audacia de enfrentarse a poderes que vemos que nos superan, que nos atemorizan, a los que no vemos solución. Pero, si hay seguimiento, hay enfrentamiento. Porque el seguimiento es fuente de libertad. Un seguidor de Jesús no se calla ante las injusticias sociales, ante los atropellos políticos, ante la corrupción de los gestores del capital.

3. Pero el "seguimiento" es también "seguridad". El que está junto a Jesús ha de saber y tener muy claro que sale adelante, aunque la impresión sea que fracasa, que se hunde, que los poderosos se le imponen y lo aplastan. Se puede triunfar, a los ojos del sistema, pero en realidad fracasar. Porque cuando lo que se consigue es perpetuar el "status quo", la situación establecida,

¿se puede cometer mayor canallada? ¿No hay que actuar de forma que se haga estallar tanta canallada de desigualdades y atropellos contra los más indefensos, por más que se les dé un plato de comida o ropa usada de las diferentes Instituciones de Caridad, como puede ser Caritas?

2 DE JULIO - MIÉRCOLES **13ª SEMANA DEL TIEMPO ORDINARIO**

Mt 8, 28-34

En aquel tiempo, llegó Jesús a la otra orilla, a la región de los gerasenos. Desde el cementerio dos endemoniados salieron a su encuentro; eran tan furiosos que nadie se atrevía a transitar por aquel camino. Y le dijeron a gritos: "¿Qué quieres de nosotros, Hijo de Dios? ¿Has venido a atormentarnos antes de tiempo?" Una gran piara de cerdos a distancia estaba hozando. Los demonios le rogaron: "Si nos echas, mándanos a la piara". Jesús les dijo: "Id". Salieron y se metieron en los cerdos. Y la piara entera se abalanzó acantilado abajo y se ahogó en el agua. Los porquerizos huyeron al pueblo y lo contaron todo, incluyendo lo de los endemoniados. Entonces el pueblo entero salió a donde estaba Jesús y, al verlo, le rogaron que se marchara de su país.

1. Se discute si la ciudad, que daba nombre a esta región, era Gerasa, Gadara o Gergera. Seguramente el relato se refiere a Gadara, una población pagana, domina por los romanos. Está situada en la Decápolis. Ciudad rica y en la que abundaba la violencia, si nos atentemos a lo que informa F. Josefo. En todo caso, lo que está claro es que era un territorio cercano al mar. Y, sobre todo, lo que allí encuentra Jesús es violencia contra los seres humanos que el relato asocia con el cementerio y, por tanto, con la muerte y con el miedo.

2. Es importante advertir que se narra el episodio de forma que los endemoniados no piden ni curación, ni remedio. Lo que hacen es protestar y hasta pedirle explicaciones a Jesús de lo que pretende hacer: "¿Has venido a atormentarnos antes de tiempo?" (Mt 8,29). Desde nuestra posición de creyentes, podemos interpretar la invocación de "Hijo de Dios" como reconocimiento de su condición divina. En realidad, después del año 70, cuando Mateo redactó este episodio, el título de "Hijo de Dios" era un título imperial. Así se advierte mejor la grandeza y la humanidad de Jesús, que domina el mal y la muerte. Y sobre todo que da vida y devuelve la dignidad perdida a lo más amenazante e ingrato para la convivencia y la dignidad humanas. Nos cuesta aceptar que la grandeza de la humanidad y la bondad de Jesús nos revelan la fuerza de una misericordia que solo puede venir de lo "sobre-humano", lo "trascendente", de Dios mismo que se nos hace presente y se nos da a conocer en una humanidad y una misericordia tan inmensa como la que mostró Jesús, en este episodio concretamente.

3. El relato termina de forma desconcertante. Los cerdos eran animales impuros, para los judíos (Lev 11,7-8; Dt 14,8). Y el hecho es que Jesús actuó de forma que los demonios, al salir de los humanos-endemoniados, se fueron a los cerdos. Y la piara entera se lanzó al mar, es decir, a la muerte. Así, la muerte pasó de los humanos a la enrome piara económica que se contenía en aquella piara de impureza y riqueza. Así las cosas, en cuanto los dueños de aquel capital se enteraron de lo sucedido, vinieron a pedirle a Jesús que se marchase de su territorio. Ante esta opción de tener en su tierra y en sus posesiones o muerte o riqueza, los gadarenos (o gírasenos) no quieren que siga entre ellos quien se pone de parte de la salud y la vida del ser humano, antes que tener que soportar a quien les priva de sus riquezas. O sea, de sus cerdos. Se podría destacar otras enseñanzas de este relato. En cualquier caso, lo que se acaba de señalar es indiscutible. Y ahora lo estamos viendo a diario: quienes abundan en bienestar y buen nivel de vida, prefieren su bienestar y lo anteponen a las fuerzas y la violencia de la muerte.

3 DE JULIO - JUEVES — **SANTO TOMÁS APÓSTOL**

Jn 20, 24-29

Tomás, uno de los Doce, llamado el Mellizo, no estaba con ellos cuando vino Jesús. Y los otros discípulos le decían: "Hemos visto al Señor". Pero él les contestó: "Si no veo en sus manos la señal de los clavos, si no meto el dedo en el agujero de los clavos y no meto la mano en su costado, no lo creo". A los ocho días, estaban otra vez dentro los discípulos y Tomás con ellos. Llegó Jesús, estando cerradas las puertas, se puso en medio y dijo: "Trae tu dedo, aquí tienes mis manos; trae tu mano y métela en mi costado; y no seas incrédulo, sino creyente". Contestó Tomás: "Señor mío y Dios mío". Jesús le dijo: "¿Porque me has visto has creído? Dichosos los que crean sin haber visto".

1. La incredulidad de Tomás ilumina nuestra frecuente falta de fe. ¿Por qué? Por el oído entran las "verdades". Por los ojos y el tacto, vemos y palpamos los "hechos". Para Tomás y para el común de los mortales, tienen más credibilidad los hechos que vemos y palpamos, que las verdades que oímos. La desgracia es que, con frecuencia, la Iglesia y los cristianos le predicamos a la gente muchas teorías, que pueden ser verdades que a nosotros nos parecen absolutas, pero que los ciudadanos no les convencen. El día que podamos enseñar nuestras manos, marcadas por el trabajo (como hizo Pablo: Hech 20,34) o por el sufrimiento (como hizo Jesús: Jn 20,27), ese día la gente de buena voluntad reconocerá en Jesús a su Señor y a su Dios.

2. Tomas pidió palpar las llagas. No se conformó con tocar las manos. En el Resucitado, Tomás seguía teniendo al Crucificado. Porque para aquellos hombres, la gran dificultad para creer en la resurrección era precisamente la cruz y las llagas que dejó la cruz. Y es que, en aquella cultura, un crucificado tenía que ser un "maldito". Lo que representaba la mayor dificultad para ver en Jesús la presencia de Dios. Y la plenitud de la Vida, que es Dios.

3. La dificultad de Tomás es nuestra dificultad. Y la solución tiene que estar donde la encontró Tomás. Cuando en las llagas del dolor y el fracaso, que son las cosas más duras de la condición humana, ahí vemos y palpamos al Resucitado y, en Él, a Dios, entonces es cuando damos el paso decisivo de la fe. Porque entonces es cuando encontramos a Dios en lo humano, en lo más humano, incluso en más duro y negativo de la condición humana. Encontrar a Dios en unas llagas es encontrar a Dios en lo más humano. Entonces, la confesión de fe no es un problema, sino una indecible felicidad.

4. Tomás dudó, nosotros no hemos de asustarnos al sentir que brotan en nosotros dudas e interrogantes. Las dudas, vividas de manera sana, nos rescatan de una fe superficial que se contenta con repetir fórmulas, sin crecer en confianza y amor. Las dudas nos estimulan a ir hasta el final en nuestra confianza en el Misterio de Dios encarnado en Jesús. La fe cristiana crece en nosotros cuando nos sentimos amados y atraídos por ese Dios cuyo rostro podemos vislumbrar en el relato que los evangelios nos hacen de Jesús. Entonces, su llamada a confiar tiene en nosotros más fuerza que nuestras propias dudas. "Dichosos los que crean sin haber visto".

4 DE JULIO - VIERNES **13ª SEMANA DEL TIEMPO ORDINARIO**

Mt 9, 9-13

En aquel tiempo, vio Jesús a un hombre llamado Mateo sentado al mostrador de los impuestos, y le dijo: "Sígueme". Él se levantó y lo siguió. Y estando en la mesa en casa de Mateo, muchos publicanos y pecadores, que habían acudido, se sentaron con Jesús y sus discípulos. Los fariseos, al verlo, preguntaron a los discípulos: "¿Cómo es que vuestro maestro come con publicanos y pecadores?" Jesús lo oyó y dijo: "No tienen necesidad de médico los sanos, sino los enfermos. Andad, aprended lo que significa "misericordia quiero y no sacrificios": que no he venido a llamar a los justos, sino a los pecadores".

1. Decir que Mateo se dedicaba a cobrar los impuestos era lo mismo que afirmar que era un ladrón. Su trabajo era un oficio en el que se ganaba lo que se cobraba "de más" a los contribuyentes. De ahí, el desprecio de la gente hacia este tipo de individuos. Se les asociaba con gentes tan poco estimadas como los mendigos, los ladrones, los usureros, los dueños de prostíbulos y los adúlteros. Pues bien, a un individuo de tan mala calificación es al que Jesús se dirige. Y sin más explicaciones, le plantea la llamada: *Sígueme*. Y tan inmediata como fue la llamada, así fue la respuesta. Sin duda alguna, era enorme la "atracción" que ejercía Jesús sobre las gentes más marginales de su tiempo y de aquella sociedad.

2. Por otra parte, es lógico que Jesús quería convertir a los corruptos de su tiempo. Pero vio que el procedimiento para que los corruptos cambiasen no consistía en alejarse de ellos. Y, menos aún, mediante insultos, agresiones y ofensas y amenazas. Por eso, el Evangelio afirma –de forma sorprendente– que Jesús "comía con pecadores y publicanos" (Lc 15,1-2). Se ha dicho muchas veces que los "pecadores" eran los "impuros". Quienes mejor han estudiado este asunto han llegado a la conclusión de que los pecadores eran "los malvados... aquellos que pecaban con plena conciencia y de forma execrable sin arrepentimiento" (P. Sanders).

3. Pues bien, lo más fuerte es que Jesús, al comer con aquellas gentes y hacerse amigo de ellos, asociaba su vida a grupos y expresiones que funcionaban e iban unidos a términos simbólicos que definían una posición social que era abiertamente difamatoria (Dennis E. Smith). En el fondo, lo que el evangelio de Mateo quiere dejar claro es la significación del texto famoso de Oseas 6,6: *Misericordia quiero y no sacrificios*. El Evangelio nos viene a decir que, si no eres bueno con los que son considerados como malos, la religión, el culto y las observancias no te sirven para nada.

4. Por eso, Jesús ve, llama, invita a seguirlo. Levanta del pecado, de las angustias, de las tristezas, de las incomprensiones, de las vicisitudes. De todo aquello que esclaviza y oprime. Y nos ofrece una vida nueva de relaciones de amor, fraternidad y justicia. Recupera los vínculos y se queda con nosotros.

Mt 9, 14-17

En aquel tiempo, los discípulos de Juan se le acercaron a Jesús preguntándole: "¿Por qué nosotros y los fariseos ayunamos a menudo y, en cambio, tus discípulos no ayunan?" Jesús les dijo: "¿Es que pueden guardar luto los amigos del novio, mientras el novio está con ellos? Llegará un día en que se lleven al novio y entonces ayunarán. Nadie echa un remiendo de paño sin remojar a un manto pasado; porque la pieza tira del manto y deja un roto peor. Tampoco se echa vino nuevo en odres viejos, porque revientan los odres: se derrama el vino y los odres se estropean; el vino nuevo se echa en odres nuevos, y así las dos cosas se conservan".

1. Es importante darse cuenta de que este relato marca la ruptura que se produjo entre Jesús e Israel. Jesús da a entender, en su respuesta, que sus discípulos representan lo nuevo que él trae al mundo (U. Luz). Una religiosidad desligada de ascetismo y observancias. Y cuyo centro está en la felicidad compartida, en el gozo comunitario, en el amor de todos con todos. Insistamos, una vez más, en que la novedad del Evangelio se vio limitada o quizá controlada por la cultura estoica, que puso en el centro de la vida la pureza y no la justicia. Al tiempo que se marginó la cultura dionisiaca, en la que la "felicidad compartida de la bacanal" tiene la virtualidad de "poner las almas en común" (M. Daraki). Es central en el Evangelio el proyecto de la unión, la bondad y el amor común, que no fomenta el orgullo personal, sino la dicha en común.

2. Por otra parte, la práctica del ayuno indica, en el fondo, que creemos un Dios al que le gusta que la gente se prive de lo más elemental para la vida: el alimento. El Dios del ayuno es un Dios de luto y muerte. Sin embargo, el Dios de Jesús es como un novio: el ser enamorado, que une su vida y su destino a la persona a la que ama. Por eso, la boda es, en todas las culturas, una de las celebraciones más bellas, más gozosas y más cargadas de esperanza y disfrute que hay en este mundo. San Juan de la Cruz escribió, en el Cántico espiritual, el poema más bello y profundo del amor a Dios, utilizando para ello lo que en la vida de los seres humano representa el cariño de los enamorados.

3. Lo más opuesto a un día de ayuno es un día de boda. Como lo más opuesto a un funeral es el banquete en el que los invitados gritan "¡Vivan los novios!". Pues bien, esto supuesto, lo genial es que el Dios de Jesús no es el Dios del ayuno, sino el Dios de la boda. Esto es tan sorprendente, que al común de la gente no le entra en la cabeza. Sin saber por qué, el hecho es que somos muchos los que tenemos la impresión de que nos acercamos más a Dios mediante la "privación" que mediante la "satisfacción". ¿Qué extraño mecanismo interior funciona en nosotros para producir semejante impresión? Sin duda alguna, la experiencia religiosa está más asociada al dolor que al disfrute.

4. Ahora bien, con lo dicho no significa que "satanicemos" el ayuno. En todas las religiones, en todas las culturas, siempre se han dado y se siguen dando "rituales" con el fin de disciplinarse. El "ayuno" puede ser uno de ellos. Los atletas se privan de muchas cosas para conseguir sus metas. También en la vida espiritual necesitamos disciplinarnos para alcanzar los fines que nos proponemos. Si hacemos el ayuno para conseguir algo que Dios nos conceda, a eso le llamamos manipulación y, Dios no se deja manipular por muchos sacrificios que podamos hacer. Si ayunamos para disciplinarnos y con un fin espiritual, eso es otra cosa. Si absolutizamos algo, como puede ser el ayuno, la disciplina o cualquier otra cosa, desvirtuamos el sentido por lo que se hizo. De este modo, no olvidemos que Dios es Dios de vida y quiere lo mejor para sus hijos.

6 DE JULIO - DOMINGO **14ª SEMANA DEL TIEMPO ORDINARIO**

Lc 10, 1-9

En aquel tiempo, designó el Señor otros setenta y dos, los mandó por delante, de dos en dos, a todos los pueblos y lugares adonde pensaba ir él. Y les decía: "La mies es abundante y los obreros pocos: rogad, pues, al dueño de la mies que mande obreros a su mies. ¡Poneos en camino! Mirad que os mando como corderos en medio de lobos. No llevéis talega, ni alforja, ni sandalias, y no os detengáis a saludar a nadie por el camino. Cuando entréis en una casa, decid primero: "Paz a esta casa". Y si allí hay gente de paz, descansará sobre ellos vuestra paz; si no, volverá a vosotros. Quedaos en la misma casa, comed y bebed de lo que tengan: porque el obrero merece su salario. No andéis cambiando de casa en casa. Si entráis en un pueblo y os reciben bien, comed lo que os pongan, curad a los enfermos que hay, y decid: "está cerca de vosotros el Reino de Dios".

1. El número de setenta (o setenta y dos) se ha de entender a partir del simbolismo del número 7. En el pensamiento judío, este número indicaba todas las naciones de la tierra (F. Bovon). En las antiguas culturas, se trataba de un número importante. Porque indica plenitud o totalidad. Y así se entiende en la

Biblia (Gen 10,2-31; Zac 7,5; Ex 1,5; Deuterio 10,22). De esta manea, el evangelio de Lucas indica que Jesús no envió solamente a "doce", sino que la misión de Jesús a sus discípulos abarca a "todos" los pueblos o naciones de la tierra. En otras palabras, la vocación misionera es universal para todo cristiano. Y es constitutiva de la fe en Jesús. El que cree de verdad en Jesús, por eso mismo se tiene que considerar a sí mismo como apóstol del Evangelio en el ambiente en el que se desenvuelve su vida.

2. La vida que llevó Jesús, como profeta itinerante y nunca instalado, lo mismo que la vida de los discípulos que le siguieron, son datos que indican que se dio una continuidad entre Jesús y el grupo de sus discípulos. Estos prolongaron, hasta el día de hoy, el mensaje de Jesús, su revelación de Dios y su proyecto de una ética que nos humaniza y hace este mundo más habitable.

3. Lo lamentable es que, con el paso del tiempo, a media que los cristianos fueron creciendo en número, en esa misma medida los *discípulos de Jesús*, del Evangelio, fueron evolucionando hacia los *clérigos de la Iglesia*, que, sobre todo a partir de Constantino (s. IV), pudieron contar con "privilegios y protección". A partir del año 313, Constantino "garantizó" a los obispos y a los clérigos los mismos privilegios que los emperadores romanos habían concedido siempre a quienes promovían los fines culturales y religiosos de la sociedad romana" (Peter Brown). Esto se veía como lo más lógico. Pero, ¿era lo más evangélico? Así, se mantuvo la presencia de la Iglesia. Pero a base de marginar la integridad del Evangelio. Desde entonces, tenemos más "religión cristiana" que "presencia del Evangelio".

4. El radicalismo de Jesús no es imitable hoy al pie de la letra. Hay que actualizarlo en nuestra inconformidad con la sociedad injusta y desigual que ha generado el sistema político y económico que se nos ha impuesto. Quienes, desde sus posibilidades y condiciones de vida, mantienen viva la aspiración a la utopía del Evangelio, que es la utopía en defensa del derecho del más débil, esos son los que prolongan en la historia la "memoria subversiva" de Jesús.

7 DE JULIO - LUNES **14ª SEMANA DEL TIEMPO ORDINARIO**

Mt 9, 18-26

En aquel tiempo, mientras Jesús hablaba, se acercó un personaje que se arrodilló ante él y le dijo: "Mi hija acaba de morir. Pero ven tú, ponle la mano en la cabeza y vivirá". Jesús lo siguió con sus discípulos. Entretanto, una mujer que sufría flujos de sangre desde hacía doce años, se le acercó por detrás y le tocó el borde del manto, pensando que con solo tocarle el manto se curaría. Jesús se volvió, y al verla dijo: "¡Ánimo, hija! Tu fe te ha curado". Y en aquel momento quedó curada la mujer. Jesús llegó a casa del personaje y, al ver a los flautistas y el alboroto de la gente, dijo: "¡Fuera! La niña no está muerta, está dormida. Se reían de él. Cuando echaron a la gente, entró él, cogió a la niña de la mano, y ella se puso en pie. La noticia se divulgó por toda aquella comarca.

1. Jesús es fuente inagotable de vida. Dio vida a la mujer que padecía las hemorragias incurables para la medicina de entonces. Y devolvió la vida a la niña difunta de la que ya se hacía el duelo acostumbrado. Al recordar estos hechos, no nos interesa sobre todo la estricta veracidad de lo que sucedió en estos dos casos extraordinarios. Lo que de verdad nos importa es el mensaje religioso que aquí se nos da. Hay que insistir en este dato capital: lo que interesa y lo que nos importa, en los relatos del Evangelio, no es su "historicidad", sino su "significación". Aceptado el hecho, históricamente innegable, de la existencia de Jesús de Nazaret lo que tenemos que buscar y encontrar, en cada relato, es lo que eso representa y significa para nuestra forma de vivir. Por ejemplo: Jesús curaba a los enfermos. ¿Hacía milagros? No es posible saberlo desde la perspectiva que hoy manejamos de la historia. Lo que no admite duda es que a Jesús le interesaba y le preocupaba la salud de las personas. Jesús no soportaba ver a la gente sufrir. Esto es lo incuestionable. Y lo que nosotros podemos hacer, cada cual en cuanto pueda y como pueda.

2. Es fundamental, es apremiante, insistir en esto, que, por otra parte, está patente en casi todas las páginas de los cuatro evangelios. Jesús no organizó una religión de sacerdotes y altares, templos y ritos sagrados. Eso no aparece por ninguna parte en los evangelios. La organización que hoy tenemos va surgiendo a través de los siglos y según las necesidades y contextos culturales del momento. Lo que sí podemos decir y que encontramos en cada página del Nuevo Testamento, es que Jesús tuvo y enseñó una fe muy profunda en Dios como Padre siempre bueno con todos. Y, junto a eso, no dejó de insistir en que esa fe en el Padre se tiene que traducir y solo se puede vivir de verdad en la incesante preocupación por los pobres y los que sufren. De ahí, el interés de Jesús por las curaciones de enfermos y por las comidas con toda clase de personas. Añadiendo a eso, su insistencia machacona en mejorar nuestras relaciones con los demás.

3. Por último, es capital destacar –una vez más– que esta religiosidad no es un mero humanismo. No lo es. Ni puede serlo. Porque vivir así y hacer esto, siempre y con todo el mundo, es algo que no es posible si no es a partir de la base de una espiritualidad muy profunda, una mística muy seria, una religiosidad muy intensa. Solo una persona así, está capacitada para aproximarse a este ideal que siempre será un horizonte último nunca plenamente alcanzable. Por eso, el orante confía en Dios y le dirige su súplica. El que se refugia en Dios no tiene por qué temer. Es protección y seguridad. Dios recuerda que quien se ha unido a él lo reconoce como Señor, acudirá a él en la angustia. Dios siempre responderá. De ahí que, quien acude al Señor, en las situaciones de muerte, de dolor, de incomprensión, encontrará respuesta. En Jesús la vida triunfa. Jesús nunca defrauda la confianza que sus discípulos tenemos en él y su fuerza salvadora. Él desafía toda clase de muerte.

8 DE JULIO - MARTES **14ª SEMANA DEL TIEMPO ORDINARIO**

Mt 9, 32-38

En aquel tiempo, llevaron a Jesús un endemoniado mudo. Echó al demonio, y el mudo habló. La gente decía admirada: "Nunca se ha visto en Israel cosa igual". En cambio, los fariseos decían: "Este echa los demonios con el poder del jefe de los demonios". Jesús recorría todas las ciudades y aldeas, enseñando en sus sinagogas, anunciando el evangelio del Reino y curando todas las enfermedades y todas las dolencias. Al ver a las gentes, se compadecía de ellas, porque andaban extenuadas y abandonadas, "como ovejas que no tienen pastor". Entonces dijo a sus discípulos: "La mies es abundante, pero los trabajadores son pocos; rogad, pues, al Señor de la mies que mande trabajadores a su mies".

1. Fue fuerte y quedó el contraste, y hasta la contradicción, que provocó la actividad de Jesús. A la gente sencilla, los ignorantes de la plebe, los que carecían de formación religiosa y no eran observantes (Jn 7,49), esos precisamente eran los que se entusiasmaban con lo que hacía Jesús. Además, decían que nunca habían visto cosa igual. Sin embargo, los que pertenecían a la elite de la religión, los fariseos y maestros de la ley, aseguraban que todo aquello no era sino la manifestación del poder del príncipe de los demonios. ¿Cómo se puede explicar que una misa actuación de Jesús provocara reacciones opuestas?

2. Aquí queda patente la fuerza que tiene, en la vida de los seres humanos, eso que los estudiosos llaman la hermenéutica, es decir, la interpretación que cada cual hace de lo que ve y vive. Un principio determinante: el "desde dónde" cada cual ve la vida, determina "lo que ve" en la vida. No se ve la vida lo mismo desde lo alto de un monte que desde lo profundo de un barranco. No se ve vida lo mismo desde la religión que desde la sociedad secular. El "desde dónde" se ven las cosas genera "intereses", los llamados "intereses rectores del conocimiento", que son los que nos hacen ver lo que valoramos y despreciar lo que no nos interesa. Así somos los seres humanos.

3. Jesús sentía compasión por la pobre gente. A la que veía como corderos desamparados y perdidos, sin pastor. Jesús los veía así porque compartió la vida con ellos. Desde el Templo de Jerusalén no se podían ver las cosas igual. Ni se podía sentir la compasión que sentía Jesús. De ahí que la pregunta, a la que nos enfrenta este evangelio, es muy clara y muy fuerte: ¿Qué es lo que conmueve mis entrañas cuando veo las imágenes del hambre en muchos países de África y América Latina, de la violencia y la guerra en Ucrania y otros lugares, de la opulencia de las grandes potencias mundiales?

9 DE JULIO - MIÉRCOLES **14ª SEMANA DEL TIEMPO ORDINARIO**

Mt 10, 1-7

> *En aquel tiempo, Jesús llamó a sus doce discípulos ("mathetai") y les dio autoridad para expulsar espíritus inmundos y curar toda enfermedad y dolencia. Estos son los nombres de los doce apóstoles ("àpostoloi"): el primero, Simón, el llamado Pedro, y su hermano Andrés; Santiago el Zebedeo, y su hermano Juan; Felipe y Bartolomé, Tomás y Mateo el publicano; Santiago el Alfeo, y Tadeo; Simón el fanático y Judas Iscariote, el que lo entregó. A estos doce los envió Jesús con estas instrucciones: "No vayáis a tierra de paganos, ni entréis en ciudades de Samaria, sino id a las ovejas descarriadas de Israel. Id y proclamad que el Reino de los Cielos está cerca".*

1. El capítulo 10 del evangelio de Mateo presenta el segundo gran discurso de Jesús. El primer discurso, el del Sermón del Monte (cap. 5-7), trata principalmente de las relaciones interpersonales; el segundo, se refiere a la misión de los discípulos. Mateo ha preparado este nuevo discurso –como hemos visto en el evangelio de ayer– hablando de la misión del propio Jesús, que iba de pueblo en pueblo, anunciando la llegada del reino de Dios y curando enfermos y aliviando penas, al tiempo que el mismo Jesús se quejaba de la escasez de obreros para la inmensa tarea que urgía realizar.

2. Para esta tarea, Jesús escogió a doce discípulos. Al hacer esto, Jesús rompe la tradición de Israel, en la que el sacerdocio era hereditario, pasaba de padres a hijos. Los apóstoles de Jesús no son los privilegiados de un grupo (en el caso de Israel, los levitas), sino los llamados: en los evangelios, por Jesús directamente; después de la venida del Espíritu, por elección de la comunidad (Hech 6,1-6).

3. A estos discípulos, Jesús le dio "autoridad". Ellos prolongan la autoridad que tuvo Jesús para anunciar el reinado de Dios y curar enfermos. Jesús los envía a expulsar demonios (que era una forma de indicar en aquel tiempo algunas enfermedades) y a curar enfermedades y dolencias. La misión de los discípulos, tal como la presenta Mateo, es exactamente la misma de Jesús. Y, también como en el evangelio de Mateo, se limita a Israel. Según este evangelio, Jesús nunca tuvo conciencia de haber sido destinado a una misión universal. Su tarea era reformar la religión de Israel, dándole otra orientación: una religión no centrada en el templo, el culto y los sacerdotes, sino en: 1) presentar una nueva imagen de Dios, el Padre de bondad y misericordia; 2) un nuevo proyecto, el reinado de Dios; 3) fomentar una nueva conciencia ética, las relaciones más profundamente humanas (Sermón del Monte); 4) mejorar la situación del pueblo oprimido, aliviando sus males, dolencias y opresiones.

10 DE JULIO - JUEVES **14ª SEMANA DEL TIEMPO ORDINARIO**

Mt 10, 7-15

En aquel tiempo, dijo Jesús a sus apóstoles: "Id y proclamad que el Reino de los Cielos está cerca: curad enfermos, resucitad muertos, limpiad leprosos, echad demonios. Lo que habéis recibido gratis, dadlo gratis. No llevéis en la faja oro, plata ni calderilla, ni tampoco alforja para el camino, ni otra túnica, ni sandalias, ni bastón; bien merece el obrero su sustento. Cuando entréis en un pueblo o aldea, averiguad quién hay allí de confianza y quedaos en su casa hasta que os vayáis. Al entrar en una casa saludad, si la casa se lo merece, la paz que le deseáis vendrá a ella. Si no se lo merece, la paz volverá a vosotros. Si alguno no os recibe o no os escucha, al salir de su casa o del pueblo, sacudid el polvo de los pies. Os aseguro que el día del juicio les será más llevadero a Sodoma y Gomorra que, a aquel pueblo".

1. La "misión de Jesús" a sus apóstoles es el "proyecto de Jesús" para su Iglesia. A la vista de estas instrucciones, que da Jesús a sus apóstoles para realizar su proyecto, debe quedar claro que se trata de una misión en la que no entra lo propiamente religioso, lo sagrado, lo cultual. Lo que Jesús les encarga a sus apóstoles es la liberación de "desgracias humanas": curación de enfermos, alivio de sufrimientos, mejora de las condiciones de vida. Son las mismas tareas que llevó a cabo Jesús. Y lo notable es que no se hace alusión alguna a poderes sagrados, divinos o dones del Espíritu.

2. Entonces, ¿cómo van a cumplir con esa tarea? Lo que Jesús les indica es cómo tienen que vivir: no deben beneficiarse económicamente de la misión. Más aún, Jesús da a entender claramente que el equipamiento, el dinero, los bienes, todo eso les está prohibido. Lo que está señalando que todo eso, en vez de ayudar, lo que representa es un impedimento para programar y llevar a cabo la evangelización. ¿Por qué tales exigencias? Porque es la ejemplaridad de la propia vida la que cambia a la gente. Eso es lo que crea las condiciones de posibilidad de una nueva cultura, de otro modelo de sociedad.

3. En la aterradora crisis económica y política que vivimos, ¿qué papel está jugando la Iglesia? ¿En qué medida están influyendo las religiones, con sus dogmas, sus ritos y ceremonias, sus normas, etc.? Ahora estamos notando la ineficacia de todo eso para resolver este tipo de situaciones. Y es que cuando el ministerio y el apostolado se convierten en una profesión o un trabajo bien remunerado, en el que se vive con lujos y privilegios, semejante apostolado se ve condenado a la esterilidad. La ruina de la Iglesia se produce cuando en ella es más importante la religión, es decir, la doctrina que el Evangelio. Lo que el papa Francisco quiere resolver. Y la Curia Romana y otros muchos fuera de esa estructura se resisten a aceptar.

11 DE JULIO - VIERNES **14ª SEMANA DEL TIEMPO ORDINARIO**

Mt 10, 16-23

En aquel tiempo, dijo Jesús a sus Apóstoles: "Mirad que os mando como ovejas entre lobos; por eso sed sagaces como serpientes y sencillos como palomas. Pero no os fieis de la gente, porque os entregarán a los tribunales, os azotarán en las sinagogas y os harán comparecer ante gobernadores y reyes por mi causa; así daréis testimonio ante ellos y ante los gentiles. Cuando os arresten, no os preocupéis de lo que vais a decir o de cómo lo diréis: en su momento se os sugerirá lo que tenéis que decir; no seréis vosotros los que habléis, el Espíritu de vuestro Padre hablará por vosotros. Los hermanos entregarán a sus hermanos, los padres a los hijos; se rebelarán los hijos contra sus padres, y los matarán. Todos os odiarán por mi nombre: el que persevere hasta el final, se salvará. Cuando os persigan en una ciudad, huid a otra. Creedme, no terminaréis con las ciudades de Israel antes de que vuelva el Hijo del Hombre".

1. "Evangelio" y "peligro" son dos palabras que tienen que ir juntas. Así se lo avisa Jesús a sus apóstoles. La misión, que tienen que cumplir entraña peligros muy serios. Peligros de incomprensión, de persecución, de denuncias, cárceles, torturas. Y todo esto, no sucederá solo ante los tribunales civiles, sino además también en sus relaciones con las autoridades religiosas. Por tanto, el que va a evangelizar, si hace eso de verdad, que se prepare. Porque su vida no va ser un camino de éxitos y reconocimientos. La autenticidad de la evangelización se mide por la respuesta de persecución o crítica. Y por la odiosidad que provoca semejante tarea. Un cura que es querido y apreciado por todo el mundo es, sin duda alguna, un cura que no está cumpliendo bien su tarea evangelizadora. A Jesús lo despreciaron y persiguieron. Lo mismo le pasó a san Pablo y a san Francisco de Asís. Al que no le pasa, ¿a qué se dedica? Es duro este planteamiento, pero así es la realidad que nos debe cuestionar, no únicamente a los curas, sino a todo aquel que se dice llamar cristiano.

2. ¿Por qué "evangelización" y "persecución" van unidas necesariamente? Porque evangelizar es hacer ahora lo que, en su tiempo, hizo Jesús. Y ya sabemos lo que le ocurrió a Jesús. Y tiene que ser así. Porque, si es que nos enfrentamos al sufrimiento, nos tenemos que enfrentar a los causantes del sufrimiento. Pero eso no se puede hacer impunemente. El que denuncia públicamente los atropellos que se cometen contra los pobres, lo paga caro.

3. Y esto es tan serio, y tiene tan graves consecuencias, que desencadena hasta el odio entre hermanos, padres e hijos, sangre con sangre. En el fondo, el problema está en que el común de los mortales no aguanta que lo toquen en su dinero, en sus privilegios, en su buena instalación. El que toca ahí, queda "tocado", "dañado", "señalado", quizá apuntado en alguna lista negra o simplemente ahí, "en la calle", sin oficio ni beneficio. El que aguanta eso durante una vida entera, ese es persona de muchos quilates. Y de una coherencia a toda prueba.

12 DE JULIO - SÁBADO **14ª SEMANA DEL TIEMPO ORDINARIO**

Mt 10, 24-33

En aquel tiempo, dijo Jesús a sus Apóstoles: "Un discípulo no es más que su maestro, ni un esclavo más que su amo; ya le basta al discípulo ser como su maestro, y al esclavo como su amo. Si al dueño de la casa lo han llamado Belcebú, ¡cuánto más a los criados! No les tengáis miedo, porque nada hay cubierto, que no llegue a descubrirse; nada hay escondido, que no llegue a saberse. Lo que os digo de noche, decidlo en pleno día, y lo que os digo al oído, pregonadlo desde la azotea. No tengáis miedo a los que matan el cuerpo, pero no pueden matar el alma. No, temed al que puede destruir con el fuego alma y cuerpo. ¿No se venden un par de gorriones por unos cuartos? Y, sin embargo, ni uno solo cae al suelo sin que lo disponga vuestro Padre. Pues vosotros hasta los cabellos de la cabeza tenéis contados. Por eso, no tengáis miedo: no hay comparación entre vosotros y los gorriones. Si uno se pone de mi parte ante los hombres, yo también me pondré de su parte ante mi Padre del cielo. Y si uno me niega ante los hombres, yo también lo negaré ante mi Padre del cielo".

1. Sin duda alguna, el peor enemigo del Evangelio es el miedo. Jesús les dijo a sus apóstoles que esa fuerza es el poder del miedo. Por eso Jesús les habló a aquellos hombres del miedo. Y les habló de esto con insistencia. Tener las ideas claras sobre el miedo es seguramente lo que más necesitan quienes se van a dedicar al estudio y a la explicación del Evangelio. Porque el Evangelio, explicado sin miedo, es muy peligroso para el que lo explica.

2. Vivimos tiempos de crisis y de profundas convulsiones en casi todos los órdenes de la vida. Como es lógico, en situaciones así, el miedo se generaliza. Casi todo el mundo está asustado. Es entonces cuando el miedo se hace el dueño de nuestras vidas. Y conste que esto sucede sin que nos demos cuenta de lo que ocurre en nuestra intimidad más profunda. De forma que semejante ideología es el aliado más potente de quienes se aprovechan de la crisis para sacar todas las ventajas que están a su alcance. En tales condiciones, una de las tentaciones más fuertes es ocultar lo que da miedo decir en público. Por eso, Jesús insiste: Lo que les digo al oído, pregónenlo desde la azotea. Los economistas dicen ahora que los pilares de la crisis son la codicia y el miedo. Y es verdad: "el temor ha sido siempre uno de los aliados más fieles del poder". Todos los dictadores y todos los tiranos, que en el mundo han sido, todos se han basado en el miedo y han tenido en el miedo de la gente su aliado y su instrumento más fuerte para mantenerse en el poder.

3. La solución que propone Jesús es actuar siempre con claridad, con transparencia, sin ocultar nada. Eso puede parecer imprudente, indiscreto, temerario. Pero en eso es donde radica la fuerza del Evangelio. Cuando a Jesús lo llevaron al juicio religioso ante el sumo sacerdote Anás, lo único que tuvo que decir es que él siempre había hablado con "parresía" (Jn 18,20), una palabra que indica "decir todo lo que hay que decir" o "hablar con libertad". Aquello le costó a Jesús la primera bofetada en la pasión (Jn 18,22). Pero fue su victoria sobre el miedo. Ese es el camino.

Lc 10, 25-37

En aquel tiempo, se presentó un letrado y le preguntó a Jesús para ponerlo a prueba: "Maestro, ¿qué tengo que hacer para heredar la vida eterna?" Él le dijo: "¿Qué está escrito en la Ley? ¿Qué lees en ella?". El letrado contestó: "Amarás al Señor tu Dios con todo tu corazón y con toda tu alma y con todas tus fuerzas y con todo tu ser. Y al prójimo como a ti mismo". Él le dijo: "Bien dicho. Haz esto y tendrás la vida". Pero el letrado, queriendo aparecer como justo, preguntó a Jesús: "¿Y quién es mi prójimo?" Jesús dijo: "Un hombre bajaba de Jerusalén a Jericó, cayó en manos de unos bandidos, que lo desnudaron, lo molieron a palos y se marcharon, dejándole medio muerto. Por casualidad un sacerdote bajaba por aquel camino y, al verlo, dio un rodeo y pasó de largo. Y lo mismo hizo un levita que llegó a aquel sitio: al verlo dio un rodeo y pasó de largo. Pero un samaritano que iba de viaje, llegó a donde estaba él y, al verlo, le dio lástima, se le acercó, le vendó las heridas, echándoles aceite y vino y, montándolo en su propia cabalgadura, lo llevó a una posada y lo cuidó. Al día siguiente sacó dos denarios y, dándoselos al posadero, le dijo: "Cuida de él y lo que gastes de más yo te lo pagaré a la vuelta". ¿Cuál de estos tres te parece que se portó como prójimo del que cayó en manos de los bandidos?". El letrado contestó: "El que practicó la misericordia con él". Le dijo Jesús: "Anda, haz tú lo mismo".

1. La pregunta del letrado, que precede a esta parábola, orienta la atención de quien la lee a pensar en el deber de amar al prójimo. Y eso es, por supuesto, fundamental. Para entender la parábola. Y también para entender lo central en la vida cristiana. Pero si ponemos la atención sólo en la parábola, caemos en la cuenta de que la pregunta del letrado probablemente se le añadió después, para orientar la historia hacia la práctica del amor a los demás. Y eso parece lo más lógico, ya que, para un judío de entonces, un samaritano no era el modelo de quien presta ayuda, sino todo lo contrario, el modelo de quien necesita ayuda.

2. Por eso la enseñanza de la parábola resulta desconcertante y subversiva. Porque lo que realmente enseña Jesús, mediante esta historia, es:

1) La misericordia con el necesitado no viene ni de las personas "sagradas" (sacerdote, levita), ni del lugar "sagrado" (el sacerdote no "subía" hacia Jerusalén, sino que "bajaba" de Jerusalén, o sea "venía" del lugar "sagrado").
2) La misericordia viene del excluido y despreciado samaritano, del hereje samaritano, del hombre que ni se sentía cerca de Dios, ni podía imaginarse que lo estuviera.

3) En definitiva, "los ritos del templo", no llevan al prójimo que sufre, sino a "lo divino" que exige adoración, culto y obediencia.
4) Es verdad que en la Iglesia hay miles y miles de personas que practican la misericordia, por eso no les motiva "lo sagrado, los rituales", sino "lo evangélico".
5) Lo que más necesita este mundo atormentado, no son tantos funcionarios del culto sagrado, sino Evangelio, conocimiento y seguimiento de Jesús.

3. Necesitamos urgentemente una "re-educación", que nos lleve a pasar, de la cultura, de "mis derechos y bienestar", a la cultura de la "bondad solidaria" siempre y con todos. Sin dar rodeos en la vida, para dejar tirados en el borde del camino a tantos desamparados. Si no hacemos esta re-educación, terminaremos destrozándonos unos a otros. De ahí que Jesús, por tanto, nos hace una propuesta extravagante, que representa un "corte" con lo que pensamos y hasta con lo que –tantas veces– creemos. Una propuesta que, en definitiva, nos viene a decir esto: el dolor del mundo, las injusticias que se ensañan con los más débiles, las desigualdades, la violencia, la brutal deshumanización que nos rompe y nos destroza, todo eso, no se arregla con "religión" (rituales, dogmas, normas, amenazas divinas), sino con "ética": la ética de la misericordia y la bondad, la ética de la honradez y la honestidad, la ética del que es capaz de hacer lo que está a su alcance, incluso con el enemigo.

14 DE JULIO - LUNES **15ª SEMANA DEL TIEMPO ORDINARIO**

Mt 10, 34-11, 1

En aquel tiempo, dijo Jesús a sus apóstoles: "No penséis que he venido a la tierra a sembrar paz: no he venido a sembrar paz, sino espadas. He venido a enemistar al hombre con su padre, a la hija con su madre, a la nuera con su suegra; los enemigos de cada uno serán los de su propia casa. El que quiera a su padre o a su madre más que a mí, no es digno de mí; el que quiera a su hijo o a su hija más que a mí, no es digno de mí; y el que no coge su cruz y me sigue, no es digno de mí. El que encuentre su vida la perderá, y el que pierda su vida por mí, la encontrará. El que os recibe a vosotros, me recibe a mí, y el que me recibe, recibe al que me ha enviado; el que recibe a un profeta porque es profeta, tendrá paga de profeta; y el que recibe a un justo porque es justo, tendrá paga de justo. El que dé a beber, aunque no sea más que un vaso de agua fresca, a uno de estos pobrecillos, solo porque es mi discípulo, no perderá su paga, os lo aseguro". Cuando Jesús acabó de dar instrucciones a sus doce discípulos, partió de allí para enseñar en sus ciudades.

1. Estamos ante un texto que puede resultar escandaloso. Este texto resulta desconcertante, quizá escandaloso, incluso "un enunciado insólito" ¿Qué explicación puede tener que Jesús haya venido a dividir a las familias y sembrar odios entre los seres más queridos?

2. Estas palabras del evangelio de Mateo serán un misterio insoportable mientras no se tenga claro esto: Jesús es la encarnación de Dios (Jn 1,14), de forma que en él se realiza la debilidad de Dios (en forma de "esclavo": cf. Fil 2,7) y hasta la "locura de Dios" (1Cor 1,25). Por eso, en sana lógica, hay que afirmar que Jesús es "la humanización de Dios", es decir, en Jesús se realiza la plenitud de lo humano. De forma que el misterio de la encarnación, antes que la divinización del hombre, es la humanización de Dios. Dios no se encarna en lo inhumano, sino en lo humano. Por eso decimos que en Jesús se realiza la plenitud de lo humano.

3. Si tenemos esto en cuenta, se comprende que el modelo de familia del tiempo de Jesús era un nudo de leyes, tradiciones, costumbres y usos sociales que eran una verdadera máquina de deshumanización. Cosa que, en la actualidad y en muchos casos, sigue sucediendo. Porque la familia era (y a veces, sigue siendo) un espacio social de sometimiento, dominación, dependencias y esclavitudes. El padre y patriarca tenía todo el poder. Los demás estaban obligados a soportar lo que imponía el padre o los convencionalismos sociales admitidos o tolerados.

4. Jesús quiere relaciones humanas que respeten la igualdad, en dignidad y derechos, en libertad y plenitud de humanidad. Todo esto es un nudo de problemas muy serios en tiempos de Jesús. Y lo sigue siendo hoy. Por eso, si en una familia entra el Evangelio de verdad, es casi inevitable que se presenten tensiones y hasta conflictos entre quienes anteponen sus propios intereses a la igualdad de todos.

15 DE JULIO - MARTES **15ª SEMANA DEL TIEMPO ORDINARIO**

Mt 11, 20-24

En aquel tiempo, se puso Jesús a recriminar a las ciudades donde había hecho casi todos sus milagros, porque no se habían convertido: "¡Ay de ti, Corazín, ay de ti, Betsaida! Si en Tiro y Sidón se hubieran hecho los milagros que en vosotras, hace tiempo que se habrían convertido, cubiertas de sayal y ceniza. Os digo que el día del juicio les será más llevadero a Tiro y a Sidón que a vosotras.

Y tú, Cafarnaúm, ¿piensas escalar el cielo? Bajarás al abismo. Porque si en Sodoma se hubieran hecho los milagros que en ti, habría durado hasta hoy. Os digo que el día del juicio le será más llevadero a Sodoma que a ti".

1. Tal como está redactado el evangelio, no es aceptable que Jesús pronunciara estas palabras en la forma en que han llegado hasta nosotros. En primer lugar, por la dureza del estilo, una forma de hablar que Jesús nunca utilizó cuando se dirigía a la gente del pueblo sencillo. Segundo, porque ahí se dan datos de los que no tenemos noticia alguna, por ejemplo, en los evangelios jamás se habla de Corazín o de Betsaida. Por último, no hay referencia alguna de que Cafarnaún rechazara a Jesús, sino todo lo contrario. En el lenguaje de los especialistas en los estudios sobre los evangelios, se dice que un texto determinado es "redaccional" cuando se trata de un texto que no reproduce lo que dijo o hizo Jesús al pide de la letra, sino que es un texto que proviene de la "redacción" del último recopilador de las tradiciones orales que transmitieron los recuerdos o la memoria que los primeros cristianos conservaban sobre lo que había dicho y lo que había hecho Jesús. Esto es lo que explica la diferencias y, a veces, las contradicciones que encontramos entre los textos que nos legaron los evangelistas. Lo cual esto no indica que unos serán verdaderos y los otros falsos. Lo que quiere decir es que son textos o relatos que responden a "diferentes teologías". Es evidente que la teología de Marcos no es la misma que la de Mateo o la de Lucas. Y no digamos si la comparamos con la de Juan. No olvidemos nunca que los evangelios no son "libros de historia", sino "mensajes religiosos" expuestos en forma de "relatos". Lo que debe interesarnos no es la mera "historicidad", sino la "religiosidad" o la espiritualidad que cada relato nos transmite. En este caso concreto, lo que nos transmite este evangelio, es un llamado a la fe y a la conversión.

2. La pregunta que surge, a la vista de lo dicho, es clara: ¿por qué el evangelio de Mateo pone en boca de Jesús estas palabras tan agresivas? La respuesta parece clara. Este texto fue redactado, según la estimación más segura, en torno a los años 80 del s. I. Y fue redactado en una comunidad que había sido perseguida por la Sinagoga (E. Cuvillier), es decir, por grupos de judíos intolerantes y quizá fanáticos. Por eso se comprende que un relato, escrito en tales condiciones, manifestara alguna forma de condena contra Israel o el judaísmo, de alguna manera.

3. La enseñanza que se deduce, en sana lógica, de estos datos es clara. Las creencias religiosas, si se mezclan con intereses o resentimientos de carácter nacionalista, desencadenan tomas de postura que fomentan la división, la agresión, formas de violencia. La religión nos lleva a Dios. Pero puede llevarnos a un dios inventado por nuestros sentimientos más torpes y turbios. Lo cual nos viene a decir que las divisiones y enfrentamientos entre grupos humanos, aunque se hagan por motivos religiosos, llevan a la mentira, al engaño y a vivir en la falsedad. La religión auténtica es la que nos lleva a entendernos mejor y querernos más.

16 DE JULIO - MIÉRCOLES **15ª SEMANA DEL TIEMPO ORDINARIO**

Mt 11, 25-27

En aquel tiempo, Jesús exclamó: "Te doy gracias, Padre, Señor de cielo y tierra, porque has escondido estas cosas a los sabios y entendidos, y se las has revelado a la gente sencilla. Sí, Padre, así te ha parecido mejor. Todo me lo ha entregado mi Padre, y nadie conoce al Hijo más que el Padre, y nadie conoce al Padre más que el Hijo, y aquel a quien el Hijo se lo quiere revelar".

1. Para comprender este evangelio, es enteramente indispensable tener presentes dos cuestiones fundamentales en teología. 1) *Dios no se debe confundir con la religión.* Ni Dios es un elemento o un componente del "hecho religioso". Como se ha dicho muy bien, "Dios es un producto tardío en la historia de la religión (Walter Burkert). La religión es un medio para relacionarse con Dios. Pero no es ni el medio más primitivo, ni el más importante. La religión apareció cuando empezó a vivir en la tierra el *"Homo Sapiens"*, el ser humano, hace 100.000 años. De Dios se tiene alguna noticia hace menos de 20.000 años. O sea, durante más de 80.000 existió la religión sin Dios. Solo ritos, ceremonias, sacrificios y actos cultuales. 2) *Dios es el Trascendente.* O sea, Dios no está a nuestro alcance. No podemos conocerlo porque nos trasciende. Por eso, Dios se nos ha dado a conocer en Jesús. De ahí, que Jesús dice "nadie conoce al Padre". Y añade enseguida que al Padre "lo conoce solo el Hijo". En el fondo, lo que se afirma en el evangelio de Juan: "A Dios nadie lo ha visto jamás; el Hijo único del Padre es quien lo ha dado a conocer" (Jn 1,18). Jesús es, pues, quien nos enseña (con vida y su palabra) *cómo es Dios, lo que quiere Dios, el camino para ir a Dios.*

2. El Jesús histórico fue un ser humano. Fue "como uno de tantos" (Fil 2,7). Pues bien, si esto es así, con estas afirmaciones el Nuevo Testamento nos viene a decir que, en un ser humano, en lo más sencillo de lo humano, es donde encontramos a Dios. Y donde vemos a Dios (Jn 14,9). Esto es así porque el

Padre le ha entregado todo al Hijo. Y se ha hecho "uno con el Hijo". Es decir, esta oración de Jesús que leemos hoy en el evangelio, nos explica solamente la intimidad total que existe entre el Padre y el Hijo, sino que, además nos dice que el Hijo, Jesús, es quien nos enseña quién es el Padre-Dios y cómo es el Padre-Dios.

3. Pues bien, si Dios se ha humanizado, esto quiere decir que en lo más sencillamente humano es donde encontramos y conocemos lo más sublimemente divino. Por eso dice Jesús que todo esto se ha escondido a los sabios y entendidos. Porque los sabios, los estudiosos, los entendidos en saberes humanos, alcanzan lo que dan de sí los saberes, pero quizá, por eso mismo, no captan la hondura de lo más sencillo humano. Y por eso también, son la gente sencilla, los pequeños, los que a nosotros se nos antojan meros ignorantes, esos son los que comprenden lo divina que es la belleza, la fuerza, la cercanía de lo más humano que hay en esta vida. Ahí, en eso y así, encontramos a Dios. Más que asunto de creencias, es una forma de vivir. La más parecida posible a la que vivió Jesús.

17 DE JULIO - JUEVES **15ª SEMANA DEL TIEMPO ORDINARIO**

Mt 11, 28-30

En aquel tiempo, Jesús exclamó: "Venid a mí todos los que estáis cansados y agobiados, y yo os aliviaré. Cargad con mi yugo y aprended de mí, que soy manso y humilde de corazón, y encontraréis vuestro descanso. Porque mi yugo es llevadero y mi carga ligera".

1. Jesús abre sus brazos a las personas cansadas y excluidas. Sus sentimientos se mueven para quienes viven el peso de la ley. Su yugo es distinto, se centra en la persona y sus necesidades. De Jesús se aprenden actitudes, su forma de relacionarse y su cercanía con los más sencillos. La historia de la vida pública de Jesús, tal como la presentan los evangelios, es la historia de un hombre que pasó por la vida afrontando, con toda responsabilidad y con todas sus consecuencias, el enorme problema del sufrimiento humano. Este problema, que tanto ha dado que pensar a los filósofos y teólogos, es un problema que no se nos plantea para explicarlo, sino para resolverlo. Y eso exactamente es lo que hizo Jesús. Nunca se dedicó Jesús a exponer teorías sobre el "por qué" del sufrimiento. Ni tampoco anduvo diciendo "cómo" se tiene que resolver. Lo que Jesús hizo fue aliviar las penas, dolencias, enfermedades y carencias de cuantos lo pasan mal en la vida.

2. El Jesús del evangelio llama a los seres humanos, los busca, los quiere junto a él. No les llama para imponerles carga alguna. Ni para amenazarles. Ni para exigirles. Y, menos aún, para recordarles que es nuestro juez conoce nuestras conductas y nuestras debilidades, fallos y contradicciones. Nada de eso. Ocurre con frecuencia que algunos de los llamados "representantes de Dios", para fortalecer sus pretensiones de poder, insisten en el poder de Dios, en el juicio y la justicia de Dios, en los posibles castigos que Dios impone y con los que nos amenaza. Con lo cual, lo que consiguen no pocos funcionarios del estamento eclesiástico es alejar a mucha gente de la religión y hacer más difícil la fe en Jesús y su Evangelio.

3. Jesús llama a los "cansados y agobiados". Por tanto, Jesús llama a todos los castigados por la crisis actual: los desempleados, los desahuciados, los descartados, los inmigrantes, los jóvenes sin futuro, los enfermos del coronavirus... A todos los que se ven obligados a vivir las duras condiciones actuales de injusticia y humillación, el Dios de Jesús los llama. Llama, por tanto, a quienes se ven sin fuerzas, sin futuro, sin esperanza. ¿Para qué los llama? Para quitarles de encima el peso de un yugo insoportable. El "yugo" de la Ley suprema, de la Ley de un Dios castigador, la Ley de un Dios que nos supervisa y vigila constantemente... Jesús nos da la libertad y la valentía que necesitamos para enfrentarnos a un atropello masivo mundial, que cada día que pasa nos aplasta más y más. En una situación, como la que estamos soportando, necesitamos fortaleza, esperanza, una fe íntegra y, sobre todos unirnos en la resistencia, la protesta, la responsabilidad de personas honradas que saben estar en su sitio. Y, sobre todo, Jesús nos quita de encima el "yugo" del miedo. El miedo creciente que hace posible la sumisión de la gente al peso de tanto dolor como nos están echando encima.

18 DE JULIO - VIERNES **15ª SEMANA DEL TIEMPO ORDINARIO**

Mt 12, 1-8

Un sábado de aquellos, Jesús atravesaba un sembrado; los discípulos, que tenían hambre, empezaron a arrancar espigas y a comérselas. Los fariseos, al verlo, le dijeron: "Mira, tus discípulos están haciendo una cosa que no está permitida en sábado". Les replicó: "¿No habéis leído lo que hizo David, cuando él y sus hombres sintieron hambre? Entró en la casa de Dios y comieron de los panes presentados, cosa que no les estaba permitida ni a él ni a sus compañeros, sino solo a los sacerdotes. ¿Y no habéis leído en la ley que los sacerdotes pueden violar el sábado en el Templo sin incurrir en culpa? Pues os digo que aquí hay uno que es más que el Templo. Si comprendierais lo que significa "quiero misericordia y no sacrificio", no condenaríais a los que no tienen culpa. Porque el Hijo del Hombre es señor del sábado".

1. En la religión de Israel, en su cultura y en sus costumbres, la observancia escrupulosa del sábado era –y sigue siendo– para los israelitas piadosos el precepto determinante, el paradigma de la fidelidad a Dios. Lo chocante, sin embargo, es que Jesús no se sometió a este precepto en muchos casos y en muchas cosas. Hasta el extremo de que, con toda razón, hay que asegurar que, para Jesús, por encima de las observancias religiosas está las necesidades humanas.

2. Uno de los peligros más serios, que llevan consigo las religiones, está en que establecen preceptos, que afectan a cosas importantes en la vida de las personas, y convencen a sus fieles que la observancia de esos preceptos en más importante que la felicidad, la dignidad o incluso la vida misma de los seres humanos. Cuando las religiones hacen eso, lo que en realidad hacen es dar más importancia a la religión que a la vida del ser humano. Con lo cual se llega a la absurda situación de que se anteponen los medios al fin. La religión es un medio para un fin, que es la plenitud de vida del ser humano. Una religión que no funciona así, no puede ser la religión que representa al Dios de la vida.

3. Así era la religión de los fariseos que interpelaron a Jesús y le exigieron que reprendiera a sus discípulos por arrancar espigas en sábado para quitarse el hambre. La religión de los fariseos anteponía la observancia del sábado (el medio) a la necesidad de saciar el hambre y poder vivir (el fin). Jesús modificó la religión, la modificó en su raíz misma. Porque puso el centro del hecho religioso, no en "lo sagrado" y sus observancias, sino el "lo humano" y sus necesidades. A mucha gente esto le parece una barbaridad y no le entra en la cabeza. Por eso son muchos los que se escandalizan cuando alguien toma en serio el Evangelio. Y es que lo sagrado comporta experiencias y sentimientos tan profundos, que mucha gente prefiere soportar todos los yugos legales que les echen encima, con tal de tener siempre la tranquilidad de conciencia que produce la sumisión al mandato bien cumplido.

4. En definitiva, la respuesta que nos da Jesús viene a decir que las exigencias de la vida, y de una vida que no pasa faltas y se siente feliz, está antes que cualquier observancia religiosa. Tal vez suene duro decir esto, pero así nos lo dijo quién es nuestro Maestro, Jesús. Porque, de no ser así, tendríamos que llegar a la horrible conclusión de que Dios quiere sumisión sin condiciones, aun a costa de sufrimiento de las personas. ¿Quién puede creer en semejante Dios? El Dios de Jesús no es así. Quiere la vida y la quiere en "abundancia". Por eso, debemos luchar por una vida digna para todos.

19 DE JULIO - SÁBADO **15ª SEMANA DEL TIEMPO ORDINARIO**

Mt 12, 14-21

En aquel tiempo, los fariseos, al salir, planearon el modo de acabar con Jesús. Pero Jesús se enteró, se marchó de allí y muchos le siguieron. Él los curó a todos, mandándoles que no lo descubrieran. Así se cumplió lo que dijo el profeta Isaías: "Mirad mi siervo, mi elegido, mi amado, mi predilecto. Sobre él he puesto mi espíritu, para que anuncie el derecho a las naciones. No porfiará, no gritará, no voceará por las calles. La caña cascada no la quebrará, el pábilo vacilante no lo apagará, hasta implantar el derecho; en su nombre esperarán las naciones".

1. Los fariseos habían tomado la decisión de matar a Jesús desde el día que curó un hombre manco en la sinagoga. Era un sábado (Mc 3,1-6; Mt 12,9-13). Estos fariseos representan la postura extrema del integrismo religioso. El integrismo que seguimos viendo en los grupos que hoy matan o mutilan a las mujeres, persiguen a los homosexuales, insultan o excomulgan a los heterodoxos, etc. Una religión integrista, en estas cosas, sigue siendo una amenaza constante para la dignidad, los derechos humanos, la libertad de los individuos y de los pueblos. En el caso de Jesús, su libertad, ante los abusos del integrismo religioso, tuvo un precio muy alto. Con frecuencia tuvo que vivir como un fugitivo, huyendo de un lugar a otro, para poder seguir cumpliendo su misión.

2. En estas condiciones, Mateo recuerda el texto genial del profeta Isaías (42,1 2). Dios presenta así a su "niño", que era, en aquel tiempo, la expresión familiar del "esclavo" (K. H. Rengstorf). El Dios de Jesús realiza su proyecto así: desde y mediante la debilidad de un niño, que tiene por misión implantar entre todos los pueblos la "salvación" (Krisis), una palabra que se puede traducir por "derecho", pero que en realidad expresa un juicio que nunca es condenatorio, sino de cariño que salva. Por eso Jesús pasó por la vida salvando todo lo salvarle y respetando todo cuanto merece respeto y tolerancia. Es la actitud que merece todo ser humano.

3. Jesús no fue excluyente. Solo fue intolerante con los intolerantes. Con la sola intención de que abandonasen su intolerancia. Jesús (la imagen perfecta de Dios) no puede ser de otra manera. El problema está en que mucha gente religiosa no busca a Dios, ni cree en Dios, sino que busca aquellas representaciones de Dios que más le convienen para justificar sus opciones sociales, económicas, políticas... Pero eso ya no es "de Dios", sino "uso de Dios" para satisfacer nuestras conveniencias. Pero eso, ya no es religión. Eso es un vulgar engaño interesado. Tal vez esto suene duro, pero muchas veces caemos en estas posturas. Lo importante es darnos cuenta de ello para salir y ponernos en el camino que Jesús nos ha trazado.

20 DE JULIO - DOMINGO **16ª SEMANA DEL TIEMPO ORDINARIO**

Lc 10, 38-42

Entró Jesús en una aldea y una mujer llamada Marta lo recibió en su casa. Esta tenía una hermana llamada María, que sentada a los pies del Señor, escuchaba su palabra. Y Marta se multiplicaba para dar abasto con el servicio; hasta que se paró y dijo: "Señor, ¿no te importa que mi hermana me haya dejado sola con el servicio? Dile que me eche una mano". Pero el Señor le contestó: "Marta, Marta: andas inquieta y nerviosa con tantas cosas: solo una es necesaria. María ha escogido la parte mejor, y no se la quitarán".

1. Siempre ha sido importante lo que nos enseñan Marta y María, según el contenido más hondo de este breve relato. Pero ahora, en el momento de cambio que estamos viviendo, es más importante aún la magistral enseñanza que nos dejó María. ¿De qué se trata? Si algo hay claro, en este momento, es el avance imparable de la tecnología. ¿Qué consecuencias tendrá este avance? Que casi todos los trabajos, que, como máquinas suelen hacer los hombres, los hará la tecnología, los robots. Pero lo que ninguna máquina podrá hacer es "lo específicamente humano": el cariño, el afecto, la bondad, la ternura... Normalmente, lo que aportan las mujeres o en ellas se simboliza. ¿Nos damos cuenta de lo que representa la mujer que escucha y se interesa por el "estar con" la otra persona o las otras personas?

2. Marta es la "ayuda". María es la "escucha". Marta representa el "ser para". María representa el "estar con". Marta es "servicio". María es "compañía". Todos los seres humanos necesitamos en la vida ambas cosas, es decir, lo que representa Marta y lo que representa María. Por eso todos deseamos que se nos ayude y deseamos que se nos escuche. Quizá la diferencia fundamental entre lo uno y lo otro está en que Marta es la representación de lo que cada uno "necesita de los demás", en tanto que María es la representación de lo que cada uno "aporta a los demás". Y esto es lo que explica por qué es tan gratificante que se nos ayude, pero es más gratificante tener delante alguien que nos escucha.

3. Jesús expresa su clara preferencia por lo que es y representa María. Mucha gente está dispuesta a dar. Cada día hay menos personas dispuestas a escuchar. Y hay demasiadas personas a las que les ocurre lo que le pasaba a Marta, que tenía tanto que hacer, que no le quedaba tiempo para escuchar. Jesús, sin embargo, piensa que lo mejor, que podemos hacer en la vida, es estar siempre disponibles para la escucha, para dedicar nuestro tiempo, nuestra atención, nuestro interés, a lo que dice la otra persona, a centrar nuestro interés en lo que le interesa al otro o a la otra, lo que le preocupa, lo que desea, lo que espera.

4. La ruina de las relaciones ínter-personales es la falta de escucha. Esta falta es lo que rompe los matrimonios, las familias, las amistades, los grupos humanos. Los políticos fracasan porque no escuchan a los ciudadanos. Los sacerdotes, los obispos y los papas no cumplen debidamente con su misión cuando no escuchan a la gente, sobre todo cuando se desentienden de los más alejados de la Iglesia y de Dios. Sin duda, cuando el Papa visita un país, más que ir dispuesto a "enseñar", sería también muy importante que fuera dispuesto a "aprender". Sin duda alguna, así, la Iglesia se acercaría a los pueblos y estaría identificada con las preguntas y las necesidades de la gente.

5. Varias conclusiones podemos sacar de este relato evangélico, pero destacaría una: que la mujer no ha de quedar reducida a las tareas, o bien del hogar o bien de la "limpieza" en las Iglesias. Tiene derecho a "sentarse", como los varones, a escuchar la Palabra de Dios. Lo que está haciendo María responde a la voluntad del Padre. Jesús no quiere ver a las mujeres solo trabajando. Las quiere ver "sentadas", escuchando y opinando. Por eso las acoge en su grupo como discípulas, en el mismo plano y con los mismos derechos que los varones.

21 DE JULIO - LUNES **16ª SEMANA DEL TIEMPO ORDINARIO**

Mt 12, 38-42

En aquel tiempo, un grupo de letrados y fariseos dijeron a Jesús: "Maestro, queremos ver un milagro tuyo". Él les contestó: "Esta generación perversa y adúltera exige una señal; pues no se le dará más signo que el del profeta Jonás.

Tres días y tres noches estuvo Jonás en el vientre del cetáceo: pues tres días y tres noches estará el Hijo del Hombre en el seno de la tierra. Cuando juzguen a esta generación, los hombres de Nínive se alzarán y harán que la condenen, porque ellos se convirtieron con la predicación de Jonás, y aquí hay uno que es más que Jonás. Cuando juzguen a esta generación, la reina del Sur se levantará y hará que la condenen, porque ella vino desde los confines de la tierra, para escuchar la sabiduría de Salomón, y aquí hay uno que es más que Salomón".

1. Como es lógico, los conocimientos de lingüística, que se tenían en el siglo primero, no eran los que tenemos ahora. Hoy sabemos que no es lo mismo un "signo" que un "símbolo". El signo comunica un "conocimiento". El símbolo es expresión de una "experiencia". Lo que los letrados y fariseos le piden a Jesús no es propiamente un milagro, sino un signo, un dato que les proporcione un conocimiento indiscutible de lo que era Jesús. Pedían, pues, un milagro irrefutable. En realidad, los letrados y fariseos habían visto ya milagros de Jesús. Pero, por lo visto, eso no les parecía suficiente. Y querían una señal del cielo, o sea, de Dios, que les demostrara de forma indiscutible que el mismo Dios estaba de parte de Jesús y con Jesús. Estar buscando signos para creer también lo vivimos hoy. La lectura del horóscopo, del tarot, de las manos, en fin, signos más allá de nosotros para encontrar respuestas.

2. ¿Cómo se puede lograr esto? No con hechos portentosos de Dios sino con la conducta ejemplar de los humanos. Por eso, la respuesta de Jesús fue tajante: calificó como generación perversa y adúltera a quienes andan pidiendo señales del cielo o hechos prodigiosos, que no hay más remedio que creer en tales hechos y en aquel a favor del cual se hacen o se producen esos hechos extraordinarios. La fe no se basa en portentos incontestables. La fe es siempre una decisión libre, que se traduce en convicciones libres. Y una convicción es verdaderamente tal cuando de tal convicción brota una forma de vivir, unos hábitos, unas costumbres. La fe en Jesús es verdadera y auténtica cuando el creyente se pone, en cuanto de él depende, a vivir como vivió Jesús. Esto es (o sería) el "gesto simbólico", que señala el cambio de nuestra vida. Lo que sucedió en Nínive, donde el gesto de Jonás, nos lleva a pensar en la fuerza de la vida que vence a la muerte. Ocurre en esto como en el amor. Donde hay amor de verdad se destierra el desamor. Y esto, justamente esto, es lo que los fariseos y letrados no entendían.

3. Con frecuencia ocurre que la gente más fiel a sus prácticas religiosas, precisamente por eso (por esa estricta fidelidad), no tolera ser juzgada en su vida, en sus costumbres, en su conducta, nada más que por la religión. En eso consistió el drama de Jesús: los observantes de la religión rechazaron (hasta la muerte) a aquel hombre al que ellos no veían como suficientemente religioso, como fielmente cumplidor de lo establecido por la religión. La bondad de Jesús estaba patente, su cercanía a los que pasan necesidad y necesitan cariño y ternura estaba a la vista de todos. Pero eso no era lo determinante para ellos. Lo determinante era la "identificación" con lo que manda la religión establecida". Y eso está por encima de lo evidente, de la bondad evidente. Pero, ¿de qué vale eso si se compara con una observancia religiosa como está mandada? Sin embargo, para Jesús lo que queda en pie, es que a la hora de la verdad, por encima de la "ortodoxia religiosa" está la "bondad humana", con todas sus consecuencias.

22 DE JULIO - MARTES **16ª SEMANA DEL TIEMPO ORDINARIO**

Mt 12, 46-50

En aquel tiempo, estaba Jesús hablando a la gente, cuando su madre y sus hermanos se presentaron fuera tratando de hablar con él. Uno se lo avisó: "Oye, tu madre y tus hermanos están fuera y quieren hablar contigo". Pero él contestó al que le avisaba: "¿Quién es mi madre y quiénes son mis hermanos?" Y señalando con la mano a los discípulos, dijo: "Estos son mi madre y mis hermanos. El que cumple la voluntad de mi Padre del cielo, ese es mi hermano y mi hermana y mi madre".

1. Jesús no tuvo malas relaciones con su familia. Ni malas relaciones, ni conflicto alguno. Fueron más bien sus parientes quienes mostraron serios prejuicios respecto a Jesús. Lo tuvieron por loco, lo despreciaron, no creyeron en él (Mc 3,21; 6,1-6; Jn 7,5). La postura de Jesús, en este caso, se explica por otro motivo, que es importante y nos interesa a todos. Jesús no quiere simplemente negar su familia de sangre, sino mostrar que la misión encomendada va más allá e involucra a las personas que se comprometen con el evangelio haciéndolo vida.

2. Lo que queda más claro en este relato, es que, para Jesús, eran más importantes las relaciones comunitarias que las relaciones de parentesco. Jesús, en efecto, dejó su casa, su familia, y se fue solo en busca de otra forma de vida. Hoy diríamos que se comportó como un "indignado". Pronto reunió un grupo de personas, que le seguían de forma habitual. Un grupo en el que no estaban solo los doce apóstoles, sino además otros discípulos. Y también bastantes mujeres, que colaboraban incluso económicamente con el grupo (Lc 8,1-3).

O sea, Jesús agrupa una comunidad de personas, "carismáticas itinerantes" que iban de pueblo en pueblo y de aldea en aldea, compartiendo la vida que llevaba Jesús. El evangelio nos invita a dar un paso más allá de nuestros vínculos. Nos a abre para relacionarnos con quienes se unen a la propuesta de Jesús. El reinado de Dios acontece cuando escuchamos la narrativa del otro y compartimos las vivencias reales de la vida, enriquece nuestros vínculos y relaciones.

3. Una enseñanza capital que hay en todo esto es que, como sabemos, en la vida hay dos formas de relación entre personas: 1) Las relaciones "obligatorias", que están reguladas por las leyes (civiles o religiosas). 2) Las relaciones "libres", sobre las que no pesa ley alguna, ni humana ni divina. Pues bien, las relaciones de parentesco están reguladas (de una y otra forma) en todas las culturas, mientras que las relaciones de amistad y de comunidad son (legalmente) absolutamente libres. Las leyes mandan cómo deben ser las relaciones entre padres e hijos, entre hermanos, etc. La amistad y la vida en común tienen consistencia en sí mismas, es decir, son enteramente libres. Con la profundidad que le caracteriza, D. Bonhoeffer escribió (desde la cárcel y poco antes de ser ejecutado por los nazis) a un amigo: "la amistad, a diferencia del matrimonio y el parentesco, no goza de unos derechos universalmente reconocidos... No pertenece al ámbito de la obediencia, sino al campo de la libertad". Por eso, la amistad es el bien más precioso y raro. El amor más verdadero es el que de una amistad verdadera. Esto, incluso entre esposos, hermanos, parientes.

23 DE JULIO - MIÉRCOLES — 16ª SEMANA DEL TIEMPO ORDINARIO

Mt 13, 1-9

Aquel día, salió Jesús de casa y se sentó junto al lago. Acudió tanta gente, que tuvo que subirse a una barca; se sentó y la gente se quedó de pie en la orilla. Les habló mucho rato en parábolas: "Salió el sembrador a sembrar. Al sembrar, un poco cayó al borde del camino; vinieron los pájaros y se lo comieron. Otro poco cayó en terreno pedregoso, donde apenas tenía tierra; como la tierra no era profunda, brotó enseguida; pero en cuanto salió el sol, se abrasó, y por falta de raíz se secó. Otro poco cayó entre zarzas, que crecieron y lo ahogaron. El resto cayó en tierra buena y dio grano: unos ciento, otros sesenta; otros treinta. El que tenga oídos que oiga".

1. Se ha dicho con razón que los "sermones reflejan los problemas de cada época y de cada predicador" (Ulrich Luz). Por eso tenía razón Lutero cuando decía que esta parábola le parecía bastante terrible (satis terribilis). ¡Solo en contadas personas produce fruto el Evangelio! ¡Solo una cuarta parte se salva! "La culpa no está en el sembrador, sino en el terreno… es decir, en el que se descuida" (Juan Crisóstomo). Todo esto –es verdad– y así se puede afirmar. Pero el problema, en este momento, es más complejo.

2. Si sembrar la palabra de forma que diera fruto, ya era difícil en tiempos de Jesús, en nuestro tiempo resulta una tarea mucho más complicada que entonces. Porque vivimos integrados en un sistema (el sistema capitalista) que ha impuesto un modo de "acción comunicativa" (J. Habermas) toda ella orientada en función del beneficio (económico-político). Por eso, porque nos ha condicionado para que interese solo el beneficio, la comunicación propiamente tal se ha cortado. Los mensajes que recibimos, los aceptamos o rechazamos en función del beneficio. Porque el sistema nos ha programado para ese solo interés.

3. En tales condiciones, la palabra religiosa (propiamente tal) ha quedado desplazada de nuestro sistema de comunicación y de la "acción comunicativa". En la enseñanza, por lo general, la religión no interesa. Y la catequesis es asimilada por los niños hasta que hacen la primera comunión. Las homilías –salvo excepciones– se oyen de forma convencional y "para cumplir", el que predica y el que oye. Sin que, por tales discursos, se modifique la vida y la conducta de los oyentes. Cuando el Papa y los obispos hablan, son escuchados si dicen cosas estridentes, que pueden ser noticia en los medios. Si no dicen algo de eso, casi nadie les presta atención.

4. El discurso religioso puede dar algún fruto, en estos tiempos, solamente cuando la persona que habla vive de tal forma que, de la manera que sea, se sitúa al margen de los intereses del sistema, en esta misma medida la palabra que decimos se convierte en semilla que puede dar fruto. A muchos sembradores de la Palabra se les ve demasiado integrados en los intereses del sistema. Por eso hacen estéril la semilla. Y es que los sembradores de la semilla y el Evangelio no siempre se llevan bien.

24 DE JULIO - JUEVES **16ª SEMANA DEL TIEMPO ORDINARIO**

Mt 13, 10-17

En aquel tiempo, se acercaron a Jesús los discípulos y le preguntaron: "¿Por qué les hablas en parábolas?" Él les contestó: "A vosotros se os ha concedido conocer los secretos del Reino de los Cielos y a ellos no. Porque al que tiene se le dará y tendrá de sobra, y al que no tiene, se le quitará hasta lo que tiene.

Por eso les hablo en parábolas, porque miran sin ver y escuchan sin oír ni entender. Así se cumplirá en ellos la profecía de Isaías: "Oiréis con los oídos sin entender; miraréis con los ojos sin ver; porque está embotado el corazón de este pueblo; son duros de oído, han cerrado los ojos; para no ver con los ojos, no oír con los oídos, ni entender con el corazón, ni convertirse para que los cure". Dichosos vuestros ojos porque ven y vuestros oídos porque oyen. Os aseguro que muchos profetas y justos desearon ver lo que veis vosotros y no lo vieron, y oír lo que oís y no lo oyeron".

1. Está claro que había gente que no entendía a Jesús. Esto quedó patente sobre todo en las parábolas, un género literario que Jesús utilizó con frecuencia, según los evangelios sinópticos. Porque está igualmente claro que las parábolas fueron, al mismo tiempo, "revelación" y "encubrimiento". Esta ambivalencia de las parábolas se advierte mejor en el texto de Marcos que en Mateo: "A ustedes se les ha comunicado el misterio del Reino de Dios; pero a los que están fuera, todo sucede en enigmas" (Mc 4,11). Sin duda, este fue un "dicho" del propio Jesús (J. A. Fitzmyer).

2. Las parábolas "revelan" a Jesús cuando se está en sintonía con él y con su proyecto. Pero "ocultan" a Jesús cuando se vive enfrentado a él. Por eso eran "revelación" para los seguidores de Jesús. Y eran "ocultamiento" para los dirigentes religiosos que se enfrentaron con Jesús. ¿Por qué se produce este fenómeno? Las parábolas son relatos, tomados de la vida cotidiana, en los que siempre se produce un "corte" con lo normal y lo cotidiano. Ese "corte" es un elemento de estupor y de sorpresa, algo que contradice lo que ocurre normalmente en la vida. Todas las parábolas tienen algo de "extravagancia", que rompe con lo que a nosotros nos parece "lo normal". Pues bien, cuando se entiende esa "extravagancia", entonces es cuando se sintoniza con Jesús y su mensaje del Reino de Dios.

3. El problema está en que esta "extravagancia" del mensaje de Jesús se comprende, no cuando se "interpreta" ese mensaje, sino cuando se "vive". Aunque eso suponga y hasta exija el "corte" con "lo normal", con "lo cotidiano", con lo que se considera "habitual" en nuestras vidas: en asuntos de dinero, de poderes y dignidades, de cercanía al sufrimiento, de respeto, tolerancia y perdón. En definitiva, lo que aquí está en juego es la profunda intuición de Franz Kafka: "Si practicarais las parábolas, vosotros mismos os convertiríais en parábola, y de ese modo os veríais libres de la fatiga diaria".

4. En definitiva, las parábolas de Jesús –en este evangelio– vienen a decir que el Evangelio no se entiende desde la lógica y la coherencia del lenguaje, sino desde la extravagancia y la incoherencia que, tantas veces y con tanta frecuencia, comporta y lleva consigo la vida compartida. No la vida explicada, sino la vida vivida y compartida con. Porque, cuando la vida se vive con alguien y se comparte con alguien, la vida entonces se entiende y se asimila en la medida, y solo en la medida, en que la vida con otro, se hace vida propia. Por esto es por lo que ocurría que, incluso los discípulos que habían seguido a Jesús y lo habían acompañado, no lo entendían, no se enteraban. Y así, incluso en los relatos de la resurrección se palpa una incomprensión inexplicable. En el gran relato de la pasión, todos abandonaron a Jesús y lo dejaron solo. No lo habían comprendido. Y es que a Jesús solamente lo comprende quien convive la misma vida con él. Aquí tocamos el fondo de la vida, el centro de la vida, el misterio de Dios, expresado en el misterio del Evangelio. Por eso, para comprender a Jesús hacen falta tiempos y espacios dedicados para reflexionar, meditar y profundizar en el mensaje de la palabra de Dios y de este modo, descubrir la presencia amorosa de Dios en nuestras vidas.

25 DE JULIO - VIERNES — **SANTIAGO APÓSTOL**

Mt 20, 20-28

En aquel tiempo, se acercó a Jesús la madre de los Zebedeos con sus hijos y se postró para hacerle una petición. Él le preguntó: "¿Qué deseas?" Ella contestó: "Ordena que estos dos hijos míos se sienten en tu Reino uno a tu derecha y otro a tu izquierda". Pero Jesús replicó: "No sabéis lo que pedís. ¿Sois capaces de beber el cáliz que yo he de beber?" Contestaron: "Lo somos". Él les dijo: "Mi cáliz lo beberéis, pero el puesto a mi derecha o mi izquierda no me toca a mí concederlo, es para aquellos para quienes lo tiene reservado mi Padre". Los otros diez, que lo habían oído, se indignaron contra los dos hermanos. Pero Jesús, reuniéndolos, les dijo: "Sabéis que los jefes de los pueblos los tiranizan y que los grandes los oprimen. No será así entre vosotros. El que quiera ser grande entre vosotros, sea vuestro servidor, y el que quiera ser primero entre vosotros, que sea vuestro esclavo. Igual que el Hijo del Hombre no ha venido para que le sirvan, sino para dar su vida en rescate por muchos".

1. Santiago, hijo de Zebedeo, era hermano de Juan y compañero de Pedro y Andrés. Antes de seguir el llamamiento de Jesús, que los convirtió en sus Apóstoles, estos pescadores del lago de Genesaret se habían acercado a Juan Bautista para escucharlo. Junto con Pedro y con Juan, Santiago fue testigo de la transfiguración y de la agonía del Señor. El año 43 o 44, Herodes Agripa I lo mandó decapitar.

2. La pretensión de los hijos de Zebedeo, al querer situarse en los primeros puestos, y el enfrentamiento que eso produjo entre los apóstoles, indica que aquellos doce hombres tenían aspiraciones de mando y de poder. Cuando uno quiere poner el primero, sin duda expresa un deseo de ser importante. Y algo que es peor: la ambición de poder, estar sobre los otros, dominarlos y obligarlos a hacer lo que él quiere que hagan. En definitiva, vanidad y dominación son las dos características que definen al modelo de apóstol que representan los hijos del Zebedeo. Que, en el relato de Mateo, además utilizaron a su propia madre para conseguir lo que querían.

3. Este problema ha estado siempre presente en los llamados pueblos "civilizados". Y, por tanto, en las religiones, concretamente y de modo destacado en la Iglesia. Ningún dirigente, excepto algunos Papas, ha pretendido tener potestad plena sobre el mundo entero (Gregorio VII, Inocencio III, Bonifacio VIII. CIC, cc 331,333,1404,1372). Es la pretensión de los "zebedeos" llevada hasta el exceso de todo límite y toda posible ambición y dominación. Tenía razón Jesús para plantearse con firmeza frente a semejante deseo de dominio total. Y no olvidemos que estamos hablando de un poder "pleno", no solo en cuanto a la extensión (es "universal"), sino en cuanto a la profundidad (llega hasta el domino de las conciencias, de las culpas y hasta de los escrúpulos más íntimos).

4. Quizá lo más urgente que necesitamos en la la Iglesia es una buena teología sobre el modo evangélico de ejercer la autoridad. Este vacío "teológico" tan grave se ha suplido, en la Iglesia, "jurídicamente". Pero no olvidemos que ni la teología ni el derecho bastan para resolver este asunto tan serio. Lo decisivo es el espíritu evangélico de la Iglesia. Solo desde la mística de Jesús es posible el buen gobierno de la Iglesia. Tal vez, todos llevamos dentro un "zebedeo", lo que significa que lo único que nos interesa es el poder y mandar sobre los demás; sobresalir y que hablen bien de nosotros aunque para ello seamos capaces de atropellar a medio mundo.

26 DE JULIO - SÁBADO **16ª SEMANA DEL TIEMPO ORDINARIO**

Mt 13, 24-30

En aquel tiempo, Jesús propuso esta otra parábola a la gente: "El Reino de los Cielos se parece a un hombre que sembró buena semilla en su campo; pero, mientras la gente dormía, un enemigo fue y sembró cizaña en medio del trigo y se marchó. Cuando empezaba a verdear y se formaba la espiga, apareció también la cizaña. Entonces fueron los criados a decirle al amo:

Señor, ¿no sembraste buena semilla en tu campo? ¿De dónde sale la cizaña? Él les dijo: "Un enemigo lo ha hecho". Los criados le preguntaron: "¿Quieres que vayamos a arrancarla?" Pero él les contestó: "No, que podríais arrancar también el trigo. Dejadlos crecer juntos hasta la siega, y cuando llegue la siega diré a los segadores: "Arrancad primero la cizaña y atadla en gavillas para quemarla, y el trigo almacenadlo en mi granero".

1. Esta parábola nos presenta una realidad tan conocida como tan escasamente reconocida en la realidad de la vida. En este relato simbólico, Jesús hace mención de varias cosas, que estamos cansados de verlas y sufrirlas a diario: 1) En la vida existen juntamente el bien y el mal. 2) El bien y el mal están mezclados por todas partes. 3) El bien y el mal no son fáciles de distinguir, ni es fácil de separarlos. 4) Todos tenemos la inclinación, casi instintiva, a querer arrancar de raíz el mal. 5) Pero existe, en este asunto tan importante, el peligro enorme de arrancar el bien, cuando pensamos que estamos acabando con el mal. 6) Por eso, Jesús dice que no debemos ir por la vida intentando acabar con el mal, porque podemos equivocarnos hasta tal punto, que arranquemos el trigo bueno, cuando pensamos que estamos arrancando la cizaña mala.

2. La gran enseñanza, que nos deja aquí Jesús, es que no somos nosotros los "jueces" que saben dónde está el bien y dónde está el mal. Esto NO. Y mil veces NO. Solamente Dios sabe lo que es trigo y lo que cizaña. De ahí, que lo primero, que ha de tener todo ser humano honesto y honrado, es el respeto; el respeto a todos, sobre todo en las cosas que son más discutibles y más opinables. Que son la mayoría de las cosas, personas y situaciones que nos vamos encontrando en nuestro caminar por la vida. La actitud básica de todo ser humano ha de ser siempre el respeto. El juicio definitivo pertenece y corresponde solamente a Dios.

3. No puede ser casualidad que los grupos actuales más religiosos, son precisamente los grupos religiosamente más intolerantes. Y ahora, cuando las fronteras se han difuminado y cuando las gentes circulan por todo el mundo entero con mayor facilidad, los grupos religiosos se hacen más intolerantes, se empeñan en ser ellos quienes saben dónde está la mala hierba, y no consienten dejarla crecer. Es evidente que la espiritualidad del respeto y la tolerancia es una de las cosas que más y mejor debe cuidar y cultivar la Iglesia de Jesucristo.

4. Victoria Camps lo ha explicado bellamente en su "Elogio de la duda", donde nos recuerda el sabio pensamiento de Bertrand Russell: "Gran parte de las dificultades por las que atraviesa el mundo se debe a que los ignorantes están completamente seguros y los inteligentes llenos de dudas".

27 DE JULIO - DOMINGO **17ª SEMANA DEL TIEMPO ORDINARIO**

Lc 11. 1-13

Una vez que estaba Jesús orando en cierto lugar, cuando terminó, uno de sus discípulos le dijo: "Señor, enséñanos a orar, como Juan enseñó a sus discípulos". Él les dijo: "Cuando oréis decid: 'Padre, santificado sea tu nombre, venga tu reino, danos cada día nuestro pan del mañana, perdónanos nuestros pecados, porque también perdonamos a todo el que nos debe algo, y no nos dejes caer en la tentación". Y les dijo: "Si alguno de vosotros tiene un amigo y viene durante la media noche para decirle: Amigo, préstame tres panes, pues uno de mis amigos ha venido de viaje y no tengo nada que ofrecerle. Y, desde dentro, el otro le respondió: "No me molestes; la puerta está cerrada; mis niños y yo estamos acostados: no puedo levantarme para dártelos". Si el otro insiste llamando, yo os digo que, si no se levanta y se los da por ser amigo suyo, al menos por la importunidad se levantará y le dará cuanto necesite. Pues así os digo a vosotros: pedid y se os dará, buscad y hallaréis, llamad y se os abrirá; porque quien pide, recibe; quien busca, halla; y al que llama, se le abre. ¿Qué padre entre vosotros, cuando el hijo le pide pan, le dará una piedra? ¿O si le pide un pez, le dará una serpiente? ¿O si le pide un huevo, le dará un escorpión? Si vosotros, pues, que sois malos, sabéis dar cosas buenas a vuestros hijos, ¿cuánto más vuestro Padre celestial dará el Espíritu Santo a los que se lo piden?"

1. El evangelio de Lucas analiza y explica ampliamente el tema capital de la oración. Tanto la oración propia de Jesús, como las recomendaciones de la oración en las que insistía el mismo Jesús. La oración en efecto, desempeña un papel central en la experiencia religiosa. De tal modo que, con toda razón, se puede afirmar que la oración es quizá la practica más específicamente característica de cualquier forma de espiritualidad. Esto explica que Jesús, que vivió una religiosidad alternativa y marginal, en relación a la religión oficial de su cultura, sin duda fue un hombre ejemplar y constante en la práctica de la oración. Por todo ello, tuvo que soportar el enfrentamiento de los dirigentes religiosos. Pero nadie jamás puedo echarle en cara a Jesús que no oraba. Lo original de Jesús es que, para orar, no iba ni al Templo, ni a la sinagoga. Jesús oraba en la soledad, en los montes, en el campo…

2. La importancia de la oración se comprende si tenemos presente que lo específico de la experiencia religiosa no está en las ideas y verdades que enseña, sino en las experiencias que suscita. Todo lo que dicen las religiones se refiere a este mundo, aunque hablen de Dios, del cielo, de la otra vida. Todo eso son palabras con las que las personas religiosas expresamos la experiencia de nuestra *limitación*. Y también la experiencia del *anhelo* o deseo que sentimos de superar esa limitación que palpamos y nos hace sufrir.

3. Pues bien, la oración es la expresión más típica de manifestar nuestra experiencia religiosa. Es, por tanto, reconocimiento humilde de nuestras limitaciones. Y es anhelo de superarlas. Por eso se puede asegurar que un presunto creyente, que jamás ora, no es creyente. Es una persona con una fuerte carga ideológica orientada hacia un dios imaginario. La relación con el Trascendente no puede vivirse nada más que mediante el deseo, la experiencia, el anhelo, la búsqueda... Eso es lo que Jesús nos enseña sobre la oración.

28 DE JULIO - LUNES — 17ª SEMANA DEL TIEMPO ORDINARIO

Mt 13, 31-35

En aquel tiempo, Jesús propuso esta otra parábola a la gente: "El Reino de los Cielos se parece a un grano de mostaza que uno siembra en su huerta; aunque es la más pequeña de las semillas, cuando crece es más alta que las hortalizas; se hace un arbusto más alto que las hortalizas y vienen los pájaros a anidar en sus ramas". Les dijo otra parábola: "El Reino de los Cielos se parece a la levadura; una mujer la amasa con tres medidas de harina y basta para que todo fermente". Jesús expuso todo esto a la gente en parábolas, y sin parábolas no les exponía nada. Así se cumplió el oráculo del profeta: "Abriré mi boca diciendo parábolas; anunciaré lo secreto desde la fundación del mundo".

1. Estas dos parábolas, la del grano de mostaza y la de la levadura, son el gran elogio que hace Jesús de lo pequeño y de lo insignificante. Lo pequeño, representado en el grano de mostaza. Lo insignificante, queda sobradamente insinuado en la parábola de la levadura. Aquí es importante tener en cuenta que Jesús, para presentar sus enseñanzas, no tomaba como punto de referencia los rituales de la religión, sino de las costumbres y usos de la vida. Es decir, para Jesús, no es la vida la que tiene que aprender de la religión, sino al revés: es la religión la que debe aprender de lo que sucede en la naturaleza, en las cosas que vemos y hacemos todos los días.

2. Lo notable es que, para explicar cómo funciona y resulta el Reino de Dios, Jesús se sirve de dos breves parábolas que se refieren, la primera, a la fuerza de atracción y de vida que tiene "lo pequeño" (el grano de mostaza).

Y la segunda, a la fuerza de transformación que tiene "lo insignificante" (la levadura). Como lo advierte cualquiera, estos dos contrastes expresan con fuerza la originalidad del Evangelio, que es, en definitiva, la originalidad de la religión de Jesús. En la Iglesia, tal como ahora intenta hacerse presente en la sociedad, estamos mal educados en este punto capital. A mucha gente le gustan las grandes concentraciones de fieles, las estadísticas de crecimiento y solemnidad. Todo eso no es lo que Jesús quiso para sus seguidores.

3. Con frecuencia nos lamentamos de la poca presencia social y pública que tiene el Reino de Dios en la sociedad moderna. Añoramos los tiempos previos a la modernidad. Y no faltan los que echan de menos la cristiandad o, en su versión más reciente, el nacional-catolicismo. El Reino, la religión, la Iglesia van perdiendo presencia social pública. De ahí los intentos de suplir tanto vacío mediante, las ya mencionadas, concentraciones masivas de fieles, aprovechando cualquier acontecimiento religioso. Con eso se consigue una cierta presencia de la institución religiosa. Pero, ¿se consigue así hacer presente el Reino de Dios? Lo que importa no son los actos públicos, sino cómo vive la gente, cómo se va humanizando la sociedad, cómo van alcanzando derechos y libertades, cómo se mejoran las condiciones de vida y se acaba con tanto sufrimiento. Todos los que trabajan para eso, aunque nadie los sepa o lo note, son grano de mostaza y levadura.

29 DE JULIO - MARTES — **17ª SEMANA DEL TIEMPO ORDINARIO**

Mt 13, 36-43

En aquel tiempo, Jesús dejó a la gente y se fue a casa. Los discípulos se le acercaron a decirle: "Acláranos la parábola de la cizaña en el campo". Él les contestó: "El que siembra la buena semilla es el Hijo del Hombre, el campo es el mundo; la buena semilla son los ciudadanos del Reino; la cizaña son los partidarios del Maligno; el enemigo que la siembra es el diablo; la cosecha es el fin del tiempo, y los segadores los ángeles. Lo mismo que se arranca la cizaña y se quema, así será el fin del tiempo: el Hijo del Hombre enviará sus ángeles, y arrancarán de su Reino a todos los corruptores y malvados y los arrojarán al horno encendido; allí será el llanto y el rechinar de dientes. Los justos brillarán como el sol en el Reino de su Padre. El que tenga oídos que oiga".

1. Si algo hay claro, en esta explicación de la parábola de la cizaña, es que el juicio sobre la conducta humana, sobre quién merece premio o castigo, eso corresponde exclusivamente a Dios. Nadie, por tanto, tiene derecho a hacer juicios o dictar sentencias sobre lo que hacen o dejan de hacer los demás. Eso lo dirán los ángeles de Dios, lo cual es una forma de decir que ningún ser humano se debe considerar con derecho a hacer lo que no le corresponde.

2. Esto quiere decir, que mientras estemos en este mundo, tenemos que acostumbrarnos a saber convivir con toda clase de personas, de mentalidades, de creencias, de usos y costumbres, y también de formas de pensar. No juzgando nunca a nadie. No despreciando nunca a nadie. Respetando a todos. Estimando a todos. Recordando siempre aquel aforismo de la sabiduría sufí: "Un día visito una Iglesia, otro día visito una mezquita. Yendo de templo en templo, no te busco más que a ti".

3. ¿Es esto un relativismo cómodo e irresponsable? No se trata de renunciar cada cual a sus propias convicciones. Se trata de tener muy claro que la primera de todas las convicciones debe ser el respeto y la tolerancia que nos unen más a todos, y nos unen más a Dios. Más que todas las ortodoxias y las fidelidades a lo que aprendimos de nuestros mayores. Ellos no vivieron en esta sociedad, esta cultura y este tiempo. Ahora es el momento de vivir la parábola de la cizaña.

30 DE JULIO - MIÉRCOLES 17ª SEMANA DEL TIEMPO ORDINARIO

Mt 13, 44-45

En aquel tiempo, dijo Jesús a la gente: "El Reino de los Cielos se parece a un tesoro escondido en el campo: el que lo encuentra, lo vuelve a esconder, y lleno de alegría, va a vender todo lo que tiene y compra el campo. El Reino de los Cielos se parece también a un comerciante de perlas finas que, al encontrar una de gran valor, se va a vender todo lo que tiene y la compra".

1. Lo que Jesús aporta a este mundo es algo tan valioso, que se compara con un enorme tesoro y con una perla tan singularmente única que, para el que lo encuentra, se le convierte en una oferta irresistible. Un tesoro inmenso, una perla de mucho valor, son cosas que ofrecen riqueza y bienestar. Está demostrado que, al menos en la cultura actual, el poder de la "seducción" es más fuerte que el poder de la "coacción". Y Jesús viene a decir aquí que el Evangelio del Reino tiene un poder seductor que, a quien lo encuentra, le llena la vida hasta el extremo de que se entrega a ese proyecto con la convicción de que su vida tiene un sentido pleno y para siempre.

2. Por otra parte, sabemos de sobra que la oferta de gratificación inmediata, que hace la sociedad del bienestar (en los países avanzados o sus paraísos restringidos), se centra en la satisfacción de las necesidades que se pueden cubrir con dinero y "buena vida". Y todos sabemos que eso no basta para hacernos felices. Pero, al mismo tiempo, no pensamos que con promesas de eternidad dichosa en el "otro mundo" o en la "otra vida", con eso nada más, la gente se va a sentir atraída como el que, en tiempos antiguos, daba con un tesoro. No. El tesoro y la perla, que ofrece Jesús, tiene que ser la respuesta a "necesidades de totalidad". Tiene que ser un tesoro que solo en la relación interpersonal encuentra la respuesta a nuestros anhelos más profundamente humanos e incluso que trascienden lo humano.

3. Aquí encontramos el tesoro del Reino de Dios, que abarca y entraña la alteridad –la relación al otro y a los otros– en toda la plenitud en que la vivió Jesús. Y tal como el mismo Jesús nos enseñó a vivirla. Solo la experiencia mística nos da una idea de algo de lo que esto representa. Es la genialidad que supo expresar Juan de la Cruz en el Cántico Espiritual.

31 DE JULIO - JUEVES **17ª SEMANA DEL TIEMPO ORDINARIO**

Mt 13, 47-53

En aquel tiempo, dijo Jesús a la gente: "El Reino de los Cielos se parece también a la red que echan en el mar y recoge toda clase de peces: cuando está llena, la arrastran a la orilla, se sientan y reúnen los buenos en cestos y a los malos los tiran. Lo mismo sucederá al final del tiempo: saldrán los ángeles, separarán a los malos de los buenos y los echarán al horno encendido. Allí será el llanto y el rechinar de dientes. ¿Entendéis bien todo esto?" Ellos contestaron: "Sí". Él les dijo: "Ya veis, un letrado que entiende del Reino de los Cielos es como un padre de familia que va sacando lo nuevo y lo antiguo". Cuando Jesús acabó estas parábolas, partió de allí.

1. En un mundo en el que no sabemos ni lo que nos pasa, ni a dónde vamos, tiene que existir un juicio que haga justicia. Nos resistimos a aceptar que las víctimas tengan, en definitiva, el mismo destino que los verdugos. Este mundo –si Dios es Dios– no puede ser un mundo tan injusto y tan desquiciado. A no ser que nos resignemos a tener que aceptar que este mundo es inevitablemente injusto, de forma que en él siempre habrá vencedores y vencidos. ¿Es que el mundo y la vida tiene que ser así, sin más remedio?

2. Como primera respuesta a este enorme problema, sería necesario decir que, antes de quejarnos de que Dios no viene a condenar a los malos, tendríamos que recapacitar sobre la siguiente cuestión: hemos construido y desarrollado el "poder" de los que mandan, pero no hemos construido y desarrollado paralelamente la "justicia". El poder del capital, se ha globalizado. Lo que no se ha globalizado ha sido la justicia, ni un tribunal penal internacional que haga justicia en el mundo. Nos quejamos de que Dios no hace justicia. ¿Por qué no tomamos en serio nuestra responsabilidad de exigir a las instituciones de ámbito mundial que se proteja los débiles y se castigue a los canallas? No le pidamos a Dios que arregle lo que nosotros tendríamos que arreglar.

3. Pero también es cierto que la justicia humana tiene sus límites. De forma que existen zonas de intimidad de la vida que se escapan a toda justicia de los hombres. He aquí el motivo que nos lleva a pensar que o este mundo y esta vida carecen de sentido o tiene que existir una instancia superior y última, que haga justicia de tantas atrocidades que se cometen en esta tierra. Otra cosa es determinar cómo se hará esa justicia. Los creyentes sabemos que Dios es justo. Pero ignoramos cómo ejerce su justicia. Eso se sitúa más allá del umbral de la esperanza. En todo caso, lo que sí conviene aclarar es que las metáforas del "fuego" y el "rechinar de dientes" no pasan de eso, son meras metáforas, que nunca podemos interpretar en un sentido literal, ni es aplicable a realidades que nos trascienden y que, por tanto, nunca podremos conocer.

1 DE AGOSTO - VIERNES — **17ª SEMANA DEL TIEMPO ORDINARIO**

Mt 13, 54-58

Fue Jesús a su ciudad y se puso a enseñar en la sinagoga. La gente decía admirada: "¿De dónde saca este esa sabiduría y esos milagros? ¿No es el hijo del carpintero? ¿No es su madre María, y sus hermanos Santiago, José, Simón y Judas? ¿No viven aquí todas sus hermanas? Entonces, ¿de dónde saca todo eso?" Y aquello les resultaba escandaloso. Jesús les dijo: "Solo en su tierra y en su casa desprecian a un profeta". Y no hizo allí muchos milagros, porque les faltaba fe.

1. Sin duda alguna, Jesús se dirigía a Nazaret, como indica Marcos en el relato paralelo (Mc 6,1-6). Un pueblo sin importancia, del que no cabía esperar que de allí viniera a este mundo nada importante (Jn 1,46). Además, en una aldea así, Jesús se situaba entre la gente más baja en la escala social. En este evangelio se hace referencia a su padre, a su madre y a sus hermanos. Y los vecinos están de acuerdo en que aquel pobre artesano (*tékton*) no tenía ni formación, ni cualidades demostradas, para ser una persona que pudiera destacar. Por eso, la pregunta lógica. ¿de dónde saca todo eso?

2. A los parientes y vecinos no les cabía en la cabeza que un hijo de aquella familia pudiera ser un personaje que hablaba con éxito a la gente y en público. Todo aquello, a los vecinos del pueblo y a sus parientes les resultaba escandaloso. ¿Por qué el escándalo? Porque, para un israelita piadoso, de Dios solo podía hablar quien tuviera formación intelectual y la preparación debida para ello. Y los nazarenos sabían que Jesús no tenía tal formación, ni había hecho estudios, ni se había preparado en una escuela de rabinos competentes. De la gente vulgar y sin títulos adecuados, ¿cómo se podría esperar que saliera una palabra creíble sobre Dios, sobre la ley o sobre la religión?

3. Los vecinos de Nazaret pensaban en lo que estaban presenciando, desde "la lógica de la religión" que habían aprendido. Pero, por lo visto, no tenían ni idea de la "lógica del Evangelio" que Jesús enseñaba. Y, si es que hablamos de la lógica del Evangelio, ya nos estamos refiriendo a otra cosa, que tiene que ver poco con la sabiduría del orden presente de este mundo. Jesús había dicho que las cosas de Dios están escondidas a los sabios y entendidos. Y, por el contrario, quienes las conocen son l*a gente sencilla* (Mt 11,25). Es la sorprendente sabiduría de los *nepioi*, los pequeños, los sin importancia, los nadie, esos son los que contagian lo que Jesús transmitía. ¿Y por qué los más simples son los que aciertan con lo que Jesús comunicaba? Porque lo que Jesús vio que todos más necesitamos, no son los saberes humanos, sino humanidad, bondad, integridad propia de personas de una pieza. Esto no les cabe en la cabeza a los que aspiran a títulos, honores, saberes y cargos. Solo es entendible para los que anhelan ser profundamente humanos. Esos son los que dan con el Dios de Jesús.

2 DE AGOSTO - SÁBADO **17ª SEMANA DEL TIEMPO ORDINARIO**

Mt 14, 1-12

En aquel tiempo, oyó el virrey Herodes lo que se contaba de Jesús y dijo a sus ayudantes: "Este es Juan Bautista que ha resucitado de entre los muertos, por eso los poderes actúan en él". Es que Herodes había mandado prender a Juan y lo había metido en la cárcel encadenado, por motivo de Herodías, mujer de su hermano Felipe: porque Juan le decía que no le estaba permitido vivir con ella. Quería mandarlo matar; pero tuvo miedo de la gente, que lo tenía por profeta. El día del cumpleaños de Herodes, la hija de Herodías danzó delante de todos y le gustó tanto a Herodes, que juró darle lo que pidiera. Ella, instigada por su madre, le dijo: "Dame ahora mismo en una bandeja la cabeza de Juan Bautista". El rey lo sintió; pero por el juramento y los invitados, ordenó que se la dieran; y mandó decapitar a Juan en la cárcel. Trajeron la cabeza en una bandeja, se la entregaron a la joven, y ella se la llevó a su madre. Sus discípulos recogieron el cadáver, lo enterraron y fueron a contárselo a Jesús.

1. Nos impresiona y nos asusta la tiranía y la maldad de Herodes. Es la figura siniestra del hombre corrupto, que, por su debilidad y su cobardía, no dudó en cortarle la cabeza a un hombre de bien, a un profeta de Dios, a un mensajero libre de ataduras y miedos. Por eso la imagen de Herodes Antipas, como la de su padre, Herodes el Grande (Mt 2), se nos hacen insoportables. Hasta llegar a pensar que afortunadamente ya no existen personajes tan detestables. Es posible que lo hayamos comentado aquí no pocas veces. Y sin embargo, es muy posible que ni hayamos tenido la sospecha de que, en este momento, la crueldad de aquellos malvados gobernantes se queda a la altura del polvo, si la comparamos con la crueldad que los dirigentes mundiales están exhibiendo en este dramático tiempo que estamos viviendo.

2. Baste pensar en esto: los gobernantes tiranos, de los tiempos de Cristo, mataban a contadas personas, mientras que los gobernantes tiranos de ahora matan a miles de seres humanos inocentes al día. Según informes que nos dan los organismos internacionales (ONU, FAO, UNESCO...), cada día mueren de hambre, en el mundo más de 50,000 personas (de las que unos 30,000 son niños). Matar de un hachazo en el cuello, es una crueldad tan criminal, que asusta el solo hecho de pensarlo. Pero matar de hambre, eso es mucho más cruel, y más propio de criminales bien pertrechados de medios eficaces para llevar adelante su empresa canalla de exterminio. Las guerras, y sobre todo, las hambrunas –que se suceden de forma incesante–, las pandemias creadas a propósito –como la que estamos viviendo– son las expresión más brutal de la barbarie que gobierna este mundo desdichado.

3. El relato de la muerte cruel de Juan Bautista es una historia edificante, si es que nos ponemos en serio a compararla con lo que viene sucediendo en no pocos países de África, de Asia, y en amplias regiones de América Latina. La crisis de Estados Unidos y de Europa es una crisis de ricos, con todo el inmenso sufrimiento que acarrea. Pero es irritante hasta el extremo, saber que tantos miles de muertos de hambre se podrían remediar solo con moderar el gasto militar que circula sin pudor por todo el mundo. Y eso no se arregla porque no les interesa a unos cuantos potentados que nadie sabe ni para qué quieren acumular más y más millones cada día. ¿Y los demás seguimos callados? ¿Y tranquilizamos nuestras conciencias diciendo que las cosas no tienen otro remedio? ¡Por Dios Santo! Si es que de verdad creemos en Dios, vamos a hacer algo. No podemos seguir con los brazos cruzados. Si seguimos, seremos los más eficaces colaboradores de la espantosa masacre. Juan Bautista murió por denunciar la vida de corrupción y escándalo en que vivía el rey. Es duro vivir con coherencia y hablar con libertad en una sociedad escandalosamente corrupta. Porque si uno pretende ser coherente, por eso mismo se ve enfrentado a elegir entre la coherencia o la mala conciencia. La coherencia implica no callar. Porque, en tales condiciones, el silencio es complicidad con los corruptos. Que es lo que hace posible que el mal se perpetúe. Es un hecho que la corrupción (política, económica, religiosa…) se perpetúa mediante el silencio de las personas de orden, es decir, gracias a la bondad de las buenas personas. El día que los sumisos dicen "¡Basta!", ese día la corrupción se deshace como la sal en el agua. Quienes más ayudan a la corrupción son los "buenos silenciosos", los "prudentes", que son, en definitiva, los "cobardes" disimulados de honestos.

3 DE AGOSTO - DOMINGO **18ª SEMANA DEL TIEMPO ORDINARIO**

Lc 12, 13-21

En aquel tiempo, dijo uno del pueblo a Jesús: "Maestro, dile a mi hermano que reparta conmigo la herencia". Él contestó: "Hombre, ¿quién me ha nombrado juez o árbitro entre vosotros? Y dijo a la gente: "Mirad: guardaos de toda clase de codicia. Pues aunque uno ande sobrado, su vida no depende de sus bienes". Y les propuso una parábola: "Un hombre rico tuvo una gran cosecha. Y empezó a echar cálculos: ¿Qué haré? No tengo donde almacenar la cosecha. Y se dijo: Haré lo siguiente: derribaré los graneros y construiré otros más grandes, y almacenaré allí todo el grano y el resto de mi cosecha. Y entonces me diré a mí mismo: "Hombre, tienes bienes acumulados para muchos años: túmbate, come, bebe, y date buena vida". Pero Dios le dijo: "Necio, esta noche te van a exigir la vida. Lo que has acumulado ¿de quién será?" Así será el que amasa riqueza para sí y no es rico ante Dios".

1. Está comúnmente aceptado que ha sido la codicia el factor desencadenante de la crisis económica mundial, de la que nos dicen que estamos saliendo, pero que en realidad sigue produciendo el criminal fenómeno de la concentración del capital en los más ricos, al tiempo que la gran masa de la población mundial padece más cada día que pasa. La crisis que ha dejado a millones de trabajadores en paro y a incontables familias sin casa, sin medios de subsistencia y al borde de la desesperación total. Al tiempo que los reducidos sectores mejor situados en la escala del poder capitalista han aumentado vertiginosamente sus ingresos. La distancia entre los más ricos y los más pobres se ha hecho mucho más enorme y escandalosa. He aquí la gran canallada que se está manteniendo y fomentando. Además, este crimen mundial se justifica, en las Facultades Universitarias de Ciencias Económicas, diciendo a los alumnos que los más ricos son los más inteligentes. La gran mentira sobre la que se sostiene el sistema, entre otras mentiras que fortalecen este engaño criminal.

2. El argumento de Jesús contra la codicia es contundente y sencillo: la codicia por el dinero es irracional, empuja a tomar las decisiones más descabelladas, ciega a los codiciosos hasta el extremo de que no ven lo más evidente, a saber: que el capital que acumulan no les asegura nada, ni le puede garantizar que van a esta vivos mañana o que el éxito económico les va a durar más de veinticuatro horas. Teniendo en cuenta, además, que, por una cosa tan incierta e inestable, son intocables los que están dispuestos a destrozar la vida de millones de criaturas. Y se quedan, no solo tranquilos, sino además orgullosos de sí mismos. Es la irracionalidad total.

3. Y nunca deberíamos olvidar que codiciosos somos todos. De la codicia nadie se escapa. Porque brota del "deseo". Y el deseo es el mecanismo innato que nos acompaña siempre, que nos moviliza, por supuesto, para los buenos, para ser creativos y eficaces. Pero también para apropiarnos de lo ajeno, induciéndonos a "robar" (sic) "con buena conciencia" o, al menos, con argumentos que intentan justificar las canalladas más sucias, que, a veces, hacemos como lo más natural del mundo. Y, ¡por desgracia!, todo esto está hoy a la orden del día.

4 DE AGOSTO - LUNES **18ª SEMANA DEL TIEMPO ORDINARIO**

Mt 14, 13-21

En aquel tiempo, al enterarse Jesús de la muerte de Juan el Bautista, se marchó de allí en barca a un sitio tranquilo y apartado. Al saberlo la gente, lo siguió por tierra desde los pueblos. Al desembarcar vio Jesús el gentío, le dio lástima y curó a los enfermos. Como se hizo tarde, se acercaron los discípulos a decirle: "Estamos en despoblado y es muy tarde; despide a la multitud, para que vayan a las aldeas y se compren de comer". Jesús les replicó: "No hace falta que vayan, dadles vosotros de comer". Los discípulos replicaron: "Si aquí no tenemos más que cinco panes y dos peces". Les dijo: "Traédmelos". Mandó a la gente que se recostara en la hierba y, tomando los cinco panes y los dos peces, alzó la mirada al cielo, pronunció la bendición, partió los panes y se los dio a los discípulos; los discípulos se los dieron a la gente. Comieron todos hasta quedar satisfechos y recogieron doce cestos llenos de sobras. Comieron unos cinco mil hombres, sin contar mujeres y niños".

1. Después del rechazo de los paisanos de Jesús en su natal Nazaret y el fin trágico de Juan Bautista, la gente sigue buscando a Jesús, quien se compadece de ella. Así, una comunidad se congrega en torno a aquel que, saciando el hambre del pueblo de Dios, da cumplimiento a las expectativas mesiánicas. El milagro de la multiplicación de los panes tiene lugar junto al lago de Galilea y todo ocurre gracias a las órdenes de Jesús, quien, al mismo tiempo que manifestó su poder, se muestra misericordioso con la gente y anticipa desde ahora el alimento de la eucaristía.

2. Es interesante resaltar que la comida es la primera necesidad que el ser humano experimenta en cuanto viene a este mundo. Lo primero que el recién nacido hace, en cuanto viene a este mundo, es ponerse al pecho de su madre y tomar la leche para alimentarse. Lo cual es satisfacer una necesidad biológica básica indispensable. Pero también entraña una necesidad psicológica que no podemos dejar al descubierto: la necesidad de recibir cariño y de dar cariño. La mamá y el hijo se funden en la unión que es plenitud de vida, de satisfacción, de felicidad.

3. Por eso, la comida no tiene solo la función de saciar el hambre y reparar las fuerzas del cuerpo. La comida es también unión de personas, fusión de los sentimientos más hondos de la vida humana. De ahí que la comida –que es tan necesaria para vivir– puede ser fuente de felicidad o fuente de humillación. Es felicidad compartir una comida con quien uno se cuenta a gusto. Pero es humillación tener que ir a buscar un plato de comida que se me da como limosna. Por eso las comidas de Jesús fueron siempre con otros, comidas compartidas, comidas de plena humanidad. Y eso es la base central de la eucaristía en la Iglesia. De ahí que haber trasladado la eucaristía de la mesa al altar, y haber hecho, del acto central de la felicidad humana, el acto central del ritual religioso, ha sido desvirtuar lo que Jesús quiso y lo que nos dejó como mandato: hagan esto en memoria mía. Porque así es como recordamos a Jesús.

4. Es cierto que con el correr de los siglos el cristianismo se fue extendiendo y era difícil conservar la tradición viva de las primeras comunidades. De ahí que la misma eucaristía fue evolucionando a través de los siglos hasta llegar a lo que hoy celebramos. Lo importante es darle el sentido primigenio que Jesús quiso darle y no detenernos en detalles en los que nos perderíamos. Lo que tenemos que pensar que la eucaristía se celebra en una comunidad de hermanos donde nos debemos respetar a nosotros mismos dándole a la propia vida algún sentido. Dentro de la comunidad deberíamos experimentar el calor humano y sentir también que alguien se interesa por mí en este mundo y en el otro. Haciendo esto, estaríamos viviendo la "memoria de Jesús".

5 DE AGOSTO - MARTES **18ª SEMANA DEL TIEMPO ORDINARIO**

Mt 14, 22-36

Después que se sació la gente, Jesús apremió a sus discípulos a que subieran a la barca y se adelantaran a la otra orilla, mientras él despedía a la gente. Y, después de despedir a la gente, subió al monte a solas para orar. Llegada la noche, estaba allí solo. Mientras tanto la barca iba ya muy lejos de tierra, sacudida por las olas, porque el viento era contrario. De madrugada se les acercó Jesús andando sobre el agua. Los discípulos, viéndole andar sobre el agua, se asustaron y gritaron de miedo, pensando que era un fantasma. Jesús les dijo enseguida: "¡Ánimo, soy yo, no tengáis miedo!" Pedro le contestó: "Señor, si eres tú, mándame ir hacia ti, andando sobre el agua". Él le dijo: "Ven". Pedro bajó de la barca y echó a andar sobre el agua acercándose a Jesús; pero, al sentir la fuerza del viento, le entró miedo, empezó a hundirse y gritó: "¡Señor, sálvame!" Enseguida, Jesús extendió la mano, lo agarró y le dijo: "¡Qué poca fe! ¿Por qué has dudado?" En cuanto subieron a la barca, amainó el viento. Los de la barca se postraron ante él diciendo: "Realmente eres Hijo de Dios". Terminada la travesía, llegaron a tierra en Genesaret. Y los hombres de aquel lugar, apenas le reconocieron, pregonaron la noticia por toda aquella comarca y trajeron donde él a todos los enfermos. Le pedían tocar siquiera la orla de su manto; y cuantos la tocaron quedaron curados.

1. En cuento la gente quedó satisfecha, Jesús no admitió ni agradecimientos, ni aclamaciones, ni famas, ni populismo alguno. Jesús hizo dos cosas: 1) Despidió a la gente, que, entusiasmada, quería proclamarlo rey (Jn 6,14-15). 2) "Forzó" los discípulos a irse en la barca. No es que los "apremió", sino que los "obligó". Esto indica que no querían irse y fue necesario forzarlos a que se marcharan de allí. ¿Por qué? Sin duda, porque al ver la oportunidad de que el

Maestro se convirtiera en rey, no querían perder la ocasión de tener algo de poder político. Después de que despidió a sus discípulos, Jesús se fue solo al monte, a pasar la noche en oración. Era humano. Y, como humano, necesitaba de la oración, de la paz y la soledad del silencio. Necesitaba la fuerza y la coherencia profética que le daba el Padre del Cielo.

2. Esto supuesto, lo demás del relato se entiende enseguida. Las oscuras apetencias de los discípulos se les convirtieron en noche oscura, en viento contrario, en miedos inconfesables, en la falta de fe que muestra Pedro, en el miedo que le tuvieron incluso a Jesús, al que confundieron con un fantasma. Jesús buscaba aliviar a la gente y su propia soledad ante el Padre. Los discípulos apetecían fama y poder. Cuando Jesús les devuelve la paz, el sosiego, la calma y la seguridad, se postran ante él. Vivieron una auténtica teofanía, una aparición de Dios, que ya no se les muestra en el poder y la gloria, sino en la paz, la seguridad, la alegría y el sosiego. En Jesús, Dios se humaniza.

3. La actualidad del relato es patente: cuando los discípulos de Jesús no se contentan con ser lo que son, sino que además pretenden poderes de orden político, se les hace de noche, no avanzan, todo son problemas, en Jesús ven a un fantasma que les da miedo, Pedro se hunde. Se ha dicho que el "fundamentalismo religioso" es "tradición acorralada". Muchos de los actuales sucesores de los apóstoles dan muestra de que no les basta con ser discípulos de Jesús y quieren cotas de poder político. ¿No será por eso por lo que no ven la fuerza que tiene el Evangelio y, en vez de ver a Jesús, ven fantasmas? ¿Esto explicaría el actual éxito de los grupos más integristas y más fundamentalistas? Pero, ¿es esa la solución que hoy necesita la Iglesia? El papa Francisco con su estilo sencillo y de frescura evangélica, no se cansa de decir y poner en el centro de la vida de la Iglesia el Evangelio. Por eso, los grupos más conservadores y radicales lo tachan de "hereje". Si los cristianos no ponemos en el centro de nuestra vida y de la Iglesia la Palabra de Dios, en pocas décadas, nos convertiremos en una "secta" disminuida y sin influencia alguna en la sociedad. Jesús nos quiere profetas de la Buena Nueva en tiempos complejos, pero de gran esperanza para la humanidad. ¡No lo defraudemos!

6 DE AGOSTO - MIÉRCOLES **TRANSFIGURACIÓN DEL SEÑOR**

Lc 9, 28b-36

En aquel tiempo, Jesús se llevó a Pedro, a Juan y a Santiago a lo alto de una montaña para orar. Y mientras oraba, el aspecto de su rostro cambió, sus vestidos brillaban de blanco. De repente dos hombres conversaban con él: eran Moisés y Elías que aparecieron con gloria, hablaban de la muerte que iba a consumar en Jerusalén. Pedro y sus compañeros se caían de sueño; y espabilándose vieron su gloria y a los dos hombres que estaban con él. Mientras estos se alejaban, dijo Pedro a Jesús: "Maestro, qué hermoso es estar aquí. Haremos tres chozas: una para ti, otra para Moisés y otra para Elías". No sabía lo que decía. Todavía estaba hablando cuando llegó una nube que los cubrió. Se asustaron al entrar en la nube. Una voz desde la nube decía: "Este es mi Hijo, el escogido; escuchadle". Cuando sonó la voz, se encontró Jesús solo. Ellos guardaron silencio y, por el momento, no contaron a nadie nada de lo que habían visto".

1. Lo singular y admirable de este relato es que deja claro algo enteramente extraordinario. Se trata precisamente de la impensable singularidad de Jesús. En la visión de la transfiguración aparecen tres grandes personajes de la Biblia: Jesús, Moisés y Elías. Pero el relato está redactado de tal forma que, al final, queda solo Jesús. Desaparecen Moisés y Elías. Y lo que es más importante: una nueve, opaca y luminosa al mismo tiempo, que manifiesta a Dios presente, cubre a los tres discípulos presentes. Y Dios, desde la nube, dice: "Este es mi Hijo… escuchadle".

2. Para aquellos tres discípulos, educados en el judaísmo, Moisés y Elías representaban lo más grande de la revelación de Dios, la ley y sobre todo la profecía. Por eso se comprende que Pedro pidiera instalarse allí. De esta forma, Jesús se armonizaba con Moisés y Elías, lo nuevo con lo antiguo, la síntesis que acepta a Jesús, pero sin abandonar la profecía antigua.

3. Pues bien, esta pretensión de armonizar lo antiguo y lo nuevo es lo que Dios, desde la voz de la nube, desautoriza. Dios dice: "Escúchenle". A Jesús solo. Él es la palabra definitiva, en la que Dios "nos habló todo junto y de una sola vez…, y no tiene más que hablar" (Juan de la Cruz). Hay cristianos que dan el mismo valor y la misma importancia a toda la Biblia. A fin de cuentas, todo en ella es Palabra de Dios. Pero en la Biblia no todo es igual. ¿Cómo va a ser igual el Dios violento, que aparece en tantas páginas del Antiguo Testamento, que el Padre del que nos habla Jesús, el Dios cuya imagen viva es Jesús? ¿Por qué, en la liturgia de la misa, se nos leen textos del Antiguo y del Nuevo Testamento, que son (a veces) estrictamente contradictorios? Aunque resulte irónico decirlo, hay que afirmar que ¡menos mal que la mayoría de la gente no se entera de lo que dicen, ni el Antiguo, ni el Nuevo Testamento! Nos falta cultura bíblica.

Mt 16, 13-23

En aquel tiempo, llegó Jesús a la región de Cesarea de Felipe y preguntaba a sus discípulos: "¿Quién dice la gente que es el Hijo del Hombre?" Ellos contestaron: "Unos que Juan Bautista, otros que Elías, otros Jeremías o uno de los profetas". Él les contestó: "Y vosotros, ¿quién decís que soy yo?" Simón Pedro tomó la palabra y dijo: "Tú eres el Mesías, el Hijo de Dios vivo". Jesús le respondió: "Dichoso tú, Simón, hijo de Jonás, porque eso no te lo ha revelado nadie de carne y hueso, sino mi Padre que está en el cielo. Ahora te digo yo: Tú eres Pedro, y sobre esta piedra edificaré mi Iglesia, y el poder del infierno no la derrotará. Te daré las llaves del Reino de los Cielos; lo que ates en la tierra, quedará atado en el cielo, y lo que desates en la tierra, quedará desatado en el cielo". Y les mandó a los discípulos que no dijesen a nadie que era el Mesías. Desde entonces empezó Jesús a explicar a sus discípulos que tenía que ir a Jerusalén y padecer allí mucho por parte de los senadores, sumos sacerdotes y letrados, y que tenía que ser ejecutado y resucitar al tercer día. Pedro se lo llevó aparte y se puso a increparlo: "¡No lo permita Dios, Señor! Eso no puede pasarte". Jesús se volvió y dijo a Pedro: "Quítate de mi vista, Satanás, que me haces tropezar; tú piensas como los hombres, no como Dios".

1. Este relato, tal como aquí aparece, se encuentra en los evangelios de Mateo y de Marcos. Y, en ambos casos, se une la narración de la confesión de Pedro con el enfrentamiento que tuvo el mismo Pedro con Jesús. El episodio de la confesión de Pedro, como se sabe, ha sido ampliamente utilizado, por la teología y por el Derecho eclesiástico, para argumentar y justificar el poder de Pedro y de sus sucesores (los papas) en el gobierno de la Iglesia y hasta en el poder político del papado. Más aún, como dejó escrito Y. Congar, "la propia Roma, y esto a partir, tal vez del s. II" montó las cosas de forma que "ella" (Roma) ve en Mt 16,19 su propia institución. Para Roma, los poderes no pasan de Pedro a la "ecclesía" (la comunidad de fieles), sino de Pedro a la "Sede Romana". Lo que, en definitiva –si es que esto fuera cierto–, la Iglesia tendría su fundamento, no en Jesús, sino en Pedro, en "su poder y en su autoridad". O sea, una Iglesia de poder que somete, no una comunidad de misericordia que humaniza.

2. Esta idea es la que explica cómo y por qué hay ahora obispos y cardenales que no dudan en enfrentarse al papa Francisco. Porque ven, en este papa, una forma de gobernar la Iglesia que pone el centro en el Evangelio y en el ejemplo de vida que nos dejó Jesús. Mientras que esos obispos y cardenales (los que sean y quienes sean) pretenden que el centro tiene que estar en la Curia Vaticana, en los poderes de la Curia y en las decisiones que la Curia toma. Aquí está el nudo que urge desatar. Para que la Iglesia tenga su centro en Jesús y no en ningún poder humano, por muy religioso y sagrado que sea.

3. De ahí, la importancia del segundo relato: el del enfrentamiento de Jesús con Pedro. Cuando este discípulo, el más importante de todos, se enteró del fracaso y de la muerte que le esperaba a Jesús, al que él había confesado como Mesías (el Salvador), se enfrentó directamente a semejante fracaso y a una muerte causada por los sumos sacerdotes, por los máximos representantes del "poder religioso". Ahora bien, a Pedro –y a quien piensa como pensaba Pedro–, Jesús les dice que son un "escándalo" y los "increpa" como se rechaza al mismísimo "Satanás". El Evangelio de Jesús no es poder que somete, sino solidaridad que sufre con el que sufre, con bondad, misericordia y amor a todos.

8 DE AGOSTO - VIERNES **18ª SEMANA DEL TIEMPO ORDINARIO**

Mt 16, 24-28

En aquel tiempo, dijo Jesús a sus discípulos: "El que quiera venirse conmigo, que se niegue a sí mismo, que cargue con su cruz y me siga. Si uno quiere salvar su vida, la perderá; pero el que la pierda por mí, la encontrará. ¿De qué le sirve a un hombre ganar el mundo entero si malogra su vida? ¿O qué podrá dar para recobrarla? Porque el Hijo del Hombre vendrá entre sus ángeles, con la gloria de su Padre, y entonces pagará a cada uno según su conducta. Os aseguro que algunos de los aquí presentes no morirán sin antes haber visto llegar al Hijo del Hombre con majestad".

1. Las gentes de Galilea, que escuchaban a Jesús, sabían muy bien lo que era "cargar la cruz". Junto a los caminos de Galilea se veían señales que indicaban dónde habían sido crucificados los galileos revolucionarios que no soportaban la opresión de los legionarios romanos. Por eso, cuando Jesús les dice a los discípulos que "seguirle" es "cargar con la cruz", no se refiere a nada religioso, ascético, espiritual. Porque nada de eso era "cargar con la cruz" en los pueblos que Roma dominaba. La cruz era el tormento con el que se ejecutaba a los esclavos y a los subversivos contra el imperio romano. Era el suplicio que arrancaba el honor y la dignidad al ciudadano del imperio. Seguir a Jesús es vivir de forma que uno tiene que estar dispuesto a que lo tengan por un subversivo y un indigno de seguir viviendo. Y eso, no por intereses de poder, sino por causa de una bondad que no escurre el hombro ante las injusticias.

2. Si hablar de la cruz, en la cultura del Imperio romano, era hablar de la mayor vergüenza, del peor dolor, el rechazo social, la marginación, el fracaso y la condena, entonces, ¿por qué Jesús llamaba a la gente a terminar su vida con un final tan espantoso? Jesús ni quería, ni quiere, el sufrimiento. Lo que Jesús quería, y quiere, es que luchemos contra los causantes del sufrimiento, de la opresión, de la deshumanización. Ahora bien asumir este proyecto en la vida es lo mismo que tomar el camino que Jesús tomó.

3. Un camino que obliga, a quien lo toma, a vivir en los márgenes, a luchar por una utopía que entraña un proyecto contracultural. Es el proyecto que ahora, quizá con las inevitables equivocaciones y errores, asumen los "indignados", los hijos de la "otra-cultura", que protestan de lo que tenemos, porque quieren una vida y una convivencia más humana, más transparente, más honrada. Esto es lo que entraña "cargar con la cruz". De por sí, cuando alguien asume su vida en serio y busca hacer el bien con los que le rodean, de inmediato pueden surgir las críticas, los celos y hasta la calumnia; y si pueden destruirte lo hacen también. ¿Quién no ha vivido algo parecido? Y es ahí donde Jesús nos llama a ser fuertes y generosos dando lo mejor de nosotros sin claudicar en nada y seguir adelante aunque no nos comprendan porque hemos de saber que al final, vendrá la recompensa.

9 DE AGOSTO - SÁBADO **18ª SEMANA DEL TIEMPO ORDINARIO**

Mt 17, 14-19

En aquel tiempo, se acercó a Jesús un hombre que le dijo de rodillas: "Señor, ten compasión de mi hijo, que tiene epilepsia y le dan ataques: muchas veces se cae en el fuego o en el agua. Se lo he traído a tus discípulos, y no han sido capaces de curarlo". Jesús contestó: "¡Gente sin fe y perversa! ¿Hasta cuándo os tendré que soportar? Traédmelo". Jesús increpó al demonio, y salió; en aquel momento se curó el niño. Los discípulos se acercaron a Jesús y le preguntaron aparte: "¿Y por qué no pudimos echarlo nosotros?" Les contestó: "Por vuestra poca fe. Os aseguro que, si fuera vuestra fe como un grano de mostaza, le diríais a aquella montaña que viniera aquí y vendría. Nada os sería imposible".

1. En el NT hay dos formas distintas de entender y vivir la fe. En los escritos de Pablo, la fe es la aceptación de unas ideas. En los evangelios, la fe consiste en fiarse de Jesús. Para el Evangelio, por tanto, la fe es la confianza y la seguridad en Jesús. Es creyente el que se fía de Jesús, cree que él es fuente de vida, que da vida, cura nuestros males, alivia nuestras penas, nos saca de los peligros que nos acechan y acosan. Jesús elogia como "creyentes" a quienes tiene esa profundidad y misteriosa convicción. De ahí, la frase que Jesús repite: "Tu fe te ha salvado " (Mc 5,34; Mt 9,22; Lc 8,48; Cf. Mc 10,52; Mt 8,10.13; 9,30; 15,28; Lc 7,9; 17,19; 18,42) (J. Alfaro).

2. Por el contrario, en el caso del niño epiléptico, Jesús llama "gente sin fe" a quienes no son capaces de expulsar las fuerzas de sufrimiento y muerte (la epilepsia grave) que atormentaba al niño. La fe, por tanto, a juicio de Jesús, no consiste en aceptar como ciertas una serie de verdades o dogmas sobre Dios y la religión. Esta manera de entender la fe se elaboró más tarde. En los evangelios, la fe es la convicción de que Jeús está siempre a favor de la vida y de felicidad de las personas. La cultura occidental, en la que se ha estructurado en gran medida la teología, ha sobrevalorado lo intelectual, detrimento de otras dimensiones de la vida humana, como por ejemplo la confianza, la sinceridad sobre todo la afectividad. De ahí, que la teología se ha convertido, con frecuencia, en pura especulación, al tiempo que se han marginado no pocos valores evangélicos, que son mucho más básicos en la existencia de los seres humanos.

3. Pero hay, en este evangelio, un dato más que no debe pasar inadvertido. Se trata de la fe tan escasa, tan deficiente, tan limitada, que tenían los apóstoles y discípulos de Jesús. Parece increíble. Pero así lo presentan los evangelios. Estos discípulos, los más cercanos a Jesús, son los más censurados por Jesús a causa de su falta de fe. De ellos se llega a decir sencillamente que no tenían fe (Mc 4,40), o que eran increyentes (apistos) (Mt 17,17), ya que tenían una fe tan exigua (oligopistía) que era como un grano de mostaza o sea, prácticamente casi nada (Mt 17,20). En otros casos, lo que se dice es que no creían (aristeo) (Lc 24,17.30) o que eran "lentos para creer" (Lc 24,25). Pero en lo que más se insiste es en que tenían una fe escasísima (oligopistoi) (Mt 8,26; 14,31; 16,8; Lc 12,28). Esto da que pensar. Porque viene a decir que bien puede suceder que quienes más cerca viven de Jesús sean los que menos se fían de él. Pueden ser funcionarios de la religión, pero no seguidores del Evangelio.

10 DE AGOSTO - DOMINGO **19ª SEMANA DEL TIEMPO ORDINARIO**

Lc 12, 32-48

Dijo Jesús a sus discípulos: "No temas, pequeño rebaño; porque vuestro Padre ha tenido a bien daros el Reino. Vended vuestros bienes y dad limosna; haceos talegas que no se echen a perder, y un tesoro inagotable en el cielo, adonde no se acercan los ladrones ni roe la polilla. Porque donde está vuestro tesoro, allí estará también vuestro corazón. Tened ceñida la cintura y encendidas las lámparas. Vosotros estad como los que aguardan a que su señor vuelva de la boda, para abrirle, apenas venga y llame. Dichosos los criados a quienes el señor, al llegar, los encuentra en vela: os aseguro que se ceñirá, los hará sentar a la mesa y los irá sirviendo. Y si llega entrada la noche o de madrugada, y los encuentra así, dichosos ellos. Comprended que si supiera el dueño de casa a qué hora viene el ladrón, no le dejaría abrir un boquete. Lo mismo vosotros estad preparados, porque a la hora que menos penséis, viene el Hijo del Hombre. Pedro le preguntó: "Señor, ¿has dicho esa parábola por nosotros o por todos?" El Señor le respondió: "¿Quién es el administrador fiel y solícito a quien el amo ha puesto al frente de su servidumbre para que les reparta la ración a sus horas? Dichoso el criado a quien su amo al llegar lo encuentra portándose así. Os aseguro que lo pondrá al frente de todos sus bienes. Pero si el empleado piensa: "Mi amo tarda en llegar", y empieza a pegarles a los mozos y a las muchachas, a comer y beber y emborracharse; llegará el amo de ese criado el día y a la hora que menos lo espera y lo despedirá, condenándolo a la pena de los que no son fieles. El criado que sabe lo que su amo quiere y no está dispuesto a ponerlo por obra, recibirá muchos azotes; el que no lo sabe, pero hace algo digno de castigo, recibirá pocos. Al que mucho se le dio, mucho se le exigirá; al que mucho se le confió, más se le exigirá".

1. Jesús no tolera el miedo, ni quiere que sus discípulos sientan la amenaza del miedo. Esta enseñanza es fundamental en el Evangelio. O sea, quienes creen en Jesús tienen que ser gente sin miedo. ¿Por qué? Muy sencillo: porque el Reino no es una promesa, es una posesión que ya es de ellos. Y hablar del Reino es hablar de Dios. En efecto, la expresión "Reino de Dios" es una forma de designar a Dios mismo. Por tanto, lo que en realidad afirma Jesús es enorme: Dios es vuestro. Es decir, Dios se ha entregado, lo tenéis a vuestra disposición. El don de Dios a sus creyentes es Dios mismo. Se nos ha dado. ¿Qué miedo puede caber, si eso es así?

2. La consecuencia es lógica: si vuestra posesión es Dios, ¿para qué queréis lo demás? Desprendeos de cualquier forma de apropiación. Haced con los demás, lo que Dios ha hecho con vosotros. La donación de sí a quienes se quiere amar. Pero, ¿qué es tener a Dios? Y, en consecuencia, ¿qué es darse a los demás? Vamos a ver: lo que nos separa a unos de otros es la propiedad. Lo que es mío no es tuyo. Y eso – la experiencia lo dice– nos separa, nos distancia, crea rivalidades, enfrentamientos, envidias, odios, rencores… Lo más feo de la vida. Tener a Dios y ser de Dios, eso, comparado con los demás, es querernos, es darnos, es sentirnos seguros, gozar de lo que más felices nos hace, que es el cariño compartido, la confianza mutua, la seguridad en el otro. En esto, nada más y nada menos, consiste la utopía a la que aspiramos, el anhelo que siembra el Evangelio en lo más profundo de nuestros seres.

3. Supuesto lo dicho, todo lo demás no necesita explicación. Fluye por sí solo. El que vive así, vive vigilante. Contagia felicidad. Es buena persona y buen ciudadano. Porque es una persona que, al igual que hizo Dios con Jesús, se ha humanizado hasta el fondo de su ser.

11 DE AGOSTO - LUNES **19ª SEMANA DEL TIEMPO ORDINARIO**

Mt 17, 21-26

En aquel tiempo, mientras Jesús y los discípulos recorrían juntos la Galilea, les dijo Jesús: "Al Hijo del Hombre lo van a entregar en manos de los hombres, lo matarán, pero resucitará al tercer día". Ellos se pusieron muy tristes. Cuando llegaron a Cafarnaúm, los que cobraban el impuesto de las dos dracmas se acercaron a Pedro y le preguntaron: "¿Vuestro maestro no paga las dos dracmas?" Contestó: "Sí". Cuando llegó a casa, Jesús se adelantó a preguntarle: "¿Qué te parece, Simón, los reyes del mundo, ¿a quién le cobran impuestos y tasas, a sus hijos o a los extraños?" Contestó: "A los extraños". Jesús le dijo: "Entonces, los hijos están exentos. Sin embargo, para no darles mal ejemplo, ve al lago, echa el anzuelo, coge el primer pez que pique, ábrele la boca y encontrarás una moneda de plata. Cógela y págales por mí y por ti".

1. En estos tiempos, en los que con tanta frecuencia nos enteramos de noticias relativas a quienes defraudan a la Hacienda Pública, este evangelio tiene una sorprendente actualidad: al segundo anuncio de la pasión (Mt 17,22-23), se añade a renglón seguido, el tema del pago de los impuestos. Lo que enseguida salta a la vista, es que Jesús ni estaba exento de pagar impuestos, ni quería estarlo. Jesús quiere, para él y para sus seguidores, que fueran ciudadanos normales, sin ninguna clase de privilegios. Eso, por lo menos, es lo que está fuera de duda, a la vista de este relato. Y sabemos que Jesús daba limosna a los pobres (Jn 12,5-5; 13,29). Pero, si era necesario, se deja robar por el fisco, con tal de no portarse como un ciudadano que gozaba de privilegios fiscales.

2. El impuesto, por el que le preguntan a Pedro, no era el impuesto civil, que se paga al Estado. En vida de Jesús, ese impuesto de "las dosdracmas" (*didrachma*) era el impuesto religioso que los judíos pagaban al Templo (Josefo, Filón). Pero, después del año 70 (cuando se redactó este evangelio), al no existir el destruido Templo de Jerusalén, se sabe que los judíos, por decisión del emperador Vespasiano, tenían que pagar el impuesto religioso al templo de Júpiter capitolino (Josefo, Dión Casio). Este impuesto tenía un significado punitivo, que indicaba la superoridad del Imperio sancionada por Júpiter (W. Carter). La respuesta de Pedro, a la pregunta que le hacen sobre el impuesto, también indica que los cristianos de los años posteriores al 70 también pagan el impuesto al templo de Júpiter.

3. ¿Por qué los cristianos pagaban este impuesto que obligaba a los judíos? No es fácil encontrar una respuesta indiscutible. Y sabemos que sobre este asunto hay múltiples opiniones entre los estudiosos de los evangelios. La explicación que ofrece el texto de Mateo sobre quiénes pagaban el impuesto y quienes no, admite explicaciones muy diversas. Lo único claro que sabemos es que ni Jesús ni los primeros cristianos aceptaron privilegios fiscales. Probablemente influyó, en este comportamiento, el empeño de la Iglesia naciente por integrarse en el Imperio y no dar argumentos para ser enjuiciada como una secta de subversivos rebeldes. En cualquier caso, lo que está fuera de duda es que ni Jesús ni los primeros cristianos toleraron privilegios económicos. El relato da a entender que toma este asunto como una historia pintoresca o extravagante, tal como se refleja en la historieta de la moneda en la boca del pez.

12 DE AGOSTO - MARTES **19ª SEMANA DEL TIEMPO ORDINARIO**

Mt 18, 1-5. 10. 12-14

En aquel tiempo, se acercaron los discípulos a Jesús y le preguntaron: "¿Quién es el más importante en el Reino de los Cielos?" Él llamó a un niño, lo puso en medio, y dijo: "Os digo que, si no volvéis a ser como niños, no entraréis en el Reino de los Cielos. Por lo tanto, el que se haga pequeño como este niño, ese es el más grande en el Reino de los Cielos. El que acoge a un niño como este en mi nombre, me acoge a mí. Cuidado con despreciar a uno de estos pequeños, porque os digo que sus ángeles están viendo siempre en el cielo el rostro de mi Padre celestial. ¿Qué os parece? Suponed que un hombre tiene cien ovejas: si una se le pierde, ¿no deja las noventa y nueve y va en busca de la perdida? Y si la encuentra, os aseguro que se alegra más por ella que por las noventa y nueve que no se habían extraviado. Lo mismo vuestro Padre del cielo no quiere que se pierda ni una de estas pequeñas".

1. A los discípulos les preocupaba el tema de la importancia. Seguían teniendo en su corazón las convicciones que dominaban en las culturas mediterráneas del s.I, en las que el valor determinante no era el dinero, sino el honor. Pero lo más peligroso de esta pregunta no está en que aquellos hombres sintieran el natural deseo de ser importantes. El peligro estaba en que asociaban la importancia (honor) con el Reino de Dios. Se notaba ya, en aquellos primeros discípulos, la convicción dominante en tantos hombres de Iglesia, persuadidos de que lo más importante para la causa del Reino es la buena imagen, el buen nombre, la dignidad, el honor, el cargo. Y se apetece todo eso, ocultando (si es preciso) cosas indignas e indignantes.

2. La respuesta de Jesús desmonta todo el tinglado de los honores y los cargos, tan importante para muchos hombres de Iglesia. Para Jesús, el tinglado las importancias es la imposibilidad para entrar en el Reino de Dios. Jesús lo dice afirmando que es necesario "hacerse pequeño", es decir, "abajarse", que era lo significaba en la época de Jesús, la baja condición social. Que era la condición de los niños en aquella sociedad. Las apetencias de importancia incapacitan para hacer algo que sea de utilidad para el Reino de Dios. Resulta curioso que aquellos que más presumen de sus "dignidades" de cualquier tipo, social o eclesial, suelen ser los más nefastos y los que menos hacen para el bien de los demás.

3. Uno de los problemas más graves, que tienen que resolver las religiones y especialmente la Iglesia, es la tentación de darle más importancia al "parecer" que al "ser". A muchos cristianos, concretamente a muchos clérigos, les domina (y rige sus vidas) el convencimiento de que lo importante es "tener buena imagen", aparecer ante la gente como hombres ejemplares. Esta mentalidad es lo que ha arruinado a la Iglesia y la ha alejado tanto del Evangelio, por eso hay mucha gente que no se fía de la religión, de sus dirigentes, de lo que dicen, etc. Cuando la vida pierde su transparencia, esa vida no puede servir de medio para comunicar lo que fue y lo que es la vida de Jesús, su proyecto de vida y el futuro que nos ofrece. Una vida que no es transparente no es creíble y no merece crédito alguno.

13 DE AGOSTO - MIÉRCOLES **19ª SEMANA DEL TIEMPO ORDINARIO**

Mt 18, 15-20

En aquel tiempo, dijo Jesús a sus discípulos: "Si tu hermano peca, repréndelo a solas entre los dos. Si te hace caso, has salvado a tu hermano. Y si no te hace caso, llama a otro o a otros dos, para que todo el asunto quede confirmado por boca de dos o tres testigos. Si no les hace caso, díselo a la comunidad, y si no hace caso ni siquiera a la comunidad, considéralo como un pagano o un publicano. Os aseguro que todo lo que atéis en la tierra quedará atado en el cielo, y todo lo que desatéis en la tierra quedará desatado en el cielo. Os aseguro además que si dos de vosotros se ponen de acuerdo en la tierra para pedir algo, se lo dará mi Padre del cielo. Porque donde dos o tres están reunidos en mi nombre, allí estoy yo en medio de ellos".

1. El problema que plantea aquí Jesús no se refiere a la corrección fraterna, sino al perdón mutuo. Es decir, no se trata de ir por la vida –como les encanta a muchos– "reprendiendo a la gente", sino de "perdonarse siempre unos a otros" y también saberse perdonar uno mismo. El texto griego más seguro no dice: "si tu hermano peca", sino que indica: "si peca contra ti" (eís sé). Jesús, por tanto, no plantea el caso de una acción mala, un pecado en la intimidad solitaria. Jesús se refiere aquí a una ofensa que otro me hace o que alguien hace contra otra persona. ¿Cómo se perdona ese pecado?

2. Hay que buscar por todos los medios posibles, el perdón mutuo y la mutua reconciliación. Para obtenerla, Jesús señala tres pasos progresivos: 1) Reconciliarse entre los dos a solas. 2) Si el primer paso no da resultado, se ha de volver a intentar la reconciliación con ayuda de personas que puedan facilitar el mutuo re-encuentro. 3) Si eso tampoco da resultado, entonces se reúne la comunidad para resolver el conflicto. Y si es que ni esto es suficiente para obtener el perdón y la reconciliación, entonces se le excluye de la asamblea. La idea, pues, de Mateo es que la Iglesia tiene que ser una comunidad sana, unida, en armonía, en la que no se tolera que haya personas enfrentadas y divididas (¡qué lejos estamos de eso!).

3. Lo determinante, en todo este asunto, es que el perdón mutuo, que nos concedemos los seres humanos, es el perdón que Dios concede. En otras palabras, de la misma manera que el pecado consiste en la ofensa que le hacemos a alguien, el perdón del pecado se obtiene mediante el perdón entre los que se han ofendido. En cualquier caso, lo que no tiene sentido es que una persona ofenda a su vecino/a, a su esposo/a, y luego vaya a pedirle perdón al sacerdote si antes no se ha reconciliado con la persona ofendida, porque dos personas que se ofenden, lo que tienen que hacer es perdonarse entre sí y luego buscar la gracia del sacramento del perdón. Y ese perdón mutuo es el perdón de Dios ofrecido por la mediación del sacerdote. En ese perdón se manifiesta el perdón de Dios.

4. ¿No tendríamos que repensar el tema que se refiere a la necesidad y finalidad de la confesión oral de los pecados al confesor? ¿Qué justificación puede tener que uno ofenda a su mujer o a su marido, pero luego vaya a pedirle perdón a un sacerdote? No es "de fe divina y católica" que la confesión de los pecados tenga que hacerse así. Eso lo introdujeron los monjes irlandeses en el continente europeo, en el s. VII. Para ello echaron mano de la llamada "penitencia tarifaria", que se inventó en ese tiempo. ¿No es ya hora de que la Iglesia se plantee si todo esto se tiene que seguir prolongando? Pidamos que el Espíritu del Señor ilumine a su Iglesia. Y nos ilumine a todos.

14 DE AGOSTO - JUEVES **19ª SEMANA DEL TIEMPO ORDINARIO**

Mt 18, 21-19,1

En aquel momento, acercándose Pedro a Jesús le preguntó: "Señor, si mi hermano me ofende, ¿cuántas veces le tengo que perdonar? ¿Hasta siete veces?" Jesús le contesta: "No te digo hasta siete veces, sino hasta setenta veces siete". Y les propuso esta parábola: "Se parece el Reino de los Cielos a un rey que quiso ajustar las cuentas con sus empleados. Al empezar a ajustarlas, le presentaron uno que debía diez mil talentos. Como no tenía con qué pagar, el señor mandó que lo vendieran a él con su mujer y sus hijos y todas sus posesiones, y que pagara así. El empleado, arrojándose a sus pies, le suplicaba diciendo: "Ten paciencia conmigo y te lo pagaré todo". El Señor tuvo lástima de aquel empleado y lo dejó marchar, perdonándole la deuda. Pero, al salir, el empleado aquel encontró a uno de sus compañeros que le debía cien denarios, y, agarrándolo, lo estrangulaba diciendo: "Págame lo que me debes". El compañero, arrojándose a sus pies, le rogaba diciendo: "Ten paciencia conmigo, y te lo pagaré". Pero él se negó y fue y lo metió en la cárcel hasta que pagara lo que debía. Sus compañeros, al ver lo ocurrido, quedaron consternados y fueron a contarle a su señor todo lo sucedido. Entonces el señor lo llamó y le dijo: "¡Siervo malvado! Toda aquella deuda te la perdoné porque me lo pediste. ¿No debías tú también tener compasión de tu compañero, como yo tuve compasión de ti?" Y el señor, indignado, lo entregó a los verdugos hasta que pagara toda la deuda. Lo mismo hará con vosotros mi Padre del Cielo, si cada cual no perdona de corazón a su hermano". Cuando acabó Jesús estos discursos, partió de Galilea y vino a la región de Judea, al otro lado del Jordán.

1. Esta parábola confirma que, efectivamente, el texto inmediatamente anterior, el de la liturgia de ayer, se refiere con toda seguridad al problema del perdón de los pecados, las ofensas que nos hacemos unos a otros. Es importante recordar que, en el Nuevo Testamento, los diez mandamientos se reducen a siete. Lo mismo Jesús (Mt 19,18-19 par) que Pablo (Rom 13,9) reducen los textos de Ex 20,13-17 y Deut 5,17-21 los mandamientos que se refieren a las relaciones con los demás y no mencionan los tres primeros, que se refieren a la relación con Dios.

2. Lo que más impresiona en la parábola es cómo los mortales somos de tal manera que tenemos una sensibilidad exagerada a la hora de valorar el daño que le hacen a cada uno, al tiempo que ni nos damos cuenta de las barbaridades que, tantas veces, uno mismo les hace a los demás. Tenemos dos varas de medir: la propia es enormemente grande; la que aplicamos a los demás es ridículamente pequeña y, a veces, ni siquiera existe.

3. Esta doble medida, y las conductas tan canallas que desencadena, son la ruina de la convivencia, de la justicia entre las personas, las instituciones y los pueblos. Y por tanto, esto es lo que más nos aleja de Dios, sin que ni siquiera nos demos cuenta de lo que nos pasa.

15 DE AGOSTO - VIERNES — **ASUNCIÓN DE LA VIRGEN MARÍA**

Lc 1, 39-56

En aquellos días, María se puso en camino y fue aprisa a la montaña a un pueblo de Judá; entró en casa de Zacarías y saludó a Isabel. En cuanto Isabel oyó el saludo de María, saltó la criatura en su vientre. Se llenó Isabel del Espíritu Santo y dijo a voz en grito: "¡Bendita tú entre las mujeres y bendito el fruto de tu vientre! ¿Quién soy yo para que me visite la madre de mi Señor? En cuanto tu saludo llegó a mis oídos, la criatura saltó de alegría en mi vientre. ¡Dichosa tú, que has creído!, porque lo que te ha dicho el Señor se cumplirá". María dijo: "Proclama mi alma la grandeza del Señor, se alegra mi espíritu en Dios, mi salvador; porque ha mirado la humillación de su esclava. Desde ahora me felicitarán todas las generaciones, porque el Poderoso ha hecho obras grandes por mí: su nombre es santo. Y su misericordia llega a sus fieles de generación en generación. Él hace proezas con su brazo: dispersa a los soberbios de corazón, derriba del trono a los poderosos y enaltece a los humildes; a los hambrientos los colma de bienes y a los ricos los despide vacíos. Auxilia a Israel, su siervo, acordándose de la misericordia, como lo había prometido a nuestros padres en favor de Abrahán y su descendencia para siempre". María se quedó con Isabel unos tres meses y después volvió a su casa.

1. La fiesta de la Asunción de María a los cielos representa la exaltación suprema que la religión hace de lo femenino. Aunque este dogma ha sido el último, entre los dogmas marianos que la Iglesia ha proclamado (Pío XII, en 1950), es importante recordar que la fe del pueblo en la Asunción de María procede de los primeros siglos del cristianismo. Esta fe expresa la necesidad que el común de los fieles siente de integrar lo femenino en sus convicciones religiosas. Lo cual entraña una enorme importancia para integrar debidamente las creencias religiosas en nuestra condición humana.

2. Aquí es importante recordar que Dios no es un ser sexuado. Dios no es de condición masculina ni femenina. Sin embargo, las culturas androcéntricas y machistas nos han transmitido, de forma predominante, representaciones masculinas de la divinidad: Dios como "Padre", no como madre; como "Rey", no como reina; como "Señor", nunca como señora...etc. Sin embargo, en la condición humana, lo femenino es tan importante como lo masculino. Porque ambos componentes son constitutivos de nuestra humanidad. De ahí que nuestra experiencia religiosa está, con demasiada frecuencia, desequilibrada. La representación masculina de lo divino equivale a presentarnos a Dios con las características que la cultura ha destacado en lo masculino: el poder, la autoridad, la fuerza, el domino, incluso la amenaza y hasta la violencia.

3. La festividad de la Asunción representa, entre otras cosas, el esfuerzo por recuperar la dimensión que las culturas machistas han marginado y hasta despreciado. Necesitamos integrar en nuestra experiencia religiosa la ternura, la sensibilidad, la delicadeza, la singular bondad que las culturas machistas, en las que casi todos nos hemos educado, atribuyen a la femenino. Dios es Padre-Madre. Dios es femenino. Dios es la plenitud de lo humano. Pero de sobra sabemos que lo humano, sin feminidad, no es humano.

16 DE AGOSTO - SÁBADO **19ª SEMANA DEL TIEMPO ORDINARIO**

Mt 19, 13-15

En aquel tiempo, le presentaron unos niños a Jesús para que les impusiera las manos y rezara por ellos, pero los discípulos les regañaban. Jesús dijo: "Dejadlos, no impidáis a los niños acercarse a mí; de los que son como ellos es el Reino de los Cielos. Les impuso las manos y se marchó de allí.

1. Se sabe que la situación legal de los niños, en la Antigüedad, era cruel. Es verdad que, en el judaísmo, se les trataba con más cuidado y respeto. Pero, en la cultura del Imperio, el abandono de los niños (sobre todo si eran niñas) era una costumbre frecuente y arraigada. También se veía como cosa normal el hecho de vender a una niña como esclava o para que fuera prostituta. No era extraño encontrar niños pequeños en basureros. En nuestro tiempo, la brutal crueldad del mundo actual contra la infancia es mayor. Porque ahora hay más niños. Desde los millones de niños que están abocados a una muerte inevitable, pasando por los que soportan condiciones familiares, sanitarias y económicas de auténtica esclavitud, y acabando por los que, como consecuencia de lo dicho, quedan marcados para toda su vida con lacras vergonzosas. Todo esto, traducido a cifras concretas, produce escalofrío. No es de extrañar el elogio repetido de los evangelios en favor de los niños (Mt 18,1-5; 19,1-15; 21,15s). Sin duda alguna, los niños representaron el valor preferente de Jesús y de la Iglesia primitiva. ¿Por qué?

2. La historia de la humanidad se ha entendido siempre como "historia de la dominación". Porque la "dominación" se asocia con la "fortuna". Influir en este mundo es dominar. De forma que, mediante la dominación, se alcanza lo que siempre se ha visto como lo mejor para los humanos, la fortuna, el éxito, el logro de todas las aspiraciones. Como es lógico, este discurso es el que mejor cuadra y el que conviene a los vencedores, a los que dominan y triunfan. Pero quienes dicen eso no tienen en cuenta que, para que haya dominación, tiene que haber dominados. Es decir, la dominación descansa sobre el sufrimiento y la humillación. Los niños son mejores representantes de quienes, a lo largo de la historia, vienen soportando el sufrimiento y la humillación.

3. Jesús acoge a los niños. Los discípulos de Jesús les regañan. El contraste se prolonga hasta el día de hoy. El papa Francisco se identifica con los más pequeños, con la gente sin derechos, los marginados y los excluidos. Mientras que en la Iglesia hay "funcionarios" de "lo sagrado" que quieren hacer carrera y subir a rangos superiores, y esto no solo pasa a nivel clerical, sino también en los grupos de laicos que colaboran en la Iglesia. Por no hablar de los abusos que se cometen contra menores precisamente en colegios religiosos, parroquias, seminarios… y no menos en el entorno familiar y social. Delitos que se han ocultado durante demasiado tiempo. El Evangelio clama al cielo y pide justicia, en nombre de las víctimas. Algunos se escandalizan por todo esto que ha pasado y está pasando. Pero no debemos tener miedo a sacar la verdad. Jesús nos ha dicho que la "verdad nos hará libres".

Lc 12, 49-53

En aquel tiempo, dijo Jesús a sus discípulos: "He venido a prender fuego en el mundo: ¡y ojalá estuviera ya ardiendo! Tengo que pasar por un bautismo, ¡y qué angustia hasta que se cumpla! ¿Pensáis que he venido a traer al mundo paz? No, sino división. En adelante, una familia de cinco estará dividida: tres contra dos y dos contra tres; estarán divididos: el padre contra el hijo y el hijo contra el padre, la madre contra la hija y la hija contra la madre, la suegra contra la nuera y la nuera contra la suegra".

1. Jesús utiliza la metáfora del fuego, que en la Biblia es la representación de una teofanía: hablar de fuego es hablar de una manifestación de Dios. Con esta imagen del fuego, Jesús introduce el tema del bautismo, que, en la teología del evangelio de Lucas, es el "bautismo en el Espíritu y fuego" (Lc 3,16; 12,49s). Jesús afirma de esta manera que él es la manifestación de Dios en el mundo. Pero lo manifiesta mediante el bautismo que el mismo Jesús recibió. ¿Cuándo? ¿Cómo? En su muerte en la cruz (Mc 10,39). De ahí la "angustia" de Jesús hasta que llegara ese momento. Por tanto, para Jesús, ser bautizado es ser crucificado, es decir, sufrir y morir por el pueblo. El bautismo es el acto por el que el cristiano asume en la vida el mismo destino que asumió Jesús.

2. Ahora bien cuando este destino se toma en serio, inevitablemente sobrevienen conflictos. Por eso Jesús dice que él no ha venido a traer paz, sino división. ¿Por qué? Las divisiones y los conflictos se producen por intereses económicos, por ideas políticas, por motivos éticos o por causa de las creencias religiosas. Jesús se refiere a algo mucho más profundo y decisivo en la vida: cuando una persona asume en la vida el mismo destino que asumió Jesús, ponerse de parte de los últimos hasta llegar al enfrentamiento mortal con los poderes políticos y religiosos, esa persona entra en conflicto con su propia familia. Lo tendrán por loco, como lo pasó a Jesús (Mc 3,21), lo despreciarán como a Jesús (Mc 6,4), no se fiarán de él, como hicieron con Jesús sus parientes (Jn 7,5). Es duro optar en serio por el pueblo. Es dura la condición del cristiano, que, como Jesús, revela a Dios en su opción por los últimos. Es el destino de todos lo que, a lo largo de la historia, han tomado en serio el dolor de los más desamparados de este mundo.

3. En esto consiste la "autoestigmatización" que define lo que tiene que ser "la condición cristiana". No es la autodestrucción. Todo lo contrario: es la condición indispensable para poder alcanzar la bondad plena, que es lo que define al ser cristiano. Jesús desplazó la religión: la sacó de "lo sagrado" y la puso en "lo laico", en la vida diaria, en la convivencia de todos con todos. Pero eso sólo es posible cuando se vive la bondad sin límites,

4. Es una pena, es un dolor y un contraste, que, tantas veces, un joven que ingresa en un seminario o en un noviciado, eso es un paso en la vida, que sirve, no para tomar el camino de los pobres y los despreciados, sino la autopista de los poderosos, los importantes, los famosos, los que se sienten seguros en la vida, los que no tienen nada que temer... Y eso es un dolor, una pena muy grande. Hemos deformado el Evangelio y hasta lo hemos vuelto del revés. ¿No ha llegado ya la hora de que pensemos esto muy a fondo?

18 DE AGOSTO - LUNES **20ª SEMANA DEL TIEMPO ORDINARIO**

Mt 19, 16-22

En aquel tiempo, se acercó uno a Jesús y le preguntó: "Maestro, ¿qué tengo que hacer de bueno para obtener la vida eterna? Jesús le contestó: "¿Por qué me preguntas qué es bueno? Uno solo es bueno. Mira, si quieres entrar en la vida, guarda los mandamientos". Él le preguntó: "¿Cuáles?" Jesús le contestó: "No matarás, no cometerás adulterio, no robarás, no darás falso testimonio, honra a tu padre y a tu madre, y ama a tu prójimo como a ti mismo". El muchacho le dijo: "Todo esto lo he cumplido. ¿Qué me falta?" Jesús le contestó: "Si quieres llegar hasta el final, vende lo que tienes, da el dinero a los pobres –así tendrás un tesoro en el cielo– y luego vente conmigo". Al oír esto, el joven se fue triste, porque era rico.

1. El evangelio conocido como el del "joven rico", se ha utilizado con frecuencia para fomentar vocaciones a la vida sacerdotal o religiosa. Con eso se ha cometido un error. Porque Jesús no habla aquí a un cristiano para que se haga sacerdote o religioso, sino que se dirige a un judío para que se haga *seguidor de Jesús*, lo que es el centro mismo de la condición general de los cristianos.

2. En la respuesta de Jesús, hay que destacar un dato fundamental: Jesús recuerda los mandamientos del decálogo. Pero no recuerda los tres primeros, que se refieren a la relación con Dios, sino solo los siguientes, que se refieren a las relaciones con el prójimo. Lo mismo hace san Pablo (Rom 13,8-10). El Dios de Jesús es el Dios encarnado, fundido en lo humano, en cada ser humano. Por eso, la correcta relación con Dios se realiza en la correcta relación con cada ser humano. Recordemos el *mandamiento nuevo* de Jesús en la última Cena. Es "nuevo" porque ya ahí ni se menciona a Dios. Jesús solo dejó en pie el *amor al ser humano*. Porque el primero que se ha identificado totalmente con el ser humano ha sido Dios. Solo puede querer a Dios quien es honrado y bueno con el ser humano, con cualquiera, sea quien sea.

3. La decisión de Jesús es clara y recorre todo el Evangelio: *Sígueme*. Es el centro del Evangelio. Seguir a Jesús es dejarse seducir por Jesús de tal forma y hasta tal extremo, que nos quedamos sin nada. Y ponemos en él nuestra "seguridad". Cuando damos ese paso, desde la pasividad y la totalidad del que se siente seducido por Jesús, su humanidad y su proyecto, este es el que acierta con lo que Dios quiere.

19 DE AGOSTO - MARTES **20º SEMANA DEL TIEMPO ORDINARIO**

Mt 19, 23-30

En aquel tiempo, dijo Jesús a sus discípulos: "Creedme: Difícilmente entrará un rico en el Reino de los Cielos. Lo repito: Más fácil le es a un camello pasar por el ojo de una aguja, que a un rico entrar en el Reino de los Cielos". Al oírlo, los discípulos dijeron espantados: "Entonces, ¿quién puede salvarse?" Jesús se les quedó mirando y les dijo: "Para los hombres es imposible; pero Dios lo puede todo". Entonces le dijo Pedro: "Pues nosotros lo hemos dejado todo y te hemos seguido. ¿Qué nos va a tocar?" Jesús les dijo: "Creedme, cuando llegue la renovación, y el Hijo del Hombre se siente en el trono de su gloria, también vosotros, los que me habéis seguido, os sentaréis en doce tronos para regir a las doce tribus de Israel. El que por mí deja casa, hermanos o hermanas, padre o madre, mujer, hijos o tierras, recibirá cien veces más y heredará la vida eterna. Muchos primeros serán últimos y muchos últimos serán primeros".

1. La Iglesia y, en general, la gente de la religión, ha encontrado un magnífico argumento para corregirle la página a Jesús: "Necesitamos el dinero para hacer apostolado y para practicar la caridad con los pobres". Basándose en este razonamiento, a primera vista tan claro y tan obvio, el hecho es que la Iglesia, a lo largo de sus veinte siglos de existencia, ha llegado, en no pocos casos, a acumular fortunas importantes. Y, hasta el día de hoy, es de sobra sabido que el asunto del dinero no es precisamente un asunto transparente en general, en la gestión de no pocas instituciones religiosas. ¿Es todo esto compatible con el Evangelio? ¿Se puede asegurar que Jesús está de acuerdo con este enorme tinglado de grandes proyectos, de importantes negocios financieros y de tratados de espiritualidad que enaltecen, al mismo tiempo, la más radical pobreza de Jesús? Más aún, ¿cómo se explica que quienes predican la pobreza, de Jesús y su

Evangelio, se dediquen a fundar, gestionar y potenciar importantes centros universitarios de formación en los que se educa a los economistas más documentados para justificar y defender el sistema capitalista, que enriquece a los poderosos y aplasta a la mayoría de los ciudadanos pobres de la tierra?

2. En no pocas instituciones cristianas, se hace perfectamente compatible el manejo de grandes cantidades de dinero con los más severos discursos sobre la solidaridad con los pobres. *En el tema del dinero, somos demasiados los cristianos que nos hemos alejado del Evangelio.* Mientras esto no lo tengamos claro y procedamos con coherencia, nos seguiremos engañando a nosotros mismos.

3. Esta es la hora en que, cuando llegamos a este punto, ocurre con frecuencia que lo despachamos rápidamente echando mano siempre del mismo argumento, el argumento que justifica el dinero por el bien que hacemos, tanto en el apostolado como en la caridad. Y es verdad que con el dinero se hace mucho bien. Pero, ¿no es cierto que también hace mucho mal? Se pondera que las inversiones financieras de la Iglesia son siempre "inversiones éticas". ¿Podemos estar seguros de eso, tal como funciona la economía mundial en este momento? ¿No podemos al menos empezar a ponernos de acuerdo, en que aquí hay un asunto que no está claro? Más aún, ¿no tendríamos que perder el miedo y tener el coraje de aceptar que, por lo menos, *no tenemos derecho a corregir a Jesús*? ¿Y no deberíamos ser más honestos y, por lo menos, decir a las claras que, en este tremendo asunto, no procedemos con transparencia evangélica?

4. Por eso Jesús afirma que para Dios es posible lo que para nosotros resulta imposible. La ética de la igualdad para todos, supera la que da de sí la condición humana. Por eso, cuando vemos que el Evangelio insiste tanto en la ética que privilegia a los pequeños y a los últimos, a los que sufren y a los pobres, eso no significa que el Evangelio es un mero proyecto social. El proyecto social y ético del Evangelio, si no es a base de una experiencia religiosa muy honda y de una mística consecuente, no es posible. Esto es capital para entender el Evangelio.

20 DE AGOSTO - MIÉRCOLES **20ª SEMANA DEL TIEMPO ORDINARIO**

Mt 20, 1-16a

En aquel tiempo, dijo Jesús a sus discípulos esta parábola: "El Reino de los Cielos se parece a un propietario que, al amanecer, salió a contratar jornaleros para su viña. Después de ajustarse con ellos en un denario por jornada, los mandó a la viña. Salió otra vez a media mañana, vio a otros que estaban en la plaza sin trabajo, y les dijo: "Id también vosotros a mi viña y os pagaré lo debido". Ellos fueron. Salió de nuevo hacia medio día, a media tarde, e hizo lo mismo. Salió al caer la tarde y encontró a otros, parados, y les dijo: ¿Cómo es que estáis aquí el día entero sin trabajar? Le respondieron: "Nadie nos ha contratado". Él les dijo: "Id también vosotros a mi viña". Cuando oscureció, el dueño dijo al capataz: "Llama a los jornaleros y págales el jornal, empezando por los últimos y acabando por los primeros". Vinieron los del atardecer y recibieron un denario cada uno. Cuando llegaron los primeros, pensaron que recibirían más, pero ellos también recibieron un denario cada uno. Entonces se pusieron a protestar contra el amo: "Estos últimos han trabajado solo una hora y los has tratado igual que a nosotros, que hemos aguantado el peso del día y el bochorno". Él replicó a uno de ellos: "Amigo, no te hago ninguna injusticia. ¿No nos ajustamos en un denario? Toma lo tuyo y vete. Quiero darle a este último igual que a ti. ¿Es que no tengo libertad para hacer lo que quiera en mis asuntos? ¿O vas a tener envidia porque yo soy bueno?" Así, los últimos serán los primeros y los primeros los últimos.

1. Hay dos formas de relación entre los seres humanos: 1) La "relación productiva". 2) La "relación amorosa". La primera se valora o se mide por "lo que recibes". La segunda se valora y se mide por "lo que das". Dicho de otra manera: no es lo mismo la relación de un "patrono", que la relación de "amante", un "amigo", un "hermano", cuando estas palabras expresan realidades y no meros conceptos vacíos y sin contenido.

2. Todo ser humano normal tiene que integrar en su vida las dos formas de relación indicadas: tiene que trabajar para ganarse la vida; y tiene que amar a las personas con las que se relaciona. La "relación profesional" y la "relación afectiva", ambas son indispensables para que una persona viva equilibrada y con dignidad. Pero ocurre que la llamada "civilización" se ha organizado de forma que ha terminado por separar, y hasta enfrentar, estas dos formas fundamentales de relación. Nos han dividido, nos han roto y nos ha partido, en nuestros sentimientos más hondos. Durante unas horas al día y en sitios determinados, nuestra relación es laboral. A otras horas y en otros sitios, nuestra relación ha de ser amorosa. Vivimos fracturados y rotos.

3. Tenemos que conseguir la armonía en nosotros: en nuestra relación con los otros; y en nuestra relación con Dios. Dios no es un patrono que nos paga según los méritos de nuestro rendimiento civil o religioso. Dios nos da lo que nos da "porque nos quiere", sea más o sea menos lo que producimos. Dios no es un "patrono", Dios es un "padre". Es el Padre. Y como un hijo con su padre, así tiene que ser nuestra relación con Dios. El propietario de la parábola es una "representación" humana de Dios. Y es también una "representación" elocuente de cómo deberíamos portarnos los humanos, entre nosotros, de forma que no busquemos siempre el propio provecho, sino el estar como si fuéramos los últimos, al servicio de los demás.

21 DE AGOSTO - JUEVES 20ª SEMANA DEL TIEMPO ORDINARIO

Mt 22, 1-14

En aquel tiempo, volvió a hablar Jesús en parábolas a los sumos sacerdotes y a los senadores del pueblo, diciendo: "El Reino de los Cielos se parece a un rey que celebraba la boda de su hijo. Mandó criados para que avisaran a los convidados, pero no quisieron ir. Volvió a mandar criados encargándoles que les dijeran: "Tengo preparado el banquete, he matado terneros y reses cebadas y todo está a punto. Venid a la boda". Los convidados no hicieron caso; uno se marchó a sus tierras, otro a sus negocios, los demás les echaron mano a los criados y los maltrataron hasta matarlos. El rey montó en cólera, envió sus tropas, que acabaron con aquellos asesinos y prendieron fuego a la ciudad. Luego dijo a sus criados: "La boda está preparada, pero los convidados no se la merecían, id ahora a los cruces de los caminos, y a todos los que encontréis, convidadlos a la boda. Los criados salieron a los caminos y reunieron a todos los que encontraron, malos y buenos. La sala del banquete se llenó de comensales. Cuando el rey entró a saludar a los comensales, reparó en uno que no llevaba traje de fiesta y le dijo: "Amigo, ¿cómo has entrado aquí sin vestirte de fiesta?" El otro no abrió la boca. Entonces el rey dijo a los camareros: "Atadlo de pies y manos y arrojadlo fuera, a las tinieblas. Allí será el llanto y el rechinar de dientes. Porque muchos son los llamados y pocos los escogidos".

1. No se trata aquí de una parábola para indicar que el "rey" (Dios) rechaza a los "invitados" al banquete (Israel) Ni habla aquí Jesús contra los judíos. Esta parábola es un ataque directo a quienes tienen su vida y sus ideales centrados en las ganancias, en la buena vida, en las grandezas y riquezas de los egoístas centrados en su propio bienestar. Además se trata de la última de las "parábolas de denuncia" que pronunció Jesús ante los sumos sacerdotes y senadores (las otras son la de los dos hermanos (Mt 21,28-31) y la de los viñadores homicidas (Mt 21,33-46). No es, pues, una parábola de exhortación, sino de confrontación. Esto indica que el final de la parábola, tal como la presenta

Mateo, la expulsión del que iba sin traje de fiesta, eso no lo pudo decir Jesús, es una añadidura redacional.

2. El sentido, pues, de la parábola es claro: el Reino de Dios representa el cambio más inconcebible, e incluso más "insoportable", para el "orden" que los mortales hemos establecido en esta sociedad. Lo que Dios quiere es que esta vida sea un gran banquete para todos. Pero, ante todo, para los excluidos y marginados de esta sociedad, "malos y buenos". Que no son los excluidos por Dios, ya que Dios (tal como lo presenta Jesús) no excluye a nadie. La parábola no habla de los excluidos por la religión, sino de los excluidos por el capitalismo, que es, en este momento, el sistema satánico que divide, separa y excluye a los pobres, a los trabajadores y a la sufrida clase media. Y hay que decir todo esto partiendo de la lectura que se hacía en las culturas antiguas del acto central de aquellas culturas, que era el "simposio", el banquete compartido. Porque se tenía entonces la idea fija según la cual "el acto de comer juntos crea vínculos entre los comensales"... ya que tales comensales "participan de un mismo acontecimiento", que es central en la vida.

3. Pero el banquete que nos presenta el Evangelio ofrece una característica propia y singular. Se trata de un banquete en el que no quieren participar los invitados oficiales, los selectos de la sociedad, los que tienen tierras, fincas, propiedades... El banquete es "igualdad" en dignidad y derechos. Los capitalistas bien situados quieren mantener a toda costa la "desigualdad". De forma que todo el sistema político, económico, social, educativo, sanitario... todo eso está pensado para vivir en una sociedad desigual. Los ricos no soportan la igualdad. Ni la soportan en la "sociedad", ni la aguantan en la "religión". Esto es lo que va más directamente contra el Evangelio.

4. Tal vez esta reflexión nos pueda causar cierta extrañeza, pero es la realidad. Como es lógico, la parábola nos viene a decir cómo tiene que gestionarse la Iglesia: como un gran banquete de fiesta, en el que entran y se sienten felices precisamente los excluidos y los marginados, los últimos. Es justamente lo que viene haciendo el papa Francisco, lo que muestra y lo que desea aun cuando no lo pueda dejar patente.

22 DE AGOSTO - VIERNES **20ª SEMANA DEL TIEMPO ORDINARIO**

Mt 22, 34-40

En aquel tiempo, los fariseos, al oír que había hecho callar a los saduceos, se acercaron a Jesús y uno de ellos le preguntó para ponerlo a prueba: "Maestro,

¿cuál es el mandamiento principal de la ley?" Él le dijo: "Amarás al Señor tu Dios con todo tu corazón, con toda tu alma, con todo tu ser. Este mandamiento es el principal y primero. El segundo es semejante a él: Amarás a tu prójimo como a ti mismo. Estos dos mandamientos sostienen la Ley entera y los Profetas".

1. La pregunta del fariseo a Jesús tenía su razón de ser. Los rabinos distinguían hasta 248 preceptos y 365 prohibiciones. Y como es lógico entre ellos había una razonable diversidad de opiniones sobre cuál de todos aquellos preceptos y prohibiciones era el más importante. La pregunta iba intencionadamente dirigida a ver por quién se inclinaba Jesús. Lo que suponía enfrentarlo los que tenían opiniones contrarias.

2. Jesús responde citando el shemá de Deuteronomio 6,4-5, el precepto del amor a Dios, que, según los letrados, todos los israelitas tenían que repetir diariamente y se cumplía en los actos de obediencia, piedad y fidelidad a la Torá. Jesús, sin embargo, no se limitó a recordar el mandamiento principal. El mandamiento que recuerdan los tres sinópticos. Pero Jesús, a ese mandamiento añadió el segundo, el amor al prójimo. Es importante saber que el texto litúrgico traduce mal. El texto griego no dice: "El segundo es semejante a él", sino que dice: "Pero el segundo es igual de importante". O sea, en el texto litúrgico no se ha traducido la preposición dè= "pero", con lo que se indica que Jesús, no solo añade algo al texto, sino que corrige al fariseo. Y lo que Jesús quiere decir que el amor al prójimo es "igual de importante" que el amor a Dios. El amor a Dios es inseparable del amor a los demás.

3. Es peligroso separar el amor a Dios del amor al prójimo, y más peligroso anteponer el amor a Dios a cualquier otro amor, porque a "Dios nadie lo ha visto" (Jn 1,18). De ahí el peligro de que cada cual se imagine a Dios de acuerdo con sus ideas y sus conveniencias. Lo cual puede traducirse (y se traduce) en que, por amor a Dios, ofendemos, faltamos al respeto, perseguimos y hasta se ha matado al prójimo. Y además se puede hacer eso con la conciencia del deber cumplido. Cuando se hace eso, la religión se convierte en "violencia tranquilizante": se mata por obediencia a Dios. Es la perversión total de Dios en nuestras conciencias. Tenemos tantas imágenes de Dios que no son de Dios que si las analizamos una a una, nos daremos cuenta que muchas veces el Dios que adoramos, no es el Dios que Jesús nos ha comunicado. Porque Dios es amor. El que ama está en el amor de Dios, aún sin saber que ama.

Mt 23, 1-12

En aquel tiempo, Jesús habló a la gente y a sus discípulos diciendo: "En la cátedra de Moisés se han sentado los letrados y los fariseos: haced y cumplid lo que os digan; pero no hagáis lo que ellos hacen, porque ellos no hacen lo que dicen. Ellos lían fardos pesados e insoportables y se los cargan a la gente en los hombros, pero ellos no están dispuestos a mover un dedo para empujar. Todo lo que hacen, es para que los vea la gente: alargan las filacterias y ensanchan las franjas del manto; les gustan los primeros puestos en los banquetes y los asientos de honor en las sinagogas; que les hagan reverencias por la calle y que la gente los llame "Maestro". Vosotros, en cambio, no os dejéis llamar Maestro, porque uno solo es vuestro Maestro, y todos vosotros sois hermanos. Y no llaméis Padre a nadie en la tierra porque uno solo es vuestro Padre, el del Cielo. No os dejéis llamar Jefes, porque uno solo es vuestro Señor, Cristo. El primero entre vosotros será vuestro servidor. El que se enaltece será humillado y el que se humilla será enaltecido".

1. Se ha discutido mucho la autenticidad de este discurso que Mateo pone en boca de Jesús. Sobre todo, porque se ha visto aquí una manifestación muy dura del antisemitismo que tanto condicionó al cristianismo naciente. Sin embargo, es importante tener en cuenta que Jesús aquí no ataca al pueblo judío en general, sino a un grupo muy concreto de sus dirigentes. Por lo demás, se sabe que este estilo, de ataque duro y directo, era frecuente en las diatribas literarias de aquel tiempo por ejemplo en Plutarco o Filón de Alejandría.

2. Aunque el autor del evangelio de Mateo seguramente retocó algunas de las expresiones o el orden del discurso, lo que aquí queda claro es que Jesús no tolera, en los dirigentes religiosos, cuatro cosas que ahora hay bastante gente las ve con cierta naturalidad: 1) Las obligaciones pesadas que pretenden imponer a la gente. 2) Las vestimentas que se ponen para distinguirse del resto de los mortales. 3) Los puestos de honor que les gusta ocupar en los actos públicos. 4) Los títulos que ostentan y con los que desean ser reconocidos.

3. Esta ostentación, esta imagen recubierta de boato y solemnidad, no es mera cuestión de vanidad infantil, de pretensión de prestigio y de frivolidad. No. No puede serlo. Al ser dirigentes de la Iglesia y representantes de Dios, no parece que eso sea lo más adecuado para cumplir con su sagrada y solemne misión. Toda esa pompa y ese boato es el gran engaño, la gran mentira, que sólo sirve para ocultar miserias humanas. Además, así no es posible actuar como representantes de Jesús, ni del Dios de Jesús. Porque lo sensible tiene más poder, en nuestras vidas y formas de conducta, que las más sublimes ideas. Los dirigentes eclesiásticos, que actúan de esta manera, desobedecen al Evangelio. Y no es justificante que eso es lo que prescribe el ritual o las rúbricas de la liturgia. Dios no quiero eso. Jesús lo prohíbe expresamente. Y lo asombroso es que la gran mayoría de los cristianos vemos todo eso como la cosa más natural del mundo, cuando en realidad es un auténtico esperpento.

4. Tal vez esta crítica les asombre a más de uno. El papa Francisco no se cansa de decir que a los sacerdotes debemos que deben ser sencillos y dejar la ostentación. Pero muchos no lo entienden así. Por eso estamos como estamos. De ahí que como laicos y laicas, en definitiva, como seguidores de Jesús, debemos ser críticos ante tales situaciones, pero misericordiosos con las personas. "Duros con la realidad, bondadosos con las personas". No lo olvidemos.

24 DE AGOSTO - DOMINGO **21ª SEMANA DEL TIEMPO ORDINARIO**

Lc 13, 22-30

En aquel tiempo, Jesús, de camino hacia Jerusalén, recorría ciudades y aldeas. Uno le preguntó: "Señor, ¿serán pocos los que se salven? Jesús le dijo: "Esforzaos en entrar por la puerta estrecha. Os digo que muchos intentarán entrar y no podrán. Cuando el amo de la casa se levante y cierre la puerta, os quedaréis fuera y llamaréis a la puerta diciendo: "Señor, ábrenos" y él os replicará: "No sé quiénes sois". Entonces comenzaréis a decir: "Hemos comido y bebido contigo y tú has enseñado en nuestras plazas". Pero él os replicará: "No sé quiénes sois. Alejaos de mí, malvados". Entonces será el llanto y el rechinar de dientes, cuando veáis a Abraham, Isaac y Jacob y a todos los profetas en el Reino de Dios y vosotros os veáis echados fuera. Y vendrán de oriente y occidente, del norte y del sur y se sentarán a la mesa en el reino de Dios. Mirad: hay últimos que serán primeros y primeros que serán últimos".

1. Aquí nos enfrentamos a la más seria de las enseñanzas de Jesús. Las enseñanzas de su vida, que afrontamos cuando leemos el Evangelio. Como bien se ha dicho, este pasaje recuerda a todos los que se empeñan, en dulcificar el Evangelio, que el acceso al Reino es arriesgado y que Dios está aguardando nuestra respuesta (F. Bovon). ¿Por qué? Porque rompe las seguridades de los que se ven a sí mismos como los elegidos, los escogidos por el Señor, los selectos, los que están en posesión de la verdad y van por el camino del bien.

Nada de eso nos debe dar seguridad. Quienes, a veces, nos vemos como preferidos, podemos ser rechazados.

2. De todas maneras, y en cualquier caso, no podemos estar seguros de que aquí se habla de la salvación eterna o del infierno eterno. Ni se debe aplicar, a la ligera, lo del *llanto y rechinar de dientes* a la condenación que no tiene fin. Se trata, más bien, de entrar o no entrar en el Reino de Dios, que se refiere a realidades que se viven en este mundo, en la vida presente. La existencia del infierno no está definida como una verdad de fe divina y católica. Lo que está definido por el Magisterio es que quien muere en pecado mortal, se condena. Pero nadie ha definido si alguien ha muerto en pecado mortal. Porque eso nos trasciende y no está a nuestro alcance saberlo o no saberlo.

3. Jesús acabó así con los privilegios excluyentes de las religiones que se ven a sí mismas como las únicas verdaderas. Y por eso mismo condenan a los demás creyentes vivir en el error y la maldad. Toda religión, que se cree que es la verdadera, por eso mismo y de forma inevitable ve a las demás religiones como falsas. Como es lógico, la religión que afirma ser la única verdadera, lo que pretende es ponerse por encima de las demás. Lo cual es humillar a los otros. Y despreciar a los otros, por más que se les trate con educación, en el mejor de los casos. No olvidemos nunca que las religiones son siempre producto de la cultura. Y la pertenencia a una religión es un hecho cultural. El que nace e un país musulmán es musulmán. Como el que nace en una sociedad budista es budista. Y el que nace en un pueblo de Castilla, lo normal es que sea católico, apostólico y romano. Por eso, la pregunta que hay que hacer es esta: ¿Qué es lo que nos une a todos? *¿En qué coincidimos todos los seres humanos? En lo único que todos somos iguales es en nuestra "humanidad"*. Por eso, lo que importa de verdad es que cada día seamos más profundamente humanos. Porque el primero que "se humanizó" fue *Dios mismo, al encarnarse, es decir, al "humanizarse"*.

25 DE AGOSTO - LUNES **21 SEMANA DEL TIEMPO ORDINARIO**

Mt 23, 13-22

En aquel tiempo, habló Jesús diciendo: "¡Ay de vosotros, letrados y fariseos hipócritas que cerráis a los hombres el Reino de los Cielos! No entráis vosotros, ni dejáis entrar a los que quieren. ¡Ay de vosotros, letrados y fariseos hipócritas, que devoráis los bienes de las viudas con pretexto de largas oraciones! Vuestra sentencia será por eso más severa. ¡Ay de vosotros, letrados y fariseos hipócri-

tas, que viajáis por tierra y mar para ganar un prosélito, y cuando lo conseguís, lo hacéis digno del fuego el doble que vosotros! ¡Ay de vosotros guías de ciegos, que decís: jurar por el Templo no obliga, jurar por el oro del Templo sí obliga! ¡Necios y ciegos! ¿Qué es más, el oro o el Templo que consagra el oro? O también: jurar por el altar no obliga, jurar por la ofrenda que está en el altar sí obliga. ¡Ciegos! ¿Qué es más, la ofrenda o el altar que consagra la ofrenda? Quien jura por el altar, jura también por todo lo que está sobre él; quien jura por el Templo, jura también por el que habita en él; y quien jura por el cielo, jura por el trono de Dios y también por el que está sentado en él".

1. Jesús deja patente en esta extensa y larga diatriba que los más ilustrados, doctos y observantes cumplidores de las prácticas religiosas se veían a sí mismo como "modelos ejemplares" para el pueblo, pero no veían las contradicciones en que vivían. Los de entonces y los de ahora. La más fuerte de todas esas contradicciones está en que, pensando que llevan a la gente al cielo, lo que realmente hacen es precipitar a los incautos devotos en la perdición. Con lo cual, lo que Jesús les dice es que, cuando se pretende llevar a la gente al cielo mediante rigorismos religiosos y observancias pesadas, lo que se consigue con todo eso es alejar a la gente de Dios. Por eso hay tantas personas que ni quieren oír habla de Dios y de la religión. A eso llevan semejantes exigencias de conciencia.

2. Pero más grave que todo eso es engañar a la gente sacándole dinero so pretexto de promesas divinas. Dios no tolera que se utilice su santo nombre, sus palabras y sus promesas, para convertir todo eso en negocios "malhabidos". Eso se ha hecho con frecuencia en las religiones de todo el mundo, prestándose con frecuencia a todos estos engaños, trampas o torpezas. Hay ministros del culto, sacerdotes y laicos que sin escrúpulos se prestan a estas prácticas. Un día, todos, daremos cuenta ante el Juez supremo de nuestras incongruencias.

3. Jesús no nos vino a enseñar prácticas rituales, es más, las rechazó. Jesús nos vino a enseñar a ser humanos, a ser solidarios, a crear comunidades de amor y amistad. Y, sin embargo, lo sorprendente es que ahora, desde hace algunos años, hay una tendencia creciente que intenta recuperar los superado: las misas en latín, los ritos de antaño, las costumbres y sumisiones que se imponían a los fieles en los tiempos anteriores al concilio Vaticano segundo... Por supuesto, se debe respetar la manera de pensar de cada uno. Pero no impongan los demás lo que a determinados grupos –por el motivo que sea– les conviene.

Mt 23, 23-26

En aquel tiempo habló Jesús diciendo: "¡Ay de vosotros, letrados y fariseos hipócritas, que pagáis el diezmo de la menta, del anís y del comino, y descuidáis lo más grave de la ley: el derecho, la compasión y la sinceridad! Esto es lo que había que practicar, aunque sin descuidar aquello. ¡Guías ciegos, que filtráis el mosquito y os tragáis el camello! ¡Ay de vosotros, letrados y fariseos hipócritas, que limpiáis por fuera la copa y el plato, mientras por dentro estáis rebosando de robo y desenfreno! ¡Fariseo ciego!, ¡limpia primero la copa por dentro y así quedará limpia también por fuera!".

1. El evangelista pone en boca de Jesús un tercer "Ay" de denuncia y amenaza, que se refiere al problema del diezmo, la décima parte de los ingresos, que los israelitas debían pagar al Templo. Se trataba, por tanto, de un impuesto religioso. En la Biblia, se prescribía un impuesto por los frutos del campo (Lev 27,30) y de algunos productos de la siembra (Dt 14,22s). El dinero que se recolectaba con estos diezmos iba destinado al Templo, concretamente los sacerdotes y empleados. Pero, además de esto, la Misná (libro de interpretación de la Ley) había establecido otro segundo diezmo por toda clase de frutos secos y legumbres. El hecho es que con estos impuestos se oprimía a la pobre gente trabajadora, era provecho del clero judío.

2. Así las cosas, lo que Jesús denuncia es la exigencia escrupulosa que ponían los letrados y fariseos a la hora de exigir el pago de estos impuestos, mientas que las exigencias éticas básicas, el derecho, la misericordia y la fidelidad, se descuidaban y hasta se atropellaban de forma escandalosa. Es impresionante la actualidad que tienen estas denuncias del evangelio de Mateo. En los tiempos actuales, cuando tantos millones de criaturas humanas se mueren de hambre, por la explotación que sufren de los países ricos y de las grandes empresas multinacionales, muchos obispos y parte del clero ayudan a los pobres con la caridad, pero se callan cuando la defensa de la justicia y de los derechos humanos ponen en peligro la seguridad y los privilegios que suele tener la Iglesia.

3. El cuarto "Ay" habla directamente de la hipocresía que cuida con esmero la imagen externa, la apariencia pública, al tiempo que "por dentro" las cosas están impresentables. La distinción entre el interior y el exterior de los vasos era cosa frecuente en tiempos de Jesús. Los rabinos distinguían incluso entre la cara interna y la cara externa de los vasos. Lo que les importaba es que por fuera estuvieran limpios. Son conocidas las controversias que había entre los seguidores de Hillel y los de Schammai –liberales y conservadores– sobre este asunto, tan ridículo y de tan mala educación. En las religiones que conocemos es algo que, por desgracia, se vive a diario, a veces hasta extremos difíciles de explicar. Y no terminamos de aceptar que lo importante en la vida es la sinceridad, la claridad, la honestidad y la autenticidad de nuestras vidas.

27 DE AGOSTO - MIÉRCOLES 21ª SEMANA DEL TIEMPO ORDINARIO

Mt 23, 27-32

En aquel tiempo, habló Jesús diciendo: "¡Ay de vosotros, letrados y fariseos hipócritas, que os parecéis a los sepulcros encalados! Por fuera tienen buena apariencia, pero por dentro están llenos de huesos y podredumbre; lo mismo vosotros: por fuera parecéis justos, pero por dentro estáis repletos de hipocresía y crímenes. ¡Ay de vosotros, letrados y fariseos hipócritas! que edificáis sepulcros a los profetas y ornamentáis los mausoleos de los justos, diciendo: "Si hubiéramos vivido en tiempo de nuestros padres, no habríamos sido cómplices suyos en el asesinato de los profetas". Con esto atestiguáis en contra vuestra, que sois hijos de los que asesinaron a los profetas. ¡Colmad también vosotros la medida de vuestros padres!"

1. La comparación de los fariseos con los sepulcros aparece dos veces en los evangelios. En Lucas 11,44 y en Mateo 23,27. Pero la comparación, en un caso y en el otro, se utiliza en un sentido completamente inverso. En Lucas, se trata de sepulcros que ni se ven, ni se notan. Mientras que, en Mateo, son sepulcros adornados y "con buena apariencia". En cualquier caso, los sepulcros contienen un contraste tremendo: son bellos por fuera y están llenos de muerte y podredumbre por dentro. En esto consiste la hipocresía de algunos de los hombres de la religión: una cosa es lo que se ve en ellos; y otra cosa la realidad que viven dentro. En ese tipo de personas es imposible la transparencia. Y, ¿quién se puede fiar así de tales personas? ¿Qué credibilidad pueden tener?

2. La segunda denuncia que se hace en este texto, se refiere al asesinato de los profetas. En tiempo de Jesús existía la convicción de que Israel persiguió y hasta asesinó a los profetas (Mc 12, 1-9; Lc 13,31-33). Y existían listas de los profetas que habían sido víctimas de la persecución: Isaías, Jeremías, Ezequiel, Miqueas, Amós, Zacarías. Así fue el destino de hombres que fueron libres, que no se callaron ante las injusticias que se cometían contra el pueblo y las infidelidades a lo que Dios quería. Por otra parte, es evidente que honrar la memoria de quienes dieron su vida por pacificar y humanizar este mundo, es lo mismo que condenar a quienes fueron los asesinos de los inocentes y honrados. Un pueblo honrado borra de su memoria a quienes fueron agentes de violencia y opresión. Esto también es parte esencial del Evangelio.

3. Por otro lado, lo que aparece en el capítulo 23 de Mateo, nos ayuda a comprender por qué la religión va perdiendo credibilidad y cada día los fieles se van alejando más y más. Nos quejamos de esta crisis. Pero, ¿no será este el camino que nos lleva derechos a tener que afrontar, de una vez, si estamos o no estamos dispuestos a aceptar y vivir el Evangelio, con todas sus consecuencias? ¿No es ya la hora de que la Iglesia, siguiendo al papa Francisco, tome esto en serio?

28 DE AGOSTO - JUEVES **21ª SEMANA DEL TIEMPO ORDINARIO**

Mt 24, 42-51

En aquel tiempo, dijo Jesús a sus discípulos: "Estad en vela, porque no sabéis qué día vendrá vuestro Señor. Comprended que si supiera el dueño de casa a qué hora de la noche viene el ladrón, estaría en vela y no dejaría abrir un boquete en su casa. Por eso estad también vosotros preparados, porque a la hora que menos penséis viene el Hijo del Hombre. ¿Dónde hay un criado fiel y cuidadoso, a quien el amo encarga de dar a la servidumbre la comida a sus horas? Pues dichoso ese criado, si el amo, al llegar, lo encuentra portándose así. Os aseguro que le confiará la administración de todos sus bienes. Pero si el criado es un canalla y, pensando que su amo tardará, empieza a pegar a sus compañeros, y a comer y a beber con los borrachos, el día y a la hora que menos se lo espera, llegará el amo y lo hará pedazos, como se merecen los hipócritas. Allí será el llanto y el rechinar de dientes".

1. Este evangelio utiliza el verbo griego *gregorein*, que aquí se usa de forma absoluta y que expresa una actitud ético-religiosa, como en Proverbios 8,34 (LXX) (U. Luz). En realidad, aquí se trata de una parábola que nos plantea la disposición al sufrimiento. Así, el tema central de esta parábola de Jesús es la vigilancia. Porque el Señor puede llegar cuando menos se le espera. Pero, ¿de qué vigilancia se trata? No se trata directamente de la vigilancia de la muerte inesperada. Se trata, más bien, de la vigilancia que debemos tener los humanos para tratar debidamente a los demás (Mt 24,45-51). No es, pues, la vigilancia ante el peligro de posible condenación, sino de la vigilancia ética que se refiere al cuidado que hemos de tener en la mejor relación posible con nuestros semejantes.

2. En consecuencia con lo dicho, Jesús no habla aquí de la vigilancia ante el posible fin del mundo, la llamada vigilancia "escatológica",c como dicen los teólogos. De eso se habla algunas veces en el Nuevo Testamento (Mc 13,34-37; 1Tes 5,6; Hech 16,15, en Qumran: Q 12,37). Pero, según parece, ese tema no fue objeto de preocupación especial para Jesús. Lo que a él le interesó de verdad es que los humanos no nos dediquemos a buscar nuestra buena vida solamente, sino nuestro interés determinante sea el cuidado para con los demás, especialmente con quien se ven en situaciones más difíciles. Esto es lo que explica Jesús mediante la parábola del "criado fiel y cuidadoso". La parábola está redactada de forma que la "vigilancia" del creyente se traduce en no tolerar jamás degenerar en la forma de vida propia de un "canalla", que se dedica a la buena vida "("comer y beber") y a maltratar a quien están con él ("pegar a sus compañeros"). Jesús, por tanto, resume en este evangelio los componentes de la vida cristiana: la oración vigilante; y la conducta honrada con los que vivimos.

3. La vigilancia obsesiva de los que andan siempre pensando en la propia muerte, puede ser una forma de refinado egoísmo. El egoísmo que se centra en le propio interés y lo demás le interesa poco o nada. Y, además es una clara manifestación de que uno no se fía de Dios ni toma en serio la bondad incondicional del Padre del cielo. Quizá no vendía mal pedirle a Dios todos los días que nos fiemos tanto de él, que la muerte nos llegue en condiciones tales que no podamos ni prepararnos a "bien morir", como se suele decir. Porque estemos convencidos de que la muerte "siempre es buena", ya que consiste en entregarse a la bondad que nos trasciende. Por eso mismo, también a nosotros hoy Jesús nos advierte y nos pide que estemos despiertos, activos, atentos. El que vigila de esta manera, hace quizá las mismas cosas, pero con más interés y densidad. Los rutinarios se quedan en la superficie de las cosas, mientras que los vigilantes se arraigan ya en lo eterno. Cuando nos invada el desánimo o el cansancio, es momento de orar y renovar personal y comunitariamente nuestro compromiso y adhesión al evangelio.

29 DE AGOSTO - VIERNES **21ª SEMANA DEL TIEMPO ORDINARIO**

Mt 25, 1-13

En aquel tiempo, dijo Jesús a sus discípulos esta parábola: "El Reino de los Cielos se parecerá a diez doncellas que tomaron sus lámparas y salieron a esperar al esposo. Cinco de ellas eran necias y cinco eran sensatas. Las necias, al tomar las lámparas, se dejaron el aceite; en cambio, las sensatas se llevaron alcuzas de aceite con las lámparas. El esposo tardaba, les entró sueño a todas y se durmieron. A medianoche se oyó una voz: "¡Que llega el esposo, salid a recibirlo!" Entonces se despertaron todas aquellas doncellas y se pusieron a preparar sus lámparas. Y las necias dijeron a las sensatas: "Dadnos un poco de vuestro aceite, que se nos apagan las lámparas". Pero las sensatas contestaron: "Por si acaso no hay bastante para vosotras y nosotras, mejor es que vayáis a la tienda y os lo compréis". Mientras iban a comprarlo llegó el esposo, y las que estaban preparadas entraron con él al banquete de bodas y se cerró la puerta. Más tarde llegaron también las otras doncellas, diciendo: "Señor, Señor, ábrenos". Pero él respondió: "Os lo aseguro: no os conozco". Por tanto, velad, porque no sabéis el día ni la hora".

1. Esta parábola produce una impresión de extrañeza, de sorpresa y de estupor. Hay en este relato un "corte" con la realidad de la vida cotidiana. Ni el retraso inexplicable del novio, ni la negativa de las jóvenes que no quisieron dar el aceite, ni eso de mandar a la tienda a alguien a la media noche, ni lo de dar con la puerta en las narices a unas muchachas que piden entrar a la fiesta, ni siquiera el cerrar la puerta en una boda que, en aquellos pueblos, era una fiesta para toda la gente, todo eso, sencillamente no tiene ni pies ni cabeza. Ni Jesús pudo poner eso como ejemplo para nadie en el sentido estricto del texto.

2. El "corte" y la "extravagancia del relato" son la mejor garantía de una parábola evangélica auténtica. El novio, en los evangelios, es Jesús (Mc 2,19; Lc 5,34; Jn 3,29). Y viene a celebrar un banquete de boda, la gran metáfora del Reino (Mt 22,2 par). Ahora bien, de acuerdo con lo que dicen estos textos evangélicos, estar con el novio es cortar con los ayunos y privaciones que imponía la religión de los fariseos. Y es también cortar con los intereses y conveniencias de los que no entraron al banquete de boda del Reino, al banquete en el que entraron los pobres y vagabundos de los caminos.

3. La parábola no es una amenaza para estar preparados para el juicio de Dios (no se celebra un juicio, sino un banquete). Ni es una exhortación ética para ser generoso con quien pide un poco de aceite. La parábola viene a recordar que el banquete de boda, que es la presencia de Jesús en esta vida, entran los que viven preparados para eso: los que no centran su vida en cumplir observancias y privaciones religiosas, los pobres, sencillos, humildes y gentes que no son los que se ven como los importantes y los selectos de este mundo. Las jóvenes invitadas, que finalmente no entraron en la boda, tuvieron una equivocación fatal: ellas se vieron como las preferidas y escogidas. Y por eso se sintieron seguras. No les importó la falta de aceite. Estaban en sus asuntos particulares. El hecho de sentirse las "elegidas selectas" fue su perdición. Es como en la misma vida, cuando nos sentimos importantes y seguros, a veces nos vienen los mayores "trancazos". ¡Qué peligro es sentirse superior a los demás!

30 DE AGOSTO - SÁBADO **21ª SEMANA DEL TIEMPO ORDINARIO**

Mt 25, 14-30

En aquel tiempo, dijo Jesús a sus discípulos esta parábola: "Un hombre que se iba al extranjero llamó a sus empleados y los dejó encargados de sus bienes: a uno le dejó cinco talentos de plata, a otro dos, a otro uno, a cada cual según su capacidad; luego se marchó. El que recibió cinco talentos fue enseguida a negociar con ellos y ganó otros cinco. El que recibió dos hizo lo mismo y ganó otros dos. En cambio, el que recibió uno, hizo un hoyo en la tierra y escondió el dinero de su señor. Al cabo de mucho tiempo volvió el señor de aquellos empleados y se puso a ajustar las cuentas con ellos. Se acercó el que había recibido cinco talentos y le presentó otros cinco diciendo: "Señor, cinco talentos me diste; mira, he ganado otros cinco". Su señor le dijo: "Muy bien. Eres un empleado fiel y cumplidor; pasa al banquete de tu Señor". Se acercó luego el que había recibido dos talentos y dijo: "Señor, dos talentos me dejaste; mira, he ganado otros dos". Su señor le dijo: "Muy bien. Eres un empleado fiel y cumplidor, como has sido fiel en lo poco te daré un cargo importante; pasa al banquete de tu Señor". Finalmente se acercó el que había recibido un talento y dijo: "Señor, sabía que eres exigente, que siegas donde no siembras y recoges donde no esparces; tuve miedo y fui a esconder tu talento bajo tierra. Aquí tienes lo tuyo". El Señor le respondió: "Eres un empleado negligente y holgazán, ¿conque sabías que siego donde no siembro y recojo donde no esparzo? Pues haber puesto mi dinero en el banco, para que, al volver yo, pudiera recoger lo mío con los intereses. Quitadle el talento y dádselo al que tiene diez. Porque al que tiene se le dará y le sobrará, pero al que no tiene, se le quitará hasta lo que tiene. Y a ese empleado inútil echadlo fuera, a las tinieblas: allí será el llanto y el rechinar de dientes".

1. La parábola de los talentos se suele explicar como la parábola de la responsabilidad, como respuesta a lo que Dios le da cada uno. Según esta interpretación, Dios le va a pedir a cada ser humano que responda de lo que ha producido o lo que ha rendido, en respuesta a lo que ha recibido.

Lógicamente, esta interpretación está determinada por una representación de Dios, que nosotros nos hacemos. En este caso, es el Dios exigente y justiciero, que le pedirá a cada cual que le dé cuenta de los dones recibidos y de lo que, con esos dones, ha producido. Seguramente y en el fondo, la imagen de Dios, que hay en esta parábola, es la imagen del Dios de los fariseos. Un Dios justo. Pero exigente y, por eso mismo, temible.

2. Pero la parábola admite otra lectura, que es, sin duda, la más acertada. Es la interpretación de esta historia como la parábola del miedo. ¿Por qué? Porque, según el relato, el que recibió un solo talento no produjo nada. Por una razón muy sencilla y muy clara: "tuvo miedo". Por eso escondió el dinero recibido y lo devolvió íntegro al propietario. El miedo paralizó a aquel hombre. Y el miedo fue su perdición.

3. La parábola tiene dos aplicaciones. Una, de orden económico: en tiempos de crisis, el miedo y la búsqueda de seguridad son paralizantes y acarrean la ruina al que se deja dominar por el miedo. Por el contrario, el emprendedor, el audaz, el atrevido, siempre es productivo. Y eso es fuente y origen de prosperidad, para él y para otros. La otra aplicación es de orden estrictamente religioso: el que en sus relaciones con Dios, se deja llevar por el miedo, está perdido. No podemos tenerle miedo a Dios. O lo que es lo mismo, el que cree en el Dios del miedo, el Dios exigente y amenazante, ese está en el camino de su propia perdición. Interpretar a Dios desde el miedo es deformar a Dios. Porque equivale a convertirlo en una especie de negociante que no es precisamente un ejemplo para los creyentes. Si queremos mantener buena relación con Jesús, lo primero que hay que liquidar es el Dios del miedo.

31 DE AGOSTO - DOMINGO **22ª SEMANA DEL TIEMPO ORDINARIO**

Lc 14, 1. 7-14

Un sábado entró Jesús en casa de uno de los principales fariseos para comer, y ellos le estaban espiando. Notando que los convidados escogían los primeros puestos, les propuso este ejemplo: "Cuando te conviden a una boda, no te sientes en el puesto principal, no sea que hayan convidado a otro de más categoría que tú; y vendrá el que os convidó a ti y al otro, y te dirá: 'Cédele el puesto a este'. Entonces, avergonzado, irás a ocupar el último puesto. Al revés, cuando te conviden, vete a sentarte en el último puesto, para que cuando venga el que te convidó, te diga: Amigo, sube más arriba. Entonces quedarás muy bien ante todos los comensales. Porque todo el que se enaltece será humillado y el que se humilla será enaltecido. Y dijo al que lo había invitado: "Cuando des una comida o una cena, no invites a tus amigos ni a tus hermanos ni a tus parientes ni a tus vecinos ricos; porque corresponderán invitándote y quedarás pagado. Cuando des un banquete, invita a pobres, lisiados, cojos y ciegos; dichoso tú, porque no pueden pagarte, te pagarán cuando resuciten los justos".

1. El acto de comer en común, el *symposio*, en las culturas antiguas tenía una importancia que hoy, en buena medida, se ha perdido. La comida compartida era un acontecimiento de integración social. De manera que lo principal no era ni lo sagrado, ni lo profano del banquete, sino la función integradora en la sociedad antigua, en la que se combinaba la experiencia de la mesa compartida como acto de integración en la sociedad y también de participación en un acontecimiento sagrado (D. E. Smith). Pero también es cierto que la categoría social de cada uno de los comentaste se reflejaba en la postura y el sitio que ocupa en el banquete. Hasta el punto de que las personas de clase superior comían recostados en divanes, mientras que los esclavos y los pobres comían de pie o en el suelo (Joan B. Burton). Es fundamental saber esto. Especialmente si tenemos en cuenta que "la gran mayoría de la gente que vivía en el Imperio romano era pobre (Robert C. Knapp).

2. Por esto se comprende la importancia que tienen, en los evangelios, las comidas de Jesús con toda clase de personas. Y se comprende también el cuidado que puso Jesús en que las comidas compartidas se celebrasen como debía ser, dado el poder que tenían de integrar a las personas en un determinado orden social. Ahora bien, Jesús no toleraba, precisamente por eso, las pretensiones de importancia y honor que mostraban los fariseos, al querer estar siempre los primeros. Ellos se consideraban los primeros, en el "orden de lo religioso", y se empeñaban en dejar eso claro igualmente en el "orden de lo secular".

3. El proyecto de Jesús fue, entre otras cosas, acabar con la sociedad desigual. Y para eso, vio claramente que lo más eficaz era cortar por lo sano con la estratificación de "selectos" y "plebeyos" que siempre se ha hecho. De ahí, el empeño de Jesús por poner a "los últimos" en el sitio de "los primeros". Y al revés. Y otro tanto hay que decir cuando se trata de las categorías sociales de ricos y pobres. Lo que Jesús quiere es que nuestra tendencia sea poner en el sitio principal a los últimos y a los pobres. Si hacemos eso, estamos dando un paso decisivo para el logro de una sociedad igualitaria, en la que todos seamos hermanos, humanos, buena gente de verdad. Lo demás son engaños y patrañas.

Lc 4, 16-30

En aquel tiempo, fue Jesús a Nazaret, donde se había criado, entró en la sinagoga, como era su costumbre los sábados, y se puso en pie para hacer la lectura. Le entregaron el Libro del profeta Isaías y, desenrollándolo, encontró el pasaje donde estaba escrito: "El Espíritu del Señor está sobre mí, porque él me ha ungido. Me ha enviado para dar la Buena Noticia a los pobres, para anunciar a los cautivos la libertad, y a los ciegos, la vista. Para dar libertad a los oprimidos; para anunciar el año de gracia del Señor". Y, enrollando el libro, lo devolvió al que la ayudaba y se sentó. Toda la sinagoga tenía los ojos fijos en él. Y él se puso a decirles: "Hoy se cumple esta Escritura que acabáis de oír". Y todos le expresaban su aprobación y se admiraban de las palabras de gracia que salían de sus labios. Y decían: "¿No es este el hijo de José?" Y Jesús les dijo: "Sin duda me recitaréis aquel refrán: "Médico, cúrate a ti mismo"; haz también aquí en tu tierra lo que hemos oído que has hecho en Cafarnaúm". Y añadió: "Os aseguro que ningún profeta es bien mirado en su tierra. Os garantizo que en Israel había muchas viudas en tiempos de Elías, cuando estuvo cerrado el cielo tres años y seis meses y hubo una gran hambre en todo el país; sin embargo, a ninguna de ellas fue enviado Elías más que a una viuda de Sarepta, en el territorio de Sidón. Y muchos leprosos había en Israel en tiempos del profeta Eliseo, sin embargo, ninguno de ellos fue curado más que Naamán, el sirio". Al oír esto, todos en la sinagoga se pusieron furiosos y, levantándose, lo empujaron fuera del pueblo hasta un barranco del monte en donde se alzaba su pueblo, con intención de despeñarlo. Pero Jesús se abrió paso entre ellos y se alejaba.

1. Para entender este relato de Lucas, al comienzo de la vida pública de Jesús, hay que saber que, en el mundo romano del siglo primero, a nadie se le ocurría pensar que la religión y la política estuvieran separadas. Roma afirmaba que su imperio era tal por mandato de los dioses. Aquellos a quienes consideramos jefes religiosos con sede en Jerusalén, sumos sacerdotes y escribas, eran en realidad los jefes políticos de Judea y aliados de Roma. Por eso es por lo que Lucas empieza el relato de la actividad de Jesús recordando el primer enfrentamiento de Jesús con los fanáticos que quisieron matar a Jesús porque había presentado el amor de Dios con los extranjeros y los que no pertenecían a los "elegidos" (cf. Warren Carter).

2. Por esto se comprende el texto de Lucas, que centra su interés en el tema de la "libertad": liberación de los esclavos y de los encarcelados. El evangelio presenta a Jesús como el libertador de los que sufren en su cuerpo y en su espíritu. A fin de cuentas, salud y libertad son dos de los bienes que más apreciamos y necesitamos los humanos. Los vecinos de Nazaret no comprendían que Jesús, un hijo de aquel pueblo, viniera para decir que los profetas Elías y Eliseo cuidaran de los extranjeros antes que de los israelitas.

3. En el caso del evangelio de Lucas, que hoy se recuerda, hay que notar el contraste de lo que ocurrió en la sinagoga de Nazaret. Jesús anuncia la liberación de los oprimidos. Y todos los oyentes sufrían, sin duda, opresión. Pero el hecho es que el anuncio esperanzador de Jesús terminó en conflicto y, por poco, aquello acaba en un homicidio. El texto, en efecto, relata que los vecinos de Nazaret quisieron despeñar a Jesús. ¿Por qué? Sin duda alguna, porque había herido sus sentimientos nacionalistas y xenófobos. Los nazarenos se creían superiores a los extranjeros. La cosa está clara: hay gente que antepone el nacionalismo a la libertad. Porque los nacionalismos producen y reproducen sentimientos y convicciones de "privilegiados".

2 DE SEPTIEMBRE - MARTES **22ª SEMANA DEL TIEMPO ORDINARIO**

Lc 4, 31-37

En aquel tiempo, Jesús bajó a Cafarnaúm, ciudad de Galilea, y los sábados enseñaba a la gente. Se quedaban asombrados de su enseñanza, porque hablaba con autoridad. Había en la sinagoga un hombre que tenía un demonio inmundo, y se puso a gritar a voces: "¿Qué quieres de nosotros, Jesús Nazareno? ¿Has venido a destruirnos? Sé quién eres. El Santo de Dios". Jesús le intimó: "¡Cierra la boca y sal!" El demonio tiró al hombre por tierra en medio de la gente, pero salió sin hacerle daño. Todos comentaban estupefactos: "¿Qué tiene su palabra? Da órdenes con autoridad y poder a los espíritus, y salen". Noticias de él iban llegando a todos los lugares de la comarca.

1. Se ha dicho que "en el Evangelio de Jesús se consuma y perfecciona la aspiración a humanizar la idea de Dios". Pero "sería un error pensar que esta "humanización" significa la eliminación de todo sentimiento numinoso", es decir, el sentimiento de experimentar, ante Jesús, un "enigma", un "misterio", un sentimiento "fascinante", que nos atrae y nos impresiona al mismo tiempo. Esto, según parece, es lo que sentía la gente ante Jesús, ante lo que decía y hacía. Por eso la gente, al oír a Jesús, se quedaba "asombrada". Porque Jesús, que era "perfecto en la humanidad", era también, precisamente en esa humanidad, la revelación de Dios que se une a la humanidad perfecta y en ella se conoce y se descubre al Dios que nadie ha visto (Jn 1,18), ni puede ver.

2. La gente se quedaba asombrada porque hablaba "con autoridad". Y con la misma "palabra" y la misma "autoridad" expulsaba a los "espíritus inmundos". Se ha dicho acertadamente que Jesús "se parecía a otros exorcistas de su tiempo, pero era diferente". Porque la fuerza de Jesús "está en sí mismo". No necesita de amuletos ni de otras artes mágicas para actuar con autoridad. "Basta su presencia y el poder de su palabra para imponerse" a las fuerzas del mal. Así lo expresa el teólogo, J. A. Pagola.

3. Aquí y en esto tocamos el fondo del problema que nos plantea el Evangelio. Jesús no hizo prodigios para demostrar su condición divina. Se negó siempre a eso (Mc 8,11-12; Lc 11,29-30; Mt 12,38-39). Una "divinidad" que se da a conocer mediante "obras divinas" no nos da a conocer nada nuevo, sino que se limita a reafirmar lo que ya conocíamos: sólo la divinidad puede hacer milagros. En ese caso, Jesús no habría sido el revelador de Dios, sino el repetidor de lo que ya se conocía como propio de Dios. Lo que demuestra que Jesús, con sus palabras y sus obras prodigiosas, es su condición humana. Una humanidad tan profunda y tan perfecta que no soporta el sufrimiento del enfermo o la humillación del que es visto como un endemoniado. Y ahí, en eso, es donde se nos revela Dios, como el Dios encarnado, es decir, el Dios humanizado. El magisterio de la Iglesia definió, en el concilio de Calcedonia (a. 451) que Jesucristo es "perfecto en la divinidad". Jesús "fue constituido Hijo de Dios a partir de la Resurrección" (Romanos 1,4). En todo caso, la Biblia expresa el mensaje y la revelación de Jesús, no con el lenguaje de la metafísica (propio del "ser"), sino en relatos de la historia (propio del "acontecer").

4. En conclusión: que nos admiren por nuestro saber y nuestros títulos, por el cargo que desempeñamos, etc., todo eso son vanidades. El día que nos admiren por nuestra "humanidad", nuestra bondad y sencillez de nuestra vida, ese día es el punto de partida de una vida verdaderamente evangélica. Así fue la vida de Jesús.

3 DE SEPTIEMBRE - MIÉRCOLES **22ª SEMANA DEL TIEMPO ORDINARIO**

Lc 4, 38-44

Al salir Jesús de la sinagoga, entró en casa de Simón. La suegra de Simón estaba con fiebre muy alta y le pidieron que hiciera algo por ella. Él de pie a su lado, increpó a la fiebre, y se le pasó; ella, levantándose enseguida, se puso a servirles. Al ponerse el sol, los que tenían enfermos con el mal que fuera se los llevaban, y él, poniendo las manos sobre cada uno, los iba curando. De muchos de ellos salían también demonios, que gritaban: "Tú eres el Hijo de Dios". Los increpaba y no les dejaba hablar, porque sabían que él era el Mesías. Al hacerse de día, salió a un lugar solitario. La gente lo andaba buscando, dieron con él e intentaban retenerlo para que no se les fuese. Pero él les dijo: "También a otros pueblos tengo que anunciarles el Reino de Dios, para eso me han enviado". Y predicaba en las sinagogas de Judea.

1. En este relato nos encontramos con la primera narración de un conjunto abundante de curaciones de enfermos, realizadas por Jesús. El tema de las curaciones plantea una serie de preguntas a las que resulta fácil dar una respuesta clara e indiscutible. En la Antigüedad, hablar de "milagros" era un "género literario", que está presente en las culturas de otros pueblos de aquel tiempo. En relación a estos "milagros", se plantea una pregunta capital: ¿qué se nos plantea mediante estos relatos? ¿Su "historicidad" o su "ejemplaridad"? De la historicidad, no podemos estar seguros, aunque Jesús pudo hacer milagros y mucho más. En todo caso, lo que es indiscutible es su ejemplaridad. ¿Qué significa esto? Muy sencillo y muy claro: la mayor preocupación que tuvo Jesús fue la mayor preocupación que tenemos todos los humanos: "nuestra salud". Por eso, las curaciones de enfermos son tan frecuentes en los evangelios.

2. En esto se ve, se hace notar, la enorme humanidad de Jesús. Jesús estaba convencido de que la salud humana integral de las personas es lo primero en la vida. Porque eso de dar vida, suprimir el dolor, aliviar el sufrimiento, aumentar la felicidad es como nos acercamos más a Dios. En la medida en que somos más humanos.

3. Pero es evidente que esto no se puede llevar adelante si no nos anima y nos motiva una profunda espiritualidad. Por eso Jesús se retiraba, con tanta frecuencia, a la soledad. Y pasaba las noches en oración. Dialogando constantemente con el Padre del Cielo. La vida ejemplar, la generosidad sin límites, eso, es ya en sí mismo, la más profunda mística que podemos vivir. Una mística, reducida a meros sentimientos de nuestro espíritu, puede ser un engaño.

4 DE SEPTIEMBRE - JUEVES **22ª SEMANA DEL TIEMPO ORDINARIO**

Lc 5, 1-11

En aquel tiempo, la gente se agolpaba alrededor de Jesús para oír la Palabra de Dios, estando él a orillas del lago de Genesaret; y vio dos barcas que estaban junto a la orilla: los pescadores habían desembarcado y estaban lavando las redes. Subió a una de las barcas, la de Simón, y le pidió que la apartara un poco de tierra. Desde la barca, sentado, enseñaba a la gente. Cuando acabó de hablar, dijo a Simón: "Rema mar adentro y echa las redes para pescar". Simón contestó: "Maestro, nos hemos pasado la noche bregando y no hemos cogido nada; pero, por tu palabra, echaré las redes". Y, puestos a la obra, hicieron una redada de peces tan grande, que reventaba la red. Hicieron señas a los socios de la otra barca, para que vinieran a echarles una mano. Se acercaron ellos y llenaron dos barcas, que casi se hundían. Al ver esto, Simón Pedro se arrojó a los pies de Jesús, diciendo: "Apártate de mí, Señor, que soy un pecador". Y es que el asombro se había apoderado de él y de los que estaban con él, al ver la redada de peces que habían cogido; y lo mismo les pasaba a Santiago y Juan, hijos de Zebedeo, que eran compañeros de Simón. Jesús dijo a Simón: "No temas, desde ahora serás pescador de hombres". Ellos sacaron las barcas a tierra y, dejándolo todo, lo siguieron.

1. Es verdad que este relato contiene una auténtica "teofanía" o "manifestación de Dios". Aquellos pescadores palparon la presencia del Trascendente en la inexplicable abundancia de la pesca. Esto es lo que provocó la impresión y para el miedo reverencia de los pescadores. Encontraron a Dios, no en la religión del Templo con su ritos y oropeles, sino en la abundancia del trabajo productivo. Algo completamente nuevo, inesperado, desconocido, para ellos. El encuentro con Dios se había desplazado, de lo sagrado a lo profano. La laicidad del Evangelio empezaba a tomar cuerpo, forma y fuerza.

2. El Dios que se revela en Jesús no es un Dios de miedo y sumisión, sino un Padre de abundancia y dicha increíble. Esta "revelación de Dios en Jesús" es el punto de partida de la llamada de Jesús y del proyecto de Jesús. Jesús no llama para vivir en la "sumisión religiosa", sino para contagiar la "abundancia gozosa" de una vida que produce precisamente abundancia.

3. Por eso Pedro y sus compañeros, *dejándolo todo, lo siguieron* (Lc 5,11). Ya aparece aquí el concepto, la palabra y el hecho del "seguimiento" de Jesús. Este verbo es clave en los evangelios. *A Jesús se le conoce siguiéndolo.* No se le conoce estudiando teorías y analizando dogmas, sino compartiendo su forma de vida. Por eso la cristología está esencialmente marcada y determinada por el seguimiento de Jesús. De forma que el seguimiento es constitutivo de la cristología. De este modo, los temas de la divinidad y la redención, han tomado más importancia, y han sido más determinantes, que la humanización de Dios en Jesús. Y las grandes preocupaciones de Jesús en su vida terrena: la salud de la gente, la comida de todos unidos, las mejores relaciones humanas.

Tenemos que re-hacer una "cristología desde el seguimiento". No se trata de olvidar a san Pablo. Se trata de ponerlo en el lugar que le corresponde. Y al Jesús histórico en el centro.

5 DE SEPTIEMBRE - VIERNES **22ª SEMANA DEL TIEMPO ORDINARIO**

Lc 5, 33-39

En aquel tiempo, dijeron a Jesús los fariseos y los letrados: "Los discípulos de Juan ayunan a menudo y oran, y los de los fariseos también; en cambio los tuyos, a comer y a beber". Jesús les contestó: "¿Queréis que ayunen los amigos del novio mientras el novio está con ellos? Llegará el día en que se lo lleven y entonces ayunarán". Y añadió esta comparación: "Nadie recorta una pieza de un manto nuevo para ponérsela a un manto viejo; porque se estropea el nuevo, y la pieza no le pega al viejo. Nadie echa vino nuevo en odres viejos: porque revientan los odres, se derrama y los odres se estropean. A vino nuevo, odres nuevos. Nadie que cate vino añejo quiere el nuevo, pues dirá: está bueno el añejo".

1. Se confrontan, en este episodio, dos modelos de religión que brotan de dos proyectos de vida y, en última instancia, dos caminos para buscar y encantar a Dios. El modelo tradicional, el de los fariseos y escribas, que entraña la mortificación y las formas piadosas de orar. Y el modelo de Jesús, que es proyecto de felicidad, de gozo y alegría, de disfrute del amor que se celebra en una boda.

2. La explicación de esta diferencia tan radical está en que la religión tradicional cree en un Dios que está en el cielo al que hay que acercarse mediante privaciones y plegarias. Por el contrario, la religión de Jesús cree en un Dios que está en la tierra, presente en cada ser humano, fundido y confundido con lo humano. De ahí que el proyecto de la religiosidad tradicional centra sus esfuerzos en sacrificar lo humano, en tanto que la religiosidad de Jesús tiene su centro en hacer felices a los humanos. ¿De qué lado estoy yo?

3. Si este doble proyecto se mira con superficialidad, sin duda que habrá quien piense que de esta manera la religión se degrada, se descompone y termina siendo un humanismo más de tantos como en el mundo han sido. Sin embargo, si el tema se piensa despacio, pronto se advierte que el proyecto de Jesús es mucho más exigente. Porque la felicidad no se predica, ni se impone mediante leyes, prohibiciones y preceptos. La felicidad se contagia: el que es feliz contagia felicidad, de la misma manera que el que es un amargado o un resentido inevitablemente contagia su amargura y su resentimiento. Vivir siempre (en la prosperidad y en la adversidad) en condiciones de contagiar siempre felicidad a los demás, en la prosperidad y en la adversidad, eso supone mucha profundidad humana y vivir siempre, no para lo que uno piensa o le gusta, sino para lo que piensan y les gusta a los otros.

6 DE SEPTIEMBRE - SÁBADO **22ª SEMANA DEL TIEMPO ORDINARIO**

Lc 6, 1-5

Un sábado, Jesús atravesaba un sembrado; sus discípulos arrancaban espigas y, frotándolas con las manos, se comían el grano. Unos fariseos les preguntaron: "¿Por qué hacéis en sábado lo que no está permitido?" Jesús les replicó: "¿No habéis leído lo que hizo David cuando él y sus hombres sintieron hambre? Entró en la casa de Dios, tomó los panes presentados –que solo pueden comer los sacerdotes–, comió él y se lo dio a sus compañeros. Y añadió: "El Hijo del Hombre es señor del sábado".

1. Si algo ha caracterizado a los judíos, hasta el día de hoy, ha sido su estricta fidelidad al descanso del Shabbat, el sábado. En el enorme volumen, La voz de la Thorah, se dice: "El Shabbat confiere nobleza al trabajo y corona la gloria del descanso". Para el judío observante, esto es la cuestión capital de su religiosidad. Esta convicción les da fuerza a las familias y cohesión a la comunidad religiosa. De ahí, el afán y empeño de una observancia intocable.

2. Pero esta observancia intocable produce una "mentalidad sumisa" del hombre religioso. Una mentalidad que se adueña de las costumbres en alimentación, vestimenta, uso del tiempo, privación de cosas que nadie sabe para qué sirven ni por qué se mandan o se prohíben. En el fondo, el problema está en lo dicho: mantener a raya la mentalidad sumisa, que es el medio indispensable para perpetuar el poder de la religión. El poder sobre la conciencia, el santuario de la intimidad donde nadie más que la religión puede mandar, hasta conseguir que un se vea a sí mismo como una buena persona o, por el contrario, como un perverso y un canalla.

3. Se comprende así, que Jesús no puedo transigir con semejante forma de pensar y de organizar la vida. Lo más notable es que Jesús no se enfrentó a semejante tinglado mediante discursos o teorías, sino con los hechos: él y sus discípulos violaron las normas de los rabinos sobre el sábado, siempre que la observancia entraba en conflicto con las necesidades de las personas (el hombre, en este caso) o con la salud de los enfermos (la curación en sábado). Jesús fue siempre consecuente, sin fisuras ni concesiones: lo primero en la vida es el bien del ser humano. No hay más camino que ese para encontrar a Dios. El cristianismo entiende a Dios presente en cada ser humano, el que sea.

7 DE SEPTIEMBRE - DOMINGO **23ª SEMANA DEL TIEMPO ORDINARIO**

Lc 14, 25-33

En aquel tiempo, mucha gente acompañaba a Jesús: él se volvió y les dijo: "Si alguno se viene conmigo y no pospone a su padre y a su madre, y a su mujer y a sus hijos, y a sus hermanos y a sus hermanas, e incluso a sí mismo, no puede ser discípulo mío. Quien no lleve su cruz detrás de mí, no puede ser discípulo mío. Así, ¿quién de vosotros, si quiere construir una torre, no se sienta primero a calcular los gastos, a ver si tiene para terminarla? No sea que, si echa los cimientos y no puede acabarla, se pongan a burlarse de él los que mandan, diciendo: Este hombre empezó a construir y no ha sido capaz de acabar. ¿O qué rey, si va a dar la batalla a otro rey, no se sienta primero a deliberar si con diez mil hombres podrá salir al paso del que le ataca con veinte mil? Y si no, cuando el otro está todavía lejos, envía legados para pedir condiciones de paz. Lo mismo vosotros: el que no renuncia a todos sus bienes no puede ser discípulo mío".

1. El texto que utiliza aquí el evangelio de Lucas es más fuerte y duro de lo que imaginamos. Porque, en su lengua original, los sinópticos utilizan el verbo griego *miseó*, que nos exige "odiar" incluso a la propia familia y a uno mismo a causa de Jesús (Lc 14,26). ¿Es esto posible? ¿Es recomendable? ¿Se puede exigir semejante conducta?

2. Esta dificultad se agrava si tenemos en cuenta que el Evangelio no habla de "posponer" a los parientes, sino de "odiarlos". En efecto, en Lc 14,26, el verbo *miseó* significa literalmente "odiar" o "despreciar" (H. Giesen). Es el mismo verbo que se utiliza cuando el Evangelio habla de "ser odioso" a causa de Jesús (Mc 13,13 par; Mt 24,9s; 10,22; Lc 21,17; 6,2). Esto supuesto, insistimos en la pregunta: ¿podemos imaginar que Jesús nos ponga en la disyuntiva de elegir entre el amor o el odio de nuestros padres o de nuestros hijos?

3. Si la disyuntiva es elegir entre el amor a Dios y el odio a nuestros seres más queridos y a nosotros mismos, no queda más salida que esta: creemos en un Dios (Jesús) que, para quererle a él no tenemos más solución que odiar lo más humano, o sea, Dios y lo humano son incompatibles. ¿En qué cabeza cabe semejante conclusión? No queda más solución que aceptar estas dos convicciones: 1) Dios, en Jesús se encarnó en lo humano, es decir, se humanizó plenamente. 2) Nosotros somos humanos. Pero también llevamos incrusta en nuestra humanidad la deshumanización. Por eso nuestras relaciones con los demás, incluidas las relaciones de parentesco, son muchas veces tan inhumanas. De ahí, que la disyuntiva, que plantea Jesús, no consiste en elegir entre el amor a Dios o el odio a lo humano, sino en elegir entre nuestra "humanidad deshumanizada" o la "humanidad plena", que siempre encontramos en Jesús. En este punto estamos tocando la raíz misma del seguimiento de Jesús. Solo puede ser seguidor de Jesús quien es plenamente humano y, por tanto, supera y vence toda posible deshumanización.

8 DE SEPTIEMBRE - LUNES **23ª SEMANA DEL TIEMPO ORDINARIO**

Lc 6, 6-11

Un sábado, entró Jesús en la sinagoga a enseñar. Había allí un hombre que tenía parálisis en el brazo derecho. Los letrados y los fariseos estaban al acecho para ver si curaba en sábado, y encontrar de qué acusarlo. Pero él, sabiendo lo que pensaban, dijo al hombre del brazo paralítico: "Levántate y ponte ahí en medio". Él se levantó y se quedó en pie. Jesús les dijo: "Os voy a hacer una pregunta: ¿Qué está permitido en sábado, hacer el bien o el mal, salvar a uno o dejarlo morir?" Y, echando en torno una mirada a todos, le dijo al hombre: "Extiende el brazo". Él lo hizo. Y su brazo quedó restablecido. Ellos se pusieron furiosos y discutían qué había que hacer con Jesús.

1. Empezamos recordando, de nuevo el libro que los judíos observantes –no fundamentalistas– leen con profunda piedad. El comentario al Pentateuco, "La Voz de la Torah", del rabino Eli Munk (París, 2001), un enorme volumen de 1.876 pgs. Este valioso estudio, al comentar el día séptimo de la creación, explica (como ya se ha dicho) el sentido del descanso del Shabbat: "El descanso, obra del séptimo día es lo que le da todo su valor y su dignidad al trabajo de los seis días anteriores. Al ser el último día, el Shabbat consigue la victoria sobre la esclavitud que el trabajo conlleva inevitablemente. Con este don del Shabbat, Dios ha elevado a los hombres concediéndoles a todos libertad, dignidad e igualdad". Este es el sentido que le dan los judíos, en la actualidad, al descanso del sábado. Es la puesta en práctica, no del sometimiento a lo divino, sino de la libertad de lo humano.

2. Pero sabemos que las religiones con el paso del tiempo van cambiando algunos de sus aspectos. Y, a veces, llegan a decir y hacer exactamente lo contrario de lo que tienen que decir y hacer. Esta era una de las deformaciones más duras que sufría la religión de Israel en tiempo de Jesús. Por eso él fue tan tajante. Y dejó bien claro que, antes que el sometimiento a la Torah, estaba –y tiene que esta siempre– la libertad, la dignidad y la igualdad de todos los seres humanos. Solo una religión así, puede presentar un Dios aceptable y digno de ser amado.

3. El enfrentamiento entre Jesús y los observantes fundamentalistas fue brutal, exactamente por este asunto. Jesús se dio cuenta del verdadero sentido que podía tener el Shabbat. Y eso es lo que le llevó a curar a los enfermos en sábado, haciéndolo incluso de forma provocativa. Tan provocativa, que aquel sábado (cuando curó al hombre del brazo atrofiado), se jugó la vida. El relato, en la redacción de Marcos (3,6) termina diciendo que allí mismo decidieron "acabar con él". Algo muy grave debió ver Jesús en esta desviación religiosa, cuando, por remediarla, no dudó en verse condenado a muerte. Impresiona la coherencia de Jesús en defensa de la libertad y de la dignidad de cualquier ser humano.

9 DE SEPTIEMBRE - MARTES **23ª SEMANA DEL TIEMPO ORDINARIO**

Lc 6, 12-19

Subió Jesús a la montaña a orar, y pasó la noche orando a Dios. Cuando se hizo de día, llamó a sus discípulos, escogió a doce de ellos y los nombró apóstoles: Simón, al que le puso el nombre de Pedro, y Andrés su hermano, Santiago, Juan, Felipe, Bartolomé, Mateo, Tomás, Santiago Alfeo, Simón, apodado Zelotes, Judas el de Santiago y Judas Iscariote, que fue el traidor. Bajó del monte con ellos y se paró en un llano, con un grupo grande de discípulos y de pueblo, procedente de toda Judea, de Jerusalén y de la costa de Tiro y de Sidón. Venían a oírlo y a que los curara de sus enfermedades; los atormentados por espíritus inmundos quedaban curados, y la gente trataba de tocarlo, porque salía de él una fuerza que los curaba a todos.

1. Lo primero que se debe destacar es el hecho de que Jesús, ante una próxima decisión importante, se retira a una montaña lejana y allí pasa la noche entera en oración. Jesús no era un asceta, que vivía convencido de que a Dios se le encuentra alejándose de la convivencia con la gente. No hay datos para suponer que esa era la intención de Jesús. Se comprende que, como hacemos todos cuando vamos a tomar una decisión importante, buscamos estar aislados, poder pensar, etc. Pero hay una cosa llamativa: Jesús jamás se fue al Templo a orar. No quiso eso. Prefirió irse al campo o al monte. A la naturaleza. En todo caso, hay que pensar en la concentración total de Jesús en lo único que él veía como decisivo; hacer las cosas como Dios quiere que se hagan, no según otras conveniencias o intereses (F. Bovon).

2. Lo que Jesús hace, a la mañana siguiente, es elegir a los Doce, cuya lista de nombres se indica. Del conjunto del Nuevo Testamento se deduce claramente que no puede haber comunidades cristianas sin responsables (¿dirigentes?). Pero estos no se sitúan ni "sobre" la comunidad, ni –menos aún– "frente a" la comunidad. La designación de los responsables, en el caso de Jesús, tuvo que ser él mismo quien los designó. Pero no confundamos el momento original fundante con lo que ha sucedido después. Los Doce que designó Jesús no tuvieron una pervivencia institucional para siempre. Sabemos que Judas Iscariote se suicidó y fue sustituido por Matías (Hech 1,16-26). A partir de Pentecostés, se fueron muriendo pero no fueron sustituidos. La llamada "sucesión apostólica" tiene sus orígenes, por un proceso lento, desde finales del s.II. Y en cuanto a la forma de designación, durante diez siglos, se hizo por elección democrática en la que participaba la comunidad. Fue en el s.XI (Gregorio VII) cuando el papado se apropió el derecho de designar a los obispos. Por lo demás, tanto en Mateo como en Lucas, la enseñanza de Jesús se presenta precedida de un sumario de curaciones de enfermos y alivio de sufrimientos y dolencias.

3. Mientras que el evangelio de Mateo sitúa el sermón programático de Jesús en un "monte" (Mt 5,1), Lucas lo pone en un "llano" (Lc 6,17). Es discutible esta distinta ubicación, pero no es indiferente. Mientras que el monte, en la Biblia, indica el lugar del encuentro con Dios, Lucas habla de un llano, lugar del trabajo y de la convivencia. Por lo demás, tanto en Mateo como en Lucas, la enseñanza de Jesús se presenta precedida de un sumario de curaciones de enfermos y alivio de sufrimientos y dolencias. El Evangelio "ilumina la mente", pero antes que eso "remedia el dolor" humano. Ambas cosas tendrían que ir siempre unidas en la actividad apostólica y pastoral de la Iglesia.

10 DE SEPTIEMBRE - MIÉRCOLES **23ª SEMANA DEL TIEMPO ORDINARIO**

Lc 6, 20-26

En aquel tiempo, Jesús, levantando los ojos hacia sus discípulos, les dijo: "Dichosos los pobres, porque vuestro es el Reino de Dios. Dichosos los que ahora tenéis hambre, porque quedaréis saciados. Dichosos los que ahora lloráis, porque reiréis. Dichosos vosotros cuando os odien los hombres, y os excluyan, y os insulten y proscriban vuestro nombre como infame, por causa del Hijo del Hombre. Alegraos ese día y saltad de gozo: porque vuestra recompensa será grande en el cielo. Eso es lo que hacían vuestros padres con los profetas. Pero, ¡Ay de vosotros, los ricos, porque ya tenéis vuestro consuelo! ¡Ay de vosotros, los que estáis saciados, porque tendréis hambre! ¡Ay de los que ahora reís, porque haréis duelo y lloraréis! ¡Ay si todo el mundo habla bien de vosotros! Eso es lo que hacían vuestros padres con los falsos profetas".

1. Las llamadas "bienaventuranzas" plantean una pregunta difícil de responder. ¿Qué sentido puede tener afirmar que la dicha y la felicidad está en los pobres, en los que pasan hambre, en los que lloran, en los que se ven excluidos y marginados? ¿No es una locura o, al menos, un despropósito, hacer semejantes afirmaciones? ¿Es creíble el Evangelio cuando dice estas cosas? Por supuesto, si estas sentencias se aplican a los individuos aislados, suenan a tonterías sin pies ni cabeza. Por la sencilla razón de que son afirmaciones contradictorias. A no ser que nos remitamos a una felicidad y una dicha que no están en "este mundo, sino en el otro", en un futuro indeterminado, indemostrable y que, en cualquier caso, ni puede competir, ni se puede comparar con la felicidad que disfrutan los instalados y satisfechos de esta vida. Entonces, ¿qué enseñanza quede contener todo esto?

2. Hay un hecho, perfectamente comprobado: un mundo, en el que todos sus habitantes y ciudadanos se ponen a buscarse la mayor riqueza posible, el mayor bienestar posible, la mayor fama y gloria posible, un mundo así, es un mundo que se convierte en un infierno. Porque en un mundo así, inevitablemente el poderoso machaca al débil, el rico al pobre, el grande al chico, el patrono al trabajador. Y así sucesivamente. Además, en un mundo así –y esto es seguramente lo más peligroso–, se anulan los valores humanos, los derechos humanos, la dignidad humana, la seguridad que necesitamos los mortales, y terminamos desarmados "espiritualmente" para poder organizar la convivencia de una forma "racional". Muchas veces pensamos que lo definitivo es lo que ahora vivimos y sufrimos, sin embargo, Jesús deja claro que lo definitivo es le Reino que tamos construyendo hoy con la fuerza del Resucitado. Desde el realismo evangélico comprendemos que construir el Reino trae sufrimiento y persecución, pero una cosa es cierta: el Reino va a llegar y la felicidad será plena.

3. La clave de la cuestión está en esto: Un mundo o una sociedad, en la que todos buscamos lo mejor y lo que más le conviene o le interesa a cada cual, eso es un mundo o una sociedad que termina deshumanizándonos a todos, hasta hacer verdadera la vieja sentencia: homo *homini, lupus*= "el hombre es lobo para el hombre". O sea, nos deshumanizamos hasta el extremo de convertirnos (sin darnos cuenta de lo que nos sucede) en una inmensa manada de lobos. Pero con una agravante: los lobos matan a otros animales para comérselos ellos. Cuando los humanos nos deshumanizamos, hasta ser lobos para los demás, nos destrozamos unos a otros, nos destrozamos con disfraces de "sabios", de "religiosos", de "educados", de lo que sea. Pero nos destrozamos. No hay más salida que –sea por el motivo que sea– busquemos ante todo la felicidad de los demás, sobre todo la alegría de los pobres, de los que lloran, de los que sufren, de los "nadies" de la vida. Eso es lo que Jesús propone. Y lo que Jesús quiere, ante todo y sobre todo.

11 DE SEPTIEMBRE - JUEVES **23ª SEMANA DEL TIEMPO ORDINARIO**

Lc 6, 27-38

En aquel tiempo, dijo Jesús a sus discípulos: "A los que me escucháis os digo: Amad a vuestros enemigos, haced el bien a los que os odian, bendecid a los que os maldicen, orad por los que os injurian. Al que te pegue en una mejilla, preséntale la otra, al que te quite la capa, dale también la túnica. A quien te pide, dale; al que se lleve lo tuyo, no se lo reclames. Tratad a los demás como queréis que ellos os traten. Pues, si amáis solo a los que os aman, ¿qué mérito tenéis? También los pecadores aman a los que los aman. Y si hacéis bien solo a los que os hacen bien, ¿qué mérito tenéis? También los pecadores prestan a otros pecadores con intención de cobrárselo. ¡No! Amad a vuestros enemigos, haced el bien y prestad sin esperar nada: tendréis un gran premio y seréis hijos del Altísimo, que es bueno con los malvados y desagradecidos. Sed compasivos como vuestro Padre es compasivo; no juzguéis y no seréis juzgados; no condenéis y no seréis condenados; perdonad y seréis perdonados; dad y se os dará: os verterán una medida generosa, colmada, remecida, rebosante. La medida que uséis la usarán con vosotros".

1. La primera convicción de Jesús que queda patente en este discurso, es que el mundo no se transforma (se hace más humano y más habitable) cambiando estructuras políticas y económicas. Eso es importante, es fundamental incluso. Pero no es lo decisivo. El mundo se transforma cambiando a las personas. Por eso Jesús en este discurso, que es central en el Evangelio, no dice ni palabra de luchas políticas o económicas. Estamos cansados de ver cambios políticos y económicos en los que siempre ocurre lo mismo: los que están arriba viven bien y los que están abajo siguen en la miseria.

2. Jesús vio que lo decisivo en la vida es la humanización de los seres humanos. Decimos que "es humano" odiar, injuriar, humillar, robar, pensar mal para acertar. Todo eso "es inhumano". Porque lo humano químicamente puro no existe. Lo humano siempre está mezclado con lo inhumano. Por eso Jesús propone, como modelo de humanidad, el amor que vence el odio, la mansedumbre que vence la injuria, la aceptación de la ofensa que vence a la humillación, la renuncia a lo propio que vence al robo, el juicio que vence al mal pensado. Estamos, pues, ante el "escándalo" de la renuncia a los propios derechos humanos, para que los derechos humanos alcancen a todos y lleguen a ser universales.

3. ¿Qué quiere decir todo esto? Solo la bondad es digna de fe. Porque la bondad es lo más propio, lo más original y lo más específico del ser humano. Por eso se explica que únicamente lo verdaderamente humano es lo que nos hace felices. De forma que solo donde hay humanidad hay paz, respeto, tolerancia, amistad, gozo y disfrute de la vida para todos. De ahí que la consecuencia es patente: el Evangelio, antes que un libro de religión o de espiritualidad, es un gran tratado de humanidad. Lo que ocurre es que la "humanidad para todos", solo se alcanza mediante la "autoestigmatización". Es exactamente lo que hizo Jesús: "aceptó la función más baja que una sociedad puede adjudicar: la de delincuente ejecutado". (Gerd Theissen).

12 DE SEPTIEMBRE - VIERNES **23ª SEMANA DEL TIEMPO ORDINARIO**

Lc 6, 39-42

En aquel tiempo, ponía Jesús a sus discípulos esta comparación: "¿Acaso puede un ciego guiar a otro ciego? ¿No caerán los dos en el hoyo? Un discípulo no es más que su maestro, si bien cuando termine su aprendizaje, será como su maestro. ¿Por qué te fijas en la mota que tiene tu hermano en el ojo y no reparas en la viga que llevas en el tuyo? ¿Cómo puedes decirle a tu hermano; "Hermano, déjame que te saque la mota del ojo", sin fijarte en la viga que llevas en el tuyo?" ¡Hipócritas! Sácate primero la viga de tu ojo, y entonces verás claro para sacar la mota en el ojo de tu hermano".

1. El argumento de peso que plantea Jesús: una conducta arriesgada conduce a una situación peor que la anterior. El ciego mal conducido no solo sigue siendo ciego, sino que cae en el hoyo detrás de su guía (A. Jûlicher; F. Bovon). No es lo mismo "ser ciego" que "estar ciego". Como es lógico, Jesús no habla aquí de los invidentes, sino de los que van por la vida "como ciegos" y, que hoy, no son pocos. Porque no ven lo que tendrían que ver. Y es evidente que el que "está ciego" no está en condiciones de guiar a nadie. La pregunta que hace Jesús: "¿Puede un ciego guiar a otro ciego? Aquí en el contexto del evangelio de Lucas, esta parábola va dirigida a los animadores de la comunidades o a cualquier otra persona que se consideran dueños de la verdad, superiores a los otros.

2. Uno de los problemas más graves, que tenemos, en este momento, es que hay demasiados "ciegos" guiándonos a quienes ya estamos "cegados" por demasiadas cosas. Toda visión de la vida y del mundo, que no tenga en cuenta la totalidad de lo que está pasando, es lógicamente una visión parcial. Ahora bien, la sociedad, en que vivimos está montada precisamente para que no veamos la totalidad, sino para que nos fijemos solamente en la parcialidad de aquellos con lo que el sistema sabe que nos atrapa, nos distrae, nos domina, hace de nosotros lo que quiere y lo que le interesa. Por eso hay tanta gente que se preocupa más por una pequeña cantidad de dinero, que tiene en el banco, que por los millones de criaturas que se mueren literalmente de hambre y miseria en el mundo.

3. El mejor servicio, que nos hace el Evangelio, es abrirnos los ojos para hacernos caer en la cuenta de "la dependencia de los fenómenos particulares respecto de la totalidad" (J. Habermas). Si solo fijamos la vista en un punto, perderemos la visión general. Como el que solo ve a un líder político o religioso ensalzándolo sobre todo lo demás, pero se olvida que ese líder puede estar causando o permitiendo destrozos en otros ámbitos de la vida de las personas. La vida y las enseñanzas de Jesús son como abrimos los ojos para poder ver la totalidad de lo que estamos viviendo. El Evangelio explicado para fomentar solo la piedad, la devoción, la paz interior o la tranquilidad de conciencia, nos ciega para poder ver la terrible realidad del sufrimiento en el mundo. Por eso Jesús, denuncia la hipocresía de algunos que teniéndose por animadores, líderes de comunidades o de otras organizaciones llevan una vida alejada de una auténtica comunión con Dios. La falta de coherencia es lo que más daño hace en el momento de preguntarnos como testigos del Resucitado. ¿Te fijas más en los defectos de los demás que en tus propios defectos?

13 DE SEPTIEMBRE - SÁBADO **23ª SEMANA DEL TIEMPO ORDINARIO**

Lc 6, 43-49

En aquel tiempo, decía Jesús a sus discípulos: "No hay árbol sano que dé fruto dañado, ni árbol dañado que dé fruto sano. Cada árbol se conoce por su fruto: porque no se cosechan higos de las zarzas, ni se vendimian racimos de los espinos. El que es bueno, de la bondad que atesora en su corazón saca el bien, y el que es malo, de la maldad saca el mal; porque lo que rebosa del corazón, lo habla la boca. ¿Por qué me llamas "Señor, Señor", y no haces lo que digo? El que se acerca a mí, escucha mis palabras y las pone por obra, os voy a decir a quién se parece: se parece a uno que edificaba su casa: cavó, ahondó y puso los cimientos sobre roca; vino una crecida, arremetió el río contra aquella casa, y no pudo tambalearla, porque estaba sólidamente construida. El que escucha y no pone por obra se parece a uno que edificó una casa sobre tierra, sin cimiento; arremetió contra ella el río, y enseguida se derrumbó desplomándose".

1. Estas palabras de Jesús, tal como han quedado aquí recogidas por el evangelio de Lucas, tienen una importancia extraordinaria, y son de una actualidad palpable, para fijar los criterios del comportamiento humano, es decir, los criterios de la ética. Porque, si algo necesitamos todos los humanos, en este momento, es precisamente encontrar y aceptar unos principios éticos en los que todos podamos coincidir. En un mundo globalizado, necesitamos con urgencia una ética también globalizada. Está demostrado que las ideas (políticas, económicas, filosóficas, religiosas) y las convicciones (sobre todo si se ven reforzadas por lo absoluto de la religión) son más fuertes que los ejércitos y sus armamentos.

2. Así las cosas, nos urgen encontrar una ética que supere el criterio del bien y del mal. Porque han sido los poderosos y los dominadores quienes, en todos los tiempos, han determinado lo que está bien y lo que está mal. Lo que ha desembocado en el más insoportable relativismo y escepticismo (J. Habermas; K. O. Apel) que es apremiante superar mediante una concepción nueva de la ética, en la que todos podamos coincidir. Mientras no coincidamos, siquiera mínimamente, en una ética que marque los comportamientos de todos, estamos abocados a una violencia creciente, cada día más peligrosa. De ahí que el Evangelio nos lleva a preguntarnos sobre vida concreta: ¿Cómo la estoy construyendo? ¿Cuáles son los fundamentos que sostienen mi existencia? ¿Mi fundamento es la palabra del Señor o los criterios del mundo?

3. El criterio ético, que aquí propone el Evangelio, es muy claro: el comportamiento ético se mide y se enjuicia por los resultados que produce. No vale tener principios excelsos, normas a las que nos sometemos, verdades absolutas... Lo decisivo es ver qué resultados se siguen de nuestro comportamiento. Para ello, como bien ha indicado R. Rorty, es determinante fomentar una "educación sentimental", haciendo viable la mayor sensibilidad de los humanos ante el dolor y el sufrimiento de los demás, por más extraños que nos sean o resulten. Nunca podrán ser "buenos frutos", para nadie, la humillación, el desprecio, la soledad, la inseguridad, el miedo, el atropello de los propios derechos y del propio bienestar.

14 DE SEPTIEMBRE - DOMINGO **EXALTACIÓN DE LA SANTA CRUZ**

Jn 3, 13-17

En aquel tiempo, dijo Jesús a Nicodemo: "Nadie ha subido al cielo, sino el que bajó del cielo, el Hijo del Hombre. Lo mismo que Moisés levantó la serpiente en el desierto, así tiene que ser elevado el Hijo del Hombre, para que todo el que cree en él tenga vida eterna. Tanto amó Dios al mundo, que entregó a su Hijo único, para que no perezca ninguno de los que creen en él, sino que tengan vida eterna. Porque Dios no mandó a su Hijo al mundo para condenar al mundo, sino para que el mundo se salve por él".

1. La cruz es la imagen distintiva de los cristianos. A fin de cuentas, los cristianos creemos que fuimos salvados por la cruz de Cristo, por Cristo Crucificado. De ahí que, en la liturgia de la Iglesia, además de la adoración de la cruz, el Viernes Santo, se celebra la exaltación de la cruz, en este día. El origen de esta fiesta se atribuye al emperador Constantino, que, en el año 335, entregó a los cristianos la basílica del Gólgota y de la Resurrección. Y, antes de eso, el año 313, según la leyenda de Eusebio de Cesarea y de Lactancio, el mismo Constantino vio el signo de la Cruz como "signo de poder" y de victoria. Todo esto es lo que le dio a la cruz en que murió Jesús un significado de triunfo y de exaltación. Un sentimiento que ha marcado a la tradición y a la espiritualidad cristianas.

2. Pero es de suma importancia tener muy claro que la cruz no es un signo de triunfo y exaltación. Sino que su sentido profundo es exactamente lo contrario. Nunca deberíamos olvidar que la historia de este mundo es la "historia de los triunfadores" y, por tanto, es la "historia de los vencedores". Con lo que la vergonzosa realidad de "los vencidos" ha quedado como una cosa insignificante. Y sin embargo, los cristianos nunca deberíamos olvidar que Jesús fue un vencido, un fracasado, un excluido, que asoció su destino al de todos los derrotados de la vida y de la historia. De forma que ahí, precisamente en eso, está la clave de comprensión del Dios de los cristianos, el Dios que se nos dio a conocer en Jesús.

3. En efecto, según el conocido himno de Pablo, en la carta a los Filipenses (2,6-11), en Jesús, Dios se despojó de su rango, tomó la condición de esclavo (la más baja condición de su tiempo), y se hizo como uno de tantos (Fil 2,7). El himno satiriza y subvierte el modo en que millones de personas, dentro del Imperio romano, daban por supuesto que debía actuar alguien con la "forma de Dios" (J. D. Crossan, J. L. Reed). Esto supuesto, lo decisivo aquí está en tener presente que este "vaciamiento" o kénosis expresa el "proyecto de Dios". El Dios de Jesús se nos reveló como un "Dios kenótico", no solamente en el momento de abajamiento en que Jesús murió, aquel viernes santo, sino que es *la revelación permanente relativa a la naturaleza de Dios.* Los cristianos creemos en un "Dios kenótico". Lo cual, para mucha gente (para el común de los mortales), es algo sencillamente inhumano, imposible, idiota, absurdo. Pero, si es que queremos que la fe en Dios cambie este mundo, la cosa está clara: *una comunidad kenótica engendra igualdad; una comunidad patronal engendra desigualdad; la kénosis engendra cooperación; el patronazgo engendra competencia.* Se trata, en definitiva, por optar entre una sociedad verdaderamente humana o por un auténtico infierno, que es, en demasiados casos y situaciones, lo que tenemos.

15 DE SEPTIEMBRE - LUNES **24ª SEMANA DEL TIEMPO ORDINARIO**

Lc 7, 1-10

En aquel tiempo, cuando terminó Jesús de hablar a la gente, entró en Cafarnaúm. Un centurión tenía enfermo, a punto de morir, a un criado a quien estimaba mucho. Al oír hablar de Jesús, le envió unos ancianos de los judíos, para rogarle que fuera a curar a su criado. Ellos, presentándose a Jesús, le rogaban encarecidamente: "Merece que se lo concedas, porque tiene afecto a nuestro pueblo y nos ha construido la sinagoga". Jesús se fue con ellos. No estaba lejos de la casa, cuando el centurión le envió unos amigos a decirle: "Señor, no te molestes, no soy yo quién para que entres bajo mi techo; por eso tampoco me creí digno de venir personalmente. Dilo de palabra, y mi criado quedará sano. Porque yo también vivo bajo disciplina y tengo soldados a mis órdenes y le digo a uno "ve" y va; al otro "ven" y viene; y a mi criado "haz esto", y lo hace. Al oír esto, Jesús se admiró de él y, volviéndose a la gente que lo seguía, dijo: "Os digo que ni en Israel he encontrado tanta fe". Y al volver a casa, los criados encontraron al siervo sano.

1. Las religiones y las culturas separan a la gente. Con frecuencia, crean serios enfrentamientos y hasta conflictos morales. En el caso de este relato, no olvidemos que el centurión era un oficial extranjero (ekatontárches, literalmente "jefe" o "militar") (F. G. Untergassmair), que seguramente estaba al servicio de Herodes. Es verdad que, por lo que dice Lucas, se trataba de un buen hombre, que hasta les había construido una sinagoga a los judíos. Además, se trataba de un hombre humilde, que se preocupaba de la salud de su criado y ni se consideraba que Jesús viniera a su casa.

2. Para Jesús, lo que importa en la vida es la bondad, la humanidad, que no se fija en las creencias de cada cual, en el rol social que uno tiene u ocupa. Jesús solo se fija en lo importante, en lo esencial. Y lo esencial no son las creencias o las prácticas que cada uno ha aprendido en su nación o su cultura. Lo esencial es la bondad entrañable que cada cual vive y que moviliza la conducta de cada persona. Por eso, sin duda, Jesús dice que no ha visto en Israel una persona con tanta fe, como la que tiene este militar extranjero, que seguramente era romano. Queda patente, por eso mismo, que lo decisivo para Jesús, no es la "creencia religiosa", sino la "bondad con los enfermos y los que sufren".

3. Esto era tan importante para Jesús, que le causaba admiración (Lc 7,9). Y llegó a decir que la fe del centurión pagano era más grande que la fe de cualquier israelita. La fe, para los evangelios, es la confianza, la seguridad, en Jesús. La convicción firme de que Jesús y su Evangelio es la solución de los problemas que nos agobian. Dicho de otra manera, lo decisivo (para Jesús) es el "seguimiento" de Jesús, porque el que lo sigue es que tiene fe en él e iguala nuestra conducta con la suya.

4. La fe no solo mueve montañas, también levanta a un enfermo, resucita a un muerto, da vida a quien la experimenta al borde de la muerte. Jesús ofrece su perdón, la curación, una vida digna. Acércate con fe viva a Jesús. Confía en él. Eleva a él tu súplica por la sanción de quien tú amas, de quien es de valor para ti, y de quien está alejado. Nada es más poderoso que su Palabra.

16 DE SEPTIEMBRE - MARTES **24ª SEMANA DEL TIEMPO ORDINARIO**

Lc 7, 11-17

En aquel tiempo, iba Jesús camino de una ciudad llamada Naím, e iban con él sus discípulos y mucho gentío. Cuando estaba cerca de la ciudad, resultó que sacaban a enterrar a un muerto, hijo único de su madre, que era viuda; y un gentío considerable de la ciudad la acompañaba. Al verla el Señor, le dio lástima y le dijo: "No llores". Se acercó al ataúd, lo tocó (los que lo llevaban se pararon) y dijo:

"¡Muchacho, a ti te lo digo, levántate!" El muerto se incorporó y empezó a hablar, y Jesús se lo entregó a su madre. Todos, sobrecogidos, daban gloria a Dios: "Un gran profeta ha surgido entre nosotros. Dios ha visitado a su pueblo". La noticia del hecho se divulgó por toda la comarca y por Judea entera.

1. Lo importante en estos relatos, no es su "historicidad", sino su "ejemplaridad". En este caso, la ejemplaridad quedó anotada al final del relato: un gran profeta ha surgido entre nosotros. Dios ha visitado a su pueblo. ¿Cómo y en qué se palpa esta ejemplaridad? ¿Cómo y en que se nota que Dios nos visita y se nos hace presente?

2. La condición profética de Jesús se percibe en el paralelismo que el relato establece entre la actuación de Jesús y la actuación del profeta Elías, cuando resucitó al hijo de una viuda de Sarepta (1Reyes 17,7-24). Como también en el caso del profeta Eliseo cuando resucitó al hijo de una viuda en Sunam (2Reyes 4,8-37). Pero, aun sabiendo esto, el relato de la viuda de Naín, quizá pretende recordar, más en concreto, algún hecho de Jesús, relacionado con su actuación en defensa de la viuda y como consuelo de los más desamparados de este mundo.

3. El mensaje humano de este episodio salta a la vista: Jesús no soporta las lágrimas de una madre viuda a las que se le muere su hijo único. La viuda y el huérfano eran los prototipos del desampara en las sociedades mediterráneas del siglo primero (Santiago 1,27) Sin seguridad ni protección económica, la imagen de la viuda que llora la muerte de su hijo es una de las grandes representaciones del dolor humano. Jesús no pasa indiferente ante una situación así. Sea cual sea el valor histórico del relato, la grandeza de la humanidad de Jesús queda patente, y es un grito de exigencia y de protesta ante tantas situaciones de dolor y desamparo en las que casi todo pasamos de largo. Estos casos no deberían quedar supeditados a la beneficencia, sino que, por justicia, deben quedar garantizados en cumplimiento de los derechos humanos propios de todo ser humano.

4. En una sociedad tan materialista como la nuestra, la compasión y la misericordia, en muchas ocasiones, se considera como debilidad de aquel que la practica. Pasar de largo y no mirar el dolor y el sufrimiento de los otros, es la práctica común de casi todo mortal. Sin embargo, los que nos decimos llamar cristianos por ser seguidores de Cristo, no debemos olvidar el capítulo de san Mateo 25 –el juicio final– donde se nos juzgará por el amor y la misericordia hacia los demás.

Lc 7, 31-35

En aquel tiempo, dijo el Señor: "¿A quién se parecen los hombres de esta generación? ¿A quién los compararemos? Se parecen a unos niños sentados en la plaza, que gritan a otros: "Tocamos la flauta y no bailáis, cantamos lamentaciones y no lloráis". Vino Juan el Bautista, que ni comía ni bebía, y dijisteis que tenía un demonio; viene el Hijo del Hombre, que come y bebe, y decís: "Mirad, qué comilón y qué borracho, amigo de recaudadores y pecadores". Sin embargo, los discípulos de la Sabiduría le han dado la razón".

1. Esta parábola de los niños, que juegan en la plaza de un pueblo, es la última parte del testimonio que, según Lucas, Jesús da sobre Juan Bautista (Lc 7,18-35). Primero, Jesús recuerda a los mensajeros que el Bautista manda a preguntar a Jesús si él era "el que tenía que venir" (Lc 7,18-23). Segundo, presenta su propio elogio sobre Juan Bautista (Lc 7,24-28). Tercero, la parábola de los niños en la plaza del pueblo, que es el relato del evangelio de hoy. La parábola hay que entenderla correctamente: no en el sentido de que un grupo de niños se enfrenta al otro, sino en el sentido de que los niños (todos) no hacen caso a los músicos, ni cuando estos invitan a jugar a boda (tocar la flauta), ni cuando invitan a jugar a entierro (cantar lamentaciones). ¿Qué quiere decir Jesús con este contraste entre la boda y el entierro?

2. Hay dos formas de entender la vida, según dos formas de entender la religión: 1) La de Juan Bautista, que vivía en el desierto (Mt 3,1 par), vestía de forma estrafalaria (Mt 3,4 par) y comía como los pobres en épocas de hambre (Mt 3,4). 2) La de Jesús, que vivía entre la gente, vestía una túnica valiosa que se la rifaron los soldados cuando lo mataron (Jn 19,23-24) y asistía a bodas y banquetes sin reparo alguno. Es evidente que, en la historia del cristianismo, el recuerdo y el ejemplo de Jesús han sido interpretados y vividos más de acuerdo con la religiosidad y la espiritualidad de Juan Bautista que con la forma de vida que llevó el propio Jesús. Las vidas de santos, las reglas y costumbres de los monasterios y las ideas de muchos creyentes devotos pretenden parecerse más a Juan en el desierto que a Jesús en un banquete.

3. No se puede, en este breve comentario, analizar por qué ha ocurrido esto. Lo que se puede y se debe decir es que la forma de vida de Juan Bautista produce gente rara y con la que no es fácil convivir. La forma de vida de Jesús es más humana y, sobre todo, genera una forma de convivencia que espontáneamente une a las personas. Está claro: Jesús nos vino a enseñar que el centro del

Evangelio no es la propia santificación mediante sacrificios y renuncias, sino contagiar vida y felicidad a los demás en la gozosa convivencia con todos. Y es de suma importancia caer en la cuenta de que es mucho más difícil y costoso contagiar siempre felicidad que ir por la vida dando ejemplo de santo raro y de vida extraña. Lo más duro en la ida es ser siempre profundamente humano.

18 DE SEPTIEMBRE - JUEVES 24ª SEMANA DEL TIEMPO ORDINARIO

Lc 7, 36-50

En aquel tiempo, un fariseo rogaba a Jesús que fuera a comer con él. Jesús, entrando en casa del fariseo, se recostó a la mesa. Y una mujer de la ciudad, una pecadora, al enterarse de que estaba comiendo en casa del fariseo, vino con un frasco de perfume, y, colocándose detrás junto a sus pies, llorando, se puso a regarle los pies con sus lágrimas, se los enjugaba con sus cabellos, los cubría de besos y se los ungía con el perfume. Al ver esto, el fariseo que lo había invitado, se dijo: "Si este fuera profeta, sabría quién es esta mujer que lo está tocando y lo que es: una pecadora". Jesús tomó la palabra y le dijo: "Simón, tengo algo que decirte". Él respondió: "Dímelo, maestro". Jesús le dijo: "Un prestamista tenía dos deudores: uno le debía quinientos denarios y el otro cincuenta. Como no tenían con qué pagar, los perdonó a los dos. ¿Cuál de los dos lo amará más?" Simón contestó: "Supongo que aquel a quien le perdonó más". Jesús le dijo: "Has juzgado rectamente". Y, volviéndose a la mujer, dijo a Simón: "¿Ves a esta mujer? Cuando yo entré en tu casa, no me pusiste agua para los pies; ella en cambio me ha lavado los pies con sus lágrimas y me los ha enjugado con su pelo. Tú no me besaste; ella en cambio, desde que entró no ha dejado de besarme los pies. Tú no me ungiste la cabeza con ungüento; ella en cambio me ha ungido los pies con perfume. Por eso te digo, sus muchos pecados están perdonados, porque tiene mucho amor: pero al que poco se le perdona, poco ama". Y a ella le dijo: "Tus pecados están perdonados". Los demás convidados empezaron a decir entre sí: "¿Quién es este, que hasta perdona pecados?" Pero Jesús dijo a la mujer: "Tu fe te ha salvado, vete en paz".

1. Este relato es de los más provocativos que hay en el Evangelio. Jesús es invitado a un simposio, un banquete. Hay que saber que el "simposio" era una de las costumbres más determinantes de la sociedad y de la cultura antigua greco-romana. Baste recordar el Banquete de Jenofonte o el de Platón. Advirtiendo que Jesús hizo saltar por los aires las tradiciones más intocables de aquella cultura. Al comer y al admitir en los banquetes a pecadores y personas de mala fama, Jesús trastornó el "orden social" más radicalmente que con todos sus sermones y discursos.

2. En este relato, el hecho fue mucho más provocativo. Porque el que invitó fue un fariseo (modelo de observante). El invitado fue Jesús (modelo de inobservante. Y el personaje central, una mujer, que tenía tan mala fama, que resultaba escandaloso admitirla en aquella casa y dejar que se acercara a aquella mesa. Pero el episodio se desarrolla de forma que, al final, fue la mala mujer la que Jesús propone como modelo de amor a imitar, mientras que el observante y piadoso anfitrión que por los suelos, como ejemplo de lo que jamás se debe hacer.

3. Jesús es el hombre de la bondad, la libertad y la sinceridad. Acepta las manifestaciones de afecto de aquella mujer. Le dice al fariseo, con delicadeza y firmeza, lo que tiene que decir, delante de todos. No espero a decírselo en privado. Y, sobre todo, afirmó que quien se siente justo y ejemplar, ese es el que no tiene capacidad de amor y bondad. O sea: en la medida en que uno se considera mejor que los demás, en esa misma medida se incapacita para amar. Por eso, aquella mujer, que se veía como la peor de todos, es la que tuvo más amor que nadie. Para Jesús, la condición, para ser buena persona, no es la autoestima y confianza en sí mismo, sino la necesidad de cariño de quienes se ven usados, abusados y despreciados.

4. Con frecuencia, pienso que el Evangelio no acaba de entrar en nuestras mentalidades. Y mucho menos en nuestros sentimientos más hondos. Despreciamos demasiado a los que no piensan o viven como nosotros pensamos o vivimos. Jesús, tal como se repite tantas veces en el Evangelio, hizo saltar por los aires nuestras posturas integristas, intolerantes, rígidas y conservadoras... La pena es que no integramos este problema y su solución en nuestra intimidad más honda.

19 DE SEPTIEMBRE - VIERNES **24ª SEMANA DEL TIEMPO ORDINARIO**

Lc 8, 1-3

En aquel tiempo, Jesús iba caminando de ciudad en ciudad y de pueblo en pueblo, predicando la Buena Noticia del Reino de Dios; lo acompañaban los Doce y algunas mujeres que él había curado de malos espíritus y enfermedades. María Magdalena, de la que habían salido siete demonios; Juana, mujer de Cusa, intendente de Herodes; Susana y otras muchas que le ayudaban con sus bienes.

1. No es fácil, para quienes vivimos en el siglo XXI, comprender la libertad y el atrevimiento que supone lo que se dice, en este evangelio, sobre las mujeres que acompañaban a Jesús y sus discípulos. En aquel tiempo y aquella cultura, tenía que resultar casi incomprensible ver, por los caminos de Galilea, a un grupo mixto de hombres y mujeres, todos en bloque, de pueblo en pueblo. Las leyes y costumbres del judaísmo no permitían semejante libertad sospechosa o incluso escandalosa. En el Imperio, la mujer era para vivir dedicada al marido, a los hijos y a la casa (Robert C. Knapp). Entre los judíos, todo esto era más estricto. Según Filón, "mercados, consejo, tribunales, procesiones festivas, reuniones de grandes multitudes de hombres, en una palabra: toda la vida pública... está hecha para los hombres. A las mujeres les conviene quedarse en casa y vivir retiradas... Las mujeres están recluidas y no salen del patio de la casa. Esto según consta en los escritos antiguos. (De Spec. Lea. III, 169; cf. J. Jeremías).

2. Jesús rompió con todo esto. Y formó una comunidad mixta, de forma que siempre, que se encontró en situaciones de conflictividad con las mujeres, se puso de parte de ellas. Baste recordar los casos de la samaritana (Jn 4), la gran prostituta (Lc 7), la adúltera (Jn 8), la anulación de la ley que permitía al hombre expulsar a la mujer de la casa por cualquier causa (Mt 19; Deut 24,1), el derroche de María al perfume a Jesús con lo más caro que se vendía entonces (Jn 12). Es más, cuando los hombres habían huido asustados, las mujeres acompañaron a Jesús en el camino del Calvario (Lc 21,7ss), ante la cruz y cuando agonizaba, se menciona solo un grupo de mujeres, allí frente al ajusticiado (Mc 15,40-41). Y es bien sabido que quienes tuvieron el privilegio de ser los primeros que vieron al Resucitado fueron las mujeres (Mc 16,1-8; Lc 24,1-13; Jn 20,11-18).

3. Por todo esto resulta admirable la libertad de Jesús y su humanidad que se pone en evidencia en el trato con las mujeres. Jesús, al proceder así, defendió de hecho la igualdad del hombre y la mujer. Y devolvió a la mujer la dignidad quede le había quitado. Una tarea urgente y apremiante para los cristianos y para la Iglesia en este mundo de tantas desigualdades e injusticias. Jesús vio claramente que el futuro de la humanidad está resuelto el día que se hayan superado las diferencias y se haya logrado la igualdad, en dignidad y derechos, de todos los humanos. Jesús fue un hombre llamativamente libre. Y profundamente humano. Rompió todos los esquemas sociales y los convencionalismos puritanos de su tiempo y del nuestro. Porque para él lo importante no era quedar bien, sino ser transparente, libre y acogedor con toda clase de personas.

Lc 8, 4-15

En aquel tiempo, se le juntaba a Jesús mucha gente, y, al pasar por los pueblos, otros se iban añadiendo. Entonces les dijo esta parábola: "Salió el sembrador a sembrar su semilla. Al sembrarla, algo cayó al borde al borde del camino, lo pisaron, y los pájaros se lo comieron. Otro poco cayó en terreno pedregoso, y, al crecer, se secó por falta de humedad. Otro poco cayó entre zarzas, y las zarzas, creciendo al mismo tiempo, lo ahogaron. El resto cayó en tierra buena, y, al crecer, dio fruto al ciento por uno". Dicho esto, exclamó: "El que tenga oídos para oír, que oiga". Entonces le preguntaron los discípulos: "¿Qué significa esa parábola?" Él les respondió: "A vosotros se os ha concedido conocer los secretos del Reino de Dios; a los demás, solo en parábolas, para que viendo no vean y oyendo no entiendan. El sentido de la parábola es este: La semilla es la Palabra de Dios. Los del borde del camino son los que escuchan, pero luego viene el diablo y se lleva la Palabra de sus corazones, para que no crean y se salven. Los del terreno pedregoso son los que, al escucharla, reciben la Palabra con alegría, pero no tienen raíz; son los que por algún tiempo creen, pero en el momento de la prueba fallan. Lo que cayó entre zarzas son los que escuchan, pero con los afanes y riquezas y placeres de la vida, se van ahogando y no maduran. Los de la tierra buena son los que con un corazón noble y generoso escuchan la Palabra, la guardan y dan fruto perseverando".

1. Es un hecho que la enseñanza religiosa, tal como la promueve y gestiona la Iglesia, es un desastre en demasiados casos. De ahí la ignorancia que tiene tanta gente en cuestiones de religión, en teología, en catecismo y sobre todo en el estudio y análisis de la Biblia y especialmente del Evangelio. La asignatura de religión en los colegios, y las homilías que suelen predicar en las Iglesias, apenas tienen un contenido que interese a los jóvenes y a los fieles que van a misa. La formación del clero y de los profesores de religión es, por lo general, muy deficiente. Y lo peor del caso es que no hay trazas de que a este problema tan grave se le quiera poner solución.

2. Pero esta parábola no se refiere principalmente a la enseñanza. Es decir, no apuna a la cabeza, sino al corazón: la fuente de la vida del ser humano, en cuento humano. En la cabeza se sitúan los "conocimientos", en el corazón las "convicciones". Y son las convicciones (no los conocimientos) el motor de nuestros hábitos de conducta.

3. Por eso, una persona que tiene un corazón duro, o que es superficial, o que no resiste a la oferta de gratificación inmediata, que nos hace constantemente la sociedad de la publicidad y el consumo, es una persona que va por la vida sin dar fruto alguno. Es la esterilidad y el fracaso. Por el contrario, la hondura de la persona y la rectitud del corazón son fuente de productividad y abundancia. Lo que más necesitamos los humanos. Ahora más que nunca.

21 DE SEPTIEMBRE - DOMINGO | SAN MATEO APÓSTOL

Mt 9, 9-13

En aquel tiempo, vio Jesús a un hombre llamado Mateo sentado al mostrador de los impuestos y le dijo: "Sígueme". Él se levantó y lo siguió. Y estando en la mesa en casa de Mateo, muchos publicanos y pecadores, que habían acudido, se sentaron con Jesús y sus discípulos. Los fariseos, al verlo, preguntaron a los discípulos: "¿Cómo es que vuestro maestro come con publicanos y pecadores?" Jesús lo oyó y dijo: "No tienen necesidad de médico los sanos, sino los enfermos. Andad y aprended lo que significa "misericordia quiero y no sacrificios", que no he venido a llamar a los justos, sino a los pecadores".

1. En los evangelios sinópticos, se habla de Leví, un recaudador de impuestos (Mc 2,14; Lc 5,27)), y de Mateo, que aparece en las listas de los Doce sin más referencia después de su nombre, y del que no se sabe nada más (Mc 3,18; Lc 6,15)). En el evangelio de Mateo, se cambia Leví por Mateo, al que se le atribuye el oficio de recaudador de impuestos (Mt 9,9). Luego, en la lista de los Doce, aparece de nuevo Mateo y se repite que era recaudador de impuestos (Mt 10,3). No se sabe con seguridad si este personaje es el autor del primer evangelio. El escritor cristiano, que redactó este evangelio a finales del s. I, lo atribuyó al llamado Mateo (J. P. Meier).

2. Este personaje, Mateo, se distingue porque destaca el texto de Oseas 6,6, que repite dos veces (Mt 9,13; 12,7). Señal evidente de que se quiere insistir en que a Dios se le agrada, no por la observancia de los rituales religiosos, sino por la bondad y la misericordia. Dicho de otra manera, para Mateo, Dios prefiere el Evangelio de la bondad a todas las observancias y mortificaciones de carácter religioso. Llamando a Mateo, Jesús encontró el camino para atraer hacia sí a los más pecadores y publicanos. Con él, ellos, los alejados, los extraviados, los excluidos, los que no cuentan, están en camino hacia el misterio del Padre y su misericordia. Su palabra llama, invita a cerrar el cajón de los impuestos, a abandonar todo e ir detrás de una persona que ofrece nuevas y nobles propuestas de vida.

3. Pero Jesús no se limitó a llamar al publicano Mateo. A renglón seguido, se fue a casa de este hombre y allí, con él y sus amigos, organizó un banquete que debió ser tan sonado en el pueblo, que fue motivo de escándalo para los fariseos, tan puritanos y observantes. De nuevo, Jesús rompe nuestros criterios habituales. Y es que la pastoral de Jesús no se programó para censurar a la gente de mala vida, sino para acogerlos y convivir con ellos. ¡Qué pastoral más extraña! Una de las cosas más reveladoras de la vida de Jesús es la gente con la que se entendió bien y los grupos con los que tuvo conflictos. Casi siempre al revés de lo que hacemos nosotros.

22 DE SEPTIEMBRE - LUNES **25ª SEMANA DEL TIEMPO ORDINARIO**

Lc 8, 16-18

En aquel tiempo, dijo Jesús a la gente: "Nadie enciende un candil y lo tapa con una vasija o lo mete debajo de la cama; lo pone en el candelero para que los que entran tengan luz. Nada hay oculto que no llegue a descubrirse, nada secreto que no llegue a saberse o a hacerse público. A ver si me escucháis bien: al que tiene se le dará, al que no tiene se le quitará hasta lo que cree tener".

1. Si Jesús se define a sí mismo como "la luz" (Jn 1,4; 8,12; 9,5; 12,35.46), el Evangelio tiene que ser un mensaje de transparencia y de ejemplaridad. Por eso la vida y las enseñanzas de Jesús se entienden a partir de la metáfora de la luz. Ahora bien, la luz –si es verdaderamente luz– se enciende para ver y para que sea vista. Una luz oculta, deja de ser luz. Esto explica por qué Jesús está tan radicalmente en contra de todo lo que sea ocultar, tapar, disimular y, en general, todo lo que represente llevar una vida que no puede ser transparente.

2. Lo que ocurre es que existen condicionamientos sociales que hacen que muchas personas se sientan violentadas para disimular, ocultar, tapar la luz. Estas situaciones pueden ser graves cuando dañan a terceros. Esto es frecuente en asuntos relaciones con el dinero, los negocios, los bienes que hay que ocultar. Cuando estas situaciones se mantienen por la mal llamada "prudencia", pueden ser la prueba más clara de la falta de libertad, que antepone la imagen social a la verdad de la vida y de las cosas. Lo que es mucho más grave cuando se hace en detrimento de los más indefensos o marginados sociales. Es lo que estamos viendo y sufriendo en estos tiempos de crisis económica y corrupción política.

3. En otros casos, lo que ocurre es que nos sentimos esclavos de condicionamientos institucionales. Como es bien sabido, la "patología social de las instituciones" hace que estas antepongan, muchas veces, sus intereses a sus fines. Por esto ocurre que se ocultan escándalos, cosas vergonzosas o auténticos delitos, con tal que la institución no se vea desprestigiada. Y es que la "libertad social" y la "libertad institucional" son los dos pilares que hacen posible que la luz del Evangelio ilumine en este mundo. Jesús lo dijo en los interrogatorios de la pasión: "Yo he hablado con libertad (*parresía* = "abiertamente") al mundo" (Jn 18,20).

23 DE SEPTIEMBRE - MARTES **25ª SEMANA DEL TIEMPO ORDINARIO**

Lc 8, 19-21

En aquel tiempo, vinieron a ver a Jesús su madre y sus hermanos, pero con el gentío no lograban llegar hasta él. Entonces le avisaron: "Tu madre y tus hermanos están fuera y quieren verte". Él les contestó: "Mi madre y mis hermanos son estos: los que escuchan la Palabra de Dios y la ponen por obra".

1. Ya hemos recordado, en otros pasajes de los evangelios sinópticos, que por la información que nos dan los evangelios, está claro que las relaciones de Jesús con su familia no fueron fáciles, sino más bien lo contrario. Cuando Jesús se fue de Nazaret y dejó su casa, para ir a ser bautizado por Juan Bautista, abandonó su familia. Un abandono que fue definitivo. Es verdad que Jesús volvió a Nazaret en un par de ocasiones (Mc 6,1-6; Lc 4,14-30)). Pero, en ambos casos, la visita terminó mal. Hasta el extremo de que, según Marcos, los vecinos del pueblo se escandalizaron de lo que decía y hacía. Y, en el relato de Lucas, lo que se cuenta es que la situación llegó a ponerse tan tensa, que los paisanos de Jesús intentaron matarlo tirándolo por un barranco. Es más, según Mc 3, 21, cuando sus familiares supieron el plan de vida que llevaba, fueron a por él, porque decían "que no estaba en sus cabales". O sea, lo tenían por un perturbado mental. Y según Jn 7,5, "sus parientes no creían en él", es decir, no se fiaban de Jesús. A nadie se le oculta que el propio Jesús tuvo que sufrir especialmente por este motivo. Y él lo reconoció en público: "Solo en su tierra, entre sus parientes y en su casa desprecian a un profeta" (Mc 6,4).

2. Las relaciones de parentesco no son libres. Nadie puede escoger en qué familia nace o quiénes son sus padres y hermanos. Las relaciones basadas en motivaciones religiosas son como la amistad, relaciones que cada cual elige libremente. Es una hermandad o fraternidad libremente escogida o elegida. Se trata, por tanto, de una "convicción libre", que, en definitiva, representa una opción del espíritu, una forma de espiritualidad. El respeto y el amor que une a las personas, en este caso, se base en la fe y, en definitiva, en la relación que cada cual tiene y mantiene con Dios.

3. Por lo dicho, se comprende que Jesús, aceptando y respetando profundamente la institución familiar, concede una importancia mayor a la comunidad de fe. El problema, que se suele presentar con tanta frecuencia, radica en que la religiosidad se reduce a meras prácticas rutinarias, al tiempo que las verdaderas relaciones comunitarias son muy frágiles o no existen en absoluto. La fe cristiana no es solamente la relación del individuo con Dios. Además de eso, es también relación con los demás miembros de una comunidad de fe. Las parroquias (y a veces los mismos conventos) se reducen a grupos humanos que coinciden en unas determinadas prácticas religiosas. ¿No tendrá esto su explicación en que nuestra fe es más deficiente de lo que imaginamos?

4. Por otra parte, nunca deberíamos olvidar que la comunión de personas brota, no de la "decisión", sino que es fruto de la "atracción". Es una experiencia afectiva. Y ya nos advirtieron los grandes pensadores, desde la Edad Media, que "el afecto es pasión". O sea, es "atracción", que nos seduce y funde a las personas. Por eso, el afecto y la afectividad es lo determinante de la vida. Una persona es lo que es su afectividad. Esto es decisivo para entender por qué, en los relatos de los evangelios, la gente se sentía "atraída" por Jesús. Y por eso le seguían con verdadera pasión. ¿Representa esto Jesús en nuestras vidas? ¿Nos apasiona la Iglesia y la forma de vida que nos propone? Responder a estas preguntas es capital.

24 DE SEPTIEMBRE - MIÉRCOLES **25ª SEMANA DEL TIEMPO ORDINARIO**

Lc 9, 1-6

En aquel tiempo, Jesús reunió a los Doce y les dio poder y autoridad sobre toda clase de demonios y para curar enfermedades. Luego los envió a proclamar el Reino de Dios y a curar los enfermos, diciéndoles: "No llevéis nada para el camino: ni bastón, ni alforja, ni pan ni dinero, tampoco llevéis túnica de repuesto. Quedaos en la casa donde entréis, hasta que os vayáis de aquel sitio. Y si alguien no os recibe, al salir de aquel pueblo sacudíos el polvo de los pies, para probar su culpa". Ellos se pusieron en camino y fueron de aldea en aldea, anunciando la Buena Noticia y curando en todas partes.

1. Tocamos aquí un tema fundamental para la eclesiología. Como es bien sabido, la teología católica enseña que la Iglesia es apostólica. Es una de las notas que especifican a la Iglesia. En este sentido, los doce apóstoles son fundamentales, no solo para entender el Evangelio, sino también para comprender lo que es, y cómo debe ser, la Iglesia. Por eso los cristianos creemos que la Iglesia conserva, a través de los tiempos, la identidad de sus principios tal como los recibió de los apóstoles (Y. Congar). La Iglesia llegó a tomar conciencia de este principio básico después de mucho tiempo. Fue a finales del siglo II (año 180) cuando Hegesipo habló por primera vez de la sucesión del obispo de Roma. Desde entonces, se empezó a hablar de los obispos como sucesores de los apóstoles (J. A. Estrada). Así nació la teología de la apostolicidad de la Iglesia. (Siempre es bueno saber un poco más de la cultura eclesial)

2. Esta nota (teológica) de la apostolicidad de la Iglesia n consiste solamente en la fidelidad a la "doctrina" que enseñaron los apóstoles de Jesús. Además de eso es tan, o más, fundamental la fidelidad a la forma de vida que nos dejaron los apóstoles, según las enseñanzas del Evangelio. Y, como bien explica el texto de Lucas, Jesús les dejó dicho a sus apóstoles que "no llevaran nada para el camino, ni pan, ni dinero". Jesús, por tanto, pensaba que es constitutivo de la apostolicidad, no solo enseñar lo que él dijo, sino igualmente ir por la vida poniendo en práctica lo que él dispuso sobre el dinero, los bienes, las posesiones y el poder.

3. Con frecuencia, los sucesores de los apóstoles –los obispos– dan la impresión de que ponen más empeño en conservar intacta la "doctrina" de Jesús que su "forma de vida". De ahí, la diferencia que la gente nota entre Jesús y la Iglesia, entre el Evangelio y la Jerarquía. Sin duda alguna, la clave de este problema radica en que la teología de la Iglesia le ha concedido más importancia a la "fe" (doctrina) que al "seguimiento" (forma de vida). Pues bien, así las cosas, la tarea de los cristianos no es pretender fundar una Iglesia distinta o paralela. La Iglesia quedó instituida, de una vez para siempre. Y siempre será limitada, imperfecta, distante del Evangelio. De ahí la doble exigencia: 1) Luchar contra la deformación de la Iglesia. 2) Mantenerse fiel en ella. Será inevitable que esa lucha y esa fidelidad lleven consigo conflictos y renuncias increíbles. Pero no olvidemos nunca que Jesús no abandonó su religión, sino que, dentro de ella, se enfrentó (hasta la muerte) a lo que en aquella religión vio como incoherente y contradictorio. Es duro. Pero es "seguir" a Jesús, es decir el camino que nos trazó Jesús.

Lc 9, 7-9

En aquel tiempo, el virrey Herodes se enteró de lo que pasaba y no sabía a qué atenerse, porque unos decían que Juan había resucitado, otros que había aparecido Elías, y otros que había vuelto a la vida uno de los antiguos profetas. Herodes se decía: "A Juan lo mandé decapitar yo. ¿Quién es este de quien oigo semejantes cosas?" Y tenía ganas de verlo.

1. Estamos acostumbrados a pensar y hablar mal de Herodes el Grande y de su hijo, Herodes Antipas. Y es verdad que ambos, sobre todo el padre, tuvieron asuntos muy negros y repugnantes en su historia. Pero no es frecuente que caigamos en la cuenta de que Herodes, que mandaba en Galilea cuando Jesús predicaba y curaba enfermos, fue un hombre del que también tenemos que aprender. Herodes se preguntaba, y preguntaba. Ahora bien, el que pregunta es que no sabe y lo reconoce. El que pregunta, además, espera que otro le enseñe, y quiere que se le enseñe lo que él no alcanza a saber. Todo esto es importante en este momento. ¿Alguien ha visto una tertulia de políticos que, ante las cámaras de televisión, den muestras de no saber y, sobre todo, digan que quieren aprender? ¿Por qué los hombres del poder son tan autosuficientes? ¿No se dan cuenta del ridículo que hacen al presentarse así?

2. El comportamiento, tan profundamente humano de Jesús, curando males y aliviando penas, suscita la curiosidad de todos, incluso de un hombre como Herodes. Es verdad que, poco después, este político andaba buscando a Jesús para matarlo (Lc 13,31). Cuando Jesús se enteró de eso, se limitó a decir: "Vayan a decirle a ese zorro: yo, hoy y mañana, seguiré curando y echando demonios" (Lc 13,32). Los "hombres del poder" suelen ser "hombres de la mentira". Si embargo, la amenaza del poder no desvió a Jesús ni un ápice de su lucha contra el sufrimiento. Lo que le importaba a Jesús era el dolor de enfermos y pobres. Para eso nunca necesitó privilegios del poder. Por eso, ni le gustaron sus amenazas, ni le sedujeron sus promesas.

3. Llegados a este punto, lo lógico es pensar que Jesús planteó su actividad y sus enseñanzas, no como un enfrentamiento directo con el poder político. Jesús no pretendió quitar un poder para poner otro. Porque se dio cuenta de que eso no arreglaba las cosas. La solución tiene que venir de algo más profundo y más básico, a saber: el cambio radical de mentalidad, que lleva consigo asumir convicciones nuevas, que rompen con los interésindividuales y con la deshumanización que todos llevamos en la sangre. Solo con personas profundamente humanas, libres y solidarias, podemos empezar a pensar que se puede aliviar el sufrimiento de los pobres y excluidos. Y devolver la dignidad a quienes carecen de ella porque no gozan de los derechos que les corresponden. Lo que cambia a un pueblo o una sociedad no es fundamentalmente la política, sino la cultura, la educación, la ética y la honestidad responsable, que ve la "profesión" como la propia "vocación".

26 DE SEPTIEMBRE - VIERNES **25ª SEMANA DEL TIEMPO ORDINARIO**

Lc 9, 18-22

> *Una vez que Jesús estaba orando solo, en presencia de sus discípulos, les preguntó: "¿Quién dice la gente que soy yo?" Ellos contestaron: "Unos que Juan Bautista, otros que Elías, otros dicen que ha vuelto a la vida uno de los antiguos profetas". Él les dijo: "Y vosotros, ¿quién decís que soy yo?" Pedro tomó la palabra y dijo: "El Mesías de Dios". Él les prohibió terminantemente decírselo a nadie. Y añadió: "El Hijo del Hombre tiene que padecer mucho, ser desechado por los ancianos, sumos sacerdotes y letrados, ser ejecutado y resucitar al tercer día".*

1. Lo importante en la vida no está en el puesto que cada cual ocupa o ejerce, sino en cómo lo desempeña y cómo se porta. Y es que, a la vista de este relato (tal como lo resume Lucas), no parece que a Jesús le interesara conocer si los discípulos sabían o no sabían si Jesús era el Mesías, sino explicar a sus seguidores cómo iba a realizar su mexicanismo. O sea, lo que Jesús quería dejar claro no es que él era el Mesías, sino como iba a ser y actuar el Mesías que Jesús encarnaba. Sin duda, los apóstoles sabían que Jesús era el Mesías. El problema que tenían aquellos hombres es que ellos se imaginaban, esperaban y querían otro modelo de mesianismo.

2. Este estado de cosas, y las equivocadas expectativas de los apóstoles, es lo que explica por qué Jesús, a renglón seguido de la confesión de Pedro sobre el mesianismo que realiza el mismo Jesús, les explica a los discípulos que ese mexicanismo no se va a efectuar mediante el éxito, la gloria y el triunfo, sino todo lo contrario: en la persecución, el fracaso y la muerte. Lo cual quiere decir que Jesús frustró la visión triunfalista, que tenían tantos israelitas sobre el Mesías y el Mesianismo.

3. Esta frustración de la imagen popular de Mesías es de tal manera determinante para entender el Evangelio, que necesita alguna explicación. El punto capital, en este asunto, está en los siguiente: en el Antiguo Testamento hay dos personas, investidas de un cargo importante, que expresamente son calificadas de "mesías", es decir *ungidas* por Dios para salvar al pueblo. Estas dos personas fueron el "sumo sacerdote" (en cuento responsable del culto oficial) y el "rey". Hay que atribuir un influjo profundísimo en la formación de la idea del mesías, como una aparición histórica que, día a día, se iba transformando en sobrehumana, al recuerdo cada vez más intenso del gobierno glorioso y afortunado del rey David, el primer rey de Judá (cf. Is 9,1-6; 11,1ss). Por eso el motivo predominante del mesianismo, en Israel, estaba profundamente asociado a la realeza dominante y gloriosa (K. H. Rengstorf). Y esto es lo que explica la frustración de los discípulos cuando Jesús les anuncia el final de fracaso y muerte en cruz, que le aguardaba. Lo que menos se podían imaginar aquellos hombres era un "mesías crucificado", es decir, fracasado, excluido. Y excluido precisamente por los sumos sacerdotes, los representantes oficiales de la religión. Esto era incomprensible para un judío del s. I. Y lo sigue siendo para la mayoría de los cristianos del s. XXI. En esto radica nuestro problema capital. Y el problema que no resuelve la Iglesia.

4. Por esto, sin duda, hoy nos encontramos con la extraña situación de que, cuando en Roma tenemos un Papa, como es el caso de Francisco, hombre sencillo, cercano a los pobres y marginados, este Papa es menospreciado y hasta rechazado por amplios sectores del clero y de los cristianos más conservadores y religiosos. Se repite lo que vivió Jesús. Hoy tenemos cristianos en México que dicen defender la religión y van a los templos del centro histórico de la ciudad ante alguna marcha y lo único que hacen es provocar más conflicto con los y las manifestantes. No se necesitan "defensores de la doctrina religiosa", necesitamos hombres y mujeres que dan su vida por el Evangelio y el actuar de Jesús con los más pobres y necesitados.

27 DE SEPTIEMBRE - SÁBADO **25ª SEMANA DEL TIEMPO ORDINARIO**

Lc 9, 43b-45

En aquel tiempo, entre la admiración general por lo que hacía, Jesús dijo a sus discípulos: "Meteos bien esto en la cabeza: al Hijo del Hombre lo van a entregar en manos de los hombres". Pero ellos no entendían este lenguaje; les resultaba tan oscuro, que no cogían el sentido. Y les daba miedo preguntarle sobre el asunto.

1. Este breve relato pone el dedo en la llaga. Empieza situando las palabras de Jesús "entre la admiración general". O sea, cuando Jesús era más admirado, entonces precisamente él mismo anuncia su fracaso. Jesús rompe la dirección hacia el éxito, tan propia del "deseo" que caracteriza a los mortales. Desde la tentación del paraíso: "seréis como Dios" (Gen 3,5b), la apetencia más fuerte de todo ser "humano" es la aspiración a lo "sobrehumano". Y ahí radica el origen de la violencia, de la rivalidad, de las divisiones y enfrentamientos.

2. Por eso Jesús vio que, para traer salvación a este mundo roto por tantas confrontaciones y fracturas, la solución era romper con esa tensión, nacida de la tendencia a situarse por encima de los demás, para dominarlos de la manera que sea. Esto es lo que explica el anuncio de la pasión, que es anuncio de lo más radicalmente opuesto al "seréis como Dios". Que los discípulos tenían apetencias de grandeza, de privilegios, títulos y primeros puestos, es cosa que ya se ha dicho en la explicación de diversos evangelios de días pasados. Aquellos discípulos, a fin de cuentas, no eran ni mejores ni peores que los demás mortales. Ellos, con sus humanas aspiraciones, no eran sino ejemplos modélicos de lo que nos pasa a todos.

3. Esto es lo que explica el final del relato: aquellos hombres, humanos como todos, no entendían, como tampoco nosotros entendemos, el lenguaje de Jesús, el lenguaje del fracaso y de la exclusión social. Y tenían tal resistencia a todo aquel oscuro discurso, que hasta les daba miedo preguntar lo que aquello podía significar. He ahí nuestros oscuros miedos, fuente de nuestras oscuras cobardías, de tantos temores y de tantas esclavitudes. Tenemos miedo a ser libres. Nos da pánico se diferentes. Por eso necesitamos tanto a Jesús. Él es el camino. Esto es lo que hay que meterse bien en la cabeza, como dice el propio Jesús.

28 DE SEPTIEMBRE - DOMINGO **26 SEMANA DEL TIEMPO ORDINARIO**

Lc 16, 19-31

En aquel tiempo, dijo Jesús a los fariseos: "Había un hombre rico que se vestía de púrpura y lino y banqueteaba espléndidamente cada día. Y un mendigo llamado Lázaro estaba echado en su portal, cubierto de llagas, y con ganas de saciarse de lo que tiraban de la mesa del rico, pero nadie se lo daba. Y hasta los perros se le acercaban a lamerle las llagas. Sucedió que se murió el mendigo y los ángeles se lo llevaron al seno de Abrahán. Se murió también el rico y lo enterraron. Y estando en el infierno, en medio de los tormentos, levantando los ojos, vio de lejos a Abrahán y a Lázaro en su seno, y gritó: "Padre Abrahán, ten piedad de mí y manda a Lázaro que moje en agua la punta del dedo y me refresque la lengua, porque me torturan estas llamas". Pero Abrahán le contestó: "Hijo, recuerda que recibiste tus bienes en vida y Lázaro a su vez males; por eso encuentra aquí consuelo, mientras que tú padeces. Y además entre vosotros y nosotros se abre un abismo inmenso, para que no puedan cruzar, aunque quieran, desde aquí hacia vosotros, ni puedan pasar de ahí hasta nosotros". El rico insistió: "Te ruego, entonces, Padre, que mandes a Lázaro a casa de mi Padre, porque tengo cinco hermanos, para que, con su testimonio, evites que vengan también ellos a este lugar de tormento". Abrahán le dice: "Tienen a Moisés y a los profetas, que los escuchen". El rico contestó: No, Padre Abrahán. Pero si un muerto va a verlos, se arrepentirán. Abrahán le dijo: "Si no escuchan a Moisés y a los profetas, no harán caso ni aunque resucite un muerto".

1. Seguramente, nunca la parábola del rico epulón y Lázaro tuvo tanta actualidad como la que tiene en este momento. La parábola es un reto a nuestra vida satisfecha. El "rico epulón" (que no tiene nombre), es el uno por ciento de los multimillonarios que cada año acumulan más riqueza. El "Lázaro", cuyo nombre significa: "Mi Dios es ayuda", es el ochenta por ciento de la población mundial que no puede llegar a fin de mes. Se hace necesario repensar la actualidad temible que entraña el pecado de omisión. Cuando hacemos algo malo, la conciencia no nos deja tranquilos. Pero cuando dejamos de hacer cosas que tendríamos que hacer, la conciencia se suele quedar tranquila. Y, sin embargo, la omisión del deber no cumplido es la causante de demasiados desastres y sufrimientos. Es el caso del rico epulón que presenta esta parábola. El rico, en realidad, no le hizo mal alguno al mendigo Lázaro. Simplemente lo dejó, no ya a la puerta de su casa, sino en su "portal", una estancia dentro ya de la mansión del rico. Pecado de omisión fue el del sacerdote y el levita en la parábola del buen samaritano (Lc 10,31-32). Y por pecados de omisión se pronunciará la sentencia de perdición, en el juicio final, contra quienes no dieron de comer al hambriento, ni de beber al sediento, ni visitaron al enfermo... (Mt 25,41-46).

2. Pero en esta parábola hay algo mucho más fuerte. Se trata de la insensibilidad ante el sufrimiento. Y es capital tomar conciencia de que esa insensibilidad está causada por la buena vida, la abundancia y el derroche que disfruta el rico. Es un hecho, que se describe en la parábola. Y que suele ser un hecho tan frecuente y tan patente, que no necesita mucha explicación. Excepto en casos muy contados, todo el que vive bien, en el derroche y el consumismo sin freno, se vuelve insensible ante el dolor ajeno, las desgracias de otros y el sufrimiento que invade a los más grandes sectores de la población mundial. Se trata, en esto, de un hecho tan patente, que no hay que andar aduciendo pruebas del delito. Está a la vista de todos. Y lo ha estado siempre. Según los observadores, está creciendo en nuestra sociedad la apatía o falta de sensibilidad ante el sufrimiento ajeno. Evitamos de mil formas el contacto directo con los que sufren. Poco a poco nos vamos haciendo cada vez más incapaces para percibir la aflicción. Si el sufrimiento se produce lejos es más fácil. Hemos aprendido a reducir el hambre, la miseria o la enfermedad a datos, números y estadísticas, que nos informan de la realidad sin apenas tocar nuestro corazón.

3. ¿Por qué se producen el pecado de omisión y la insensibilidad ante el sufrimiento? Son los efectos inevitables de la abundancia de dinero concentrado en pocas manos. Quienes poseen dinero en abundancia, por eso mismo y por eso solo, se vuelven insensibles ante la mayoría de las situaciones de sufrimiento. Y se sienten tranquilos aunque no muevan un dedo en tales circunstancias. Hay gente religiosa con dinero que hasta se busca los "confesores a la medida", que les infunden piedades y devociones, pero les dejan las conciencias tranquilas. Y es que el dinero abundante da bienestar, da seguridad y tiene un poder irresistible para responder al deseo de satisfacción inmediata. Mientras que las personas de la religión no tienen ese poder. Esto está más que comprobado. Y ahí tenemos las consecuencias. En la crisis actual, la distancia entre lo que ganan los que más ganan y la escasez de los que menos tienen se ha hecho más grande que antes de la crisis. ¿Cómo se explica semejante barbarie? Tenemos que pensarlo, ante el Señor y ante los mil millones de hambrientos y moribundos que tenemos en este momento. Nuestro gran pecado es la indiferencia.

4. Ante esta realidad tan cruda y cruel, quien sigue a Jesús se va haciendo más sensible al dolor y sufrimiento de los que encuentra en el camino. Se acerca al necesitado y, si está en sus manos, trata de aliviar la situación.

29 DE SEPTIEMBRE - LUNES **26ª SEMANA DEL TIEMPO ORDINARIO**

Lc 9, 46-50

En aquel tiempo, los discípulos se pusieron a discutir quién era el más importante. Jesús, adivinando lo que pensaban, cogió de la mano a un niño, lo puso a su lado y les dijo: "El que acoge a este niño en mi nombre, me acoge a mí; y el que me acoge a mí, acoge al que me ha enviado. El más pequeño de vosotros es el más importante". Juan tomó la palabra y dijo: "Maestro, hemos visto a uno que echaba demonios en tu nombre y, como no es de los nuestros, se lo hemos querido impedir". Jesús le respondió: "No se lo impidáis: el que no está contra vosotros, está a favor vuestro".

1. Si nos atenemos al evangelio de Lucas, impresiona el contraste entre el enuncio de la Pasión, que Jesús le hace a los discípulos, y la discusión que los discípulos tienen sobre el tema de la importancia de cada uno de ellos. Estos dos relatos comparados entre sí, dan la impresión de que los apóstoles de Jesús no se enteraron ni palabra del proyecto de Jesús, de lo que representa el Evangelio y del fin que le esperaba a Jesús. Y es que Jesús hablaba de sufrimiento y fracaso. Los apóstoles hablan de la importancia y superioridad. Allí empezó la contradicción en que vive la Iglesia.

2. La afirmación central de este relato está en la identificación que establece Jesús entre el niño, él mismo y el Padre del cielo: "El que acoge a este niño..., me acoge a mí; y el que me acoge a mí, acoge al que me ha enviado", que es el Padre. Se afirma, pues, una identificación entre Dios, Jesús y el niño. Esta misma idea se repite mediante los verbos "acoger", "escuchar", "rechazar" (Mt 10,40; Mc 9,37; Mt 18,5; Lc 10,16; 9,48; Jn 13,20). Se trata, pues, de un criterio central en los cuatro evangelios y que se expresa de formas variadas. Pero siempre con el mismo pensamiento de fondo. El mismo Dios, que está en su Trascendencia, se identifica con la realidad de Jesús, que está en la Inmanencia humana, Y, bajando aún más, está también en cualquier ser humano.

3. Esto último, que es lo más llamativo y significante, lo afirma Jesús recurriendo a la presencia de un niño. En las culturas antiguas, el niño, como el esclavo, eran los seres humanos sin derechos, lo más bajo e insignificante en la escala social. ¿Qué tenía un niño en aquellas condiciones? Solamente su humanidad. Era un ser humano, lo mínimamente humano, lo que es común a todos los humanos. Bueno, pues ahí, en eso y en ese ser humano está presente Jesús. Y está presente y viviente Dios mismo. En el corazón del hombre existe el ansia de dominarlo todo, de disponer de los demás e incluso de Dios para sus intereses privados. Realidad a la que no escapamos los discípulos del Señor. ¿Cuáles son mis ambiciones? Porque..., si somos sinceros, Jesús nos necesita libres de todo apego y ambición mundana.

4. Pero, ¿qué nos viene a decir todo esto? Algo que no acabamos de integrar en nuestras vidas como creyentes, como personas religiosas que han integrado en sus vidas la religiosidad de Jesús. Se trata de esto: el Trascendente se nos he revelado, se nos comunica o lo encontramos en lo Inmanente. Porque no podemos encontrarlo de otra manera, ni por otro camino. Lo Trascendente es lo que nos trasciende, lo que no está a nuestro alcance. De Dios, por tanto, solo podemos saber lo que aprendemos en Jesús. Y lo que de Él aprendemos en un niño, en cualquier niño, en todo ser humano desvalido, en el que ya solo queda eso, su humanidad. Por eso, el cristianismo es una religión que se centra en lo humano, no en los ritos y rituales, aunque a veces así lo hagamos. Además, una "religión ética". Una religión que es religión "a su manera". Como lo fue Jesús, un hombre profundamente religioso, que buscó y encontró al Padre en cada ser humano al que amó, al que se entregó y por el que dio su misma vida.

30 DE SEPTIEMBRE - MARTES **26ª SEMANA DEL TIEMPO ORDINARIO**

Lc 9, 51-56

Cuando se iba cumpliendo el tiempo de ser llevado al cielo, Jesús tomó la decisión de ir a Jerusalén. Y envió mensajeros por delante. De camino, entraron en una aldea de Samaria para prepararle alojamiento. Pero no lo recibieron, porque se dirigía a Jerusalén. Al ver esto, Santiago y Juan, discípulos suyos, le preguntaron: Señor, ¿quieres que mandemos bajar fuego del cielo que acabe con ellos?" Él se volvió y les regañó. Y se marcharon a otra aldea.

1. Jesús, camino de Jerusalén, sabía perfectamente que iba a morir pronto. Y que iba a morir de muerte violenta. Jesús vivía con los pies en el suelo y era consciente de cómo acababan los profetas en Israel. Pues bien, en una situación tan extremadamente peligrosa, fue el propio Jesús el que tomó la decisión de ir a la capital, Jerusalén, donde estaba el Templo, donde residían los sumos sacerdotes, donde, por tanto, el peligro era máximo. Pero donde también, por eso mismo, él tenía que hacer la denuncia suprema de la corrupción de aquellos dirigentes y del aquel sistema religioso, tal como lo tenían organizado los funcionarios del Templo. Por eso, la persona que descubre la finalidad de su vida y misión debe afrontar algún momento de decisión, de coraje y de valentía. Se enfrenta a la realidad no superficialmente, sino asumiendo las consecuencias que brotan del sentido de la vida, de la elección y de la fe.

2. En este viaje hacia Jerusalén, Jesús tenía que pasar por Samarita. Jesús había mantenido siempre lamedor relación posible con los samaritanos. Así quedó patente en su encuentro cala mujer samaritana (Jn 4), en la parábola del buen samaritano (Lc 10, 25-37), en la curación de los diez leprosos (Lc 17,11-19). Y sin embargo, en la aldea que aquí se menciona no quisieron ni verlo, simplemente porque iba a Jerusalén. Es evidente que las religiones, demasiadas veces, dividen, enfrentan, alejan a las personas por su cerrazón y rigorismo. Aquí se ve de forma patente.

3 Los discípulos de Jesús reaccionaron, ante semejante desprecio, intentando responder con la mayor violencia. Con violencia "del cielo". Ellos, sin duda, creían en un cielo violento, en una religión de venganza, de agresión y muerte. Pero Jesús pensaba –y piensa– de manera radicalmente opuesta a todo que sea violencia o venganza. Jesús no tolera eso. Para Jesús, es inconcebible cualquier forma de enfrentamiento por motivos religiosos. Una religión que produce violencia, sea de la forma que sea, es la "anti-religión". Y, por supuesto, el "anti-cristianismo". Por eso hay que decir con firmeza que el cristianismo, si quiere ser fiel al Evangelio, tiene que asumir una presencia donde los haya. Es el mensaje del Evangelio, presente en el mundo, para humanizar nuestra convivencia y nuestra vida en general.

1 DE OCTUBRE - MIÉRCOLES **26ª SEMANA DEL TIEMPO ORDINARIO**

Lc 9, 57-62

En aquel tiempo, mientras iban de camino Jesús y sus discípulos, le dijo uno: "Te seguiré a donde vayas". Jesús le respondió: "Las zorras tienen madrigueras y los pájaros nidos, pero el Hijo del Hombre no tiene donde reclinar la cabeza". A otro le dijo: "Sígueme". Él respondió: "Déjame primero ir a enterrar a mi padre". Le contestó: "Deja que los muertos entierren a sus muertos, tú vete a anunciar el Reino de Dios". Otro le dijo: "Te seguiré, Señor. Pero déjame primero despedirme de mi familia". Jesús le contestó: "El que echa mano al arado y sigue mirando atrás, no vale para el Reino de Dios".

1. Estos tres breves relatos de "seguimiento" ponen sobre la mesa un hecho fundamental, que los cristianos jamás deberíamos olvidar: Jesús no quiso fieles "obedientes", sino "seguidores" sin más. Sin nada más. Lo cual quiere decir esto: lo que define la relación con Jesús no es la obediencia, sino el seguimiento. No solo cuando se habla de los "discípulos", sino más aún cuando se trata de la relación de la "gente", el pueblo sencillo, con Jesús. De las 92 veces, que en los evangelios aparece el verbo "seguir", en 17 ocasiones se refiere a los discípulos, y en 25 textos se habla del seguimiento como algo propio del pueblo.

2. Dando un paso más: la relación con Jesús se expresa mediante el seguimiento porque esa relación no es relación con un programa, una teología, unas prácticas rituales o unas normas, sino que es esencialmente relación con una forma de vivir. Y una forma de vivir solo se puede presentar mediante relatos. De ahí que los evangelios son relatos de una vida. Una vida (la de Jesús) tan ejemplar, tan profundamente humana, que no se puede aprender mediante teorías, sino viviéndola, es decir siguiendo a Jesús. Solo siguiéndole se le conoce.

Así fue en el caso de las gentes que le conocieron-siguieron durante su vida terrena. Y así tiene que ser hoy, mediante lo que nos muestran los evangelios.

3. Por eso, porque a Jesús no se le conoce estudiando, sino siguiéndole, por eso los tres relatos de seguimiento, que se presentan aquí, son tan radicales. En ellos, el seguimiento de Jesús se antepone a la propia instalación, al entierro del propio padre, a la despedida de la familia. No se trata de que el creyente en Jesús no haya de tener una casa, ni haya de abandonar a su padre anciano o muerto, ni haya de romper con la familia. El Evangelio no dice nada de eso. Los relatos de seguimiento son tan radicales porque quieren dejar patente que solo el que hace propia la forma de vivir que llevó Jesús, sin que cuente ninguna otra necesidad o cualquier obligación, es decir, el que vive como vivió Jesús (en cuento eso nos es posible) ese es el que conoce a Jesús y realiza su proyecto. El ejemplo perfecto, san Francisco de Asís, el hombre de Dios que inspira el papa Francisco.

2 DE OCTUBRE - JUEVES **26ª SEMANA DEL TIEMPO ORDINARIO**

Lc 10, 1-12

En aquel tiempo, designó el Señor otros setenta y dos, y los mandó por delante, de dos en dos, a todos los pueblos y lugares adonde pensaba ir él. Y les decía: "La mies es abundante y los obreros pocos: rogad, pues, al dueño de la mies que mande obreros a su mies. ¡Poneos en camino! Mirad que os mando como corderos en medio de lobos. No llevéis talega, ni alforja, ni sandalias; y no os detengáis a saludar a nadie por el camino. Cuando entréis en una casa, decid primero: "Paz a esta casa". Y si allí hay gente de paz, descansará sobre ellos vuestra paz; si no, volverá a vosotros. Quedaos en la misma casa, comed y bebed de lo que tengan: porque el obrero merece su salario. No andéis cambiando de casa. Si entráis en un pueblo y os reciben bien, comed lo que os pongan, curad a los enfermos que haya, y decid: "Está cerca de vosotros el Reino de Dios". Cuando entréis en un pueblo y no os reciban, salid a la plaza y decid: "Hasta el polvo de vuestro pueblo, que se nos ha pegado a los pies, nos lo sacudimos sobre vosotros. De todos modos, sabed que está cerca el Reino de Dios". "Os digo que aquel día será más llevadero para Sodoma que para ese pueblo".

1. Jesús, estando en Galilea, ya había elegido y enviado a los Doce en misión para anunciar el Reino (Lc 9, 1-6). Ahora, una vez emprendido el camino a Jerusalén, Lucas menciona un segundo envío (esta vez más numeroso) de discípulos que han de ir de pueblo en pueblo anunciando el mensaje del Reino. El número de setenta y dos corresponde al número de las naciones fijado por el pensamiento judío. Pero lo importante de este relato está en que, de acuerdo con lo que aquí se dice, es evidente que Jesús consideró que con los apóstoles nada más no había bastante para proclamar el Reino de Dios. Ni los Doce eran suficientes para extender el mensaje del Reino a todas las naciones de la tierra. La visión de Jesús era más amplia que la visión de la Iglesia, que, con el paso de los siglos, ha ido concentrando más y más la autoridad y el poder misional, hasta centrarlo en un solo hombre, el obispo de Roma, el Papa.

2. Jesús fundó un movimiento carismático, entendido este como el don de ejercer autoridad, sin basarse en instituciones y funciones previas. Este movimiento en un principio, eran gentes de poca cultura, sin formación previa, ni perteneciente a ninguna institución que les diera autoridad o credibilidad ante la sociedad en que vivieron. Sin embargo, este grupo de seguidores fueron capaces de transformar una realidad por su honestidad y coherencia entre lo que decían y hacían.

3. ¿Cómo se explica que aquel movimiento de personas incultas y sin titulación alguna llegaran a ejercer una influencia tan fuerte? Jesús y sus seguidores adoptan conscientemente una forma de "conducta especial". Y lo hicieron dentro de la integridad y la coherencia que exigía el mensaje que anunciaban. Eso precisamente fue una fuerza de cambio de valores. La comunidad de personas resultó ser el sustituto de lo que para los judíos era los más importante en su vida, el Templo. El Templo de los cristianos, en el Nuevo Testamento, es la comunidad de personas (1 Cor 3,16.17; 6,19; 2Cor 6, 16; Efesios 2,21). La comunidad es la casa de Dios (Timoteo 3,15) Con ello la religión cambió radicalmente: las relaciones humanas, en las que el centro era el amor mutuo, sustituyeron a los rituales sagrados, en los que el centro era la observancia. El centro del cristianismo no es la religión, es la bondad.

3 DE OCTUBRE - VIERNES **26ª SEMANA DEL TIEMPO ORDINARIO**

Lc 10, 13-16

En aquel tiempo, dijo Jesús: "¡Ay de ti Corazín, ay de ti Betsaida! Si en Tiro y en Sidón se hubieran hecho los milagros que en vosotras, hace tiempo que se habrían convertido vestidos de sayal y sentados en la ceniza. Por eso el juicio les será más llevadero a Tiro y Sidón que a vosotras. Y tú, Cafarnaúm, ¿piensas escalar el cielo? Bajarás al abismo. Quien a vosotros escucha, a mí me escucha; quien a vosotros rechaza, a mí me rechaza, y quien me rechaza a mí, rechaza al que me ha enviado".

1. Ocurre con este texto lo mismo que con su paralelo de Mateo 11,20-24. Se puede asegurar que Jesús no pronunció esta amenaza contra dos ciudades de las que no se tiene noticia o, al menos, no se sabe que Jesús hiciera milagros en ellas. Por eso los estudiosos que han analizado este pasaje piensan que fue producto del redactor que, al igual que Mateo, lo tomó de la fue Q. Y expresa simplemente algo que pensaba la comunidad para la que Lucas escribió su evangelio. El rechazo de Cafarnaúm, una ciudad en la que Jesús vivió y en la que su ministerio tuvo éxito, sólo se puede explicar por el rechazo que la comunidad cristiana seguramente sentía hacia esa ciudad.

2. De este evangelio se deduce, entre otras cosas, una reflexión de importancia para quienes pensamos en realidades trascendentes. Y, sobre todo, para quienes hablamos de esas cosas. Las personas religiosas echamos mano, a veces, de la diatriba y la amenaza, para fustigar a quien no coincide con nuestra manera de pensar y de vivir. Pero, desde el momento en que hacemos eso en nombre del Trascendente, al que nadie tiene acceso, bien puede suceder que nos estemos sirviendo del santo nombre de Dios o de la memoria de Jesús para potenciar o apoyar nuestros intereses y conveniencias. ¿Fue eso lo que hizo la comunidad en la que se redactó este texto? En cualquier caso, si aquella comunidad no lo hizo, nosotros lo hacemos y vemos que otros lo hacen. Pero ni Dios ni Jesús se pueden presentar a la gente como amenazas que se pueden manipular hábilmente para someter a los débiles. No, eso, jamás.

3. Pero, sin duda alguna, lo más importante que contiene este evangelio es el texto final. Jesús afirma que quien "escucha" a los discípulos, es a Jesús a quien escucha, y finalmente es a Dios mismo (Lc 10,16). El mismo verbo se aplica a Dios, a Jesús y a los seres humanos. Dios, Jesús y lo humano se funden en uno. Lo mismo sucede con los verbos: "recibir" (Mt 10,40; Jn 13,20); "acoger" (Mt 9,37; Mt 18,5; Lc 9,48). *Lo que se le hace a cualquier ser humano es a Jesús a quien se le hace y, finalmente, a Dios.* En Jesús, Dios se funde con lo humano.

4 DE OCTUBRE - SÁBADO **26ª SEMANA DEL TIEMPO ORDINARIO**

Lc 10, 17-24

En aquel tiempo, los setenta y dos volvieron muy contentos y dijeron a Jesús: "Señor, hasta los demonios se nos someten en tu nombre". Él les contestó: "Veía a Satanás caer del cielo como un rayo. Mirad: os he dado potestad para pisotear serpientes y escorpiones y todo el ejército del enemigo. Y no os hará daño alguno. Sin embargo, no estéis alegres porque se os sometan los espíritus;

estad alegres porque vuestros nombres están inscritos en el cielo". En aquel momento, lleno de alegría del Espíritu Santo, exclamó: "Te doy gracias, Padre, Señor del cielo y de la tierra, que has escondido estas cosas a los sabios y a los entendidos, y las has revelado a la gente sencilla. Sí, Padre, porque así te ha parecido bien. Todo me lo ha entregado mi Padre, y nadie conoce quién es el Hijo, sino el Padre; ni quién es el Padre, sino el Hijo, y aquel a quien el Hijo se lo quiera revelar. Y volviéndose a sus discípulos, les dijo aparte: "¡Dichosos los ojos que ven lo que vosotros veis! Porque os digo que muchos profetas y reyes desearon ver lo que veis vosotros y no lo vieron; y oír lo que oís y no lo oyeron".

1. En este evangelio se unen, uno tras otro, dos textos que, al menos a primera vista, no parecen estar directamente relacionados entre sí. El primero de esos textos, recoge la respuesta que, según Lucas, Jesús dio los setenta y dos al regresar de su misión. El segundo (paralelo de Mateo 11,25-27), es la expresión de la experiencia más profunda de Jesús en su relación con el Padre. Pero, si todo esto se piensa más a fondo, se advierte que, precisamente porque Jesús tenía tal y tanta intimidad con el Dios Padre, por eso les dio a los discípulos la respuesta que necesitaban escuchar después de su éxito misional.

2. Los discípulos regresan exultantes de la misión, por el éxito que han tenido y por la constatación de que los demonios se les sometían. La respuesta de Jesús no es congratularse con ellos. Por lo visto, Jesús no se congratulaba con nadie por el hecho de conseguir sometimientos, ni siquiera de demonios. Lo que a Jesús le interesaba no eran los éxitos de sus discípulos, sino la liberación de los que sufrían las enfermedades que entonces se atribuían al demonio. Eso es lo que nos tiene que alegrar. Y eso es ver a Satanás caer como un relámpago. Nuestros éxitos personales no deben ser el motor de lo que hacemos o dejamos de hacer. Satán se vino abajo. Porque no hay veneno ni peligro humano que pude con quienes se identifican con Dios, al identificarse con Jesús. Porque, en Jesús, el misterio de Dios se pone a nuestra altura, se acerca a lo humano, se identifica con los humanos. Y en cuento eso ocurre, los llamados poderes satánicos y similares no tienen nada que hacer. Porque lo único que todos tenemos que hacer es, sobre todo, seguir a Jesús. Y así, siendo honrados, buenas personas, libres y coherentes, en definitiva, transparentes y humanos, así es como acabaremos con los poderes del mal, que son el origen del mal que nos azota en este mundo desbocado.

3. La intimidad, y hasta la fusión, de Jesús con el Padre es la que capacita a Jesús para hablar del Padre como nadie más puede darlo a conocer. Hablar de Dios es siempre problemático. Dar a conocer a Dios lo es mucho más. Pero lo es, sobre todo, porque de Dios hablamos por lo que de Él *sabemos* en deferentes tratados, no por lo que de Él *experimentamos*. Seguramente hablamos de Dios sin saber lo que decimos. O presentamos a un Dios que poco o nada tiene que ver con el Padre misericordioso que nos ha mostrado Jesús. Porque nuestra experiencia del Padre poco o nada tiene que ver con la experiencia de Jesús: experiencia de *intimidad* y experiencia de *bondad con todos*.

5 DE OCTUBRE - DOMINGO **27ª SEMANA DEL TIEMPO ORDINARIO**

Lc 17, 5-10

En aquel tiempo, los apóstoles le pidieron al Señor: "Auméntanos la fe". El Señor contestó: "Si tuvierais fe como un grano de mostaza, diríais a esa morera: "Arráncate de raíz y plántate en el mar", y os obedecería. Suponed que un criado vuestro trabaja como labrador o como pastor, cuando vuelve del campo, ¿quién de vosotros le dice: "Enseguida, ven y ponte a la mesa"? ¿No le diréis: "Prepárame de cenar, cíñete y sírveme mientras como y bebo y después comerás y beberás tú?" ¿Tenéis que estar agradecidos al criado porque ha hecho lo mandado? Lo mismo vosotros. Cuando hayáis hecho todo lo mandado, decid: "Somos unos pobres siervos, hemos hecho lo que teníamos que hacer".

1. El evangelio de Lucas no habla aquí de los "discípulos", sino de los "apóstoles". Y no empieza hablando de Jesús, sino del Señor. El lenguaje, por tanto, es de contenido fuerte, importante. ¿Por qué? Porque va a tratar un tema muy delicado y de importancia. *Se trata del tema de la fe.* Concretamente, la de los apóstoles. Pero lo sorprendente es que habla de ese asunto para recalcar, una vez más, que la fe de los apóstoles era sumamente débil. De ello son conscientes los mismos apóstoles. Y por eso le piden al Señor que le aumente la fe. A lo que Jesús responde afirmando que, efectivamente, la fe de aquellos hombres era casi insignificante: "Si tuvierais fe como un grano de mostaza...". El grano de mostaza es el ejemplo de lo más diminuto, lo más insignificante, que se puede mencionar. La fe de los apóstoles, pues, era como una insignificancia, casi nada, algo prácticamente inexistente.

2. Jesús lo había dicho en repetidas ocasiones. De los discípulos dice que no tenían fe (Mc 4,40) o que eran "increyentes" (*apistoi*) (Mt 17,17). En otros casos los califica como *oligopistoi,* como el que es "oligofrénico" (discapacidad intelectual), pero en las cosas de la religión (Mt 17,20). O se dice de algunos de ellos que "no creían" (Lc 24,11.34), que tenían una fe tan mínima, que era como casi nada (Mt 8,26). Por otra parte, Jesús no elogió la de los apóstoles como lo hizo con el centurión romano (Mt 9.10 par), con la mujer cananea (Mt 25,38 par) o con el leproso samaritano (Lc 17, 19). Para Jesús, la fe es la confianza total en él. El que se fía de Jesús, para todo, ese es el que cree en Jesús el Señor. Les les viene a decir: lo importante no es la cantidad de fe, sin la calidad. Por eso, para los cristianos hoy, no es pedir que se nos aumente la fe en toda la doctrina que hemos ido formulando a lo largo de los siglos. Lo decisivo es reavivar en nosotros una fe viva y fuerte en Jesús. Lo importante no es creer en cosas, sino creerle a él.

3. ¿Cómo se explica que los "seguidores" de Jesús tuvieran una fe tan deficiente o que incluso no tuvieran fe alguna en Jesús? ¿No son contradictorios los evangelios al hablar de este asunto tan delicado? Lo primero, que es digno de indicar en este caso, es que la Iglesia naciente, al aceptar como auténticos estos evangelios, de ellos no suprimió o explicó con más prudencia esta cuestión que dejaba en tal mal lugar a los hombres que fueron testigos de la fe. Por lo menos, una cosa es clara: a la Iglesia primitiva le importó más la verdad de lo que sucedió, que la buena imagen de los primeros apóstoles. ¿Por qué no seguimos el ejemplo de los evangelios también este asunto? Y lo segundo, que se debe destacar, es que seguramente la falta de fe tiene mucho que ver con la ambición de fama y poder que alimentaron aquellos hombres. Es un tema que se destaca en los evangelios llamativamente: las discusiones entre ellos sobre quién era el primero, el más importante (Mc 9,34; Mt 18,1-5; Lc 9,46-48; Mt 20,20-24; Lc 22,24-27). Si este era el ambiente que había entre ellos, ¿cómo podían tener una fe firme en Jesús? Esto da que pensar: *los primeros apóstoles dejaron la impresión de que creían más en el poder y la gloria que en el hecho de vivir como vivió Jesús. ¿Seguimos todavía así?*

6 DE OCTUBRE - LUNES **27ª SEMANA DEL TIEMPO ORDINARIO**

Lc 10, 25-37

En aquel tiempo, se presentó un letrado y le preguntó a Jesús: "Maestro, ¿qué tengo que hacer para heredar la vida eterna? Él le dijo: "¿Qué está escrito en la Ley?, ¿qué lees en ella?" El letrado contestó: "Adorarás al Señor tu Dios con todo tu corazón y con toda tu alma y con todas tus fuerzas y con todo tu ser. Y al prójimo como a ti mismo". Él le dijo: "Bien dicho. Haz eso y tendrás la vida". Pero el letrado, queriendo aparecer como justo, preguntó a Jesús: "¿Y quién es mi prójimo?" Jesús dijo: "Un hombre bajaba de Jerusalén a Jericó, cayó en manos de unos bandidos, que lo desnudaron, lo molieron a palos y se marcharon, dejándolo medio muerto. Por casualidad, un sacerdote bajaba por aquel camino y, al verlo, dio un rodeo y pasó de largo. Y lo mismo hizo un levita que llegó a aquel sitio: al verlo dio un rodeo y pasó de largo. Pero un samaritano que iba de viaje, llegó a donde estaba él y, al verlo, le dio lástima, se le acercó, le vendó las heridas, echándoles aceite y vino y, montándolo en su propia cabalgadura, lo llevó a una posada y lo cuidó. Al día siguiente sacó dos denarios y, dándoselos al posadero, le dijo: "Cuida de él y lo que gastes de más yo te lo pagaré a la vuelta". ¿Cuál de estos tres te parece que se portó como prójimo del que cayó en manos de los bandidos?" El letrado contestó: "el que practicó la misericordia con él". Díjole Jesús: "Anda, haz tú lo mismo".

1. Sean cuales sean lo matices que se le pueden poner a este relato en su conjunto y tal como ha llegado hasta nosotros, hay un hecho, que es lo que aparece más destacado en la parábola (y en la ocasión en que Jesús la contó), y que, sin embargo, con frecuencia no se suele tener en cuenta. Por supuesto, como bien sabemos, de esta parábola se desprende una excelente enseñanza sobre el amor al prójimo. Y, además, el prójimo, considerado, no desde el punto de vista del que "está necesitado", sino del que "ayuda al necesitado", que bien puede ser (como ocurre en este caso) el odiado samaritano. Mucho más prójimo que el respetado sacerdote. Esto está claro en la parábola y nadie lo pone en duda.

2. Pero, en este relato, hay algo que es mucho más frecuente y en lo que mucha gente no se fija. Se trata de que, a fin de cuentas, el hombre bueno y misericordioso resulta ser el "hereje", el despreciable samaritano, que ni iba al Templo, ni pretendía aparecer como un religioso "observante". Mientras que los personajes, que Jesús presenta como censurables, son un sacerdote, un levita y hasta un letrado o teólogo del aquel tiempo. El sacerdote y el levita porque fueron insensibles ante el sufrimiento de la víctima. Y el letrado porque *"quiso aparecer como justo"*. O sea, el criterio de Jesús es que quienes "dan un rodeo", ante los que se desangran en la vida, son los "hombres de la religión". Y los que quieren "aparecer" como personas ejemplares son curiosamente los entendidos en la ley religiosa, los teólogos de oficio.

3. Si el relato está contado así, esto no quedó redactado de esta forma por casualidad. Esto está intencionadamente puesto en la parábola. Por eso la pregunta, que se plantea, es tan clara como provocativa: ¿qué tiene la religión que, a sus funcionarios, les desarrolla tanto la preocupación por "aparecer como justos" y les atrofia más aún la "sensibilidad y la sintonía ante el sufrimiento" de las víctimas de este mundo? Hay personas religiosas que son ejemplares. Pero, tal como está este mundo y se ha puesto la vida, "ser ejemplar", en este momento, supone y exige ponerse "de parte de las víctimas". Y, por tanto, "en contra de" los causantes del sufrimiento de los que luchan, no ya "por el trabajo" o "por la vivienda", sino sobre todo "por la vida", que son más de mil millones de criaturas, en este momento. Esto supone ponerse de parte de aquellos que hablan menos de la caridad y se parten la cara por la justicia. Tal vez nos resulte duro este evangelio, pero por los frutos nos daremos a conocer. Menos teorías y palabras huecas y mejores resultado en "viña" del Señor donde nos ha llamado a trabajar.

7 DE OCTUBRE - MARTES **27ª SEMANA DEL TIEMPO ORDINARIO**

Lc 10, 38-42

En aquel tiempo, entró Jesús en una aldea, y una mujer llamada Marta lo recibió en su casa. Esta tenía una hermana llamada María que, sentada a los pies del Señor, escuchaba su palabra. Y Marta se multiplicaba para dar abasto con el servicio, hasta que se paró y dijo: "Señor, ¿no te importa que mi hermana me haya dejado sola con el servicio? Dile que me eche una mano". Pero el Señor le contestó: "Marta, Marta: andas inquieta y nerviosa con tantas cosas: solo una es necesaria. María ha escogido la parte mejor, y no se la quitarán".

1. Lo que menos interesa de este relato es precisar si Marta y María son las mismas hermanas, que, junto a Lázaro, aparecen en el IV evangelio (Jn 11,1-46). Lo que importa es lo que nos enseña este relato, no quiénes fueron sus protagonistas. Tampoco es de mucha actualidad el tema que ha planteado la literatura ascética y la teología de la Vida Religiosa, al explicar lo de Marta y María como símbolo de las dos formas de Vida Religiosa, que la espiritualidad cristiana ha planteado: la vida activa (Marta) y la vida contemplativa (María). Un tema que ha interesado a monjas y monjes, pero que ahora interesa cada día menos. ¿A qué viene calentarse tanto la cabeza discutiendo si es más perfecta la vida activa o la contemplativa? ¿Qué más da lo uno que lo otro?

2. En todo caso –y tenga el interés que tenga la identidad de estas dos hermanas– no parece que el evangelio de Lucas nos recuerde lo de Marta y María para pronunciarse en favor de la acción o de la contemplación. Lo que ocurrió en la casa de aquellas dos hermanas, y la respuesta de Jesús, se refieren, sin duda, a algo que interesa a todo el mundo. Es importante la ayuda, pero es más importante la escucha. Es importante el *ser para*, pero es más importante el *estar con*. Por supuesto, hay situaciones en la vida en las que lo más urgente es la ayuda. Pero, en el conjunto de la vida, lo que más necesitamos es que se nos escuche, que alguien nos dedique su tiempo, su interés, su atención. Es decir, que haya personas que, con su actitud profunda, nos hacen ser y palpar que les podemos aportar algo, que les podemos enseñar algo, que por eso somos importantes y necesarios para el que nos escucha. Marta es la persona que quiere *ayudar*. María es la persona que *quiere*.

3. Este evangelio tiene una actualidad palpitante. Nos han educado para interesarnos más por las cosas que por las personas. Y no tenemos tiempo de estar con las personas porque siempre tenemos "cosas que hacer". Luego, la falta de atención a las personas, la intentamos solucionar con más cosas, por ejemplo, con regalos (a los familiares, a los niños, a los amigos...). Esta sociedad, la economía organizada para meternos las cosas por los todos los sentidos, el sistema de vida... nos han desquiciado. Nos sobran cosas y cada día nos sentimos más solos. También, desde este punto de vista, el Evangelio es decisivo.

8 DE OCTUBRE - MIÉRCOLES **27ª SEMANA DEL TIEMPO ORDINARIO**

Lc 11, 1-4

Una vez que estaba Jesús orando en cierto lugar, cuando terminó, uno de sus discípulos le dijo: "Señor, enséñanos a orar, como Juan enseñó a sus discípulos". Él les dijo: "Cuando oréis, decid: "Padre, santificado sea tu nombre, venga tu reino, danos cada día nuestro pan del mañana, porque también nosotros perdonamos a todo el que nos debe algo, y no nos dejes caer en la tentación".

1. Los evangelios sinópticos hablan con frecuencia de la oración de Jesús (Mt,14,23; 19,13; 26,36-44; Mc 1,35; 6,46; 14,32-39; Lc 3,21; 5,16; 6,12-19; 9,18.29; 11,1; 22,41-45). La oración era importante para Jesús. Se puede afirmar que era fundamental en su vida. Es más, si Jesús tuvo la intimidad que tuvo con el Padre, y si habló de Él como sabemos, eso se debe a la profunda familiaridad que tuvo con Él. Sin oración, Jesús hubiera sido otro hombre y no hubiera podido hacer lo que hizo.

2. El discípulo le pide a Jesús que les enseñe a orar "como Juan enseñó a sus discípulos". La forma de orar de un grupo religioso es una de las cosas que más claramente caracterizan al grupo y más unido lo mantienen. Pues bien, aquí nos encontramos con algo sorprendente: Jesús, lo mismo que Juan, nunca vincularon su oración o su espiritualidad al templo, al culto religioso, a la dirección de sacerdotes y teólogos del tiempo. Jesús oró siempre en la soledad del campo, del monte, donde nadie lo veía. Y, por lo visto, nunca hablaba de su vida de oración. Fue un discípulo el que tuvo la iniciativa de que les hablara de eso. La oración se enseña con el ejemplo personal, antes que de ninguna otra forma.

3. El "Padre nuestro", antes que una lista de necesidades, señala una escala de valores. Es decir, el "Padre nuestro" es una guía de lo que ante todo le tiene que interesar al cristiano: que se respete el santo nombre del Padre, que venga ya su Reino a este mundo, que no falte para nadie el pan "para la subsistencia" (J.A. Fitzmyer), que nos perdone de la misma manera que nosotros perdonamos, y que no permita que "tropecemos" en la vida. Esta escala de valores da qué pensar. Y, por supuesto, este mundo sería distinto si esta escala de valores se metiera en nuestras entrañas de tal forma, que no soportáramos que haya criaturas que mueren de hambre o en la soledad más espantosa. En definitiva: orar es desear. El que reza es porque desea algo. De ahí que el "Padre nuestro" es una ordenación de nuestros deseos. Es cristiano el que desea lo que esta oración nos dice que debemos pedir.

4. Por eso, el "Padre nuestro", antes que una fórmula de oración, es un programa de vida. Porque lo que se expresa en esa oración es toda una manera de entender la vida. Y la escala de valores que tienen que regir nuestra vida. Rezar el "Padre nuestro" es decirle a Dios cómo es nuestro estilo de vida. Equivale, por tanto, a decir que lo primero, en nuestra vida, es Dios: el respeto a la santidad de Dios, el deseo que sea Él quien reine y mande en este mundo, el anhelo de que siempre se cumpla lo que Dios quiere. Cuando en la vida se toma en serio "lo trascendente", "lo último", "lo definitivo", el deseo y la ambición quedan subordinados a principios éticos que nos hacen mejores personas, más útiles para los demás, y también más felices en nuestra intimidad secreta. He ahí el sentido primero y más elemental del "Padre nuestro".

9 DE OCTUBRE - JUEVES **27ª SEMANA DEL TIEMPO ORDINARIO**

Lc 11, 5-13

En aquel tiempo, dijo Jesús a sus discípulos: "Si alguno de vosotros tiene un amigo y viene a media noche para decirle: "Amigo, préstame tres panes, pues uno de mis amigos ha venido de viaje y no tengo nada que ofrecerle". Y, desde dentro, el otro responde: "No me molestes; la puerta está cerrada; mis niños y yo estamos acostados: no puedo levantarme para dártelos". Si el otro insiste llamando, yo os digo que, si no se levanta y se los da por ser amigo suyo, al menos por la importunidad se levantará y le dará cuanto necesite. Pues así os digo a vosotros: Pedid y se os dará, buscad y hallaréis, llamad y se os abrirá; porque quien pide, recibe, quien busca, halla, y al que llama, se le abre. ¿Qué padre entre vosotros, cuando el hijo le pide pan, le dará una piedra? ¿O si le pide un pez, le dará una serpiente? ¿O si le pide un huevo, le dará un escorpión? Si vosotros, pues, que sois malos, sabéis dar cosas buenas a vuestros hijos, ¿cuánto más vuestro Padre celestial dará el Espíritu Santo a los que se lo piden?".

1. En este evangelio, Jesús no solo recomienda la oración de petición, sino que además elogia la insistencia en esta forma de oración. Y la elogia hasta el punto de dar la impresión de que atribuye la eficacia de la oración precisamente a esa insistencia, sin cansarse, sin desfallecer, incluso haciendes pesado en la repetición machacona de quien ora y reza sin tregua ni descanso. ¿Por qué es esa precisamente la forma de orar que Jesús recomienda?

2. Deberíamos tener presente que orar, en forma de petición, es expresar un deseo. Por tanto, oramos con insistencia cuando nuestro deseo es insistente y no se cansa en el anhelo que nos impulsa. En la insistencia del que no se cansa en repetir la misma petición, superando todo desaliento, se demuestra, ante todo, la fuerza del deseo: quien tanto pide la misma cosa, es que la desea mucho. Pero, sobre todo, al insistir tanto, el orante demuestra, no solo el deseo intenso, sino además la confianza. Lo cual es clave. Porque quien se fía ciegamente de otro, eso es lo que mejor indica que ese otro significa tanto en la vida, que el "exceso de aprecio" lleva derechamente al "exceso de identificación" con lo que el otro quiere, desea o necesita. Cuando dos personas se aprecian enormemente, la identificación entre ambas produce la identificación de deseos o necesidades: lo que uno desea o anhela, lo desea anhela el otro igualmente.

3. La poca fe que tenemos en la oración es la señal más clara de la poca fe que nos guía en la vida. Nuestro aprecio de Jesús es más teórico que vital. En teoría, en teología, en nuestras lecturas, Jesús nos admira, nos entusiasma incluso. Pero la verdad es que no pasamos de eso. Y si hablamos del Padre del cielo, es un hecho que tenemos que vernos en apuros muy graves para acudir con insistencia y fe ciega en el Padre. Nos conviene revisar nuestra oración de petición. Porque eso es, en definitiva, revisar nuestra auténtica relación con Jesús. Y con Dios.

4. Lo que importa, cuando hablamos de oración, no es asegurar su eficacia, sino saber que así expresamos nuestra confianza en que Dios siempre es bueno. Y siempre quiere lo mejor para nosotros. Dicho de otra manera, no hacemos oración, ni le pedimos cosas a Dios, para que nos conceda siempre lo que le pedimos. Hacemos oración, y recurrimos a Dios en nuestros apuros, para actualizar en nosotros el sentimiento de confianza, –como hemos venido diciendo–, el convencimiento de que Dios nos quiere y quiere siempre lo mejor para sus hijos. Eso es más importante –a lo largo de la vida– que conseguir tal cosa en concreto. No sabemos hasta dónde llega el poder de Dios, entendiendo el poder tal como nosotros somos capaces de entenderlo. Lo único que sabemos es que Dios siempre es bueno y nos quiere. Eso es lo fundamental.

10 DE OCTUBRE - VIERNES **27ª SEMANA DEL TIEMPO ORDINARIO**

Lc 11, 15-26

En aquel tiempo, habiendo echado Jesús un demonio, algunos de entre la multitud dijeron: "Si echa los demonios es por arte de Belcebú, el príncipe de los demonios. Otros, para ponerlo a prueba, le pedían un signo en el cielo. Él, leyendo sus pensamientos, les dijo: "Todo reino en guerra civil va a la ruina y se derrumba casa tras casa. Si también Satanás está en guerra civil, ¿cómo mantendrá su reino? Vosotros decís que yo echo los demonios con el poder de Belcebú; y si yo echo los demonios con el poder de Belcebú, vuestros hijos, ¿por arte de quién los echan? Por eso, ellos mismos serán vuestros jueces. Pero si yo echo los demonios con el dedo de Dios, entonces es que el Reino de Dios ha llegado a vosotros. Cuando un hombre fuerte y bien armado guarda su palacio, sus bienes están seguros. Pero si otro más fuerte lo asalta y lo vence, le quita las armas de que se fiaba y reparte el botín. El que no está conmigo, está contra mí; el que no recoge conmigo, desparrama. Cuando un espíritu inmundo sale de un hombre, da vueltas por el desierto, buscando un sitio para descansar; pero como no lo encuentra, dice: "Volveré a la casa de donde salí. Al volver se la encuentra barrida y arreglada. Entonces va a coger otros siete espíritus peores que él, y se mete a vivir allí. Y el final de aquel hombre resulta peor que el principio".

1. En nuestra cultura actual, no se suele utilizar el lenguaje relativo a los demonios. De eso se habla solamente en la literatura y en el cine de terror. En las culturas antiguas, "Belcebú" no era un demonio sin más. Era el nombre de un personaje principal entre los demonios. Se puede decir que era el príncipe del "reino de Satanás" (Mc 3,26 par; Mt 12,26; Lc 11,18). Pero los textos determinantes, relativos a este extraño personaje, se reducen a dos (Mt 10,17-25; Mc 3,22-27) (O. D. Bôcher). Este extraño relato deja patente un hecho estremecedor. Jesús fue un hombre tan controvertido, que sobre él llegó a plantearse la cuestión más radical: si traía la salvación o tenía un demonio dentro.

2. El hecho es que se acusó a Jesús de estar dominado por Belcebú. Y es claro que acusar a alguien de actuar por el influjo, y con el poder del más alto príncipe de los demonios, era algo que evidentemente constituía una ofensa muy grave. Por eso, es peligroso hablar de cosas trascendentes y de seres personales que está fuera del orden inmanente de este mundo. Es peligroso decir: "Esto es voluntad de Dios". Es también peligroso decir: "Eso me lo ha revelado un ángel". Y peor aún puede ser afirmar: "Esta persona está endemoniada". Echando mano de estas entidades sobrenaturales, se han justificado hasta las guerras más crueles. Y sin llegar a tanto, "dioses", "ángeles" y "demonios" han sido grandes aliados de gentes visionarias que han hecho mucho daño. Desde trastornar a algunas personas hasta difamarlas para siempre.

3. Interpretar lo que Dios quiere o lo que Dios rechaza, lo que nos salva o lo que nos condena, con esas cosas hay que tener tanto o más cuidado que cuando manipulamos una sustancia que puede ser una medicina o un veneno. Por tanto, si no tenemos las mejores garantías de que una cosa es para bien y felicidad de las personas, no le carguemos a Dios o a los demonios lo que bien puede ser expresión de nuestros intereses o de nuestros resentimientos. ¿Quién se atreve a decir "Esto es lo que Dios quiere"? El osado que se arriesga a decir semejante cosa, en situaciones y circunstancias muy concretas, seguramente no se da cuenta del peligro que corre. Y, además, tampoco se da cuenta de la falta de respeto que comete contra Dios.

11 DE OCTUBRE - SÁBADO — NUESTRA SEÑORA DEL PILAR

Lc 11, 27-28

En aquel tiempo, mientras Jesús hablaba a las turbas, una mujer de entre el gentío levantó la voz diciendo: "¡Dichoso el vientre que te llevó y los pechos que te criaron!" Pero él repuso: "Mejor: ¡Dichosos los que escuchan la Palabra de Dios y la cumplen!".

1. En España, la fiesta de la Virgen del Pilar es importante. Y sería recomendable limitar la festividad a su dimensión evangélica, liberándola de vinculaciones políticas. Propiamente hablando, el elogio de la mujer que dio este grito, no fue una aclamación para enaltecer a la madre de Jesús, sino que iba dirigida a Jesús mismo. Cuando a alguien le dicen, en el fervor del entusiasmo, "¡Bendita sea la madre que te trajo al mundo!", no se trata de un elogio a la madre, sino al hijo (o hija) a quien se pretende exaltar. Esto es exactamente lo que allí ocurrió. La mujer que dijo estas palabras, a gritos, lo que pretendía obviamente era elogiar a Jesús, por más que lo hiciera elogiando a su madre.

2. De todas maneras, la figura de la madre es tan importante en la calidad y en la personalidad de cualquier ser humano, que quizá el mejor elogio que se le puede hacer a ese ser humano es enaltecer a la madre que lo trajo al mundo. Porque, en los seres humanos, la madre da al hijo, no sólo la vida biológica, sino que además de eso condiciona y configura la vida afectiva, emocional, sentimental, la sensibilidad, y, por tanto, la inteligencia emocional, que es la que nos lleva a saber situarnos exactamente, no ya ante los datos y los hechos, sino ante las personas. Cuando en la vida encontramos a una persona con un gran corazón, lo normal es que esa persona tuvo igualmente una madre con un gran corazón.

3. Pero, a juicio de Jesús, más determinante que la "relación de parentesco" con la propia madre, es la "relación de fe" con la Palabra de Dios. A fin de cuentas, nadie elige libremente a su madre. La relación hijo-madre no es una relación libre. Por el contrario, la relación del creyente con la Palabra de Dios tiene que ser esencialmente libre. Lo cual quiere decir que nuestra relación con la Palabra de Dios se acepta, se vive y se mantiene mediante convicciones libres, no mediante deberes familiares. Y, por otra parte, cuando una persona mantiene, a lo largo de su vida, una relación fiel de fe, sostenida a base de sólidas convicciones, sin duda alguna, esa persona será una gran persona. Tengamos en cuenta que la relación con la Palabra de Dios no consiste simplemente en una relación religiosa. Es una relación que determina toda nuestra vida. Si no hay eso, no hay relación con la Palabra del Padre, sino que todo se reduce a la observancia de unos usos o costumbres religiosas. Y eso es lo que Jesús dice.

12 DE OCTUBRE - DOMINGO **28ª SEMANA DEL TIEMPO ORDINARIO**

Lc 17, 11-19

Yendo Jesús camino de Jerusalén, pasaba entre Samaria y Galilea. Cuando iba a entrar en un pueblo, vinieron a su encuentro diez leprosos, que se pararon a lo lejos y a gritos le decían: "Jesús, Maestro, ten compasión de nosotros. Al verlos, les dijo: "Id a presentaros a los sacerdotes". Y mientras iban de camino, quedaron limpios. Uno de ellos, viendo que estaba curado, se volvió alabando a Dios a grandes gritos, y se echó por tierra a los pies de Jesús, dándole gracias. Este era un samaritano. Jesús tomó la palabra y dijo: "¿No han quedado limpios los diez? Los otros nueve, ¿dónde están? ¿No ha vuelto más que este extranjero para dar gloria a Dios?" Y le dijo: "Levántate, vete; tu fe te ha salvado".

1. Se suele explicar este episodio hablando de la gratitud del que volvió a Jesús y de la ingratitud de los nueve que no volvieron a dar las gracias por la curación recibida. Es evidente que uno fue agradecido, mientras que los otros no lo fueron. Jesús, por tanto, tenía motivos para quejarse. Pero el problema, que plantea este relato, no está en que uno fuera agradecido y los otros no. La cuestión es otra. Y mucho más grave.

2. El que volvió a Jesús era samaritano. Los que no volvieron eran judíos. O sea, volvió el que no era observante de la religión verdadera. Y no volvieron los que eran observantes de la verdadera religión. ¿Por qué sucedió esto? No por una actitud ética (gratitud de uno, ingratitud de los otros), sino por una motivación religiosa. Según la ley judía (Levítico 13,39), el que se curaba de la lepra, debía presentarse a un sacerdote como acción de gracias. Se trataba, pues, de una observancia religiosa. Por eso, los nueve judíos, que creían en la eficacia de las observancias religiosas, pensaron que con eso era suficiente. Así cumplían con la religión, por más que no cumplieran con el ser humano, que era el que los había curado. Por el contrario, el samaritano, como no creía en las observancias religiosas, no le quedaba más motivación que la gratitud humana ante el que le había devuelto la salud.

3. Las observancias religiosas que deshumanizan, que nos ciegan para ver dónde está la verdadera causa de lo que nos ocurre en la vida, que nos endurece el corazón, no las quiere Dios. El evangelio de Lucas es duro en este sentido. En el caso del buen samaritano (Lc 10,30-35), el sacerdote y el levita, los observantes religiosos, pasan de largo ante el que se desangra en la cuneta del camino. Lucas es claro: la religión tiene el enorme peligro de tranquilizar la conciencia mediante la observancia de los rituales sagrados. Y eso suele llevar consigo el endurecimiento del corazón y la inhumanidad que, con frecuencia, se advierte en los profesionales de lo sagrado. Esto es muy peligroso y hace mucho daño a la religión. Por eso, siguiendo a Jesús y su modo de vida, tenemos que optar por un cristianismo al estilo de Jesús. Cuando ante Dios nos quedamos sin religión, de manera que solo nos queda la bondad, estamos en el camino que trazó Jesús. Por eso es lo que nos da más miedo en la vida.

4. Usar la religión para tranquilizar la conciencia y hacer eso de forma que somos hasta desagradecidos con los que nos ayudan y nos hacen el bien, eso es una incoherencia que nos deshumaniza y hasta nos embrutece. Y es lógico pensar que una religión, que deshumaniza, es una fuerza que nos embrutece y, por eso mismo y sin que nos demos cuenta, nos aleja de Dios. En otras palabras, hay personas a quienes su buena relación con Dios les debilita su buena relación con los demás. Hay situaciones en que la gente "muy espiritual" da miedo. Porque su mucha espiritualidad, les debilita la debida humanidad.

13 DE OCTUBRE - LUNES 28ª SEMANA DEL TIEMPO ORDINARIO

Lc 11, 29-32

En aquel tiempo, la gente se apiñaba alrededor de Jesús y él se puso a decirles: "Esta generación es una generación perversa. Pide un signo, pero no se le dará más signo que el signo de Jonás. Como Jonás fue un signo para los habitantes de Nínive, lo mismo será el Hijo del Hombre para esta generación. Cuando sean juzgados los hombres de esta generación, la reina del Sur se levantará y hará que los condenen; porque ella vino desde los confines de la tierra para escuchar la sabiduría de Salomón y aquí hay uno que es más que Salomón. Cuando sea juzgada esta generación, los hombres de Nínive se alzarán y harán que los condenen; porque ellos se convirtieron con la predicación de Jonás, y aquí hay uno que es más que Jonás".

1. Cuando en los evangelios se habla de "generación" (frecuente en los sinópticos), es término, sobre todo cuando va precedido de "esta" o seguido del calificativo "perversa", que sin duda procede de la redacción más tardía de la fuente Q, de origen helenista, y tiene un sentido claramente despectivo y condenatorio. Es una expresión que se refiere a la porción del pueblo de Israel, que, a juicio de los primeros cristianos, rechazó al Mesías, es decir, a Jesús. Se trata, por tanto, de una interpretación particular de la que, sin duda, participaron bastantes cristianos de la Iglesia antigua. Por eso, cuando aparece en los evangelios esa expresión, es siempre con sentido despectivo o de rechazo.

2. Sin duda la lección que se puede (y se debe) extraer de estos textos es que el hecho de poner en boca de Jesús este tipo de expresiones no ha hecho ningún bien, ni al recuerdo de Jesús, ni a las relaciones del cristianismo con el pueblo de Israel, en el que los cristianos tenemos nuestras raíces. Nunca deberíamos olvidar que, a fin de cuentas, Jesús fue judío. Además, todo lo que sea fomentar el enfrentamiento con quienes no tienen nuestras mismas creencias es una ofensa a Dios que es Padre de todos los seres humanos que buscan el bien.

3. Este problema se acentúa en los tiempos que vivimos. En estos tiempos de "mundo global", en el que las personas y las ideas circulan por todo el planeta; y cuando nos vemos obligados convivir con toda clase de gentes, si no tomamos muy en serio el respeto, la tolerancia, la capacidad de convivir en paz con quienes piensan y viven de manera distinta a como nosotros pensamos y vivimos, estamos expuestos a crear un mundo en el que sea imposible vivir con sosiego y seguridad. Y nunca deberíamos olvidar que las ideas religiosas, cuando se ven amenazadas y combatidas, en lugar de desaparecer, lo que sucede es que hacen más fuertes y más violentas. Justamente lo que está ocurriendo en este momento con tantas intolerancias y tantas incompresibles. Las ideas religiosas no se matan a cañonazos. Ni con ellas acaban los policías o los militares, ni las guerras con sus misiles y sus bombas. Con eso, lo que se logra es hacer más violentos a quienes ya son intolerantes y violentos.

4. El papa Francisco nos ha ofrecido una Carta encíclica: "Fratelli tutti", donde en su capítulo final que titula: *"Las religiones al servicio de la fraternidad en el mundo"*, entre otras cosas nos viene a decir que *"los líderes religiosos estamos llamados a ser auténticos "dialogantes"*, a trabajar en la construcción de la paz no como *intermediarios*, sino como auténticos *mediadores*. Los intermediarios buscan agradar a todas las partes, con el fin de obtener su ganancia. El mediador, en cambio, es quien no se guarda nada para sí mismo, sino que se entrega generosamente, hasta consumirse, sabiendo que la única ganancia es la de la paz". Si las religiones no contribuyen a la paz de sus seguidores, no es una religión. Será cualquier otra cosa. Seamos constructores de paz en un mundo convulso y herido.

14 DE OCTUBRE - MARTES **28ª SEMANA DEL TIEMPO ORDINARIO**

Lc 11, 37-41

En aquel tiempo, cuando Jesús terminó de hablar, un fariseo lo invitó a comer a su casa. Él entró y se puso a la mesa. Como el fariseo se sorprendió al ver que no se lavaba las manos antes de comer, el Señor le dijo: "Vosotros, los fariseos, limpiáis por fuera la copa y el plato, mientras por dentro rebosáis de robos y maldades. ¡Necios! El que hizo lo de fuera, ¿no hizo también lo de dentro? Dad limosna de lo de dentro, y lo tendréis limpio todo".

1. La acusación de Jesús contra los escribas y fariseos, que relata Mateo 23, Lucas la presenta en el capítulo 11. Pero Lucas lo hace con una particular originalidad, que consiste en que une la "denuncia" profética de la tradición judía al contexto de un banquete, el "simposio" de la tradición helenista. Así, el discurso que compone Lucas es, a la vez, más humano y más profundo.

2. Este evangelio, de Lc 11,39-41, resume la "acusación principal", que Jesús hace contra la religiosidad de los escribas y fariseos (F. Bovon). Se trata de la acusación, no tanto de unas personas, sino de unos rituales religiosos que tienen la particularidad maligna de pervertir a las personas que los hacen suyos y los ponen en práctica con toda fidelidad. Tal perversión consiste en que la sumisión exacta (a tales rituales) crea una falsa conciencia. Porque son rituales de purificación, realizados con agua. Pero es una purificación puramente "externa", que limpia por fuera, pero deja el interior de la persona tal como está. Los ritos, cuando se limitan a lavatorios, limpian las manos, pero no cambian el corazón.

3. La consecuencia malvada, que se sigue de lo dicho, consiste en que la persona, que se entrega a esas prácticas y en ellas pone su fe y su confianza, termina siendo, no solo un engaño, sino sobre todo un hipócrita. Es la persona que cuida sobre todo la apariencia externa, su imagen pública, su buen nombre, su fama y su prestigio. Pero es posible que todo eso se junte, en la misma persona, con un corazón corrupto, ambicioso, codicioso, prepotente, duro y seco, sin misericordia ni entrañas de bondad. Por eso es relativamente frecuente encontrar, en los ambientes religiosos, gente de imagen intachable que oculta una intimidad egoísta, orgullosa, y cargada con maldades que no se corresponden con el exterior edificante y ejemplar que se ve por fuera. Lo cual es causa de que haya tanta gente religiosa y piadosa que pierde su credibilidad. La consecuencia es que aumenta, de día en día, la cantidad de gente que ni cree en la religión, ni se fía de los "hombres de la religión".

15 DE OCTUBRE - MIÉRCOLES **28ª SEMANA DEL TIEMPO ORDINARIO**

Lc 11, 42-46

En aquel tiempo, dijo el Señor: "¡Ay de vosotros, fariseos, que pagáis el diezmo de la hierbabuena, de la ruda y de todas las demás legumbres, mientras pasáis por alto la justicia y el amor de Dios! Esto habría que practicar sin descuidar aquello. ¡Ay de vosotros, que sois como tumbas sin señal, que la gente pisa sin saberlo! Un jurista intervino y le dijo: "Maestro, diciendo esto nos ofendes también a nosotros". Jesús replicó: "¡Ay de vosotros también, juristas, que abrumáis a la gente con cargas insoportables, mientras vosotros no las tocáis ni con un dedo!".

1. El significado más claro y elemental de esta diatriba de Jesús ya nos es conocida por los textos paralelos de Mateo 23. Lo que interesa ahora es saber aplicar estas enseñanzas de Jesús a nuestras situaciones actuales y concretas. Porque es claro que estos textos expresan la confrontación de Jesús con el espíritu del fariseísmo. Pero, en este momento, por más que ya no existan fariseos a los que reconocemos con ese nombre, el hecho es que el talante, la mentalidad y el espíritu de los fariseos sigue viviendo entre nosotros. Y aquí tendríamos que empezar por reconocer que todos tenemos algo de fariseos. Es decir, tenemos el peligro de pensar que esto les viene bien a otras personas, pero quizá no nos lo aplicamos a nosotros mismos.

2. Jesús denuncia cuatro actitudes que son quizá más frecuentes de lo que imaginamos:

1) Ser escrupulosos en la observancia de obligaciones pequeñas, al tiempo que ni nos damos cuenta de que no cumplimos con los deberes cívicos y humanos más graves (los derechos de los otros y el amor que les debemos).
2) Nos gustan los elogios, las valoraciones y la fama ante la gente.
3) Somos falsos y, por eso, los demás no se pueden dar cuenta de la podredumbre y la falsedad que llevamos en secreto.
4) Somos duros y exigentes con los otros, al tiempo que somos demasiado permisivos con nuestra propia conducta.

3. Una de las cosas más difíciles, que hay en la vida, es matar el fariseo que todos llevamos dentro. En definitiva, porque a todos nos gusta aparecer como realmente no somos. Y que nos valoren por lo que no tenemos, pero quisiéramos tener. Teniendo presente que lo característico del fariseísmo no es la vanidad, sino la falsedad. Es decir, aparecer como no se es y presumir de lo que no se tiene. Es la vida como engaño, que hace de la religión una ridícula comedia.

16 DE OCTUBRE - JUEVES **28ª SEMANA DEL TIEMPO ORDINARIO**

Lc 11, 47-54

En aquel tiempo, dijo el Señor: "¡Ay de vosotros, que edificáis mausoleos a los profetas, después que vuestros padres los mataron! Así sois testigos de lo que hicieron vuestros padres, y lo aprobáis; porque ellos los mataron y vosotros les edificáis sepulcros. Por algo dijo la sabiduría de Dios: "Les enviaré profetas y apóstoles: a algunos los perseguirán y matarán" y así a esta generación se le pedirá cuenta de la sangre de los profetas derramada desde la creación del mundo: desde la sangre de Abel hasta la de Zacarías, que pereció entre el altar y el santuario. Sí, os lo repito: se le pedirá cuenta a esta generación.

¡Ay de vosotros, juristas, que os habéis quedado con la llave del saber: vosotros no habéis entrado y habéis cerrado el paso a los que intentaban entrar!" Al salir de allí, los letrados y fariseos empezaron a acosarlo y a tirarle de la lengua con muchas preguntas capciosas, para cogerlo con sus propias palabras.

1. El modo o forma de comportamiento, que Jesús denuncia en este evangelio, por desgracia está más generalizado de lo que imaginamos. Porque no es propio solamente de los actuales escribas y fariseos. Es decir, de los actuales profesionales de la religión. Es la conducta que suelen tener casi todos los integristas intransigentes, en lo que se refiere a la observancia de la religión. Por eso, lo primero que este texto de Lucas pone en boca de Jesús es el comportamiento tan contradictorio que los profesionales de la religión suelen tener contra los "profetas", tanto los antiguos como los actuales. Tal comportamiento se resume en lo siguiente: cuando los profetas resultan molestos para la institución religiosa, se les persigue, se les expulsa, se les difama, se les desautoriza y, si es preciso, se les mata. Pero, luego, cuando a la institución religiosa le conviene, se pone al profeta en un pedestal, se le canoniza, se le presenta como modelo y ejemplo.

2. Por eso, no es de extrañar que en la Iglesia se hagan cosas muy parecidas. Cosas que no son sino la prolongación en la historia del conflicto entre sacerdotes y profetas, tal como sucedió en Israel. Durante el s. XX, la misma Curia Vaticana persiguió a teólogos tan reconocidos como De Lubac o Congar los que luego elevó al rango de cardenales. Estas conductas vaticanas han colaborado poderosamente al empobrecimiento de la teología católica, sobre todo en Europa y especialmente en el ámbito de la dogmática. Hoy, en los seminarios y centros de estudios eclesiásticos, se ha creado un clima de miedo, no siempre reconocido, pero sumamente eficaz para bloquear la creatividad teológica y la mejor difusión del Evangelio.

3. Y no es de menos actualidad la acusación que Jesús les hace a los doctores de la ley: "han guardado la llave del saber". El control creciente y abrumador que la jerarquía eclesiástica ejerce sobre el saber de las cosas de Dios, de Jesús, del Evangelio... "cierra el paso a los que intentan entrar". Y es que la "gente sencilla" sintoniza con el Evangelio mucho mejor que los "sabios y entendidos" (Mt 11,25 par). En tiempos pasados, cuando la sociedad se mantenía impregnada de religiosidad, la Iglesia podía subsistir. En este momento, y más de ahora en adelante, la Iglesia se va quedando reducida a un gueto, una especia de secta, cada vez más marginal, más desplazada y con menos capacidad de influjo en la sociedad, sobre todo en las sociedades avanzadas de los países industrializados. No nos queda más solución que el retorno al Evangelio.

Lc 12, 1-7

En aquel tiempo, miles y miles de personas se agolpaban hasta pisarse unos a otros. Jesús empezó a hablar, dirigiéndose primero a sus discípulos: "Cuidado con la levadura de los fariseos, o sea, con la hipocresía. Nada hay cubierto que no llegue a descubrirse, nada hay escondido que no llegue a saberse. Por eso, lo que digáis de noche, se repetirá a pleno día, y lo que digáis al oído en el sótano, se pregonará desde la azotea. A vosotros os digo, amigos míos: no tengáis miedo a los que matan el cuerpo, pero no pueden hacer más. Os voy a decir a quién tenéis que temer: temed al que tiene poder para matar y después echar en el fuego. A ese tenéis que temer, os lo digo yo. ¿No se venden cinco gorriones por dos cuartos? Pues ni de uno solo se olvida Dios. Hasta los pelos de vuestra cabeza están contados. Por lo tanto, no tengáis miedo: no hay comparación entre vosotros y los gorriones".

1. Jesús quiere claridad y transparencia. El creyente en Jesús debe vivir de tal manera que no tenga nada que ocultar. Porque, si es que hay algo que tiene que ocultar, no le queda más remedio que vivir en la hipocresía. Y lo que es es peor: vivir hipócritamente y además con la convicción de que es eso lo que tiene que hacer. Por eso, en la vida, hay que evitar a toda costa estar en sitios o situaciones en las que no hay más remedio que ocultar, tapar, callar lo que nunca se debe callar. Porque tales sitios o situaciones nos colocan inevitablemente al margen del Evangelio.

2. Al decir esto, no se trata de que el creyente en Jesús tenga que ir por la vida aireando su privacidad. Es de sentido común, según las costumbres de cada cultura, que hay cosas que cada persona tiene derecho a mantener en el ámbito de lo privado. Pero, en todo caso, lo que jamás se debe hacer es verse obligado a tener que ocultar lo que nunca se tendría que ocultar. Cuando una persona tiene conciencia de que en lo que vive (o en lo que maneja) hay cosas que se tienen que tapar, esa persona tiene motivos muy serios para preocuparse. Su forma de vida no coincide con lo que quiere el Señor de la luz y la claridad.

3. Como es lógico, para vivir en la trasparencia y la sinceridad (sin ocultamientos de ningún tipo), hay que superar la tentación del miedo. Vivimos en un tipo de sociedad y de cultura que, en gran media, se sostiene sobre la base del ocultamiento y del miedo. Hay mucha gente que, por ejemplo, en asuntos tan vitales como la economía, las relaciones personales, o el mundo, de sus creencias, no tienen más remedio que llevar una especie de "doble vida". Una persona que vive así, por más que lo haga con el convencimiento de que es eso lo que tiene que hacer, esa persona se sitúa al margen de lo que Jesús quiere. Este tipo de comportamientos es lo que hace que tanta gente desconfíe de la religión, de la Iglesia, del clero... Porque la gente intuye muy pronto que se trata de vidas que no son, ni pueden ser, transparentes. Y donde no hay transparencia, no está el Señor de la luz y la sinceridad.

18 DE OCTUBRE - SÁBADO 28ª SEMANA DEL TIEMPO ORDINARIO

Lc 12, 8-12

En aquel tiempo, dijo Jesús a sus discípulos: "Si uno se pone de mi parte ante los hombres, también el Hijo del Hombre se pondrá de su parte ante los ángeles de Dios. Y si uno me niega ante los hombres, lo renegarán a él ante los ángeles de Dios. Al que hable contra el Hijo del Hombre se le podrá perdonar, pero al que blasfeme contra el Espíritu Santo, no se le perdonará. Cuando os conduzcan a la sinagoga, ante los magistrados y las autoridades, no os preocupéis de lo que vais a decir, o de cómo os vais a defender. Porque el Espíritu Santo os enseñará en aquel momento lo que tenéis que decir".

1. Lo primero que salta a la vista al leer este evangelio, es que la causa de Jesús exige tomar partido, es decir, ponerse a favor o en contra de él. Esto supone que Jesús, como de él dijo el anciano Simeón, "será una bandera discutida" (Lc 2,34). Ante Jesús, por tanto y si es que se le conoce bien, nadie se va a quedar indiferente. Porque su vida y su menaje exigen asumir decisiones muy serias. Decisiones que tocan a nuestros intereses más fueres y en los asuntos más fuertes de la vida: el poder, el honor, el dinero, las relaciones interpersonales, la sensibilidad o insensibilibad ante el sufrimiento ajeno.

2. Por otra parte, no se trata simplemente de decisiones que cada cual toma en su intimidad. Por el contrario, el Evangelio exige a los seguidores de Jesús tomar las decisiones que tomó Jesús. Él se puso de parte de quienes peor lo pasan en la vida. Y, por tanto, se enfrentó a los causantes del sufrimiento de los más desfavorecidos por los poderes de este mundo. Todo eso, como es lógico, no pasa inadvertido. Y se suele pagar muy caro. Antes o después, el que toma así la vida, acaba en los tribunales, ya sean civiles o religiosos. Aunque no siempre esto puede suceder así. Sin embargo, el que toma partido por Jesús, de seguro que algún momento, cae en "habladurías y chismes" de otras personas, bien sea por envidia o celos. Hasta eso tiene que llegar la seriedad de nuestro compromiso con el Evangelio de Jesús el Señor.

3. Creer en Jesús no es pasar por la vida como una persona "respetable". Las personas que, a lo largo de la historia, han tomado más claramente partido por Jesús, son personas que se han medido en líos, han dado que hablar, han sido mal vistas por grupos y sectores muy "apreciados" en la sociedad, se han visto en serios apuros. Y no han sido pocos los que han terminado en procesos penales, incluso han tenido que pisar las cárceles. Creer en Jesús no es simplemente practicar con fervor una religión. Creer en Jesús es asumir una vida que pueda terminar siendo complicada, según los criterios de este mundo y, en cualquier caso, bastante incómoda. Sin embargo, la recompensa, no es para el más allá, sino, en el más acá y, es grande porque nuestra vida cobra sentido. En una sociedad en la que tanto se pisotea lo que Jesús dijo, ¿cómo podemos decir que creemos en Jesús, si nos quedamos con los brazos cruzados, por "prudencia" y por "no dar que hablar"?

19 DE OCTUBRE - DOMINGO **29ª SEMANA DEL TIEMPO ORDINARIO**

Lc 18, 1-8

En aquel tiempo, Jesús, para explicar a los discípulos cómo tenían que orar siempre sin desanimarse, les propuso esta parábola: "Había un juez en una ciudad que ni temía a Dios ni le importaban los hombres. En la misma ciudad había una viuda que solía ir a decirle: "Hazme justicia frente a mi adversario"; por algún tiempo se negó, pero después se dijo: "Aunque ni temo a Dios ni me importan los hombres, como esa viuda me está fastidiando, le haré justicia, no vaya a acabar pegándome en la cara". Y el Señor respondió: Fijaos en lo que dice el juez injusto; pues Dios ¿no hará justicia a sus elegidos que le gritan día y noche? ¿O les dará largas? Os digo que les hará justicia sin tardar. Pero cuando venga el Hijo del Hombre, ¿encontrará esta fe en la tierra?".

1. Para entender esta parábola, lo que interesa es tener presente que lo que se relata no pertenece al mundo del derecho, sino al de la moral: la conciencia y la ética profesionales del juez están a nivel cero (F. Bovon). El juez, en efecto, no teme a Dios, ni respeta a nadie. He aquí el punto de partida para comprender la fuerza que tiene la oración de petición, cuando es insistente y no cede al cansancio ni se rinde por agotamiento. Por eso precisamente Jesús plantea un caso en el que las circunstancias son poco menos que desesperadas. En efecto, se trata de un juez al que no le importa la ley, no le importa Dios y no le preocupa lo que se diga o se piense de él. Es un caso extremo de desvergüenza judicial. Y, frente a semejante desvergonzado representante de la justicia, una viuda que pide una cosa justa. Pero no olvidemos que una viuda era el modelo de la persona desvalida y sin capacidad de influjo social y, menos aún, jurídico. Además, la situación se agrava si tenemos en cuenta que, en Israel, la única ley que existía era la "ley religiosa". Y que los jueces eran los competentes en ese tipo de ley, los sacerdotes o los letrados (J. Jeremias).

2. Pues bien, así las cosas, la parábola lleva la situación hasta tal extremo de extravagancia narrativa, que ese juez tan canalla le tiene miedo a la viuda. Y teme que hasta le pueda pegar en la cara. Sin duda, con este detalle tan sorprendente, la parábola pretende recalcar que la fuerza de la oración de súplica supera todo lo imaginable. Y efectivamente, la petición de la viuda termina siendo escuchada.

3. La fuerza de esta historia extravagante está en que Jesús no compara a Dios con un juez "bueno", sino con un juez tan "malo" y tan "canalla", que resulta difícil imaginarse algo peor. Pues si hasta el más canalla no se resiste a la súplica insistente, ¿cuánto más el Dios que, por definición, es amor y bondad? Esto supuesto, seguramente la enseñanza más fuerte de esta parábola consiste en plantearnos el problema de nuestra confianza en Dios. ¿Nos fiamos realmente de Él? Donde más y mejor se nota esta fe es en las situaciones desesperadas que nos presenta la vida, cuando no vemos solución y, sin embargo, seguimos firmes en esa fe.

20 DE OCTUBRE - LUNES **29ª SEMANA DEL TIEMPO ORDINARIO**

Lc 12, 13-21

En aquel tiempo, dijo uno del público a Jesús: "Maestro, dile a mi hermano que reparta conmigo la herencia". Él le contestó: "Hombre, ¿quién me ha nombrado juez o árbitro entre vosotros?". Y dijo a la gente: "Mirad: guardaos de toda clase de codicia. Pues aunque uno ande sobrado, su vida no depende de sus bienes". Y les propuso una parábola: "Un hombre rico tuvo una gran cosecha. Y empezó a echar cálculos: ¿Qué haré? No tengo donde almacenar la cosecha. Y se dijo: "Haré lo siguiente: derribaré los graneros y construiré otros más grandes, y almacenaré allí todo el grano y el resto de mi cosecha. Y entonces me diré a mí mismo: Hombre, tienes bienes acumulados para muchos años: túmbate, come, bebe y date buena vida". Pero Dios le dijo: "Necio, esta noche te van a exigir la vida. Lo que has acumulado, ¿de quién será?" Así será el que amasa riquezas para sí y no es rico ante Dios".

1. Lo más patente, que hay en este evangelio, es que cuando el interés por el dinero se interpone entre las personas, aunque se trate de hermanos, e incluso cuando lo que está en juego es el derecho a una herencia, el dinero divide a los humanos, rompe las relaciones de hermandad y la cosa termina de manera que el amor es sustituido por la codicia. Además, el dinero engaña al que lo tiene en abundancia, como queda claro en esta parábola. El peligro de este engaño consiste en que el dinero acumulado da una seguridad que en realidad no es tal. Y produce la impresión de que con dinero se resuelven problemas que el dinero no puede resolver.

2. La enseñanza del Evangelio es clara y fuerte: cuando lo que manda en la vida es interés por el dinero, eso se convierte en una fuerza que destroza las relaciones humanas y rompe cualquier sistema de valores éticos, que pueden hacer razonable la convivencia. Y sabemos de sobra hasta qué extremos llega esto en algunas familias, que, por herencias y caprichos, se rompen para siempre. Sin contar –como expresamente indica el Evangelio– que una persona que se porta así no tiene en cuenta algo tan elemental como es el hecho evidente de que, en cualquier momento, se nos acaba la vida. Y entonces, ¿de qué sirve el capital y todos los servicios, seguridades y privilegios que lleva consigo el capital?

3. Este mundo, globalizado y súper-desarrollado, está metido de lleno en la crisis más profunda de los últimos siglos. Porque no es ya solo, ni principalmente, una crisis económica. Es también una crisis política sin precedentes. Y una crisis ética, jurídica y de valores, que, en última instancia, es una crisis cultural cuya hondura no podemos valorar, ni medir. ¿A dónde nos lleva todo esto? ¿En qué y cómo vamos a terminar? Estamos pasando de la cultura de lo escrito a la cultura de lo informático y virtual. Es más, nos estamos desplazando de la cultura dominada por el "poder de la opresión" a la cultura en la que se impone el "poder de la seducción". ¿No es este el momento de afirmar nuestra fe, nuestra estabilidad y nuestro futuro en la realidad última y definitiva, que nos trasciende, y que es la única que nos puede dar la consistencia y la confianza mutua que hemos perdido?

21 DE OCTUBRE - MARTES **29ª SEMANA DEL TIEMPO ORDINARIO**

Lc 12, 35-38

En aquel tiempo, dijo Jesús a sus discípulos: "Tened ceñida la cintura y encendidas las lámparas. Vosotros estad como los que aguardan a que su señor vuelva de la boda, para abrirle, apenas venga y llame. Dichosos los criados a quienes el Señor, al llegar, los encuentra en vela: os aseguro que se ceñirá, los hará sentar a la mesa y los irá sirviendo. Y si llega entrada la noche o de madrugada, y los encuentra así, dichosos ellos".

1. Estas palabras de Jesús expresan la preocupación que existió, en el cristianismo primitivo, por la inminente y definitiva venida del Señor. Es bien sabido que, en el cristianismo naciente, fue viva la esperanza de un cambio inminente del mundo entero. Un cambio que ya se había iniciado en vida de Jesús. Pero también sabemos que esta esperanza de los primeros cristianos se vio defraudada, aunque son pocas las voces que registraron esta decepción en forma directa (2Pe 3,3s; 1Clem 23,ss; 2Clem 11; Justino, Apol 1,28,2...). Nunca hubo una crisis entre los cristianos por la ausencia de la esperada parusía del Señor. Pero esta falsa esperanza dejó sus huellas en la Iglesia naciente.

2. Es claro que, al esperar de forma inminente el fin de este mundo, muchos cristianos centraron más sus preocupaciones en estar preparados para la venida definitiva del Señor. Y se interesaron menos por estar presentes en la sociedad en la que vivían. Para comportarse como ciudadanos responsables de este mundo, con todas las consecuencias que eso lleva consigo. El que piensa demasiado en el "otro" mundo, tiene el peligro de desentenderse quizá de asuntos importante de "este" mundo. Y eso puede ser una forma de autoengaño que no beneficia a nadie.

3. Esta situación, que aquí queda brevemente indicada, explica que en los evangelios (escritos cuando esta expectativa era más fuerte) encontremos textos como el evangelio de hoy. Sin duda, Jesús apeló a la responsabilidad de los humanos ante el hecho indudable de la muerte futura. Pero lo que importa no es que eso centre nuestra atención en la otra vida, sino que nos haga más responsables ante los deberes de esta vida. Por eso Jesús nos habla de estar vigilantes. Vigilar que significa tener un estilo de vida con esperanza activa. Lo que no significa tener la vida como una sala de espera. La única manera de ser fieles a la eternidad es vivir intensamente el momento actual, sin miedo, sin obsesiones, construyendo cada día un mundo mejor. La vida eterna ya ha comenzado y hemos de aprender a vivir como lo haremos para siempre.

22 DE OCTUBRE - MIÉRCOLES **29ª SEMANA DEL TIEMPO ORDINARIO**

Lc 12, 39-48

En aquel tiempo, dijo Jesús a sus discípulos: "Comprended que si supiera el dueño de casa a qué hora viene el ladrón, no le dejaría abrir un boquete. Lo mismo vosotros, estad preparados, porque a la hora que menos penséis, viene el Hijo del Hombre". Pedro preguntó: "Señor, ¿has dicho esa parábola por nosotros o por todos? El Señor le respondió: "¿Quién es el administrador fiel y solícito a quien el amo ha puesto al frente de su servidumbre para que les reparta la ración a sus horas? Dichoso el criado a quien el amo al llegar lo encuentra portándose así. Os aseguro que lo pondrá al frente de todos sus bienes. Pero si el empleado piensa: "Mi amo tarda en llegar", y empieza a pegarles a los mozos y a las muchachas, a comer y beber y emborracharse; llegará el amo de ese criado el día y a la hora que menos lo espera y lo despedirá, condenándolo a la pena de los que no son fieles. El criado que sabe lo que su amo quiere y no está dispuesto a ponerlo por obra, recibirá muchos azotes; el que no lo sabe, pero hace algo digno de castigo, recibirá pocos. Al que mucho se le dio, mucho se le exigirá; al que mucho se le confió, más se le exigirá".

1. Como es bien sabido, una de las claves para interpretar las parábolas del Evangelio, está en saber distinguir "lo conflictivo" y "lo exhortativo". Todo consiste en recordar que Jesús relató sus parábolas en una situación de enfrentamiento con los dirigentes judíos. Pero estas parábolas se redactaron más tarde, cuando los cristianos necesitaban ser exhortados a la fidelidad del mensaje que nos dejó Jesús. Más claramente, una de las claves, para interpretar las parábolas del Evangelio, está en que Jesús las dijo en los años 30 del s.I. Pero el texto, que ha llegado hasta nosotros, se redactó en los años 70 del mismo siglo. Es decir, entre el momento histórico en que se pronunciaron y el momento redacional en que se escribieron hubo una distancia de 40 o más años. Pues bien, en los años 30, cuando Jesús las pronunció, era un momento de "confrontación" entre Jesús y los dirigentes de Israel. Pero, en los años 70, cuando se redactaron, era un momento de espera inminente del fin del mundo y, por eso, un momento de "exhortación" a estar bien preparados para la venida del Señor. Según parece, mucha gente, en aquel tiempo, esperaba el fin del mundo.

2. No resulta fácilmente comprensible la venida de Jesús, el Hijo del Hombre, como la vuelta de un patrono exigente que es visto por sus siervos como una posible amenaza. Las palabras de este texto, que aluden a eso, tienen sentido como un llamamiento a la propia responsabilidad. Sobre todo, la responsabilidad ante los que cada cual tiene como súbditos o inferiores. Tratarlos con desprecio o dureza es algo que el Hijo del Hombre ve con desagrado y de ello pedirá cuentas a cada uno. Pero, en todo caso, nada de esto debe dar pie para pensar en Jesús, el Señor, como un patrono implacable. Eso Jamás.

3. Si realmente creemos que el Dios de Jesús es el Padre que nos quiere siempre y nos busca, por más extraviados que andemos, lo importante no es la preocupación por la propia fidelidad, sino la confianza inagotable en la misericordia del Padre. Pero, sobre todo, no se puede olvidar que lo más fuerte, que reprueba aquí el Evangelio, es la postura de quienes piensan que la muerte está lejos y que lo que importa es pasarlo bien y disfrutar de la vida, aunque eso lleva consigo pasarse la vida pegando a los demás y despreciando a quien me estorba. Eso es lo que no soporta Jesús.

4. Nuestra tarea ahora es recuperar el sentido original de lo que Jesús vivió y dijo: "No maltraten a nadie, cumplan su tarea de fieles servidores de los demás". En ellos es donde está el Señor. No lo tenemos que esperar. Está con nosotros y en cada uno de nosotros. Como es lógico, este mensaje tiene una actualidad palpitante. En este momento y estos tiempos de cambio y crisis, lo más urgente es que todos dejemos de maltratar a quienes maltratamos. Y seamos más sencillamente honrados, más honestos en todo y mejores personas.

23 DE OCTUBRE - JUEVES **29ª SEMANA DEL TIEMPO ORDINARIO**

Lc 12, 49-53

En aquel tiempo, dijo Jesús a sus discípulos: "He venido a prender fuego en el mundo: ¡Y ojalá estuviera ya ardiendo! Tengo que pasar por un bautismo, ¡y qué angustia hasta que se cumpla! ¿Pensáis que he venido a traer al mundo paz? No, sino división. En adelante, una familia de cinco estará dividida: tres contra dos y dos contra tres; estarán divididos: el padre contra el hijo y el hijo contra el padre, la madre contra la hija y la hija contra la madre, la suegra contra la nuera y la nuera contra la suegra".

1. En las culturas antiguas, el fuego revela a Dios (Ex 3,2-3) y guía al pueblo en la columna ardiendo (Ex 13,21-22). Y, en las tradiciones del Antiguo Testamento, el fuego se presenta como instrumento de purificación (Lev 13,52; Num 31,23), un signo de discriminación (Jer 23,29; Is 33,14) o como instrumento de castigo (Gen 19,24; Ex 9,24; Sal 66,12). En la cultura actual, el fuego es un elemento destructor. Y sobre todo es fuente de contaminación y de cambio climático, al quemar materias (petróleo y gases) contaminantes. De ahí, la urgencia de remplazar al fuego por energías alternativas, limpias. Pero Jesús no habla del fuego que él trae, en ninguno de esos significados. Jesús no trajo a este mundo ritos de purificación mediante fuego. Menos aún trajo peligro y contaminación. Y de ninguna manera se refiere a un instrumento para castigar a nadie. El fuego, que trae Jesús, se refiere a otra cosa enteramente distinta y que nos desconcierta.

2. Jesús explica "su fuego" refiriéndose a un "bautismo", que él mismo va a recibir: Jesús en camino hacia Jerusalén (Lc 9,51). Allí va ser juzgado, condenado y ejecutado, como un transgresor y un subversivo. En eso consiste el "bautismo" que va a recibir Jesús. Por tanto, ni el fuego, ni el bautismo, de los que habla Jesús, son rituales de purificación o de perdón religioso. Son símbolos que expresan una forma de vivir. Una forma tan nueva y provocativa, que desencadena la intolerancia de los que se ven como "selectos" y "sagrados". Hasta llegar a la condena de los que no soportan que les sustituyan sus rituales por una ética de solidaridad y la identificación con los que peor lo pasan en este mundo.

3. De ahí, las fracturas y enfrentamientos que provoca el camino y el destino de Jesús. No todos estamos dispuestos a seguir ese camino. Por eso, la división que le ética de Jesús introduce entre los que (en teoría) tendrían que estar más unidos: padres, hijos y hermanos. La fuerza del Evangelio nos divide a quienes no estamos dispuestos a seguir esa fuerza en relación a quienes la siguen. Las "armonías" superficiales no cuadran con la fe en Jesús. Pero ¿vivimos el Evangelio como una fuerza incontenible que nos transforma? Esta es la cuestión.

24 DE OCTUBRE - VIERNES **29ª SEMANA DEL TIEMPO ORDINARIO**

Lc 12, 54-59

En aquel tiempo, decía Jesús a la gente: "Cuando veis subir una nube por el poniente, decís enseguida: "Chaparrón tenemos", y así sucede. Cuando sopla el sur decís: "Va a hacer bochorno" y lo hace. Hipócritas: si sabéis interpretar el aspecto de la tierra y del cielo, ¿cómo no sabéis interpretar el tiempo presente? ¿Cómo no sabéis juzgar vosotros mismos lo que se debe hacer? Cuando te diriges al tribunal con el que te pone pleito, haz lo posible por llegar a un acuerdo con él, mientras vais de camino; no sea que te arrastre ante el juez y el juez te entregue al guardia y el guardia te meta en la cárcel. Te digo que no saldrás de allí hasta que no pagues el último céntimo".

1. La palabra clave para comprender este texto es el verbo "interpretar, examinar", aplicado al "tiempo presente". Jesús se lamenta de los que no saben la necesaria y debida interpretación del tiempo. El tiempo que se vivía cuando Jesús andaba por el mundo. Y, lógicamente, también la interpretación de nuestro tiempo actual. Jesús se queja de este vacío de interpretación de nuestro tiempo actual. Jesús se queja de este vacío de interpretación, porque, como bien se ha dicho, "ya desde muy temprano el peligro de destemporalización corroe el alma del cristianismo (J. B Metz). Este peligro consiste en querer vivir el cristianismo como si estuviera fuera del tiempo, a partir de una especie de "doctrina intemporal", en la que siempre se puede entender y explicar el Evangelio de misma manera. Hay homilías o sermones que lo mismo se puede predicar hoy, como se podrían haber predicado (exactamente igual) hace cincuenta años.

2. Así se "destemporaliza" la fe. Es decir, se piensa ingenuamente que los "signos de los tiempos" no condicionan para nada nuestra interpretación y nuestra manera de vivir el Evangelio. Muchos se preguntan, ¿por qué hoy la religión interesa tan poco y a tan poca gente? El "escapismo teológico del tiempo" es una forma de escurrir el hombro para no complicarse la vida. Y lo que resulta más grave es volver atrás en el tiempo. Así, querer explicar la fe con las ideas y el lenguaje de hace bastantes años, las ideas anteriores al concilio Vaticano II o, lo que sería más estúpido: pretender anunciar ahora un mensaje que fue pensando en el siglo XIII, el siglo en el que se sistematizó la teología que ha llegado hasta nosotros.

3. El problema más complicado, que hoy tenemos en la Iglesia, es que el control de las autoridades jerárquicas, sin decirlo ni quizás pretenderlo, obligan a teólogos y sacerdotes a hablar de Dios, de Jesús y del Evangelio de forma que, a la inmensa mayoría de la gente, no le interesa ni le dice nada el pensamiento y el lenguaje eclesiástico. Los cristianos tenemos el derecho y del deber de pedir a los dirigentes de la Iglesia que nos hablen "a nosotros", no a las gentes de la Edad Media o a los católicos del siglo pasado.

4. La fuente de esperanza, que ha brotado en los últimos años, ha sido el papa Francisco. Un hombre que se relaciona con la realidad actual, especialmente con los más necesitados. Y a un hombre que, por vivir como vive y hablar como habla, se hace insoportable para los clérigos que se metieron en el clero como "funcionarios" empeñados en "hacer carrera". Una Iglesia de funcionarios no va a ninguna parte. Jesús no soporta a los clérigos "funcionarios". Las religiones tienen miedo. Porque tienen sus raíces en tradiciones y costumbres de un pasado al que se aferran. Los dirigentes ven que en ello les va la vida. Por eso, la gran tentación, en momentos así, es el fundamentalismo, que es "tradición acorralada". Los grupos observantes, integristas, intolerantes… hoy parecen tener éxito. Pero no tienen futuro. Porque no caminan con la historia, sino a contrapelo de la vida. Jesús tuvo la audacia de cambiar tantas cosas. ¿Por qué nosotros tenemos miedo y nos dejamos llevar por ese miedo?

Lc 13, 1-9

En aquella ocasión, se presentaron algunos a contar a Jesús lo de los galileos, cuya sangre vertió Pilato con la de los sacrificios que ofrecían. Jesús les contestó: "¿Pensáis que esos galileos eran más pecadores que los demás galileos, porque acabaron así? Os digo que no; y si no os convertís, todos pereceréis lo mismo. Y aquellos dieciocho que murieron aplastados por la torre de Siloé, ¿pensáis que eran más culpables que los demás habitantes de Jerusalén? Os digo que no. Y si no os convertís, todos pereceréis de la misma manera". Y les dijo esta parábola: "Uno tenía una higuera plantada en su viña, y fue a buscar fruto en ella, y no lo encontró. Dijo entonces al viñador: "Ya ves: tres años llevo viniendo a buscar fruto en esta higuera y no lo encuentro. Córtala. ¿Para qué va a ocupar terreno en balde?" Pero el viñador contestó: "Señor, déjala todavía este año; yo cavaré alrededor y le echaré estiércol, a ver si da fruto. Si no, el año que viene la cortarás".

1. Dos razones explican la indignación popular ante este hecho perpetrado por el personaje brutal, que fue Pilato: la mezcla de san humana con la sangre de animales; y el hecho de haber cometido aquel crimen en el espacio sagrado del Templo (J. Blinzler; F. Bovon). Por lo demás, carecemos de información sobre este suceso: quiénes eran aquellos galileos y por qué Pilato mandó asesinarlos. Con todo, aun siendo tan extraño y tan grave el incidente en sí mismo, lo que más interesa al lector actual del evangelio es cómo reacciona Jesús y la enseñanza que da a sus oyentes con este motivo.

2. Como es lógico, el hecho –que tuvo que ser ampliamente comentado en la capital y su entorno–, no solo daba pie para hacer una denuncia contra la brutalidad del ejército de ocupación, sino que además exigía tal denuncia. Como es lógico, callarse (ante semejante atropello) podía equivaler a una complicidad cobarde con las tropas imperiales de ocupación. Y, sin embargo, Jesús no dice ni palabra contra la barbarie de Pilato y sus legionarios. ¿Por qué hizo eso Jesús? ¿Fue cobarde? ¿Se le puede tachar de cómplice político de Roma? Y, en definitiva, ¿cómo entendía Jesús la responsabilidad ética y religiosa ante las violaciones del poder político-militar?

3. Jesús no puso el problema en la maldad (abuso de poder) de Pilato. Jesús –si hemos de creer a Lucas– vio claramente que el problema, y la raíz de todos los problemas, está en que los ciudadanos y los creyentes no tomamos conciencia de que la responsabilidad de lo mal que está el mundo y la vida es de todos nosotros. Por supuesto, los gobernantes, y los políticos en general, tienen una enorme responsabilidad en lo bien o mal que están las cosas. Pero la responsabilidad última, de todo lo que no depende de las responsabilidades humanas, están en la conciencia de los ciudadanos, de todos los ciudadanos. Y a eso nos remite Jesús en el Evangelio: "Si no se convierten...". Es decir, si no cambian y son más honrados y más responsables, esto no tiene arreglo. Los problemas públicos no se resuelven cambiando a los políticos, sin cambiando las conciencias. Y volviendo a lo que nos hemos referido en múltiples ocasiones: lo único que de verdad puede cambiar este mundo es la "bondad", asimilada e integrada en la vida de quienes vamos por la vida diciendo que somos creyentes en Jesús.

4. Por eso, da igual que una desgracia pública esté causada por la decisión criminal de un tirano o por el descuido de los que no se preocuparon de que la "torre de Siloé" estuviera más protegida y asegurada. A fin de cuentas, desgracias de muerte que tienen unos responsables. Vamos a pensar seriamente en nuestra responsabilidad cuando elegimos a los gobernantes que llevarán los destinos de nuestras comunidades. ¿Somos conscientes de la dimensión, más que "religiosa", sencillamente "humana", que tiene nuestra decisión "política"?

26 DE OCTUBRE - DOMINGO **30ª SEMANA DEL TIEMPO ORDINARIO**

Lc 18, 9-14

En aquel tiempo, dijo Jesús esta parábola por algunos que, teniéndose por justos, se sentían seguros de sí mismos, y despreciaban a los demás: "Dos hombres subieron al Templo a orar. Uno era un fariseo; el otro, un publicano. El fariseo, erguido, oraba así en su interior: "¡Oh Dios!, te doy gracias, porque no soy como los demás: ladrones, injustos, adúlteros; ni como ese publicano. Ayuno dos veces por semana y pago el diezmo de todo lo que tengo". El publicano, en cambio, se quedó atrás y no se atrevía ni a levantar los ojos al cielo; solo se golpeaba el pecho, diciendo: "¡Oh Dios!, ten compasión de este pecador". Os digo que este bajó a su casa justificado y aquel no. Porque todo el que se enaltece será humillado y el que se humilla será enaltecido".

1. El modelo de persona, que representa el fariseo, sigue existiendo ahora, como existía en tiempo de Jesús. Es más, en un sentido muy verdadero, todos llevamos incorporado en nuestra intimidad un buen fariseo. Un fariseo que tendríamos que matarlo. Pero seguramente, una de las cosas más duras que hay en la vida es *"matar al fariseo"*, que cada cual lleva en sí mismo y consigo mismo.

2. Por lo dicho, está parábola –ante todo– deja patentes los criterios y la forma de pensar de quienes se ven a sí mismos como los "justos", los que piensan que son "como hay que ser". Se trata de una mentalidad que, inconscientemente, se reproduce, entre la gente religiosa, bastante más de lo que nos imaginamos quienes frecuentamos los ambientes eclesiásticos. Es la conciencia, que tienen de sí mismos, quienes se ven "como hay que ser". Y también los que piensan que están "donde mejor se puede estar".

3. Lo que este evangelio enseña es que cuando uno se ve a sí mismo, y piensa de sí mismo, que está "donde tiene que estar", y que es "como hay que ser", ese es un fariseo. Es decir, es un individuo que, desde el momento en que tiene de sí mismo la conciencia que tiene, inevitablemente (y seguramente sin darse cuenta de lo que le pasa), lleva en su espíritu dos convicciones que le acompañan y le acompañarán siempre, a no ser que se caiga del burro. Estas dos convicciones son: 1) Se siente seguro de sí mismo, pisa fuerte en la vida y, por supuesto, va con la cabeza alta e incluso puede mirar de arriba-abajo. 2) Por eso mismo y necesariamente, se siente superior a los demás. Como sea y en lo que sea, se siente superior a los demás, al menos a la mayoría de la gente o en algún aspecto de la vida. De ahí que menosprecia (o incluso desprecia) a los demás o quizá a muchos.

4. Pues bien, Jesús censura de forma implacable esta postura, es decir esta forma de vivir y de pensar. Por varias razones: 1) Porque una persona así es una persona centrada en sí misma. 2) Porque una persona así es una persona que no ve en ella más que "maravillas", ya que, en el fondo, lo que piensa es que, como él, no hay nadie en el mundo. 3) Porque una persona así es una persona que piensa que los demás que son ladrones, injustos, adúlteros, o sea, se trata de un "malpensado", que siempre ve fallos, lagunas, defectos, contradicciones ... en todos los que no son como él o piensan como él. 4) En consecuencia, es un individuo que ve a la gran mayoría de la gente como despreciable. 5) Todo esto es algo que Dios rechaza tanto, que, por más que el individuo se sienta feliz en la vida, en realidad es un "desgraciado", un ser al que Dios rechaza. 6) Por el contrario, el Padre acepta, acoge y abraza a todo el que se ve a sí mismo como un ser despreciable, que ni se atreve a levantar los ojos del suelo. A ese es al que Dios prefiere. No porque es un santo, sino porque se ve como lo último de este mundo. Sencillamente, ve su propia "humanidad". Y el que se ve así, ese tiene su "ego" controlado y donde tiene que estar. Por esto es tan difícil matar al fariseo que cada cual llevamos dentro.

Lc 13, 10-17

Un sábado enseñaba Jesús en una sinagoga. Había una mujer que desde hacía dieciocho años estaba enferma por causa de un espíritu, y andaba encorvada, sin poderse enderezar. Al verla, Jesús la llamó y le dijo: "Mujer, quedas libre de tu enfermedad". Le impuso las manos, y enseguida se puso derecha. Y glorificaba a Dios. Pero el jefe de la sinagoga, indignado porque Jesús había curado en sábado, dijo a la gente: "Seis días tenéis para trabajar; venid esos días a que os curen, y no los sábados". Pero el Señor, dirigiéndose a él, dijo: "Hipócritas, cualquiera de vosotros, ¿no desata del pesebre al buey o al burro y lo lleva a abrevar, aunque sea sábado? Y a esta, que es hija de Abrahán, y que Satanás ha tenido atada dieciocho años, ¿no había que soltarla en sábado?" A estas palabras, sus enemigos quedaron abochornados, y toda la gente se alegraba de los milagros que hacía".

1. Jesús no soportó ver a una mujer encorvada, hundida, sin poder ir por la vida con la cabeza levantada, con la más elemental dignidad. Algo que pasa hoy a menudo y a muchas mujeres de nuestro mundo y cuando utilizamos estos adjetivos: "encorvada, hundida, agachada... no nos referimos a lo físico, sino a lo emocional, a lo humano. En cuanto Jesús ve a una mujer postrada, inclinada y, por eso mismo, humillada por una enfermedad, inmediatamente, sin que la mujer se lo pida, por más que fuera sábado y en plena sinagoga, Jesús la cura. Jesús siempre en contra del dolor de las personas, entonces y hoy. Jesús siempre a favor de la liberación de la mujer. Jesús no soportaba ver ni personas padeciendo, ni mujeres privadas de libertad o humilladas mirando siempre al suelo postradas y dominadas por las fuerzas del mal. ¿Qué está pasando con la mujer hoy? Tanta esclavitud, tanto dolor... Somos nosotros las manos de Jesús hoy. ¿Cómo actúo con las mujeres, las humillo, maltrato...?

2. El dirigente religioso (el jefe de la sinagoga) no soportó aquello. Para él, la religión era más importante que la liberación de aquella mujer. O sea, la obligación religiosa está por encima de la dignidad de la mujer. Con tal que se observe el precepto, a la religión no le importa ver a la mujer con la cabeza agachada, hundida, humillada. Es más, al jefe religioso, no solo no le importa ver a la mujer así, sino que incluso no soporta que alguien le desate de la cadena que la tiene hundida hacia el suelo. Al decir estas cosas, no se exagera nada. Se trata simplemente de leer el relato con cierta detención y con un mínimo de profundidad. Enseguida se advierte todo esto. Que es, ni más ni menos, lo que las grandes religiones siguen haciendo con la mujer. A veces, hasta imponer, justificar y mantener situaciones humillantes increíbles.

3. A la vista de la queja del jefe de la sinagoga, la respuesta de Jesús es tremenda. Porque lo que viene a decir Jesús es que la religión, con sus normas y prohibiciones, en el fondo lo que hace es que trata a las personas peor que a los animales y con más dureza que a las bestias. O sea, era una religión deshumanizada y deshumanizadora. Eso es lo que Jesús no tolera. Y actúa en consecuencia. Seamos nosotros consecuentes. Cuántas cosas hoy hacemos bajo la apariencia de que es bueno a los ojos de Dios, pero dejamos de lado las necesidades concretas de los que nos rodean. Queremos condicionar la gracia de Dios al cumplimiento de tradiciones.

28 DE OCTUBRE - MARTES **30ª SEMANA DEL TIEMPO ORDINARIO**

Lc 13, 18-21

Decía Jesús: "¿A quién se parece el Reino de Dios? ¿A qué lo compararé? Se parece a un grano de mostaza que un hombre toma y siembra en su huerto; crece, se hace arbusto y los pájaros anidan en sus ramas". Y añadió: "¿A qué compararé el Reino de Dios? Se parece a la levadura que una mujer toma y mete en tres medidas de harina, hasta que todo fermenta".

1. Podemos decir que, mediante las parábolas más breves, Jesús dice lo más profundo. Y así traza un plan-proyecto para la Iglesia. Como es bien sabido, el grano de mostaza es de lo más pequeño que hay entre las semillas. Sin embargo, de lo más pequeño nace, crece y se hace un arbusto en el que ponen su nido y se cobijan las aves del cielo. Lo que Jesús quiere destacar, mediante esta parábola, tan breve y tan sencilla, es la fuerza y la vitalidad que tiene lo pequeño, lo que parece insignificante, todo aquello a lo que la mayoría de la gente no le concede importancia. Sin embargo, está bien demostrado que el gigantismo está condenado a fracaso. Hace millones de años, en la tierra había dinosaurios y hormigas. Los dinosaurios desaparecieron y de ellos solo quedan fósiles. Las hormigas siguen adelante.

2. Abunda la gente que tiene pasión por la grandeza. Dedican tiempo y dinero a actos solemnes de grandeza. Porque se imaginan que así el tema de Dios, el problema de la religión, la presencia de la Iglesia, todo eso está más presente en la sociedad y en la vida. ¡Qué gran engaño! ¡Y qué gran mentira! Es curioso que Jesús nunca organizó nada grandioso, llamativo, fastuoso. No quería ni que los demonios o los enfermos curados por él fueran proclamando, en plan propagandístico, las maravillas que él hacía. Jesús no organizó concentraciones. A Jesús lo buscaba la gente. Y, por cierto, la gente más sencilla, los pobres, los lisiados, los pecadores, todo lo marginal y que suele ser despreciado en la sociedad. Pero Jesús no organizaba nada. Jesús seducía.

3. Lo mismo la parábola del grano de mostaza, que la de la levadura, lo que destacan, en definitiva, es que Jesús quiere que el Evangelio se difunda cambiando lo interior de las personas. No en la pomposidad de lo externo, lo solemne, lo que ocupa un espacio llamativo en la ciudad de los hombres. La religiosidad de Jesús se identifica con la vida, sobre todo con la ida sencilla de los más sencillos, de los humildes, de los pobres y los niños. Porque eso es lo que cambia el corazón humano. Y lo que nos humaniza. Lo demás es pomposidad y fatuidad engañosa.

29 DE OCTUBRE - MIÉRCOLES **30ª SEMANA DEL TIEMPO ORDINARIO**

Lc 13, 22-30

En aquel tiempo, Jesús, de camino hacia Jerusalén, recorría ciudades y aldeas enseñando. Uno le preguntó: "Señor, ¿serán pocos los que se salven?" Jesús le dijo: "Esforzaos en entrar por la puerta estrecha. Os digo que muchos intentarán entrar y no podrán. Cuando el amo de la casa se levante y cierre la puerta, os quedaréis fuera y llamaréis a la puerta diciendo: "Señor, ábrenos" y él os replicará: "No sé quiénes sois". Entonces comenzaréis a decir: "Hemos comido y bebido contigo y tú has enseñado en nuestras plazas", Pero él os replicará: "No sé quiénes sois. Alejaos de mí, malvados". Entonces será el llanto y el rechinar de dientes, cuando veáis a Abrahán, Isaac y Jacob y a todos los profetas en el Reino de Dios y vosotros os veáis echados fuera. Y vendrán de Oriente y Occidente, del Norte y del Sur, y se sentarán a la mesa en el Reino de Dios. Mirad, hay últimos que serán primeros y primeros que serán últimos".

1. Esta recopilación de sentencias, que hizo Lucas, nos recuerda a todos aquellos y aquellas, que se empeñan en dulcificar el Evangelio, que el acceso al Reino de Dios está aguardando nuestra respuesta (F. Bovon). Desde otro punto de vista, este conjunto de sentidas, que Lucas atribuye a Jesús, no es posible saber si todas provienen del mismo Jesús, ni menos aún si todas ellas fueron dichas de esta manera y en este orden. Se puede decir que lo más probable es que aquí nos encontremos con una amalgama de materiales heterogéneos (R. Bultmann). En cualquier caso, este discurso, tal como aquí se nos presenta, es una composición organizada por el evangelista Lucas (J. A. Fitzmyer). Esto supuesto, ¿qué es lo que aquí nos dice el Evangelio?

2. La pregunta, que le hacen a Jesús sobre la salvación, expresa una creencia bastante común y extendida en el judaísmo de aquel tiempo: "Todo israelita, por el hecho de serlo, entrará a formar parte del mundo futuro" (San 10,1). Esto supuesto, era lógico preguntar: ¿cuál es la relación del conjunto de la humanidad con relación a este "Reino" que predica Jesús? (Fitzmyer). La respuesta de Jesús da que pensar. Porque viene a decir que muchos de los que creen que ellos son los predilectos, se van a encontrar con que a ellos se les da con la puerta en las narices. Y mientras tanto, verán cómo, de los cuatro puntos cardinales, es decir, de todo el mundo, de los paganos y de las gentes de todas las culturas y tradiciones religiosas, vendrán los que se van a sentar en el banquete del Reino. Ahora bien, todo esto entraña una consecuencia muy seria: la pertinencia al Reino de Dios no depende de la *pertenencia a una determinada religión, sino de la honestidad y coherencia de cada ser humano.*

3. Es una desgracia importante tener el convencimiento de que uno pertenece a un grupo de selectos, de elegidos, de "predilectos" de Dios sobre los demás. Estos sentimientos, bajos y torpes, son un engaño serio en la vida. Y un engaño peligroso. Porque todo eso no sirve sino para producir falsas seguridades. Y generar posturas de inconsciente desprecio hacia los demás, hacia los que no pertenecen al grupo de los selectos. Además, así se crean divisiones y hasta enfrentamientos. Por otra parte, todo eso no sirve sino para acrecentar el amor propio, un orgullo mal disimulado, y un sentimiento de superioridad que nunca tiene buenas consecuencias. En suma, coloca al individuo en las antípodas del Evangelio.

30 DE OCTUBRE - JUEVES — **30ª SEMANA DEL TIEMPO ORDINARIO**

Lc 13, 31-35

En aquella ocasión, se acercaron unos fariseos a decirle: "Márchate de aquí, porque Herodes quiere matarte". Él contestó: "Id a decirle a ese zorro: "Hoy y mañana seguiré curando y echando demonios; pasado mañana soy consumado". Pero hoy y mañana y pasado tengo que caminar porque no cabe que un profeta muera fuera de Jerusalén. ¡Jerusalén, Jerusalén, que matas a los profetas y apedreas a los que se te envían! ¡Cuántas veces he querido reunir a tus hijos, como la gallina reúne a sus pollitos bajo las alas! Pero no habéis querido. Vuestra casa se os quedará vacía. Os digo que no me volveréis a ver hasta el día que exclaméis: "Bendito el que viene en nombre del Señor".

1. Parece lo más probable que efectivamente Herodes quería acabar con el movimiento profético de Jesús. Ya, en el relato de la curación del manco en la sinagoga, aparecen los partidarios de Herodes que querían matar a Jesús (Mc 36) (F. Bovon). A Herodes le preocupaba la predicación y el influjo que Jesús tenía sobre amplios sectores del pueblo (Mc 6,14-16; Lc 9,7-9; Hech 13,1). Además, el recurso de espionaje era muy habitual en el Imperio durante el siglo I (J. P. Meier). ¿Se puede asegurar que Herodes quiso realmente matar a Jesús? Es lo más probable. En todo caso, la respuesta de Jesús, al calificar a Herodes de "zorro", indica su absoluta libertad frente al poder político y, en general, frente a los notables de su tiempo. La metáfora del "zorro" se asociaba a la "gallina" y se contraponía al "león" (A. W. Verrall).

2. Pero lo más importante, que hay en este relato, es el lamento que hace Jesús sobre Jerusalén, la ciudad santa, en cuyo Templo el judaísmo localizaba la presencia divina y que era la alegría de todos los pueblos (Is 25,6-10; Jer 4,9-17). Pues bien, a esta ciudad precisamente, centro de la religiosidad de aquel pueblo, Jesús llama ciudad asesina. Era la ciudad que honraba a los sacerdotes y celebraba el culto sagrado, pero mataba los profetas. Se sabe que Jerusalén, en tiempos de Jesús, vivía del Templo y del enorme flujo de peregrinos que acudían de todo el Imperio (J. Jeremias). Mientras que el Templo y el culto daban dinero, los profetas creaban problemas y malestar con sus denuncias ante tanta injusticia que se cometía con los más pobres y el desvío del verdadero culto a Dios que era la justicia y la misericordia.

3. Por otra parte, Jesús, imagen visible de Dios (Col 1,15) y encarnación de Dios (Jn 1,149, que revela al mismo Dios (Jn 1,18; 14,9-10), se presenta en la entrañable imagen de la gallina madre, representación de la solicitud protectora que cubre con su cuerpo y sus alas a sus hijos, de forma que prefiere morir ella en las garras de una de las grandes aves rapaces, antes que abandonar desamparados a sus polluelos. Es una de las más bellas e impresionantes metáforas del cariño maternal del Dios de Jesús. Así tendría que ser y verse siempre esta Iglesia, que prolonga, en la historia, la presencia de Jesús, defensor y protector de los más débiles.

31 DE OCTUBRE - VIERNES **30ª SEMANA DEL TIEMPO ORDINARIO**

Lc 14, 1-6

Un sábado entró Jesús en casa de uno de los principales fariseos para comer, y ellos le estaban espiando. Jesús se encontró delante un hombre enfermo de hidropesía y, dirigiéndose a los letrados y fariseos, preguntó: "¿Es lícito curar los sábados o no?" Ellos se quedaron callados. Jesús, tocando al enfermo, lo curó y lo despidió. Y a ellos les dijo: "Si a uno de vosotros se la cae al pozo el burro o el buey, ¿no lo saca enseguida, aunque sea sábado?" Y se quedaron sin respuesta.

1. Nos encontramos aquí con Jesús, con un notable y con un enfermo anónimo sin importancia. Los tres reunidos en una misma casa y en un mismo banquete. Todo ello en un sábado. ¿Cómo reacciona Jesús en una situación así? ¿De parte de quién se pone? ¿Cómo actúa? El breve relato lo deja claro, meridianamente claro: 1) Jesús cura al enfermo, por más que eso estuviera prohibido en sábado. 2) Los fariseos estaban espiando, lógicamente a Jesús para actuar contra él. 3) Jesús les plantea a los observantes religiosos la misma pregunta que planteó en la sinagoga cuando curó al hombre del brazo atrofiado (Mc 3,1-6; Mt 12,9-14; Lc 6,6-11). 4) Los fariseos, ante la pregunta de Jesús enmudecen, no tienen nada que decir y, además, no dan la cara.

2. Por tanto, el fondo del asunto está en el enorme y escandaloso contraste que recorre una notable mayoría de los relatos de curaciones de enfermos. Sabemos que, en no pocos de esos relatos, se insiste en dos puntos capitales: 1) Jesús está siempre a favor d ella vida. 2) La religión y sus representantes más cualificados anteponen siempre las normas religiosas y los rituales religiosos a la plenitud de vida y a la felicidad d ella vida. Además, las situaciones se fueron presentando, a lo largo de los relatos evangélicos, de forma que los defensores de la religión no tienen nada que decir. En consecuencia: Jesús da vida y felicidad. Los hombres de la religión "espían", "denuncian" y "anteponen" las "observancias" y "rituales" religiosos a la vida y a la felicidad humana. Jesús sabe bien que todo el universo está al servicio del hombre y no a la inversa. A Jesús tampoco le importa ser criticado cuando hace el bien, curando o sanando las heridas de la gente. ¿Qué libertad existe en mí? ¿Me guío por la letra de la ley o por el amor al prójimo?

3. Conclusión: Jesús se identifica con la vida, con la plenitud de la vida y la felicidad de la vida. La religión, representada por sacerdotes, maestros de la Ley, fariseos (cada uno de estos grupos desde sus diversas posiciones e intereses) se identifica con la sumisos, la obediencia, el desinterés por el pueblo y hasta el desprecio del pueblo. Esto supuesto (en el conjunto de lo que se acaba de indicar), la cuestión capital, que plantean los evangelios, no es la aceptación o el rechazo de la religión. La cuestión está en saber dónde y en qué ponemos lo central y de terminante de la religión. ¿Lo ponemos en la "sumisión" a los jerarcas? ¿Lo ponemos en "el comportamiento ético" con los demás, especialmente con los que se ven peor tratados por la vida? Sin olvidar que, si asumimos como "proyecto de vida" el mismo proyecto que determinó la vida de Jesús, eso representa una "proyecto revolucionario" que inevitablemente entra en conflicto con el sistema establecido. Es el conflicto que puede cambiar el mundo. En suma, humanizar esta vida. Esta es la forma de vida que nos abre al horizonte de la esperanza.

1 DE NOVIEMBRE - SÁBADO **TODOS LOS SANTOS**

Mt 5, 1-12a

En aquel tiempo, al ver Jesús el gentío, subió a la montaña, se sentó, y se le acercaron sus discípulos; y él se puso a hablar enseñándoles: "Dichosos los pobres en el espíritu, porque de ellos es el Reino de los Cielos. Dichosos los sufridos, porque ellos heredarán la tierra. Dichosos los que lloran, porque ellos serán consolados. Dichosos los que tienen hambre y sed de la justicia, porque ellos quedarán saciados. Dichosos los misericordiosos, porque ellos alcanzarán misericordia. Dichosos los limpios de corazón, porque ellos verán a Dios. Dichosos los que trabajan por la paz, porque ellos se llamarán "los hijos de Dios". Dichosos los perseguidos por causa de la justicia, porque de ellos es el Reino de los Cielos. Dichosos vosotros cuando os insulten y os persigan, y os calumnien de cualquier modo por mi causa. Estad alegres y contentos porque vuestra recompensa será grande en el cielo".

1. La primera impresión que se tiene, al leer las bienaventuranzas, es una impresión desconcertante. Porque se trata de un texto contradictorio y "contra-cultural". ¿En qué cultura se puede afirmar que los "dichosos" son todos los desgraciados de este mundo? Es verdad que Jesús dijo las bienaventuranzas pensando en su comunidad de discípulos y, por tanto, dirigiéndose a ellos. Pero, cuando se leen los evangelios hasta el final, nos encontramos con la inesperada sorpresa de constatar que, en el juicio último y definitivo de Dios sobre la historia, las naciones y los seres humanos, entonces encontramos la clave del mensaje que contienen las bienaventuranzas. Y esa clave nos dice que *Dios se identifica con todo el que sufre*. El que encuentra el dolor y el desamparo, lo que realmente encuentra es a Dios. En esto consiste el mensaje más profundo de las bienaventuranzas.

2. Pero, además de eso, las bienaventuranzas expresan los efectos sorprendentes y las inesperadas consecuencias que produce el mensaje del Evangelio cuando este llega a ser la "convicción" que determina la vida de un grupo humano. Un grupo, que se rige y organiza su vida a partir de lo que vivió y dijo Jesús, es un espacio humano en el que se producen hechos increíbles: los pobres dejan de ser unos desgraciados y se sienten felices; los que sufren y lloran encuentran el remedio para sus males; los perseguidos y calumniados se dan cuenta de que el odio y la maldad de los demás no les hacen daño y que vale la pena pasar por encima de todo eso. Porque la dicha que se vive en la comunidad de discípulos vale más que cualquier otra cosa.

3. Si, efectivamente, las bienaventuranzas expresan los frutos que se producen en una comunidad de personas que *"creen"* en Jesús y lo *"siguen"*, entonces hay que llegar a la conclusión según la cual Jesús no pensó, ni puedo pensar, en que su mensaje podría (y tendría que) abarcar a toda la sociedad. Porque es absurdo pensar que toda la sociedad va a pensar así y va a vivir así. Un "mensaje profético" puede configurar a una sociedad entera, a una cultura, a millones de personas. Las bienaventuranzas no pueden abarcar tanto. Para eso sería necesario modificar la condición humana. El cristianismo y la Iglesia han preferido la "extensión" a costa de la "autenticidad". Hablamos de más de mil millones de cristianos. Pero, realmente, ¿somos tantos? Los pobres "cristianos" ¿son felices?; ¿y los que sufren y lloran?, ¿qué hemos hecho del Evangelio? Mera palabrería, vacía de contenido, sin nos atenemos a nuestras conductas.

4. Lo más urgente –ahora y siempre– es que la Iglesia crea en el Evangelio. Y viva de acuerdo con él. Esto es lo primero y principal.

2 DE NOVIEMBRE - DOMINGO — TODOS LOS DIFUNTOS

Lc 19, 1-10

En aquel tiempo, entró Jesús en Jericó y atravesaba la ciudad. Un hombre llamado Zaqueo, jefe de publicanos y rico, trataba de distinguir quién era Jesús, pero la gente se lo impedía, porque era bajo de estatura. Corrió más adelante y se subió a una higuera, para verlo, porque tenía que pasar por allí. Jesús, al llegar a aquel sitio, levantó los ojos y dijo: "Zaqueo, baja enseguida, porque hoy tengo que alojarme en tu casa. Él bajó enseguida, y lo recibió muy contento. Al ver esto, todos murmuraban diciendo: "Ha entrado a hospedarse en casa de un pecador". Pero Zaqueo se puso en pie, y dijo al Señor: "Mira, la mitad de mis bienes, Señor, se la doy a los pobres y si de alguno me he aprovechado, le restituiré cuatro veces más", Jesús le contestó: "Hoy ha sido la salvación de esta casa; también este es hijo de Abrahán. Porque el Hijo del Hombre ha venido a buscar y a salvar lo que estaba perdido".

1. Este relato se sitúa al final del viaje de Jesús a Jerusalén. Jericó es la última ciudad en el paso de Galilea hacia la capital. Y allí ocurren dos episodios significativos: la curación del ciego (Lc 18,35-43) y el encuentro con Zaqueo (Lc 19,1-10). Este doble encuentro, con el mal físico y el mal moral, ha sido calificado como "el evangelio de los excluidos" (T. W. Manson). Jesús, hasta el final, aliviando sufrimientos y acogiendo a los extraviados. La esencia del Evangelio llega hasta la consumación final. Y es así como Jesús consuma su proyecto: el ciego "sigue" a Jesús (Lc 18,43) y el primero de los publicanos *"architelones"* da sus bienes a quienes han sido robados por él. Esto es tomar en serio a Jesús y su Evangelio.

2. La relación de Jesús con "los malos", con los pecadores y descreídos, es todo un programa de pastoral. Un programa desconcertante, escandaloso, a primera vista sin pies ni cabeza. Es un programa que no se basa ni en la enseñanza doctrinal, ni en la imposición normativa. Es el "programa de la convivencia". Lo cual quiere decir que el Evangelio no se enseña, ni se impone, sino que se contagia. Es decir, el Evangelio se transmite por contagio. Lo que presupone este criterio fundamental: "El Evangelio se transmite, no porque se sabe, sino porque se vive". En consecuencia, solo el que lo vive es quien está capacitado para evangelizar.

3. Pero este relato contiene otro criterio básico en la vida. Se trata del criterio que define y delimita lo que es la conversión. Zaqueo se convirtió. Pero no se convirtió porque cambió de religión, de creencias o de prácticas y observancias. Zaqueo se convirtió porque cambió de "cuenta corriente": se quedó con una cuenta reducida a menos de la mitad, bastante menos de la mitad. Cuando la fe toca el bolsillo, la caja fuerte, la cuenta bancaria..., entonces empieza la conversión. Es decir, la "salvación" (de la que habla Jesús) no es asunto de religión, sino asunto de dinero. No porque la religión no importe, sino porque el dinero es el indicador más claro de que la religión se toma en serio. Ahora tenemos, en España y por todo el mundo, cantidad de individuos desalmados, que roban, se confiesan, rezan la penitencia y se quedan en paz. ¿Así vamos a resolver los problemas de las víctimas de tanto latrocinio y tanta corrupción?

3 DE NOVIEMBRE - LUNES — **31ª SEMANA DEL TIEMPO ORDINARIO**

Lc 14, 12-14

En aquel tiempo, decía Jesús a uno de los principales fariseos que le había invitado:"Cuando des una comida o una cena, no invites a tus amigos ni a tus hermanos ni a tus parientes ni a los vecinos ricos, porque corresponderán invitándote y quedarás pagado. Cuando des un banquete, invita a pobres, lisiados, cojos y ciegos; dichoso tú, porque no pueden pagarte; te pagarán cuando resuciten los justos".

1. Es cierto que la primera gran preocupación de Jesús fue el tema de la salud, que es el problema que más nos preocupa a todos los seres humanos. Pero, junto a la salud, a Jesús le interesó especialmente el tema de la comida compartida. Salud y alimentación, dos pilares básicos de la vida de los mortales. Por eso, se comprende que el capítulo 14 de Lucas gira alrededor de temas relacionados con la mesa, con la comida compartida, el "simposio" o banquete, uno de los grandes temas de la literatura, las costumbres y la religión en la cultura judía, griega y romana. Esto explica que en el capítulo 14 se trata: el tema de la disposición de la mesa (14,7-11), los invitados al banquete (14,12-14) y la gran cena (14,15-24) (D. E. Smith). Nada tiene de extraño que este capítulo tiene una notable semejanza con el *Banquete* de Platón: el conflicto entre Jesús y los fariseos es paralelo del conflicto entre Sócrates y los sofistas (X. de Meeûs).

2. Si el simposio, en las culturas griega y romana, marcaba el orden social que debía dominar en la sociedad, en este evangelio queda patente que el orden en la comunidad de Jesús tiene que estar marcado por la invitación preferente a los marginados. Jesús viene a decir: los que yo quiero ver en primer lugar, en el sitio preferente, no son los que la sociedad pone los primeros, sino al revés, los que yo quiero ver en el mejor sitio, en los puestos de preferencia, son aquellos a los que nadie quiere. En esto, que se dice tan pronto, pero que es tan fuerte, consistía el modelo de estratificación social que Jesús plantea.

3. Si el Evangelio plantea la estratificación de la convivencia de una forma tan nueva y revolucionaria, es porque Jesús vio que en eso se expresaba algo muy determinante para la vida en su conjunto. Mediante este nuevo modelo de estratificación, Jesús viene a decir esto: las relaciones interpersonales de ustedes no han de estar determinadas por el "interés", sino por la "acogida", sin poner condiciones ni buscar otras conveniencias o ganancias. Jesús vio, sin duda alguna, que este criterio era el principio base para arreglar este mundo, suprimir de raíz el atropello de los débiles por parte de los fuertes, y hacer posible una convivencia en paz, respeto y armonía. Así entendía Jesús la religiosidad, la espiritualidad, la mística. Todo lo que no sea eso, es puro engaño. Por eso da pena que, con frecuencia, las costumbres eclesiásticas se parecen más a las que impone este mundo que a las que nos enseña el Evangelio.

4. Todo ello nos cuestiona la forma de cómo tratamos a los que están debajo de nosotros. Cuando vemos a una persona pobre, sencilla, sin estudios, ¿cómo la tratamos? ¿Cuántas veces no nos hemos burlado de ellos? No se nos olvide que estos son preferidos de Dios y se nos adelantarán en el Reino de los Cielos. Ellos nos recibirán cuando el Señor nos llame. ¿Qué cara les vamos a poner? Hagamos un examen de conciencia de nuestras actitudes.

4 DE NOVIEMBRE - MARTES **31ª SEMANA DEL TIEMPO ORDINARIO**

Lc 14, 15-24

En aquel tiempo, uno de los comensales dijo a Jesús: "Dichoso el que coma en el banquete del Reino de Dios". Jesús le contestó: "Un hombre daba un gran banquete y convidó a mucha gente; a la hora del banquete mandó un criado a avisar a los convidados: "Venid, que ya está preparado". Pero ellos se excusaron uno tras otro. El primero le dijo: "He comprado un campo y tengo que ir a verlo. Dispénsame, por favor". Otro dijo: "He comprado cinco yuntas de bueyes y voy a probarlas. Dispénsame, por favor". Otro dijo: "Me acabo de casar y, naturalmente, no puedo ir". El criado volvió a contárselo al amo. Entonces el dueño de casa, indignado, le dijo al criado: "Sal corriendo a las plazas y calles de la ciudad y tráete a los pobres, a los lisiados, a los ciegos y a los cojos". El criado dijo: "Señor, se ha hecho lo que mandaste y todavía queda sitio". Entonces el amo dijo: "Sal por los caminos y senderos, e insísteles hasta que entren y se me llene la casa. Y os digo que ninguno de aquellos convidados probará mi banquete".

1. Las parábolas son pequeñas historias, tomadas de la vida diaria, pero contadas de tal forma que, en el relato, se produce inesperadamente un "corte" con lo que suele ocurrir en la vida cotidiana. Ese "corte" es un elemento de "sorpresa" que constituye una auténtica extravagancia con lo normal, con lo que sucede en la vida diaria de los seres humanos normales. Este corte es tan importante que en eso está la clave para entender lo que la parábola quiere enseñar, y para interpretar su significado.

2. Según lo dicho, lo primero que claro en esta parábola es que el gran banquete es la imagen del Reino de Dios. Un banquete es fiesta, gozo, disfrute. Y todo eso compartido, vivido y disfrutado con los demás. Pero lo sorprendente es que en el gran banquete de Dios no entran los que, según las normas de lo establecido y de lo "razonable", tendrían que entrar. Esos no entran porque, en realidad, no les interesa el banquete. Todos ellos tienen asuntos que les interesan más. Asuntos relacionados con sus intereses económicos o con su disfrute privado. Por el contrario, los que entran en el banquete de Dios son los que nadie diría que son los invitados: pobres, lisiados, ciegos, cojos, y hasta los vagabundos de los caminos.

3. Jesús trastorna todos nuestros criterios, nuestros esquemas de pensamiento nuestras escalas de valores. En el gran banquete de Dios no entran los que "oficial" y "socialmente" se consideran los invitados, los que tienen títulos, cargos, dignidades y tareas religiosas o apostólicas, que hacen pensar a la gente que ellos son los que van a ir al cielo con pleno derecho. Jesús era más laico y más secular que todo cuanto nosotros podemos imaginar. Jesús puso el gran banquete de Dios no donde nosotros ponemos la gran solemnidad del boato sagrado, sino donde el mundo ha puesto la gran exclusión de los que nosotros pensamos que no tienen entrada para esa gran solemnidad, tan pomposa como falsa. Por eso hay que preguntarse: ¿quiénes son los que van actualmente a misa? ¿Van los que podrían considerar como los actuales marginados y excluidos? ¿Por qué los desamparados y los sin techo y sin papeles no encuentran en nuestros templos la acogida que encontraron los vagabundos de entonces en el gran banquete del Reino de Dios?

4. La Iglesia, que tenemos, se parece muy poco a lo que pensó Jesús. Está demasiado alejada de aquel proyecto desconcertante que Jesús representó en esta parábola. El principio-base es el contraste entre los instalados y gente de orden frente a los desheredados. No es que Jesús quiera una Iglesia de gentes extravagantes. No es eso, seguramente, Einstein, Gandhi, Martin Luther King o Mons. Romero se parecían más a los "extraviados" que entraron, que los prestigiosos cardenales de la Curia Romana y los reconocidos eclesiásticos o mandatarios políticos con los que el Vaticano está de acuerdo y los que, en cualquier caso, prefiere. La cosa está clara: el banquete eclesiástico y el banquete evangélico se parecen muy poco.

5 DE NOVIEMBRE - MIÉRCOLES **31ª SEMANA DEL TIEMPO ORDINARIO**

Lc 14, 25-33

En aquel tiempo, mucha gente acompañaba a Jesús, él se volvió y les dijo: "Si alguno se viene conmigo y no pospone a su padre y a su madre, y a su mujer y a sus hijos, y a sus hermanos y a sus hermanas, e incluso a sí mismo, no puede ser discípulo mío. Quien no lleve su cruz detrás de mí, no puede ser discípulo mío. Así, ¿quién de vosotros, si quiere construir una torre, no se sienta primero a calcular los gastos, a ver si tiene para terminarla? No sea que, si echa los cimientos y no puede acabarla, se pongan a burlarse de él los que miran, diciendo: "Este hombre empezó a construir y no ha sido capaz de acabar". ¿O qué rey, si va a dar la batalla a otro rey, no se sienta primero a deliberar si con diez mil hombres podrá salir al paso del que le ataca con veinte mil? Y si no, cuando el otro está todavía lejos, envía legados para pedir condiciones de paz. Lo mismo vosotros: el que no renuncia a todos sus bienes, no puede ser discípulo mío".

1. Jesús pronunció estas palabras cuando iba de camino hacia Jerusalén. Él sabía que iba derecho al enfrentamiento final que le llevaría a la cruz. Pero sabía esto, no porque tuviera ciencia divina (cosa que no consta en ninguna parte, ni nadie sabe, ni puede saber, lo que es eso), sino porque tenía sensatez humana, con la que había aprendido que quienes se enfrentan a un sistema religioso-político, como él lo venía haciendo, terminaban sus días de la peor manera. Así aceptó Jesús "la función más baja que una sociedad pues adjudicar: la de delincuente ejecutado". Y conste que lo que Jesús vio que era una constante en su tiempo, lo sigue siendo hoy.

2. Jesús tomó esta decisión y fue por este camino porque se dio cuenta de que sólo quienes llegan a este radicalismo son los que mantienen el ideal y la esperanza de que este mundo puede ser distinto: un mundo con menos egoísmo y ambiciones y con más humanidad y gente más honrada. Con un ejemplo basta: desde hace un siglo, los que han logrado que este mundo sea más soportable no han sido los que han organizado y ganado las guerras; ni los que han acumulado enormes capitales, y menos aún los que han matado a todos sus enemigos. Los que han hecho algo determinado y definitivo por el bien de este mundo, algo que ha quedado como memoria de esperanza, han sido los que tomaron decisiones que les han llevado a la muerte: Gandhi, Martin L. King, Oscar Romero, Maximiliano Kolbe, y tantos otros cuyos hombres nadie conoce.

3. Jesús dice que para llegar a esto hay que superar y pasar por encima de todos los lazos humanos que nos condicionan la libertad y nos incapacitan para superar el miedo. Es duro esto, pero es posible, a partir de una mística que se traduce en fuerza. La fuerza que sólo entienden los que la tienen. Se trata de la fuerza que tiene la BONDAD. La bondad de los débiles, de los descalificados, de los que fracasan. Los que viven de forma que así se "auto estigmatizan", esos son los que hacen este mundo más humano, más habitable, más gozoso para vivir en él.

Lc 15, 1-10

En aquel tiempo, se acercaban a Jesús los publicanos y los pecadores a escucharle. Y los fariseos y los letrados murmuraban entre ellos: "Este acoge a los pecadores y come con ellos". Jesús les dijo esta parábola: "Si uno de vosotros tiene cien ovejas y se le pierde una, ¿no deja las noventa y nueve en el campo y va tras la descarriada, hasta que la encuentra? Y cuando la encuentra, se la carga sobre los hombros, muy contento; y al llegar a casa, reúne a los amigos y a los vecinos para decirles: "¡Felicitadme!, he encontrado la oveja que se me había perdido". Os digo que así también habrá más alegría en el cielo por un solo pecador que se convierta, que por noventa y nueve justos que no necesitan convertirse. Y si una mujer tiene diez monedas y se le pierde una, ¿no enciende una lámpara y barre la casa y busca con cuidado, hasta que la encuentra? Y cuando la encuentra, reúne a las amigas y vecinas para decirles "¡Felicitadme!, he encontrado la moneda que se me había perdido". Os digo que la misma alegría habrá entre los ángeles de Dios por un solo pecador que se convierta".

1. Comer y beber con gente de mala vida, con malas compañías, diríamos ahora, compartir "el botellón" del fin de semana, visitar la "bacanal" de los que frecuentan locales de fiesta, todo eso es fundirse con gente poco recomendada. Hasta escandalizar a los piadosos y observantes. Todo esto, sin embargo, es lo que Jesús vio que tenía que hacer. Y lo que las autoridades eclesiásticas vieron que tenían que condenar (cf. Adolf Holl). A fin de cuentas, acoger a los pecadores y comer con ellos es una expresión que indica un estilo de vida. Y unos criterios éticos poco recomendables. Sobre todo, si pensamos que acoger el camino, que traza aquí Jesús, para reconciliar a los pecadores, a los alejados, a los extraviados, a los perdidos, no es el camino de reproche, de la amenaza, del juicio y la condena. Es exactamente todo lo contrario. Jesús traza el camino que lleva a la amistad, a la convivencia, a la cercanía humana y todo lo que supone la comida compartida. No es, por tanto, el procedimiento pastoral que echa mano de las verdades que hay que enseñar; ni de las normas que hay que imponer; ni de los rituales religiosos que hay que celebrar y a los que haya que asistir. El medio para conseguir la alegría en el cielo es comensalía en la tierra. No consiste en recurrir a la observancia de la práctica religiosa, sino a la experiencia compartida de experiencias humanas.

2. Buscar al perdido es necesitar a aquel o aquello que se quiere mucho, algo sin lo cual no se puede vivir. El que busca no condena, ni juzga, ni rechaza.

Siente necesidad. La necesidad que brota del vacío. Y del deseo de llenar ese vacío. Pero lo notable es que, en el caso de Jesús, su forma de relacionarse con los demás era tal, que los perdidos y extraviados lo buscaban y en él encontraban la respuesta de lo que tanto anhelaban: la paz y el sosiego interior. La respuesta al deseo y el vacío, que los vicios no pueden satisfacer.

3. El problema está en que las relaciones entre los cristianos no suelen ser de "necesidad", sino de "sospecha", de "juicio", de "rechazo" y demasiadas veces también de "condena". Porque las ideas mandan más que el corazón. Y así lo que hemos conseguido es montar una religión y una Iglesia que se rompe por todas partes, que se fractura, se divide, se enferma. El buen pastor ya no es pastor. Porque, a veces, da la impresión de que quien anda extraviado es el pastor. Extraviado hasta el extremo que, si hay ovejas que lo buscan, lo que encuentran es un censor y un juez. Por supuesto, no siempre un amigo que te invita a sentarte junto a él en la misma mesa.

7 DE NOVIEMBRE - VIERNES 31ª SEMANA DEL TIEMPO ORDINARIO

Lc 16, 1-8

En aquel tiempo, dijo Jesús a sus discípulos: "Un hombre rico tenía un administrador y le llegó la denuncia de que derrochaba sus bienes. Entonces lo llamó y le dijo: "¿Qué es lo que me cuentan de ti? Entrégame el balance de tu gestión, porque quedas despedido". El administrador se puso a echar sus cálculos: "¿Qué voy a hacer ahora que mi amo me quita el empleo? Para cavar no tengo fuerzas; mendigar me da vergüenza. Ya sé lo que voy a hacer para que cuando me echen de la administración, encuentre quién me reciba en su casa". Fue llamando uno a uno a los deudores de su amo, y le dijo al primero: "¿Cuánto debes a mi amo?" Este respondió: "Cien barriles de aceite". Él le dijo: "Aquí está tu recibo: Aprisa, siéntate y escribe "Cincuenta". Luego dijo a otro: "Y tú, ¿cuánto debes?" Él contestó: "Cien fanegas de trigo". Le dijo: "Aquí está tu recibo: escribe "Ochenta". Y el amo felicitó al administrador injusto, por la astucia con que había procedido. Ciertamente, los hijos de este mundo son más astutos con sus gentes que los hijos de la luz".

1. Después del capítulo 15, el capítulo cumbre sobre el Dios que no puede pasar sin los perdidos y extraviados de esta vida, Lucas coloca, en el capítulo 16, dos parábolas sobre el dinero: la parábola del administrador perverso (16,1-8) y la del rico y el pobre Lázaro (16,19-31). Entre ambas parábolas, Lucas pone la tajante afirmación de Jesús: "No pueden servir a Dios y al dinero" (16,13b). ¿Qué sentido pueden tener estas parábolas, contra la acumulación de capital, precisamente a continuación del Dios que se desvive por los pecadores y perdidos? La respuesta parece clara: no puede estar con el Dios de los más marginados y despreciados el que tiene el centro de sus intereses en los negocios, en las ganancias, en los capitales y en la buena vida.

2. De acuerdo con lo dicho, se comprende la perplejidad que ha causado esta parábola del administrador perverso. ¿Qué pretende Jesús al proponer esta parábola? ¿Elogiar a un individuo que no solo derrochó los bienes del dueño, sino que además lo engañó haciendo trampas? ¿Recomendar astucia y sagacidad para gestionar los asuntos del Reino de Dios? En el contexto de un capítulo que afirma la imposibilidad de servir a Dios y al dinero, no se entiende cómo Jesús pueda recomendar la astucia en el manejo del dinero. Y menos aún el significado de la parábola puede ser la buena administración de la "riqueza espiritual" que Dios nos concede (J. M. Derrett).

3. En el contexto de la imposibilidad de estar con Dios y con el dinero, la parábola no pude tener otro sentido que presentar descaradamente la corrupción a que está expuesto el que se dedica a manejar y acumular dinero. Se trata de la corrupción de administrador estafador y embustero. Y de la corrupción del propietario que, tratándose de ganar dinero, no tiene inconveniente en elogiar a un sinvergüenza porque tiene el "gran mérito" de la habilidad de un estafador y un ladrón. Jesús deja patente que el afán por el dinero, y el empeño por mantener la seguridad que da el capital, todo eso corrompe hasta tal punto al rico, al capitalista y al financiero, que el corrupto se ve a sí mismo, como un ejemplo a imitar. No se puede llegar más abajo en la deshumanización de un ser humano. Así piensa Jesús, el Señor.

4. Lo malo, lo peligroso, lo más peligroso es que ahora mismo hay personas muy religiosas y muy capitalistas. Y unen esas dos cualidades de maravilla. Hasta el extremo de decir que los más potentados son los más listos, lo más inteligentes, los más admirables. Pero lo que ocurre es que quienes piensan así, en realidad son los embusteros y atontados que pasean por este mundo. Esto es duro, pero hay que decirlo. Cuando el dinero se convierte en dios, su poder atractivo y seductor lo invade todo. Exige pleitesía y adoración, poniendo en peligro la libertad de la persona y la convivencia humana. Es necesario saber manejarlo con astucia para ir generando un nuevo horizonte de economía alternativa orientado, en primer lugar, al servicio de los hermanos y de la Tierra en la vivimos.

Lc 16, 9-15

En aquel tiempo, decía Jesús a los discípulos: "Ganaos amigos con el dinero injusto, para que cuando os falte, os reciban en las moradas eternas. El que es fiel en lo menudo, también en lo importante es de fiar; el que no es honrado en lo menudo, tampoco en lo importante es honrado. Si no fuisteis de fiar en el vil dinero, ¿quién os confiará lo que vale de veras? Si no fuisteis de fiar en lo ajeno, ¿lo vuestro quién os lo dará? Ningún siervo puede servir a dos amos: porque o bien aborrecerá a uno y amará al otro, o bien se dedicará al primero y no hará caso del segundo. No podéis servir a Dios y al dinero. Oyeron esto los fariseos, amigos del dinero, y se burlaban de él. Jesús les dijo: "Vosotros presumís de observantes delante de la gente, pero Dios os conoce por dentro. La arrogancia con los hombres, Dios la detesta".

1. Aquí queda patente el peligro que entraña el apego y el amor al dinero. Porque es peligro que corta la relación con Dios. Jesús es tajante: no se puede servir a Dios y al dinero. Y, menos aún, se puede pretender servir a Dios mediante riqueza. Porque la oferta de gratificación inmediata, que nos proporciona el dinero, ejerce tal fuerza en el psiquismo humano que eso termina por constituirse en dueño y señor de nuestra vida. Creemos que somos nosotros los que manejamos el dinero para lo que queremos, cuando en realidad es el dinero el que nos maneja a nosotros. Y nos maneja hasta el extremo de que nos deshumaniza, en lo más íntimo de nosotros mismos, haciéndonos pensar que somos libres, que hacemos el bien y otros autoengaños que van por ese mismo camino.

2. Esto resulta comprensible. El peligro, para quien quiere servir a Dios y hacer lo que Dios quiere, consiste en que podemos engañarnos pensando que con el dinero se pueden hacer muchas cosas buenas, se pueden remediar males, ayudar a otros, organizar obras apostólicas... Ahora bien, desde el momento en que eso se establece como criterio que moviliza nuestra vida, inevitablemente hay que asumir las reglas de juego que establece el sistema capitalista establecido, basado en el beneficio y la ganancia. Pero, es claro, desde el momento en que se da ese paso, el sujeto se ve metido en todo el proceso de negocios, inversiones financieras, movimientos de capitales, etc. Y ocurre lo que dice Jesús: cuando no somos de fiar en el manejo del dinero, ¿cómo nos va a confiar Dios otros valores que son mucho más decisivos que el dinero? Dicho claramente: Dios no se fía de un sujeto que se mete en ese proceso, en ese mecanismo, en ese negocio.

3. Algunos radicales y fundamentalistas católicos han tachado a Jesús de "comunista". Sin embargo, Jesús no era un "comunista prematuro". Era un hombre honesto y libre. Cuando Jesús habla del dinero en los evangelios, normalmente está asociado a la "iniquidad" o la "injusticia". Se asocia con la adquisición no honrada de bienes o con el afán de obtener ganancias fáciles, como con el narco, etc. Y esto es lo que Jesús no soporta. Es más, resulta indignante ver los equilibrios que hacen no pocos exégetas de renombre para terminar justificando el lucho y el afán de ganancias. Sobre todo cuando sabemos que eso (las ganancias o "valor añadido" que produce el capital) lleva consigo y es la causa del hambre y de la muerte de millones de seres humanos.

4. Por todo esto se comprende la incompatibilidad que Jesús establece entre Dios y el afán de ganancias. Como también se comprende la dura sentencia contra los fariseos, "amigos del dinero": Presumen de observantes, pero Dios les conoce por dentro. Son muchos los que se sienten con mala conciencia cuando quieren aparecer como personas religiosas y honestas; y al mismo tiempo son capaces de cometer todo tipo de tropelerías con toda la riqueza que acumulan en los bancos e incluso en los paraísos fiscales. Quien siendo así, no siente mala conciencia, ¿cómo puede considerarse "observante"?

9 DE NOVIEMBRE - DOMINGO **32ª SEMANA DEL TIEMPO ORDINARIO**

Lc 20, 27-38

En aquel tiempo, se acercaron a Jesús unos saduceos, que niegan la resurrección y le preguntaron: "Maestro, Moisés nos dejó escrito: Si a uno se le muere su hermano, dejando mujer, pero sin hijos, cásese con la viuda y dé descendencia a su hermano. Pues bien, había siete hermanos: el primero se casó y murió sin hijos. Y el segundo y el tercero se casaron con ella, y así los siete murieron sin dejar hijos. Por último murió la mujer. Cuando llegue la resurrección, ¿de cuál de ellos será la mujer? Porque los siete han estado casados con ella". Jesús les contestó: "En esta vida hombres y mujeres se casan, pero los que sean juzgados dignos de la vida futura y de la resurrección de entre los muertos, no se casarán. Pues ya no pueden morir, son como ángeles de Dios, porque participan de la resurrección. Y que resucitan los muertos, el mismo Moisés lo indica en el episodio de la zarza, cuando llama al Señor: "Dios de Abrahán, Dios de Isaac, Dios de Jacob". No es Dios de muertos, sino de vivos; porque para Él todos están vivos".

1. Para comprender este relato, concretamente el caso extravagante que plantean los saduceos a Jesús, hay que tener presente que: 1) La teoría del partido saduceo no admitía la resurrección de los muertos, un tema en el que se diferenciaban radicalmente de los fariseos, que creían en la resurrección después de la muerte. 2) En el antiguo Oriente estaba muy extendida la "ley del levirato" (del latín *levir*: "cuñado"), que pretendía perpetuar el nombre y asegurar el mantenimiento de la propiedad familiar. Esta ley había sido aceptada por los judíos (Deut 25,5-20; Gen 38,8). 3) Todo indica, entre otras cosas, que el matrimonio, desde muy antiguo, ha sido entendido como una "unidad económica", más que como la "unión afectiva", emocional o sexual de un hombre y una mujer que están enamorados.

2. Lo que menos interesa, en este relato, es el caso esperpéntico que los saduceos le presentan a Jesús. Tampoco interesa, en la respuesta de Jesús, el tema de la sexualidad, en cuento que aquí el Evangelio estaría enseñando que el sexo es asunto de esta vida y de la otra, después de la muerte. No olvidemos que, en la ley del levirato, lo que estaba en juego no era la sexualidad, sino la descendencia y la posesión de la herencia, cosa que, en el caso de que haya otra vida, es un asunto que ya no interesa.

3. Lo que Jesús quiere dejar claro es que, en cualquier caso, el Dios que se nos revela en Jesús, es Dios de vida. O sea, es un Dios necesariamente vinculado a la vida, no a la muerte. De ahí que, si Dios sigue siendo Dios para los que se nos van de este mundo, su destino no es la muerte, sino la vida. No sabemos cómo será esa vida. Lo que sabemos es que, con la muerte, no se acaba la vida. La vida sigue adelante. Y sigue, sin las limitaciones propias de esta vida, entre ellas, las inevitables limitaciones que entraña el amor conyugal y familiar.

10 DE NOVIEMBRE - LUNES **32ª SEMANA DEL TIEMPO ORDINARIO**

Lc 17, 1-6

En aquel tiempo, Jesús dijo a sus discípulos: "Es inevitable que sucedan escándalos; pero ¡ay del que los provoca! Al que escandaliza a uno de estos pequeños, más le valdría que le encajaran en el cuello una piedra de molino y lo arrojasen al mar. Tened cuidado. Si tu hermano te ofende, repréndelo; si se arrepiente, perdónalo; si te ofende siete veces en un día, y siete veces vuelve a decirte: "lo siento", lo perdonas". Los apóstoles le pidieron al Señor: "Auméntanos la fe". El Señor contestó: "Si tuvierais fe como un granito de mostaza, diríais a esa morera: "Arráncate de raíz y plántate en el mar", y os obedecería".

1. Este relato recoge tres temas de gran actualidad. El primero, el tema del escándalo. Jesús censura con severidad a los que escandalizan. Pero Jesús concreta más. Y ve la máxima gravedad en quienes escandalizan a los "pequeños". En el Reino de Dios y en la Iglesia, los privilegiados son los más pequeños, los ínfimos, a los que Dios prefiere mucho más que los "grandes", los importantes, los poderosos. Con frecuencia, precisamente los "grandes" son responsables de la pérdida de la fe para los "pequeños", los insignificantes. Como es lógico, Jesús no tolera tal cosa. Es lo que escandaliza, "hace tropezar". En estos tiempos, mucha gente, entre otras razones, ha abandonado su religión por los escándalos de pederastia y otros de diferente índole. Es doloroso y lamentable que las autoridades en su momento no pusieron un alto a estos atropellos.

2. El segundo tema es el perdón. Concretamente el perdón mutuo. Jesús les pide a sus discípulos que siempre, absolutamente siempre y pase lo que pase, tienen que estar dispuestos a perdonar. Perdonar no es hacerse insensible ante las ofensas de los demás. Perdonar es no desear mal alguno a nadie. Y no hacer daño a nadie. Ahora es frecuente oír, a quienes han sufrido alguna agresión que hay que exigir justicia, porque el ofendido no olvida ni perdona la ofensa recibida. Escuchar palabras de generoso perdón es, más bien, cosa poco frecuente. Y es que los criterios del Evangelio ya no impregnan el tejido social porque lo hemos convertido muchas veces en doctrina y no como proyecto de vida. Por otro lado, ni el Evangelio suele ser el distintivo de quienes, por otra parte, decimos que somos creyentes en Jesucristo. Por más extraño que esto suene. Se puede creer en "Nuestro Señor Jesucristo", pero no creer en Jesús, hasta el extremo de que hay personas muy religiosas que no soportan, ni quieren oír el nombre del inquietante Jesús del Evangelio.

3. El tercer tema es la fe. Para Jesús, la fe no consiste en aceptar las ideas de un "credo", La fe de los evangelios es "seguridad-confianza" en la fuerza que tiene el Evangelio. Según el texto evangélico, los apóstoles aparecen aquí, una vez más, como hombres de una fe débil, limitada o inexistente. De los discípulos dicen los evangelios que no tenían fe (Mc 4,40) o que eran "increyentes" (Mt 17,17) o que eran lentos para creer (Lc 24, 25). Lo que más se repite de aquellos hombres es que tenían una fe insignificante. Por más extraño que parezca, de los apóstoles no se dice, en los sinópticos, ni una sola vez que fueran hombres de fe. Este dato es un motivo de esperanza: ni siquiera los primeros apóstoles tuvieron claro lo de la fe, ¿qué de particular tiene que nosotros tengamos dudas y oscuridades? Claro está que, esto no es una justificación. Por eso, siempre nuestra petición será: "Señor fortalece nuestra fe".

Lc 17, 7-10

En aquel tiempo, dijo el Señor: "Suponed que un criado vuestro trabaja como labrador o como pastor; cuando vuelve del campo, ¿quién de vosotros le dice: "Enseguida, ven y ponte a la mesa"? ¿No le diréis: "Prepárame de cenar, cíñete y sírveme mientras como y bebo; y después comerás y beberás tú? Lo mismo vosotros: Cuando hayáis hecho todo lo mandado, decid: "Somos unos pobres siervos, hemos hecho lo que teníamos que hacer".

1. Siempre que en este texto aparecen los términos "siervo" o "criado" hay que traducir esas palabras por "esclavo". En tiempos de Jesús, existía en Palestina la esclavitud. Había mercados de esclavos. Los esclavos paganos eran más caros porque su situación de esclavitud era perpetua, mientras que los esclavos judíos solo se compraban para un tiempo limitado de seis años. Lo que a nosotros nos interesa, en este momento, es caer en la cuenta de que, por más que la esclavitud se prohibiera en el s. XIX, sigue habiendo esclavos. Y esclavos que se compran y se venden. Baste pensar en los niños, las mujeres, los ciudadanos de países que no tienen más salida en la vida que vender su tiempo, su trabajo, su libertad, su cuerpo, todo eso o algo de eso, para seguir malviviendo. Así es, aunque nos dé miedo pensar que esto se está haciendo en miles y miles de seres humanos, para disfrute y ganancia de los ricos y poderosos. Nuestro mundo es más cruel que el mundo antiguo. Por lo que cuenta este relato, el esclavo no tenía ni derechos, ni tiempo limitado de servicio. Estaba a disposición del amo todo el día, toda la noche, y para todo lo que se le pidiera hacer. Y además no podía protestar, ni exigir nada. Lo más duro en la vida es perder la libertad. Quizá más costoso que perder la salud.

2. No debemos pensar que el evangelio que hoy proclamamos justifica la esclavitud y sus inhumanas consecuencias. Se limita a describir una situación de hecho que existía en aquel tiempo. Lo que Jesús hace, en este texto, es tomar aquella situación como punto de referencia para destacar al "actitud interior" que el creyente ha de tener "ante Dios". No podemos vivir nuestra relación con Dios con los criterios con que se rige la moderna relación laboral. En el fondo, se trata de que, "en nuestra conciencia", vivamos siempre como el que tiene que cumplir sus deberes; ante todo, sus deberes cívicos, con un sentido de responsabilidad incondicional. El servir nos da la verdadera categoría de discípulos, pues es la marca que nos caracteriza como seguidores de Jesús. Un servicio gratuito por entero, deja y de noche. Siempre disponibles. Esa ha de ser nuestra actitud, sabiendo que no hay nada extraordinario en ello. ¿A quién servimos? ¿Cuándo lo hacemos y de qué manera?

3. Así las cosas, el principio ético que debe regir la conducta del cristianismo tiene que ser, no solo la lucha contra las injusticias, sino sobre todo la bondad con todos. Y la libertad para denunciar lo que sabemos que es injusto y causa de tantos sufrimientos. Y esto, ante Dios y ante los demás. Es la postura utópica de entera disponibilidad, sin quejas ni exigencias. A no ser las quejas y exigencias que debemos mostrar ante los causantes de tanto dolor. Una ética y una espiritualidad así producen una hondura de humanidad inexplicable.

12 DE NOVIEMBRE - MIÉRCOLES **32ª SEMANA DEL TIEMPO ORDINARIO**

Lc 17, 11-19

En aquel tiempo, yendo Jesús camino de Jerusalén, pasaba entre Samaria y Galilea. Cuando iba a entrar en un pueblo, vinieron a su encuentro diez leprosos, que se pararon a lo lejos y a gritos le decían: "Jesús, Maestro, ten compasión de nosotros. Al verlos, les dijo: "Id a presentaros a los sacerdotes". Y mientras iban de camino, quedaron limpios. Uno de ellos, viendo que estaba curado, se volvió alabando a Dios a grandes gritos y se echó por tierra a los pies de Jesús, dándole las gracias. Este era un samaritano. Jesús tomó la palabra y dijo: "¿No han quedado limpios los diez?; los otros nueve, ¿dónde están? ¿No ha vuelto más que este extranjero para dar gloria a Dios?" Y le dijo: "Levántate, vete: tu fe te ha salvado".

1. Se suele explicar este episodio hablando de la *gratitud* del que volvió a Jesús; y de la *ingratitud* de los nueve que no volvieron a dar las gracias por la curación recibida. Y es evidente que uno fue agradecido, mentiras que los otros no lo fueron. Jesús, por tanto, tenía motivos para quejarse. Pero el problema, que plantea este relato, no está en que uno fuera agradecido y los otros no. La cuestión es otra. Y mucho más grave.

2. El que volvió a Jesús era *samaritano*. Los que no volvieron eran *judíos*. O sea, volvió el que *no era observante de la religión verdadera*. Y no volvieron los que eran observantes de la *verdadera religión*. ¿Por qué sucedió todo esto? No por una actitud ética (gratitud de uno, ingratitud de los otros), sino por una motivación *religiosa*.

3. Según la ley judía (Levítico 13,39), el que se curaba de la lepra, debía presentarse a un sacerdote como acción de gracias. Se trataba, pues, de una *observancia religiosa*. Por eso, los nueve judíos, que creían en la eficacia de las observancias religiosas, pensaron que con eso era suficiente. Así cumplían *con la religión*, por más que no cumplieran con el ser humano, que era el que los había curado. Por el contrario, el samaritano, como no creía en las *observancias religiosas*, no le quedaba más motivación que *la gratitud humana* ante el que le había devuelto la salud.

4. Las observancias religiosas que deshumanizan, que nos ciegan para ver dónde está la verdadera causa de lo que nos ocurre en la vida, que nos endurecen el corazón, no las quiere Dios. El evangelio de Lucas es duro en este sentido. En el caso del buen samaritano (Lc 10,30-35, el sacerdote y el levita, *los observantes religiosos,* pasan de largo ante el que se desangra en la cuneta del camino. Lucas es claro: la religión tiene el enorme peligro de tranquilizar la conciencia mediante la observancia de los rituales sagrados. Y eso suele llevar consigo el endurecimiento del corazón y la inhumanidad que, con frecuencia, se advierte en los profesionales de lo sagrado. Esto es muy peligroso y hace mucho daño a la religión. Por eso, siguiendo a Jesús y su modo de vida, tenemos que optar por un *cristianismo menos ritualizado,* esto sin quitarle importancia a lo ritual. Cuando ante Dios nos quedamos sin religión, de manera que solo nos queda la bondad, estamos en el camino que trazó Jesús. Pero eso es lo que nos da más miedo en la vida.

13 DE NOVIEMBRE - JUEVES **32ª SEMANA DEL TIEMPO ORDINARIO**

Lc 17, 20-25

En aquel tiempo, a unos fariseos que le preguntaban cuándo iba a llegar el Reino de Dios, Jesús les contestó: "El Reino de Dios no vendrá espectacularmente, ni anunciarán que está aquí o está allí; porque mirad, el Reino de Dios está dentro de vosotros. Dijo a sus discípulos: "Llegará un tiempo en que desearéis vivir un día con el Hijo del Hombre y no podréis. Si os dicen que está aquí o está allí, no os vayáis detrás. Como el fulgor del relámpago, brilla de un horizonte a otro, así será el Hijo del Hombre en su día. Pero antes tiene que padecer mucho y ser reprobado por esta generación".

1. La respuesta de Jesús a los fariseos, que preguntan cuándo llega el Reino de Dios, entraña sus dificultades para poder comprenderla exactamente. La razón principal de tales dificultades radica en que el verbo (que utiliza Lucas) no tiene un significado preciso. Algunos lo traducen en el sentido de que el Reino "no está sujeto a cálculo", mientras que otros prefieren la traducción que pone el misal de la liturgia católica: el Reino "no vendrá espectacularmente".

En cualquier caso, lo que el texto de Lucas quiere indicar es que la venida del Reino de Dios no será nunca como los mortales la imaginamos. ¿Por qué?

2. Jesús afirma que el Reino de Dios está "entre nosotros" o, quizá mejor, está "junto a nosotros". No se trata, pues, de que el Reino de Dios está "dentro de nosotros", en nuestro corazón de fariseos. Se trata, más bien, de que el Reino de Dios está "junto a ellos", allí presente. Por eso se puede decir, con toda razón, que el Reino de Dios no está en "lo espectacular", en lo "grandioso", como lo esperaban los fariseos, sino en "lo cotidiano", en el ambiente en que todos nos movemos a diario, en la normalidad de la vida col. El esplendor de lo llamativo será al final, en la consumación definitiva. En la situación presente, en lo que ahora nos vivimos, lo que toca es soportar y vivir con normalidad, honradez y hasta alegría, lo mismo que vivió Jesús: el proyecto de una vía en defensa del bien, de la igualdad y de la justicia. Por más que todo eso lleve consigo el rechazo, la persecución, las dificultades y hasta la exclusión.

3. En definitiva, se trata de comprender que hacer presente el Reino de Dios es, ni más ni menos, "hacer presente a Dios en lo cotidiano de la vida". Donde Dios está presente, está presente la bondad, el respeto, la ayuda mutua, la delicadeza en el trato, la honradez por encima de todo,y, mediante todo esto, la cercanía al que sufre, al que se ve maltratado, al que lo pasa mal, al que se siente mal. Hacer presente el Reino de Dios es hacer presente la felicidad, la alegría y la paz que está a nuestro alcance lograr para todos.

14 DE NOVIEMBRE - VIERNES **32ª SEMANA DEL TIEMPO ORDINARIO**

Lc 17, 26-37

En aquel tiempo, dijo Jesús a sus discípulos: Como sucedió en los días de Noé, así será también en los días del Hijo del Hombre: comían, bebían y se casaban, hasta el día en que Noé entró en el arca; entonces llegó el diluvio y acabó con todos. Lo mismo sucedió en tiempos de Lot: comían, compraban, vendían, sembraban, construían; pero el día que Lot salió de Sodoma, llovió fuego y azufre del cielo y acabó con todos. Así sucederá el día que se manifieste el Hijo del Hombre. Aquel día, si uno está en la azotea y tiene sus cosas en la casa, que no baje por ellas; si uno está en el campo, que no vuelva. Acordaos de la mujer de Lot. El que pretenda guardarse su vida, la perderá; y el que la pierda, la recobrará. Os digo esto: aquella noche estarán en una cama: a uno se lo llevarán y al otro lo dejarán; estarán dos moliendo juntas: a una se la llevarán y a la otra la dejarán; estarán dos en el campo: a uno se lo llevarán y al otro lo dejarán".

Ellos le preguntaron: "¿Dónde, Señor?" Él contestó: "Donde está el cadáver se reunirán los buitres".

1. Se ha discutido ampliamente sobre el significado de este discurso de Jesús a sus discípulos. Se ha dicho que no podemos estar seguros de que Jesús pronunció estas palabras, al menos tal como han llegado hasta nosotros. Pero tampoco existe una razón decisiva para asegurar que nunca Jesús dijo o pudo decir estas coas, que, según parece, proceden de una fuente que en los términos bíblicos se le denomina "Fuente Q". Sea lo que sea de esta discusión, el discurso sobre "los días del Hijo del Hombre", probablemente son una añadidura de Lucas ante el retraso de la venida del Señor, venida que la comunidad cristiana esperaba, pero que no llegaba.

2. Un problema importante que se le presentó a la Iglesia naciente, sobre todo en los últimos años del s. I, fue la inminente expectativa del fin de los tiempos, la llamada "parusía" o venida definitiva del Cristo el Señor. Lo que sería la realización de la salvación definitiva. Esta convicción estuvo muy presente en algunas comunidades de la tradición de Pablo (Ef 4,30; Col 3,4). Lucas quiso dar algún tipo de respuesta a los creyentes que vivían esta experiencia de espera, que apremiaba, pero que no llegaba.

3. Estas situaciones de espera inminente del fin del mundo han sido relativamente frecuentes en la historia de la Iglesia. Y es que la experiencia religiosa se manifiesta, entre otras formas, en la ostentación de fenómenos prodigiosos, que rompen la normalidad de lo cotidiano. Sin embargo, si algo queda en pie en este texto del evangelio de hoy, es la insistencia de Jesús en que el Reino de Dios se hace presente en lo diario, en lo cotidiano, en la normalidad de la vida en su conjunto: la convivencia, el trabajo, el descanso, el ejercicio de la propia profesión, como ya se comentaba en el texto del evangelio de ayer. Se trata, sencillamente, de vivir de tal forma que la propia vida sea el reflejo y la expresión de cómo fue la presencia de Jesús en su vida y entre las gentes de su tiempo.

15 DE NOVIEMBRE - SÁBADO **32ª SEMANA DEL TIEMPO ORDINARIO**

Lc 18, 1-8

En aquel tiempo, Jesús, para explicar a los discípulos cómo tenían que orar siempre sin desanimarse, les propuso esta parábola: "Había un juez en una ciudad que ni temía a Dios ni le importaban los hombres. En la misma ciudad había una viuda que solía ir a decirle: "Hazme justicia frente a mi adversario".

Por algún tiempo se negó, pero después se dijo: "Aunque ni temo a Dios ni me importan los hombres, como esa viuda me está fastidiando, le haré justicia, no vaya a acabar pegándome en la cara". Y el Señor añadió: "Fijaos en lo que dice el juez injusto; pues Dios, ¿no hará justicia a sus elegidos que le gritan día y noche? ¿O les dará largas? Os digo que les hará justicia sin tardar. Pero cuando venga el Hijo del Hombre, ¿encontrará esta fe en la tierra?"

1. Jesús insiste en que los discípulos han de orar. Y han de orar siempre, sin cansarse jamás. Con esto, Jesús destaca la importancia de la oración en la vida. Y cuando Jesús habló de la oración, la forma de orar que más recomendó y en la que más insistió, fue la oración de petición. Recalcando la importancia de la petición insistente, sin desfallecer, ni cansarse, por muy difícil de resolver que ea el asunto por el que se pide. Y por mucho que tarde en resolverse. Es evidente que Jesús vio, en esta forma concreta de oración, la plegaria o súplica, la práctica que más necesitamos en cuanto se refiere a la práctica de la oración al Padre del cielo.

2. Si "orar" es "desear", ¿por qué será que no nos damos cuenta de lo que tendríamos que desear intensamente, constantemente, como la viuda que tanto le insistió el juez injusto? El problema que tenemos es que la sociedad en que vivimos nos proporciona una serie de satisfacciones inmediatas, que tienen la particularidad de que nos producen la impresión de que no hay pedirle más a la vida. Y así, seguimos de capricho en capricho, sin caer en la cuenta de que tenemos que clamar para que nos hagan justicia, nos faciliten una forma de vida y de convivencia, que nos haga poder tener lo que de verdad nos hará felices y nos dará la esperanza que necesitamos para que nuestra vida tenga sentido.

3. Es evidente que, para Jesús, la oración es importante en la vía cristiana. Téngase en cuenta que incluso el "Padre nuestro" es también una secuencia de peticiones. No es extraño encontrar cristianos que ponen serias objeciones al significado mismo de la oración de súplica. Porque pedirle a Dios cosas que necesitamos, ¿para qué se hace? ¿Para informar a Dios de lo que necesitamos? ¿Para hacerle querer lo que, en principio Dios no querría? No se trata ni de lo uno ni de lo otro. A Dios acudimos a pedirle cosas que necesitamos porque es humano pedir ayuda cuando nos vemos en apuros, cuando nos sentimos apremiados por la carencia, la urgencia, la necesidad de lago que nos preocupa, nos angustia, o simplemente es algo que anhelamos. Pero lo más profundo e importante, que se expresa en esta enseñanza de Jesús, es convencernos de que todos necesitamos de la oración. Es determinante, para el creyente, el diálogo con el Padre, el recurso al Padre, la relación con Él. Si Jesús mismo lo necesitó y lo frecuentó, ¿no lo vamos a necesitar nosotros?

Lc 21, 5-19

Algunos ponderaban la belleza del Templo, por la calidad de la piedra y los exvotos. Jesús les dijo: "Esto que contempláis, llegará un día en que no quedará piedra sobre piedra: todo será destruido. Ellos le preguntaron: "Maestro, ¿cuándo va a ser eso?, ¿y cuál será la señal de que todo eso está por suceder?" Él contestó: "Cuidado con que nadie os engañe. Porque muchos vendrán usando mi nombre diciendo: "Yo soy" o bien "el momento está cerca"; no vayáis tras ellos. Cuando oigáis noticias de guerras y de revoluciones, no tengáis pánico. Porque eso tiene que ocurrir primero, pero el final no vendrá enseguida". Luego les dijo: "Se alzará pueblo contra pueblo y reino contra reino, habrá grandes terremotos, y en diversos países epidemias y hambre. Habrá también espantos y grandes signos en el cielo. Pero antes de todo eso os echarán mano, os perseguirán, entregándoos a los tribunales y a la cárcel, y os harán comparecer ante reyes y gobernadores por causa de mi nombre: así tendréis ocasión de dar testimonio. Haced propósito de no preparar vuestra defensa: porque yo os daré palabras y sabiduría a las que no podrá hacer frente ni contradecir ningún adversario vuestro. Y hasta vuestros padres y parientes y hermanos, y amigos os traicionarán, y matarán a algunos de vosotros, y todos os odiarán por causa de mi nombre. Pero ni un cabello de vuestra cabeza perecerá: con vuestra perseverancia salvaréis vuestras almas".

1. Se puede dudar razonablemente si Jesús anunció la destrucción del Templo o si, más bien, lo que ocurrió es que, después del año 70 (cuando las legiones del emperador Tito entraron a sao en Jerusalén y destrozaron el Templo), el redactor del evangelio de Lucas puso en boca de Jesús esta profecía. Sea de esto lo que fuere, es indiscutible que Jesús se enfrentó de tal manera al Templo, que, no solo dijo que aquello lo habían convertido en nueva de bandidos, sino que además, la denuncia del Templo fue la acusación que sacaron contra Jesús en el juicio religioso. Y por eso se burlaron de Jesús, cuando estaba en la cruz. Teniendo tantos motivos, como tenían, para denunciar a Jesús los sumos sacerdotes y letrados solo adujeron, en los momentos supremos, para humillar y condenar a Jesús, el tema del Templo. Sin duda, en eso vieron los dirigentes religiosos el ataque más peligroso para la religión y para ellos mismos (cf. A. Vanhoye).

2. Todo esto es comprensible. Porque el Templo es el centro de la religión. El judaísmo tenía la firme convicción de que Dios está presente en el Templo. De ahí que hablar de la destrucción del Templo es hablar de la destrucción de la religión. Era lo más duro que le podían decir a un buen israelita.

3. En realidad, lo que Jesús anunció no fue la "destrucción" de la religión, sino la "transformación" de la religión. A partir de Jesús, la "mediación" para encontrar a Dios no es la buena relación con el Templo, sino la buena relación con los demás seres humanos. Un planteamiento que las religiones no toleran. Porque eso sería su final y su liquidación. Por eso habrá siempre violencia, persecuciones y muerte contra quienes anuncian un cambio tan radical en la religiosidad, es decir, en la forma de encontrar a Dios. Por supuesto, los dirigentes religiosos elogian siempre las buenas relaciones con los demás, pero con tal que la relación con el Templo sea lo más importante y decisivo, aquello que se sobrepone a todo lo demás. Esto es lo que Jesús son puedo tolerar.

17 DE NOVIEMBRE - LUNES **33ª SEMANA DEL TIEMPO ORDINARIO**

Lc 18, 35-43

En aquel tiempo, cuando se acercaba Jesús a Jericó, había un ciego sentado al borde del camino, pidiendo limosna. Al oír que pasaba gente, preguntaba qué era aquello; y le explicaron: "Pasa Jesús Nazareno". Entonces gritó: ¡Jesús, Hijo de David, ten compasión de mí! Los que iban delante le regañaban para que se callara, pero él gritaba más fuerte: "¡Hijo de David, ten compasión de mí!" Jesús se paró y mandó que se lo trajeran. Cuando estuvo cerca, le preguntó: "¿qué quieres que haga por ti?" Él dijo: "Señor, que vea otra vez". Jesús le contestó: "Recobra la vista, tu fe te ha curado". Enseguida recobró la vista y lo siguió glorificando a Dios. Y todo el pueblo, al ver esto, alababa a Dios.

1. La curación de este ciego queda recogida también por los otros dos sinópticos (Mc 10,46-52; Mt 20,29-36). Lo que indica que las comunidades primitivas vieron en esta curación un hecho especialmente significativo. En el relato hay que destacar que el ciego llama a Jesús, por dos veces, con el título de "Hijo de David". Al atribuirle a Jesús este título, el ciego invoca al Mesías en cuento rey nacionalista, el rey esperado por los grupos más fundamentalistas del judaísmo de entonces (Mt 9,27; Mc 10,47; Lc 18,38 ss; Rom 1,3; Ap 3,7) (X. L. Leon-Dufour).

2. El problema que presenta este relato está en que, a juicio de los evangelios, este "mesianismo" se presenta personificado en un ciego. Es decir, los primeros cristianos vieron, en quienes esperaban al "Mesías-Rey-Nacionalista, una postura de auténtica ceguera. Y una ceguera inmovilista, representa en el hombre sentado, indigente y, por tanto, incapacitado para ver la realidad, ver su futuro, darse cuenta de lo que le conviene o le puede interesar.

3. Pero, si todo lo dicho es cierto, no es menos verdad que el ciego pidió con insistencia –y venciendo la resistencia de la gente– la curación que podía venir de Jesús. Por otra parte, Jesús tenía experiencia de lo peligroso que era aquel nacionalismo fanático e intolerante (Lc 4,14-30). Era el nacionalismo que anteponía sus intereses a la curación de los que sufrían y a la liberación de los sometidos y esclavizados. En el fondo, es el problema que representa el hecho de mezclar religión y política. Cuando dos sentimientos, que entrañan "totalidad" en la vida de una persona, se funden en un mismo y solo sentimiento, el fundamentalismo ciega al hombre religioso hasta llevarle a comportamientos que pueden resultar peligrosos, para él mismo y para los demás. Esto es lo que cura Jesús. La fe en Jesús es lo que puede curar este mal, en sí, incurable.

18 DE NOVIEMBRE - MARTES **33ª SEMANA DEL TIEMPO ORDINARIO**

Lc 19, 1-10

En aquel tiempo, entró Jesús en Jericó y atravesaba la ciudad. Un hombre llamado Zaqueo, jefe de publicanos y rico, trataba de distinguir quién era Jesús, pero la gente se lo impedía, porque era bajo de estatura. Corrió más adelante y se subió a una higuera, para verlo, porque tenía que pasar por allí. Jesús, al llegar a aquel sitio, levantó los ojos y dijo: "Zaqueo, baja enseguida, porque hoy tengo que alojarme en tu casa". Él bajó enseguida y lo recibió muy contento. Al ver esto, todos murmuraban diciendo: "Ha entrado a hospedarse en casa de un pecador". Pero Zaqueo se puso en pie, y dijo al Señor: "Mira, la mitad de mis bienes, Señor, se la doy a los pobres; y si de alguno me he aprovechado, le restituiré cuatro veces más". Jesús le contestó: "Hoy ha sido la salvación de esta casa; también este es hijo de Abrahán. Porque el Hijo del Hombre ha venido a buscar y salvar lo que estaba perdido".

1. Este episodio tiene mucho que ver con la vocación de Leví y el banquete siguiente (Lc 5,27-32). Y es una renovación resumida del capítulo 15 de Lucas, en el que Jesús explicó cómo se comporta Dios con los perdidos y extraviados. En estos relatos se explica la atracción que Jesús ejercía sobre los pecadores y los recaudadores de impuestos, que eran los grupos más despreciados social y religiosamente. Sin duda, la gente sabía que Jesús, no solo no rechazaba ni reprendía a esa clase de individuos, sino que tenía con ellos tan buena relación, que solía comer con ellos, lo que era el signo más claro de una amistad y una acogida sin condiciones.

2. Por todo esto nos explica que Zaqueo tuviera tanto interés por ver a Jesús. Y sus sentimientos llegaron al colmo de la admiración cuando Jesús le dijo que tenía que ir a hospedarse en su casa. Era inimaginable que un profeta de Dios se fuera a cenar y pasar la noche en la casa del hombre más despreciable y despreciado del pueblo. La reacción de Zaqueo impresiona: 1) Por lo que hizo, dar lamida de su fortuna los pobres y devolver cuatro veces más al que había robado. 2) Por lo que n dice el texto, ya que el relato no habla ni de conversión, ni de arrepentimiento, ni se pondera la corrección de aquel pecador. Según este relato, al Evangelio no le interesan los sentimientos, le interesan los hechos. Y en los hechos, está la conversión y el arrepentimiento.

3. ¿De qué le sirven, a los que acumulan fortunas, sus sentimientos de devoción, piedad, arrepentimiento y solidaridad, si no sueltan lo que han robado, sabiendo que hay millones de criaturas que tienen que vivir con menos de un dólar al día, al tiempo que ellos se gastan en consumismo innecesario cantidades que nadie se atreve a declarar? La verdad, ¡necesitamos "Zaqueos" urgentemente!

4. Pero, ¿qué es lo que hizo cambiar a Zaqueo? La bondad de Jesús que fue a su casa. Porque la bondad es la fuerza que cambia a las personas. Además, la bondad genera honradez, bondad, generosidad, desprendimiento, sensibilidad hacia los maltratados por la vida. La bondad es la única fuerza que pone las cosas en su sitio. La bondad de Jesús con Zaqueo hizo de Zaqueo un hombre desprendido, justo, buena persona.

19 DE NOVIEMBRE - MIÉRCOLES **33ª SEMANA DEL TIEMPO ORDINARIO**

Lc 19, 11-28

En aquel tiempo, dijo Jesús una parábola; el motivo era que estaba cerca de Jerusalén y se pensaban que el Reino de Dios iba a despuntar de un momento a otro. Dijo Jesús: "Un hombre noble se marchó a un país lejano para conseguirse el título de rey, y volver después. Llamó a diez empleados suyos y les repartió diez onzas de oro, diciéndoles: "Negociad mientras vuelvo". Sus conciudadanos, que lo aborrecían, enviaron tras él una embajada para informar: "No queremos que él sea nuestro rey". Cuando volvió con el título real, mandó llamar a los empleados a quienes había dado el dinero, para enterarse de lo que había ganado cada uno. El primero se presentó y dijo: "Señor, tu onza ha producido diez". Él contestó: "Muy bien, eres un empleado cumplidor; como has sido fiel en una minucia, tendrás autoridad sobre diez ciudades". El segundo llegó y dijo: "Tu onza, señor, ha producido cinco". A ese le dijo también: "Pues toma tú el mando de cinco ciudades". El otro llegó y dijo: "Señor, aquí está tu onza; la he tenido guardada en un pañuelo; te tenía miedo porque eres hombre exigente, que reclamas lo que no prestas y siegas lo que no siembras". Él le contestó: "Por tu boca te condeno, empleado holgazán. ¿Conque sabías que soy exigente, que reclamo lo que no presto y siego lo que no siembro? Pues, ¿por qué no pusiste mi dinero en el banco? Al volver yo, lo habría cobrado con los intereses". Entonces dijo a los presentes: "Quitadle a este la onza y dádsela al que tiene diez". Le replicaron: "Señor, si ya tiene diez onzas". Os digo: "Al que tiene se le dará, pero al que no tiene, se le quitará hasta lo que tiene". Y a esos enemigos míos, que no me querían para rey, traedlos acá y degolladlos en mi presencia". Dicho esto, echó a andar delante de ellos, subiendo hacia Jerusalén.

1. Esta parábola no es sino una versión distinta de la parábola de los talentos (Mt 25,14-30). Pero la enseñanza es la misma: El Dios, que nos vino a revelar Jesús, no soporta a los que le tienen miedo. Porque el miedo, representado en el que devolvió la moneda de mucho valor tal como la recibió, paraliza, es improductivo y, sobre todo, desagrada a Dios.

2. Lo peor que podemos hacer en esta vida es dejarnos llevar por el miedo, no solo en nuestras experiencias religiosas, sino en el conjunto de nuestra vida. Una persona asustada y timorata no va a ninguna parte. Y no será sino una carga para quienes conviven con tal persona. Porque el miedo bloquea, inutiliza, paraliza y, al final, es la perdición del hombre asustado ante Dios y ante la sociedad y sus semejantes en general. Con lo cual estamos diciendo también que el peor servicio, que podemos hacerle a la causa del Evangelio y de la Iglesia, es dedicarnos a predicar el miedo a Dios y el miedo a las instituciones públicas, de la forma que sea. Lo que importa de verdad no es la responsabilidad angustiosa ante Dios y ante los demás, sino saber fiarnos tanto de Dios como de todos los que vemos que merecen nuestra confianza.

3. Esto es tan serio y tiene tal importancia, que debemos llegar hasta perder el miedo a pensar. Sentirse libre para pensar es el paso indispensable para ser una persona creativa y productiva. El que bloquea su propia mente será un inútil en la vida, por más que se empeñe en disimularlo.

20 DE NOVIEMBRE - JUEVES **33ª SEMANA DEL TIEMPO ORDINARIO**

Lc 19, 41-44

En aquel tiempo, al acercarse Jesús a Jerusalén y ver la ciudad, le dijo llorando: "¡Si al menos tú comprendieras en este día lo que conduce a la paz! Pero no:

está escondido a tus ojos. Llegará un día en que tus enemigos te rodearán de trincheras, te sitiarán, apretarán el cerco, te arrasarán con tus hijos dentro, y no dejarán piedra sobre piedra. Porque no reconociste el momento de mi venida".

1. Los estudiosos del evangelio de Lucas han discutido ampliamente si este texto reproduce lo que realmente dijo y vivió Jesús o, más bien, lo que aquí se cuenta es producto del mismo Lucas, que, cuando escribió este texto sabía perfectamente todo lo que había sucedido el año 70, cuando los romanos invadieron Jerusalén y la arrasaron. O sea, aquí no se reproduciría una profecía de Jesús, sino lo que Lucas había vivido el año 70. En este momento, después de muchas discusiones, no se ha llegado a una conclusión definitiva. En cualquier caso, se suele dar por cierto que el contenido sustancial de este relato proviene de Jesús, sin que se pueda precisar el origen de los detalles. Pero llama la atención este dato: si el redactor conocía la historia de la guerra de los judíos contra Roma, ¿cómo no alude a los números detalles que cuenta Flavio Josefo en su Historia de la Guerra de los judíos el de *Bello Iudaico*?

2. Lo central del vaticinio de Jesús es la destrucción de la ciudad santa y, con ella, la desaparición del Templo. Este asunto es central en el mensaje de Jesús, que anunció proféticamente tal acontecimiento (Mc 13,2; Jn 2,10-20; Mt 24,2; Lc 21,6). Además, sabemos que Jesús demostró su desacuerdo con el Templo, del que sus dirigentes había hecho una *"cueva de bandidos"* (Mt 22,13; cf. Jr 7,11). Además, la Iglesia primitiva tuvo muy clara la convicción de que Jesús había iniciado un nuevo culto. La Iglesia no dudó en aceptar como evangelio auténtico el anuncio según el cual la verdadera adoración a Dios no será el culto ligado a un edificio, a un templo de piedra, sino el culto en espíritu y verdad (Jn 4,21-23). No es ya el culto que se celebra en un sitio concreto, en este monte o aquel (Jn 4,23).

3. Los expertos discuten en qué consiste el culto "en espíritu y verdad". En todo caso, lo que está fuera de duda es que el culto a Dios, según el texto de Juan 4,21-23, no es el culto de los ceremoniales religiosos y de los rituales que se celebran en sitios sagrados. No es ciertamente el culto ritual, sino el culto existencial, que presenta y justifica la Carta a los Hebreos (Heb 8,7-13; 9,11-27). Jesús no ofreció a Dios un culto ritual, sino que se ofreció a sí mismo en su existencia toda. La conclusión es clara: No se olviden de la solidaridad y de hacer el bien, que tales sacrificios son los que agradan a Dios (Heb 13,16). Por otra parte –y esto es de extrema importancia– queda claro que Jesús amaba a su pueblo, su capital su Templo. Cuando un hombre, cabal e íntegro, llora como un chiquillo por una causa concreta, es que esa causa le llega al alma y le importa mucho. ¿Qué nos dice esto? Por lo menos, una cosa capital: *Jesús no atacó a la religión de su pueblo, sino a la religión de los ritos vacíos, el culto de los sacrificios sagrados, la religión de los sacerdotes, sea de quien sea. Dios no quiere esa mediación. La mediación para encontrar a Dios es la vida que cada cual lleva, su honradez y su bondad.*

21 DE NOVIEMBRE - VIERNES **33ª SEMANA DEL TIEMPO ORDINARIO**

Lc 19, 45-48

> *En aquel tiempo, entró Jesús en el Templo y se puso a echar a los vendedores, diciéndoles: "Está escrito: "Mi casa es casa de oración"; pero vosotros la habéis convertido en una "cueva de ladrones". Todos los días enseñaba en el Templo. Los sumos sacerdotes, los letrados y los senadores del pueblo intentaban quitarlo de en medio; pero se dieron cuenta de que no podían hacer nada, porque el pueblo entero estaba pendiente de sus labios.*

1. Se ha conocido a este pasaje del evangelio como la "purificación" del Templo. Pero esta explicación tropieza con una dificultad: ¿qué había que purificar en el Templo? Los sacrificios de animales eran parte esencial del culto religioso. Y para sacrificar los animales, como es lógico, había que adquirirlos. ¿Es que los vendían demasiado caros? ¿Es que con eso hacían negocio los sacerdotes? No hay indicio alguno de estas cosas. No parece, pues, que fuera necesaria ninguna "purificación del Templo".

2. Entonces, ¿por qué hizo Jesús una acción tan provocativa, que resultó ser la acusación más fuerte que se hizo contra Jesús en el juicio religioso y el motivo de burla cuando estaba en la cruz? Para responder a esta cuestión, se ha dicho que el gesto de Jesús fue una "acción simbólica". ¿En qué sentido? Es evidente que la acción de Jesús fue un "ataque" al Templo. No simplemente a "aquel Templo". Jesús se enfrentó directamente a la religión que tiene su centro en el templo, el que sea, y sea la que sea esa religión.

3. Lo que relata este evangelio fue un ataque que se vio como un anuncio de la "destrucción" de la religión del Templo. Los primeros cristianos estaban convencidos de eso. De ahí la acusación que hacen contra Esteban (Hch 6,14). Lo que Jesús pretendía era la desaparición del templo, es decir, lo material del templo que tanto ponderaban los judíos piadosos, y que sería sustituido por el templo nuevo y perfecto.

4. El templo nuevo y perfecto es Jesús mismo (Jn 2,19-22). La presencia de Dios ya no está circunscrita a un espacio sagrado. Dios está en Jesús, el Dios humanizado. Y por eso está en todo ser humano. De ahí que el autor de la Carta a los Hebreos afirma que la muerte de Jesús, interpretada como "sacrificio", introdujo un "cambio radical en la condición religiosa de la humanidad". La nueva religiosidad, a partir de Jesús, no consiste en el culto y el respeto en el templo, al margen de la vida en su totalidad, sino que consiste en la vida entera, en el respeto a todo ser humano desde su concepción hasta su muerte y en el amor sin condiciones. He aquí el cambio de religiosidad que la Iglesia no acepta y que los cristianos no entendemos. Por eso tampoco entendemos, ni vivimos, el Evangelio.

22 DE NOVIEMBRE - SÁBADO 33ª SEMANA DEL TIEMPO ORDINARIO

Lc 20, 27-40

En aquel tiempo, se acercaron a Jesús unos saduceos, que niegan la resurrección y le preguntaron: Maestro, Moisés nos dejó escrito: "Si a uno se le muere su hermano, dejando mujer pero sin hijos, cásese con la viuda y dé descendencia a su hermano". Pues bien, había siete hermanos: el primero se casó y murió sin hijos. Y el segundo y el tercero se casaron con ella, y así los siete murieron sin dejar hijos. Por último, murió la mujer. Cuando llegue la resurrección, ¿de cuál de ellos será la mujer? Porque los siete han estado casados con ella". Jesús les contestó: "En esta vida hombres y mujeres se casan; pero los que sean juzgados dignos de la vida futura y de la resurrección de entre los muertos, no se casarán. Pues ya no pueden morir, son como ángeles; son hijos de Dios, porque participan en la resurrección. Y que resucitan los muertos, el mismo Moisés lo indica en el episodio de la zarza, cuando llama al Señor: "Dios de Abrahán, Dios de Isaac, Dios de Jacob". No es Dios de muertos, sino de vivos; porque para Él todos están vivos". Intervinieron unos letrados: "Bien dicho, Maestro". Y no se atrevieron a hacerle más preguntas.

1. Este relato insiste sobre el problema de la "otra vida". El error de base de los saduceos (y no pocos cristianos actuales) está en no tener en cuenta que la "otra vida" pertenece a "lo trascendente". Y lo trascendente es lo que nosotros no podemos ni saber, ni comprender. Si esto se hubiera tenido presente, no andaríamos dando vueltas a lo que jamás podemos saber. Lo que interesa es entender la enseñanza que da Jesús, en su respuesta los saduceos. Y, sobre todo, lo que esa respuesta puede representar para nosotros.

2. Frente a la incredulidad de los saduceos, por lo que se refiere a la vida después de la muerte, Jesús afirma de forma clara y terminante que la fe en Dios es inseparable de la fe en la resurrección. Con lo cual Jesús quiere enseñar que la vida no se acaba con la muerte, sino que la muerte es el paso a otra forma de vida. En esto consiste lo central de la enseñanza que nos presenta aquí el Evangelio.

3. En todo este asunto, los problemas se nos presentan cuando pretendemos saber cómo será la vida futura, sobre todo si, como les ocurría a los saduceos, intentamos explicar la vida posterior a la muerte a partir de lo que sabemos sobre la vida de este mundo. Aceptamos, de una vez, que por ese camino no llegaremos nunca a saber en qué consiste la "vida eterna". Aceptamos, por tanto, que no es posible conocer cómo o en qué consiste la otra vida. El punto central, en todo este complicado tema, está en saber si tiene (o puede tener) sentido una vida que, como bien sabemos, está condenada inevitablemente al fracaso y a la muerte. Esto supuesto, el mensaje genial de Jesús consiste en decirnos que ese fracaso y esa muerte inevitables no son sino el paso a otra forma de vida, que supera en plenitud y totalidad de sentido las limitaciones de esta vida. Al menos, la esperanza cristiana nos lleva a eso y es eso lo que nos deja como fuente de una felicidad que vence todas las desgracias y sufrimientos que encontramos en esta vida.

23 DE NOVIEMBRE - DOMINGO **JESUCRISTO, REY DEL UNIVERSO**

Lc 23, 35-43

En aquel tiempo, las autoridades y el pueblo hacían muecas a Jesús, diciendo: "A otros ha salvado; que se salve a sí mismo, si es el Mesías de Dios, el Elegido". Se burlaban de él también los soldados ofreciéndole vinagre diciendo: "Si eres tú el rey de los judíos, sálvate a ti mismo". Había encima un letrero en escritura griega, latina y hebrea: "Este es el rey de los judíos". Uno de los malhechores crucificados lo insultaba diciendo: "¿No eres tú el Mesías? Sálvate a ti mismo y a nosotros". Pero el otro lo increpaba: "¿Ni siquiera temes tú a Dios estando en el mismo suplicio? Y lo nuestro es justo porque recibimos el pago de lo que hicimos; en cambio, este no ha faltado en nada". Y decía: "Jesús, acuérdate de mí cuando llegues a tu reino". Jesús le respondió: "Te lo aseguro: hoy estarás conmigo en el paraíso".

1. Si algo hay claro en este relato es que Jesús fue juzgado y ejecutado por el procurador de Roma, Poncio Pilato, en un juicio de acuerdo con las leyes del Imperio.

Solamente el procurador romano podía dictar sentencia de muerte en cruz. Además, se sabe que la cruz era un castigo que los romanos utilizaron en Palestina, entre el 63 a.C. y el 66 d. C., solo contra los que se rebelaban frente a Roma (H. W. Kuhn; X. Alegre). Todo esto quiere decir que Jesús fue sentenciado a muerte por una causa política, al menos a juicio de la autoridad oficial de Roma. Otro motivo no podía interesar, ni en ello era competente, el procurador romano. Jesús fue ejecutado por el delito de *seditio*, como un subversivo contra el poder establecido. Cosa que se confirma si tenemos en cuenta que a los dos malhechores, crucificados con Jesús, se les llama *lestaí* (Mt 15,27 par), una palabra que Josefo utiliza para designar a los rebeldes políticos (H. W.Huhn; X. Alegre).

2. Sin embargo, por lo que cuentan los evangelios, Jesús no promovió ningún motín político. Ni jamás habló contra Roma o contra la ocupación romana y la crueldad que ejercían los legionarios romanos contra la población, como también podía haber hablado contra los abusos fiscales, la represión militar, etc. ¿Por qué, entonces, la condena a muerte por un motivo político? Esta pregunta interesa directamente al título de "rey" que pusieron sobre la cruz.

3. Como bien han explicado los buenos conocedores del derecho romano, los dos pilares básicos, sobre los que se asentaba aquel derecho, eran: 1) La defensa inviolable del "derecho de propiedad". 2) La defensa del "poder de los poderosos" (P. G. Stein, Séneca). Ahora bien, estos dos pilares, llevados hasta sus últimas consecuencias, se sitúan en los antípodas del espíritu y de la letra de cuanto enseñó y vivió Jesús. Seguramente, la idea del papa Pío XI, cuando en 1925 instituyó la festividad de Cristo Rey, era exaltar su poder y su gloria sobre todos los poderes de este mundo. Pero se puede decir razonablemente que la idea de Jesús era otra. Lo que Jesús quería era afirmar que "otro mundo es posible". Un mundo no cimentado sobre el poder y el capital, sino sobre la ética de la honradez, el respeto, la igualdad de derechos y garantías de todos los humanos, la bondad por encima de todo y la ayuda a todo el que sufre. En eso consiste el reinado de Cristo, que chocó y sigue chocando de frente con todos los reinados del "orden presente".

24 DE NOVIEMBRE - LUNES **34ª SEMANA DEL TIEMPO ORDINARIO**

Lc 21, 1-4

Alzando Jesús los ojos, vio unos ricos que echaban donativos en el arca de las ofrendas; vio también una viuda pobre que echaba dos reales, y dijo:

"Sabed que esa pobre viuda ha echado más que nadie, porque todos los demás han echado de lo que les sobra, pero ella, que pasa necesidad, ha echado todo lo que tenía para vivir".

1. Se sabe que Jerusalén era, en tiempo de Jesús, una ciudad en la que abundaban los mendigos y, en general, gentes de ínfima condición económica, muchos de los cuales vivían de limosna. En la ciudad había tanta gente en esta situación que abundaban los testimonios en los que se afirma que en Jerusalén había personas que se enorgullecían de la cantidad de pobres que eran atendidos en la ciudad (J. Jeremias). Por otra parte, esto ocurría en una ciudad que era profundamente religiosa. Por eso no es de extrañar que se dieran casos frecuentes como el de esta viuda, en la que se unían pobreza y generosidad hasta extremos límite.

2. Por otra parte, es frecuente que, en los lugares de culto, se vean personas de buena posición social que dan limosnas. No hay que poner en duda la generosidad de tales personas. Pero tan cierto como eso es que suele haber casos de gentes que, mediante una limosna, tranquilizan sus conciencias atormentadas por decisiones o asuntos que ni se pueden decir en público. Como es lógico, Jesús elogia la enorme generosidad de la pobre viuda, al tiempo que implícitamente critica la falsa generosidad de algunos ricos. Y Jesús elogia a esta pobre viuda por la fe, manifestada en su desprendimiento, esto es ejemplar. Porque cuando la fe llega a tocar el bolsillo, y lo toca hasta el extremo que el creyente se quita de la boca lo que da, entonces no cabe la menor duda de que la fe de esa persona es tan enorme, que está por encima incluso de la propia subsistencia.

3. Pero en este breve relato hay algo que hace pensar, y pensar mucho. Cuando se trata de los donativos a la religión (representada en el templo), lo que interesa no es la cantidad que se da, sino la generosidad con que se da. Porque la religión (el templo, la Iglesia...) no es una empresa, cuyo éxito se mide por las ganancias y la acumulación de capital, sino que es un sacramento, es decir, un símbolo que debe centrar nuestra atención y nuestras aspiraciones, no en el interés, sino en el desinterés, o sea, en la generosidad y el desprendimiento.

4. Los donativos religiosos de los ricos tienen un peligro, a saber: que mediante tales donativos pueden tranquilizar sus conciencias. Es decir, pueden pretender que la caridad con Dios (que no necesita caridad) borre o tape las negras manchas de la injusticia con el prójimo (que sí necesita que se le haga justicia). Con todo, la caridad hecha con generosidad, ayuda a borrar nuestras faltas contra el prójimo. No olvidemos que al final nos dirán: "lo que hiciste con mis hermanos más necesitados, lo hiciste conmigo".

Lc 21, 5-11

Algunos ponderaban la belleza del Templo por la calidad de la piedra y los exvotos. Jesús les dijo: "Esto que contempláis, llegará un día en que no quedará piedra sobre piedra: todo será destruido". Ellos le preguntaron: "Maestro, ¿cuándo va a ser eso?, ¿y cuál será la señal de que todo esto está para suceder?" Él contestó: "Cuidado con que nadie os engañe. Porque muchos vendrán usurpando mi nombre, diciendo: "Yo soy", o bien: "El momento está cerca"; no vayáis tras ellos. Cuando oigáis noticias de guerras y de revoluciones, no tengáis pánico. Porque eso tiene que ocurrir primero, pero el final no vendrá enseguida". Luego les dijo: "Se alzará pueblo contra pueblo y reino contra reino, habrá grandes terremotos, y en diversos países epidemias y hambre. Habrá también espantos y grandes signos en el cielo".

1. En los tiempos que vivimos, cuando estamos asistiendo a tantos y tan profundos cambios en casi todos los ámbitos de la vida, de la sociedad y de las costumbres, cuando sobre todo la crisis económica nos está golpeando a todos tan despiadadamente, el tema de las desgracias –y "de la que está cayendo"– es el tema que invade nuestros pensamientos, nuestras preocupaciones y el asunto más recurrente en las conversaciones de medio mundo. Tenemos la impresión de que las desgracias y catástrofes, que aquí indica el Evangelio, se están cumpliendo.

2. El anuncio que hace Jesús, sobre la destrucción de la belleza y la calidad del Templo, es el anuncio del fin del esplendor y el boato como mediación para encontrar a Dios. La riqueza en oro y la belleza consiguiente debió ser algo tan asombroso que, después de la conquista de Jerusalén por parte de los romanos, la provincia de Siria se vio inundada por una gigantesca oferta de oro; lo que trajo como consecuencia, según el historiador F. Josefo, que la "libra de oro se vendiese a la mitad de precio que antes" (F. Josefo). El esplendor de nuestras basílicas y catedrales, empezando por la de san Pedro en Roma, impresiona y admira. Pero todo eso no lleva a la gente a ser más honrada, más justa y de mejor corazón. Eso ya no es mediación para encontrar a Dios.

3. Cuando se dicen estas cosas, hay personas que sienten lo que sintieron los apóstoles cuando Jesús les dijo que todo lo del Templo y sus grandezas estaba a punto de hundirse para siempre. Los discípulos sintieron miedo. Por eso se comprende todo lo que Jesús añade sobre las situaciones en las que mucha gente piensa que se nos viene encima el fin del mundo o poco menos.

En tales situaciones, aparecen los "salvadores", los que dicen que ellos son los "auténticos", los que saben dónde y cómo hay que buscar la solución. Jesús dice: "Cuidado que nadie los engañe... o vayan tras ellos". Los "iluminados", que aprovechan los momentos de crisis y desconcierto, para ofrecer soluciones seguras, son gente peligrosa.

4. Desgracias, calamidades, guerras y crisis económicas las habrá siempre. Hasta el fin de los tiempos. Pero no perdamos la cabeza, ni nos dejemos invadir por la angustia y el miedo. La vida es más fuerte que todo lo demás. Y la historia sigue adelante. La peor de todas las calamidades es el miedo, la pérdida de nuestras mejores ilusiones y, sobre todo, el hundimiento de la bondad que contagia felicidad a quienes conviven con nosotros. Es cierto que las cosas se han puesto mal, pero el cambio no puede ser sino hacia algo mejor. Además lo mejor será el logro de quienes, con libertad y audacia, pierdan el miedo ante cambios muy de fondo que seguramente se avecinan. El hombre y la mujer de fe siempre verán las "peores" situaciones que nos toca vivir como una oportunidad de mostrar en lo que creemos y en lo que somos capaces los que nos decimos seguidores de Jesús.

26 DE NOVIEMBRE - MIÉRCOLES **34ª SEMANA DEL TIEMPO ORDINARIO**

Lc 21, 12-19

Dijo Jesús a sus discípulos: "Os echarán mano, os perseguirán, entregándoos a las sinagogas y a la cárcel, y os harán comparecer ante reyes y gobernadores, por causa mía. Así tendréis ocasión de dar testimonio. Haced propósito de no preparar vuestra defensa, porque yo os daré palabras y sabiduría a las que no podrán hacer frente ni contradecir ningún adversario vuestro. Y hasta vuestros padres, y parientes, y hermanos, y amigos os traicionarán, y matarán a algunos de vosotros, y todos os odiarán por causa mía. Pero ni un cabello de vuestra cabeza perecerá: con vuestra perseverancia salvaréis vuestras almas".

1. Jesús les dice tres cosas a sus apóstoles. La primera, que van ser perseguidos. Como en cualquier país o en cualquier sociedad se persigue a los malhechores, especialmente a los subversivos que desestabilizan el "orden establecido". Para explicar los motivos de esta persecución, Jesús no aduce motivaciones políticas o ideológicas. Basta un hecho: son seguidores de Jesús y la norma de su vida es el Evangelio. Cuando esto no es una "mera religión", sino una "forma de vivir", este proyecto de vida se hace enormemente peligroso. Porque subvierte el "orden" y provoca una especie de "*kaos*". En este "desorden evangélico", los últimos son los primeros, los pequeños son más importantes que los grandes, los pobres se anteponen a los ricos, a los ignorantes se les hace más caso que a los sabios... Es evidente que, en una sociedad en las que suceden estas cosas, el trastorno es total. Y los que tienen privilegios se tienen que igualar con los desgraciados, cosa a la que los privilegiados no están dispuestos.

2. La segunda cosa, que dice Jesús, es que, cuando los seguidores del Evangelio, se vean perseguidos, si la persecución viene de lo que se acaba de decir, no deben preocuparse. No deben buscar argumentos, ni abogados, ni procuradores, ni defensores competentes. La fuerza de la justicia y del derecho es más fuerte que todos los argumentos del mundo. Cuando uno se ve perseguido porque defiende a los humildes, la defensa consiste en hablar sin callarse nada. Ahora se dan noticias de corrupción, se comentan los delitos de los corruptos, las mentiras de los políticos, las injusticias de algunos jueces... Basta hablar. Decir la verdad de los hechos. Y que vayan las víctimas al tribunal, para que cuenten lo que les ha pasado, lo que han visto, lo que han sufrido. La realidad de la vida es nuestra defensa ante los que nos persiguen y nos odian.

3. La tercera cosa, que recuerda Jesús es que la persecución se tiene que soportar en soledad. Los amigos, los compañeros, los parientes, hasta los familiares más íntimos, todos nos van a abandonar. A Jesús le ocurrió lo mismo en la pasión. *"Todos lo abandonaron y huyeron"* (Mc 14, 50). Ni uno dio la cara por él. Es lo más duro que tienen las situaciones en las que uno se ve mal interpretado, perseguido, acusado, denunciado, en peligro. Cuando se reciben condenas y ni se dan explicaciones de lo que ocurre y por qué ocurre, verse solo es espantoso. El más fuerte se hunde en la depresión. Y quedas ya marcado con un cliché que se incorpora a nuestra vida para el resto de nuestros días. "Algo habrá hecho", es el comentario. Estás señalado hasta el fin de tus días. Solo la fe en Jesús nos saca adelante. No temas.

27 DE NOVIEMBRE - JUEVES **34ª SEMANA DEL TIEMPO ORDINARIO**

Lc 21, 20-28

Dijo Jesús a sus discípulos: "Cuando veáis a Jerusalén sitiada por ejércitos, sabed que está cerca su destrucción. Entonces, los que estén en Judea, que huyan a la sierra; los que estén en la ciudad, que se alejen; los que estén en el campo, que no entren en la ciudad; porque serán días de venganza en que se cumplirá todo lo que está escrito. ¡Ay de las que estén encinta o criando en aquellos días! Porque habrá angustia tremenda en esta tierra y un castigo para este pueblo. Caerán a filo de espada, los llevarán cautivos a todas las naciones, Jerusalén será pisoteada por los gentiles, hasta que a los gentiles les llegue su hora. Habrá signos en el sol y la luna y las estrellas, y en la tierra angustia de las gentes, enloquecidas por el estruendo del mar y el oleaje. Los hombres quedarán sin aliento por el miedo y la ansiedad ante lo que se le viene encima al mundo, pues los astros se tambalearán. Entonces verán al Hijo del Hombre venir en una nube, con gran poder y majestad. Cuando empiece a suceder esto levantaos, alzad la cabeza: se acerca vuestra liberación".

1. Es dudoso que Jesús pronunciara las frases tan duras, que contiene este texto, sobre la destrucción de Jerusalén (Lc 21,20-24), el castigo del pueblo y a dispersión de Israel por todas las naciones. La redacción de este discurso salió de la mano de Lucas (J. A. Fitzmyer) que sin duda expresaba las ideas y sentimientos de la comunidad cristiana para la que se escribió su evangelio.

2. En los vv. 25-28, Lucas presenta la profecía de Jesús sobre los acontecimientos que precederán a la venida del Hijo del Hombre. ¿Esperaba Jesús una venida inminente y así lo pensó la Iglesia primitiva? ¿Se trata, más bien, de un proceso histórico que se irá desarrollando, como proceso de creciente liberación, a lo largo de los tiempos? Estas preguntas no han encontrado aún una respuesta clara y definitiva. Ni seguramente será posible encontrarla. En todo caso, es claro que estamos viendo y viviendo guerras, calamidades y situaciones que nos causan miedo y ansiedad. Pues bien, Jesús dice: *cuando empiecen a suceder estas cosas, alcen la cabeza, se acerca su liberación*. Lo que Jesús profiere no es una amenaza. Es una promesa de esperanza.

3. La "liberación", de la que habla este evangelio, es la liberación definitiva y última, que se alcanza mediante la "liberación histórica" de tantas opresiones que sufrimos en este mundo. Es la liberación de los oprimidos por los poderes opresores. La liberación que es eje y nervio central de la fe en Jesús el Señor. Por eso, en cada Eucaristía anunciamos la espera y el deseo de la llegada definitiva del Señor. Es una espera activa que nos libera de todo aquello que aparta al ser humano de Dios y nos abre a la comunión, ya desde ahora, con Jesucristo. La esperanza de que Cristo nos hará partícipes de su victoria definitiva alienta y sustenta nuestra marcha.

28 DE NOVIEMBRE - VIERNES 34ª SEMANA DEL TIEMPO ORDINARIO

Lc 21, 29-33

En aquel tiempo, expuso Jesús una parábola a sus discípulos: "Fijaos en la higuera o en cualquier árbol: cuando echan brotes, os basta verlos para saber que el verano está cerca. Pues, cuando veáis que suceden estas cosas, sabed que está cerca el Reino de Dios. Os aseguro que antes que pase esta generación todo esto se cumplirá. El cielo y la tierra pasarán, mis palabras no pasarán".

1. Por los evangelios sinópticos, sabemos que las comunidades primitivas pusieron en boca de Jesús afirmaciones contundentes en el sentido de que "algo importante" iba a suceder y por eso los cristianos vivían en una apremiante expectación (Mc 9,1; Mt 10,23; Lc 21,32-33) ¿A qué se referían en concreto tales expectativas? No es posible saberlo con seguridad.

2. Por lo menos, es seguro que el gran acontecimiento que aquella generación vivió fue el mismo acontecimiento de Jesús, el Crucificado y el Resucitado, que fue el origen y el punto de partida, no solo ni principalmente, de una nueva era, sino por encima de todo lo demás, el arranque de un proceso lento, largo e imparable de humanización. En Jesús, Dios se humanizó. Y la humanización de Dios, en aquel judío enteramente singular, es inicio de la creciente superación de la deshumanización que a todos nos sigue causando tantos sufrimientos y tanta degradación.

3. Pero nuestra esperanza no se derrumba. Se mantiene firme, no obstante toda la deshumanización que a estas alturas de la historia nos sigue acosando. Jesús lo dijo: "el cielo y la tierra pasarán, mis palabras no pasarán" Así es: la palabra y la promesa de Jesús sigue adelante en la historia. Es la palabra y la promesa de una creciente humanización que, al hacernos más humanos, por eso mismo nos hace divinos. Es decir, nos hace alcanzar la anhelada meta de un mundo más humano. Y de una esperanza firme en que la vida tiene sentido. Porque tiene futuro. El futuro definitivo del Trascendente que nos espera para siempre.

29 DE NOVIEMBRE - SÁBADO 34ª SEMANA DEL TIEMPO ORDINARIO

Lc 21, 34-36

En aquel tiempo, dijo Jesús a sus discípulos: "Tened cuidado: no se os embote la mente con el vicio, la bebida y los agobios de la vida. Y se os eche encima de repente aquel día; porque caerá como un lazo sobre todos los habitantes de la tierra. Estad siempre despiertos, pidiendo fuerzas para escapar de todo lo que está por venir y manteneos en pie ante el Hijo del Hombre".

1. Jesús termina su discurso –según la redacción de Lucas– con una exhortación a la vigilancia. Esta vigilancia se condensa en dos cosas: la conducta ética y la oración. Estas dos cosas, a juicio de Jesús, constituyen los cimientos de una vida sólidamente fundamentada para poder "mantenerse en pie" cuando llegue el final. Así es como el Hijo del Hombre, el Mesías, quiere encontrar a sus seguidores en el momento del encuentro definitivo. En cualquier caso, una cosa parece clara: "mantenerse en pie ante Jesús" es tenerse de pie ante el reto constante que todos tenemos que afrontar, de no perder nuestra humanidad, superar constantemente la inhumanidad que tanto daño hace y, en definitiva, SER PROFUNDAMENTE HUMANOS. Porque la humanidad es la condición que asumió Dios mismo. Para que en este mundo haya esperanza y la vida tenga sentido.

2. La vida cristiana, según Jesús, tiene como primer componente una vida ética que consiste en vigilar para que el corazón, la mente, la capacidad de pensar rectamente no llegue a sentirse "cargada", "oprimida", "abrumada". Para ello, se trata de evitar lo que nos impide ver las cosas tal como son: el vicio, la bebida y el afán por el dinero. Lo mismo entonces que ahora, cuando una persona anda encadenada al vicio y la buena vida, no puede pensar y, menos aún, ver la realidad tal cual es (R. Bultman). Lo que sí es cierto, es que, una persona que ata su vida a pasarlo bien a toda costa, no ve la vida ni enjuicia las cosas con limpieza y claridad. Eso es lo primero que exige Jesús: cuidar la rectitud del pensamiento humano y del juicio de la mente humana.

3. Y lo que Jesús pide, para vivir así, es la oración. Que no consiste en un ritual religioso, sino en un deseo vívido y sentido. Cuando una persona desea intensamente algo, está pidiendo eso mismo a Dios. Porque lo que Dios ve, en nuestra espiritualidad, no son las "prácticas", sino los "sentimientos" que se traducen en "deseos". Las noches que Jesús pasaba en oración, eran horas de soledad en las que daba rienda suelta a su preocupación por el sufrimiento humano, por las carencias de los mortales, por el dolor de los que peor lo pasan en la vida. Una persona que siente intensamente estos problemas es una persona que hace mucha oración, incluso cuando ni se da cuenta de que la hace.

Mt 24, 37-44

En aquel tiempo dijo Jesús a sus discípulos: "Cuando venga el Hijo del Hombre pasará como en tiempo de Noé. Antes del diluvio la gente comía y bebía y se casaba, hasta el día en que Noé entró en el arca; y cuando menos lo esperaban llegó el diluvio y se los llevó a todos; lo mismo sucederá cuando venga el Hijo del Hombre: Dos hombres estarán en el campo: a uno se lo llevarán y a otro lo dejarán; dos mujeres estarán moliendo: a una se la llevarán y a otra la dejarán. Por tanto estad en vela, porque no sabéis qué día vendrá vuestro Señor. Comprended que si supiera el dueño de casa a qué hora de la noche viene el ladrón, estaría en vela y no dejaría abrir un boquete en su casa. Por eso estad también vosotros preparados, porque a la hora que menos penséis viene el Hijo del Hombre".

1. El Adviento es el tiempo (4 semanas) que dedicamos a preparar la Navidad, el día en que se recuerda que Dios, en Jesús, se hizo presente en la historia. Preparar la Navidad es, ante todo, esperar la venida de Jesús para acogerlo en nuestras vidas. La Navidad se reproduce y se repite todos los días. Porque todos los días Jesús se hace presente en nuestra historia, en la vida de cada uno de nosotros, en lo que hacemos y en lo que dejamos de hacer. Jesús se hace presente en la bondad, en la amistad, en la sinceridad, en la honradez, en el bien que hacemos y en la felicidad que contagiamos a quienes se sienten mal, tristes y necesitados. Así entra Jesús en la historia de cada persona, y en la historia de la sociedad y de la Iglesia.

2. Los evangelios cuando hablan del final de los tiempos ponen en boca de Jesús una exhortación a estar "vigilantes", "estar alerta", "preparados", etc. Por eso, las primeras comunidades cristianas le daban mucha importancia a la vigilancia. El final de los tiempos no llegaba tan pronto como muchos esperaban por lo que corrían el riesgo de irse olvidando de las palabras de Jesús y su modo de vida.

3. De ahí que Jesús que insista tantas veces a vigilar. Vigilar es despertar del sueño en que los cristianos vivimos a menudo ensimismados en nuestros propios intereses, actitudes y estilo de vida que no son los de Jesús. Vigilar es estar atentos a lo que pasa a nuestro alrededor, es decir, estar atentos a nuestra realidad, que no es otra cosa que escuchar a los que sufren, a los descartados, como nos diría el papa Francisco. Vigilara es hacer el esfuerzo por conocer lo que dijo y hizo Jesús durante su vida pública y que nos lo han transmitido los

Apóstoles. Después de más de veinte siglos de cristianismo, seguimos dormidos como "aquellas jóvenes que esperaban al esposo y porque tardaba les entró sueño". Necesitamos estar despiertos para que no nos pase lo del juicio final a las naciones, cuando el Señor nos diga, "apártense de mí…" y le diremos, ¿cuándo te vimos así? Y nos responderá: "Cuando lo dejaron de hacer con uno de mis hermanos más necesitados, conmigo los hicieron".

4. Así pues, el tiempo de Adviento, es una oportunidad para hacer una revisión de nuestras actitudes hacia la vida, hacia los demás, y hacia el mismo Dios que se ha hecho uno de nosotros para que "tengamos vida y la tengamos en abundancia".

1 DE DICIEMBRE - LUNES **1ª SEMANA DE ADVIENTO**

Mt 8, 5-11

En aquel tiempo al entrar Jesús en Cafarnaúm, un centurión se le acercó diciéndole: "Señor, tengo en casa un criado que está en cama paralítico". Jesús le contestó: "Voy yo a curarlo". Pero el centurión le replicó: "Señor, ¿quién soy yo para que entres bajo mi techo? Basta que lo digas de palabra y mi criado quedará sano. Porque yo también vivo bajo disciplina y tengo soldados a mis órdenes: y le digo a uno 've', y va; al otro, 'ven' y viene; a mi criado 'haz esto' y lo hace". Al oírlo, Jesús quedó admirado y dijo a los que le seguían: "Os aseguro que en Israel no he encontrado en nadie tanta fe. Os digo que vendrán muchos de Oriente y Occidente y se sentarán con Abrahán, Isaac y Jacob en el Reino de los Cielos".

1. Por más extraño que parezca, hablando con propiedad, los evangelios no son libros de religión. Porque ¿cómo puede ser un libro de religión una recopilación de relatos en la que el protagonista de esos relatos, Jesús de Nazaret, fue perseguido, odiado, condenado y asesinado por la religión y sus dirigentes? Los evangelios son un proyecto de vida. Es decir, los evangelios nos enseñan cómo tenemos que vivir quienes pensamos y decimos que creemos en Jesús y seguimos a Jesús.

2. En este relato, Jesús elogia la fe de un centurión romano. Y la elogia hasta el extremo de afirmar, en público, que nadie en Israel tenía tanta fe como aquel extranjero. No cabe dudad de que Jesús entendía la fe, no como un "acto religioso", sino como un "comportamiento humano". Sin duda alguna, se trata del comportamiento de aquel hombre importante ante el sufrimiento de un sirviente, quizá incluso un esclavo. La salvación es un don de Dios y nadie la tiene asegura por pertenecer a un país determinado, ni a una raza, ni por el mero hecho de estar bautizado. Es más, otros, aunque "no sean de los nuestros", pueden ser modelos en el ejercicio de la misericordia. Y ellos se sentarán en el banquete del reino. Es una llamada a revisar si nuestra vida es coherente con el Evangelio.

3. Una persona cree en Jesús en la medida en que no soporta el sufrimiento de quienes se ven amenazados, hundidos en el dolor, desatendidos y sin esperanza. En este mundo, en el que tanto se sufre, una persona que va por la vida como en este episodio se muestra el centurión, esa persona cree en Jesús en la medida en que ve, en la vida de Jesús, la solución para tanta desgracia y tanto dolor. La fe es ver, en el "proyecto de vida" que vivió Jesús, la solución al dolor y descomposición de este mundo.

2 DE DICIEMBRE - MARTES — **1ª SEMANA DE ADVIENTO**

Lc 10, 21-24

En aquel tiempo, lleno de la alegría del Espíritu Santo, exclamó Jesús: "Te doy gracias, Padre, Señor del cielo y de la tierra, porque has escondido estas cosas a los sabios y a los entendidos, y las has revelado a la gente sencilla. Sí, Padre, porque así te ha parecido bien. Todo me lo ha entregado mi Padre, y nadie conoce quién es el Hijo, sino el Padre; ni quién es el Padre, sino el Hijo, y aquel a quien el Hijo se lo quiere revelar". Volviéndose a los discípulos, les dijo: "¡Dichosos los ojos que ven lo que vosotros veis! Porque os digo que muchos profetas y reyes desearon ver lo que vosotros veis, pero no lo vieron, y oír lo que oís, pero no lo oyeron".

1. Jesús se dirige, en esta ocasión, al "Padre", entendido como "Señor del cielo y de la tierra". O sea, Dios es el "Trascendente" y el "Inmanente" a la vez. El Dios que está a nuestro alcance y que, sin embargo, lo tenemos tan cerca, tan presente, tan visible. Es el Dios, a un mismo tiempo, tan "divino" y tan "humano". Pues bien, Jesús afirma que a este Dios no lo conocen los "sabios y entendidos". Los que se saben todos los libros y todas las teorías, esos son que no se enteran de quién es Dios, ni de cómo es Dios. Sin embargo, este Dios se da a conocer a los más pequeños, los últimos de este mundo. Dios no es una "cosa", no es un "objeto del conocimiento", no es un "saber", Por eso los sabios y entendidos no lo conocen. Mientras que los que no pintan nada, ni tienen títulos, ni son notables, esos son los que lo conocen. ¿Qué es esto?

2. La gente *sencilla* es la gente que no tiene nada más que su humanidad, su condición humana. Hay millones de seres humanos que no tienen otra cosa que lo indispensable para mantener su humanidad. No tienen otra cosa, esas gentes. Solo tienen su condición humana. Y sabemos, por el misterio de la encarnación, que Dios se "encarnó" precisamente en la condición humana (Jn 1,14). Los sabios son los que saben mucho y se fían de su sabiduría. Los entendidos son los que tienen mucho (títulos, cargos, experiencias…). Por eso los sabios y los entendidos tienen el peligro de confundir a Dios con lo que llevan en sus saberes y sus títulos. Así se engañan así mismos. Los otros, los que no tienen nada y por eso son los últimos, no tienen más que su humanidad. Es decir, tienen carencias, ignorancia, necesidades… Y es ahí y en eso donde el Dios de Jesús se les hace presente: en lo que sufren, en lo que necesitan, en lo que buscan, en lo que anhelan… Ahí está Dios. El Dios de Jesús. Tener a Dios no es tener ideas claras y seguras. Tener a Dios es tener humanidad, sencillez humildad, deseos de lo más típicamente humano. No es lo mismo hablar de "el ser humano", que hablar de "ser humano". Hay quien sabe mucho de "el ser humano", pero es poco "humano". Y es siendo humanos como encontramos a Dios y en lo que encontramos a Jesús.

3. Cuando Jesús dice que son dichosos los que ven y oyen lo que veían y oían los discípulos, en realidad, ¿qué nos dice? Los discípulos veían a un hombre, a un ser humano y oían a un galileo de Nazaret, del que ni su familia se explicaba cómo ni dónde había aprendido lo que decía (Mt 6,1-6). Lo que resulta sorprendente, en lo que aquí dice Jesús, es que la "revolución religiosa", que él trajo al mundo, consistía en que, en cada ser humano oímos y vemos a Jesús. Y en Jesús es donde vemos a Dios. ¿Vemos la humanidad de los demás? ¿Oímos sus humanidad? Con frecuencia ocurre que un Dios tan profundamente humano no nos entra en la cabeza. Y menos aún, en el corazón. ¿Por qué seremos así? ¿No nos ocurrirá que apetecemos más ser como los "sabios y entendidos" mientras que la "gente sencilla" nos importa un bledo? No olvidemos que el mundo, del que tanto nos quejamos, se arregla desde la libertad que siempre tendrán los sencillos y humildes, no desde el poder y el mando que ostentan los que se creen poderosos.

3 DE DICIEMBRE - MIÉRCOLES **1ª SEMANA DE ADVIENTO**

Mt 15, 29-37

En aquel tiempo, Jesús bordeando el lago de Galilea, subió al monte y se sentó en él. Acudió a él mucha gente llevando tullidos, ciegos, lisiados, sordomudos y muchos otros; los echaban a sus pies y él los curaba. La gente se admiraba al ver hablar a los mudos, sanos a los lisiados, andar a los tullidos y con vista a los ciegos, y dieron gloria al Dios de Israel. Jesús llamó a sus discípulos y les dijo: "Me da lástima de la gente, porque llevan ya tres días conmigo y no tienen qué comer. Y no quiero despedirlos en ayunas, no sea que se desmayen en el camino". Los discípulos le preguntaron: "¿De dónde vamos a sacar en un despoblado panes suficientes para saciar a tanta gente?" Jesús les preguntó: "¿Cuántos panes tenéis?" Ellos contestaron: "Siete y unos peces". Él mandó que la gente se sentara en suelo. Tomó los siete panes y los peces, dijo la acción de gracias, los partió y los fue dando a los discípulos, y los discípulos a la gente. Comieron todos hasta saciarse y recogieron las sobras: siete cestas llenas.

1. Las dos cosas que más preocupan a todo el mundo son la *salud y la alimentación.* Y más en estos tiempos de crisis económica. Estar sano y no pasar hambre. Por eso, lo que más deseamos los humanos es no estar enfermos y poder comer. Es lo más humano. Lo más común a todos los humanos. En esto todos somos iguales. Y esto es previo y más elemental que la cultura, la religión, la nacionalidad... Por eso Jesús mira, se compadece y sana. En una zona desértica, se hace tarde y la gente siente hambre. Los discípulos sólo cuentan con cinco panes y dos peces, pero el Señor sabe que él es el único que puede saciar el hambre. Mirando a sus discípulos los invita al desafío de continuar dando de comer a la humanidad que siempre tendrá hambre de Dios.

2. Por eso las dos preocupaciones más fuertes de Jesús fueron la salud de los enfermos y la comida de los hambrientos. Esto explica que los dos temas que más se repiten en los evangelios son las *curaciones de enfermos y las comidas de Jesús,* de los pobres, de los discípulos. La salud y la alimentación aparecen en los evangelios mucho más que la oración, el culto, la liturgia. Basta leer los evangelios con atención y contar las veces que se habla de curaciones, de comidas, de oración, de culto religioso... Esto es capital, enteramente capital, para empezar a entender el Evangelio, la vida de Jesús y el mensaje que nos quiso dar.

3. Para Jesús es más importante "lo humano" que "todo lo relacionado con el culto y lo religioso". Porque Dios, según Jesús, se ha humanizado de forma que a nuestro Dios lo encontramos, ante todo, cuando nos portamos con humanidad, de forma que la religiosidad es válida solamente cuando nos hace más humanos y nos ayuda a vencer la deshumanización que todos llevamos dentro. Sin duda, al decir esto, estamos tocando una de las cuestiones básicas en las que las religiones más equivocan y más desorientan a la gente. Jesús recibe a personas necesitadas; nosotros también los somos. Hoy, llevamos al Señor nuestras limitaciones, fragilidades, enfermedades y carencias. Estemos seguros que nos escuchará, porque él muestra siempre actitudes humanas, de cercanía. Y tanto se da, que "sobra". No tiene medida su entrega y a eso nos impulsan sus acciones.

4 DE DICIEMBRE - JUEVES **1ª SEMANA DE ADVIENTO**

Mt 7, 21. 24-27

En aquel tiempo dijo Jesús a sus discípulos: "No todo el que me dice: ¡Señor, Señor!, entrará en el Reino de los Cielos, sino el que cumple la voluntad de mi Padre que está en el cielo. El que escucha estas palabras mías y las pone en práctica se parece a aquel hombre prudente que edificó su casa sobre roca. Cayó la lluvia, se salieron los ríos, soplaron los vientos y descargaron contra la casa; pero no se hundió, porque estaba cimentada sobre roca. El que escucha estas palabras mías y no las pone en práctica se parece a aquel hombre necio que edificó su casa sobre arena. Cayó la lluvia, se salieron los ríos, soplaron los vientos y rompieron contra la casa, y se hundió totalmente".

1. Los cristianos nos tenemos que convencer de que lo que le importa a Dios no es que invoquemos su santo nombre, sino que hagamos lo que Él quiere. La invocación puede ser un simple desahogo. La acción es un deber apremiante. La devoción piadosa tranquiliza la conciencia, hace que el devoto se sienta satisfecho y además muchos piadosos se suelen ver a sí mismos mejores que los pecadores, los agnósticos y los ateos. Es la mentalidad típica del fariseo, un tipo de persona que los evangelios rechazan con insistencia. Un tipo de persona tan "religiosa" como "satisfecha" de sí misma y además una clase de gente que va por la vida "despreciando" a quienes no son como ellos. Dios no tolera eso. Prefiere al que es "despreciado" y al que se ve a sí mismo "sin salida" en la vida. El que no ve más salida que pedir que se tenga compasión de él (Lc 18,9-14).

2. El Sermón del Monte termina diciendo que hay hombres inteligentes y hombres necios. Inteligente es el que escucha lo que dice Jesús y lo pone en práctica. Necio es el que escucha el Evangelio, seguramente se lo cree, lo tiene por verdadero, lo acepta sin dudar, pero no lo pone en práctica. En la Iglesia hay más necios que inteligentes. Porque en ella estamos demasiados hombres que escuchamos (y explicamos) el Evangelio y luego hacemos exactamente lo contrario: apetecemos dinero, poder, dignidades, fama... Cuando los cristianos hacemos lo que dijo Jesús en el Sermón del Monte, entonces es cuando edificamos una Iglesia firme, fuerte y como Dios quiere.

3. La coherencia en la fe es edificar la casa sobre roca. La fe da consistencia, estabilidad y solidez a la persona. La incoherencia en la fe es edificar la casa sobre arena. Es vivir en un peligro constante, por más que se tenga la apariencia de un edificio bien construido. Pero, ¡atención!, para Jesús, "creer" es "poner en práctica" lo que dice el Evangelio. Por tanto, creer es perdonar siempre, dar sin pedir nada, poner la otra mejilla, es decir, no devolver mal con mal, ser bueno siempre con todos... El que no hace eso y vive así, por más que asegure que el Evangelio es verdad, si no vive como vivió y murió Jesús, se tiene que preguntar a fondo si tiene o no tiene fe.

5 DE DICIEMBRE - VIERNES — 1ª SEMANA DE ADVIENTO

Mt 9, 27-31

En aquel tiempo, al marcharse Jesús, le siguieron dos ciegos gritando: "Ten compasión de nosotros, Hijo de David". Al llegar a la casa se le acercaron los ciegos y Jesús les dijo: "¿Creéis que puedo hacerlo?". Contestaron: "Sí, Señor". Entonces les tocó los ojos diciendo: "Que os suceda conforme a vuestra fe". Y se les abrieron los ojos. Jesús les ordenó severamente: "¡Cuidado, con que lo sepa alguien!". Pero ellos, al salir, hablaron de él por toda la comarca.

1. Seguramente lo más llamativo, que hay en este relato, es la relación que Jesús establece entre la fe y la salud. Por eso Jesús les pregunta a los ciegos si "creen" que él los puede curar. Y por eso les dice también: "Que les suceda conforme a la fe de ustedes". Es decir, Jesús no atribuye la curación al poder de Dios o su propio poder, sino al poder de la fe. Y no olvidemos nunca que la fe es un acto humano. No tenemos idea de la fuerza de vida que tenemos en nosotros mismos, en nuestra propia fe. Esto es capital para entender a Jesús.

2. Este planteamiento de la fe, como fuerza curativa, como energía de vida, es una de las cosas más novedosas y sorprendentes que uno se encuentra en los evangelios. La afirmación de Jesús: "Tu fe te ha curado" se repite constantemente en los relatos evangélicos. Y por la fe se explica la curación del paralítico (Mc 2,1-12 par), de la hija de Jairo y de la mujer que padecía hemorragias (Mc 5,21-43 par), de la hija de la mujer cananea (Mt 15,21-28 par), de los dos ciegos (Mt 9,27-31), los diez leprosos (Lc 17,11-19). Más aún, esta relación entre fe y curación es tan fuerte, que cuando falta la fe, el Evangelio dice que Jesús, cuando visitó Nazaret, "no le fue posible de ningún modo actuar allí con fuerza" (Mc 6,5). ¿Por qué? Porque allí "no tenían fe" (Mc 6,6; Mt 13,53-58).

3. Tres enseñanzas se deducen de lo dicho: 1) Jesús le dio un cambio radical a la fe: no es la relación con Dios a través de los ritos religiosos, sino a través de la vida. 2) Para Jesús es más importante la vida que la religión con sus ritos. 3) La fe, ante todo, es una fuerza de vida. O sea, la fe es auténtica cuando nos da fuerza para tirar de la vida, para vivir con gozo y alegría la vida, para superar las dificultades de la vida. Lo que, en definitiva, quiere decir que una persona tiene fe, si afronta con seriedad, con alegría y con ilusión la realidad de esta vida, por más dura y complicada que se nos presente.

6 DE DICIEMBRE - SÁBADO **1ª SEMANA DE ADVIENTO**

Mt 9, 35 - 10, 1. 6-8

En aquel tiempo, Jesús recorría todas las ciudades y aldeas, enseñando en sus sinagogas, anunciando el evangelio del Reino y curando todas las enfermedades y todas las dolencias. Al ver a las gentes se compadecía de ellas, porque estaban extenuadas y abandonadas, "como ovejas que no tienen pastor". Entonces dijo a sus discípulos: "La mies es abundante, pero los trabajadores son pocos; rogad, pues, al Señor de la mies que mande trabajadores a su mies". Llamó a sus doce discípulos y les dio autoridad para expulsar espíritus inmundos y curar toda enfermedad y dolencia. A estos doce los envió con estas instrucciones: "Id a las ovejas descarriadas de Israel. Id y proclamad diciendo que el Reino de los Cielos está cerca. Curad enfermos, resucitad muertos, limpiad leprosos, echad demonios. Lo que habéis recibido gratis: dadlo gratis".

1. Lo primero que queda patente en este relato es que Jesús actuaba de tal manera que unía el anuncio del Reino de Dios con la curación de enfermedades y dolencias. Para Jesús, la predicación era inseparable de la bondad con los que sufren. Y todo eso, asociado a una manera de ver la vida y la sociedad en la que las gentes de Galilea – gentes de pobre condición, ignorantes, mal vistas, poco religiosas– son enjuiciadas como personas "extenuadas y abandonadas". ¿Por qué? ¿Porque eran malas personas? ¿Porque allí mandaba Herodes, que era un degenerado y un egoísta? Nada de eso es lo que dice el Evangelio. La situación de aquellas gentes se atribuye a que vivían "como ovejas que no tienen pastor".

2. En la tradición de Israel, las "ovejas" eran el pueblo; y los "pastores" eran los dirigentes. La denuncia del Evangelio apunta directamente a los dirigentes religiosos, es decir, a los sacerdotes. Es el tema que desarrolla con fuerza el cap. 34 del profeta Ezequiel. La idea central del profeta tendría que hacer temblar al clero y, en general, a los "hombres de la religión": Dios está a favor del pueblo ignorante y extraviado; de la misma manera que está en contra de los pastores que viven a costa del pueblo. Las afirmaciones del profeta son durísimas: "Mis ovejas se desperdigaron y vagaron sin rumbo… Por eso, pastores, escuchen la palabra del Señor: ¡Lo juro por mi vida!… Me voy a enfrentar con los pastores: les reclamaré mis ovejas, los quitaré de pastores de mis ovejas, para que dejen de apacentarse a sí mismos, los pastores" (Ezequiel 34,6-7.10).

3. Dios dictó sentencia. Dios se dio cuenta de que los funcionarios del culto y del templo, los sacerdotes, son la ruina del pueblo: con pretexto de culto a Dios, se dan culto a sí mismos. Y lo que les importa es su poder, sus privilegios, su rango, mientras dejan abandonado al pueblo, aunque hay contadas excepciones. Y encima le echan en cara sus pecados, el abandono de la religión, etc. Por eso, este evangelio, después de repetir la queja del profeta de Dios, nos explica cómo Jesús no eligió nuevos "sacerdotes". ¿Para qué? "Para expulsar espíritus inmundos y curar toda enfermedad y dolencia". Jesús sustituyó el "sacerdocio" por el "discipulado". Para que el "culto a Dios" se realice en "la misericordia que alivia el dolor humano". Así las cosas, Jesús les da autoridad a sus discípulos. ¿Para qué? No para dominar o someter a nadie en nada, sino que la "autoridad" en la mentalidad de Jesús, es tener "bondad" y "sensibilidad" ante el sufrimiento de los que lo pasan mal.

7 DE DICIEMBRE - DOMINGO **2º DE ADVIENTO**

Mt 3, 1-12

Por aquel tiempo, Juan Bautista se presentó en el desierto de Judea predicando: "Convertíos, porque está cerca el Reino de los Cielos. Este es el que anunció el profeta Isaías diciendo: Una voz grita en el desierto: preparad el camino del Señor, allanad sus senderos". Juan llevaba un vestido de piel de camello, con una correa de cuero a la cintura, y se alimentaba de saltamontes y miel silvestre. Y acudía a él toda la gente de Jerusalén, de Judea y del valle del Jordán; confesaban sus pecados y él los bautizaba en el Jordán. Al ver que muchos fariseos y saduceos venían a que los bautizara, les dijo: "Raza de víboras, ¿quién os ha enseñado a escapar de la ira inminente? Dad el fruto que pide la conversión. Y no os hagáis ilusiones pensando: "Abrahán es nuestro padre", pues os digo que Dios es capaz de sacar hijos de Abrahán de estas piedras. Ya toca el hacha la base de los árboles, y el árbol que no da fruto será talado y echado al fuego. Yo os bautizo con agua para que os convirtáis; pero el que viene detrás de mí puede más que yo, y no merezco ni llevarle las sandalias. Él os bautizará con Espíritu Santo y fuego. Él tiene el bieldo en la mano: aventará su parva, reunirá su trigo en el granero y quemará la paja en una hoguera que no se apaga".

1. La importancia de Juan Bautista, en los evangelios, radica en que este personaje singular presenta las claves que explican lo que realmente representó la figura de Jesús, su vida, su mensaje y su destino final. Desde este punto de vista, lo primero que salta a la vista es que Juan fue un "hombre marginal" en la sociedad y en la religión judía de aquel tiempo. Es decir, Juan vivió en los márgenes de aquella sociedad y de aquella religión. El sitio en que vivió (el desierto), su forma de vida (vestimenta y comida estrafalaria), su mensaje de denuncia que le enfrentó con los poderes, tanto religiosos como políticos. Todo eso indica a las claras que Juan no fue un hombre integrado en el sistema, sino "auto-excluido" de aquel sistema de poderes y creencias. Esto es lo que más patente se advierte en la vida de Juan Bautista.

2. Juan vivió así porque así vivieron los "grandes profetas" de Israel, hombres que vivieron en los límites e incluso fuera de los límites de aquella sociedad. Los profetas bíblicos presentaron y propusieron un "mundo alternativo": otra forma de ver la vida, otros valores, otros criterios. Por eso, los profetas "trataron con reyes, profetas y sacerdotes; pero al hablar de un mundo alternativo, no decían lo que quería escuchar la elite" (W. Carter). Esto explica por qué Juan vivió y habló como profeta de un mundo distinto y nuevo. Porque, para hacer eso, no se puede ser "funcionario" del sistema, sino un "auto-excluido" frente al sistema.

3. A partir de estos criterios, se comprende lo que Juan Bautista representó y quiso. Así se prepara el camino del Señor. Mediante la denuncia, la exigencia, la urgencia de un cambio de vida. Pero eso se puede hacer solamente a partir de una "autoridad" que solo la tiene el que no está integrado en aquello que denuncia. Desde la pompa y el boato, ¿cómo se va a denunciar la maldad y la ridiculez que entraña la pompa y el boato?

8 DE DICIEMBRE - LUNES — **LA INMACULADA CONCEPCIÓN**

Lc 1, 26-38

En aquel tiempo, el ángel Gabriel fue enviado por Dios a una ciudad de Galilea llamada Nazaret, a una virgen desposada con un hombre llamado José, de la estirpe de David; la virgen se llamaba María. El ángel, entrando en su presencia, dijo: "Alégrate, llena de gracia, el Señor está contigo". Ella se turbó ante estas palabras y se preguntaba qué lenguaje era aquel. El ángel le dijo: "No temas, María, porque has encontrado gracia ante Dios. Concebirás en tu vientre y darás a luz un hijo, y le pondrás por nombre Jesús. Será grande, se llamará Hijo del Altísimo, el Señor Dios le dará el trono de David, su padre, reinará sobre la casa de Jacob para siempre, y su reino no tendrá fin". Y María dijo al ángel: "¿Cómo será eso, pues no conozco varón?". El ángel le contestó: "El Espíritu Santo vendrá sobre ti, y la fuerza del Altísimo te cubrirá con su sombra; por eso el Santo que va a nacer se llamará Hijo de Dios. Ahí tienes a tu pariente Isabel, que, a pesar de su vejez, ha concebido un hijo, y ya está de seis meses la que llamaban estéril, porque para Dios no hay nada imposible". María contestó: "Aquí está la esclava del Señor; hágase en mí según tu palabra". Y la dejó el ángel.

1. El papa Pío IX, el 8 de diciembre de 1854, definió el dogma de la Inmaculada, que afirma: "la beatísima Virgen María fue preservada inmune de toda mancha de culpa original en el primer instante de su concepción..." (Denz Hûn., 2803) Esta doctrina fue debatida, durante siglos, en la Iglesia. Porque había autores importantes, como es el caso de Tomás de Aquino, que habían dicho que la Virgen María tuvo el pecado original, ya que la salvación de Cristo es universal y, por tanto, también María debió de ser salvada por Cristo. Finalmente, se impuso la doctrina de los defensores de la Inmaculada.

2. El dogma de la Inmaculado supone la idea del pecado original que quedó plasmada en la ses. 5ª del concilio de Trento (17.VI.1546). pero conviene saber que la enseñanza de Trento se basa en una idea del pecado de Adán como un hecho histórico (Denz. Hûn., 1511-1513), ignorando que el relato del Gen 2-3 no cuenta un hecho histórico, sino que es un mito, cosa que hoy acepta la comunidad teológica y científica mejor documentada.

3. Lo importante en esta fiesta es comprender el ejemplo, que es para todos los cristianos, la vida entera de María, la madre de Jesús: ella nos enseña lo más ejemplar y digno de la condición humana. Porque fue el cauce humano a través del cual Dios e humanizó en Jesús. y además porque ella fue una madre de tal categoría que supo criar y educar a su hijo, de forma tan cabalmente ejemplar, que de sus entrañas y su casa se nos dio a Jesús. María es el prototipo de la humanidad creyente que se encuentra disponible ante Dios y en cuyo interior se realiza el milagro y el misterio del encuentro fecundo. Una vez más, escuchamos el "sí" de María. Con él nos trae al Dios-con-nosotros, la Palabra que se hace carne. Y desde entonces el gozo de María es también el nuestro. De pronto, nos sentimos llamados a cosas más difíciles y más altas.

9 DE DICIEMBRE - MARTES **2ª SEMANA DE ADVIENTO**

Mt 18, 12-14

En aquel tiempo, dijo Jesús a sus discípulos: "¿Qué os parece? Suponed que un hombre tiene cien ovejas: si una se le pierde, ¿no deja las noventa y nueve y va en busca de la perdida? Y si la encuentra, os aseguro que se alegra más por ella que por las noventa y nueve que no se habían extraviado. Lo mismo vuestro Padre del cielo: no quiere que se pierda ni uno de estos pequeños".

1. En Adviento, recordamos los cristianos la "venida de Dios". Adviento se deriva del latín "Adventus", que significa "venida" o "llegada". Es decir, en estos días, que preceden a la Navidad, nos preparamos para la venida, la llegada, de Dios al mundo. ¿A qué viene Dios a la Tierra? ¿Qué busca en la Historia humana? Te busca a ti. Me busca a mí. Nos busca a todos. Dios, hecho visible en Jesús que no viene a castigar, ni quiere amenazar. Quiere encontrar todo lo que ande perdido, extraviado, en peligro.

2. Jesús no habla de pecadores, sino de "extraviados". El Evangelio de Jesús no ve a los pecadores como malas personas, sino como seres humanos que van por la vida como perdidos, como personas que viven desorientadas, solitarias, sin verle sentido a la vida. El que anda perdido, sufre más de lo que imaginamos. Ni tiene a quien acudir. Jesús lo busca. Jesús vino al mundo para eso.

3. Es frecuente, en los ambientes religiosos, pensar mal de los extraviados, de los desorientados. Si fuéramos siempre "buenas personas", no andaríamos pensando en la bondad o la maldad de la gente, de los conocidos, de quien sea. Lo que tendría que ser el centro de nuestras preocupaciones debería ser el desamparo de los extraviados. Y, si fuésemos así, en lugar de ir censurando a los malos, iríamos buscando a los perdidos. Como seguidores de Jesús se nos confía una gran responsabilidad: la preocupación por todos los hermanos de la comunidad, especialmente por los más débiles. Acoger y reintegrar a todos es tarea de cada uno. Ya no valen excusas, ni podemos mirar solo a los de fuera. Nuestra tarea también es la inclusión y la misericordia con los de dentro.

Mt 11, 28-30

En aquel tiempo, exclamó Jesús y dijo: "Venid a mí todos los que estáis cansados y agobiados, y yo os aliviaré. Cargad con mi yugo y aprended de mí, que soy manso y humilde de corazón, y encontraréis vuestro descanso. Porque mi yugo es llevadero y mi carga ligera".

1. Ocurre con frecuencia que mucha gente siente que la religión resulta una carga pesada y, a veces, hasta insoportable. Si el acto central de la religión es el sacrificio, es decir, lo ritual, esto se concreta en normas y obligaciones concretas, que la religión impone, pero que muchos no saben para qué sirven tales renuncias, ni por qué se imponen. Sobre todo, cuando las renuncias de la religión se cumplen, pero al mismo tiempo se descuidan los deberes ciudadanos tales como la honradez, el respeto a los demás, la rectitud en los deberes sociales y económicos, etc. Pero entonces la gente se aguantaba. Hoy ya no aguanta y abandona la práctica religiosa, la pertenencia a la Iglesia, quizá incluso la creencia en Dios. La religión es carga pesada porque, a veces manipula los sentimientos de culpa, y porque además, a veces, los dirigentes religiosos pretenden que los "pecados" sean además "delitos.

2. El evangelio de Mateo pone en boca de Jesús este llamamiento a aliviar el cansancio y el agobio. El alivio lo encontramos en Jesús. En el ejemplo que nos dejó Jesús, y en la que tenemos (si la tenemos) en Jesús. Porque él no impone leyes, ni sumisiones, ni descalificaciones, ni juicios, ni condenas. Es urgente que la Iglesia asuma este estilo de gobierno, de acción pastoral, de relación con la sociedad.

3. El signo distintivo de la presencia de Jesús en nuestras vidas, está en que nos quita yugos, que nos someten. Y nos libera de cargas que nos hacen la vida más complicada, más difícil, más dura y pesada de lo que ya suele ser la vida de los mortales. Cuando la fe, la espiritualidad, las creencias religiosas, en general, no nos hacen más felices, no cabe duda de que nos están engañando y se están aprovechando de la buena intención del común de la gente, para someternos al "sistema", los poderes que nos sacan todo cuanto pueden y nos roban la paz y la alegría de vivir.

4. La enseñanza capital de este relato –y de estas palabras de Jesús– es que una religiosidad que se hace una carga pesada, que oprime y que es causa de sufrimientos, eso no lleva a Dios. Y lo primero que quiere Jesús es liberarnos de semejante impedimento. Cuando la ven en Jesús no nos libera y hace más felices, no creemos en Jesús, sino en un fantasma imaginario, que se nos hace un tormento. Jesús no vino al mundo para eso.

11 DE DICIEMBRE - JUEVES **2ª SEMANA DE ADVIENTO**

Mt 11, 11-15

En aquel tiempo, dijo Jesús a la gente: "Os aseguro que no ha nacido de mujer uno más grande que Juan el Bautista, aunque el más pequeño en el Reino de los Cielos es más grande que él. Desde los días de Juan, el Bautista, hasta ahora se hace violencia contra el Reino de Dios y gente violenta quiere arrebatárselo. Los profetas y la ley han profetizado hasta que vino Juan; él es Elías, el que tenía que venir, con tal que queráis admitirlo. El que tenga oídos que escuche".

1. Los evangelios de Adviento nos recuerdan la grandeza y el ejemplo de Juan Bautista. Porque, si el Adviento es la preparación para la venida de Jesús, Juan Bautista fue el primero que cumplió esa tarea y tuvo esa misión. Pues bien, si Juan Bautista es el más grande de los nacidos de mujer, resulta evidente que –a juicio de Jesús– Juan es lo más que da de sí la condición humana. Pero hay algo que supera lo que da de sí la condición humana. Superan la condición humana los hijos del Reino de Dios. No porque sean o tengan algo más que "lo humano", sino porque "lo humano", tal como existe, está fundido con "lo inhumano".

2. Es humano amar, ayudar, ser buenas personas... Pero también es humano odiar, hacer daño, portarse mal y causar mucho sufrimiento. Por eso decimos que lo humano está fundido en nosotros con lo inhumano. El proyecto de Jesús no consiste en "divinizarnos" (nadie puede saber lo que es eso), sino en "humanizarnos" tanto, que vayamos superando la "deshumanización que todos llevamos en nuestra forma de ser. ¿Qué significa esto? Significa que en el Reino están aquellos en quienes lo humano vence y supera a lo inhumano. En la medida en que esto es posible en esta vida. Jesús afirma así que el proyecto del Reino es humanizarnos, es decir, hacernos profundamente humanos, que lo inhumano sea controlado, reducido, dominado. Eso fue Jesús, la realización plena del ser humano, liberado de inhumanidad o deshumanización.

3. Juan Bautista fue un santo. Pero llevó una vida que no es normal. Jesús fue un hombre normal. Juan era un hombre austero, ayunaba y comía muy poco (Mt 11,18), mientras que Jesús comía y bebía sin hacer distinción de clases (Mt 11,19). Jesús fue la expresión cabal de lo humano. Eso es lo que propone Jesús cuando habla del Reino de Dios. Hacer violencia contra lo verdaderamente humano es hacer violencia contra el Reino de Dios. Los predicadores religiosos que amenazan a la gente, que presentan a Dios como un juez peligroso, son hombres violentos, que utilizan a Dios para poner como ejemplo y modelo la violencia. Quienes hacen eso son enemigos del Evangelio.

12 DE DICIEMBRE - VIERNES **2ª SEMANA DE ADVIENTO**

Lc 1, 39-45

En aquellos días, María se puso en camino y fue aprisa a la montaña, a un pueblo de Judá; entró en casa de Zacarías, y saludó a Isabel. En cuanto Isabel oyó el saludo de María, saltó la criatura en su vientre. Se llenó Isabel del Espíritu Santo, y dijo a voz en grito: "¡Bendita tú entre las mujeres y bendito el fruto de tu vientre! ¿Quién soy yo para que me visite la madre de mi Señor? En cuanto tu saludo llegó a mis oídos, la criatura saltó de alegría en mi vientre. ¡Dichosa tú, que has creído! Porque lo que te ha dicho el Señor se cumplirá".

1. Inmediatamente después del evangelio de la anunciación del ángel Gabriel a María (Lc 1,26-38), Lucas coloca este relato de la vista que María hizo a su parienta (Lc 1,36). Si no nos atenemos al mero relato, y lo trascendemos reflexionando sobre su significado, lo primero que salta a la vista es que la encarnación de Dios en un ser humano, en Jesús, mueve a María para salir de su casa, caminando un largo viaje, desde Galilea hasta las montañas de Judea, para compartir su gozo y su alegría con la otra mujer importante en los evangelios de la infancia. ¿Qué nos dice este relato?

2. María, como hemos mencionado, va a visitar a Isabel. La "mujer del pueblo" va a casa de la "familia sacerdotal". ¿Qué fue lo más importante que se produjo en aquel encuentro, cuando se encontraron aquellas dos mujeres? Allí se produjo un profundo, muy profundo, fenómeno de "alegría". La alegría del niño, recién concebido en las entrañas de Isabel. Una alegría que hizo saltar al feto, expresión simbólica de una alegría, una felicidad indecible. Pero una alegría que expresa algo más hondo: "¡Dichosa tú, que has creído!" Isabel decía esto después de la dolorosa experiencia que tuvo al ver a su marido, el sacerdote Zacarías, que se había quedado mudo. Mudo, ¿por qué? Porque no creyó el anuncio del ángel, mientras que María sí creyó al ángel.

3. La fe es determinante. No solo para el creyente, sino sobre todo como factor decisivo en la Historia. ¿Qué queda de la dignidad del sacerdote del Templo? Nada. Ni Templo, ni sacerdocio judío. No ha quedado nada. Por el contrario, ¿qué ha quedado de la sencillez y la insignificancia de la mujer galilea? Ha quedado en pie la ejemplaridad de la humilde mujer galilea. Ha quedado en pie –y se ha hecho gigantesca– su belleza, su hermosura, su fuerza de atracción de lo mejor que todos quisiéramos tener, su ejemplaridad, su capacidad de consolar a los que sufren, de ayudar a los que lo necesitan, de dar esperanza a los que la han perdido. Y, sobre todo, María –la Madre de Jesús– es fuente de alegría. Porque lleva a Jesús en sí misma. Y así, nos dice a todos, que, si llevamos a Jesús presente en nuestra vida, contagiaremos alegría, como Juan saltó de alegría en el vientre de su madre, ya antes de nacer. La "religiosidad" se funde con la "humanidad". La verdadera religiosidad se expresa en auténtica humanidad: en bondad, justicia, honradez, misericordia. Ya no hablamos de "el ser humano", sino de "ser humano".

13 DE DICIEMBRE - SÁBADO **2ª SEMANA DE ADVIENTO**

Mt 17, 10-13

Al bajar del monte le preguntaron a Jesús sus discípulos: "¿Por qué dicen los letrados que primero tiene que venir Elías?". Él les contestó: "Elías vendrá y lo renovará todo. Pero os digo que Elías ya ha venido y no lo reconocieron, sino que lo trataron a su antojo. Así también el Hijo del Hombre va a padecer a manos de ellos". Entonces entendieron los discípulos que se refería a Juan Bautista.

1. Siguen los evangelios de Adviento recordando a los cristianos lo que hoy nos puede enseñar la figura de Juan Bautista. El monte del que bajan los discípulos es el monte de la Transfiguración. Allí han tenido una visión: Jesús junto al profeta Elías (además de Moisés). Los judíos de aquel tiempo creían que, antes de la venida del Mesías, tenía que volver Elías a este mundo. Lo que seguramente, para algunos, era una dificultad contra Jesús. Porque, si Elías no había venido a la tierra, Jesús no podía ser el verdadero Mesías y sería, por tanto, una gran mentira lo que se decía sobre el mesianismo del mismo Jesús.

2. Jesús responde a los discípulos diciendo que el profeta Elías ya había venido, representado en la figura del gran profeta que fue Juan Bautista. El Evangelio destacaba ayer la diferencia entre Juan y Jesús. Hoy los iguala a los dos; y los iguala en que ambos terminaron su vida asesinados. Juan porque denunció los escándalos de Herodes. Jesús porque denunció los escándalos del Templo, de los sacerdotes y de los letrados. La libertad ante los grandes de este mundo se paga muy cara. De ahí el miedo que le tenemos a la libertad. Nos lo dice el Evangelio.

3. Juan y Jesús nos enseñan que el poder no soporta a los hombres libres que educan a los pueblos y a las gentes en la libertad al servicio de la misericordia. Pero hay una diferencia fundamental entre Juan y Jesús: a Juan lo mató el poder político, en tanto que a Jesús lo mató el poder religioso. Es verdad que, "en el mundo romano del s. I, a nadie se lo ocurría pensar que la religión y la política estuvieran separadas". Pero también es cierto que, para muchos ciudadanos, una condena "religiosa" daña el recuerdo del difunto más hondamente que una condena solo "política".

14 DE DICIEMBRE - DOMINGO **3º DE ADVIENTO**

Mt 11, 2-11

En aquel tiempo, Juan, que había oído en la cárcel las obras de Cristo, le mandó a preguntar por medio de dos de sus discípulos: "¿Eres tú el que ha de venir o tenemos que esperar a otro?". Jesús les respondió: "Id a anunciar a Juan lo que estáis viendo y oyendo: los ciegos ven y los inválidos andan, los leprosos quedan limpios y los sordos oyen, los muertos resucitan, y a los pobres se les anuncia la Buena Noticia. ¡Y dichoso el que no se sienta defraudado por mí!". Al irse ellos, Jesús se puso a hablar a la gente sobre Juan: "¿Qué salisteis a contemplar en el desierto, una caña sacudida por el viento? ¿O qué fuisteis a ver, un hombre vestido con lujo? Los que visten con lujo habitan en los palacios. Entonces, ¿a qué salisteis, a ver a un profeta? Sí, os digo, y más que un profeta: él es de quien está escrito: "Yo envío mi mensajero delante de ti para que prepare el camino ante ti". Os aseguro que no ha nacido de mujer uno más grande que Juan Bautista, aunque el más pequeño en el Reino de los Cielos es más grande que él".

1. Juan había oído hablara de las "obras de Cristo". No se hace mención de las "palabras". Las "obras" se "ven"; las "palabras" se "oyen". Y sin embargo, el Evangelio nos dice que lo que llama la atención de la gente es *lo que cada uno hace,* no *lo que cada cual dice.* En los ambientes eclesiásticos, se habla mucho, se predica mucho; y en lo que se habla y se predica, *se dicen cosas sublimes.* Pero al mismo tiempo ocurre que, con frecuencia, *se hacen cosas vergonzosas* que lo mejor es ocultarlas. Hablar es fácil. Lo de Jesús es vivir de tal forma que lo que hacemos dé que hablar.

2. ¿Qué hacía Jesús? Y sobre todo, ¿qué hacía para que sus obras fueran la prueba de que él era la solución y la salvación? El argumento clave que Jesús da, la prueba que él aporta, no es de carácter sagrado, ni espiritual, ni sobrenatural, ni religioso. Es algo humano, muy humano: aliviar penas, dar vida, felicidad y buenas noticias. No nos entra en la cabeza que la solución no esta en los discursos, los argumentos, las teorías y los dogmas. Solo la vida es digna de fe, como solo el amor merece ser creído. Una obra tan simple como poner buena cara en ciertos momentos, una sonrisa de acogida, un silencio oportuno, un mirada de ternura, una conversación de escucha y sin prisas, reconocer que uno se ha equivocado… esas "obras" son la salvación y esperanza.

3. Lo más chocante, en este evangelio, es que Jesús termina diciendo a los mensajeros de Juan: "Dichoso el que no se escandalice de mí". Pero, ¿como es posible que "hacer felices a los que sufren" sea una cosa que "escandalice"? Porque hay teólogos y catequistas que van diciendo que el sufrimiento es un regalo divino. Como hay confesores que enseñan que la enfermedad y el dolor nos acercan a Dios. Los que piensan así, están persuadidos de que la misión de los "representantes de Dios" no es "dar felicidad y vida", sino "exigir paciencia y esperanza en la otra vida". Por eso hay gente que se escandaliza cuando oye decir que Dios está presente en la alegría de vivir, en la felicidad del cariño humano, en el gozo de sentirse bien. Jesús nos avisa que hay que estar en guardia frente a los "escándalos" de esos insoportables "santurrones".

15 DE DICIEMBRE - LUNES — **3ª SEMANA DE ADVIENTO**

Mt 21, 23-27

En aquel tiempo, Jesús fue al templo y, mientras enseñaba, se le acercaron los sumos sacerdotes y los ancianos del pueblo para preguntarle: "¿Con qué autoridad haces esto? ¿Quién te ha dado semejante autoridad?". Jesús les replicó: "Os voy a hacer yo también una pregunta; si me la contestáis os diré yo también con qué autoridad hago esto. El bautismo de Juan, ¿de dónde venía, del cielo o de los hombres?". Ellos se pusieron a deliberar: "Si decimos "del cielo", nos dirá "¿por qué no le habéis creído"? Si decimos "de los hombres", tememos a la gente; porque todos tienen a Juan por profeta". Y respondieron a Jesús: "No sabemos". Él, por su parte, les dijo: "Pues tampoco yo os digo con qué autoridad hago esto".

1. Este diálogo, entre Jesús y los sumos sacerdotes, sucedió a la mañana siguiente (Mt 21,18) de la violenta expulsión de los comerciantes del templo (Mt 21,12-13). Los sumos funcionarios del santuario, que ganaban mucho dinero con el gran negocio de la venta de animales para los sacrificios del culto sagrado, estaban nerviosos. Jesús los había desenmascarado al afirmar que habían convertido la "casa de oración" en una "cueva de bandidos" (Mt 21,13; Jer 7,11). Es lo que ahora pasa en muchos lugares religiosos donde parece que se le da más importancia al dinero que a los mismos servicios religiosos.

2. Es notable que los funcionarios del templo no preguntaron si ellos eran o no eran los responsables de aquel "bandidaje". Es decir, no les interesa saber si ellos eran culpables o si estaban equivocados. Lo único que les preocupa es saber si Jesús tenía o no tenía "autoridad" para hacer lo que hizo y decir lo que dijo. O sea, a los "hombres de la religión" no les preocupa saber si ellos proceden bien o mal. Lo que quieren saber es si Jesús podía hacer aquello. En otras palabras, la religión se preocupa por el poder, no por la propia responsabilidad. Aquellos sacerdotes, como la gran mayoría de los de ahora, están seguros de que ellos poseen la verdad. Y lo que les quita el sueño es saber qué poder tienen los que no están de acuerdo con ellos.

3. Jesús no era precisamente un ingenuo. Por eso, hizo dos cosas: 1) No respondió a una pregunta que llevaba veneno. 2) Les hizo él otra pregunta que puso al descubierto las contradicciones en que vivían. Los profesionales de lo sagrado no suelen reconocer sus equivocaciones, sus fallos, la contradicción en que muchas veces viven. Cuando se ven confrontados a sus oscuros comportamientos, se quedan sin palabra. Prefieren callar, en vez de decir honestamente: "Estamos equivocados". También nosotros, todos, a veces, jugamos a la ambigüedad. Confesamos con los labios una cosa y nuestras acciones gritan otra. Buscamos quedar como cristianos, pero enseguida la incoherencia nos delata. Jesús sigue invitándonos a que nuestro sí sea sí, a ir de frente sin temor a las consecuencias.

16 DE DICIEMBRE - MARTES — **3ª SEMANA DE ADVIENTO**

Mt 21, 28-32

En aquel tiempo, dijo Jesús a los sumos sacerdotes y a los ancianos del pueblo: "¿Qué os parece? Un hombre tenía dos hijos. Se acercó al primero y le dijo: "Hijo, ve hoy a trabajar en la viña". Él contestó: "No quiero". Pero después se arrepintió y fue. Se acercó al segundo y le dijo lo mismo. Él le contestó: "Voy, señor". Pero no fue. ¿Quién de los dos hizo lo que quería el padre?". Contestaron: "El primero". Jesús les dijo: "Os aseguro que los publicanos y las prostitutas os llevan la delantera en el camino del Reino de Dios. Porque vino Juan a vosotros enseñándoos el camino de la justicia y no le creísteis; en cambio, los publicanos y las prostitutas le creyeron. Y, aun después de ver esto, vosotros no recapacitasteis ni le creísteis".

1. El tema clave de ese evangelio es el problema de la fe. Porque, al final de la parábola, lo que Jesús echa en cara a los dirigentes religiosos es que no creyeron, al tiempo que a los publicanos y a las prostitutas los elogia porque creyeron. Lo que en este relato está en juego, por tanto, es la fe. Lo sorprendente es que, a juicio de Jesús, los creyentes no fueron las personas religiosas y observantes, sino los pecadores y las mujeres más despreciadas. Jesús invierte el sentido de la fe: las personas bien vistas, y debidamente integradas en la sociedad y sus instituciones, no estuvieron capacitadas para creer. Mientras que las gentes con las que los notables jamás se identificarían, esas personas fueron los que creyeron en el mensaje de Juan Bautista.

2. Por otro lado, está muy claro para Jesús que lo importante en la vida no es lo que uno piensa (por más que lo diga claramente), sino lo que cada cual hace. Y esto, en el fondo, lo que viene a enseñarnos es que lo decisivo, para los cristianos, no es la dogmática, sino la ética. Ya estamos hartos de gente que es, a la vez, tan estrictamente ortodoxa en sus creencias, como escandalosamente corrupta en sus comportamientos. Porque, ante Dios, lo importante no son las palabras piadosas, sino las conductas que se ajustan a la justicia, la integridad y la transparencia en la convivencia ciudadana.

3. El final de la parábola, tal como la presenta Mateo, es subversivo. Porque Jesús viene a decir que el orden de rango de sumos sacerdotes y senadores, por una parte, y recaudadores y prostitutas por otra, se han puesto al revés: los primeros y más privilegiados en el reinado de Dios no son los que están más altos en los rangos de la religión, sino los que se ven como los más despreciados en la sociedad. Los criterios de la ética de Jesús no son nuestros criterios. Para Jesús, lo determinante no es ni la dignidad sagrada, ni la pureza intachable. Lo decisivo, para Jesús, es la condición de quienes se ven en condiciones de no poder pretender jamás a la condición de notables y poderosos. De ahí, la tremenda pregunta que queda pendiente cuando se oye este evangelio: ¿Qué hemos hecho para seguir pensando exactamente al revés de como pensaba Jesús? ¿Creemos de verdad en el Evangelio?

Mt 1, 1-17

Genealogía de Jesucristo, hijo de David, hijo de Abrahán. Abrahán engendró a Isaac, Isaac a Jacob, Jacob a Judá, y a sus hermanos. Judá engendró, de Tamar, a Farés y a Zara, Farés a Esrón, Esróm a Aram, Aram a Aminadab, Aminadab a Nassón, Nassón a Salmón, Salmón engendró, de Rahab, a Booz, Booz engendró, de Rut, a Obed; Obed a Jesé, Jesé engendró a David, el rey. David, de la mujer de Urías, engendró a Salomón, Salomón a Roboán, Roboán a Abías, Abías a Asaf, Asaf a Josafat, Josafat a Joram, Joram a Ozías, Ozías a Joatán, Joatán a Acaz, Acaz a Ezequías, Ezequías engendró a Manasés, Manasés a Amós, Amós a Josías; Josías engendró a Jeconías y a sus hermanos cuando el destierro de Babilonia. Jeconías engendró a Salatiel, Salatiel a Zorobabel, Zorobabel a Abiud, Abiud a Eliaquin, Eliaquin a Azor, Azor a Sadoc, Sadoc a Aquim, Aquim a Eliud, Eliud a Eleazar, Eleazar a Matán, Matán a Jacob; y Jacob engendró a José, el esposo de María, de la cual nació Jesús, llamado Cristo. Así, las generaciones de Abrahán a David fueron en total catorce; desde David hasta la deportación, catorce, y desde la deportación a Babilonia hasta el Mesías, catorce.

1. A partir del día 17 de diciembre, la liturgia recuerda los evangelios que preparan los fieles para comprender mejor el nacimiento de Jesús. El primero de esos evangelios es el de la genealogía, que presenta Mateo. Y que es distinta de la que ofrece Lucas (3,23-28). En esta genealogía aparecen cuatro mujeres: Tamar (aramea), Rut (moabita), Rajab (cananea) y Betsabé, la esposa de Urías (hitita). Las cuatro no eran judías. La ejemplaridad de Jesús trasciende fronteras, culturas, religiones, costumbres... Jesús se encarna "en la condición humana", no en una cultura, en una religión, en una nación. Con frecuencia, encontramos personas que nos hablan con orgullo y vanidad de su familia, de sus antepasados. Somos más vanidosos que humanos. Esto es una pena.

2. Y esos antepasados de Jesús, según el evangelio de Mateo, no son todos precisamente personas edificantes. Analizada al detalle, la genealogía sitúa a Jesús en un mundo en que las élites y los poderosos, o sea los dirigentes religiosos y políticos, siguen presentando resistencias los planes de Dios. Lo que sitúa a Jesús "en la condición humana", tal como es, con lo bueno y con lo malo, con lo atrayente y con lo repugnante. Hemos hecho, de los héroes y los santos "semidioses". Dios, en Jesús, se hizo hombre. ¿No es lo más ejemplar en la vida ser hombre cabal?

3. Jesús asumió la condición humana, es hombre como nosotros y por eso comparte nuestros sufrimientos y alegrías. Nuestro Dios se hace uno de nosotros y llena nuestro mundo de sentido y esperanza. Lástima que nos cuenta entender la humanidad de Dios. Si así fuera, nuestra vida y el mundo serían diferentes. Es más fácil tener a Dios en cielo que caminando con nosotros. Porque caminando con nosotros nos compromete, teniendo en el cielo, siempre lo veremos lejos. Vivamos estos días de Adviento preparándonos para recibir a Aquel que se hizo uno de nosotros para que tengamos vida y la tengamos en abundancia.

18 DE DICIEMBRE - JUEVES — 3ª SEMANA DE ADVIENTO

Mt 1, 18-24

El nacimiento de Jesucristo fue de esta manera; María, su madre, estaba desposada con José y, antes de vivir juntos, resultó que ella esperaba un hijo por obra del Espíritu Santo. José, su esposo, que era justo y no quería denunciarla, decidió repudiarla en secreto. Pero, apenas había tomado esta resolución, se le apareció en sueños un ángel del Señor que le dijo: "José, hijo de David, no tengas reparo en llevarte a María, tu mujer, porque la criatura que hay en ella viene del Espíritu Santo. Dará a luz un hijo, y tú le pondrás por nombre Jesús, porque él salvará a su pueblo de los pecados". Todo esto sucedió para que se cumpliese lo que había dicho el Señor por el Profeta: "Mirad: la Virgen concebirá y dará a luz un hijo y le pondrá por nombre Enmanuel, que significa "Dios-con-nosotros". Cuando José se despertó, hizo lo que le había mandado el ángel del Señor y se llevó a casa a su mujer.

1. En los días que preceden, desde hoy hasta la Navidad, la Liturgia de la Iglesia nos recuerda los llamados "relatos de la Infancia", que narran cómo la Iglesia naciente explica el hecho prodigioso que nos presenta el "origen" y la "originalidad del cristianismo". Todo se resume en este hecho asombroso: en Jesús, "Dios" se hizo presente en la historia como "hombre". En esto radica el "origen" del cristianismo. Pero también su "originalidad". Esto es lo importante, lo decisivo. Lo demás es un relato al que no hay que dar más importancia.

2. Los estudiosos de los evangelios, que han analizado detenidamente este relato, están generalmente de acuerdo en que no tenemos garantías históricas de que lo que aquí se cuenta sucediera realmente así. Primero, porque sólo el mismo José puedo ser quien relatase lo que le sucedió. Pero José murió mucho antes de que se comenzaran a poner por escrito los relatos evangélicos. Por otro lado, los vecinos del pueblo, tenían a Jesús por uno más, incluso su familia pensaba de Jesús que estaba loco (Mc 3,21). Además, si es que efectivamente José pensaba que María estaba encinta, tenía que haberla denunciado, precisamente porque eso es lo que, en aquella religión, tenía que hacer un hombre "justo" (Deut 22,23-27).

3. Entonces, ¿qué quiere enseñar este relato? La enseñanza religiosa, que aquí se pretende transmitir, es que Jesús no fue un hombre cualquiera, sino un hombre enteramente singular, único, que vino a este mundo por la intervención del Espíritu de Dios. Y que, por tanto, era Hijo de Dios, título que en la culturas del s. I se daba a quienes llevaban a cabo una misión extraordinaria. Entonces, ¿por qué este "origen"? Y sobre todo, ¿por qué esta "originalidad"?

4. Dios, por definición, es el TRASCENDENTE. Esto quiere decir que Dios no está a nuestro alcance. Nadie ha visto a Dios. Ni puede verlo. Porque el Trascendente está más allá de nuestra capacidad de razonamiento. Por eso hay que decir que no es lo mismo "Dios en sí" que las REPRESENTACIONES DE DIOS que nos hacemos los humanos. Por eso hay tantas religiones. Y tanta violencia religiosa. Además, el Dios que "se han representado los teólogos" es, con frecuencia, contradictorio. Porque es infinitamente poderoso e infinitamente bueno. Ahora bien, esos dos atributos son incompatibles (imposibles) en el mismo Dios. Si lo puede todo y quiere todo lo mejor, ¿cómo se explica que en el mundo hay tanto sufrimiento, tanto mal y tanta desgracia?

5. La solución,que el cristianismo le ha dado a este problema capital, ha sido el llamado "Misterio de la Encarnación". No hay que andar con especulaciones y teorías. La cosa es tan sencilla como profunda: Dios se nos ha dado a conocer en lo que nosotros podemos conocer: en un ser humano. Y ese ser humano, en el que vemos cómo es Dios, lo que quiere Dios, lo que le gusta a Dios, lo que Dios acepta y lo que Dios rechaza, ese ser humano singular y desconcertante es Jesús. El relato evangélico de hoy le pone un nombre hebreo elocuente: "DIOS CON NOSOTROS=ENMANUEL.

19 DE DICIEMBRE - VIERNES **3ª SEMANA DE ADVIENTO**

Lc 1, 5-25

En tiempo de Herodes, rey de Judea, había un sacerdote llamado Zacarías, del turno de Abías, casado con una descendiente de Aarón llamada Isabel. Los dos eran justos ante Dios, y caminaban sin falta según los mandamientos y leyes del Señor. No tenían hijos, porque Isabel era estéril, y los dos eran de edad avanzada. Una vez que oficiaba delante de Dios con el grupo de su turno, según el ritual de los sacerdotes, le tocó a él entrar en el santuario del Señor a ofrecer el incienso. La muchedumbre del pueblo estaba fuera rezando durante la ofrenda del incienso. Y se le apareció el ángel del Señor, de pie a la derecha del altar del incienso. Al verlo, Zacarías se sobresaltó y quedó sobrecogido de temor. Pero el ángel le dijo: "No temas, Zacarías, porque tu ruego ha sido escuchado: tu mujer Isabel te dará un hijo y le pondrás por nombre Juan. Te llenarás de alegría y muchos se alegrarán de su nacimiento. Pues será grande a los ojos del Señor, no beberá vino ni licor, se llenará del Espíritu Santo ya en el vientre materno, y convertirá muchos israelitas al Señor, su Dios. Irá delante del Señor, con el espíritu y poder de Elías, para convertir los corazones de los padres hacia los hijos, y a los desobedientes a la sensatez de los justos, preparando para el Señor un pueblo bien dispuesto". Zacarías replicó al ángel: "¿Cómo estaré seguro de eso? Porque yo soy viejo y mi mujer es de edad avanzada". El ángel le contestó: "Yo soy Gabriel, que sirvo en presencia de Dios, he sido enviado a hablarte para darte esta buena noticia. Pero mira: te vas a quedar mudo, y no podrás hablar hasta el día que esto suceda porque no has dado fe a mis palabras, que se cumplirán en su momento". El pueblo estaba aguardando a Zacarías, sorprendido de que tardase tanto en el santuario. Al salir no podía hablarles, y ellos comprendieron que había tenido una visión en el santuario. Él les hablaba por señas, porque seguía mudo. Al cumplirse los días de su servicio en el templo volvió a casa. Días después concibió Isabel, su mujer, y estuvo sin salir cinco meses, diciendo: "Así me ha tratado el Señor cuando se ha dignado quitar mi afrenta ante los hombres".

1. Ya hemos dicho que la "originalidad" del cristianismo está en que no se limita a ofrecer una "representación" humana de Dios. Una más, entre muchas que ya había en el siglo primero, en la cultura del imperio. El Dios del cristianismo se nos dio a conocer en Jesús. Es decir, los cristianos, que creemos en Jesús, por eso mismo creemos en Dios: en Jesús vemos, oímos y tocamos a Dios. Por tanto, en Jesús aprendemos quién es Dios y cómo es Dios.

2. Pero lo más importante y original del cristianismo no se reduce a esto. Hay otra cuestión, que mucha gente no suele pensar, pero que es una cuestión capital. Se trata de que el cristianismo nos enseña no solo la presencia de Dios en lo humano, sino además cómo tenemos que relacionarnos con ese Dios. La cuestión capital está en esto: si a Dios lo encontramos en "lo humano", el medio fundamental para encontrar a Dios tiene que ser también "lo humano", no "el ritual religioso". A Dios lo encontramos haciéndonos cada día "más humanos". Y, por eso, desterrando de nosotros "lo in-humano".

3. ¿Qué tiene que ver todo esto con el relato del sacerdote Zacarías en el Templo? Zacarías fue el padre de Juan Bautista. Y Juan Bautista fue el "precursor" de Jesús. Fue el "presentador" de la desconcertante novedad que representa el Evangelio de Jesús. Por eso, esta desconcertante novedad se nos presentó de una forma tan desconcertante. El desconcierto que representa el hecho de que: 1) El sacerdote no cree. 2) El sacerdote se queda mudo. 3) El sacerdote no tiene nada que decir.

4. El Templo, lo sagrado, lo ritual..., todo eso no produce nada más que extrañeza. Todo eso ya no lleva a Dios, ni habla de Dios, ni desde ahí se nos dice lo que Dios quiere. Se acabó la separación de "lo sagrado" y "lo profano", porque Dios ya está en la vida, en lo cotidiano de la vida, en la honradez de la vida. El Señor está solamente en la brisa suave (1Reyes 19,12-13) que no conlleva violencia, sino solo paz, sosiego y esperanza. Solo así será posible encontrar la salvación que trae Jesús. "Lo sagrado" nos ayuda en la medida, y solo en la medida, en que nos lleva a Dios y nos hace buenas personas. Aunque nos cueste entenderlo, como le ocurrió al sacerdote Zacarías.

20 DE DICIEMBRE - SÁBADO **3ª SEMANA DE ADVIENTO**

Lc 1, 26-38

En aquel tiempo, el ángel Gabriel fue enviado por Dios a una ciudad de Galilea, llamada Nazaret, a una virgen desposada con un hombre llamado José, de la estirpe de David; la virgen se llamaba María. El ángel, entrando a su presencia, dijo: "Alégrate, llena de gracia, el Señor está contigo, bendita tú entre las mujeres". Ella se turbó ante estas palabras, y se preguntaba qué saludo era aquel. El ángel le dijo: "No temas, María, porque has encontrado gracia ante Dios. Concebirás en tu vientre y darás a luz un hijo y le pondrás por nombre Jesús. Será grande, se llamará Hijo del Altísimo, el Señor Dios le dará el trono de David su padre, reinará sobre la casa de Jacob para siempre, y su reino no tendrá fin". Y María dijo al ángel: "¿Cómo será eso, pues no conozco varón?" El ángel le contestó: "El Espíritu Santo vendrá sobre ti, y la fuerza del Altísimo te cubrirá con su sombra, por eso el santo que va a nacer se llamará Hijo de Dios. Ahí tienes a tu parienta Isabel que, a pesar de su vejez, ha concebido un hijo, y ya está de seis meses la que llamaban estéril, porque para Dios nada hay imposible". María contestó: "He aquí la esclava del Señor, hágase en mí según tu palabra". Y la dejó el ángel.

1. Este relato es el contraste con el relato anterior. En el Templo y ante el sacerdote, un ángel (que es un anuncio, una notificación, según el significado del verbo angello, "anunciar") no es creído, no es aceptado, no es de fiar. "Lo sagrado" se cierra ante Dios. En este relato, por el contrario, "lo profano", una mujer, una sencilla e ignorada joven, de una aldea sin importancia y en la desprestigiada Galilea, allí, donde menos se podía imaginar, Dios elige el ambiente, el sitio adecuado, "lo sagrado" convertido en "vulgaridad", que es –por lo visto– el espacio donde Dios, el Dios de Jesús, se encuentra en su ambiente. Nos guste o no nos guste, todo esto se encuentra en el relato de la Anunciación. Y en el Misterio de la Encarnación.

2. Los teólogos y sus teologías, al hablar de estas cosas, se han interesado constantemente por "lo divino", por "el Misterio", por "lo celestial". Pero no les ha importado "lo humano", "lo terreno", "lo patente". Lo que todos vemos, sentimos, buscamos, necesitamos... Lo que nos hace felices o desgraciados. Las condiciones de la vida de aquella mujer sencilla y humilde, que fue María, la Madre de Jesús, la Madre de Dios, eso (por lo visto) no les interesa mucho a los hombres de la religión. Así han hecho una religión a medida. A la medida para ellos mismos, que suelen vivir bien instalados, seguros y muy bien considerados por su devotos y fieles seguidores, siempre sumisos.

3. No olvidemos nunca que cuando meditamos este evangelio de la Anunciación, que lo que aquí se relata es el momento estremecedor en el que *Dios a pesar de su condición divina, no se aferró a su condición de Dios; al contrario, se despojó de su rango y tomó la condición de esclavo, haciéndose unos de tantos. Así, presentándose como un hombre cualquiera, se bajó, obedeciendo hasta la muerte y muerte de cruz* (Fil 2,6-9). Como es lógico, un trastorno tan asombroso, el desplome de Dios hasta el más bajo de la bajeza humana, no podía hacerse realidad en una catedral, ni en un palacio, ni un espacio solemne y sublime. Tenía que suceder en lo humilde y entre los humildes. Como lo fue María, la Madre del Dios-esclavo de todos, identificado con todas las víctimas de la Historia.

21 DE DICIEMBRE - DOMINGO **4º DOMINGO DE ADVIENTO**

Mt 1, 18-24

El nacimiento de Jesucristo fue de esta manera; María, su madre, estaba desposada con José y, antes de vivir juntos, resultó que ella esperaba un hijo por obra del Espíritu Santo. José, su esposo, que era justo y no quería denunciarla, decidió repudiarla en secreto. Pero, apenas había tomado esta resolución, se le apareció en sueños un ángel del Señor que le dijo: "José, hijo de David, no tengas reparo en llevarte a María, tu mujer, porque la criatura que hay en ella viene del Espíritu Santo. Dará a luz un hijo, y tú le pondrás por nombre Jesús, porque él salvará a su pueblo de los pecados". Todo esto sucedió para que se cumpliese lo que había dicho el Señor por el Profeta: "Mirad: la Virgen concebirá y dará a luz un hijo y le pondrá por nombre Enmanuel, que significa "Dios-con-nosotros". Cuando José se despertó, hizo lo que le había mandado el ángel del Señor y se llevó a casa a su mujer.

1. En los días que preceden, desde hoy hasta la Navidad, la Liturgia de la Iglesia nos recuerda los llamados "relatos de la Infancia", que narran cómo la Iglesia naciente explica el hecho prodigioso que nos presenta el "origen" y la "originalidad del cristianismo". Todo se resume en este hecho asombroso: en Jesús, "Dios" se hizo presente en la historia como "hombre". En esto radica el "origen" del cristianismo. Pero también su "originalidad". Esto es lo importante, lo decisivo. Lo demás es un relato al que no hay que dar más importancia. Cuando leemos estos relatos sobre el origen, el nacimiento y la infancia de Jesús, corremos el peligro de poner más atención en los detalles de una presunta historia, que, en el significado para nuestra forma de entender la vida, lo cual es lo que realmente aquí se nos transmite. Los evangelios no son biografías de Jesús, sino mensajes para un proyecto de vida. Lo que importa no es "lo que ocurrió entonces", sino "cómo vivimos nosotros ahora.

2. Los estudiosos de los evangelios, que han analizado detenidamente este relato, están generalmente de acuerdo en que no tenemos garantías históricas de que lo que aquí se cuenta sucediera realmente así. Primero, porque sólo el mismo José puedo ser quien relatase lo que le sucedió. Pero José murió mucho antes de que se comenzaran a poner por escrito los relatos evangélicos. Por otro lado, los vecinos del pueblo, tenían a Jesús por uno más, incluso su familia pensaba de Jesús que estaba loco (Mc 3,21). Además, si es que efectivamente José pensaba que María estaba encinta, tenía que haberla denunciado, precisamente porque eso es lo que, en aquella religión, tenía que hacer un hombre "justo" (Deut 22,23-27).

3. Entonces, ¿qué quiere enseñar este relato? La enseñanza religiosa, que aquí se pretende transmitir, es que Jesús no fue un hombre cualquiera, sino un hombre enteramente singular, único, que vino a este mundo por la intervención del Espíritu de Dios. Y que, por tanto, era Hijo de Dios, título que en la culturas del s. I se daba a quienes llevaban a cabo una misión extraordinaria. Entonces, ¿por qué este "origen"? Y sobre todo, ¿por qué esta "originalidad"?

4. Cuando leemos estos relatos sobre el origen, el nacimiento y la infancia de Jesús, corremos el peligro de poner más atención en los detalles de una presunta historia, que, en el significado para nuestra forma de entender la vida, lo cual es lo que realmente aquí se nos transmite. Los evangelios no son biografías de Jesús, sino mensajes para un proyecto de vida. Lo que importa no es "lo que ocurrió entonces", sino "cómo vivimos nosotros ahora.

22 DE DICIEMBRE - LUNES **4ª SEMANA DE ADVIENTO**

Lc 1, 46-56

En aquel tiempo, María dijo: "Proclama mi alma la grandeza del Señor, se alegra mi espíritu en Dios, mi salvador; porque ha mirado la humillación de su esclava. Desde ahora me felicitarán todas las generaciones, porque el Poderoso ha hecho obras grandes por mí; su nombre es santo. Y su misericordia llega a sus fieles de generación en generación. Él hace proezas con su brazo; despierta a los soberbios de corazón, derriba del trono a los poderosos y enaltece a los humildes; a los hambrientos los colma de bienes y a los ricos los despide vacíos. Auxilia a Israel, su siervo, acordándose de la misericordia –como lo había prometido a nuestros padres– en favor de Abrahán y su descendencia para siempre". María se quedó con Isabel unos tres meses y después volvió a su casa.

1. Los ministros de la Iglesia (desde diáconos a obispos), innumerables religiosos y monjas, así como cantidad de laicos devotos, rezan a diario el Magnificat. Y es frecuente que lo recen con fervor (en el mejor de los casos), pero seguramente sin darse cuenta de que, al repetir rutinariamente este himno, no toman conciencia de que en realidad están recordando uno de los textos más revolucionarios que podemos encontrar en los evangelios. Así pues, en esa oración de María aprendemos varias cosas fundamentales:

1) Que Dios centra su atención en los desamparados y privados de cualquier esperanza humana.
2) Que Dios es "poderoso", pero su poder es un poder al servicio de la misericordia. O sea, el poder de Dios no es como nosotros nos lo imaginamos. El poder de Dios es un poder para aliviar el sufrimiento humano. Sólo eso. Y nunca un poder para causar desgracias y amenazas con castigos.
3) Que, en consecuencia, el proyecto de Dios, su programa de salvación, se centra, ante todo, en subvertir el "orden establecido". María vio, por tanto, que Jesús venía a este mundo para acabar con un sistema opresor e injusto.

2. Se trata de un texto revolucionario, ante todo, porque trastorna por completo la imagen candorosa y dulce que muchos devotos de la Virgen María tienen de lo que fue y cómo pensaba la Madre de Jesús. Ella, en efecto, se consideraba a sí misma como una mujer marcada por lo que en griego se veía como la "tapeínosis" (Lc 1,48), que representaba lo más bajo en la escala social y económica (F. Bovon, R. Leivestad). No se expresa, pues, aquí la condición "espiritual" de María, sino su pertenencia a un status "social". La madre de Jesús era pobre, marginal, socialmente poco valorada, sin duda despreciada como lo eran los campesinos galileos de aquel tiempo.

3. En el Magnificat (Lc 1,52-53), el Evangelio afirma con fuerza los peligros que entrañan "el poder y la prosperidad". Si el Evangelio pone en el centro de su mensaje el "reinado de Dios" (tema del que se habla más de 120 veces en los evangelios Cf. W. Trilling)), es evidente que ese Dios, que quiere ser el Dios que reina en esta humanidad rota y destrozada por el poder y por el dinero, tiene que destruir los tronos de los poderosos y acabar con las riquezas de los que acumulan lo que otros necesitan para no morirse de hambre. Si Dios no hace eso, no es Dios (cf. Eclo 10,14) (J. Ernst).

23 DE DICIEMBRE - MARTES 3ª SEMANA DE ADVIENTO

Lc 1, 57-66

A Isabel se le cumplió el tiempo y dio a luz un hijo. Se enteraron sus vecinos y parientes de que el Señor le había hecho una gran misericordia y la felicitaban. A los ocho días fueron a circuncidar al niño, y lo llamaban Zacarías, como a su padre. La madre intervino diciendo: "¡No! Se va a llamar Juan". Le replicaron: "Ninguno de tus parientes se llama así". Entonces preguntaron por señas al padre cómo quería que se llamase. Él pidió una tablilla y escribió: "Juan es su nombre". Todos se quedaron extrañados. Inmediatamente se le soltó la boca y la lengua y empezó a hablar bendiciendo a Dios. Los vecinos quedaron sobrecogidos, y corrió la noticia por toda la montaña de Judea. Y todos los que lo oían reflexionaban diciendo: "¿Qué va a ser este niño?" Porque la mano de Dios estaba con él.

1. Este evangelio se centra en el nombre que le pusieron al Bautista. El nombre de una persona era, para los judíos, un asunto mucho más importante que lo es para nosotros. No era la mera designación de la persona. Para los israelitas, el nombre de una persona expresaba lo que en realidad era aquella persona, su misión y su destino en la vida. Al menos, teóricamente éste era el alcance del nombre, aunque en bastantes casos no se cumpliera. Por otro lado, la impresión que causó en el pueblo el nacimiento, la imposición del nombre y, en general, la impresión de "sobrecogimiento" (Lc 1,65) que se sintió "por toda la montaña de Judea". El relato produce la impresión de que las gentes sencillas de la montaña (los vecinos de Jerusalén) sintieron, con el nacimiento de Juan, la cercanía de Dios, la presencia de Dios. Aquello vino a ser como una teofanía.

2. Lo significativo de este relato está en que una de las costumbres de aquel tiempo era que, sobre todo en el caso de los sacerdotes, lo más frecuente era poner al recién nacido el nombre de su padre. Seguramente, así se quería decir que el hijo sería una prolongación de lo que era su padre, un servidor del Templo y del culto sagrado. Sin embargo, en el caso de Juan, esta costumbre se rompe. Y no le llaman Zacarías, como debería ser, según la costumbre. Sino que, por inspiración del ángel (Lc 1,13), le pusieron el nombre de Juan. Lo cual venía a indicar o sugerir (al menos) que el hijo del sacerdote no sería continuador de la tarea y del oficio del padre. ¿Qué importancia tiene esto?

3. Juan es nombre que viene del griego "Ioannes", que a su vez procede del hebreo "yohanan", que significa "Yahvé se ha compadecido". Como es lógico, si tenemos en cuenta lo que fue la vida, la misión y la personalidad de Juan, lo que aquí está indicado es que la compasión de Dios hacia su pueblo (y hacia la humanidad entera) pasó del sacerdote Zacarías al profeta Juan. Pasó, por tanto, del tempo al desierto. Y pasó también del culto sagrado a la profecía laica de aquel hombre de Dios, que fue Juan, que ejerció su ministerio al margen de la institución religiosa, mirado con recelo por los sumos sacerdotes (Jn 1,19-28) y asesinado finalmente por su libertad antes los grandes y notables de este mundo. Así se preparó el camino de Jesús.

24 DE DICIEMBRE - MIÉRCOLES **FERIAS DE ADVIENTO**

Lc 1, 67-79

En aquel tiempo, Zacarías, padre de Juan, lleno de Espíritu Santo profetizó diciendo: "Bendito sea el Señor, Dios de Israel, porque ha visitado y redimido a su pueblo, suscitándonos una fuerza de salvación en la casa de David, su siervo, según lo había predicho desde antiguo por boca de sus santos profetas. Es la salvación que nos libra de nuestros enemigos y de la mano de todos los que nos odian; realizando la misericordia que tuvo con nuestros padres, recordando su santa alianza y el juramento que juró a nuestro Padre Abrahán. Para concedernos que libres de temor, arrancados de la mano de los enemigos, le sirvamos en santidad y justicia, en su presencia todos nuestros días. Y a ti, niño, te llamarán profeta del Altísimo, porque irás delante del Señor, a preparar sus caminos, anunciando a su pueblo la salvación, el perdón de los pecados. Por la entrañable misericordia de nuestro Dios, nos visitará el sol que nace de lo alto, para iluminar a los que viven en tinieblas y en sombras de muerte; para guiar nuestros pasos por el camino de la paz".

1. Zacarías había estado mudo varios meses. Cuando pudo hablar, no se quejó. Ni le pidió explicaciones a Dios. Lo primero que hizo fue bendecir al Señor. Zacarías veía el dado positivo de la vida. No se lamentaba de los males que le sobrevenían. Y agradecía los bienes de los que disfrutaba. Zacarías era un hombre bueno. Y esa bondad se manifestaba, ante todo, en que lo primero que veía era lo positivo que tiene la vida de cada día. Era un hombre de Espíritu, motivado por buenos deseos. En todo esto, Zacarías es un ejemplo a seguir; y una buena lección que es importante aprender.

2. Pero con frecuencia ocurre que también las buenas personas, quizá sin darse cuenta de lo que les pasa, abrigan sentimientos equivocados o torcidos. Zacarías creía en un Dios nacionalista, para el que son enemigos los enemigos que odian a un pueblo determinado. Para Zacarías, los enemigos de Israel eran enemigos de Dios. Y es que, con frecuencia, las religiones dividen, separan y hasta enfrentan a los pueblos y a las personas. En los evangelios, páginas adelante, veremos que el Dios de Jesús no es así. Porque Jesús fue el primero que mostró una ejemplar predilección por los extranjeros y extraños en general. El Dios de Jesús no es nacionalista y, menos aún, xenófobo.

3. Como decimos que Dios es trascendente y, por tanto no está a nuestro alcance, cada pueblo, cada nación, cada grupo humano y cada individuo se lo imagina como puede o quizá como le conviene. Por eso hay tanta gente, que son buenas personas y, sin embargo, creen en un Dios que se identifica con los de mi país, los de mi pueblo o los de mi grupo. Y rechaza a mis enemigos o a los que me odian. Todo esto entraña una lección fuerte, dura, que da que pensar. Se trata de que, a veces, las personas religiosas, los que son vistos como los "buenos", utilizan a Dios como un argumento o un motivo que favorece sus intereses y mantiene sus privilegios. Esto hace mucho daño a la religión y alas personas religiosas.

Misa de medianoche: Lc 2, 1-14

En aquel tiempo salió un decreto del emperador Augusto, ordenando hacer un censo del mundo entero. Este fue el primer censo que se hizo siendo Cirino gobernador de Siria. Y todos iban a inscribirse, cada cual a su ciudad. También José, que era de la casa y familia de David, subió desde la ciudad de Nazaret en Galilea a la ciudad de David, que se llama Belén, para inscribirse con su esposa María, que estaba encinta. Y mientras estaban allí le llegó el tiempo del parto y dio a luz a su hijo primogénito, lo envolvió en pañales y lo acostó en un pesebre, porque no tenían sitio en la posada. En aquella región había unos pastores que pasaban la noche al aire libre, velando por turno su rebaño. Y un ángel del Señor se les presentó: la gloria del Señor los envolvió de claridad y se llenaron de gran temor. El ángel les dijo: "No temáis, os traigo la buena noticia, la gran alegría para todo el pueblo: hoy, en la ciudad de David, os ha nacido un Salvador: el Mesías, el Señor. Y aquí tenéis la señal: encontraréis un niño envuelto en pañales y acostado en un pesebre". De pronto, en torno al ángel, apareció una legión del ejército celestial, que alababan a Dios, diciendo: "Gloria a Dios en el cielo y en la tierra paz a los hombres que Dios ama".

1. Lo que menos interesa en la noche santa de Navidad, es andar cavilando sobre la historicidad de algunos datos que hoy se recuerdan: el decreto de Augusto, quién era el gobernador Cirino, el día, la hora y la ciudad en que nació Jesús y otras cosas por el estilo. Lo importante, lo grande de verdad, es el "mensaje religioso" que los cristianos recordamos esta noche y en los días entrañables de la Navidad.

2. Este mensaje consiste, ante todo, en que Dios entró en la historia humana por donde menos nos podríamos imaginar: por un establo, lugar donde suele haber estiércol de animales, en la marginalidad y la exclusión de los últimos de este mundo. Así entró el Salvador en la historia. Lo cual quiere decir, por lo menos, una cosa: la salvación viene desde abajo, viene de los últimos de este mundo, de esta historia nuestra, escrita siempre como historia de los vencedores, de los que triunfan, pueden y mandan. Esta noche aprendemos que Dios subvierte la historia. Y nos enseña a tomar en serio que, por más débiles, insignificantes y excluidos que nos veamos, podemos aportar salvación y esperanza. Es más, sólo desde los que están abajo pueden brotar las soluciones a este mundo atormentado por tantos problemas. Probablemente a los que los de arriba no encuentran solución o, lo que es peor, lo que hacen es crear más problemas.

3. Jesús no nació en el Templo, ni en un lugar sagrado y, menos aún, en un palacio. Así nos está diciendo que lo que él trajo al mundo se tiene que vivir, no solo desde lo humilde y sencillo, sino además desde lo laico, lo profano, desde lo más vulgar y cotidiano. Desde la vulgaridad sublime de un establo. Esta es la señal: "un niño envuelto en pañales y acostado en un pesebre". Con esto está dicho todo.

Misa del día: Jn 1, 1-18

En el principio ya existía la Palabra, y la Palabra estaba junto a Dios, y la Palabra era Dios. La Palabra en el principio estaba junto a Dios. Por medio de la Palabra se hizo todo, y sin ella no se hizo nada de lo que se ha hecho. En la Palabra había vida, y la vida era la luz de los hombres. La luz brilla en la tiniebla, y la tiniebla no la recibió. Surgió un hombre enviado por Dios, que se llamaba Juan: este venía como testigo, para dar testimonio de la luz, para que por él todos vinieran a la fe. No era él la luz, sino testigo de la luz. La palabra era la luz verdadera, que alumbra a todo hombre. Al mundo vino y en el mundo estaba; el mundo se hizo por medio de ella, y el mundo no la conoció. Vino a su casa, y los suyos no la recibieron. Pero a cuantos la recibieron, les da poder para ser hijos de Dios, si creen en su nombre. Estos no han nacido de sangre, ni de amor carnal, ni de amor humano, sino de Dios. Y la palabra se hizo carne, y acampó entre nosotros, y hemos contemplado su gloria: gloria propia del hijo único del Padre, lleno de gracia y de verdad. Juan da testimonio de él y grita diciendo: "Este es de quien dije: el que viene detrás de mí pasa delante de mí, porque existía antes que yo". Pues de su plenitud todos hemos recibido gracia tras gracia: porque la ley se dio por medio de Moisés, la gracia y la verdad vinieron por medio de Jesucristo. A Dios nadie lo ha visto jamás: el Hijo único, que está en el seno del Padre, es quien lo ha dado a conocer.

1. El autor del IV evangelio quiso anteponer a su relato este himno cuyo origen cuyo origen es discutido entre los especialistas. El himno presenta a Dios como "Palabra". Y, como sabemos, toda "palabra" es "comunicación". O sea, Dios se nos comunica, se nos da a conocer, Es decir, el Trascendente –sin dejar de serlo– entre en el ámbito de lo inmanente. Dios, que (por definición) no está a nuestro alcance, ni es posible para los humanos conocerlo, se nos da a conocer. ¿Cómo lo hace?

2. "La Palabra se hizo carne". Esto quiere decir que Dios se nos comunica "haciéndose carne". O sea, *humanizándose*. Lo cual quiere decir que *Dios se nos dio a conocer en Jesús*. Dios se hizo presente, visible y tangible en un ser humano.

un modesto y sencillo galileo, que es Jesús de Nazaret. Por tanto, en la vida, en las costumbres y preferencias de Jesús aprendemos y nos enteremos de lo que es dios, lo que le gusta a dios y lo que Dios no soporta. Este es el sentido profundo de este texto genial.

3. "La Palabra se hace carne" (Jn 1,14). En la cultura griega, la palabra "carne" (*"sarx"*) estaba especialmente ligada a la condición de debilidad y de fugacidad de la vida humana. Por eso, para los griegos, los dioses no eran sarx, sino que eran *noûs*, razón, fuerza. Por eso, cuando decimos que "la Palabra (Dios) se hizo *sarx*, en realidad lo que afirmamos es que a Jesús lo encontramos en lo débil, lo pobre, lo pequeño, de este mundo.

4. La conclusión final es que "a Dios nadie lo ha visto jamás" (Jn 1,18). Es decir, no conocemos, ni podemos conocer, a Dios. Porque es el Trascendente. La originalidad del cristianismo está en que conocemos a Dios en un ser humano, Jesús. En Jesús vemos a Dios (Jn 14,9) y palpamos a Dios. Solo la pasión por lo humano, y por la debilidad de lo humano, nos dice dónde está lo que quiere Dios cómo lo encontramos. La historia se repite. No aceptar a Jesús significa mantenerse en tinieblas, negarse a ser hijo en el Hijo. Pero Jesús vuelve siempre, por si hoy decidimos aceptar la luz, permitir que Dios plante su tienda en nuestra tierra.

26 DE DICIEMBRE - VIERNES **SAN ESTEBAN, PROTOMÁRTIR**

Mt 10, 17-22

En aquel tiempo, dijo Jesús a sus apóstoles: "No os fieis de la gente, porque os entregarán a los tribunales, os azotarán en las sinagogas y os harán comparecer ante gobernadores y reyes, por mi causa; así daréis testimonio ante ellos y ante los gentiles. Cuando os arresten no os preocupéis de lo que vais a decir o de cómo lo diréis: en su momento se os sugerirá lo que tenéis que decir; no seréis vosotros los que habléis, el Espíritu de vuestro Padre hablará por vosotros. Los hermanos entregarán a sus hermanos para que los maten, los padres a los hijos; se rebelarán los hijos contra los padres y los matarán. Todos os odiarán por mi nombre; el que persevere hasta el final se salvará".

1. Cuando uno se convence en serio de que Dios es como el "Niño acostado en el pesebre", es seguro que entonces uno se verá metido en situaciones inesperadas, impensables, quizá desesperadas. Porque un Dios así no interesa y pone nerviosos a gobernadores y reyes, a los jefes de las sinagogas y a los dirigentes de la religión. Es más, los altos cargos de la religión, y los fanáticos de la misma, los de entonces y los de ahora, llegan a sentir un peligro y una amenaza en el "nuevo Dios", el Dios de la humildad y el despojo. ¿Por qué en este momento hay tantos hombres de la Iglesia que no soportan al papa Francisco? ¿Por qué ven en la humilde sencillez de este Papa un peligro? Esta historia empezó con Esteban, asesinado por los sacerdotes y por el fariseo Saulo, que estaba allí (Hch 7,1-8,1).

2. Las divisiones y enfrentamientos en la primera comunidad de los cristianos empezaron pronto. Los helenistas, de los que habla el libro de los Hechos de los Apóstoles (Hch 6-7) fueron un grupo disidente, que no estaba de cuerdo ni con el Templo no con la Ley que defendían y observaban las autoridades religiosas oficiales de Jerusalén. La tensión llegó a ser tan fuerte que Esteban se atrevió a decirles que eran rebeldes, infieles de corazón y reacios de oído (Hch 7,51). El problema, que había (y hay) detrás de estas posturas es más fuerte de lo que imaginamos. Porque lo que se pone en cuestión es cómo ve y vive cada cual a Dios. El Dios de los sacerdotes es el Dios del Templo y de la Ley. El Dios de Esteban (y del papa Francisco) es el Dios que se nos revela, no en el Templo, sino en el establo, en el pesebre; no en el poder, sino en la debilidad; no en la riqueza del Templo, sino en la pobreza de los últimos (pobres, pastores...); no en la solemne grandeza de los salones de los palacios del Vaticano, sino en la cocina y en el modesto comedor de los trabajadores, como hace el papa Bergoglio tantas mañanas.

3. Pero lo peor de todo es cuando el poder se disfraza de religión que rompe los lazos de la carne, y divide y enfrenta a los hermanos, a los padres y los hijos, hasta crear odio entre ellos. Es la religión que genera intolerancia hasta el extremo de despreciar al que no piensa y vive "como Dios manda", aunque eso le cueste a tu hermano sentirse solo y despreciado. Es la religión que destroza a todo el que no se somete al modelo oficial. ¿Por qué no somos más libres para ser fieles al Evangelio?

27 DE DICIEMBRE - SÁBADO **SAN JUAN, APÓSTOL Y EVANGELISTA**

Jn 20, 2-8

El primer día de la semana, María Magdalena echó a correr y fue donde estaba Simón Pedro y el otro discípulo, a quien tanto quería Jesús, y les dijo: "Se han llevado del sepulcro al Señor y no sabemos dónde lo han puesto". Salieron Pedro y el otro discípulo camino del sepulcro. Los dos corrían juntos, pero el otro discípulo corría más que Pedro; se adelantó y llegó primero al sepulcro; y, asomándose, vio las vendas en el suelo; pero no entró. Llegó también Simón

Pedro detrás de él y entró en el sepulcro: vio las vendas en el suelo y el sudario con que le habían cubierto la cabeza, no por el suelo con las vendas, sino enrollado en un sitio aparte. Entonces entró también el otro discípulo, el que había llegado primero al sepulcro; vio y creyó.

1. En plena celebración de la Navidad, después de recordar al primer mártir cristiano, Esteban, la liturgia nos propone al último y seguramente al más profundo de los evangelistas, el autor del IV evangelio, Juan. Por eso, se puede pensar razonablemente que, para la Iglesia, después de Jesús, lo primero es el que da la vida por él (Esteban). Y después, el que da el testimonio más libre y más hondo que se puede dar del propio Jesús. Dar la vida por Jesús y se testigo de su mensaje, ambas cosas, es lo que se nos pide a quienes recordamos con gozo su nacimiento.

2. El problema, que presenta la festividad de San Juan Evangelista, es que no sabemos quién fue el autor del IV Evangelio. Hoy está fuera de duda que el autor no fue Juan, el hijo de Zebedeo. Por lo que se dice en Jn 21,24, el autor sería "el discípulo amado". Pero, ¿quién fue este discípulo? No se sabe. El redactor último del texto parece que fue un cristiano de finales del s.I. Un hombre bueno, que al denominarse el "discípulo amado", quiso dejar muy claro que, para dar a conocer a Jesús, la condición indispensable es mantener una relación profunda de amor con el propio Jesús. Solo desde una relación de amor profundo se puede explicar quién es aquel a quien se quiere.

3. El IV evangelio explica quién es Jesús presentándolo como el Revelador de Dios. El que "ve a Jesús, ve a Dios" (Jn 14,9); el que "toca a Jesús, toca a Dios" (Jn 20,25-27); el que "recibe a Jesús, recibe a Dios" (Jn 13,20); el que "ve a Jesús, ve a Dios" (Jn 1,18). La desconcertante bondad de Jesús, que da vino a los que solo tienen agua (Jn 2), que da vida (Jn 11), vista (Jn 9), libertad (Jn 5), pan (Jn 6), a quienes carecen de cosas tan necesarias, en esa bondad, tan humana, se nos revela lo que trasciende todo lo humano, Dios mismo. No revelamos a Dios con "dogmas". Lo damos a conocer mediante nuestra "bondad".

28 DE DICIEMBRE - DOMINGO **LOS SANTOS INOCENTES. MÁRTIRES**

Mt 2, 13-18

Cuando se marcharon los magos, el ángel del Señor se apareció en sueños a José y le dijo: "Levántate, coge al niño y a su madre y huye a Egipto, quédate allí hasta que yo te avise, porque Herodes va a buscar al niño para matarlo".

José se levantó, cogió al niño y a su madre, de noche, se fue a Egipto y se quedó hasta la muerte de Herodes. Así se cumplió lo que dijo el Señor por el profeta:"Llamé a mi hijo, para que saliera de Egipto". Al verse burlado por los magos, Herodes montó en cólera y mandó matar a todos los niños de dos años para abajo, en Belén y sus alrededores, calculando el tiempo por lo que habían averiguado los magos. Entonces se cumplió el oráculo del profeta Jeremías: "Un grito se oye en Ramá, llanto y lamentos grandes; es Raquel que llora por sus hijos, y rehúsa el consuelo, porque ya no viven".

1. Los estudiosos del evangelio de Mateo están generalmente de acuerdo en que este relato no es histórico. Ni la crueldad (bien conocida) de Herodes; ni el hecho de que Egipto fuera el lugar a donde escapan los israelitas perseguidos por las autoridades, nada de eso es una prueba suficiente para demostrar que esto sucedió tal como lo relata aquí el texto de Mateo. Tampoco tiene explicación el hecho de por qué Herodes esperó hasta dos años para ejecutar aquella cruel matanza que había dañado gravemente su imagen como gobernante.

2. Sin duda, lo que interesa hoy al creyente, cuando lee este extraño y sangriento episodio, es la enseñanza humana y religiosa que en él se nos da. Se trata, ante todo, de la enseñanza según la cual Jesús, apenas apareció en este mundo y entró en la historia de la humanidad, fue visto como una amenaza, un grave peligro, para los poderes tiránicos de esta tierra, en la que suelen tener el máximo poder quienes llevan en sí el germen de la máxima maldad. Es algo que ha ocurrido demasiadas veces en la historia. La crueldad y el ensañamiento actual con los niños, es hoy seguramente más brutal, en no pocas cosas, que la violencia que se ejercía contra ellos en la antigüedad. Es verdad que entonces los menores carecían de derechos, mientras que hoy los tienen. Pero tan cierto como eso es que, actualmente, la ley del más fuerte se impone por encima del derecho. De facto, sabemos que la mayor mortandad, en los países pobres, corresponde a los niños. Cerca de 30,000 menores mueren de hambre cada día. A esto hay que sumar la violencia que supone el tráfico de niños, para la venta de órganos, el comercio sexual, los abusos contra menores, la falta de atención sanitaria y educación, el desamparo de los que son abandonados en los campos de refugiados o los que mueren cuando sus padres deben emigrar a otros países huyendo del hambre y de las guerras.

3. La violencia se ensaña sobre todo con los menores porque son los más débiles. Así de cobarde y de cruel es la sociedad y la cultura en que vivimos. Todo lo que es carencia de atención sanitaria, educativa y afectiva a los niños es responsabilidad de los políticos y de los ciudadanos, que, con su silencio, contribuyen a tales formas de violencia. Y no deberíamos olvidar la violencia contra los niños, que se ejerce (sin pretenderlo) en las familias. Desde tantos abortos, que son homicidios patentes, las faltas de cariño y respeto, las carencias económicas cuya peor parte se la llevan los menores, sin olvidar la pretensión canalla de no pocos padres que pretenden suplir la falta de cariño y atención a los hijos compensándola con juguetes y regalos. A san José le pedimos que sea protector de todos los pequeños e indefensos.

29 DE DICIEMBRE - LUNES — OCTAVA DE NAVIDAD

Lc 2, 22-35

Cuando llegó el tiempo de la purificación, según la ley de Moisés, llevaron a Jesús a Jerusalén para presentarlo al Señor (de acuerdo con lo escrito en la ley del Señor: "todo primogénito varón será consagrado al Señor) y para entregar la oblación (como dice la ley del Señor: "un par de tórtolas o dos pichones). Vivía entonces en Jerusalén un hombre llamado Simeón, hombre honrado y piadoso, que aguardaba el consuelo de Israel; y el Espíritu Santo moraba en él. Había recibido un oráculo del Espíritu Santo: que no vería la muerte antes de ver al Mesías del Señor. Impulsado por el Espíritu Santo fue al templo. Cuando entraba con el Niño Jesús, sus padres (para cumplir con él lo previsto por la ley), Simeón lo tomó en brazos y bendijo a Dios diciendo: "Ahora, Señor, según tu promesa, puedes dejar a tu siervo irse en paz; porque mis ojos han visto a tu Salvador, a quien has presentado ante todos los pueblos: luz para alumbrar a las naciones, y gloria de tu pueblo, Israel". Su padre y su madre estaban admirados por lo que se decía del niño. Simeón lo bendijo diciendo a María, su madre: "Mira: Este está puesto para que muchos en Israel caigan y se levanten; será como una bandera discutida: así quedará clara la actitud de muchos corazones. Y a ti, una espada te traspasará el alma".

1. El redactor de este episodio destaca que Jesús nació en una familia y fue educado en unas costumbres, en las que la observancia de la ley religiosa era un asunto capital. Hasta en cinco veces se insiste en el cumplimiento de la ley, en Jerusalén, en el Templo, en el culto religioso (Lc 2,22.23.24.27.39). Por eso es más llamativa la libertad que, en su edad adulta, mostró Jesús respecto al hecho religioso y lo sagrado. Una libertad que, cuando Jesús se dedicó a predicar y atender a los que sufren en la vida, fue motivo de escándalo y, al final, le costó la vida. El dictamen de los dirigentes religiosos fue tajante: Nosotros tenemos una ley, y según esa ley, tiene que morir (Jn 19,7). Comparando la infancia de Jesús con su ministerio y su muerte, queda patente que la religión no soportó –ni soporta– el Evangelio.

2. Entonces, ¿por qué Jesús fue un hombre profundamente religioso? Porque fue un ser humano. Con todas sus consecuencias. Y lo humano entraña debilidad. Y necesidad de tantas cosas. Por eso Jesús fue un hombre de oración. Necesitaba pedir al Padre la fuerza que requería. Como se puso de manifiesto en la pasión. Y, antes que eso, en las largas noches que pasaba orando en la soledad del campo y de los montes.

3. Jesús demostró que tenemos que entender y vivir la religiosidad de otra manera. No la "religión de la sumisión" a lo sagrado, sino la "religión de la libertad" para la misericordia ante el sufrimiento humano. Es un hecho que la sumisión impide o recorta con frecuencia la misericordia. Esta libertad es el eje del Evangelio. Y de la nueva religiosidad que Jesús nos enseñó con sus palabras y, sobre todo, con el ejemplo de su propia vida. Sin duda, Jesús vio que hay formas desviadas de practicar la religión. Por eso Jesús, con su forma de vivir y sus enseñanzas, desplazó la religión: la sacó del Templo, se la quitó a los sacerdotes que ejercían los rituales, y la puso en el centro de la vida. Sobre todo, en la justicia y la bondad que nos hacen más humanos.

30 DE DICIEMBRE - MARTES **OCTAVA DE NAVIDAD**

Lc 2, 36-40

En aquel tiempo, había una profetisa, Ana, hija de Fanuel, de la tribu de Aser. Era una mujer muy anciana: de jovencita había vivido siete años casada, y llevaba ochenta y cuatro de viuda; no se apartaba del templo día y noche, sirviendo a Dios con ayunos y oraciones. Acercándose en aquel momento, daba gracias a Dios y hablaba del niño a todos los que aguardaban la liberación de Israel. Y cuando cumplieron todo lo que prescribía la Ley del Señor, se volvieron a Galilea, a su ciudad de Nazaret. El niño iba creciendo y robusteciéndose, y se llenaba de sabiduría, y la gracia de Dios lo acompañaba.

1. La devoción, la piedad, el fervor religioso de la profetisa Ana es ejemplar: siempre en el Templo, dedicada a la oración, mortificándose con ayunos. Y así, durante más de ochenta años. Cuando la piedad religiosa es auténtica, produce personas ejemplares, profundamente buenas. Necesitamos cultivar el espíritu la paz interior, la oración. Así nos liberamos de las tensiones y el desgaste que producen los afanes de la vida.

2. La oración, la contemplación, el silencio interior, en el sosiego de un espacio adecuado, ya sea el templo, ya sea la soledad del campo o la montaña, nos rehacen, nos liberan de crispaciones y ansiedades. Y así se ponen las condiciones para ver y enjuiciar nuestros problemas como normalmente no los solemos ver.

3. La oración y la austeridad han sido, durante miles de años, mediaciones privilegiadas para el encuentro de cada cual con su verdadera humanidad. Y, mediante eso, para el encuentro con Dios. La oración y la austeridad fueron determinantes para Jesús, hasta el momento mismo de su muerte. El peligro, que pueden tener estas formas de vida, es que nos alejen de la realidad, de los problemas que se viven en la sociedad, del sufrimiento de los que padecen, no porque ellos quieren sacrificarse, sino porque la economía y la política los machacan.

4. El relato termina diciendo que Jesús iba "creciendo". Crecía en edad y se hacía más fuerte, cosas enteramente lógicas. Pero, además de eso, Jesús fue "creciendo" también en "sabiduría". Es propio de todo ser humano ir creciendo en todo, desde la infancia hasta la madurez. Jesús hizo ese recorrido. Porque fue plenamente humano, con todas sus consecuencias. El niño prodigioso, que todo lo sabe y todo lo puede, tal como lo presentan los evangelios apócrifos, no fue aceptado por la Iglesia nunca.

31 DE DICIEMBRE - MIÉRCOLES — OCTAVA DE NAVIDAD

Jn 1, 1-18

En el principio ya existía la Palabra, y la Palabra estaba junto a Dios, y la Palabra era Dios. La Palabra en el principio estaba junto a Dios. Por medio de la Palabra se hizo todo, y sin ella no se hizo nada de lo que se ha hecho. En la Palabra había vida, y la vida era la luz de los hombres. La luz brilla en la tiniebla, y la tiniebla no la recibe. Surgió un hombre enviado por Dios, que se llamaba Juan: este venía como testigo, para dar testimonio de la luz, para que por él todos vinieran a la fe. No era él la luz, sino testigo de la luz. La Palabra era la luz verdadera, que alumbra a todo hombre. Al mundo vino, y en el mundo estaba; el mundo se hizo por medio de ella, y el mundo no la conoció. Vino a su casa, y los suyos no la recibieron. Pero a cuantos la recibieron les dio poder de hacerse hijos de Dios, a los que creen en su nombre; estos no nacieron de sangre, ni de deseo de carne, ni de deseo de hombre, sino que nacieron de Dios. Y la Palabra se hizo carne, y puso su morada entre nosotros, y hemos visto su gloria, gloria que recibe del Padre como Hijo único, lleno de gracia y de verdad. Juan da testimonio de él y grita diciendo: Este es de quien dije: "El que viene detrás de mí pasa delante de mí, porque existía antes que yo". Pues de su plenitud todos hemos recibido gracia tras gracia, porque la Ley se dio por medio de Moisés, la gracia y la verdad vinieron por medio de Jesucristo. A Dios nadie lo ha visto jamás: el Hijo único, que está en el seno del Padre, es quien lo ha explicado.

1. Al terminar el año, este texto magistral del evangelio de Juan nos plantea lo más profundo que encontramos en el Evangelio. Todo se puede resumir en este planteamiento: Jesús representa,, para todos los seres humanos, no sólo el proyecto de establecer la "relación" del hombre con Dios, sino algo que es lo decisivo y determinante, la "unión" de Dios con el ser humano. En el ser humano, que fue Jesús, Dios se funde y se confunde con lo humano. De forma que, con toda razón, podemos hablar de la "humanización" de Dios. Es significativo que en el así llamado "Prólogo" del Evangelio de San Juan sobresalen tres palabras clave: "Palabra", "Carne", "Revelación".

2. En el Antiguo Oriente, la palabra no tenía primordialmente una función indicativa para designar un objeto o una persona. La palabra era un poder, una fuerza, que transformaba lo real, cambiaba las cosas y las personas. Por eso, impresiona saber que Dios se define como "Palabra". Y que Jesús es la "Palabra", es decir, la fuerza que comunica a Dios, que da sentido a la vida y transforma al que la recibe. "La Palabra se hace carne (Jn 1,14). En la cultura griega, la palabra "carne" (sarx) estaba especialmente ligada a la condición de debilidad y de fugacidad de la vida humana. Por eso, para los griegos, los dioses no eran sarx, sino que eran noûs (razón, fuerza). Por eso, cuando decimos que la "Palabra (Dios) se hizo sarx", en realidad lo que afirmamos es que a Jesús lo encontramos en lo débil, lo pobre, lo pequeño, de este mundo.

3. Muchos cristianos no han pensado, quizá nunca, en la profundidad de lo que esto representa. Dios, por definición, es el Trascendente. Es decir, Dios no está a nuestro alcance, en cuento que no lo podemos "conocer" con nuestros simples sentidos. Pues bien, la genialidad del cristianismo está en que el Trascendente se ha hecho presente, visible y tangible en un ser humano, en Jesús.

4. En esto consiste lo sorprendente del Evangelio: en la vida, en las costumbres, en las enseñanzas, en las palabras y en los hechos de aquel pobre galileo, que fue Jesús, conocemos a Dios, lo que le gusta a Dios, cómo es Dios y lo que Dios quiere, espera y promete a cada uno de nosotros. Aquí encontramos el sentido de nuestra vida. Y la esperanza de una historia mejor para la humanidad.